U0330068

西方传统 经典与解释

Classici et commentarii

HERMES

HERMES

在古希腊神话中，赫耳墨斯是宙斯和迈亚的儿子，奥林波斯神们的信使，道路与边界之神，睡眠与梦想之神，亡灵的引导者，演说者、商人、小偷、旅者和牧人的保护神……

西方传统 经典与解释

Classici et commentarii

HERMES

施特劳斯讲学录

刘小枫 ● 主编

卢梭导读

Rousseau

A course offered in 1962

施特劳斯（Leo Strauss）● 讲疏

马克斯（Jonathan Marks）● 编订　曹聪 ● 译

华东师范大学出版社

· 上海 ·

华东师范大学出版社六点分社　策划

古典教育基金·"蒲衣子"资助项目

出版说明

1949 年，已到知天命之年的施特劳斯执教芝加哥大学政治学系。自 1956 年起至去世（1973），施特劳斯授课大多有录音。

施特劳斯去世后，部分录音记录稿一直在施特劳斯的学生们手中私下流传，并经学生之手进一步流传，其实际影响断难估量。本世纪初，部分记录稿的影印件也流传到我国年轻学子当中。这些打印的录音记录稿文字多有舛误，有些地方因油墨模糊字迹难辩，还有不少明显脱漏。

2008 年，施特劳斯遗产继承人和管理人——施特劳斯的养女珍妮教授（Professor Jenny Strauss）和芝加哥大学"施特劳斯中心"（The Estate of Leo Strauss）主任塔科夫教授（Professor Nathan Tarcov）决定整理施特劳斯的全部讲课记录稿，并在"施特劳斯中心"的网站上陆续刊布，供天下学人分享。

2013 年，本工作坊计划将陆续刊布的整理成果译成中文，珍妮教授和塔科夫教授得知此计划后，全权委托本工作坊主持施特劳斯讲课记录整理稿的中译，并负责管理中译版权。

本工作坊按"施特劳斯中心"陆续刊布的整理本组织迻译（页码用方括号标出），翻译进度取决于整理计划的进度。原整理稿均以课程名称为题，中文稿出版时，为了使用方便，我们拟了简要的书名，并在副标题位置标明课程名称。

刘小枫

2016 年元月

古典文明研究工作坊

目　　录

施特劳斯讲学录整理规划

首席编者　塔科夫（Nathan Tarcov）
执行编者　麦基恩（Gayle McKeen）

李向利　译

施特劳斯不仅是著名思想家和作家，还是有着巨大影响的老师。在他的这些课程讲学录中，我们能看到施特劳斯对众多文本的疏解（其中很多文本他写作时很少或根本没提到过），以及对学生提问和异议的大段回应。在数量上，这些讲学录是施特劳斯已出版著作的两倍还多。对研究和修习施特劳斯著作的学者和学生们而言，它们将极大地增添可供参阅的材料。

1950 年代早期，由学生记录的施特劳斯课程笔记的油印打字稿，就已经在施特劳斯的学生们中间传阅。1954 年冬，与施特劳斯的［关于］自然权利（Natural Right）的课程相关的首份录音资料，被转录成文字稿分发给学生们。斯多灵（Herbert J. Storing）教授从瑞尔姆基金会（Relm Foundation）找到资助，以支持录音和文字稿转录，从 1956 年冬施特劳斯开设的历史主义与现代相对主义（Historicism and Modern Relativism）课程开始，该资助成为固定的［资金］基础。自 1958 年起至 1968 年离开芝加哥大学，施特劳斯在这里开设的 39 个课程中，被录音和转录成文字稿的有 34 个。从芝大退休后，1968 年春季、1969 年秋季和［接下来的］春季学期，施特劳斯在克莱蒙特男子学院（Claremont Men's College）授课，有录音（尽管他在那里的最后两次课的磁带已佚），他在圣约翰学院（St. John's College）四年的课程也有录音，直至他于 1973 年 10 月去世。

现存原始录音的质量和完整性差别很大。施特劳斯［讲课］离开麦克风时,声音会弱得听不到;麦克风有时也难以捕捉到学生们提问的声音,却常常录下门窗开关声、翻书声,街道上[过往]的车辆声。更换磁带时录音中断,[记录稿]就留下众多空白。施特劳斯讲课超过两个小时(这种情况经常发生),磁带就用完了。录音磁带转录成文字稿后,磁带有时被再次利用,导致声音记录非常不完整。时间久了,磁带[音质]还会受损。1990 年代后期,首先是格里高利(Stephen Gregory)先生,然后是芝大的奥林中心(John M. OlinCenter,由 John M. Olin Foundation 设立,负责调查民主制的理论与实践)管理人,发起重新录制工作,即对原始磁带数码化,由 Craig Harding of September Media 承制,以确保录音的保存,提高可听度,使之最终能够公布。重新录制工作由奥林中心提供资金支持,并先后由克罗波西(Joseph Cropsey)和施特劳斯遗稿执行人负责监管。格里高利先生是芝大美国建国原则研究中心(Center for the Study of the Principles of the American Founding)管理人,他在米勒中心(Jack Miller Center)的资助下继续推进这项规划,并在[美国]国家人文基金会保存和访问处(Division of Preservation and Access of the National Endowment for the Humanities)的拨款帮助下,于2011 年完成了这项规划,此时他是芝大施特劳斯中心(Leo Strauss Center)管理人。这些音频文件可从施特劳斯中心的网站上获得:http://leostrausscenter. uchicago. edu/courses。

　　施特劳斯允许进一步整理录音和转录成文字稿,不过,他没有审核这些讲学录,也没有参与这项规划。因此,施特劳斯亲密的朋友和同事克罗波西最初把[讲学稿]版权置于自己名下。不过,在 2008 年,他把版权转为施特劳斯的遗产。从 1958 年起,每份讲学录都加了这样的题头说明(headnote):

　　　　这份转录的文字稿是对最初的口头材料的书面记录,大部分内容是在课堂上自发形成的,没有任何部分有意准备出版。只有感兴趣的少数人得到这份转录的文字稿,这意味着不要利用它,利用就与这份材料私下的、部分地非正式的来源相抵触。郑重恳请收到它的人,不要试图传播这份转录的文字稿。这份转录的文字稿未经讲学人核实、审阅或过目。

2008 年，施特劳斯［遗产］继承人——他的女儿珍妮（Jenny Strauss）——请塔科夫（Nathan Tarcov）接替克罗波西［承担施特劳斯遗稿执行人］的工作。此时，塔科夫是芝大奥林中心以及后来的芝大美国建国原则研究中心的主任，而克罗波西直到去世，已经作为施特劳斯遗稿执行人忠诚服务了 35 年。珍妮和塔科夫一致认为，鉴于旧的、常常不准确且不完整的讲学录已经大范围流传，以及［人们］对施特劳斯思想和教诲的兴趣持续不减，公开［这些讲学录］，对感兴趣的学者和学生们来说，会是一种帮助。他们也受到这样一个事实的鼓励：施特劳斯本人曾与班塔曼出版社（Bantam Books）签订过一份合同，准备出版这些讲学录中的四种，尽管最终一个都没出版。

成立于 2008 年的芝大施特劳斯中心发起了一项规划：以已经重新录制的录音材料为基础订正旧的文字记录稿；转录尚未转录成文字稿的录音材料；为了可读性，注释且编辑所有的记录稿，包括那些没有留存录音材料的［记录稿］。这项规划由施特劳斯中心主任塔科夫任主席，由克罗波西负责管理，得到来自维尼亚尔斯基家族基金会（Winiarski Family Foundation）、希夫林夫妇（Mr. Richard S. Shiffrin and Mrs. Barbara Z. Schiffrin）、埃尔哈特基金会（Earhart Foundation）和赫特格基金会（Hertog Foundation）拨款的支持，以及大量其他捐赠者的捐助。筹措资金期间，施特劳斯中心得到芝大社会科学部主任办公室（Office of the Dean of the Division of the Social Sciences）职员伯廷赫布斯特（Nina Botting-Herbst）和麦卡斯克（Patrick McCusker）大力协助。基于重新录制的磁带［修订］的这些记录稿，远比原有的记录稿精确和完整——例如，新的霍布斯（Hobbes）讲学录，篇幅是旧记录稿的两倍。熟悉施特劳斯著作及其所教文本的资深学者们被委任为编者，基础工作则大多由作为编辑助理的学生们完成。

编辑这些讲学录的目标，在于尽可能保存施特劳斯的原话，同时使讲学录更易于阅读。施特劳斯身为老师的影响（及其魅力），有时会显露在其话语的非正式特点中。我们保留了在学术性文章（prose）中可能不恰当的句子片段；拆分了一些冗长、含糊的句子；删除了一些重复的从句或词语。破坏语法或思路的从句，会被移到句子或段落的其他部分。极个别情况下，可能会重新排列某个段落中的一些句子。对于没有录音资料流传的记录稿，我们会努力订正可能的错误转录。所有这些类型的改动都会被注明。（不过，根据重新录制的录音资料对旧记录稿做的改动，没有注明。）我们在尾注中注明改动和删除的内容（不同的拼写、斜体字、标点符号、大写和分段），尾注号附在变动或删除内容前的词语或标点符号上。文本中的括号显示的是插入的内容。缺乏录音资料的记录稿中的省略号仍然保留，因为很难确定它们指示的是删除了施特劳斯说的某些话，还是他的声音减弱［听不清］，抑或起破折号作用。录音资料中有听不见的话语时，我们在记录稿中加入省略号。［记录稿中］相关的管理细节，例如有关论文或研讨班的话题或上课的教室、时间等，一律删除且不加注，不过我们保留了［施特劳斯布置的］阅读任务。所有段落中的引文都得到补充，读者能够方便地结合［引述的所讲］文本［的内容］阅读讲学录。施特劳斯提及的人物、文本和事件，则通过脚注进行了确认。

　　读者应该谅解这些讲学录的口语特点。文中有很多随口说出的短语、口误、重复和可能的错误转录。无论这些讲学录多么具有启发性，我们都不能认为它们可以与施特劳斯本人为出版而写的那些著作等量齐观。

2014 年 8 月

中译本说明

1962 年,施特劳斯在芝加哥大学开设卢梭导读课程的时候,恰逢《爱弥儿》出版两百周年,在这学期的课程上,施特劳斯主要带学生精读"两论"和《爱弥儿》。此前,他已经公开发表论卢梭的两个主要作品:1947 年的论文《论卢梭的意图》[1]和 1953 年《自然权利与历史》中的"卢梭"章节[2]。1962 年的这次课程对于理解施特劳斯的卢梭解读是个很有帮助的补充。

关于这次课程与两个公开出版的作品之间的关系,可以参考英文版导言的详细论述,此处毋庸赘述。本书是一部篇幅巨大的讲学实录稿,共计十七次课,英文原版五百多页,涉及问题庞杂,线索繁多,不如专著或论文清晰连贯。因此,译者在这里尝试为读者提供一个概括性的导读说明。

在前四次课中,施特劳斯先以《论科学和文艺》和《论人类不平等的起源和基础》为两翼,提纲挈领地提出阅读卢梭的基本问题,为学生和我们读者提供了在卢梭思想迷宫中穿梭的指引线团。作为对西方现代精神走向影响巨大的思想家,卢梭著述颇丰,这些作品风格题材迥

---

[1] Strauss, Leo, December 1947, "On the Intention of Rousseau," *Social Research* 14 (4): 455—487. 中译参《论卢梭的意图》,冯克利译,见刘小枫,《设计共和》,华夏出版社,2013,页273—308。

[2] Strauss, Leo, 1953, *Natural Right and History*, Chicago: University of Chicago Press, 252—294. 中译本见,《自然权利与历史》,彭刚译,生活·读书·新知三联书店,2006,页257—301。

异,辨识它们在卢梭思想体系中的位置和相互关系是我们阅读卢梭遭遇的第一个难题。

在进入作品阅读之前,施特劳斯给学生们开了一个把握卢梭思想全貌的必读书单:"前两论"、《社会契约论》、《爱弥儿》、《忏悔录》,一些"更具实践品质的政治著作",如《波兰政府》和《科西嘉政制》,著名的小说《朱莉,或新爱洛漪丝》。《爱弥儿》被施特劳斯誉为卢梭"最根本性的作品",其重要性在于它"包含了卢梭对于人与人类生活的更加清晰细致、极为详细的总体看法",这次课程的主体部分正是施特劳斯通解《爱弥儿》。施特劳斯指出,除非立志成为卢梭研究专家,否则"读完并且读透所有这些作品的人就可以宣布自己理解卢梭了"。

卢梭作品令人困惑的第二个难题是,他的作品充满含混的术语和棘手的矛盾,他有时会用不同的术语指称同一个对象,有时同一个术语包含诸多彼此矛盾的意义,还有时会对同一件事作出前后相反的评价。有过卢梭作品阅读经验的读者多少都会困惑于此,从课上学生的反应来看,施特劳斯的学生们和我们一样遭遇到这个麻烦。卢梭在《爱弥儿》中说过:

> 如果你要服务于他们,你必须取悦他们;写作技艺就不是无聊的追求,如果它被用于让人们听见真理。

卢梭这样深谙写作技艺的思想家在写作中出现的含混与矛盾显然不可等闲视之,这些含混与矛盾极可能关乎真理,或许它们背后隐藏了卢梭想"让人们听见的真理",又或许这些矛盾本身就折射了卢梭试图传达的真理本身的矛盾。故而施特劳斯反复提醒学生,尝试理解这些矛盾远比留意到这些矛盾的存在更加重要。在第五次课,施特劳斯给出他阅读卢梭的经验,卢梭作品的确存在数不清的矛盾,但是,可以把它们划归为四个主线问题。第一,"自然是好的",其中暗含理性是坏的,社会是坏的;第二,卢梭充满现实的政治热情,热衷民主政制和自由价值;第三,卢梭在霍布斯的前提和基础上思考;第四,卢梭深知人类的根本难题,即个体与社会之间的根本性矛盾。

卢梭的核心概念"德性"（virtue）充分反映了这种矛盾与含混，施特劳斯提醒我们德性的多重含义之间的矛盾正是阅读卢梭时必须牢记的关键问题。通过分析《论科学和文艺》（以下简称《第一论》），施特劳斯指出卢梭的"德性"具有三层含义：第一层是"灵魂的生气与力量"，这是一种自然德性，指的是野蛮人的原初自由，这意味着每个个体都有"做自己"的自由。第二层是政治德性，指的是民主共和国的公民德性，也就是一种爱国主义，在这个问题上，卢梭接续了孟德斯鸠对作为民主政制之特征的德性的论述。① 第三层是道德德性，卢梭道德学说的关键词是"良知"。

施特劳斯看到，卢梭努力让德性的三层含义达成和谐，但同时他十分清楚地知道这项任务很难成功，这个矛盾贯穿于卢梭思想始终。德性的这三层含义仅在一个根本问题上略达成一致，即反对传统哲学的理论生活至上性。如此一来，问题推进到卢梭思想的更深层次，卢梭与古典哲学的根本分歧正是在这一点上呈现出来。施特劳斯提示说，要理解卢梭思想中的德性问题，必须注意他对德性与好（goodness）的区分。卢梭说人生来是好的，他意在强调自然的是好的，人使其败坏，这个意义上的好指向一种非社会性、非道德性，同时，卢梭在很多地方也很强调德性和社会的必要性，德性与好的问题是把握卢梭思想的一对关键概念。

首先必须理解卢梭著名的自然状态学说。通过对《论人类不平等的起源和基础》（以下简称《第二论》）的分析，施特劳斯呈现出卢梭的自然状态学说与霍布斯-洛克、卢克莱修、《圣经》等思想传统的复杂亲缘关系。卢梭描述的自然状态带有很大的含混性，正如课程的最后有学生提出，初民、野蛮人、自然人、自然之人这几种表述之间存在既混杂又区分的关系。对此施特劳斯指出，卢梭的自然状态是一个极富象征意味又亟待澄清的概念，他对自然状态持有一种暧昧态度：一方面，他在《第二论》模仿卢克莱修《物性论》对人之起源与发展的描述，给自然

---

① 关于在政治德性问题上卢梭与孟德斯鸠的关系，参见刘小枫在《设计共和》第一章"卢梭与民主共和设计"的论述。刘小枫，《设计共和》，华夏出版社，2013，页1—10。

状态抹上田园牧歌的柔和色彩；另一方面，他在《爱弥儿》中引述普鲁塔克"论食肉"野蛮人的话，呈现出残暴血腥的自然状态，这表明卢梭其实承认霍布斯所说的自然状态下的人的残酷与愚蠢。

因此，施特劳斯认为，卢梭对自然状态的赞颂并不认真，是一种暂时性的赞颂，野蛮人概念是从属于卢梭理论建构中的一环，要把握卢梭思想的整体不必纠缠于自然和自然人概念的重重矛盾。关键在于，卢梭对自然状态的强调意味着他一方面受到《圣经》传统对人之起源及其目的解释的影响，但是他反对这个传统，以自然的反对神圣的。另一方面，通过追溯人性的自然状态，他把人类从自然状态到社会状态的转变归结为偶然事件——这意味着人并不是必然会有语言、理性和社会，于是也就反叛了古典传统对人性的理解。卢梭归根结底仍然接受霍布斯的自然状态假设，但是，他对其作了改造与提升，其中最关键的就是他对自我保全的美化，即甜蜜的生存感觉。

> 人的第一个感觉就是他的生存感觉，他首先关心其保全。（《第二论》）

施特劳斯强调，人性中存在不同等级的诸多自然需求——从最低的自我保全，到追求荣誉，再到最高的求知，古典最佳政制着眼于如何提升人性品质，现代传统则看重自我保全。在霍布斯看来，自我保全为所有人共有，更适合作为所有人的共同根基。卢梭认可霍布斯的判断，但他比霍布斯"更深沉"，他认为自我保全品质太低，不足以作为人性的根基，于是，卢梭给自我保全寻找到一个新前提，他的思路是，倘若生活本身不值得欲求的话，自我保全就不是必须的，人之所以欲求自我保全，乃是由于生活本身值得欲求，是甜蜜的，人对生活本身产生的这种甜蜜感受才是最基本的现象，卢梭称这种感受为生存感觉（the sentiment of existence），正是这种甜蜜的生存感觉引导着自我保全。他把生存感觉描述为一种自足感，但这种自足感与古典哲人说的幸福生活的自足相去甚远，用卢梭在《爱弥儿》中的话说，人"满足于活着，他就获得幸福"。

施特劳斯指出，卢梭与古典传统的差异在于，在亚里士多德那里，对于人来说，自足的本质在于道德的自足，意味着人可以理性地指导自己的生活，自足的人是那些不必依靠他人命令就可以生活得很好的人，这种理性指导下的自足指向美好生活；而在现代，这种自足充其量只能算作一种舒适的自我保全。相应地，现代传统还要据此证成自由之必要性，理由是，人要拥有判断什么东西对自己的自我保全更有效的自由，同时他还要拥有获取自我保全的必需品的自由。古典传统则会认为，即便个人进入城邦的初衷是为了保全个人，但城邦的目的则是追求好的生活，追求共同的好，古典意义上的自由必须借助美好生活来理解，而不单是为了活着的保全自己。施特劳斯总结古今两种自由观与卢梭的关系时说：

> 服务于舒适的自我保全的自由是一回事，服务于一种美好的、道德上的美好生活的自由是另一回事。我不是说它们不可调和，但它们是出于不同考虑。对于亚里士多德来说，总体上强调的是后一种自由，而对霍布斯和洛克来说，总体上强调的是前一种。卢梭在某些地方以一种非常难以描述的方式处于两者之间。（第九讲）

可以说，卢梭并不十分满意于舒适的自我保全，他在最后一部作品《孤独漫步者的梦》中提升了生存感觉的品质，他将最高意义上的生存感觉描述为孤独者的"遐思"，这在某种程度上几近于亚里士多德意义上的理论生活，它与古典意义上的哲学生活一样超越社会。但是，这种品级最高的生存感觉明显具有卢梭特质。施特劳斯指出，这种特质并不在于卢梭对理性的看法，卢梭的遐思同样看重理性，他不否认理性推论是孤独者把握生存感觉的工具，"理性的完满是生存感觉的前提"（第十七讲）。关键性的区别在于，这两者对"什么是好"这个核心问题有不同看法：

> 对古典视角来说……沉思的对象是真理；唯一真理就是唯一的最普遍的善（the most common good）。最普遍的善，并不意味着

它实际上由所有人所共有，而是说它自身就是最普遍的善。它是
某种极不私人性的东西，它不可能属于任何个体、任何国家，或之
类的东西。它就是普遍的善。而卢梭的普遍的善肯定是个体，即
生存感觉，它根植于我对自己存在的感受。它是极为私人性的，而
这正是卢梭所谓的个人主义的最深层次原因。在最高层面上，最
高的善就是一种私人性的善，而在传统视角看来，最高的善本身是
共同的善。（第十六讲）

在古典传统中，少数哲人有资格过沉思生活，思考"最普遍的善"，
这种沉思的结果可以在爱智者的小圈子传达，并非严格私人性的；卢梭
的"遐思"尤其强调私人感受，这种感受的体验者可以是每一个个体，
既包括《孤独漫步者的梦》中的才智卓越的"孤独者"，也包括《爱弥
儿》中的普通人爱弥儿，这种感受为每个人特有，不可传达给他人。卢
梭在《第二论》中承认人的自然不平等，但他又凭借"生存感觉"为常人
与哲人找到了共同的基础。

在进入《爱弥儿》之前，施特劳斯通释《第二论》，因为卢梭在这本
书里用历史哲学的方式描述了理性在人类当中的产生与发展：

《爱弥儿》以一种非常单纯的方式描述了理性在个体之中的
起源，《第二论》描述了理性在人类之中的起源。（第二讲）

也就是说，《爱弥儿》与《第二论》有种呼应关系。但是，施特劳斯
在课上引述了《致博蒙书》的一段话，表明卢梭谨慎地区分了个体与物
种：对于个体来说，"道德进步或许和智性进步同时发生"；对于大众来
说，"有多么启蒙就有多么堕落"。这个区分关系重大，用施特劳斯的
话说，这就是卢梭洞见到的人类的基本问题（the human problem），即
"个人理性之完善与这个物种的完善极为不同且不相一致"。卢梭热
衷于在现实政治亦即在民主共和国中实现人类的完善，施特劳斯同意
社会的发展或许可以在一定程度解决多数人的问题；然而，施特劳斯认
为卢梭同时懂得，仍然会有极少数人的特殊需求无法得到满足，他们的

需求只能在超社会的层面实现。卢梭尝试在《爱弥儿》中用一个新教育体系解决这个基本问题:

> 主题是一个新教育体系,我把一个关于它的计划提供给智慧之士审查。(《山中书简》,第九封)

按照卢梭自己的说法,所谓的"新"针对柏拉图的"旧",也就是传统的"公民教育"。卢梭的目标是要培养一个能够生活在社会中的自然人,个人的完善与物种的完善在他身上要达成一致,卢梭一开始就明白:

> 自然人为自己生活;他就是个整数,全体,只依靠自己和自己的喜好。公民只是一个分数的分子,他的价值取决于分母;他的价值取决于整体,也就是,取决于共同体。(《爱弥儿》,上册,页11)

卢梭知道个体自然人与社会公民的目标不相容。按照布鲁姆为《爱弥儿》英文版撰写的导言概括,卢梭的步骤是在《爱弥儿》前三卷描述如何抚育出一个文明的野蛮人(civilized savage),后两卷通过宗教、婚姻和政治尝试把这个单子化的个体带到人类社会,最终以个人品行为基础担负起道德责任。卢梭在《爱弥儿》中暗示,培养一个人的"双重目标"——即为自己与为他人,只有"通过去除人本身的矛盾"才可以达成,他的任务是尽最大可能地消除人本身的矛盾。

《爱弥儿》中的新教育方案被称为"自然教育",可是正如施特劳斯指出,这个教育方案带有最不自然的特征,充满人为设计痕迹,用他的话说,街头巷尾任何一个小孩子接受的教育都比爱弥儿更自然。让-雅克对爱弥儿进行的自然教育更像是一项人工实验,这项实验从一开始就在设计爱弥儿的人性。《爱弥儿》的教育目标与亚里士多德的潜能-实现完全不同,卢梭说人的教育有三种:

> 我们器官和才能的内在成长是自然的教育,我们学着使用这

种成长就是人的教育,我们由我们对周遭环境的体验获得的就是
事物的教育。(《爱弥儿》,上册,页8)

按照潜能-实现的教育观,孩子实现能力发展的前提是语言,因为
教育必须通过沟通交流完成,用语言教他如何使用自然,这样势必会推
进理性的发展。卢梭称这种推进理性发展的教育为"人的教育",区分
于"自然的教育"。在卢梭看来,教育是由这三种彼此并不和谐的教育
构成,人的教育和事物的教育是人力所及的,自然的教育则非人力可
控,然而卢梭提出的教育原则是:

> 我们可控的那两种就必须依照超出我们控制外的那种的指
> 引。(《爱弥儿》,上册,页9)

我们该如何用不可控的自然指引我们的教育? 卢梭自问自答:

> 要教育这样一个特殊的人,必须做些什么呢? 我们可以做很
> 多,但最重要的事情是避免去做任何事情。(《爱弥儿》,上册,页
> 14)[1]

教育特殊的人,并不是指这个人天赋特殊,所谓特殊指的是这个教
育对象将成为文明化了的自然人,在他身上将要实现前述人类基本矛
盾的和解。乍一看,卢梭在这里给出了一个近乎玩笑的教育法——
"避免去做任何事情",这个自然教育方法的内涵必须借助《爱弥儿》开
篇第一句表达的原则来理解:

> 出自造物主之手的东西,都是好的,而一到人的手里,就全变
> 坏了。(《爱弥儿》,上册,页6)

---

[1] 本句依据布鲁姆(Allan Bloom)英译本,Rousseau, Jean-Jacques, *Emile or On Education*, Introduction, Translated and Notes by Allan Bloom, basic books, 1979, 页41。

　　既然人为的都是坏的,那么就要避免去做任何事情。施特劳斯用经济学上的放任主义(laissez-faire)概括这种教育,也就是说,卢梭心目中的好教育,即他所谓的自然教育是一种消极教育。施特劳斯指出,"自然的"同样是柏拉图-亚里士多德教育传统的关键词,但是,区别在于:对古典传统来说,人必须通过理性才能达成人之自然目的,也就是人的完善;卢梭接续的霍布斯传统则宣告了理性的无能和激情的作用。所谓的放任主义原则关键在于强调激情的自由是好的,理性的干预是坏的。

　　卢梭与他的竞争对手柏拉图非常不同。卢梭在《爱弥儿》开篇称赞《王制》是"最好的教育论文"。柏拉图在《王制》中的制度的乌托邦性质一直是学者们津津乐道的话题①,然而卢梭却说,斯巴达立法者吕库古斯的制度远比柏拉图的制度更大胆,更乌托邦,因为吕库古斯改变了人性,而且,他还付诸实施了。

　　柏拉图在《王制》中做的是挑选特殊的卓越天性并给予适合这种天性的教育,让这种自然天性更好地发挥,从而实现这种人的目的——守护城邦。护卫者的本性从一开始就不存在个人与城邦的矛盾。当阿德曼图斯关心护卫者能否幸福的问题时,柏拉图给出的答案是:护卫者和普通人的自然天性差异造成了他们使命不同,普通人的幸福生活并不是护卫者的幸福生活(《王制》420b—421c)。

　　卢梭看得很准,"柏拉图只不过是要人纯洁他的心灵"。卢梭的抱负比柏拉图更大,在《爱弥儿》中他不止一次强调,爱弥儿并不是具有卓越天性的人,爱弥儿和他的伴侣苏菲都是资质平平的普通人(un homme vulgaire),他终究要成为一个公民,卢梭在《爱弥儿》提到爱弥儿会成为优秀的公民,也许还会是一个政治领袖,虽然他要被教育成为人而不是公民:

---

① 关于《王制》三次浪潮乌托邦性质的讨论,参 Drew A. Hyland: *Plato's Three Waves and the Question of Utopia*, Interpretation18,1990。关于《爱弥儿》与《王制》中的三次浪潮的比较,参见 Laurence D. Cooper: *Human Nature and the Love of Wisdom: Rousseau's Hidden (and Modified) Platonism*, The Journal of Politics, Vol. 64, No. 1 (Feb,2003), pp. 108—125。

> 我会选一个才智平常的孩子……常人是必须被教育的人,唯
> 独他们所受的教育可以作为他们同伴的教育范本。其他人才能找
> 到他们的方式。(《爱弥儿》,上册,页35)

卢梭必须改造人性。于是,按照他的计划,《爱弥儿》的前两章要
重新论证人类天性及其目的:首先,人之初只有生存感觉,理性与社会
性并不是人的本性,amour-propre[自恋]这种激情是人类一切德性和恶
行的根源。其次,人之为人不存在古典意义上的目的,童年并不是成人
的预备期,儿童与成人一样都可以达到自足的生存感觉。

卢梭所谓的"避免去做任何事情"显然只是表面上的方法,既然要
改造人性,要达成一个非古典目的论意义上的教育目标,就必须完成一
些艰难的任务。卢梭说,自然既好又完美,可是人极其容易受到各种干
扰,必须把自然保护起来免遭这些干扰。正如施特劳斯看到,"自然教
育并不会自然而然地横空出世",必须通过"自然,再加上卢梭做自然
的保护者"(第五讲),也就是必须人为地保护自然。什么才算是保护
了自然呢? 卢梭的答案是保护爱弥儿免受偏见的影响:

> 当我们的自然倾向不受人类偏见和人类习俗的干扰时,孩子和
> 成人同样的幸福都在于享受他们的自由。(《爱弥儿》,上册,页82)

在卢梭看来,免受偏见和习俗的干扰就意味着幸福,卢梭要证明的
其实是,幸福的本质是享受自由。一个人彻底摆脱偏见,不再做习俗和
偏见的奴隶,就可以实现自由。听起来让-雅克似乎要按古典传统培养
哲人的方式来培养常人爱弥儿,因为按古典传统的看法,最高意义上的
完善的人是那种过着纯粹的理性生活的人,其重要特征就是摆脱偏见,
公民则必然带有各种偏见,甚至他的生活必须依靠各种偏见,在这些偏
见中,尤其重要的是宗教信仰。

作为政治哲人,卢梭显然懂得宗教信仰之于政治生活的意义,在第
五卷设计爱弥儿未来的伴侣苏菲的教育方案时,卢梭给了苏菲完全不
同于爱弥儿的教育,因为苏菲其实是爱弥儿进入社会生活的接引者,象

征着婚姻家庭和政治生活,所以苏菲必须依照人类偏见和习俗培养,从小接受宗教和道德教育。卢梭在前三卷的描述不时地透露一个显而易见的事实,爱弥儿的成长过程根本不可能远离偏见,他必定会接触到别人,偏见随时都会通过仆人的侍奉或玩伴的竞争进入爱弥儿的生活。施特劳斯指出,卢梭无疑会承认,也深知这些不可避免的事情会危及整个设计方案,关键仍在于尝试理解卢梭这项设计的意图。

施特劳斯指出,在设计爱弥儿教育这项理想状态下的实验中,哲人卢梭运用他的理性,借一个孩子的成长过程,考察人生的哪个阶段必然会出现的偏见。卢梭当然懂得每个文明社会都有其凭靠的偏见,检查这些偏见正是哲人的一项任务,他要分辨哪些是合理的、必要的好偏见,哪些是应该避免的偏见(第六讲)。卢梭既要强调爱弥儿是个常人,自然教育的理想不是培养哲人,而是自由的自然人,同时,在实践层面也要强调这个常人也是新社会的公民,要避免旧偏见,尤其是旧信仰。施特劳斯在最后一讲总结道:

> 卢梭对自然之人与人为之人的区分最终意味着这一点:⋯⋯人为之人是通过宗教借助对一个神人同形的上帝或诸神的信仰培育起来的人⋯⋯自然之人⋯⋯不是在这种信仰中培育起来的。(第十七讲)

最终仍要进入政治生活的自然之人不在信仰中培养起来,他要刻意避免一切权威和偏见。但是,一方面,他的成长过程中一直浑然不觉地受到让-雅克的欺骗和强力的引导(《爱弥儿》卷四),另一方面,他终究要进入社会,让-雅克给他安排了萨瓦本堂神父的公民宗教洗礼。根据卢梭在《社会契约论》最后一章"论公民宗教"的观点,每个共同体都有各自信奉的习传宗教,在某种意义上,遵从这种习传宗教就意味着爱国。各自敬奉自己的神明会导致各城邦之间的诸神之战,可是基督教这种普世宗教会削弱爱国主义,世俗权力与精神权力的分离必会削弱政治体的主权。

卢梭给出的最终解决方案就是公民宗教,其好处是"它把对神明的崇拜和对法律的热爱结合在一起",坏处是"建立在谬误和谎话的基础之上"。① 施特劳斯指出,根据卢梭在《山中书简》的自述,"信仰自白"就是卢梭对公民宗教的表述,它是自然人爱弥儿进入社会的必经步骤(第十三讲)。卢梭认为宗教可以为国家所用:

> 在各个国家初创时,宗教是用来作为政治的工具的。(《社会契约论》,第七章,论立法者)②

施特劳斯提醒我们注意,"信仰自白"被夹在两种与之相反的道德教诲之间。这正是由于卢梭看到德性多重含义之间的复杂矛盾,立法者要为公民社会立法,必须诉诸公民宗教对德性缺陷进行补充,公民宗教一方面可以给共同体建立起神圣性,另一方面可以塑造"公民精神",所以爱弥儿要由萨瓦神父的宗教教育塑造公民精神。可是,爱弥儿的成长过程要避免一切偏见和权威,虽然卢梭反复强调爱弥儿是普通人,并不是要被培养为哲人,但实际上让-雅克培养爱弥儿的自然教育本质上是一种哲学教育,爱弥儿不接受任何偏见和权威,他不会接受传统宗教,同样不会接受公民宗教,因为"哲理思辨必然会把任何宗教视为审视对象"。③

在课堂讨论过程中,施特劳斯和学生们注意到《爱弥儿》全书共有三处小标题,都集中在第四、五两卷,即"信仰自白"(卷四)、"苏菲或女人"(卷五)和"游历"(卷五),这也是爱弥儿进入社会依次要经历的三种教育。从第四卷起,爱弥儿进入新的人生阶段:

> 这就是我所说的第二次诞生,到了这个时候人才真正地开始生活……我们所实施的教育,到这个时期才开始哩。(《爱弥儿》,上册,页317)

---

① 卢梭,《社会契约论》,何兆武译,商务印书馆,2005,页166—183。

② 同上,页49—55。

③ 刘小枫,《设计共和》,前揭,页250—259。

爱弥儿十五六岁,处于通常所说的青春期,性的欲望开始觉醒,这标志着社会关系出现,因此这三种教育都在不同程度上涉及情爱问题。施特劳斯指出,卢梭对情爱的论述的特殊之处在于,他眼中的人类情爱以 amour-propre 为前提。卢梭区分了 amour de soi 和 amour-propre,前者是自爱(self-love),后者按照字面直译也是自爱,但它带有负面含义,带有骄傲和虚荣的意味:

> 自爱所涉及的只是我们自己……而 amour-propre 则促使我们和他人进行比较……敦厚温和的性情是产生于自爱,而偏执妒忌的性情则是产生于 amour-propre。(《爱弥儿》,上册,页 320)

卢梭称 amour-propre 是"所有激情中首要且最自然的",它和自我保全密切相关,卢梭甚至把爱国激情、立法激情都归咎为 amour-propre。amour-propre 出现在人必须把他人纳入考虑之时,产生于和他人的比较。按照施特劳斯的解释,它也有诸多高低不等的形式,低的愚蠢的虚荣和高的渴望不朽荣耀都是它的现象,共同点是关注别人如何看待他。卢梭的特殊之处是把人类的情欲解释为 amour-propre 的现象,理由是这种行为也包含着比较。施特劳斯指出卢梭对情欲的理解完全偏离传统和习俗的理解,他不再认为人类情欲朝着一个生育目的,是人类繁衍后代的本能行为(第十讲)。

> 他们的欲望并不是一种身体需求;性欲望并不是一种真正的需求……我越是反思这个重要的决定性时刻……我越是说服自己,一个在沙漠中抚养长大的孤独者,没有书籍,没有教导,没有女人,他会至死都是一个贞洁的人,无论他变得多老。(《爱弥儿》,上册,页 289)

卢梭意图证明性欲本身对人来说并不是严格意义上必需的,而爱情比性欲更不自然,唯一必需的仍然只有自我保全,卢梭这么做是为了继续维护人的非社会性。施特劳斯看到,卢梭在这个问题上接续了霍布斯的看法,因为在传统看来,性欲望的满足从属于延续物种的自然目的;对霍布斯来说,繁衍后代被颠倒过来,作为满足个体性欲的副产品,本身并没有内在意义。卢梭始终要论证人生来是一种孤独的存在者,仅在柔弱的孩童期才偶然需要依赖他人,即便这种依赖性引出文明社会的诞生,人之本质仍是非社会性,他从根本上讲不需要一个伴侣(第十七讲)。施特劳斯认为,卢梭的这个论断——性的需求并不是人的真正需求——清晰地表达了卢梭的"个人主义",个体之为个体首要的关注是自我保全,其他事情都是派生性的。

这样一来,萨瓦牧师的宗教教育、苏菲的爱情教育和周游列国的政治教育的必要性都被削弱了,这就不难理解卢梭为什么会给进入社会后的爱弥儿写下两个不同的结局。第一个结局安排爱弥儿远游之后,让-雅克把他对爱弥儿的权威转给苏菲——象征着政治生活,爱弥儿最终向他的导师宣告:"现在是你该休息的时候了。"在这个大团圆结局中,爱弥儿按照让-雅克的期待作为哲人的作品,成为世人的榜样:

> 可爱的爱弥儿……你还没有担负向人类阐述真理的艰巨使命,你应当到他们中间去同他们一起生活,在同他们的亲密的交往中培养友情,为他们行好事,做他们的模范;对他们来说,你的榜样比我们所有一切的书籍都更有用处,他们亲眼看到你所做的好行为,将比我们所说的一切空话更能感动他们的心。(《爱弥儿》,下册,页801)

然而,数年后,卢梭又为《爱弥儿》写了当时没有公开发表的续篇《爱弥儿和苏菲或孤独的人》。在这个续篇中,卢梭以爱弥儿的口吻给让-雅克写信:"很快上天不再护佑这座你不再居住其中的屋子。"让-雅克离场后,由于命运的突变和情欲的放纵,爱弥儿和苏菲的家庭很快解体,爱弥儿甚至被卖为奴隶,几经离丧的爱弥儿却始终从生存感觉获得幸福。

施特劳斯最后总结说,在卢梭看来,我们直面生活会获得一种经验,这种经验让我们觉得生命本身是好的,这就是生存感觉。生存感觉是对生命的热爱,它引发了人以保全生命为目的的行动,这种行动的顶峰是政治生活,但生存感觉与政治行动并不一致,因此卢梭对道德/政治领域最终仍持保留态度。

在课程的最后,施特劳斯和学生们讨论了爱弥儿与让-雅克的区分,也就是我们这些常人与哲人的区分。读完《爱弥儿和苏菲或孤独的人》中爱弥儿命运多舛的经历后,我们不禁会问,生存感觉果真足以支撑常人爱弥儿的生命吗?我们毫不怀疑,我们常人独自面对圣彼埃尔湖平静的湖面的那一刻,可以和孤独者一样体验到甜蜜的生存感觉。然而,当我们常人面对柏拉图在西西里的遭遇时,或是遭受约伯的命运时,常人的心志果真还能体验到甜蜜的生存感觉吗?少数人的形而上学自由被引证为支持多数人政治自由的论据是否恰当?

凡课上学生读卢梭文本的地方均使用现行的中译本(首次出现时在注释中注明版本信息),根据课堂讨论内容会作出相应改动,同时也参考卢梭作品的英译本。这次课程每讲的具体日期已不可考,原英文版仅按顺序标识十七次课。为便于中文版读者翻阅,译者大致按照每讲涉及的文本内容和主题拟定了小标题。原稿中有许多地方标明"听不清",凡此用[……]表示。

翻译本书的过程中,四川大学哲学系的曾怡副教授帮译者解决了许多法文问题,第十一、十二讲涉及自然宗教的部分在刘振帮助下完成,在此一并致谢。

曹　聪

于伦敦,樱草山寓所

2018 年 12 月

英文版导言

马克斯(乌尔辛纳斯学院)

[i]我的一位老师曾评价说,受到卢梭吸引的人们往往对他特别着迷,因为他们在某种程度上也有卢梭的不节制。施特劳斯却完全没有表现出被卢梭吸引到那个地步。他的卢梭研究保持着距离感与克制。然而,通过相对而言并不算多的作品以及他的弟子,施特劳斯的卢梭研究影响深远,就如同他对每个其他思想家的研究那样。正如史密斯(Steven Smith)指出,

> 曾经一度,卢梭被人们置之不理,他要么被视为政治原则外的乖戾疯子,要么被视为需为法国大革命激进政治负责任的危险反启蒙分子,施特劳斯重新恢复了一种对卢梭政治思想的严肃兴趣。(史密斯,2011)[1]

施特劳斯的影响显而易见,他弟子的卢梭著作译本得到广泛使用,比如布鲁姆(Allan Bloom)、古热维奇(Victor Gourevitch)、巴特沃斯(Charles Butterworth)[2],以及再传弟子,尤其是《卢梭著作全集》的合编者凯利(Christopher Kelly)。[3] 在我看来,施特劳斯在卢梭研究上的影

---

[1] 当然,史密斯的意思不是指没人严肃对待卢梭。比如卡西尔(Ernst Cassirer),他指导了施特劳斯的博士学位论文,曾于1932年出版过一本《卢梭问题》,比施特劳斯发表《论卢梭的意图》早15年。施特劳斯的卢梭除了处理康德的方式之外,与卡西尔的几乎没有共同之处。

[2] 一位在1962年课程中发言的学生,我后面会讨论。

[3] 关于施特劳斯弟子译作与出版物更详细的列表,参见史密斯,2011,注释2。

响远比他在柏拉图或洛克研究上的影响争议更少。这或许因为卢梭强调过,作为一个自相矛盾的作者,他为不同读者写作,他拒绝对读者说清楚一切,而且,由于审查制度和迫害无疑会让卢梭和他那些法国启蒙时代的同仁都忧心忡忡,那些或许并不认可施特劳斯的学者们也会发现,施特劳斯研究卢梭的方法值得尊敬。

倘若施特劳斯在我们对卢梭的理解上占据重要位置,卢梭也同样在我们对施特劳斯的理解上占据重要位置。对施特劳斯而言,卢梭是"现代性第二次浪潮"的开端,是对与施特劳斯所谓的"我们时代的危机"关系最密切的霍布斯、洛克的现代思想的一次现代反动(施特劳斯,1985,89;1953,252—253)。

[ii]尽管施特劳斯的卢梭研究影响重大,学者们还是很少直接关注施特劳斯谈论卢梭的作品。[1] 在这篇序言中,我将借助施特劳斯在1962年开设的卢梭专题课考察施特劳斯两部主要公开发表的卢梭论文之间的关系,施特劳斯中心如今把这次专题课公布在网站上。

让我先来简要说一下这次课程。这次课程的十七讲有录音,已被誊写出来。大多数磁带或丢失,或得到修复;只有第八讲和第十讲被数字化并公布。不过,磁带在学生提问和评论的时候时有中断,现存磁带清楚地录下了施特劳斯讲的话。因此,有理由假设这个誊写本至少是对施特劳斯所言的很好的记录。我们这些不止一次参与学院发展工作坊的人都有这个印象:60年代早期,在芝加哥大学的课堂上不可能有个人能按照自己的方式如此轻易地用到这么多的讨论。但是事实上,考虑一下施特劳斯在1962年时的精神高度,这次课程尤其突出的是施特劳斯的学生在多大程度上激发他。注意这段交流的语气:

学生:我没能理解此处德性如何进入。

施特劳斯:完全没有。我是说,是我引入它。

---

[1] 参见史密斯,2011,注释1,有一些重视他的学者。亦参古热维奇,2012,极佳地处理了施特劳斯的卢梭研究。据我所知,他们都没用到1962年专题课。

以及这段：

> 施特劳斯：请再说一遍？你不同意吗？
> 学生：我认为他其实并没有得出禁欲的结论。
> 施特劳斯：当然，要想强烈地强调这一点则不够——它对他而言还是非常棘手，我们知道他人生的反常行为，你知道吗？
> 学生：但他强调了义务的部分，这是它的另一面。（第十三讲）

　　尽管施特劳斯有时会中止他认为离题太远的讨论，显然在他的课堂上，至少在这次课程上，他创造了一种学生可以坦率地打断他的课堂氛围，所以课上有多处施特劳斯和学生交换意见。

　　当然，这个课程上发生的事情并非不会发生在今日的课堂上。尽管课堂上至少有一位女性，一位胡金斯小姐（Miss Huckins），当施特劳斯说迷恋帽子的女人远比迷恋领带的男人多得多（第十四讲）的时候，没有人站出来反对他。不过，从整体上看，这个课程接近 21 世纪的观念，学生积极参与课程，远比我在 20 世纪八九十年代经历的更积极活跃。

　　无论如何，这次研讨课最终成为我这个观点的证据：尽管《论卢梭的意图》和《自然权利与历史》中论卢梭的章节在语气上存在明显差异，施特劳斯的卢梭是后者中的卢梭，[iii] 这个卢梭极尽可能地尝试，最终他仍无法让自己摆脱霍布斯的影响。下面这句话最好地说明了施特劳斯对卢梭的理解：“当卢梭把握到古典视野的那个瞬间，他再次屈服于他想让自己摆脱的那股力量。”（施特劳斯，1953，页 262）

《论卢梭的意图》与《自然权利与历史》中的卢梭

　　让我先来考察一下施特劳斯论卢梭的主要公开发表作品，目的是解释这次研讨课对我们理解施特劳斯的卢梭能有哪些补充。在 1962 年课程之前，施特劳斯曾经对卢梭做出过两次重要评价。第一次是在《论卢梭的意图》（1947），主要讨论卢梭的《第一论》，尤其是后来众所周知的卢梭悖论。① 《第一论》的核心论断是,文艺与科学的发展败坏了欧洲的道德。事实上,文艺与科学的进步往往会败坏道德,这并不仅限于18世纪的欧洲,而是放之四海而皆准。但是,卢梭本人就是位哲人,他在科学上投入的精力②并不少于他攻击的启蒙思想家们,他甚至提出过一条近似重力定律的定律。此外,他在《第一论》的最后建议,最好的科学家应该身处国王议事会,还应该去引导人民。《第一论》的悖谬之处就在于,卢梭责怪文艺与科学在实践方面不称职,但在最后一刻,他却提出一种近似哲人王的主张。

施特劳斯解决了这个悖论,同时又不牺牲卢梭思想的一致性。卢梭在《第一论》中用两种声音说话。一方面,他作为一个普通人说话,按照卢梭的话说,"并未获得天赐卓越天赋的普通人"(hommes vulgaires)中的一员,因而"并不注定享有很多荣耀"好像那些值得投身文艺与科学的人们那样(《第一论》卷三,页30;22)③。在那种身份下,他"完全没有过分夸大地彻底否定科学"(施特劳斯,1947,页464)。但是,他同时也是一个只在乎有识之士的认可,并且"希望超越其时代"的人,那么,他就注定和那些极少数有资格投身文艺和科学的人一样享有荣耀(施特劳斯,1947,页464;《第一论》,卷三,页3;3)。④

[iv]尽管两种声音同时出现,卢梭攻击科学的声音却比他有所保留地称赞科学的声音更响亮,这一点也不令人吃惊,因为,大众化的科学绝对是坏的。科学总是威胁社会,因为,"社会需要其成员相信某种特定的基础",而这些基础"不是知识的对象,而是信念的对象"(施特

---

① 哈文思(George Havens)1946年的《第一论》重要版本对《论卢梭的意图》而言是关键的背离。

② 和18世纪的普遍用法一样,卢梭几乎在同一个意义上使用"科学"和"哲学"。尽管《第一论》讨论文艺和科学,施特劳斯几乎完全在处理卢梭反对后者的论断。我确信,可以说反对科学的论断就是《第一论》的核心。

③ 援引卢梭的地方标注的首先是《全集》的卷序号和页码,然后是凯利和马斯特主编《卢梭全集》相关卷中的页码(详见参考书目)。

④ 如果施特劳斯称卢梭有时讲话就像"一个哲人向哲人们演说"(施特劳斯,1947,页464)的论断似乎难以让人信服,值得注意的是,即便哈文思这样的权威(在他重要的《第一论》译本)也展现出卢梭尽管自称普通人,但还是认为自己是智慧之人中的一员,甚至是柏拉图、色诺芬这个群体中的一员(卢梭,1946,页201,注释142)。

劳斯,1947,页472)。科学,"试图拿知识取代意见,本质上危及社会,因为它取消了意见"(施特劳斯,1947,页473)。

但是,如果说科学总是威胁社会,那么大众科学就其大众化而言,就尤其有威胁性,总体而言,它伤害而非促进科学实践,卢梭毫不含糊地反对科学大众化。但是,

> 由于只有作为大众化的哲学,哲学才能被街知巷闻,一场公共针对大众化哲学的攻击注定会成为对哲学的简单攻击。(施特劳斯,1947,页468—469)

简言之,施特劳斯把《第一论》理解为一种对古典观点的回归,由此解决这个矛盾,根据这个古典观点,"社会需求与哲学或科学需求间有一个根本性的不平衡"(施特劳斯,1947,页484)。

施特劳斯关于卢梭的第二个主要论断出现在《自然权利与历史》(1953)的一个章节,那里主要处理《第二论》。这一章最重要的论断是,卢梭尽管看似是道德主义的,他在根子上赞同霍布斯。卢梭同意"自然法原则上必有其先于理性的根源"以及"自然法的原则就是自我保全的权利"。这个观点预设了人类生来孤独(施特劳斯,1953,页266)。卢梭的特殊贡献在于,他比霍布斯更加坚定。

霍布斯假设,他的自然孤独者多少类似一个仍然应该在其时代处境下被研究的人类,卢梭却正确地看到,前社会的人类和我们已经了解的人类毫无相似之处。特别是,前社会的人类没有理性,因为理性以语言为前提,而语言又以社会为前提(施特劳斯,1953,页270)。然而,自然人尽管低于人类,却怡然自乐,因为他"摆脱了自我矛盾"且"极端独立"。自然状态对霍布斯而言是一种否定性标准,它"对卢梭而言则是一个肯定性标准"。结果,

> [卢梭]对于有关善的生活这个问题的答案就是这样的:善的生活就在于极尽人道层次所能地最大程度地接近自然状态。(施特劳斯,1953,页282)

"按照社会契约要求建立起来的"一种政体(施特劳斯,1953,页282)就是一个这样的近似者,在这种政体中,每个公民只服从公意,而不服从"任何他人的个别意志"(施特劳斯,1953,页285)。公民通过避免人身依附和藏身于更大的整体中避免自相矛盾。但是,由于卢梭甚至把合法社会也视为一种束缚,他认为"真正的自由只能在公民社会之外觅得"(施特劳斯,1953,页290),而且,尤其在孤独的沉思中才能找到。

这种朝向沉思的转向似乎再次让卢梭和古典哲人们一致起来,孤独沉思的对象或最终结果对于卢梭,[v]当然并非对于柏拉图或亚里士多德而言,是"对一个人自身生存的愉悦感悟"。"正是通过使自己完全沉入这种感悟之中,文明人才完成了在人的层面上向着原初自然状态的回归"(施特劳斯,1953,页292)。施特劳斯的这篇文章最后反思了卢梭的至高点、一种迷梦般的状态的问题何在,并以此总结全文:

> 我们认识到,他站在个人或者说某些极少数的个人的立场上所提出的针对社会的要求,缺乏明晰性和确定性……这并不奇怪。善的生活就在于在人性层面上回归自然状态(也即回归全然没有一切属人特征的某种状态)的这一观念,必然导致这样的结果:个人所要求的摆脱社会的这种终极自由,缺少任何明确的属人内容。(施特劳斯,1953,页282)

众所周知,卢梭作为现代性"第二次浪潮"背后的推动者出现,部分地寻求回归古典政治思想,却在有意无意间令现代性更加激进。

《论卢梭的意图》与《自然权利与历史》 之"卢梭"如何不同?

迈尔注意到,这两篇论文尽管写作时间接近,[1]读起来却非常不

---

① 甚或比看起来的还要接近,因为沃格林的讲座在《论卢梭的意图》发表两年之后,而《自然权利与历史》是它的扩展版(迈尔,2006,页66)。

同。《自然权利与历史》把卢梭当成尼采那次"浪潮"的发起人,倾向于强调卢梭的历史影响,可以说在一种损坏卢梭全面思想的情况下。当"兴趣侧重于重构由卢梭开始的现时代危机的发展过程时"势必会"转移侧重点、存在模糊处理和简化处理"(迈尔,2006,页67)。

迈尔并非意在贬低《自然权利与历史》中的论述,他认为这段论述"是我们现有的关于卢梭整体,尤其也关于《论人类不平等的起源和基础》之意义最重要的解读"。但迈尔确实认为它要逊于《论卢梭的意图》,施特劳斯在后者中"完全参与到作者思想的推进过程中,以求抵达文本的最根本处"(迈尔,2006,页68)。比起《自然权利与历史》,施特劳斯《论卢梭的意图》更加展现出自己"完全致力于如哲人本人一样理解哲人"。从《自然权利与历史》到《论卢梭的意图》正是从"哲学史到哲人意图"的上升(迈尔,2006,页72)。

我认为,有一些很好的理由可以质疑迈尔对这两篇论文关系的理解。我来谈三个理由。第一,根据迈尔,《论卢梭的意图》的重中之重就在于,它"向我们展示了这样一位政治哲人,他得出的结论是,倘若政治哲学提出的政治'解决方案'可以实现,人们就必须遗忘政治哲学看到的那个问题"(迈尔,2006,页69)。这也就是说,它揭示出[vi]哲人与社会的冲突,这种个体与社会冲突最深层的表现形式无法得到解决。施特劳斯确实在《论卢梭的意图》中表达了这一点,比起《自然权利与历史》,此观点在该论文中表述得更加自如,论文还强调了凝聚社会的东西与哲人质疑的东西之间的差异。可是,施特劳斯在《自然权利与历史》中同样申明过这一点,而且几乎用了相同的表述。我直接引述这两段话,以此证明它们有多么相似。

　　这就是说:社会不得不尽一切可能使公民对那些由政治哲学、作为社会基础而成为他们关注焦点的那些事实感到浑然不觉。社会之成败端赖于一种特别的蒙昧,哲学必然与之对抗。倘若政治哲学提出的解决方案可以起作用,就必须忘掉政治哲学提出的问题。(施特劳斯,1947,页482)

这就是说,社会必须尽一切可能让公民对那些由政治哲学作为社会基础而引入他们关注焦点的事实感到浑然不觉。社会之成败端赖于一种特别的蒙昧,哲学则必然与之对抗。倘若政治哲学所引出的解决方案要起作用,就必须忘记政治哲学所提出的问题。(施特劳斯,1953,页287—288)

无论施特劳斯公开发表的论卢梭的主要作品有什么区别,《自然权利与历史》的论证都完美地与此观点一致,即,卢梭怀疑个人与社会的矛盾能否解决,这恰恰是施特劳斯在这段话中牢记的问题。思考一下《自然权利与历史》论述开头的这段话:

> 卢梭到最后都相信,即便那种正确的社会也是一种形式的束缚。因此,他最多把他对个体与社会冲突的解决方案视为一个尚可忍受的权宜之计——一种仍旧可以合理质疑的权宜之计……那么,问题并不在于他如何解决个体与社会的冲突,而在于他如何构想那种不可解决的冲突。(施特劳斯,1953,页255)

为防止任何人怀疑个体与社会的问题和哲人与社会的问题之间的同源关系,我注意到,按照施特劳斯的表述,"科学与社会之敌对是天赋自由与人为束缚之对立的最重要例证"(施特劳斯,1947,页480)。于是,施特劳斯称赞卢梭属于抵挡得住强行解决个体与社会问题这一诱惑的那类思想家,这是两篇论文共同具有的重要且明显的主题,而并不仅是第一篇论文的主题。

第二点,也是更简单一些的理由是,施特劳斯本人对肯德尔(Wilmoore Kendall)的回应。当肯德尔问他为何不把《论卢梭的意图》收入作品集中时,施特劳斯这样回应:

> 我最近的书里不收入这篇文章是因为,我认为《自然权利与历史》的"卢梭"章节是对同一个主题的更加成熟与清晰的表达。(施特劳斯致肯德尔,[vii]1960年1月19日,肯德尔,2002,页

213）

尽管这个回应并未涉及论题本身，但却对迈尔的论点构成威胁。

第三点，也是最后一点，在《论卢梭的意图》一个极为关键之处，即在最后一段中，施特劳斯给出对"第二次浪潮"的卢梭的一个简要说明。在许多其他东西当中，卢梭"率先把道德标准的下降与'真诚'（sincerity）的道德情感要命地结合起来"，很大程度上由于他"试图在现代科学的基础上保留哲学的古典理念"（施特劳斯，1947，页487）。在《论卢梭的意图》中，施特劳斯指出，"第二次浪潮"这个主题与论文中的大部分讨论之间没有张力，"［卢梭的］这部分讨论由卢梭本人在古典政治哲学层面上进行"（施特劳斯，1947，页486）。

我认为，尽管迈尔在两篇论文关系上搞错了，他还是正确看到了二者之间的张力。或许最简单地总结就是，《论卢梭的意图》中的卢梭如迈尔所说，似乎总体上很能把持住自己。他没有冲动地做决定，因为他有着"善于谋划的头脑，对于这颗头脑来说，怀疑是个很好的靠垫"。[1] 他是个谨慎的作者。他有能力"在柏拉图和亚里士多德那个思考层面上迎接柏拉图和亚里士多德对民主的挑战"（施特劳斯，1947，页486）。

另一方面，在《自然权利与历史》中，卢梭错误地转向一种并不是为了特定自由的自由，这种转向显得像是某种犟脾气的产物。他就是喜欢自由。卢梭的论证"似乎建议回归到作为社会动物的人的概念"，但卢梭"拒绝承认人是一种社会存在"，因为：

---

[1] 这句话似乎尤其抬高卢梭，根据一场论"理性与革命"的讲座，迈尔翻译了它，"悬置判断，而非赞同，这是哲人的本质，在任何情况下，赞同都会建立在并不充分的证据上。在这种情况下，谁无法悬置判断、无法生活于这种悬念中，谁就无法知道怀疑对于构造精巧的头脑而言是个很好的软枕，他也就不是哲人"（迈尔，页171）。我无法找到这句话的出处，除非它是化用蒙田的话："无知与不好奇是精巧头脑休息的馨香软枕。""怀疑的靠垫"是对蒙田原话"由来已久的误引"（Henning，344）。

如果社会是自然的,它在本质上就不以个体的意志为基础……另一方面,如果霍布斯赋予算计或私利的地位让给激情或情感,则个体在与社会的关系中的优先性就得到了保持。因此,卢梭拒绝回到人是社会动物这个概念,因为他关心的是个体最极端的独立性。(施特劳斯,1953,页 287—288;强调为我所加)

施特劳斯在这里没有给出卢梭偏好的理由。

施特劳斯的卢梭研讨课与两篇论文

施特劳斯的卢梭研讨课对于理解这两篇论文之关系给出一些启发。我的论题可以简要表述如下:据施特劳斯说,即便卢梭这样的天才——施特劳斯称他为"第一流的天才"(第十六讲)——也会[viii]被卷入一个传统中。出于这个简单的理由,卢梭摆脱霍布斯的尝试没能成功。

在一次课上,有学生问到施特劳斯这个问题:卢梭为什么可以在《爱弥儿》中坚持认为孩子能够辨别出意志的影响和事物的影响,从每个人的经验来看,孩子实际上做不到这一点,他们实际上会跟桌椅板凳发脾气? 换种问法:在诸多方面都让人印象深刻的卢梭,为何会这么欠考虑? 施特劳斯最终这样解释这个错误——这关乎自然人不具有社会性这条原则,这是卢梭制造的另一个根本错误,也是"卢梭学说的根本缺陷"(第五讲)。[①] 卢梭之所以犯下这个错误是因为霍布斯犯了这个错误,这个错误流传下来。这段话值得引用:

> 霍布斯是个伟人,但其实霍布斯说了某些极其荒诞不经的东西。其中之一就是,人类生来就是非社会性的。那么,一旦霍布斯开启的这种倾向出于某些理由(强有力的理由)被证明极富吸引

---

① 卢梭不像柏拉图那样把忿怒看作自然天性,卢梭认为忿怒是不自然的,理由是人类没有自然天性——他们是无限可塑的(第五讲)。反过来,认为人的自然天性几乎是无限可塑的,这个观点来自另一个观点,即人类是自然地无社会性的——自然人就是一个完全剥离了社会需求的人,包括理智与激情,包括忿怒,也可以由此而来。

力,一个传统就此建立起来。在某种程度上,卢梭成长于该传统,因为和他过从甚密的百科全书派们是一种弱化了的霍布斯主义者。一旦这种传统建立起来,就会推着你朝向某个特定方向,那么你其实有时就会看不到最显而易见的东西。(第五讲)

在某些方面,卢梭能让自己摆脱霍布斯的影响。在施特劳斯提醒学生注意卢梭天资的这段话中,这里讨论的是卢梭的广度,尤其是,他发现需要"一个替代沉思的东西,而他的前辈,霍布斯和洛克认为人根本不需要这个东西"(第十六讲)。回想一下,关于卢梭"善于谋划的头脑,对于这颗头脑来说,怀疑是个很好的靠垫"的主要例证是,他愿意承认个体与社会的问题无法解决,个体与社会存在这个问题,究其最高层面而言,即沉思与社会的问题。

此外,卢梭是个"比霍布斯更深沉的思想家"(第三讲),因为卢梭懂得,自我保全不能作为根基性的东西;必须有一种经验,一种生存感觉,让我们感受到生之美好,让我们希望去保全自己。最后,当然,卢梭彻底思考了霍布斯的前提预设带来的后果,就这一点而论,卢梭超越了霍布斯,在某种程度上说,霍布斯没能做到这一点(第二讲)。

然而,所有这些都完美地和卢梭没能重新考虑霍布斯的根本预设——即人类天然的无社会性——相一致。这个预设是另一个预设的理论表达:倘若人生来是社会性的,这就意味着他总是生在一个社会中,他一旦生于社会也就进入了社会。他[ix]无条件地进入社会;他没有任何立场去说,你得给我这个那个我才愿意进入社会。这些现代学说,从霍布斯到卢梭,中间经由洛克……非常关注这个事实,即,人,亦即每个个体,都可以在做一个社会公民的时候提出他的条件。他的权利先行,随后才是义务;关于这一点唯一的理论化表述可能就是,人生来是非社会性的。(第五讲)

换言之,假如我们想解释卢梭拒绝承认自然的人类社会,尽管他这么做有着强有力的理由,我们必须回到他与霍布斯在根本上的一致,亦即，对于人类而言，权利比义务优先。

值得注意的是，这个霍布斯式预设本身并不仅仅是，或者说，并不首先是哲学的。霍布斯想把人从"一切并不生发自其意志的需要中"解放出来的尝试（第五讲）可以追溯至"霍布斯关心正确社会秩序之实现的一种属人保障，或者追溯至他的'现实'意图"（施特劳斯，1953，页182）。为满足这一意图，霍布斯必须得击败古典传统和圣经传统，按照这两个传统，存在一种由上帝或自然订立的先于权利的义务。倘若霍布斯关于人类天生非社会性的预设表面看上去荒诞不经——施特劳斯就这样认为，那么，霍布斯极可能被同一个希望蒙蔽了，因而他看不到其荒诞性，这一希望还让他看不到自己对人类的理解有多么凄惨悲凉：

> 对我们而言，很难理解霍布斯如何能够在有如此多理由绝望的情况下，如此满怀希望。在某种程度上，在人类掌控下的这个领域中的前所未闻的经历，以及合理的期待，必然使得他对"那些无限空间之永恒寂静"漠不关心。（施特劳斯，1953，页175）

我们可以初步以这种方式理解《自然权利与历史》之卢梭和《论卢梭的意图》之卢梭。《论卢梭的意图》首先关注的是卢梭能够让自己脱离霍布斯奠定的传统的那些方面，而《自然权利与历史》首先关注的是卢梭无法让自己摆脱霍布斯奠定的传统的那些方面，卢梭固执地坚持着霍布斯的预设，即便他已经透彻思考过这些预设的荒谬之处，他倾向于这些预设但是并不盲从。

迈尔用《论卢梭的意图》中的首要关注点来展示施特劳斯从哲学史再到哲人的意图，《自然权利与历史》的关注点让我们想要知道这两者是否分得开，至少在类似卢梭这样的近代晚期处境下。事实上，当论及更晚期的现代时，施特劳斯说，尼采的立场"除非主要被看作对卢梭的回应，否则就完全不可理解"，尽管尼采"如此厌弃卢梭和他所代表的东西，以至于他不去强调"他受惠于卢梭的东西（第十三讲）。如果没有意识到此前的历史发展，就几乎不可能理解尼采的意图，一种尼采没有替自己解释的历史发展。对于理解卢梭而言,似乎也是同样的情况;[x]如果不理解卢梭并不完全承认的受惠于霍布斯的东西,而且他没有充分领会这些东西的后果,就几乎不可能理解卢梭。

施特劳斯论《爱弥儿》

宣称卢梭在根本上赞同霍布斯,这也是施特劳斯解读《爱弥儿》的纲领性要素。只有在施特劳斯的课程上才能找到这种解读,施特劳斯把绝大多数课时花费在这个文本上。除此而外,施特劳斯没写过任何关于《爱弥儿》的作品,因此本课程为我们提供了别处看不到的那部分施特劳斯的卢梭,而且还是极为重要的那个部分,因为《爱弥儿》"比起卢梭其他的作品而言,包含了卢梭对于人与人类生活的更加清晰细致、极为详细的总体看法"(第十七讲)。它"在某种意义上,是卢梭最根本性的作品",卢梭在这部作品中"在心理学一词最广义的层面发展了他的心理学"(第一讲)。马斯特尔斯(Roger Masters)这样评述《自然权利与历史》中的卢梭一篇:

> 以自然权利学说呈现的主要问题为背景,精妙而高度凝练地分析了卢梭的政治哲学。对《爱弥儿》重视得不够。(马斯特尔斯,455)①

卢梭研讨课不仅弥补了这种重视不够,还以一种并不凝练的形式呈现了《自然权利与历史》中的某些观点。

施特劳斯早就提到,对于他的解读来说,卢梭与霍布斯的这种关系至关重要。他表述了卢梭思想的四个"要害",这些部分之间的关系是理解卢梭的关键所在。前两个是,卢梭赞美自然,同时谴责理性和社会,这是一种"修辞地表述"。第四个,即"个体完善与物种完善之间的

---

① 注意到这一点非常有趣,马斯特尔斯写下这句话的时候意识到这次研讨课的存在,他还援引过研讨课的内容,他这样介绍一段来自研讨课的引文:"就像某人一度非正式地提出。"(Masters,52)

不一致性",这并不是修辞性的表述,而是反复被卢梭提及的东西。正如我们看到,这也正是《论卢梭的意图》的主要论题。第三个,尽管施特劳斯赋予它最为显要的地位:

> 还有第三个要素,它既未被修辞性地呈现,也未被反复地提及,但它出于这个理由给我们提供了进入卢梭思想的更好门径,这就是,他在原则上和霍布斯一致……我自己发现,假如我从这里起步,我就会发现自己可以在他的思想中找到方向。(第五讲)

这个要害我们已经注意到了,它是《自然权利与历史》中处理卢梭时的核心问题。

尽管卢梭和霍布斯的一致通常主要借助他对自然状态学说的极端推进,以及与这个学说共生的个人主义来理解,施特劳斯在某种意义上让这种一致变得更为根本。回顾一下,之所以要否认自然的社会性,就是为了否认对义务优先于权利的那些主张——神圣或自然的,而且这还关系到否认存在这样一些主张,它们和霍布斯确保实现正确政治秩序的意图有关。根据施特劳斯所说,卢梭尽管表现为悲观主义,他和这种意图保持彻底的一致性。[①] 考虑一下施特劳斯关于[xi]人类迄今的历史的说法,霍布斯或卢梭这种人之后的人类历史会是什么样子:

> 更高的人类生活逐渐无目的地发展。这正是当今思想背后的观点……这种无监督的过程是[……]一种进步的过程,但必然是一种不完美的进步过程,因为它具有偶发的无监督的特征。但是,在某个特定时刻,一个人,或一些人意识到这种特征;在这个时刻,人可以计划他的进步。人们可以自觉地、不间断地做,迄今为止的事情只是发生过的。这正是 18 世纪代表的东西,卢梭当然也是其中一员。(第八讲)

---

① 或许甚至是完全一致。卢梭赞同孟德斯鸠的自由并不是所有人可达到的东西,根据施特劳斯,这帮助解释"卢梭大多数原则的温和特征,这些原则是打算直接应用的"(施特劳斯,1953,页277)。

卢梭在这方面可以与霍布斯一致,尽管对于他的时代来说,他的方案非常平和,因为他预见了一场革命。施特劳斯早在《论卢梭的意图》一文就点明这一点:"卢梭……想要超越他的时代……并且预见了一场革命",因此他"带着要满足革命后的健康社会需求的观点来写作"(施特劳斯,1947,页467)。卢梭,确实预见到一场革命,甚至一个革命世纪(《爱弥儿》,卷四,页468;343),尽管你可以质疑施特劳斯的推断,即卢梭希望革命后会产生好的东西。①

无论如何,《爱弥儿》的论证是由卢梭与霍布斯的一个区别决定的。

> 人一旦长大成人,再想纠正那种只会通向不完美社会的自然发展就不可能。在牛津剑桥学习的那些年轻人——霍布斯想再教育的绅士们——已经年纪太大来不及了,即便他们也才不过十六七岁。一旦长大成人,这种纠正就不再可能。也就是说,必须从出生那一刻就开始;当然要在儿童早期就开始。理性对于消除成年人的偏见来说毫无效力,青少年也包括在内。教育必须自然而然地始于人之初。必须永远不允许偏见进入。一旦偏见进入,你就败北。这正是《爱弥儿》明显释放的信号。这就是《爱弥儿》与卢梭整体学说的关系。(第七讲)

爱弥儿是个将会适应革命后的社会的人(第九讲),他必须是一个不带危险偏见的人,尤其是不带某种宗教偏见(第十七讲)。我们至少可以说出卢梭想培养出无偏见之人的两个理由。第一个是,无偏见之人才能保持自由;有可能不带任何社会偏见培养一个人,有可能解决个体与社会的这个矛盾。正如我们反复看到,卢梭认为这个问题无法解决,在《爱弥儿》中,他感兴趣的是如何部分地解决这个问题从而可以尽可能少地对个体施行暴力。第二,卢梭和霍布斯一样懂得,对于实现

---

① Melzer,1990,226—271. 然而,Melzer 同意卢梭部分是个霍布斯式的"理想主义的现实主义"(idealistic realism)。可以在许多地方看到理想主义的结果。

最好的政治秩序来说,启示宗教是个障碍。[xii]通过证明自然宗教的充分性,通过削弱启示宗教,卢梭比霍布斯更好地达到二人的共同目的。根据施特劳斯的说法,卢梭做了一项实验:他培养一个不带偏见的人,为的是检查哪些偏见是必要的。

> 除非这本书是……一种理智实验……不带任何偏见地推导出一个人的发展……看看有哪些地方是偏见必然会进入的……没有哪个文明社会能不带偏见,但是,存在可欲的偏见与不可欲的偏见。(第六讲)

施特劳斯努力证明,《爱弥儿》中尝试的个体与社会的解决方案并未获得成功,而且卢梭深知这一点。如果施特劳斯无法成功给出他的论证,那么他的卢梭解释就不成功。在《自然权利与历史》中,施特劳斯论证,复归自然(个体)与复归城邦(社会)之间的张力是"卢梭思想的实质"(施特劳斯,1953,254),而且,《论卢梭的意图》和《自然权利与历史》都同意,比起他的前人和后继者,卢梭的特殊成就在于,他认识到这个张力无法解决。因此,卢梭在《爱弥儿》中给出的建议,即为他本人和为其他人培养一个人的"双重目标"——只有"通过去除人的矛盾"才可以达成(《爱弥儿》,卷五,页 251;165)——就必定是尝试性的。

施特劳斯表明,这次尝试以下述这些方式失败。为了让爱弥儿成为一个公民,他必须接受一位萨瓦本堂神父信仰自白中的宗教教诲,但是卢梭也知道,信仰自白并不是真的。施特劳斯用三次课讲解信仰自白,他用令人信服的例证佐证了这个令人吃惊的观点,即信仰自白并非卢梭本人的教诲,他注意到最令人吃惊的是,它被夹在两种与之相悖的道德学说之间(第十三讲)。

尽管神父的宗教提供的解决个人与社会和解问题的方案或许对爱弥儿来说已经足够,爱弥儿不可能过一种孤独的生活,孤独生活的可能性仍然只对卢梭才敞开:"因此,这种解决方案,这种和解只对那些并非最顶端的人有效。对于最顶端的人来说,这种冲突仍然存在;这里指

的是孤独的遐思者。"(第十二讲)

孤　　独

这次课程还有一个好处,施特劳斯在这里最详尽地探讨了遐思者的性格。在《自然权利与历史》中,施特劳斯强调过遐思者与哲人之间的巨大差异。在这里,他并未放弃这个观点,但是他承认遐思者拥有可以传授给社会的智慧,也承认他并不是要抛弃理性,而是需要用它最大程度地享受生存感觉。确实,"人的最高程度由理性之完满决定":

> 只有在哲学的基础上,才能把握到这种[生存感觉]的体验的全部信息……就此而论,理性的完满是生存感觉的前提。(第十七讲)

[xiii]卢梭的生存感体验不同于柏拉图或亚里士多德的沉思,但并非由于它高于推理——对后者来说也是如此:"正如在柏拉图-亚里士多德的学说那里,超越推理……还有努斯(nous),对理性事物的认识",因此,在卢梭那里,"生存感高于简单的推理"(第十七讲)。最终将卢梭式遐思与柏拉图-亚里士多德式沉思区分开的仍然在于私人性。

> 对古典视角来说,在某种程度上伊壁鸠鲁派也带有这种视角,沉思的对象是真理;唯一真理就是唯一的最普遍的善(the most common good)。最普遍的善,并不意味着它实际上由所有人所共有,而是说它自身就是最普遍的善。它是某种极不私人性的东西,它不可能属于任何个体、任何国家,或之类的东西。它就是普遍的善。而卢梭的普遍的善肯定是个体,即生存感觉,它根植于我对自己存在的感受。它是极为私人性的,而这正是卢梭所谓的个人主义的最深层次原因。在最高层面上,最高的善就是一种私人性的善,而在传统视角看来,最高的善本身是共同的善。(第十六讲)

我们在这里再次注意到,卢梭受惠于霍布斯的首要观点。如果卢梭与古典立场的主要一致在于个体需求与物种需求之间的不均衡,对于最好的个体来说,沉思生活是最好的生活,卢梭对沉思生活的理解经过了一道他与霍布斯的一致的转换,即人类生来就是孤独的:

> 当卢梭把握到古典观点的一刹那,他再次屈服于他试图让自己摆脱的那股力量。(施特劳斯,1953,页262)

引用书目

Gourevitch, Victor. 2012. "On Strauss on Rousseau." In *The Challenge of Rousseau*. Edited by Eve Grace and Christopher Kelly. New York, Cambridge: Cambridge University Press.

Henning, Geo N. 1928. Review of *Anatole France the Parisian* by Herbert Leslie Stewart. In *Modern Language Notes* 43:5.

Kendall, Wilmoore. 2002. *Wilmoore Kendall: Maverick of American Conservatives*. Edited by John A. Murley and John E. Alvis. Lanham, MD: Lexington Books.

Masters, Roger D. 1968. *The Political Philosophy of Rousseau*. Princeton: Princeton University Press.

Meier, Heinrich. 2006. *Leo Strauss and the Theologico-Political Problem*. Translated by Marcus Brainard. Cambridge: Cambridge University Press.

Melzer, Arthur M. 1990. *The Natural Goodness of Man: On the System of Rousseau's Thought*. Chicago: University of Chicago Press.

Rousseau, Jean-Jacques. 1946. *Discourse sur les sciences at les arts*. Edited by George Havens. New York: Modern Language Association.

Rousseau, Jean-Jacques. 1990. *Discourse on the Sciences and Arts (First Discourse and Polemics)*. Vol. 2 of the *Collected Writings of Rousseau*. Translated by Judith R. Bush, Roger D. Masters, and Christopher Kelly. Edited by Roger D. Masters and Christopher Kelly. Hanover, NH: University Press of New England.

Rousseau, Jean-Jacques. 2010. *Emile or On Education (Includes Emile and Sophie, or The Solitaries)*. Vol. 13 of the Collected Writings of Rousseau. Translated and edited by Christopher Kelly and Allan Bloom. Hanover, NH: University Press of New

England.

Rousseau, Jean-Jacques. 1959—95. *Oeuvres Complètes*. Edited by Bernard Gagnebin and Marcel Raymond. Paris: Gallimard, Bibliothèque de la Pléiade, 1959—95.

Smith, Steven B. April 30, 2012. "Strauss's Rousseau and the Second Wave of Modernity," *The Art of Theory: Conversations in Political Philosophy*

< http://www. artoftheory. com/strauss% E2% 80% 99s-rousseau-and-the-second-wave-of-modernity-steven-b-smith/ >

Strauss, Leo. December 1947. "On the Intention of Rousseau." *Social Research* 14 (4): 455—87.

Strauss, Leo. 1953. *Natural Right and History*. Chicago: University of Chicago Press.

Strauss, Leo. 1989. "The Three Waves of Modernity." *In An Introduction to Political Philosophy: Ten Essays by Leo Strauss*. Edited by Hilail Gildin. Detroit, MI: Wayne State University Press.

第一讲 《论科学和文艺》：
德性与原初自由

[1]施特劳斯：我要从总体上谈谈卢梭,先从最表面谈起,谈谈如今这个国家的人们大体上谈论他的方式。就我对当代文学的了解而论,如今卢梭常常被认为比不上洛克,我相信,我们能找到的当今关于卢梭的理解都秉持该见解。该见解如下:在某种意义上,洛克是自由民主之父。最简单直接的证据就是《独立宣言》和洛克《政府论(下篇)》的直接关系。[另一方面,]卢梭则被称为极权主义者,这尤其是因为卢梭和法国雅各宾派的直接关系。与此相关的是,洛克的关键词是财产。洛克在广义上使用财产一词,其中包含身体、生活和自由的意思;但这个核心关键词是财产,该词当然也揭示出洛克如何理解生活和自由:即作为财产的组成部分。财产是关键词。与之相对应的是,人们会说,卢梭的关键词当然不是财产,而是自由和平等。

更进一步说,洛克以关注于保护私人领域或保护私人领域之个体而闻名;因此,与此相关,他被理解并传颂为论宽容书简的作者。另一方面,通常认为卢梭反对针对私人领域的这种保护;卢梭著名的表达式是社会契约,它意味着个体要把他们以及他们的全部权力让渡给社会。因此,人们可以称这为极权主义。我立刻要提到一点:无论人们何时提到卢梭的极权主义,都必须秉持一种起码的公正态度,必须声明卢梭和当今的极权主义毫无瓜葛,因为,卢梭赞扬的极权政治是社会之极权,而非政府之极权。这在实践层面尤为重要。众所周知,当我们如今谈论极权政治时,我们指的是政府之极权,只会间接指涉社会之极权。人们充其量可以同意并追溯,卢梭至多只是讨论过社会之极权而已。可以这样解释卢梭与洛克之间的对比关系:洛克,宽容;卢梭,一种公民宗教、国家宗教学说。关于卢梭与洛克的概括性对比关系的最后一点是,洛克代表代议制政府,卢梭则代表直接民主:可以说,立法者不是代议机构,而是聚在市议政会的具体的一个个市民。这些是不可否认的事实;粗略,但也无可否认的事实。

所以你们看到,由于我们如今正陷于冷战,那么,对于那些共产主义的反对者而言,相较卢梭而言,洛克当然显得是个更好的权威。但是,由于如下原因,情况实际上更为复杂:有个卢梭的信徒对美国事务有着某种影响力,他就是潘恩(Thomas Paine)。潘恩和杰斐逊(Thomas Jefferson)之间还有一层关联。因此,某些非常爱国的作家如今秉持的观点——即美国人未曾受到卢梭毒害——很可能言过其实。卢梭在另一个方面的影响更加显著。这个国家长久以来都在推进一项名为进步教育(progressive education)的事业。你们肯定也[2]有所耳闻。现在这当然直接就是杜威的工作;但进步教育之父不是别人,而是卢梭,他的《爱弥儿》是根本性的经典。我从这种纯粹政治上的、虽然说不上是思想上的考察开始,这样一来我们就会在某种程度上批评这种简单的贴标签行为。

为达成一种更加开阔的视角,我要提出下述考虑:让我们审视卢梭的影响,不要采信那种简单化的观点,把法国雅各宾派看作唯一根源于卢梭的一批人。当然,雅各宾派与后来所有改良的雅各宾主义,包括马克思主义[都的确来自卢梭]。但这些都仅仅是卢梭思想后裔中的一支而已;还有其他的思想后裔。另一个支脉是德国观念论哲学。倘若没有卢梭,很难想象会有德国观念论哲学,康德作为这种德国哲学的创始人完美而清晰地提出了这套哲学,他说,"卢梭引我走向正确的方向"①。康德有个非常著名的事件,他将其归功于休谟,即休谟将他从

----

① 引自康德于1764—1765年在《论优美感与崇高感》(1764)上做的笔记。参见康德《笔记与片段》(*Notes and Fragments*,ed. Paul Guyer,trans. Curtis Bowman,Paul Guyer,and Frederick Rauscher,Cambridge:Cambridge University Press,2001,页7)。

独断论的迷梦中唤醒;①而康德提到卢梭则远不如他提到休谟这般影响深远。我们接下来将会看看这个事件意味着什么。

因此,与雅各宾主义以及类似的事情几乎毫无瓜葛的德国观念论也源出自卢梭。此外,各种形式的浪漫主义也都源自卢梭。这就意味着,各种人民观念、各种民族观念,那些温和的与不那么温和的理解,全都源出于卢梭;还有,各种 19 世纪所谓的有机论者,他们最终的根源也是卢梭。我必须要强调这一点:德国观念论自认为在如何看待人与政治社会的问题上尤其比洛克的做法更胜一筹。正如我们将会看到,卢梭与这种更胜一筹的观点密不可分。卢梭的关键词是德性。无论一个人多么拥戴洛克,也不能把洛克的关键词说成是德性。财产才是洛克的关键词;还有自由,在某种程度上——有秩序的自由。德性并不是洛克喜爱的词语。

第二层考虑(我建议我们选择某种更开阔的视野,而不仅仅是当下政治处境导致的视野)如下:尽管洛克与卢梭之间有对抗,他们也有某些极为重要的共同点。两人的政治理论都始于对自然状态的思考。而且,对于这两人而言,决定自然状态以及从自然状态到公民社会之转变的关键现象、最基本的唯一人类现象,就是自我保全。这一点在从洛克到卢梭的道路上从未改变过。如今,这种从自然状态出发,同时关乎自我保全这一关键现象的政治理论,被溯源至霍布斯,而非洛克或卢梭。因此,洛克和卢梭的共同点是一个共同的霍布斯基础。换言之,无论洛克与卢梭的差异多么重要,[3]也只不过是在一个共同基础之上的差异;倘若我们不始终牢记这一共同基础,就会误解卢梭,也误解霍布斯。

现在,以这个在某种程度上更开阔的视野为基础——我的意思是,一方面必须考虑洛克和卢梭都建立在一个霍布斯式的基础上,第二方面则要考虑到卢梭引发了德国观念论哲学和浪漫主义——我们或许可以自然而然地大胆提出这个更为总体性的论断,你们眼下可以只把它

---

① 康德《未来形而上学导论》(Prolegomena to any Future Metaphysics, trans. Paul Carus, rev. James W. Ellington (Indianapolis, IN: Hackett, 2001), 5。[译按]中译本见李秋零译,康德,《未来形而上学导论》,中国人民大学出版社,2013。

当作一个断言:我们被迫在一种强调意义上谈论现代政治哲学。我指的是一种只存在于现时代的政治哲学。并非所有现时代思想家都是现代政治哲人——仅举这个事实足矣:某个生活在1830年代或1960年代的人并未让自己现代化。

但是,另一方面,这是一种现时代特有的政治思想。这种典型的现代政治哲学将自己理解为与以往的那种政治思想有着本质差异;这种以往的政治哲学被认为肇始于苏格拉底,他最著名的后继者当然就是柏拉图和亚里士多德。严格意义上的后续政治哲学中发生的一切——最著名的所谓廊下派甚至经院派——都未曾与这个苏格拉底传统决裂过;尽管发生过极大的修正,但从未曾决裂过。但在现时代,尤其清楚无误地就在霍布斯那里,一种与整个苏格拉底传统有意识的决裂发生了。这也是一段相当复杂的历史,我将会只限于探讨与眼下讨论目的密切相关的那些部分。

目前,这种政治哲学肇始于霍布斯,它有意识地对抗既往一切政治哲学,它非常强劲地大约持续到法国大革命的时代。随后,它的缺陷造就出一种新型政治哲学,这种新型政治哲学并非是对古典、对前现代政治哲学的一次回归,而是一种对霍布斯及其后继者学说的深刻修正。出于方便,我将把霍布斯等称作第一次浪潮,把法国大革命前后称为第二次浪潮。这次浪潮,这第二次浪潮,我会初步地说,它源自卢梭。这种对于现代原则的不满——这种不满并不是出于一种古典视角,而是出于一种超现代的视角——由卢梭首次提出。

我认为,我们能拿来与卢梭相提并论的唯一的事件(无论好坏,其重要性无可否认)是尼采。当一系列运动部分地由卢梭引发时——德国观念论及其在其他国家中的著名后继者们,包括英国,也包括各种形式的浪漫主义——当它们在某种程度上不令人满意时,一场新革命,一次新爆炸就这样发生了。这正是尼采,尼采深知——实际上他不止一次说到——他的对手是卢梭。这只不过是一种非常一般性的、暂时的假设。但是,我们接下来必须试着理解现代性第二次浪潮的意义;为此,我们必须要研究卢梭。我认为,这是探讨卢梭的最宽广的路径。不过,关于为什么要研究卢梭,也还有其他理由,其他更浅显的理由;没有必要去深究这些理由。

[4]为了研究卢梭,并不是必须得读完卢梭写下的全部作品。只有那些打算把自己的一生奉献给卢梭研究的人才会这么做。有这种人,但我们不可能这么做,因为,假如你进入图书馆,查找卢梭著作与书信全集,你会在巨大的工作量面前败下阵来。但是,有这样一些著作,我们至少可以一一列举出来,它们对于理解卢梭而言不可或缺。这些著作包括,所谓的《两论》:《第一论》和《第二论》;当然还有《社会契约论》,一篇非常短小的作品,小册子;还有《爱弥儿》;有他的《忏悔录》;以及一些更具实践品质的政治著作:《波兰政府》和《科西嘉政制》;当然还有他的著名小说《朱莉,或新爱洛漪丝》。

这些或许就是最重要的作品,我认为,读完并且读透所有这些作品的人就可以宣布自己理解卢梭了。不过,我们完成不了,哪怕只读其中一部分也不可能,因此,我们就限制在《第二论》,也就是卢梭自称最大胆的作品;还有《爱弥儿》,其中包含着对《社会契约论》的总结概括,所以我们在课上即使不读《社会契约论》也可以原谅,尤其是因为《爱弥儿》是卢梭最为根本性的作品。他展开了他的心理学——广义上的心理学。

无论如何,我们必须开始了,因为这可能是最简单的,我们今天读《第一论》这篇论文。《第一论》的标题是:"复兴科学与文艺是否有助纯化道德风尚?"这是法国第戎研究院在1750或1751年提出的一个问题([译注]实为1749年提出的)。卢梭的答案是:复兴科学与文艺无助于纯化道德,而且恰恰相反,它导致道德败坏。复兴当然指的是文艺复兴以来的发展。大约始于1500年的这场现代运动究竟是福佑还是诅咒?卢梭说,它是诅咒。

但是,有一点很重要,即,提出这个问题的第戎研究院的人至少开启了这种可能性:即答案或许是否定的,除非这个提问仅仅是个修辞性提问。因此,这个问题绝非卢梭独特的发问,卢梭只是在1751年给出答案的那个人。而且,用一句深受喜爱的18世纪法国名言来讲,il étonna l'Europe[它震惊了欧洲],凭借的是他宣称这些东西非常可怕——科学与文艺。

那么,卢梭从一开始就摆出了他的观点。卢梭的观点既不是启蒙之士的观点,启蒙之士自称 les esprits forts——强健精神、自由精神、自

由思想者,或哲人;也不是极端分子、偏执狂的观点。卢梭选择了那位
无知者的观点:他赞颂无知;他站在德性或正直那一边反科学。但是,
卢梭这么做乃是基于自然权利,基于理性。现在,我要先给你们做一个
概述,你们将会看到某些将会把我们带向更深层面的难题。

卢梭在第一部分的开始描述了人类普遍知识的美丽景象,如他所
说,这幅壮丽的景象在过去数百年中再次发生,这指的是大约从 1600
年开始。然而,在那之前,欧洲不是生活在德行高尚的无知中,而是处
于比无知更糟糕的境地,[5]甚至比无知更加可鄙。这正是卢梭对经
院哲学的形容,尽管他没用到经院哲学这个词。我们可以说,卢梭反对
科学至上,这稍后将是我们的关注点。我来为你们读一段话,这段话有
助于后面的讨论。①

> 思想有自己的需要,身体同样如此。身体的需要是社会的基
> 础,思想的需要则是社会的装饰。

> 基础,身体的需要;装饰,思想的需要。

> 统治和法律为群体的人们提供安全和幸福;种种科学、文学和艺
> 术不那么专制,从而也许更有力量,它们把花环缠绕在让人们背负的
> 枷锁上,窒息人们对原初自由的情感,人们似乎是为此自由而生
> 的——使他们喜爱自己的受奴役,把他们型塑成所谓开化的人民。②

---

① 课堂上使用的是 G. D. H. Cole 的译本,初版于 1913 年。参见 Jean-Jacques Rousseau, *The Social Contract and Discourses*, trans. G. D. H. Cole (London: J. M. Dent, 1913)。但施特劳斯从法文版翻译。[译按]中译本见,卢梭,《社会契约论》,何兆武译,商务印书馆,2005。

② First Discourse (FD), 7—8; 5. Citations are first to Jean-Jacques Rousseau, Oeuvrès Complètes, 5 volumes, ed. Bernard Gagnebin and Marcel Raymond (Paris: Gallimard, 1959—95), then to an English translation. The First Discourse is in volume 3 of the Oeuvrès Completes. The translation is Jean-Jacques Rousseau, Discourse on the Sciences and the Arts (First Discourse) and Polemics, ed. Roger D. Masters and Christopher Kelly, trans. Judith R. Bush, Roger D. Masters, and Christopher Kelly (Hanover, NH-London: University Press of New England, 1991). [译按]本书中引用卢梭的《论科学和文艺》为刘小枫译本,华东师范大学出版社,2021 年 10 月。本段引文出自中译本页 20。

此处有个关键已经初现端倪。统治和法律，提供枷锁。它们建立起奴役。科学和文艺有害于卢梭所称的那种原初自由。

我并不是必须引入此处提到的这个论证，它并不十分有趣，因为它只是简单地循着……部分由于它比较繁琐，部分由于它只是个结论。卢梭对文明的攻击是对有别于德性本身的那个德性表象的攻击。换句话说，人们彬彬有礼；他们在行为举止上无可挑剔；但他们的心是黑的。并没有真正的德性。我们必须牢记这一点：在卢梭那里，德性与原初自由存在某种关联，这是我们必须探讨的问题。在某种程度上，著名的"高贵的野蛮人"是这种原初自由的例证，这些人尚未被文明化，但恰恰由于这个原因，他们的道德要高于文明人。你们知道，这则神话扮演着重要的角色，尤其在大众文学中，卢梭或许就是这种观点最富文采的倡导者。然而，这只是一个漫长论证中的一环。我们记住它，德性似乎和原初自由有关。

那么，这种德性是什么？我们找到一种定义，这就是：德性是灵魂的力量和生气；是灵魂的，而不是思想的。卢梭在这里没有展开它，但是在其他几乎同一时期的作品中，例如，在《论英雄最必要的德性》（*Discourse on the Virtue which is Most Necessary for Heroes*）中，他说灵魂的力量就是[6]英雄精神的真正基础。① 这种灵魂的力量显然有别于审慎、正义、节制之类。这正是卢梭的德性概念中的一个原始要素：德性关乎原初自由，在本质上是前政治的，而且如我们所见，它也是非道德德性的。让我们记住这一点。

我想我必须给你们读这段话。这是个很好的提示。

在艺术打造我们的举止，教会我们的感情讲一种造作的语言之前，我们的道德风尚（moeurs）②虽粗朴，却是自然的。那时候，

① Jean-Jacques Rousseau, Discourse on the Virtue Most Necessary for a Hero, in The Social Contract, Discourse on the Virtue Most Necessary for a Hero, Political Fragments, and Geneva Manuscript, ed. Roger D. Masters and Christopher Kelly, trans. Judith R. Bush, Roger D. Masters, and Christopher Kelly (Hanover, NH-London; University Press of New England, 1994), 9.

② 施特劳斯对 moeurs 做了不同寻常的翻译，这个词出了名地难译，这个词同时意指举止（manner）和道德（moral）。[译按]施特劳斯把 moeurs 译作 manners（举止），刘小枫老师译作"道德风尚"。

人性根本上讲未见得更好[施特劳斯:也就是说,14 世纪的法国人未必比 18 世纪的更好],人们却容易相互深入了解,从而感到自己很安全。①

所以,换言之,他们诚实,但不好。如今的欧洲人,18 世纪的欧洲人,既不诚实也不好。但是,在这种不够好的诚实中,有一种特殊德性。

今天,更精微的研究和更细腻的趣味已经把愉悦的艺术归纳为种种原则,于是,在我们的道德风尚中,占支配地位的是卑鄙而又具有欺骗性的同一副面孔,每个人的心智仿佛都铸自同一个模子:总是文雅在要求,总是得体在吩咐;人们总是遵循这些规矩,从不遵循自己固有的天资。②

这段话非常重要。我来试着解释一下。我前面提到过德性——在卢梭那里,德性的一层含义,即德性与原初自由有关,与前政治状态有关——和某个在根本上非道德的东西相关:灵魂的力量和生气,与它被用于何种目的无关。现在,我们还有另一个与之相关的词语:卢梭心中的德性是自然的,而非人为的。这就是个体,这个关键的提示就是个体。我们生来都是自然的个体。随后,我们不得不服从规矩,服从言行举止的规矩,社会的规矩,这些规矩对所有人发布同样的命令。我们被同一个模子铸造。这影响、削弱我们的个性。于是,可以说,这种个性神圣的观念本身就会导致拒斥任何普遍规矩或标准。卢梭那里已经暗藏这一点,后来的浪漫派(至少是浪漫派的某些分支)又为其推波助澜,如今它已广为人知。它关系到我们必须关注的一种德性观。重申一遍,德性,即灵魂的力量和生气:特别强调其自然性,绝对不能遭受社会或任何法律的铸造,这意味着个体的好不在于按照任何一种卓越的标准变好,而在于做自己。

---

① 《论科学和文艺》,第 12 段。
② 《论科学和文艺》,第 13 段。

[7]于是,逐渐呈现出这种情况:卢梭所理解的德性也有些不同,即爱国主义,这里强调的不是个人的个体性,而是个体必须献身给共同的善——让我们说,献身给祖国。在这个关系中,卢梭攻击的不是规矩、法律的存在,而是他那个时代风头正劲的一种世界主义和怀疑主义。公民之为公民,需要的是坚定的信念和信仰,并且坚信自己属于某个具体的社会(法国、德国,或是别的什么国家),而不是自命世界公民。

换言之,在卢梭那里,德性还意味着共和国公民的特征,按照孟德斯鸠用法的共和国公民。① 这位伟大的法国思想家在卢梭出生前夕离世,即便你们没有直接阅读过他的作品,至少也从《联邦党人文集》中对他有所了解。孟德斯鸠提出,民主制特有的原则是德性,正如君主制的原则是封建意义上的荣誉,专制的原则是恐惧。民主制的原则是德性。这种德性,要解释它在孟德斯鸠本人那里的含义则说来话长。

但最初的起点只不过是公共精神(public-spiritedness),完全献身给公共福祉,这在君主制中并不是必须的,在专制中则完全不可能。所以,这是卢梭论证的一处关键要害。这两种德性观——民主的或共和国公民的德性和灵魂的力量和生气——过去当然非常不同,因为,很明显,一方面是个人主义(请允许我在这些词的特定含义上使用它们)和怀疑主义的关系,另一方面是公民德性和信仰的关系。

论证这样推进:我们灵魂的堕落和德性的败坏是科学与文艺的一个后果。卢梭还宣称,这是条普遍规律。他列举了从古埃及、希腊、罗马,直到现代的例子,这些例子都表明阴柔气(effeminacy)是发展文艺和科学的结果。他赞美那些未受科学与文艺影响的质朴人民,他当然对斯巴达人赞许有加。斯巴达的善与雅典的恶,这当然在古典文学上有个漫长的前历史,卢梭只是简单地择取这个部分。然而,在这一点上出现一个困难[……]。卢梭打击科学;我的意思是,科学如今在广义上也包含文艺,包含艺术。

———————

① 参见孟德斯鸠《论法的精神》(*The Spirit of the Laws*, ed. and trans. Anne Cohler, Basia Miller, and Harold Stone, Cambridge: Cambridge University Press, 1989, 1. 4. 5, 35—36, 1. 5. 2, 42—43)。

那么,卢梭以德性之名攻击科学与文艺,但此处的德性却指意不清,我已经指出这一点。然而,他为打击科学之故运用科学。他用了论证和推理。所以,这里必然仍有某种科学。我的意思是,不光德性的意思含混,科学的意思也同样含混。有一种科学是德性的敌人,还有另一种科学却对德性有益。否则,卢梭自己的科学就说不通了。卢梭借苏格拉底之名,让我们辨认出那种对德性有益的科学。当卢梭说他为自己的无知(即他知道自己一无所知)而骄傲的时候,你可以说,这只是对苏格拉底的话的简单复述。

人们或许会说,苏格拉底式的科学并未被裁断为反科学。卢梭援引了柏拉图《申辩》中的一段话,而且,这段话非常典型,[8]卢梭的引述大体不谬,但他做了一处改动。苏格拉底的申辩批评了三种人:政治家、手艺人和诗人。① 卢梭删去对手艺人的批评,代之以艺术家。好吧,你也可以说手艺人(artisans)和艺术家(artists)有共同词源;但是,卢梭很清楚自己在做什么。从攻击手艺人改成攻击艺术家,这个小小的改动背后意味着什么? 你可以理解这一点,他用这个改动想传达什么。②

学生:或许手艺人是他想要为之辩护的人,而艺术家则是——

施特劳斯:当然了。所以,换句话说,手艺人,还有农民,是社会中的民主因素。卢梭对科学的批判与一种民主意图相关,苏格拉底完全没有这种意图。所以,我们必须记住这一点。那么,在卢梭这里,德性的含义,即共和国德性、公民精神,尤其指民主式的德性。第二点是,卢梭借伟大的罗马将军法布里基乌斯之口说了一段名言,他在那段话中让法布里基乌斯赞美美好的旧时代,罗马那时异常卓越,战无不胜,征服世界在那里被视为正当的目标。③ 换言之,卢梭这里的德性百分之

---

① 柏拉图《申辩》,21b—22e。

② 这个改动的重要性有待讨论是因为,卢梭援引的是狄德罗翻译的《申辩》,狄德罗的译本中用的是"艺术家"而不是"手艺人"。关于坚持认为这个或偶然或故意的改动与卢梭对苏格拉底的歪曲一致,参见 Clifford Orwin, "Rousseau's Socratism," *The Journal of Politics*, vol. 60, no. 1 (1998), 178 n. 8。亦参 Jeff J. S. Black, *Rousseau's Critiques of Science: A Commentary on the Discourse on the Sciences and the Arts* (Lanham, MD: Lexington Books, 2009), 281—283。

③ 《论科学和文艺》,第32段。

百是政治性的,尤其是民主性的,而且绝对不反对共和帝国主义(republican imperialism)。

卢梭继续推进……我不能,也没有必要去深究细节;它就是坏的。卢梭用各种方式颂扬无知、谴责科学。卢梭甚至直接说科学坏。为什么是这样呢？当然,其中一个原因是科学的影响:它们让人消沉,让人不再勇武,在和平的交往中不再可靠,等等。它们用诡辩欺骗人,进而让人变得诡诈起来。这是提出这个观点的其中一种方式。但这并不仅仅应该怪罪科学的影响,还得怪罪它们的起源或根由。

卢梭断言,一切科学,包括道德哲学,都诞生于自负。这个论断包含各种古老的涵义,部分是希腊的,部分是《圣经》的,但是,典型的卢梭式涵义是,一切科学与文艺都需要人类才智的发展,而这会让人比他们天生的更加不平等。可以说,不平等的关键就在于,不平等不仅是制度层面的不平等:众所周知,高贵者有之,不高贵者亦有之。毕竟,你可以轻易质疑这一点。但是,不平等的关键在于自然天性差异,进一步,对自然天分的培养尤其会加剧这种不平等。因此,出于一种民主旨趣,出于对平等的关切,卢梭反科学。德性理由与平等理由完全达成一致。

[9]我必须为你们再多读几段。我试着尽可能少一些直接引用。再来谈谈科学的恶:

> 如果人人考虑的都仅仅是人的义务和自然的需要,只有时间为祖国、为不幸者、为自己的朋友着想,谁会把自己的一生用于毫无结果的沉思?①

换言之,如果人们在这个意义上才是真正道德的,他们将无暇沉思。一种严格的道德主义,但显然是一种政治的道德主义:这里的关键是祖国。首先,我要给你们证据,接着我们将要得出我们的结论,但我要求你们记住两个关键:德性之含混性与科学之含混性。

现在,我们来看对于开始理解卢梭而言的另一个基本关键点。科

---

① 《论科学和文艺》,第37段。

学有害。前面已经指出了一个理由:浪费时间。你致力于对数学问题的某种钻研,甚至也许如你们一样,钻研道德问题,这就取代了履行你们的义务:扶助你们的同伴,帮助你们的祖国。因此,这是一桩大恶,浪费时间。因此,更大的恶紧随科学与文艺之后。比如说,奢侈。人们出于闲暇和虚荣喜欢上了科学。虚荣就是让自己显得与众不同的欲望。

奢侈很少不伴随科学和文艺而行,而科学与文艺的发展则绝离不了奢侈。我当然知道,我们的哲学总富有单一的准则,不顾世世代代的经验,硬说奢侈造就国家的辉煌;可是,纵令把禁止奢侈的法律的必要性置诸脑后,难道我们的哲学能否认,对于种种统治的长治久安来说,好的道德风尚才是根本,而奢侈全然与好的道德风尚背道而驰?的确,奢侈是财富的确实标志,甚至乎能使财富倍增,如果你愿意的话。可是,从这种只有我们时代才配产生的诡辩中,我们会得出什么结论呢?一旦人们不惜任何代价只求发财致富,德性会变成什么样子呢?古代政治家不厌其烦地讲风尚和德性,我们的政治家只讲生意和赚钱。①

正如你们所见,这里出现更加特殊的东西,即,不是反对所有哲学,而是反对现代哲学。卢梭重提他之前数代人一度提出的那场所谓的"古今之争"。这是一场著名的论战——尤其在法国,当然,也在英格兰;参见斯威夫特的《书籍之战》(1704)。卢梭从一种反现代的视角重提这场争论。我认为,这个表述至关重要:古代政治家不厌其烦地讲风尚和德性,我们的政治家只讲生意。那么,这个论断可以理解吗?至少从历史角度?请告诉我,当今公认的社会科学门类都有哪些?我们不用进入那些无趣的细分,只需要看看大致的门类:政治科学、社会学、经济学,以及其他别的一些东西。前现代,在某种程度上,还可以扩展到早期现代,有哪些社会科学的主要门类,但这些门类如今却消失了?

_____

① 《论科学和文艺》,第41段。

学生:经济学。

[10] 施特劳斯:在前现代? 不。你理解的经济学是起初称作政治经济学的东西,它在现代才流行起来。对吗?

学生:你的问题是不是,前现代社会学思想中的关键是什么?

施特劳斯:对。

学生:或许是伦理学。

施特劳斯:非常正确。那么,在当今社会科学中,伦理学的地位如何? 没地位。这就是卢梭的意思。贸易和商业取代了德性。而且,这并不仅仅是(正如我们从卢梭那儿就得知)20 世纪发生的事情,早在17、18 世纪就已生根发芽。这是卢梭要反对的事情,我们必须记住这一点。重申一句,我们已经讨论到科学的一种含混性。在一层含义上,卢梭反对科学;在另一层含义上,卢梭使用科学。这个说法会对我们有些帮助。他特别反对现代科学和哲学。至于他是否不反对古代科学和哲学,还有待证实。让我们跳到几段之后。例如:

> 我们有的是物理学家、几何学家、化学家、天文学家、诗人、音乐家和画家,但我们不再有公民。或者说,如果在我们被遗弃的乡下还有那么零星几个的话,他们也正在贫困和轻蔑中趋于消亡。①

卢梭指的当然是法国农民。普通人的穷困潦倒与科学文艺的虚假繁盛形成对照,这是另一个方面,但是,这个问题可以归纳或统摄在一个统一主题之下——民主共和德性。

尽管所有这些情况都存在,正如卢梭在这篇论文最后开始谈到,科学与德性之间并没有绝对的冲突。那么,这就首先显得仅仅是个带有修辞意味的提法。毕竟,卢梭想从一个博学的学术团体获得嘉奖,那么,他就不得不对博学的学术团体说一些笼统的好话,并且潜在地相信博学的学术团体其实对共同福祉而言是个好东西。这一点做得稍显讽刺意味,但这并不是关键。卢梭在这里承认一种可能性,

---

① 《论科学和文艺》,第 54 段。

即,或许存在一种博学团体,他们不是试着只给人类带来绚丽的光明,惬意的光明①,还要带来有益的教导。那么,这是什么意思呢? 我来看看他给出的结论,

> 如果科学和文艺的进步并没有给我们真实的幸福增加任何东西,如果它败坏我们的道德风尚,如果道德风尚的败坏玷污了我们趣味的纯洁[施特劳斯:这些是他据称之前已经证明过的东西],我们对这群发蒙作家[施特劳斯:我们今天会说"教科书编撰者",我会这么说]又会作何想法呢? 自然设下了种种障碍来守护缪斯女神的神殿,不让人靠近,以此考验求知者的毅力②,发蒙作家们却挪走了这些障碍。那些著作的编辑者们轻率地砸破科学的大门,[11]把不配接近科学的平常人带进科学圣堂,对于这些人我们该作何想法啊。本来人们应该期望的是,把所有在学问生涯上没前途的人从[学问]入口处拽回来,让他们投身于对社会有益的技艺。一辈子也只会是个臭诗人或蹩脚几何家的人,说不定会成为一个了不起的纺织工匠哩[施特劳斯:你们怎么说织工? étoffes(布料)是什么意思?]。自然命定要谁做学生的话,这些人根本无需教书先生。

接着他提到培根、笛卡尔、牛顿,这些都是现代思想家:

> 这些人类的导师们自己何曾有过导师……如果一定得允许某些人献身科学和文艺研究,就只能是这样一些人,他们自己感觉到有力量循着自己的足迹独步,而且超越自己的足迹[施特劳斯:marcher seuls[独步],笛卡尔在《方法谈》的关键段落用过这个短语];只有这些少数人才配去为人的才智的光荣竖起纪念碑。③

①　施特劳斯用光明(lights)翻译卢梭的 lumières,这个词还可以翻译成"启蒙"。
②　一个过度的翻译,"那些人"比"灵魂"好。[译按]施特劳斯把这句话译作"考验灵魂的力量",刘小枫老师译作"考验求知者的毅力",英文版编者认为应该直接译作"那些人的力量"。
③　《论科学和文艺》,第 59 段。

简言之,卢梭在这里推进了一种思想,这种思想关系到前文针对现代哲人的批判,现代哲人忽略德性,把商业贸易、做生意赚钱当作主要任务;也就是说,这些现代哲人也正是那些鼓励科学大众化的人。科学有可能是坏的,把科学大众化则必定是坏的。这是我们必须记住的另一个要点。然而(这也是卢梭后来继续关注的方向),这些生来要做科学家、做哲人的极少数人也应该启蒙大众;这就不是不合时宜,而是他们的职责。①

换言之,卢梭在这里指的是这样一种科学,它严格地保存在一个极小的圈子内。但是,这种科学以我们冠以"科学伦理学"的学科告终。科学伦理学最终不再那么科学,它被传授给大众。不再科学是因为科学不容易影响大众。我们从霍布斯那里可以找到一种思想的清晰表述,他曾经希望他的《利维坦》可以代替牛津、剑桥的传统典籍,那里富有的英国绅士和乡绅尤其成为了把这种学说带给英国大众的传播者,并由此引发方向上的激进转变。② 卢梭也想着类似的事情,但是比起霍布斯,他对大众科学持有更大的不信任。

我为你们读一下最后一段,然后我们开始进行更全面的讨论。

> 哦,德性! 淳朴灵魂的崇高科学啊,为了认识你,难道非得花那么多艰辛和摆设? 你的原则不就铭刻在所有人心里吗? [12]要认识你的法则③,难道不是返求诸己,在感情沉静下来时谛听自己良知的声音就够了吗? 真正的哲学就在于此,让我们学会满足于此吧;不必嫉妒那些在文字共和国中不朽的名人们的光荣;在他们和我们之间划出那条光荣的区分吧,从前,人们就在两个伟大的人民之间划出了这一区分:一个懂得如何善于言说,另一个懂得如何善于作为。④

---

① 施特劳斯意译文本。

② 霍布斯《利维坦》(*Leviathan*, ed. Edwin Curley, Indianapolis, IN-Cambridge: Hackett Publishing, 1994, R & C, para. 16, p. 496.)。

③ 录音稿中施特劳斯读的是"思想"(thoughts),施特劳斯或录入者搞错了。原文是"法则"(laws)。

④ 《论科学和文艺》,第61段。

这当然指的是斯巴达人和斯巴达。①

所以这就是结论。德性,质朴灵魂的科学,良知。正如我们听到的那样,它不需要哲学。反过来,只有哲学才能毁掉它。这是德性的一层含义,德性在这里几乎用良知来定义。自然的声音告诉人们必须去做何事;到目前为止,这是各方面来说最重要的一点。科学或哲学会危害,而不是推进它。但是,德性还有另一层含义也是我们必须考虑的;即,德性被强调为共和国的民主德性、爱国主义和平等主义全都属于这层含义。德性的第三层含义是作为灵魂之力量与生气的德性;这层含义不具有特殊的道德意义。它关系到原初自由,这里首先要注意的是个体性,做自己,而不是做这样或那样的好人。或者说,如果你想谈论好,你就必须说,好就意味着做自己。

卢梭从这三个方面攻击科学:从我们所谓的"道德基督徒"(moral-Christian)、从政治、从非道德视角。要展示这里存在的大量矛盾并不难,但是,如果追本溯源,这些矛盾就消失了。引导卢梭的有三种德性观,它们本身各不相同。尽管打着这三种德性观的名号对科学进行这种攻击,卢梭依然承认,在某种意义上需要科学。但我们需要的那种科学绝非一种大众化的或可被大众化的科学。卢梭攻击我们必须称之为启蒙的那个东西:试图通过传播科学和科学知识提升人的现状。对启蒙的这种攻击显然和著名的古今之争有关。启蒙哲学是现代哲学;本质上并非启蒙的那种科学是古典哲学。我们也能在卢梭反对某种德性的地方看到他对现代的明确批判,这关系到古典思想之于贸易,关系到现代思想。卢梭想要的那种真正的科学必须启蒙人民认识到他们的义务。

[磁带断了]

——尽管卢梭尤其批判现代政治哲学,其中包括现代经济学的早

---

① 施特劳斯在这里想说的可能是雅典和斯巴达,也有可能单指斯巴达人是善于作为的民族。

期形式。[13]这段时期在亚当·斯密之前,但又在比方说曼德维尔(Mandeville)之后很长一段时间。有位颇为重要的经济学思想家,尽管一般的经济学思想史很少会提到他,他就是孟德斯鸠本人,卢梭没有指名道姓地提到了他。孟德斯鸠是政治经济学的开创者。众所周知,经济学起初指的是操持家政;公共财政并不被视作经济学的组成部分。所有时代都有公共财政,但是关于它的研究当然不是教室里面的一门课[它只在罗马的统治家族中代代相传]。在雅典也是如此,它不是一门技艺性的科学。

但政治经济学只出现在现代,我认为,值得重视的第一人是个英国人,佩蒂(Sir William Petty),他若不是霍布斯的学生就是霍布斯的朋友。① 如果你打破这门科学的表面,走得深入一些,你就总会遇到哲学。这无可避免。所以,在这里,你透过佩蒂会看到霍布斯。佩蒂做了这么件有趣的事:他试图发现一个人价值几何;你懂的,值多少钱。这是个有趣的问题。他(这个有创意的家伙)还真找到了办法。他说,去阿尔及尔的奴隶市场逛逛吧。你在那里会找到实证的证据。他找到了,我猜——我不知道值不值一镑。他没有纠结更细节的问题,比如这个人是否强壮……我猜肯定有一个年富力强的人的估价。孟德斯鸠做出如下评价:这是错的,威廉姆爵士做的这个[……],因为这只是一个英国人的价格,甚至有些国家的人一文不值,有些甚至比一文不值还不值钱。他想到的当然是那些长期陷于饥馑的国家。这正是卢梭攻击现代进路的一点。

卢梭对科学的攻击有些含混。他经常说得好像自己简单地反对科学。但是,有好些段落又显得他并非如此。但有一点确实很明确:他当然攻击科学至上。在前卢梭的思想背景下该如何看待这一点,假使我们采取俯瞰的视角?首先,什么是前现代视角?这是什么意思?至少是每个人都应该有的教科书的答案。

好吧,理论生活,过沉思生活是人的完满状态。这显然是亚里士多德的观点,在整个苏格拉底传统中都可以看到这个东西。对苏格拉底

---

① [中译按]旧译"配第",参见威廉·配第,《政治算术》,陈冬野译,商务印书馆,1978。

而言,德性即知识。这把两个方向都切断了。有人说,廊下派激进地改变了这一点,廊下派特地强调不同于知识的道德,但这种说法并不确切。对廊下派而言,德性是关键词,但至少德性与知识密不可分。廊下派称这类东西为逻辑的或自然的德性。我们不能把 18 世纪的道德理解强加给廊下派。

关键在于,我相信,在卢梭那里我们首先注意到的是对德性至上的断言:最终极重要的东西不是认识,而是有道德地行动。[14]这个论断的独特之处(我不是说这对卢梭而言独特,但这是他的时代所特有的)在于:是道德而不是科学,是道德而不是宗教(这是另一面)。不再是宗教。宗教指的是实定宗教:基督教、犹太教,或是别的什么东西。道德是唯一有用的东西;道德是唯一合适的社会纽带。你可以以霍布斯为例:关于这一点,霍布斯会持什么态度呢?最终有效的是什么东西,对霍布斯而言,那个东西是什么?道德?科学?还是宗教?

学生:畏惧暴死?

施特劳斯:是的,但畏惧暴死的结果是什么?

学生:自我保全。

施特劳斯:是的,但它从何得出?我们看到卢梭也承认这个东西。

学生:对霍布斯而言,是道德。

施特劳斯:是道德吗?

学生:避免暴死的手段是知识或科学。

施特劳斯:我相信这才是答案。霍布斯说,科学是为了力量;或者我们更普遍地说,理智服务于力量。这包括知识和利维坦国家。换言之,霍布斯的论题与卢梭的不同。但有个在各方面都比卢梭更厉害的人接过了卢梭的论题,他就是德国哲人康德。康德表述了这个思想,他承认自己从卢梭那里继承到这个思想。康德对这个思想的表述就是实践理性,亦即道德理性至上。康德说,唯一具有绝对价值的东西就是道德。康德具体地称之为善良意志(the good will),但是这个善良意志要严格地从道德意义上理解。但什么是善良意志?好吧,你们可以说,就是符合道德律的意志。但是,善良意志和道德律之间的确切关系究竟是怎样的呢？因为据说它有个更早的基础。当然,根据较为古老的观点,道德律先于善良意志。人类理智理解了道德律,并以这一理解为基础才有可能指导意志。正如康德明确说过,对他而言,意志与实践理性是同一的。① 不再可能有一种不意欲道德律的对道德律的理解。可以稍微夸张一点说,但在我们的语境下必须说,善良意志是那个引起道德律的东西,因为道德律为了成为道德律就必须发端于个体:我必须把这个律令加之于自身。这就意味着,自由占据了高于道德律的位置,这当然就让我们想起卢梭所说的那个绝对神圣而又最为基本的原初自由。

[15]康德对这个思想的全面推进(全面推进,而非细节的推进)比卢梭更加简单明了。这归功于这个事实,即康德摧毁了理论理性(the-oretical reason)至上的可能性。这是什么意思? 在康德的时代,甚至此后的时代,理论理性、在科学中起作用的理性大致包括两个部分:物理学和形而上学。在康德的时代,物理学成为牛顿物理学,它也是卢梭的起点,康德表明它只在他所说的现象世界有效。它并不具有绝对的权威性。它并不是关于实在本身的知识。关于实在的知识本身仍旧是形而上学。但是,康德(这是关键的一步)试图证明形而上学不可能。不可能。既然形而上学不可能,而物理学只在现象层面有效,那么,唯一绝对的知识,康德所承认的那种关于绝对者的唯一知识就是关于道德律的知识。这当然就意味着道德律的基础不在任何物理学或形而上学知识上。它必须源于意志自身。卢梭没有这样做。或许有人会说卢梭做不到,因为他不具备康德的特殊才能;或许如此吧。但也有可能是另外一种情况:也许卢梭有种感觉或某种直觉保护他反对康德的意见。我们必须明白。无论如何,比起康德,卢梭更加保护理论科学的可能性,我们必须看到并理解,这种理论科学是卢梭道德与政治学说的基础。关于这一点的两个主要来源正是《第二论》和《爱弥儿》。我将要研究它们。

在卢梭那里,关于道德事物最有趣也最原创的概念出自《第一

---

① 康德《道德形而上学基础》(Immanuel Kant, *Groundwork of the Metaphysics of Morals*, ed. and trans. Mary Gregor, Cambridge-New York: Cambridge University Press, 1998, 24)。

论》,这就是我用个人主义(individualism)这个含混的术语所指称的东西。我将在某种程度上定义它,但我要重申:好就意味着做自己。你们都知道,个人主义可以有很多层含义。例如,个体应该拥有相当大的自由去做自己喜欢的事情,或是按照他的天性发展。这并不是关键。关键在于做自己。卢梭在《忏悔录》的开篇说的——你记得那段话吗?巴特沃斯(Butterworth)先生? 他怎么描写他的存在的独属性,上帝摧毁了模子,或之类的东西?

巴特沃斯:

在我被造之后,上帝一定打破了模具——①

施特劳斯:倘若人是绝对的个体,那么最重要的讨论就是培养这种个体性。在一种从属性的意义上,这当然意义重大,比方说,人们也许必须读一读西塞罗的《论义务》,你要面对一个问题,即你应该选择什么行业。傻瓜自然完全不考虑自己特有的天资。我的意思是,如果他很擅长数学,极为擅长,如果他没有培养这个天赋就有些可惜。或者音乐,又或是别的天赋。但卢梭当然不是这个意思。[16]它会导致的结果的关键在于:卢梭想的这种个人主义与理论、与理论知识的观念不相容。不再有任何一种普遍的东西能够在决定性的层面上为我们指引方向。

在更古老的古典观念中,变好就意味着让自己去符合一种榜样,这个榜样不是个体性的。当然,不仅对古典哲学来说是这样,对其他哲学来说也一样。例如,"十诫"。"十诫"提出对所有人而言都普遍的东西:汝不得杀人,等等。模仿一种不变的模本;而最著名也最伟大的表述当然就是模仿上帝,一种向上可追溯至柏拉图的表述。因此,我们不该关注原创性(originality),而要关注模仿(imitation)。你可以说,这就是整个传统的要旨。我的意思是,这件事儿颇有意思:出现了这么多原创性的人。但这件事是偶然的:有这样一些人,而且他们又这样有趣且

①　卢梭《忏悔录》(Jean-Jacques Rousseau, *The Confessions*, ed. Christopher Kelly, Roger D. Masters, and Peter G. Stillman, trans. Christopher Kelly, Hanover, NH-London: University Press of New England, 1995)。

令人兴奋,而且也许有时不止这些。但关注点并不在原创。原创性只能是——往好了理解,它只是朝着模仿而非原创目的去的一种尝试的偶然附带的产物。如果说道德方向的这个深刻转变被卢梭更进一步地深化,可以在所谓的"美学"领域找到这个转变的最著名的形式。任何按照现代教诲初次阅读柏拉图或亚里士多德的人都会对这个事实感到震惊:诗与艺术被称为"模仿艺术"。你必定无数次读到:对摄影来说或许如此——它是模仿的——绘画则并非如此。甚至摄影也并非如此,我们看到一个令人吃惊的发展:为了成为受人尊敬的摄影师,你得成为艺术家,正如我所了解的那样。这个词——什么取代了模仿?

学 生:创造。

施特劳斯:创造。这与模仿截然不同。这种创造当然在本质上是个体性的。因为有创造性的艺术家必须是他自己。如果他模仿师傅,他就不再是创造性的。他或许从别人那里学来某些技术,但这只属于他的活动的较低层面。创造才是真实有效的事情。我们必须记住这些;我们可以轻易看到,自由的意义在这个背景下如何受到激进的影响——一方面是模仿,另一方面是创造。这在实践上当然导致非常滑稽的结果,人们都被要求去完成这个现代概念——原创。正如当前这个国家许多学校发生的那样——令人难以置信,但却不可否认——孩子们甚至还没有学会掌握字母和简单的数学运算就被要求写出一篇创造性的作文。这难以置信,但确实如此。但是,莫里森先生,现代的辩护者——

莫里森先生:不,我不是。

施特劳斯:好吧。

[17] 莫里森先生:我只是想问,卢梭究竟位于所有这些的转折点的什么位置?

施特劳斯:好吧。让我们用一下这个特别有助于理解的技术吧——背景。我们有三种不同含义的德性(virtue)。让我们从最后一种开始——也就是我不加区别称为"道德基督徒"(moral-Christian)的东西,其中的关键词是良知(conscience)。第二种是"共和/民主/平等主义德性"(我用 P 来指代它)的观念,我的意思不是指它们不能并存。

我的意思是它们是唯一压倒性的观念。你们是否看到这会导致一种冲突？有个简单的例证就是马基雅维利的《李维史论》(*Discourses*)，这部作品表面上对爱国主义(patriotism)大书特书，爱国主义本身完全服从于良知；反之亦然。我将用一个非常单薄的词来称呼它，"个人主义"(individualism)，这个词与原初自由有关，一种未被任何人法或神法沾染的自由。清楚了吗？三种。没有任何东西限制原初自由，对人而言的难题毋宁说是他们如此轻易就失去它。他们向一种低级的普遍规则或者甚至高级的普遍规则缴械投降。噢，我知道我该如何帮助你。在今天的社会学，有个可以最终追溯到卢梭那里(但中间经过某种传承)的区分，即他人导向(other-directed)者、自我导向(self-directed)者和传统导向(tradition-directed)者。① 你们听说过吗？如果没听过，考试可该挂科了。好的。那么，自我导向型：什么意思？我的意思是说，他人导向型很清楚：我们想和邻居攀比，这类事情。传统导向型也很清楚：由传统引导他，无论何种传统。自我导向型：什么意思？他自己指引自己。用怎样的观点指引？他指引自己时参照什么？

学生：自我实现(Self-realization)。

施特劳斯：完全正确；可是，他实现的是什么样的自我呢？他的个体自我。做自己。关键在这儿。做自己。做自己的意思恰恰不是按照原初意义上的修养(即按一个并非由自己设立的榜样，而是被发现而非发明出来的榜样)来培育自己、塑造自己。现在清楚这个区分了吗？莫里森先生。这三种观念全都导致否定理论生活的至上性。这一点清楚吗？我要重复一下：假如合乎道德地行动、帮助邻人是必须的，那么理论生活就不是件必须的事情。只有当理论生活能服务于帮助他人时才会被接受。例如，假如我们假设医药是一种帮助别人的方式，那么即便基础的医药研究也是必要的，那么替基础癌症研究辩护就是这种道德基督徒的教义。第二种，爱国主义。如果这才是最高的，即献身于共同福祉，那么，沉思生活同样做不到这一点。第三种也很清楚：因为没有任何东西高于自我以及自我实现。没有什么普遍性的东西，关于这

---

① 参里斯曼，《孤独的人群》(David Riesman, *The Lonely Crowd*, 1950)。

一点的知识才是最高的知识。这一点也非常清楚。

不过,为完成我勾勒的框架,我还要提醒你们注意另一个东西的这种含混:即科学。有一种意义上的科学是卢梭所反对的。让我们简单地称之为自主的科学(autonomous science)。但他接受另一种科学,[18]我们可以称之为从属性的科学(ministerial science):这种科学服务于德性的三种含义。那么,从这个观点来看,关键的问题就是,在卢梭那里德性的这三种含义处于什么地位? 我今天断言,处于核心地位。这当然需要证据,但我这么做的根据是我过去阅读卢梭的经验。我或许错了。但有一点没人可以否认,即德性的三种含义是现在才有的,强调这一点非常合理,因为这当然不是一个传统观念,旧观念是传统的。现在,你的困难在哪儿?

莫里森先生:我认为已经解决了。

施特劳斯:解决了。对吗?

学生:在卢梭看来,往昔高贵的野蛮人的德性和现代科学人特有的德性,哪个更卓越?

施特劳斯:我不应该抱怨,因为我说得也非常[……的词]。

同一个学生:[好像在重复问题;……]。

施特劳斯:我只能给你一个暂时的答案。高贵的野蛮人和第三种,而不是和第一种关系更大。① 这是个非常暂时的答案。对卢梭来说,高贵的野蛮人的吸引力在于,它是[……],这让他想起这种迷失在[……]中的可能性;卢梭最终并不认同高贵的野蛮人,但你可以这样说:卢梭追求的是一种极其高贵的野蛮人,而不是一个高贵的野蛮人。这个极其高贵的野蛮人——我找到的最好的表达在……极其高贵的野蛮人是个艺术家;不是哲人,而是艺术家。你们看到高贵的野蛮人和[……]的关系了吗? 这一点有限地表达了我的想法。它听上去只是好笑,但确实有些道理。

学生:你接下来要讨论德性与自由的关系吗?

施特劳斯:我们必须讨论。不,有一处关键。卢梭清楚地区分德性

---

① 也就是,比起跟"道德基督徒"的关系,跟"个人主义"德性的关系更大。

与善(goodness)——我太不熟悉卢梭以至于甚至都记不清在哪儿。你记得在哪儿吗?

学生:我不记得;不过我想应该在《第二论》,至少以某种形式。①

[19]施特劳斯:也许是。我想最后那部分你们会记得。我们都会记得。如今,德性与好(goodness)极为不同。那是什么呢? 如果我们试着在这里谈论这个问题,在这个图示中,德性是一和二,也是一或二。② 这很难说。这个[施特劳斯指三③]是好。德性与好极为不同,因为德性预设律法和服从律法、顺从律法、遵从律法、符合律法。好则无律法(lawless),无秩序(anarchic)。好是原初自由。原初自由就是一切律法出现之前的自由——这是本质——因此它是非道德性的。现在,卢梭试图在某程度上让它变得符合他和其他人的口味,方法是说原初自由、做自己是好的,因为它和同情密不可分。做自己也就意味着,或许主要意味着,要有同情心。那么现在,假设同情是所有社会德性的根源,那么当然就可以很轻易地说,做自己和要和蔼善良是同一个意思。可惜事情没有这么简单,卢梭自己当然在某种程度上看到这一点。但这必会出现在《第二论》中,在《第二论》中出现了同情。

学生:我试图指出的是[……]德性一和德性二与德性三一样都暗含自由(the freedom and the liberty)。我想起《社会契约论》(*Discourse on Political Economy*),他在那里提出所有德性都暗示爱国德性(love-of-fatherland-virtue)和自由德性(virtue-in-liberty)……不,做好公民和自由德性,最终带来一个建设得很好的祖国。④

施特劳斯:这确实是我们在整个课程中都必须讨论的问题。不可

① 见《第二论》(SD,152—157; 35—38)。《第二论》收入《全集》卷三(*Second Discourse, Polemics, and Political Economy*, ed. Roger D. Masters and Christopher Kelly, trans. Judith R. Bush, Roger D. Masters, Christopher Kelly, and Terence Marshall, Hanover, NH-London: University Press of New England, 1992),页34—38。如果这个区分不够明确,也非常接近了。[译按]中译本见卢梭著,李常山译,《论人类不平等的起源和基础》,商务印书馆,1997。

② 道德基督徒与/或爱国主义。

③ 个人主义。

④ 学生的问题有些乱,但他很可能想起《社会契约论》中的段落,施特劳斯后来所说的德性的三种意义在卢梭书中是杂糅在一起的(卢梭,1992,145—149)。

否认的是,卢梭试图以某种方式在这三者之间制造一种完美的和谐。但我相信,有充分的证据表明他没有成功,而且,他也知道自己没有成功。最简单的证据就是《社会契约论》第一章的第一句话。① 社会生活,其中还包括[⋯⋯],任何形式的义务都是一种劳动形式。自由超越社会,超越义务;因而⋯⋯好吧,如果我们审视一下最粗略的结论,卢梭的一些后果:你可以说,一端是康德和黑格尔,在道德和国家之间制作出完美和谐的德国人,这样或那样⋯⋯以及义务,在义务和国家之间;但卢梭的另一端是无政府主义,它也同样是卢梭真正的思想后裔。无政府主义,那些人走向丛林,拒绝和社会有任何瓜葛。它和德国古典哲学一样都是卢梭的后裔。顺便说一句,马克思也诞生自这整个问题,当然,经由黑格尔;但马克思和卢梭之间有另一种联系,正如我们将会看到。这也和这一事实有关:即根据卢梭的看法,文明社会绝对必要,但有本质缺陷。

[20]不存在没有自我矛盾的国家。而这个矛盾必然与这个事实有关:即文明社会奠基于私有财产原则。这一点在《第二论》中将变得非常清晰,从其他地方也可以看到这一点。私有财产是一种严苛、无情、几乎没有人性的东西。但是,没有它就没有文明社会。马克思,出于他内心的善良,认为终究会有一个不再有私有财产的社会;因而,在那里不人道也将不复存在;那里也没有任何压迫,即,一个大同世界,不再有社会。但有趣的是,马克思试图解决卢梭问题,如果你理解了卢梭问题,就能更好地理解马克思。我们后面将梳理这个问题。不过,对我们现在的讨论方向来说,我认为这个区分也有帮助。塞尔茨(Alan Seltzer)先生?

阿兰·塞尔茨:我听说《爱弥儿》是本非常难懂的书。所以,我想知道你能不能大概说说如何阅读《爱弥儿》。

施特劳斯:正如你的总体评价,这本书非常难懂,这点不假;但我要说,它还很琐碎。我们在课上读过的那些作品都很难。否则我们为什

① "人生而自由,却无往不在枷锁中。"如果人在文明社会是在枷锁中,那么至少作为个人主义的德性与作为爱国主义的德性看起来就不兼容。

么要在课堂上读这些作品?除了用心阅读之外别无其他阅读规则。我的意思是,不懂原文的人总是会有些障碍,因为他不得不信任一个或许称职或许并不称职的译者。我还没检查这个译本。我知道柯尔(G. D. H. Cole),这个译者的其他作品不太可靠,确实不太可靠[……]。确实,我的意思是,我认为他是个英国政治家。莫里森先生可以告诉我们一些关于柯尔的事情。

莫里森先生:是的,他很有名气。他是费边社(the Fabian Society)的骨干成员。他在牛津大学担任教授很多年;声望极高。他不久前逝世。①

施特劳斯:是的。好吧,这显示了一个译者的忠实原文和语言能力之间的复杂关系。

莫里森先生:我第一次看到这个译本的时候就提醒自己,就我所知,他写过侦探小说,这是他唯一完成的译作。

施特劳斯:我读过这些小说,它们非常棒。

莫里森先生:非常棒。

[21]施特劳斯:在某种程度上,小说比这个从法语译过来的译本棒多了,毕竟这个译本没什么必要,因为法语又不难学。

莫里森先生:他还完成了许多关于欧洲社会主义史的佳作。

施特劳斯:我明白,是的。我希望他并不是必须得依托法国思想。所以,尽力吧,你已经完成了一些作品,你比许多其他人都理解得更好。

[录音结束。接下来是讨论布置作业。]

---

① 柯尔(G. D. H. Cole,1889—1959)写过很多论社会主义的著作,还和妻子玛格丽特·伊莎贝尔·柯尔合作过许多悬疑小说。他确实是费边社的长期成员,1952 年后担任社长。他是牛津大学奇切利社会与政治理论讲席(Chichele Professor of Social and Political Theory)教授和万灵学院成员。参见柯尔,《社会主义思想史》,五卷(七册),何瑞丰等译,商务印书馆,1977—1986;玛格丽特·柯尔,《费边社史》,杜安夏,杜小敬译,商务印书馆,1984;乔·柯尔,《费边社会主义》,夏遇南、吴澜译,商务印书馆,1984。

第二讲 《论人类不平等的起源和基础》：
自然状态与历史哲学

[23]施特劳斯：[录音中]——陈述了①开篇材料中的主要问题。我想先复述一下。首先是这个问题——自然法是否承认不平等？因为，你从这本书的修辞获得的整体印象是，它是一个严格意义上的平等主义宣言。而且，你说得很对，卢梭并不是一位简单的平等主义者。甚至存在着一种自然的不平等，它自然而然地和自然的平等一样好；此外，还有一种正当的法的不平等，关系到统治者与被统治者。每个不是无政府主义者的民主主义者当然都会承认后者。因为，他承认，存在治理者，作为治理者，他们更加卓越。

你强调的第二点是自我保全的重要性，对于政治生活与个人来说，它都非常重要。第三点，自然正当（natural right）与自然法（natural law）的区别，它以这种形式似乎是卢梭自己的，正如你指出，自然正当属于情感（sentiment），自然法属于理性（reason）。最后一点，与宗教可能会发生的冲突。倘若你至少用一个从句说明一下，你说的宗教指实定《圣经》宗教，而不是自然宗教，就更好了。这是另外的问题。那么，宗教问题将会得到处理——自然宗教与实定宗教——《爱弥儿》"萨瓦本堂神父的信仰自白"一节，其中同时处理自然宗教与实定宗教。我

---

① 施特劳斯在这里讨论一篇课程论文，很可能是巴特沃斯先生（Mr. Butterworth）的论文，没有记录下来。

们后面将会讨论这个问题。现在就说这些就好了。

现在,我们必须先把上次的讨论内容和今天的任务联系起来。我要试着以尽可能清晰明了的方式总结我们讨论《第一论》的结论。科学对德性有害。这里指的是自主的科学对德性有害。科学必须是从属性的;它必须服务于德性。这个主张明确地反对一种自那个时代以来非常著名的对立观点。科学要反对的不仅是亚里士多德对理论生活的赞颂;它还反对培根、笛卡尔、霍布斯的观点,即科学要服务于力量,人的力量,为了慰藉人的处境。科学必须服务于德性。也就是说,科学首先以人的义务——又或许是权利——学说达到顶峰;这一点我们仍然存疑。至少这才是科学最重要的公共职能:教会人们义务,或许还有权利。

那么,关于德性,尚有个巨大的歧义。我复述一下这三层含义。第一层,道德基督徒含义,德性关乎良知,这里按这个词的一般意义来理解。第二层含义是这个观点,即德性是政治的、共和主义德性,虽算不上是民主德性,德性等于爱国主义。这两层意思上的德性都以某种法为前提。而第三层德性含义则不以法为前提,这种德性关系到原初自由,关系到自然状态或个体性;它仅仅是一种非道德意义上的灵魂的力量和生气。那么,现在提醒你们记住这一点,我们后面必须把它作为一个问题牢记。可以更简单地提出这个问题:德性的这三层含义的确切关系是什么? 哪层含义优先? 让我们记住这个问题。

[24]我们开始读《第二论》,今天读开篇。首先是献给日内瓦共和国的题词,也许有人还不知道,卢梭生于日内瓦。严格说来,卢梭仍然是日内瓦公民,我指的是卢梭拥有投票权。① 日内瓦是个共和国,当时的欧洲普遍实行绝对君主制,至少在欧洲大陆是这样。此

---

① 施特劳斯在这里有点小错误。尽管卢梭在《第二论》出版时曾短暂地重获公民身份,但他不是日内瓦公民已经数年,他在20多年前就改宗天主教。为了恢复公民身份,卢梭重回日内瓦,并重新改宗新教。他在写就《第二论》但还未出版的那段时间回了日内瓦。施特劳斯这里讨论的献词完成于《第二论》完稿之后,完成于他重获公民身份之后。参卢梭《忏悔录》,页329。

外,日内瓦是个小共和国,一座城市。它有些类似于柏拉图和亚里士多德完美社会概念的古代城邦,相对于要求君主政治的现代领主国家——孟德斯鸠的学说。卢梭崭露头角时,孟德斯鸠才刚去世,卢梭当然非常了解孟德斯鸠。孟德斯鸠曾说,共和国(即自由国家)只能作为小型社会存在,作为城市国家存在。假如是一个较大的社会,就必须得有君主政治,它也有它那种自由(在古老的法国就有一种自由),假如是一个超级大的国家,比如土耳其或波斯,这些国家都很大,那么你必须有专制政治。现在这种学说被作为前提。读过《联邦党人文集》的人(也就是你们所有人),都还记得关于是否有可能在一个大国里享有自由的讨论。你们都知道,在某种程度上,这个国家的联邦制度的所有问题仍然与此问题相关。那么,这是一本在一般意义上支持自由、民主和平等的书。卢梭这么做有着某种道德权利,因为,他是日内瓦之子。通过把这本书题献给日内瓦共和国,卢梭清楚地表明了这一点。

或许我们可以提出的第一个问题就是,应该如何理解卢梭对日内瓦的赞美? 他大体上如何看待日内瓦? 你已经回答过这个问题,巴特沃斯先生,但我希望你能重复一下。

巴特沃斯先生:他一贯……他总是赞美日内瓦,[……]日内瓦,并且赞扬其政府存在的方式。

施特劳斯:是的。换言之,有一些起到这种作用的主张,是吗?

巴特沃斯先生:在他所有作品中。

施特劳斯:但尤其在这里。也就是,"一个组织得如此贤明且和谐的共和国"①为公共[……]。他似乎把日内瓦视为一个完美共和国。但这是否属实呢? 我的意思是,卢梭是不是毫无保留? 好吧,在上次课最后,塞尔茨先生提出一个问题,我确实不理解这个问题的意义。我认为我会这样回答这个问题。你问,应该如何阅读卢梭,我回答,仔细读。这很明显。但这个答案还是太过笼统,没什么帮助;因而我乐于在某种程度上让它更规范。首先,人们会根据一个作家以往的习惯来阅读他,

————————

① 《第二论》,116;7。

这些以往的习惯不仅包括他的写作，还包括他的成长活动和他的社会活动。如今，我们身处这个严格意义上的自由社会：有［25］第一修正案，人人都可以畅所欲言。然而，并非一直都有自由社会。从卢梭的经历很容易看到这一点：卢梭出版《社会契约论》和《爱弥儿》时，这些书在天主教的法国和加尔文教的日内瓦都遭到谴责与焚毁。因此，那些地方并没有言论自由的法律保障，知道吗？我认为，这就是你的意思。那么，孟德斯鸠所谓的 en règle générale［普遍法则］：人们总会考虑到这种可能性，即，卢梭这样的作者也许会有所保留。那么，让我们把这用在日内瓦问题上：卢梭对日内瓦的赞美是否毫无保留？我给你们读一段话，我用的版本不一样，但大概就在第 2 段，不，它太长了。① 他在这里说，"罗马人民本身，即一切自由人们的典范"；罗马人本身。让我看看。我想［……］出来。再往后一点，还是谈论罗马人："他们逐渐有了庄严的态度与骁悍或引以为豪的勇气，这些令他们最终成为万民中最受敬仰之人。"②我认为，可以说无论卢梭如何赞美日内瓦，都未曾给过日内瓦那种他给罗马的至高赞誉，即便在这篇给日内瓦共和国的献词中。

我在《〈纳喀索斯〉序言》（就是卢梭命名为《纳喀索斯》③的一部喜剧的序言）关于罗马的另一条评价中看到类似说法。"罗马之基础由一群土匪——或悍匪建立，数代之后，他们的后代成了前所未有的有德之人。"④他从未说过日内瓦人是前所未有的有德之人。这个问题暂时说到这里。好的。换言之，或许得考虑这里存在某种保留的态度。甚至都不用去考虑卢梭后来在作品中攻击日内瓦共和国时说了什么，比如在《山中书简》里，他在那本书中展现出当时多么腐败的寡头政治正统治着日内瓦。

这里也有一些对罗马的评价，很好找。例如：

---

① 施特劳斯用法文版，学生用的可能还是 Cole 译本。
② 《第二论》113；4—5。
③ ［译按］《纳喀索斯》是卢梭的剧本，于 1752 年首演，发表于 1753 年。
④ 卢梭，《〈纳喀索斯〉序言》，见卢梭，1992，页 195。

我不会支持类似罗马人的那种公民投票,这个国家的首脑,或是这个国家的领袖,以及那些致力于保护城邦的人都被排除在那些往往与国家安全有关的决议之外,而且,由于一种荒谬的矛盾,执政官被剥夺了平民都享有的权利。①

卢梭想到的是只有下层平民投票的罗马投票机构,下层平民的决议具有法律效力。因此,换言之,卢梭并不是要全盘接受罗马机构。他也批评罗马,而不是只批评日内瓦。但他对日内瓦的批判是什么?因为,毕竟,我们现在讨论的是日内瓦;罗马将在另一种关系中出现。他为什么批评日内瓦?这里有个说法。

学生:是在下一段中吗?他讨论了这个事实,即他想要执政官引进法律而不是——?

施特劳斯:不。我认为这一点都不重要。换言之,立法的主动权不应该取决于单纯的公民,而应该取决于有经验的人。这就是全部。这与雅典人相反;与更激进的民主制相反——

[26] 学生:我认为,另一点是他提到[……]许多可怕的误解会扰乱公共和谐。他希望经受世代[……]等等,尽管有时有些误解。②

施特劳斯:不,让我把它放在一个特定的和形式的基础上。它向谁致辞?

学生:向全体公民致辞。

施特劳斯:更确切地说,"执政官,最荣耀最至高无上的大人们"③,是一些共和国的执政官。④ 最有趣的是,他在这里必须用"至高无上"这个词,可他的所有学说当然都在反对此词的这层含义。因为,只有公民而非执政官才是至高无上的。但这是这部作品的官方题目。但他不仅仅向他们致辞。这个短语 Magnifiques, Très Honorés, et Souverains Seigneurs [卓越,极其尊贵的,且至高无上的大人们]也出现在[听不清]。⑤ 随后,

---

① 《第二论》114;5。
② 《第二论》115;6。
③ 《第二论》111;3。
④ 正如学生指出,施特劳斯搞错了。
⑤ 《第二论》115,121;6,11。

他转向"我亲爱的同胞公民"①,有没有哪个段落是他向日内瓦女性致辞的?

学生:在结尾的一段。

学生:日内瓦可爱贞静的女儿们。②

施特劳斯:在倒数第 2 段吗?

学生:从致辞结尾数,倒数第 3 段。

施特劳斯:对,aimables et vertueuses Citoyennes［可爱贞静的公民们］,也是公民。但是,首先出场的是执政官,然后是男性公民,然后是女性公民。他还谈到其他人吗?

学生:是的,我质疑这一点,因为每次他用这句话"执政官,最荣耀最至高无上的大人们"的时候,你会发现,只有一次他是真的在跟执政官说话,他省略了这句话的一个部分。他说,当他向执政官们致辞,并告之以他们如何［……］人们。③

施特劳斯:是的。Tels sont, Magnifiques et Très Honorés Seigneurs［这些是卓越且极其尊贵的大人们］。

学生:他每次说的时候都会省去"至高无上"这个词。

[27]施特劳斯:我没检查过,不过非常好。我们检查不能……不,你们不能敷衍了事;你们必须彻底检查。如果"至高无上"这个词只出现在开头,后面提到的时候被略去,这就非常有趣了。

学生:我检查过,似乎就是这样。

施特劳斯:不过,这只是次要问题。还有另一群人。

学生:身居高位者?

施特劳斯:是的,教士们。那么,他怎么说教士?

学生:他赞美他们……即便他们头脑中有一种宁静。

施特劳斯:在我们转向这个问题前,让我们看看他如何向教士们致辞?

---

① 《第二论》115;7。
② 《第二论》119;3。
③ 《第二论》Ⅲ,117,118;8,9。

学生:他没有向他们致辞。

施特劳斯:是的,这很有趣。他向女人们讲话,向质朴的公民们讲话,当然还向执政者们讲话;但未向教士讲话,在某种程度上。他可以谈论他们。

现在,我们必须读这段话,因为这回答了日内瓦错在何处,罗马又在哪里做得特别好。我的意思是,认为卢梭不知道罗马的重大缺陷就对他不公平了。这些是夸大其词,它最简单的核心是……好吧,我们读到这段话的时候会看到。让我们读献词的倒数第四段。

雷肯先生[读文本]①:

> 如果文明社会的领袖们热爱荣誉与它的幸福,人们不会感到奇怪;但是这就非常奇怪,其余那些人——②

施特劳斯:这对人们的宁静来说则太过。

雷肯先生[读文本]:

> 他们把自己当作一个更神圣更崇高的祖国的执政官,或毋宁说当作主人——

施特劳斯:你们看到了:另一个祖国,比其他祖国更神圣更崇高的祖国。这是其中之义。对吗?

雷肯先生[读文本]:

> 某种对养育他们的尘世的祖国的爱。但我很高兴能够指出一个我们乐见的意外,如此少见的例外——

[28]施特劳斯:你们看,他说,无论其他各地的教士多么坏,在我

---

① 我不确定整学期读文本的是不是这位雷肯先生。

② 这个学生和其他人一样,都从法文版翻译。至于施特劳斯的翻译,我将标注出有问题的翻译,只有当这些词看起来重要的时候,这位译者才试着给同一个词语不同译法。

们美好的日内瓦,他们当然也很美好。可是并没有这么简单,正如你们将会在后文看到。

雷肯先生[读文本]:

　　并且把由法律认可的神圣教义、教条的那些热忱的受托者列入我们最佳公民的行列。

施特劳斯:你们在这里看到:由法律认可的——知道吧,不是由其自身的权利。因此,正是公民主体或日内瓦执政官让这些教条变得令人尊敬。是的。

雷肯先生[读文本]:

　　这些令人尊敬的灵魂的教士,他们生动而甜蜜的口才更好地把福音、把《福音书》的箴言传入人心,他们总是亲身践行这些箴言!

施特劳斯:你们看,很明显做出了恶意的暗示。是的。

雷肯先生[读文本]:

　　人人都知道伟大的说教艺术在日内瓦多么成功地蓬勃生长。但是,人们对言行不一早已习以为常,因此很少有人知道我们的神父们心中占据的基督精神、神圣道德、严于律己、宽以待人达到怎样的高度。

施特劳斯:意思是,其实你期待的是苛责他人,宽待自己。继续。

雷肯先生[读文本]:

　　或许唯有日内瓦这座城展示了宗教团体和文人们完美结盟的颇有教育意义的典范;在很大程度上,正是在他们公认的智慧与节制上,正是在他们对城市繁荣的殷切期望中,我发现

了这座城长治久安的希望;我还以一种惊讶与尊敬参半的愉悦注意到——①

施特劳斯:这里的惊讶当然很有趣。他不曾预料到这一点;很显然。我们暂且按下不表。那么,这是什么意思,这句最简单的话的意思是吗? 为何日内瓦次于罗马?

学生:仅仅因为他们有这个满意因素。

施特劳斯:日内瓦的精神与世俗的二元力量;罗马没有这个二元因素。这是卢梭的看法,从他本人的作品中可以得到佐证,尤其是《社会契约论》。那么,我们现在已经搞清楚了这一点。

但是,如果我们现在讨论"献词"中的另一处关键——首先是自然平等与习俗不平等的差异。我的意思是,这是个简单的图景:所有人生而平等;随后坏的社会确立起不平等,高贵、富有等等。但是,卢梭在第一句话中的表述是,自然平等与习俗不平等,这两者在日内瓦结合得恰如其分。但这仍然是对自然平等的一种背离。[29]那么,第 1 段中间是哪句话? 你可以为我们读一下吗?

雷肯先生[读文本]:

这种深刻的智慧,凭借它,一个与另一个以最接近自然法并最有利社会的方式加以适当的调和,从而既能维护社会秩序又能保障个人幸福——②

施特劳斯:我们停在这里。你看,以这种方式……你没有译出来,巴特沃斯先生。日内瓦怎么在最大程度上接近自然法。并不仅仅是与自然法一致。那么,卢梭提议的是:自然法要求充分的平等。自然法与自然平等一致。但社会不可能以此为基础。它顶多能接近自然法。你是否看到[……][施特劳斯走向黑板]让我们注意一下[……]:自然

① 《第二论》119;9—10。
② 《第二论》111;3。学生的翻译略做改动。

法属于自然平等。公民社会不能容忍绝对的自然平等。那么,我们在此看到同时有两种德性概念的绝对必要性:一种建立在认识自然平等的基础上,另一种与绝对平等不相容。这当然就是公民德性,或者说,爱国主义。公民德性,或爱国主义,要求对自然平等做出某种限定,对自然平等做出某种削弱。这一点清楚吗?

学生:还有这一事实……因为如果没有社会契约,公民社会中的那种平等将不复存在……

施特劳斯:我们现在还没涉及到这个问题。我们如何得到公民社会?它通过社会契约出现。但我们稍后再讨论这个问题。

学生:这正是一种我们此处讨论的社会。

施特劳斯:是的,这据说是个公民社会。我们暂时不讨论它如何产生,因为我们还没有充分的材料。这里讨论的是献词。现在,让我们开始读序言,序言更为实质性。是的。

学生:我没有理解德性如何出现在这个问题里。

施特劳斯:完全没有。我的意思是,我引入德性。但是我引入它乃是基于我们上次课的考察,即三种德性观。我们只看到事实;我们不知道它如何与其他问题联系起来。[施特劳斯转向黑板]我的意思是,我们在此有这个区分;这个区分让我们看到必须有德性的双重含义,一层意指简单地承认绝对的自然平等,而另一层与简单地承认平等不相容。例子是什么?如今在密西西比州,一个不支持密西西比州政策的人一方面可以像梅雷迪斯或是其他类似处境的人这样做。① 但是,另一方面,也可以设想他服从某种密西西比州指定的与[30]自然平等不一致的法令。有可能,对吗?有两种不同的德性。有人会说,你必须彻底忽视这一点。但据我所知(我并不在那里),这或许只在密西西比州才可能,并不具有普遍的可能性。假设这就是德性的公式,每个人都必然时时偏离它,因为,在每个州总会有某种形式的不平等,也许它仅仅是交警与必须服从交警

---

① 施特劳斯指的是关于是否允许梅雷迪斯就读密西西比大学的争议,它导致1962年秋季,也就是这次课程期间发生的暴动。

指挥的人之间的不平等。但是在我们继续读的时候,它就逐渐清楚起来。①

现在,让我们来看《序言》,我想我们应该先来读第 1 段,只是读一下。但在我们开始之前,我们不能忘记《第一论》特地攻击科学或知识。卢梭似乎遗忘了科学,因为他现在把科学当作理所当然的东西。但其实并非如此,他没有忘。让我们读一下。

雷肯先生[读文本]:

> 在我看来,一切人类知识中最有用却最不发达的就是关于人的;而我敢说,德尔斐神庙唯一的铭文包含的训诫远比道德学家们的所有鸿篇巨制更为重要与深奥。

施特劳斯:你记得那个铭文吗?

学生:人,认识你自己。

施特劳斯:是的,自我认识是最重要的知识。继续。

雷肯先生[读文本]:

> 因此,我把这篇论文的主题视为哲学能够提出的最有趣的问题之一,而且对我们来说很不幸,哲人应该解决的最棘手的问题之一:如果不从认识他们自己开始,人们如何能够知道人类当中不平等的来源呢?人们如何每次穿过时移世易给他们原初构造制造的种种变化,达到把他们②看成自然塑造的样子呢?

---

① 不清楚施特劳斯如何拿自然平等意识这个德性以及与自然不平等意识德性不相容的德性对应上次课描述的三种德性。它们是道德/基督教德性,共和或民主德性,个体德性,被理解为灵魂的生气与力量。施特劳斯在这里似乎说共和德性是一种非平等主义,至少就它无法充分地意识到自然不平等而言,而他早先曾经把它表述为平等主义。此外,施特劳斯在这次课早先的地方观察到,卢梭意识到存在自然不平等(第 24 页)。声称共和制充分意识到并非自然不平等亦非自然平等是完美的一致,很难理解那个"没能理解德性如何出现"的学生为什么会困惑。

② 这里应该是"他自己"才对。

施特劳斯:被迫制造。①

雷肯先生[读文本]:

并且纠正(straighten out)一切他——

施特劳斯:并且挣脱(disentangle)他所拥有的。

[31]雷肯先生[读文本]:

恰当基础与环境与他的进步给他的原初状态增加或改变的
东西?

施特劳斯:再读一些。

雷肯先生[读文本]:

类似格劳库斯的雕像,由于时间、海水、风暴的损毁,以致它不
像神,而像是只凶猛的兽。②

施特劳斯:是的,很好;人类灵魂及其经受的改变相当于格劳库斯
遭受的改变。你们过去读过格劳库斯的故事吗?

学生:《王制》卷九。

施特劳斯:再往后一点:卷十,在611处中间。所以,柏拉图所说和
卢梭所说有某种一致:你必须认识灵魂在遭受一切改变或败坏之前的
原初自然。这一点可以总结为,对人而言,最重要的知识是人的自我认
识;自我认识,因为,如果不是人的知识、如果不是关于人之自然的知
识,还有什么能够作为关于人之义务的知识的基础? 但是,这必须是关
于他原初自然(original nature)的知识,而不是关于他的自然(nature)
的知识,正如我们如今依靠经验发现,原初自然受到各种可怕的恶的影

———————

① 这里过度翻译。“必须制造”更好一些。

② 《第二论》122;12。

响。这种原初自然——这明确涉及上帝在这段结尾处——这种人的原初自然关乎平等:人生而平等。但它遭到破坏。遭到什么东西破坏呢?在第2段或第3段中,卢梭提到破坏它的自然原因。① 自然平等不仅遭人类的恶破坏,还遭到自然原因破坏;于是,有个恰当的柏拉图式例证:这个神,他的形象,他的性质被海水和暴风雨改变。有一点很清楚:我们必须找到什么是人之自然,即人的原初自然;卢梭在下一段中称之为人的自然状态(the natural state of man),l'état naturel de l'Homme。② 人的自然状态不是别的,就是原初的人类自然(the original human nature),尤其是这个事实,即人人平等的原初状态。卢梭在这里暂时提出一个问题,这个问题将会极大地困扰卢梭和我们:这个原初状态是否曾经存在过?卢梭不知道,但他宣称无论它存在与否,都绝对有必要去认识它。为什么呢?让我们来看看下一段,读一下。

雷肯先生[读文本]:

这些人们如此难以进行的研究,人们迄今很少思考它们,它们却仍然对我们来说是为了增加大量困难的途径——

施特劳斯:消除大批困难。

雷肯先生[读文本]:

为消除大批困难的途径,这些困难遮蔽了人类社会真正基础的知识。

[32] 施特劳斯:从哪里开始?忘记别的一切;我们想要理解人类社会。它的真正基础是什么?答案:人的自然。

雷肯先生[读文本]:

① 《第二论》123;12。
② 《第二论》134;20。不是下一段,而是数段之后,在论文第二部分开头。

正是这种对真正定义的忽视——

施特劳斯:让我来读吧。

[读文本]正是这种对人的自然的忽视给自然正当(natural right)的真正定义带来如此多的不确定和含混——

只有以关于人之自然的知识为基础,才能定义自然正当。

[读文本]布尔拉马基说过,正当观念,尤其是自然正当观念,显然是关乎人之自然的观念。因为这门科学的首要原则必须由一种关于人之自然的知识推导出来。①

不过,困难在于:在某种意义上,这个基础,人的自然状态,或许根本从来不曾存在过。我们记住这一点。

但是,卢梭现在转向另一个问题来证明他的观察,因为人们可以质疑他所说的所有东西——因为某人可以说,可是我们知道自然正当是什么,或者自然法是什么。我们知道;我们在大学里学到过。在新教国家里,在那个时代,自然正当通常尚有一席之地;不在英格兰,而是在苏格兰,当然也在德国,以及几个斯堪的纳维亚国家。好吧,卢梭说,现在让我们看看这种知识的状态。继续。让我们继续。

[读文本]当你观察到,许多处理这个重要主题的作者就此极少一致,不会毫无吃惊和愤慨。你很难在这些最严肃的作家们当中发现两个达成一致的。且不必说古典哲人,他们似乎别无其他目的,只想在最基本的原则上彼此反对,罗马法律专家们让人与其他动物毫无差别地服从于同样的自然法,因为他们用这个名称理解的不是自然规定的法,而是自然加诸给自身的法;或者毋宁说由

---

① 施特劳斯略去了一些内容。

于这些法学家们以特殊意义理解法这个词,他们似乎在这个场合用法理解的不是别的,而是关于自然在生灵之间为其共同保存(conservation)、保全(preservation)而建立起的普遍关系的一种表述。现代人,用法所理解的只是规定给一种道德存在的一种规则,即,作为一种存在着的理智、自由、并置于与其他存在的关系中考虑的存在,把自然法的意义最终限定给唯一一种被赐予理性的动物,即人;但是,正是由于他们将其界定于这类形而上学基础上,即便在我们当中也很少有人能够理解这些原则,让我们单凭自己独自发现这些原则。①

我们先停在这里。那么,古代哲人们彼此之间完全矛盾。这徒劳无益。于是,我们就只有一个有趣的选择:罗马法律专家与现代人。他没有说现代法律专家,或别的什么;他说现代人。那么,罗马法律专家说了些什么?罗马法律专家说,自然法就是自然传授给所有动物的东西:自我保全,交配之类的事情。但这没什么用,因为这是所有生灵自然而然就会这样做的事情。无须规定[……的词语]。这不够好,这太过笼统。现代人用自然法理解一种规定的法,而规定的法[33]自然而然就是面向一种尘世存在颁布的法律,唯独这种存在才能理解这些规定,这种存在就是人。因此,卢梭似乎被迫接受这一点,这些自然法的现代观念。这意味着什么?顺便问一句,这些现代人是谁?

巴特沃斯先生:普芬道夫,坎伯兰。②

施特劳斯:是的,当然,只有他们吗?当然,百分之五十五[……],但是了不起的人。

巴特沃斯先生:沃尔夫?③

施特劳斯:还是同一个重量级的。

---

① 《第二论》124—125;13—14。施特劳斯略去了这段话里的一些内容。
② 普芬道夫(Samuel Pufendorf,1632—1694),政治哲学家,著有《论自然法与国族法》(*On the Law of Nature and Nations*)(1672);坎伯兰(Richard Cumberland,1631—1718),哲学家,著有《论自然法》(*On the Laws of Nature*)(1672)。
③ 沃尔夫(Christian Wolff,1679—1754),哲学家,著有《国族法》(*The Law of Nations*)(1749)。

学生:你心里想的是霍布斯吗?

施特劳斯:不,不。托马斯·阿奎那。这里说的现代含义宽泛。这里所说的现代指的是所有非古代的。我可以从其他作品向你们证明这一点。不过,无论如何,他在这里想的当然是临时的自然法学说,自然法被理解为对人的命令与规定;其基础实则是形而上学原则。卢梭认为,形而上学原则是一些含混的原则,唯独这一点才是卢梭特有的看法。你懂的,当卢梭说,"基于唯一形而上学原则的这一奠基"①,在这里是个贬义词;但却并不一定。那么,他为何反对它? 因为它们建立在形而上学原则之上,它们不可理解,他说,至少对于绝大多数人而言,不可理解。自然法为何必须能被所有人理解?

学生:因为它被假设为自然的声音。

施特劳斯:因为每个人都被假设必须要服从它。是的。换言之,传统观点意味着自然法对每一个人类说话。卢梭却说,这种自然法并不是向所有人说话,借洛克的话说,只是"向自然法的学徒"②说话,因此,它并不是普世性的……自然法必然被恰当地流传;这是传统的隽语。如果它要求一种理性的高度发展,它就无法被恰当地流传。现在,他如何继续推进? 他说,一个人若是不能成为一个非常卓越的理性人、一个深刻的形而上学家,就无法遵从这种自然法;但是,以这样的前提为基础的自然法并不好。换言之,公民社会决不可能以自然法为基础,因为他们进入公民社会时不可能是自然法的学徒、卓越的理性人、深刻的形而上学家。在我们继续阅读之前,必须认识到,卢梭暗示的是这一点,而且,这一点对理解接下来的内容至关重要:卢梭在某种程度上假设(这随后会变得清晰起来[不清楚的词])过去的人,前政治时代的人是智性最不完善的人;[34]所以他们不能理解自然法。换个说法,反过来讲,卢梭说传统的自然法观点预设了完美的开端。神学的讲法当然是这样做:《圣经》教诲是,人被完美地创造出来。含义是:自然法就是必须在自然状态下才可以认识的那种律法,先于文明社会。这就是准

---

① "唯一形而上学原则"这句话可能是"如是形而上学原则",即对 principes si métaphysiques 的字面翻译,上文中被译作"这种形而上学基础"。

② 一个"那种法的学徒"(《第二论》,第二章)。

则。一种能在文明社会中认识的自然法，一种只能在文明社会中才可认识的自然法不会是自然法。让我们考虑下一点。

[读文本]对自然法了解得这么少，对"法"这个字的含义又那么不一致，要给自然法商定一个好的定义就非常困难。因而所有你能在书中找到的那些定义，除了它们互相不一致这个事实之外，还有一个缺陷，即它们都建立在人们并非生来就有的各种不同知识之上。①

因此，自然法的基础必须是自然知识，是人生来就拥有的知识。这当然来自传统。但问题在于，这是什么意思，什么是人生来就拥有的知识？让我们先试着理解他随后在一句看似深奥的话中的意思。传统的自然法预设了人拥有"从脱离自然状态后才能想出的利益关系的"知识，只有生活在社会之后才能想到的知识。

[读文本]人们先研究了人们为他们的共同利益而达成的各种规则；然后给这些规则的总和冠以自然法的名号，仅有的证据只是人们发现普遍践行这些规则能得到好处。②

他这么讲是什么意思？要理解这一点，必须得真的了解一些此前的讨论。这很简明。我认为他在这里显然指的是霍布斯，霍布斯的自然法概念。按照霍布斯的看法，自然法是指引我们走向和平的所有规则的总和或集合；例如，要慈善，要和蔼，要令别人愉快，等等类似的东西。卢梭对霍布斯说，自然状态下的人如何可能对和平略有所知，倘若他们从未生活在和平之中的话？他们只生活在自然状态下，一切人对一切人的战争；他们怎么可能想象得到还有其他状态，更不必说设想出普遍和平的状况是怎么样的？上述内容暗含着的某个东西将会慢慢浮

---

① 《第二论》，序，第7段。
② 《第二论》，序，第7段。

现出来;让我们看看这是什么。

在下一段的最末:

> [读文本]关于这种自然法,我们能够清楚地看到的一切就
> 是,为了成为法,它所管束的人就必须能够了解服从它。

事情很简单:自然法必须作为自然法被了解,否则它就不是自然法;即,一种不为人知的自然法无法管束众人。为管束众人之故,它必须昭告天下。但卢梭说,这还远远不够。还必须满足另一种情况:"此外它必须是自然的,直接由自然的声音说出来。"①倘若它没有即刻由自然之声讲出来,倘若它需要一串漫长的推理,就像霍布斯所做的那样,那么,它就不是自然法。这些丛林中的可怜家伙怎么可能做出这么一大串推理呢?你看,卢梭的整个论证在多大程度上建立于一种特定的、理性未得到发展的自然状态概念基础上。他在某种程度上视之为理所当然。但是,以此为基础,这个推论就意义重大。

[35]好,让我们为他总结一下他的观点:在某种程度上,我们需要自然法,但是,迄今为止并不存在关于自然法的真正教义。现存的是绝对不完善的,正是由于这个原因,后一点:传统的、外加霍布斯的自然法预设了在前政治状态下理性的发展,但这是绝对不可能的。自然法必须以自然之声发言,不需要理性的帮助。那么,结论是什么?下一段。我可以喘口气了,你能读一下吗?

雷肯先生[读文本]:

> 那么,就把那些只教我们了解人如何造就自己的那些科学著作放在一边,而去沉思一些人类灵魂的最初也最单纯的运行吧,我认为你们②注意到有两种原则先于理性,一种让我们热切地关注我们自己的幸福和我们的自我保全,另一种激发出我们一种自然

---

① 《第二论》,序,第8段。
② 应该是"我"才对。

反感目睹任何有感觉的存在消逝或受苦,主要是我们的同类。在我看来,所有自然正当的规则正是来自这种集中,或聚合,来自我们的思想在一种状态下促成这两种原则的这一结合,没有必要让社会原则参与其中;由于不断发展,理性随后被迫在其他基础上重建这些规则——

施特劳斯:由于它的不断发展。

雷肯先生[读文本]:

由于它的不断发展,它最终扼制(strangling)自然。①

施特劳斯:"扼杀(extinguish)自然。"②好的。让我们看看。我们必须把自然之声作为自然法的基础。这是什么意思?卢梭在这里说,通过调和人类灵魂最初且最单纯的运作,我们找到了这些对人来说在任何时代中、任何处境下都行之有效的东西。这里不讨论理性的任何深层含义,不过,人总是有这种东西。例如,依照常识来说,人总是有关于树、狗或周遭任何东西的感性认识。我们可以合理地这样假设,感性认识是灵魂的一种运作方式。

现在,卢梭说他找到了两条原则。一是自我保全:无论多么愚蠢、多么不开化的人都会想要保全自己;这一条很好理解。另一条则颇为古怪,并且将会让我们在接下来的课程中多加留心;另一条是同情。人之初就同时具有自我保全和对其他生灵的同情,但主要针对他喜欢的东西,也就是说,主要对人。这并不像它听起来的那么感性,尽管它将会被证明为感性的。如果你考虑到下述事实,非感性的基本原则就会出现:我想,即便最极端的行为主义者如今也会承认,假定人有某种不仅关乎保全自身,还关乎保全物种的东西,这一点儿也不令人吃惊。我的意思是,毕竟马不以马肉为生,狮子也不食狮肉。为什么不可以设定

---

① 《第二论》,序,第9段。
② 此处修正似无根据。

人有种抗拒杀人的厌恶感？有的人,有的个体确实有这样的欲望,这可以穷根溯源到坏的社会习俗,坏的[36]教育。存在这种可能。让我们暂时假定,同情是卢梭用以替代人保全物种之倾向的替代品;但是,这并未解决掉这个困难。为什么没有？我想到的是这一种非常牵强的现象。头脑简单的人会怎么说？为保全物种所做的自然准备是什么？同情？

学生:不,应该是对异性的更多兴趣。

施特劳斯:更多什么？

学生:爱若斯。

施特劳斯:当然,繁衍。卢梭在这里对此只字不提;这很有意思。但他为何要忽略这个众所周知的事实呢？他在这里给出了理由;等我们有了材料再关注这个问题。

学生:他稍后会给出理由,但我在这里没看到。

施特劳斯:这里,当然了。他明确说自己希望回避任何自然的社会性。那么,如果有人出于繁衍的目的产生与另一个人结合的自然欲望——在某种程度上也包括孩子——也就是说,如果这对人类组织和自我保全一样重要,那么人在某种程度上就是一种社会的动物。在极为轻微的程度上,但这就是有了某种社会性。这是卢梭想要回避掉的东西;因此,在某种程度上这种同情……你瞧,你不会为了取乐杀掉后面的同伴,但你还是和过去一样不合群。这是个非常有趣的事情。那么他为何这么做？

学生:有两种不同的情感强烈程度,这不也很重要吗？一种是对我们的幸福的强烈兴趣,另一种只是单纯地反感。

施特劳斯:很好。这很合理。换言之,倘若起了冲突,谁优先？我。当然,洛克那里也是如此:假如自我保全没有演化为竞争,你就不会去杀害其他同伴。假如。是的,这很明显。这是真的。自我保全被凸显得极为重要,而同情被描述得更加精致;这毫无疑问。是的。

学生:如果这两个原则大体上等于自然法,那么自然法是否可以约束所有拥有这两条原则的动物？

施特劳斯:不,因为自然法恰好需要理性。你们看,他说,"同情丧失其力量之后"①它失去了它对社会的力量（我们稍后将会看到），因为一旦社会出现，竞争就变得极其重要。而竞争与同情不相容，至少以其更有趣的形式。那么，自然之声就受到竞争的抑制。由于竞争者将会像野兽一样对待彼此，那么重新把自然法建立在一个理性基础上就非常必要，因为如今本能丧失了它的力量。但是由于理性当然不会对兽类产生影响——我的意思是狮子不负有勿杀人的道义。[36] 有人会说，或许人才应该有不任意杀戮狮子老虎的道义。

学生：但如果并没有社会去毁掉野兽之间的同情，那么，野兽之间为何没有同情……

施特劳斯：野兽没法拥有这种特殊类型的社会。我们得等着看卢梭的分析。

学生：那么它们就不会有竞争，会吗？于是，它们就不需要理性的加入……

施特劳斯：是的，这纯属不可能；不可能乃是由于野兽不具有推理能力。现在，我要先回过头来解释卢梭说的内容。当然，卢梭反对传统自然法，即，托马斯主义的自然法，在新教大学里仍然保留着它的修正形式。我的意思是，巴特沃斯先生提到的这些名字，如普芬道夫和沃尔夫，这些人以一种修正形式（由霍布斯以这样或那样的方式修改）仍旧接续着这个古老的学说。但霍布斯当然是这个统绪中最重要的人物。霍布斯通过沉思灵魂的第一运动，同样发现两条原则与自然法最密切相关。它们是什么？

学生：虚荣与恐惧。

施特劳斯：是的。［施特劳斯走向黑板］让我们在这里像他一样称之为"自我保全"与"骄傲"。骄傲涵盖的现象范围很大：虚荣、竞争、试图超越他人，以及被认为比他人优越，等等。按照霍布斯的说法，这都是恶的；所以这是一种极其糟糕的自然状态，因为自我保全尽管并不必然邪恶，但它也不会是仁慈的（它意味着"我优先"），它被骄傲强化。于是，自然状态当然就是最悲惨的状态。卢梭的论题是，自我保全仍旧

---

① 这似乎是一条短语。

保留下来,但他用同情替代骄傲。人性本善。我们要来看看,这在多大程度上被描述得符合卢梭的真实意图,不过这大致正确。因此,人并不邪恶,因为毕竟,如果你说两个饥肠辘辘的人当中有人想要这最后一块,一块什么呢,他们吃什么呢,也许是马肉,反正不是我想吃的牛排,这算不上邪恶。这当然不是邪恶。此外,同情还在很大程度上消除了自我保全带有的那种残酷性。这是一种伟大的修正;这是否算个合理的论断则有待证实。不过,让我们思考下一段中的另一个要点。在下一段中,卢梭完美地表明,这个基础必须是前理性的。

[更换磁带]

——感情(sensibility):人不是作为理性存在(rational being),而是一种感性存在(sensible being)——不是这个词在英语中的含义,而是指敏感的。现在,我再补充一些要点,然后提出我一直以来都预设的那个关键点。沉思的基础在于反思灵魂最为简单的活动。这把我们引向《爱弥儿》,《爱弥儿》是一本关注儿童教育的书,童稚的[38]想法,人类灵魂最单纯的活动——让我们暂且打住。我们从再下面一段看到,这将是一项遗传学研究(genetic study)。不仅《爱弥儿》,《论人类不平等的起源和基础》以一种不同的方式也是遗传学研究。《爱弥儿》以一种非常单纯的方式描述了理性在个体之中的起源,《第二论》描述了理性在人类之中的起源。

首先我必须给出一个更加概括性的思路,你们当中有人应该非常熟悉它,因为我几乎在每次课程上都必须提及它。这一整套东西的前提——这随后将会清晰地呈现处理——如果你看一下《第二论》的第五段,就在第一部分之前,你会看到这样一句话:研究过社会基础的哲人们全都觉得必须重回自然状态,但无人能到达。① 因此,据卢梭说,所有政治哲学都基于对自然状态的理解;以及,所有政治哲人都试图这么做;他们都没有实现自然状态。那么,这个命题作为一个历史上的论断是怎样的呢?

学生:我认为亚里士多德也是这样。

---

① 《第二论》,本论,第5段。

施特劳斯：是的，当然；除非你在一种特殊意义上理解自然状态。"自然状态"这个短语是什么意思？没有直接与之对等的希腊语词，不过在拉丁语中它很常用：status naturales［自然状态］。这是什么意思？我是说，如果亚里士多德说拉丁语，他会称自然状态为"充分发展的状态"（the state of the complete development），卢梭用作座右铭的那条格言出自《政治学》，它当然是这个意思。由于亚里士多德是个以经验为依据的人，他当然想到的是非常经验性的事情。如果你观察一只幼犬，从初生到数月之后，按照这种方式，你就看到一个大致这样的成长曲线［施特劳斯在黑板上写字］，我是指，如果它没有被过早地杀掉。它成长，到达一种成熟状态，然后会衰退，最后衰亡。这里是顶峰：在希腊文中，akme。这是一只狗的极致；它可以做到一只狗所能做到的一切。对比一只奶狗和成犬的叫声，你可以看到，奶狗还不是真正的狗。所有一切别的生灵也是如此，其他活生生的存在，人当然也是如此。但是，人的情况要复杂一些，因为人有两个顶峰，一个身体顶峰，一个精神顶峰。众所周知，人或许很年轻就到达身体顶峰；他的精神顶峰则会到达得晚一些，或许在许多年之后。这令他更加复杂；这关系到那个事实，即人比起其他动物来讲，是一种奇怪的动物。很好。那么，我们得到这样的结论，即自然状态就是完美状态。当然，人在身体上的完满（比如，他可以当海军军士）并不能把人的全部完满赋予他。但是自然状态并没有被哲人们谈到；极少，偶尔。根据我现有的知识，这个术语来自基督教神学，我们必须到那里去理解它。我看到我们这儿有位神父，他比我更了解这类事情，不过我将先提出我的理解，如果有误，你可以纠正我。很好。

按照我的理解，基督教的学说区分了自然状态与恩典状态（我略去一些复杂的东西），自然状态又被分为［39］单纯的自然状态与败坏了的自然状态。当你读到，比如说，在 17 世纪早期著名作家佛洛莱（Fleury）①的作品中读到，自然状态的人这样或那样做，他指的当然不

---

① 有可能是 Claude Fleury（1640—1725），是卢梭熟知的教育理论家，那么施特劳斯的"17 世纪早期"应被删去。

是丛林中的野蛮人。他指的是非基督徒,当然是在文明社会中。这就是自然状态,在这种特殊的情况下甚至包括败坏的自然,但却不……

因此,自然状态就有这种非常简单的含义。进一步的细分特别重要:单纯的自然,即人被创造出来的样子;败坏的自然。不过,卢梭随后要指出"单纯的自然"存在一种特殊的困难(他懂基督教神学的基本原理,你们可以确信这一点),即人从未真正处于单纯的自然状态,因为当他一旦被创造出来,从一开始就已经有了比自然恩典更高的恩典,因此亚当从未生活在一种严格意义上的自然状态,但在堕落之后,他生活在一种败坏的自然状态中。因此,卢梭质疑人是否曾经生活在单纯的自然状态中。卢梭并不十分信奉基督教教条,但他知道这些东西。现在,接下来是霍布斯,我认为霍布斯是把自然状态概念引入严格意义上的理性的政治哲学的第一人。霍布斯讨论自然状态。他依然为此申辩,至少在《论公民》(De Cive)中是这样。我记得他在序言里说:"人的这种状态或许可被称作自然。"①这个概念在那个时代还不常见。他如何称呼自然状态的反面? 文明社会状态。

现在,如果你对比一下这两个方案,我认为可以非常清晰地看到发生了什么:霍布斯废除了单纯的自然与败坏的自然之间的区分,至少在他的政治哲学中是这样。因此,我会说无论救赎还是恩典都没有必要。自然状态中并不存在堕落,借用洛克的话说,只存在自然状态的诸多不便(inconveniences);②简单的人类政府处理这些不便。好。那么,我之前提到过的这个事实就描述了霍布斯的自然状态学说:在自然状态下,人……不,首先,自然状态是前社会的。每个人都受制于自己自我保全的欲望,受制于凌驾于他人的欲望,骄傲;没有自然的社会性。社会性经由这个契约加入进来,经由社会契约建立起社会、进而是政府。这个契约预设人推论并算出这是一种混沌状态,每个人被置于一个战场,处处是敌人:每个人都躲在自己的战壕,作为其他所有人的敌人——最糟糕的处境。理性引导人摆脱这种状态,理性还告诉人们为安全地摆脱

---

① 霍布斯,《论公民》(ed. Richard Tuck and Michael Silverthorne, Cambridge: Cambridge University Press, 1998, 11—12)。

② 《第二论》2;13。

这种状态，必须去怎么做。这就是霍布斯意义上的自然法。

　　于是，我们就有了一个前社会的但却理性的人；这就是霍布斯的教诲。于是，可以说卢梭对霍布斯说，瞧：你说的多荒谬，因为，假如人果真是前社会性的，他必然是前理性的；因为，推理、语言，这正是人的社会性。于是，这就是以霍布斯的基础抛弃霍布斯，并重温这个观点——人天生不仅是前社会性的，也是前理性的。这就是卢梭的起点，我在此必须承认，考虑到霍布斯的预设，卢梭是对的。在某种程度上，孟德斯鸠已经为此做好铺垫，但卢梭当然得出这个结论。霍布斯是不是由于他的不一致[40]而没有保留卢梭自始至终放弃的东西——换言之，霍布斯的整体立场是否比卢梭的整体立场更加合理——这是另一个问题。但是严格说来，我认为，由于我们必须坚持某种逻辑性，我们就必须承认，卢梭在这一点上论证得很好。

　　学生：可是，这是否并不以此为前提呢？即理性和语言对人来讲都不是自然的，即便卢梭也承认，他其实无法证明这一点。

　　施特劳斯：霍布斯仍然认为亚里士多德的定义毋庸置疑：人是理性的动物。但你可以说，霍布斯改变了这一点：他说，"亚里士多德，你说得对，人是理性的动物；但你说人是社会的动物，这就说错了。"《论公民》的第一章中有着最清楚的表达。学生们关于霍布斯的知识的困难在于，他们绝大多数只读了《利维坦》的某些章节。但是，关于最基础的东西，应该去读《论公民》，有个英译本由霍布斯本人监修——或者就是他自己翻译的，我记不太清楚了。[①] 它当然不如《利维坦》那样文雅而又犀利，但你有必要读它。第1段——我想每个人都可以在十几分钟内读完——非常直白。在《论公民》第一章的第2段的一个脚注里，霍布斯明白地与亚里士多德关于人是理性的动物这个定义争论。[②]那么，复述一下：亚里士多德说，人是理性的动物，因此也是一种社会的动物；霍布斯说，人是理性的动物，但不是一种社会性的动物；而卢梭完

①　在本课程开设的年代，公认霍布斯完成了这个译本，但如今人们认为，霍布斯甚至并没有承认这个译本。参见 Noel Malcolm，"Charles Cotton: Translator of Hobbes's De Cive" in his *Aspects of Hobbes*（New York：Oxford University Press，2004）。

②　前揭，霍布斯，《论公民》，页24—25。

成了最后一步,他说,由于他不是一种社会性的动物,他也就不是理性的动物。他后面将会谈到这一点,稍后,下次。谁来读论文?哈特曼先生(Mr. Hartman)?你可以找到这段话。这是否持续可能,仍旧是另一回事。我们还没触及那个问题。塞尔茨先生。

塞尔茨先生:我一直试图理解这些思考如何关联到霍布斯对目的论,以及基于人类结构的知识的认识论的拒斥。

施特劳斯:好,我们迟早会触及这些问题。但让我们将这些问题看作好比是蜡封住的小孔,我们记得它就在那儿,可以随时去探讨。

我还必须提到一点,这一点和你刚提出的问题有些关系。何为人之自然(nature)、何为人之特征(characteristics)、何为人之属性(properties),等等诸如此类的问题,在这个传统中,自然而然地从一开始就不断被提出,在卢梭的时代,在霍布斯的时代,当然也不断被提出。但就这一点上,有个巨大的变化发生了。例如,在传统上,人们区分人之本质(essence)与人之属性。人之本质是理性,而人之属性则是,例如,他是一种 risibile[能笑的]动物。因为,无论爱狗族怎么说,你都别相信他们的狗会笑;它们只是看起来在笑,实际上并没有笑。所以,这是人的一种属性。那么,笼统地讲,你可以说所有东西,[41]包括人之本质在内,全都是属性,并且忘记这些细微的差别。我为你们读一段霍布斯的文本,在某种意义上,这是对你刚才的问题的回答。

> 哲学指的是根据任何事物的生成(generation)方式推论其属性(properties),或是根据其属性推论其某种可能的生成方式而获得的知识,最终使人们能够在物质或人力允许的范围内产生人生需要的效果。①

因此,哲学或科学就是关于事物尤其是人的属性的知识,也必须研究这个问题。但这一点在这里得到修正:不仅仅是属性。顺便说一句,数年后霍布斯出版了此文本的拉丁文版,其中他用效用(effects)取代

① 霍布斯,《利维坦》,第46章,第1段。

了属性。这很有趣。属性被理解为效用。这意味着什么？我们有属性，即，笑：人是会笑的动物。众所周知。或者举个我差点儿忘掉的例子，莫里哀的《无病呻吟》(*Malade Imaginaire*)，他在那里用鸦片嘲弄了经院主义和亚里士多德：鸦片为何具有令人入睡的效用？答：鸦片拥有 vis dormitiva[催眠力]，一种令人入睡的力量。可怕的笑声，持续至今。但这像人们说的那样愚蠢吗？我的意思是，当你关注使用鸦片时，一位医师或别的什么人，什么是真正的要害？这个事实：鸦片具有令人入睡的力量。鸦片的化学式、鸦片的产生或起源，则根本无关紧要。重要的是，这种起源导致这个结果，造成催眠效力。而真正富有启发的事情是属性，而非属性的起源，尽管第二重要的是，如果你想拥有某种属性，你或许会有兴趣知道自己如何培养它。例如，你怎么令人发笑，怎么制造笑，这个问题对于电视上的谐星、必须交际应酬的人来说才十分重要。不过这些东西当然跟什么有可能制造笑无关，而跟什么事情能在特定的场合制造笑料有关。我的意思是，为什么人是大地唯一的理性存在——本质上是唯一能哭会笑的大地的存在？你可以说，这当然是个形而上学问题，也是个有趣的问题；其次，并非不重要，但肯定是第二位的问题是，你怎么能让人们发笑。你看到要害了吗？关键在于：以霍布斯为基础（当然还有其他一些人：伽利略、笛卡尔，及其他人，但霍布斯有个特别工整的表达式），事物属性的问题被该属性的产生问题取代。什么是笑？意味着笑如何发生；"什么是城邦？"即城邦如何产生；诸如此类。属性问题被起源问题取代。当然，最重要的主题是，人是一种理性的动物。

在此基础上，我们必须解决的问题是理性的起源，重申一遍，这是个双重问题。问题一：一个人类的婴儿——在任何意义上都不能说已经是真正的理性存在的新生儿，它如何变得理性？关键在这里。让我先来——让我想想婴儿。可以从两个层面考虑理性的产生：关于个体——让我们转向《爱弥儿》，不过，当然洛克的《人类理智新论》是一种试图展现理性如何产生于每个婴儿已经拥有的那些原初感官材料的尝试。[42]问题二是起源：理性的动物、理性的动物这个物种如何出现，它为了成为完美的理性如何改变？简要地说，一种是早期现代意义上的心理学,另一种是历史哲学。历史哲学试图把人类视为一种能够发展出理性的物种来追本溯源,探究他如何开始发展理性,以及他如何发展理性。这就是所谓卢梭的历史哲学的意思。卢梭在此没用到历史哲学这个词,但他清楚地想到了它,因为他最后就在第一部分开始之前说道:"人啊,这就是你的历史。"①当然,不是任何个体的历史——否则他得讨论婴儿与儿童——而是人这个物种的历史。让我们不要忘记这一点。

那么,关于另一点:亚里士多德,或是任何一位这类思想家,或任何有常识的人都会说,在某种意义上,婴儿当然是个理性的动物,潜在地。头脑简单的人不懂"潜在地"这个词,但他会说,它将来会成为一个理性的动物,我们无须动用任何工具把理性吹进去。理性在某种意义上种在婴儿之中;潜在地。这一点至关重要。关系到这种新发展时,潜在性与现实性之间的区分不再明显。不再有真正的潜在性。你拥有某个存在者,一个新生儿,他有这样那样的特征,真实的特征,比方说,他有了两条腿,等等。好,你必须从这种真实性来理解成年人,不是以这种方式——即有一种朝向它的趋势,而是以这种方式——即受到真实存在的东西的影响。看出区别了吗?它当然不适宜任何实践,但有这种趋势。并不存在婴儿朝向成人的次序;因为,要是说一个婴儿或儿童仅仅意味着成人的预备期,显然有些荒谬。婴儿之为婴儿与成人之为成人一样完满。"儿童的世纪",有人在我们的世纪这样说。婴幼儿时期或儿童时期与其他年龄段一样完满与自足。卢梭将在《爱弥儿》所做的就来自于此。这就是它的意义;这就是与生成论相对应的目的论或卓越属性说的意义。这就是你的问题的一个暂时的答案。

还有一点,我们必须简短地考虑一下,也就是《第二论》的开头。就在这里,在这一节的三页中,正如巴特沃斯先生已经指出,卢梭完美地表明,当然存在自然不平等——自然的不平等——与政治或社会的不平等。卢梭所说的仅仅如此,而这当然非常重要:这两种不平等之间并不存在本质性的关联;意思是,倘若你假设,当你进入任何社会或组织时,身居高位者一定是最优秀的人,那你就大错特错。我想谁要相信

---

① 《第二论》,本论,第7段。

下面这种事情就头脑太过简单了,比方说,就像有的喜剧演员指出的那样,社会中最优秀的人就是超级大公司的头头脑脑,国会议员,[……]法官,而最坏的人一定是监狱里的那些。事实并没有这么简单。有人甚至身陷囹圄也好过那些身居高位的人。我希望这没有造成任何……这是一种实践上的困难,但理论上极为显而易见。那么,当卢梭说它们之间并不存在联系时,在某种意义上,这也是常识,但其中包含更重要的东西。在古典观点看来,社会的不平等、社会等级与自然等级相一致。卢梭[43]好像放弃了这个问题的一切愿景,并且试图寻求一种无需这种愿景也能解决社会问题的方案。那么,平等主义的解决方案当然是唯一可能的选择。倘若有德之人的统治毫无机会出现,那么平等主义就是最公平的东西。这是我顺带提一下的问题。

学生:平等主义的政体不是某个类似混合政体的东西吗?

施特劳斯:是的。很抱歉,我必须强调一点,卢梭有句名言:"首先让我们把所有这些现实撇在一边"①,关于这些东西,他已经说过——"瞧瞧思想家,他抛弃了所有现实。"唯一的理性解释,就当然是非理性解释……当然,这并不是他的意思。他想的是什么?我想你谈到过这一点,巴特沃斯先生。你如何理解这段话?

巴特沃斯先生:我把这看作他试图让自己避免招惹《圣经》信仰的麻烦。

施特劳斯:是的,的确。卢梭想的现实不是别的,就是《圣经》现实;因此,他在这本书里把他的解释、他的陈述呈现为假设性的,因为他不想违抗《圣经》教义。不过,我相信这只是一种论辩态度。他在这段最后说:"由于我的主题关乎普通人,我将试着用一种所有民族都认同的语言。"——他指的当然是基督教民族或非基督教民族——"或毋宁说,忘掉时间地点,只考虑那些我的交谈对象,我将想象自己坐在雅典的吕克昂学园;温习我的导师们教授的课程,请柏拉图和色诺芬当我的评判者,让人类当听众。"②换言之,他希望使之置于一个严格的自然基

---

① 《第二论》,"本论",第6段。
② 《第二论》,"本论",第6段。

础上,置于一个摆脱启示信仰的基础上。我认为,这一点毫无疑问,不过这还需要在某种程度上更加细致的讨论。

我们可以如何总结呢? 是的,我们必须提出这一点——不走运,我们今天没时间了。这一点尤其关乎这个问题:为什么是历史哲学——因为这是一种我们在《第二论》里读到的历史哲学——为什么必须是卢梭理解的那种自然法或自然正当? 传统自然法学说与历史哲学没有任何直接联系。至少从卢梭起,这两者就必然关联起来。我们必须尝试理解这一点。我曾给过一个暗示:传统自然法学说预设,人有一个完美的开端;霍布斯、卢梭以及其他人(当然还有洛克)拒绝承认人有一个完美的开端;而这多少涉及到自然法的内容或实质。这说来话长,不过很幸运,我们会专门找时间研究这个问题。我在这里必须下此论断;不过,如果你们当中有人能通过提问让我深入这个问题,我或许可以把它解释得更详细一些。

我所想的这个主题大体可以涵盖在这个标题下讨论:17、18 世纪经常讨论的自然状态问题被理解为一种纯粹的假设概念,即,它与历史上的任何地方都无关,也和作为整体的历史过程无关,全都没有关系。它只是个纯粹的假设,这意味着:[44]自然状态是个从来就没有真正存在过的状态,而是理论地构想出来的一种人们在其中只有自然权利与义务的状态,没有任何实证的权利或义务;有来自自然法的权利与义务,没有来自实证法的权利与义务。

关于这一点有个基础。比方说,普芬道夫细致地完成了这项任务,你也可以认为卢梭的这篇文章呈现了这个观点。但我并不认为这种观点成立。有人把它呈现得貌似成立,这没问题,但我认为这尚未触及问题的根源。必须处理这个问题:自然法被预设为强制给所有人,即,被正当地颁布出来,而这就意味着人之初就足够理性;这也就关系到人生存的处境问题,尤其是开端问题。《圣经》观点是人之初就是完美的;柏拉图-亚里士多德式观点可以被表达为人之初并不完美;大体上讲,哲学的观点是,人之初并不完美,尽管各种说法不尽相同。

有人把开端描述为恐怖的野兽状态——霍布斯式的——另一些人说,不,温馨,但智性却不发达。我认为,总是有个来自于已知的原始人与野蛮人的经验基础:他们有的残暴,有的温和。我认为这不是一个与自然法问题完全无关的问题,可以极为笼统地考虑这一点,我现在只能指出这个问题。任何自然法概念的充分发展都需要思考人之自然,当然,首当其冲就是人之自然——这一点大家都同意——但是,还要思考人之自然与人生活于其中的那个整全的关系。于是,当讨论到人之自然与整全的关系时,卢梭在《第二论》中呈现的范式就进入这个讨论范围。你或许可以说,哲学或历史在这个意义上是人之自然与整全关系之思的一种变形,但这需要一个漫长的精心阐述,课堂上没有辅助或灵感,我就不继续讨论下去了。是的。

学生:我不知道这个问题是否切中要害,但我的问题是,柏拉图及其他希腊思想家难道就没有谈到过黄金时代,比起……更早的时代……

施特劳斯:是的,柏拉图谈到过。这是个通过诗人们演化为流行思想的概念,在某种程度上;但我认为,你可以表明柏拉图并未接受这个概念。我的意思是,至少他把它修正为,在这个黄金时代中,不存在科学的发展。柏拉图用数页篇幅似乎呈现了一种开初的样子,然而这并不是个艰难的开端,但这也并不意味着一个完美的开端;柏拉图那里总是有不完美这个东西。是的。

迈克阿提先生:历史哲学这个概念有一个前理性状态。

施特劳斯:这么说是什么意思?

迈克阿提先生:好,社会的前理性开端——接着他们谈到历史哲学,意思是一种关乎历史的哲学,它关注某种无法被系统表述为哲学的东西。换言之,某个东西呈现在那里。

[45]施特劳斯:这很含糊。让我们这么说:"历史哲学"这个词如今极为常见,并且在极为含糊的意思上使用,麦克阿提先生绝不是唯一一个吃不准这个词的人。不过,如果他表述更精确一些:就我的知识范围来说,在卢梭写下这些东西时,"历史哲学"一词由伏尔泰生造出来,伏尔泰用它指称某种相对简单的东西,即一种对历史书籍的哲学读法;你们知道,不仅为沧桑巨变的宏大场面与其他巨变所震撼,还要针对发生的事情进行一种有思想的研究。所以,这是件等级并不算高的事情。在古典时代并没有历史哲学,中世纪也没有。已经对历史哲学这个概

念的思想习以为常的人们会说,在历史哲学中一直有上帝之城,但这里对这个词用得并不十分恰当——口头说说尚可原谅,不过并不准确。这个说法只出现在现代,或许可以说,它始于维科[……],但这个术语本身当然是后维科的。

我怎么才能尽可能简单地表述呢?或许可以这样说,从古典思想开始:人以及人之完善,人之完善没有那么随便就能达到。那么,是否人人都能达到人之完善呢?最高的完善?古典的答案是否定的。但是更有趣的问题就变成:是否人能达到这种完善,哪怕那些天生有能力达到它的人,在任何地方?答案:不能。如果人们过着这样的生活,即,北端的爱斯基摩人,以及处于炎热气候条件下的中非人,改变更[……]。温和的气候条件当然很重要,地中海地区被视为特别适宜的气候环境之一。但是,非常有趣的是,对古典派来说,地域变化比时间变化更加有趣。比方说,当亚里士多德谈到自然正当时,他指的是在任何地方都正当的东西;他却没有说,在任何时代都正当,因为他对地域变化比时间变化更感兴趣。你可以想象一下为什么吗?你们似乎很熟悉这种思想。毫不牵强。人人都可以观察到地域变化;而时间变化,你必须借助转述。我们如此喜好读书;我们如此理所当然地获取书本知识,对我们来说,这种区别不如在雅典那么重要。

但是,他们当然也了解时间变化:亚里士多德(不仅是他)假设,有水灾、自然灾害,不时地摧毁一切文明——也就是各种大洪水,就像《圣经》的大洪水,它们实际上摧毁了一切文明,只有极少数文明残存下来。这类事时有发生,因为宇宙被假定为永恒的。于是,就只有一个相对的开端,因为每个开端之后都是某种完成。在这些较早的阶段——我们称之为大洪水之后,或不管别的什么——在这些开端,并不会有完善。必须经过一些时间,直到人们再次定居下来,过稳定的生活,不再游牧,并有了各种各样的城市。只有这个时候,更高的人类生活才有可能再次发展起来。

[展现关于相对开端的同一种观念]① 如果你选择某种古典观

① 为便于理解所加。

点——比方说，德谟克利特的观点，根据这种观点，整个可见宇宙都是暂时的，有生有灭——不过，它认为还会有个新的宇宙。你看，我们先有我们称之为宇宙的东西；[施特劳斯在黑板上写字]接着是宇宙的毁灭和一个新宇宙[46]无穷无尽。于是，每次都有个全人类的新开端，但是，当然又是一个不完美的开端。亚里士多德的版本和德谟克利特的版本都说，在所有情况下，在最清楚的情况下，他们如今称之为历史进程的东西是一种无尽重复的过程，这个过程大体上也有个体发展的特征，极为概括地说：上升，顶峰，衰退。

那么，截然不同的观点是《圣经》观点。在《圣经》观点看来，有个完美的开端，此外——这一点至关重要——有个独特的进程，独一无二的进程，始于亚当，终于审判日，只发生一次，决不会再发生。现代的历史哲学，无论他们相信与否，总是理所当然地认为这个进程是独一无二的。只有唯一一次。有一些古典思想的遗风还不时地重现；比如，在斯宾格勒那里，在某种程度上每种文化都自发地发展，等等；但这并不是现代思想的总体特征。现在，在卢梭那里，明确指的是这样一个独一无二的进程。我要说，对于解释历史哲学来说，这是个并不充分，但却必要的背景，这也解释了为何在古典时代没有历史哲学：这个过程的唯一性。这是否在理论上很好地建立在那些并不基于《圣经》的学说之上，则是另一个问题。我现在还不能跳到那个问题，此外，我认为我们已经……巴特沃斯先生？

巴特沃斯先生：我能问个问题吗？

施特劳斯：可以。

巴特沃斯先生：上次课，你讨论《第一论》的时候提到，卢梭基于一种更大的科学来攻击科学，也就是说，范围更大的科学。他从这个观点出发攻击科学……

施特劳斯：是的，确实是这样，但是——你能提示我一下吗？

[本节结束]

第三讲 《论人类不平等的起源和基础》：
激情与理性

[48]施特劳斯：[进行中]针对这些特殊的困难，我必须说几句。这个事实造成了第一个困难：卢梭的论文是对平等问题的回答。在某种程度上，对于全书来说，平等或不平等这个主题并不如题目显示的那么重要。关键主要在于（卢梭后来在《社会契约论》非常简洁地重提它，他在这里也提到，但在这里并非没有矛盾），人当然生而不平等；文明社会的目标恰恰在于用习俗的平等取代自然的不平等。习俗的平等意味着法律面前的平等。这是卢梭一贯的意见。然而这里有些复杂；而且，如果你把自己限定在关于平等问题的讨论的这部分或许更好，你懂的；你在某种程度上再现了卢梭论证中令人困惑的那一面。①

第二点关系到另一种自然，我得说，后世也在使用这个概念：卢梭当然不是在 20 世纪写作。如他们所说，当时的舆论风气与今天迥然相异。倘若我们想准确地理解卢梭，我们就必须了解当时的舆论风气。也就是说，卢梭处理的问题不是当今的实证主义或其他我们今天熟悉的东西，而是他所处时代的热门意见。那么，这本身并不需要渊博的知识，因为卢梭尤其专注于与霍布斯论辩；因此，我要说，假如你先初步了解一下这个论证，把自己仅限制在卢梭批判霍布斯的那几页文本，你就获得了进入卢梭思想的可靠路径。卢梭在什么地方赞同霍布斯？又在

---

① 施特劳斯提到这次课的论文。

什么地方不赞同他？然后,你就会获得一个稳固的基础。举个简单粗略的例子,但作为一个开头已经非常好了,霍布斯说,人是坏的;自然状态下的人是坏的。卢梭说,自然状态下的人是好的。当然,这两种情况都需要解释,但这个事实无可否认。霍布斯说,成熟的人天生就是强壮的男孩(puer robustus);①一个拥有成年人体力的男孩,但他有着一个男孩、一个小孩子的头脑。卢梭质疑过这一点,你记得吗？这也是进入争论的路径之一。

但是,这本书的困难在于,还有一场潜在的论战——换言之,你不容易立刻就看出这本书在对抗一个虽然著名但却未被明确指出的立场。其中一点是,卢梭的论辩注重关于人之起源问题的《圣经》观点。对于稍微了解《圣经》的人来说,这一点相对容易辨识,今时之人当然不会把《圣经》预设为当今的日用常行。但是,单就文本来看,还是有某些东西完全无法辨识出来,这是个卢梭故意不提的源头,但它非常重要。这个源头如今是个众所周知的事实;有位法国批评家曾在60年前提到过这一点,尽管人们通常认为它并不够充分。② 这个源头就是罗马诗人卢克莱修,卢克莱修的诗——[49][施特劳斯在黑板上写字](不是很清晰,不过我想你们能看到)《物性论》的第五卷。卢克莱修在那里解释了人之起源与发展,卢梭在通篇论文,第一部分与第二部分,都在模仿卢克莱修的观点,不过,还是存在一些有意思的背离。在所有能证明他的确用到过这个源头的证据中,最无趣尽管也是最重要的,当然是证明这种关联性。那么,最有意思的问题自然就是,卢梭从哪里背离了这个源头;从这个问题切入,这位思想家的独特性就会呈现出来。

我要就卢梭的总体问题说几句。这很有必要,但却不能在这本书里直接看到。这是关于人之起源、人的第一阶段以及他如何由此开始发展的说明。有个明确的第一阶段,这一点非常重要,即,卢梭甚至没有讨论这种可能性——也许并不存在初民。这是一种亚里士多德式观

---

① 霍布斯,1998。

② 施特劳斯说的可能是 Jean Morel。参见 See Jean Morel,"Recherches sur les Sources du *Discours de l'Inégalité*," *Annales de la Société Jean-Jacques Rousseau*,5(1909)。

点,可见宇宙之永恒性。好了。那么,这并不是卢梭特有的观点;这是所有现代思想的典型特征,这种观点部分受到《圣经》影响,部分受到现代科学影响。好了。所以,人有个起源,有最初的人。于是,问题就成了最初的人是什么状态;它是好是坏,是完美的,还是不完美的;它如何演变成今人? 今人在这里指的是 17、18 世纪的人,不过 18 世纪和 20 世纪在这个问题上的区别并不重要。于是,可供选择的是这些解释:要么是《圣经》式解释,一个完美的开端与堕落——卢梭关于这个问题的论证带有许多这种解释的印迹,一个完美的开端,一次堕落,且这次堕落归罪于人的过错。不过,还有一个与之相反的论证,因为根据《圣经》观点,亚当被创造得完美无缺,作为一个理性已经得到充分发展的存在。① 卢梭的初民(first man)有什么特征?

学生:非理性。

施特劳斯:愚蠢的动物,他在某处说过;② 我不知道在什么地方,不过,巴特沃斯先生,你可能记得在哪儿,animal stupide[愚蠢的动物]。但当然是前理性的,非常重要,对吗?

学生:上次在你讨论的时候,你说过,在霍布斯的前提下,即原始人(the original man)是前社会的,因此必须他是前理性的。你可以解释一下吗?

施特劳斯:现在还不是时候。我十分乐意解释,但并不是现在。那么,换言之,卢梭改变了《圣经》的……一方面,他说[……]极好,另一方面,他说这是一种愚蠢的动物,次理性的。与之相关,从原初状态到日后状态的转变不再归罪于人的过错,而是归咎于必然性;归咎于一种意外的必然性(accidental necessity)——亦即,不是人必会发展这种目的论的必然性,而是由于某个偶发事件,它也可以不发生,正是这个事件迫使人改变了他的性质,演变成一种理性动物。好。

人不是被造物,但却有一个开端,这种观点当然比卢梭更古老。我的意思是,你可以说,古典时代的非亚里士多德主义,尤其是伊壁鸠鲁

① 施特劳斯在提出"与之相对"的智慧,重提《圣经》选择。
② 在《社会契约论》。参见 Rousseau,1994,1.8,p. 141。

派持这种观点,卢克莱修发展了这个观点。所以,你不必查阅学术文献,只需要读一下卢克莱修这本书的第五卷,就可以看到了。不过,[50]卢克莱修与卢梭的区别是什么?这个问题很有趣。那么,如今认为人有个开端,但这开端并非神创的那些人所说的;他们如今怎么说?我相信,你们小学就已经知道了。有个著名的词。

学生:自然环境(environment)?

施特劳斯:不是。

学生:进化论?

施特劳斯:进化论,进化论。那么,在卢克莱修那里,并没有什么进化论。在地球形成之初,所有物种同时出现。一些成功地存活下来,另一些则没能捱过考验。进化意味着一个物种诞生于另一个物种;卢克莱修那儿没有这类东西。不过,卢梭的一个老熟人已经说过这些,他早先写过一些。他就是狄德罗,一位法国作家。狄德罗已经提出过进化论,在19世纪早期,拉马克和达尔文发展了这种观念。因此,进化论在卢梭的思想中并未扮演特殊角色,但他对这种观念非常熟悉。关于这个问题,我们必须说的就是这些。所以,我们必须以一种非常全面的方式定位卢梭的观点。

那么,我们就算抛开狄德罗不谈,卢梭与卢克莱修会呈现出什么样的差异呢?是这样的:卢克莱修与卢梭一样,在根本上讨论了语言的起源与生成。在卢梭那里,他还增加了其他一些东西,即理性的产生。我要简短地解释一下。根据伊壁鸠鲁的观点,灵魂或理性(让我们现在做出这个区分)是一种原子,也就是说,严格意义上的灵魂是物质性的。存在某种永恒存在的特殊原子,这种特殊原子的聚合产生了人类,正如其他聚合产生了狮子或狗。因此,你无法恰当地谈论灵魂,但灵魂原子,身体性的灵魂原子(the bodily soul atoms),与任何其他原子一样永恒。如今,这种观点在现代早已彻底过时。起初,人们认为思想或灵魂,或无论你把那个东西叫做什么,它并不是物质性的。即便霍布斯也承认这一点。也就是说,现代唯物主义者最初承认,一种欲望或感觉本身并不是某种身体性的东西。他们只是说,"好吧,这些东西只不过是附带现象。真实的事物是物质与运动,物质在特定条件下的特定复合伴随着感觉、观念、印象",随便我们用哪些术语表述。但关键在于,并不存在理性原子。因为你首先有了运动的物体或某些类似的东西,你必须从遗传学角度来理解理性。

那么,卢梭在这里讨论……前提是,已经有了人类——我的意思是,人类有着肉身性的特征并进而拥有了感觉与欲望——那么理性如何从中产生?下述事实有点让此问题变得含混:卢梭经常使用传统术语。因此,他谈论灵魂的能力(faculties),其中一种能力是推理,于是,你就获得这个印象:人一开始就是潜在的理性动物;他在一种静止状态拥有了理性能力,整个发展过程就是这种潜能的实现。但问题在于,在卢梭的基础上,这种灵魂能力观是否合理。洛克在他的《人类理智新论》中清楚地反驳这种观点,简言之,可以这样表述:并不存在什么能力。只有行动:感觉的行动,意志或你所拥有的某个东西的行动。理性,[51]传统上的理性能力,现在就是普遍观念的进程(the possession of general ideas),它们如今被这样称呼。所以,如果你在这里看到这种褐色[施特劳斯指向黑板],这就不是一种普遍观念。这种颜色或是其他未被感知为褐色的颜色当然是每种动物都拥有的;所以这并不特殊。但是,色彩、位置、空间,以及任何其他普遍观念——任何其他在感官中没有直接对应物的观念:这就是理性。没有什么推理能力,但是有一种把握普遍观念的才能(ability),我们用这个词与能力形成对照。无论如何,普遍观念都不可能先于语言的发展;不仅是手语——我提到手语的意思是,必须得有直接的基本语音。

那么,这就有一个绝对关键的暗示,这远比卢梭详细解释的不为人知的所有物种早期阶段更加有趣——只有这棵橡树,那棵橡树,没有"橡树"这个概念。换言之,他们称这个"叭"与这个"啪",或无论怎么称呼,都没有足够的智慧能说出"橡树"。这是一棵橡树,这是另一棵橡树,这就是种。如果我们说植物,这就是属。但是,在某种程度上,最重要且唯一重要,而卢梭没有详加讨论却始终牢记的那种观念是什么观念?观念当然是个现代术语,正如这里的用法;笛卡尔、洛克;我们到今天还这么用。那么,什么才是并不简单对应于一种感官印象的最重要的观念?

学生:思想？

施特劳斯:不,不,当然是上帝。上帝来自于这个意义上的普遍观念。核心在于这里,它当然从未被这样规定过,但它绝对必然,比昼夜交替还要必然:人们无法拥有任何上帝的观念。你可以立刻看出这与《圣经》观点的根本差异:让我们采用观念这个现代术语来表述,如果没有上帝的观念,就无法想象亚当。我们在《爱弥儿》中看到同样的情况:卢梭的爱弥儿是个自然人,他被按照自然人抚养长大,在18岁之前,他没听说过上帝;甚至没听过这个词。因为上帝不是他能够从自己的思想中合理形成的观念;这是关键所在。我们必须有、必须理解这个大体背景。这个背景绝对必要。

在我解答尼科果斯基先生(Mr. Nicgorski)的问题之前,关于我在这里试着勾勒的概要,有什么问题吗？因为没有这个背景,就无法理解卢梭,重申一遍,出于这个简单的理由,即我们的舆论风气,即我们足不出户只需翻翻报纸就可以了解的东西——我们如今所熟悉的,并不是卢梭的舆论风气;明白这一点吗？所以,我们必须先重构卢梭的背景,这个背景下的舆论风气与卢梭说的相反。是的。

学生:我注意到,卢梭很不情愿用"意志"一词;我猜这必然由于……

施特劳斯:是的,它与之相关,因为传统上"意志"被理解为一种理性欲望,而如果不存在理性,也就无所谓理性的欲望。

学生:他在何处找到德性生活的推动力？

[52]施特劳斯:后面会提到。在这部分,我们主要讨论开篇;但我们必须记住这个问题。巴特沃斯先生？

巴特沃斯先生:卢梭在这部分的确谈到——用了这个术语——能力,理性能力(rational faculty)。[①] 你是不是说,他在一种反洛克(anti-Lockean)意义上用"能力"。

施特劳斯:不,不。可以说,能力这个词经常被用于反洛克意义。

---

① 我找不到"理性能力",但卢梭有时会把理性当作一种能力。参见,卢梭1992,34. [Ed.]。

能力一直都有反洛克意义。我确实不了解如今的心理学教材,但我确定他们从不谈论能力,除非随意地用一下;他们从不把能力当作专门术语。但它在亚里士多德那里是一个专门术语,而且完全与亚里士多德那里的潜能-实现之分相关。自从洛克的时代起,反对能力心理学的斗争就在现代心理学中举足轻重。它最终获得了压倒性胜利。我认为当今无人(我指的是所谓科学的心理学家)再谈论能力;它过时了。由于亚里士多德如此常识化,某些术语仍旧受到常识的支持,因此陷入那种语言。在卢梭那里则不仅是疏忽;我认为他经过考虑。他说:"我为什么同时提出所有问题? 我[……]。"什么?

学生:是这样,他提出能力难道不是——是不是有可能通过提出能力偷运进上帝观念?

施特劳斯:这么说太笼统;我不太明白;真正的能力在哪里?

学生:在我看来,树立普遍观念的基础在于一种对能力的反对。对吗?

施特劳斯:不。我的意思是,为了立得住,为主张这个观点,这很有必要。很好;那么,你是什么意思呢?

学生:如果你举例证明有一种缓慢发展的理性能力,那么,在这种理性能力发展的周期中,最终会得出你拥有了一个上帝观念。这对理性来说很自然。

施特劳斯:但我们只能这样说——忘记那些我关于能力所说的。初民甚至不可能形成"橡树"、"狗"之类的概念,有某些感官性的东西支持它——吠叫,摇尾巴,你看到的这些。仍旧不太可能形成上帝观念。当我们读《爱弥儿》时会更多涉及这一点。约翰逊先生。

约翰逊先生:我还是不太明白"能力"与洛克式对应概念的早期差别。

施特劳斯:并不存在能力;只有行动。换言之,我现在看到了,于是我想要,于是我记住了。它们环环相扣,每个都以其特殊方式发生,但是出于同样的理由,[53]讨论能力没有意义。洛克在卷二第二十一章,我手头没有文本,用一章很长的篇幅讨论力量(power),有几段话讨论能力。我建议你们读一下。他说的大体上是莫里哀的故事。为何鸦片能致人嗜睡。因为它的 virtus dormitiva[催眠能力];令人入睡的力量。你看,它几乎就是用同一个事情解释同一个事情,这不能算是个解释。你必须解释记忆的起源。这才是理论。但是,要说有一种记忆的能力得以这样或那样实现其实是在玩词语游戏。这就是答案。只有行动。对吗?

学生:当你说,人形成普遍观念的能力如此这般时,我看到了能力这个观念的脉络,它……

施特劳斯:是的。这就是亚里士多德的永恒正当,他是如此常识化。但是,从这个角度出发,以这种新理论为基础,这就不再可能。如果我们把卢梭的过程当作一个例证,什么是与之相当的东西?"他有理性能力"意味着他有说话能力,他拥有语言能力。理解普遍观念与词语的关系,理解词语与基本观念,亦即感觉印象的关系,这就是理论。能力没有意义。因为能力会被人们说成是同义反复而已。看到了吗?

学生:是的,基本在我看来,其中有个行动与潜能之间的严格差别的线索。

施特劳斯:可是,有这么严格吗? 我的意思是,这的确是个问题。但我们现在先来试着理解什么是卢梭想要的,先别去赞美他。在我们评价他智慧与否时,我们必须先了解他的意图。塞尔茨先生?

塞尔茨先生:你能重复一下你关于狄德罗的总结吗?

施特劳斯:据我所知,狄德罗是在这个意义上提出进化论的第一人——一个物种从别的物种中出现。①

学生:卢梭在这之后得出什么?

施特劳斯:我有文献来源:《对自然解释的思考》(*Pensées sur l'interprétation de la nature*, number 58)。谁有时间可以研读一下。

现在让我们……我们先得解决一件事,就是这些,这就是他在第一部分第2段的评论。那么,在第1段的后半部分,他说,"如果不凭借我

---

① 或许狄德罗的同时代人 Maupertuis(1698—1759)更该获此嘉誉。参见 A. O. Lovejoy, "Some Eighteenth Century Evolutionists," *Scientific Monthly* vol. 71, no. 3 (September 1950)。

们在这一点上所拥有的超自然的知识"①，即关于原始人的状态。因此，他在这里明确宣布，我们在这个问题上拥有超自然的知识，这只能指接受《圣经》。别无他指。那么，他说，我们忽略它是因为这是一项科学研究，其中不会用到启示。现在，让我们来读第 2 段。

雷肯先生［读文本］：

　　如果从如此构造的生灵身上，剥去他也许接受的所有超自然的能力——

施特劳斯：是的，"他也许"，这是个含混的词，它可能意味着"他有可能接受到的东西"，作为一个科学家，他没有言及更多；但这也表现出一种怀疑视角。继续。

雷肯先生［读文本］：

　　剥去他通过长期进化获得的所有人为能力，总之，如果我们把他当作刚刚脱离自然之手的人来仔细观察——②

施特劳斯：诸如此类。这就是他想做的。"自然之手"，他还可以说，正如他前面讲过，"当他刚刚脱离自然创造者之手时"③。这只不过是同一件事的有神论表述。所以，严格意义上的自然人却有可能从这种《圣经》解释上得到充分且真实的解释。但是，出于同一个或另一个理由，他在这里没有提出来。我们已经看到，这里提到了前面的一些相同的东西。

现在，让我们看《第二论》第一部分的结尾。我只有法文版。我们别浪费时间。你看到《第二论》第一部分的最后一段了吗？

雷肯先生［读文本］：

---

① 《第二论》，第一部分，第 1 段。
② 《第二论》，第一部分，第 2 段。
③ 卢梭早先并未用过这个表达，但他在序言中提到过这位人类灵魂的"创造者"。

这就会是个充分的辩护——为我不去详述时间的推移以何种方式来补偿事件微乎其微的可能性;不去详述细微原因持续不断地活动时的惊人力量;不去详述一方面无法摧毁某些假设,另一方面我们又无法给它们已知事实的确定性;不去详述,当两个事实被当作真实的情况给定时,它需要在历史领域之中,必须被一串未知或被认为未知的中间事实关联起来——

施特劳斯:让我们停在这里。两个事实被当作真实情况给定出来,它们必须由一个假设性的关系连接起来。他这么说是什么意思?[施特劳斯在黑板上写字]两个事实:这里,今人;这里,原始人。这当中发生了什么,我们无从知晓,因为这当中并无文字记载可查。但是,借助他前面提到的对灵魂最初活动的这种沉思,我们可以知道发生了什么。这就是个事实:自然人就是卢梭呈现的样子。严格说来,他借用《圣经》叙事的观点只是暂时的,而且是出于这个事实,即很难说在卢梭的时代没有危险。是的。

学生:我不是非常理解。你的意思是,他说,这个问题涉及历史领域?

[55]施特劳斯:是的,当然。换言之,这当中的事实不完全是假设性的,但历史没那么可靠,至少关于早期阶段总会是假设性的。人的前历史状态将一直存在——顺便说一句,尽管经过各种考察,它仍是假设性的。真正有趣的问题仍不明朗。什么?

学生:当卢梭在序言中讨论理性的原初状态时,他确实说,或许这种状态从未存在过。它是[……]的一个成分吗?

施特劳斯:不,严格的基督教正统教义。因为,基督教教义是什么?人在堕落之前并不仅仅 in puris naturalibus[完美地处于自然状态],未被败坏,而且还拥有恩典。他拥有恩典;不能忘记这一点:卢梭掌握的《圣经》和基督教神学知识当然比如今芝加哥大学政治科学的任何学生都要广博。我的意思是,然而他并不相信……霍布斯当然也不是信徒,但他的确对《圣经》了如指掌。我的意思是,他把《圣经》运用到他邪恶目的上,但他通晓《圣经》,知道怎么利用它。我认为,所以这是严格正统的。还是说,我在基督教教义方面搞错了? 我相信没有。我说的不对吗? 好。但我只提到这一点,这样一来我们就不用被卷入不存在的问题,这问题只是表面存在。那么,让我们在这里继续我们的考察。现在,可以回到第一部分的开篇吗,第 6 段? 读一下。

雷肯先生[读文本]:

> 霍布斯认为,人天生就勇猛强悍,一心想着攻击和搏斗。而另一位著名哲学家则不以为然,在他看来,自然状态下的人最怯懦,总是惶恐不安,一有风吹草动就逃之夭夭——这也正是坎伯兰德和普芬道夫的看法。

施特劳斯:所以,我们在这儿有个清楚的问题。这里提到一个名字:霍布斯。人生来是怯懦的反面——我们说,勇猛强悍? 另一些人说……这位著名的哲人是孟德斯鸠,卢梭没有指名道姓。我不知道孟德斯鸠逝世的准确时间,他在那个时候已经去世……

学生:1747。

施特劳斯:不,不。他去世于 50 年代①,但我不知道确切时间。不过,卢梭写作本文的时候——不是出版时间,他可能还在世;我不知道。这是个清楚的问题。卢梭的立场是怎样的? 我们不可能读这个冗长的段落,但在后半段,卢梭说,自然状态下的人和野兽一样凶残。这只是个次要的例证,仅在这个特殊情况下,卢梭才更同意霍布斯,而不是孟德斯鸠、坎伯兰、普芬道夫等更温和的人。那么,在某种程度上,坎伯兰和普芬道夫是最早反对霍布斯的人。当然,坎伯兰是英国人,普芬道夫是德国人。普芬道夫接受了霍布斯的许多东西,但却小心翼翼地将它们节制起来;坎伯兰只是反对霍布斯,霍布斯对他的影响纯粹是形式上的。我现在不能深入讨论这个问题。不过,卢梭在这里要说的是,整体上,人在自然状态下要好于社会状态,更强,更健康,而且(他在注释中

---

① 1755 年。《第二论》完成于 1754 年,出版于 1755 年。孟德斯鸠在《论法的精神》卷一,第二章中拿自己的观点和霍布斯的观点进行对比,参见孟德斯鸠,1989,页 6—7。

提到这一点)人并不是肉食动物:看看他的牙齿和皮肤,[56]再看看猩猩和其他生灵。所以,人生来是一种野兽,但不是猛兽。因此,自然状态是温和的。随后他说,"如果大自然注定要人健康,我就几乎敢断言:人的思考状态是一种反自然状态,能思考的动物是一种堕落的动物"①。

不过,这里必须要注意,卢梭并没有这样说。他几乎就敢下此断言了;他附加了条件:如果健康(身体舒适)是优先考虑的,我们的理性就会是坏的。

关键在于:人生来是好的。但我们必须恰当地理解这个说法:这并不意味着人有道德。因为人没有理性,也就没有道德。他相对温和,他不是凶残的猛兽,他也没有以社会为前提的那些恶行。所有这些关键点中最重要的是,有个预设的东西,它非常重要,我们必须牢记。卢梭试图发现自然人,在自然状态下的人,因为自然是个标准。卢梭接受了这个传统观点;但这种观点在卢梭思想内部遭遇了其最重大的危机,因为,这种自然人被证明并不是一种真实存在的人类。那么,它还有什么价值呢? 倘若我们不突出这个问题,就无法理解卢梭。这个人天生就是孤独的、非社会性的。他的善是一种非社会性的善。我们这里要引用一句话,这段话这样开始:"让我们谨防把野蛮人(the savage)和我们眼前的人混为一谈。"②

[接下来的录音丢失了。下面的内容来自课堂笔记。不清楚谁读文本。]

野蛮人形单影只,懒惰闲散,时时有危险相伴。他肯定喜欢睡觉,但却睡眠很轻,像那些不会思想的动物一样睡觉,也就是说,无所用心时便昏睡。自我保全是他的主要且唯一关心的事情,因此他最拿手的本领几乎都关系到进攻或防御,要么制服他的猎物,要么保护自己免遭其他动物猎捕。另一方面,那些只能通过声色怡

---

① 《第二论》,第一部分,第9段。
② 《第二论》,第一部分,第10段。

乐才能进化的器官,肯定仍然处于粗糙状态,与任何精致都不协调;因此,他的感官在这点上两极分化,他的触觉与味觉极其迟钝,他的视觉、听觉、嗅觉则极为敏锐。①

这就是卢梭关于野蛮人的一个总结。

至此,我所考虑的还只是生理上的人,现在我们要从形而上学和伦理的方面来考虑他。②

卢梭现在转而讨论与物质相对的形而上学和道德。不过,这个区分在卢梭那里是否仍有意义?这段话开始的关键是,"每种动物都有观念(ideas)"③意味着人不是理性的动物。人的本质在于他是一种自由的存在者。这不同于笛卡尔的[57]身心二元论。笛卡尔从我们身体发生的事情和思想发生的事情抽出一条线索。这两者截然不同。对卢梭来说,感知的——以及观念的形成——可以用机械论术语解释。惟有意志才无法用机械论术语解释。这同样也是康德解释实践理性的起点:人之本质成为意志。不过,对卢梭来说,自由意志究竟有多重要呢?他随后说,意志之自由是一种将人区别于其他暴露在特定困难下的动物的东西。还有另一个品质没有讨论余地:人要自我完善的品质。可完善性毋庸置疑;这是卢梭的这一区分的基础。卢梭说这是一种决定性的且几乎无限的能力。它可以被称为"几乎无限可延展"。

其他所有动物都有特殊的本能。人也有本能,但却没有任何特殊的本能。

大自然让野蛮人只能受本能支配,或者更确切地说,还赋予野蛮人某些器官能力以补偿其本能上可能缺乏的东西,这些能力起先能够弥补所缺,然后又能使他大大超越本能,把他大大提高到本

---

① 《第二论》,第一部分,第13段。
② 《第二论》,第一部分,第14段。
③ 《第二论》,第一部分,第16段。

能以上。因此,野蛮人的活动都是先从纯动物性的官能开始的。看和触摸必定是其最初的活动状态,在这一点上,人和所有动物都一样。愿意和不愿意、希求和害怕可能是人最早的几乎也是唯一的精神活动,直到新的情况引起新的能力开发为止。[①]

在环境的作用下,这种前理性的人变成一种理性人,而不是凭借本能倾向发生改变。卢梭特有的新观点是,理性受惠于激情(passion)。(任何原始人关于上帝的观念在这里都是既定的。)

　　无论伦理学家如何坚持,人的知性大大受惠于激情,公认的是,激情也同样多地受惠于知性。正是通过激情,我们的理性才得以提升;因为,我们渴望知识恰恰只是因为我们想要享受;因此很难设想既无畏惧也无欲望的人会自找理性思考的麻烦。激情,再说一次,源于我们的需要,而它们的发展又依赖于我们的知识;因为,除非我们从一个已有的观念出发,或是从纯粹自然冲动出发,否则我们就不能欲求或畏惧任何东西。野蛮人由于没有任何一种智性,就只能有后一种情感:他的欲求决不会超出他的生理需要。在世间万物中,他仅发现食物、女人和睡眠是好东西:他唯一畏惧的恶则是痛苦和饥饿。我说痛苦,而非死亡:因为没有任何动物可以知道什么叫作死亡;关于死亡的知识及死亡的恐怖是人脱离动物状态时最先获得的一个东西。[②]

理性之优先性被激情与需求的优先性取代。初民拥有不预设观念的激情与需求,但它们仅仅是冲动,比如,饥饿。这些激情和需求是他和野兽的共同之处。使人区分于野兽的东西是可完善性(perfectibility)。

　　若有必要,我很容易用事实来支持这种意见,还可以证明,世

----

① 《第二论》,第一部分,第18段。
② 《第二论》,第一部分,第19段。

界上各民族的知性的发展,与该民族的自然需求或环境迫使他们产生的需要正好适应,因此也就与诱使他们去满足这些需要的欲望正好适应。我可以指出,艺术就是在埃及兴起并随着尼罗河的泛滥传播开来的,我还可以沿着艺术的[58]进步历程进入希腊,看到它们在那里的阿提卡沙地和岩石上生根发芽,茁壮成长,耸入云霄,却不能在欧罗塔斯河肥沃的两岸扎下根来:我还注意到,一般来说,北方的民族比南方的民族更心灵手巧,因为如果不是这样,他们就不能生活:好像大自然有意想以此来保持事物的平衡,如果不让土地肥沃,就让人的知性富饶。①

在这个问题上,马克思主义来自卢梭:生产方式的改变,不以意志为转移,它受制于环境的改变。

但是,即使不援引这些不确定的历史证据,谁又能看不出,一切事物都好像在阻碍野蛮人拥有摆脱其所处状态的愿望和手段?他的想象力绘制不出图画;他的心提不出要求。他那一丁点儿的需求随手即可满足,他还远没有那种驱使他获取更多必要所必备的知识。所以,他既不可能深谋远虑,也不可能有好奇心。自然的面貌对他来说没什么变化,它总是相似地生长。他看到的总是同样的秩序,同样的代际更迭:他并没有足够的智性去好奇伟大的奇观;如果他要去获知如何观察他每日所见的东西,我们在他的头脑也找不到那种人所需要的哲学。他的灵魂,没受到任何侵扰,完全沉湎于对当前存在的感觉之中,没有任何关于未来的观念,哪怕近在眼前;而他的计划同他的眼光一样有限,很难超出一天的结束。即便在如今,加勒比人的预见程度还是如此:他会毫无远见地早上卖给你他的铺盖,晚上又哭着要买回来,连第二夜的需求都考虑不到。②

---

① 《第二论》,第一部分,第20段。
② 《第二论》,第一部分,第21段。

《孤独漫步者的梦》深入讨论了这段话。自我保全是霍布斯、洛克、卢梭的经典前提。传统观点是——这个观点萌发自柏拉图和亚里士多德,后来进一步推进——存在许多种自然倾向:自我保全、社会性、追求智慧或渴望知识。自我保全是最低级的,求知则是最高级的。最佳政制着眼于提升人性。现代则打破这一点,人们追求的是"把人当作其本来的样子"。① 自我保全是一种所有人实实在在都有的东西,是一种稳靠的东西。卢梭作为比霍布斯更深刻的思想家,修正了这一点。他看到,不能把自我保全当作根基性的东西,进而他给自我保全找到一个前提。据卢梭看,自我保全意味着生活本身是甜蜜的。必定要有这样一种经历:生存感觉(the sentiment of existence)才是首要感受,最基本的现象。(这正是现代存在主义之根;可如今的这个感觉是烦,而对卢梭来说则是甜蜜。)甜蜜的生存感觉引导我们的自我保全。我们变得积极向上,但在这种活动中,我们遗忘或错过了感受生存感觉。生存感觉是种自足感。在卢梭那里,它不在过去或未来:它彻底在当下。

> 我们对这个问题思考得越多,看到纯粹感觉和最简单的认识之间的差距就越大。很难想象一个人不与他人交流,不受生活需要的激励,仅靠他个人的力量就能跨越这么宽的鸿沟。人经过了多少个世纪,才找到了不是来自天上的火种?[59]人又必须经过多少次偶然的机会,才了解了火的最普遍用途?人必须让火熄灭多少次后,才学会了生火的方法?而且生火的秘诀要经过多久才不会与其发现者一起消失?关于农业这种技艺,我们又应说些什么呢?农业需要太多的辛苦劳作和深谋远虑,又和太多的其他技艺有关,因此很明显,它只有在至少已经发端的社会中才能产生。这种技艺不是用来为人从土地中获取食物的(因为即使没有它,土地本身也能提供充足的食物),而是用来使土地产出最合乎人的口味的东西的。但是如果我们假定,由于人口增长太快,天然产品已供不应求(这个假定也显示了人类这种生活方式的强大优

---

① 《社会契约论》卷一的导引性段落。

势）；假定没有铁匠铺和工场，耕地用的农具从天上掉下来落到野蛮人手中；假定他们已经克服了对连续劳动的极度厌恶情绪；假定他们已经能早早预见他们的需要；假定他们已经悟得了耕地、播种、植树的方法；假定他们已经发现了磨麦子和用葡萄酿酒的技术——所有这些，想必都是神告诉他们的，因为我们设想不出他们自己发现这些事物的方法。然而，这以后又会怎样呢？有谁会精神失常，自找麻烦去耕种一块土地，然后让随便走过的可能对成熟的庄稼感兴趣的人或野兽劫掠？一个明知劳动果实越是该到手时就越是难以到手的人，怎么会下决心为此辛苦劳作一生？总之，如果土地还没有分配给个人，即人的自然状态尚未消失，这种处境怎么会吸引人耕种土地呢？①

在此，卢梭阐明了目的论必然性的缺席。发展被归咎为某种偶然。随后，他进一步指出，语言的产生与理性的产生同步：假如没有语词，观念就无法进入头脑。假如理性以语言为前提，有了理性的产生，也就必然会有语言的产生。

洛克的努力针对的是先天观念。与笛卡尔的思考相反，他认为并不存在什么先天观念。上帝观念不是个可感知的观念；因而它必须是一个普遍性的观念。

　　　但是我要在此暂停一下，也请我的评判者们等一会儿再读。请你们考虑一下，在创造了物质名词即语言中最容易创造的部分之后，要使语言能够表达人的全部思想，取得固定的形式，可以被公众讲说，可以对社会产生影响，人们还需要做哪些事情。我请你们考虑，必须花费多少时间，必须拥有多少知识，人们才能发现数词、抽象词、不定过去时、动词的所有时态、小品词、句法、发现连接分句的方法、推理的形式甚至语言的全部逻辑。至于我，由于害怕这些层出不穷的困难，并确信几乎无法证明语言单靠纯人类的手

---

① 《第二论》，第一部分，第22段。

段就能产生和确立,于是只好把社会的创立和语言的创造这两件事孰为先决条件这一难题,留给那些愿意讨论的人去讨论了。但是,不管语言和社会的起源如何,在使人具有社会性,并使人们之间建立联系方面,大自然所作的贡献是微乎其微的,这至少可以从以下这一点看出来,即大自然很少操心通过人们的互相需要使人们产生联系,又很少为人们的说话提供便利。①

[60]自然不会让人社会化;它甚至不会为人准备好社交能力。正如霍布斯曾经说过,自然分裂。卢梭关注人之非社会性问题,这关系到一切取决于共识的义务。

卢梭大量使用理论术语。你可以用一种类似神学的方式来解释卢梭的学说,而且说卢梭给出了真正的有神论。问题在于,如何在罪恶的世界证明公正的上帝。卢梭不满意《圣经》解释,他解释说,人必须是这个样子。

[读文本]乍一看,在自然状态下,人与人之间似乎既没有任何伦理瓜葛,也没有明确的义务。因此,他们既不可能好,也不可能坏,既没有恶,也没有善。除非我们让这些词带上生理层面的含义,比如,个体身上那些可能有害于他的自我保全的品质称为恶,那些有利于自我保全的称为善。在这种情况下,最不对抗纯粹自然冲动的人应该被称为最善的人。②

卢梭曾经说过,人生而为善。他给这个限定:人生来既非善亦非恶。在初民那里并不存在道德或非道德。

卢梭说,自然法命令它必会被传播。他证明,人们最初并不知道自然法。

---

① 《第二论》,第一部分,第32段、第33段。
② 《第二论》,第一部分,第34段。

[读文本]我们尤其不要给出霍布斯那样的结论,即认为由于人没有任何善的概念,因此必定天生就恶,他作恶是因为他不知道美德。他拒绝向同类提供帮助,因为他认为这并不是他的义务。也不要得出这样的结论,即认定人会依照对所需一切东西合理拥有的权利,愚蠢地以全宇宙的统治者自居。①

霍布斯说,初民生来就坏。卢梭说,他既不好,也不坏;他是前道德的。

[读文本]霍布斯非常清楚地发现了近代关于自然权利(natural right)的定义的缺陷;但是,他从自己的定义推导出的结论说明,他理解的含义同样错误。②

重要的是传统对自然正当的定义。卢梭说,自然法的基础是某个在任何时代、在任何身上都行之有效的东西。这就是霍布斯何以将其基础建立在激情上的原因。但是,霍布斯得出错误的结论:这种原初的前社会的人,恰恰由于这个原因,是前理性的人。他对自我保全有种自然的渴望;但算计出为了安稳地保全自己,他需要社会;这是初民根本就做不到的。

霍布斯和卢梭都同意,至关重要的现象是自我保全。不过,霍布斯说,还有另一个东西:骄傲(pride)。人不仅想要活着,还想比别人更优越。人生来就坏,社会是好的,因为社会的功能就在于抑制人的坏倾向。

对卢梭来说,第二个要考虑的因素是同情(compassion)。自然人并没有想要让自己卓尔不群的欲望。因此,人生而就好。但这是一种前道德意义上的善。在经过限定的这层意义上,人生来就好。这几乎自动就意味着社会坏。[61]生活在社会中就意味着发展这些恶行。

---

① 《第二论》,第一部分,第35段。
② 《第二论》,第一部分,第35段。

所以人才需要强制性的政府。骄傲在本质上是一种社会性的东西,所以,卢梭的自然人没有这个东西。同情才是社会道德的唯一源头。占统治地位的是同情,并不存在什么骄傲。

于是可以肯定,同情是一种自然感情,能克制每个个体身上强烈的自我之爱,促进全人类互相保护。正是这种同情,由于没人愿意违背它温柔的声音,在自然状态下起到了法律、道德和德性的作用。①

自我之爱(amour de soi même②),是一种自我保全的欲望。但人还有同情。这导致一个悖论。卢梭不希望有社会性的激情;但另一方面,他又需要某个近似物。正是这个东西使得身强体壮的野蛮人,如果③自己有望从别处获得生活必需品,就不用去抢夺孺子和老人辛苦觅得的衣食。④

卢梭修改了金科玉律。他说,"你为自己谋利益,要尽可能少对他人作恶"⑤,因此,自然人的这种善极为有限。我们从中看出卢梭的些许卑劣。

对霍布斯而言,社会的基础是彻底的算计。这种理性活动是社会的唯一基础。卢梭说,这不充分:我们必须要有同情。这并不是一个针对社会下的命令,但假如特定的条件达成,它就是促使我们步入社会的某种东西。

在第一部分的倒数第 2 段,卢梭回到他预先准备要写的正式主题,这个题目贯穿卢梭思想整体,即人的可完善性,人的可完善性与动物的可完善性不同。但是,这种可完善性归因于机械的与意外的必然性。从自然状态到社会状态的转变被归结为偶然事件。人类理性之完善与

---

① 《第二论》,第一部分,第 37 段。
② 卢梭在这里用到的词是 amour de soi même[自我之爱],而不是 amour propre[自恋]。关于二者的区别,参见《第二论》,页 219。
③ 施特劳斯强调"如果"。
④ 《第二论》,第一部分,第 37 段。
⑤ 《第二论》,第一部分,第 37 段。

这个物种的完善极为不同且不相一致。出于这个原因,在卢梭那里,德性的含义比较含糊。

这就是《爱弥儿》开篇的问题。使人成为公民与使人成为真正的人不一致。卢梭认为,人类问题(the human problem)无法得到解决,这种不一致是他对这种无解的表达。

总结。

科学必须服务于德性。并不存在亚里士多德那里的理论理性的至上性,科学也不该服务于力量。这种观点也就反对亚里士多德、培根、霍布斯、笛卡尔。

[62]难点在于德性:什么是德性? 德性可以有一层非道德含义,卢梭称之为"好"(goodness)以区分于"德性"。有别于好的德性预设了理性与责任感;这是道德的。德性与理性相关,好与心灵(the heart)相关,与理性相反。好是自发的、自然的,即与感性相关。

德性对于社会来说是必需的;卢梭承认社会,因为他承认德性。但困难在于,社会解决不了人类问题,甚至使之恶化。

卢梭带来很多东西,其中包括马克思与弗洛伊德。马克思认为,人类问题的完美解决方案只有在社会中,只有通过社会才能解决。但是,如今,愤青,比如里斯曼①,表明这仍然无法解决这个问题。卢梭面对这个两难问题的两边:在民主共和国中人类的完善,极大程度上的社会发展替多数人解决了多数人的问题,而且没有用到精神分析法。极少数人则不满足于此,他们将会在某个超越社会的事情上求得自己的满足。这就是生存感觉,某种类似"幸福视角"(beatific vision)的东西。这些人生活在社会边缘。他们是艺术家与当今的吉普赛人。在《孤独漫步者的梦》中,卢梭进一步发展了这种关于生存感觉的思想。卢梭这里的这种生存感觉对应亚里士多德的理论生活。当今的艺术概念就试图寻找某个超越社会的替代品。

[本节结束]

---

① 里斯曼(David Riesman),美国社会主义者。著有 *The Lonely Crowd*(Yale University Press, 1950)。他在这本书里对"他者导向"(other-directedness)与"内在导向"(inner-directedness)做出著名的区分。

第四讲 《论人类不平等的起源和基础》：
从野蛮到文明

［进行中］施特劳斯：我不是很明白最后一句，这句话非常简洁。

学生：无法恰当理解人口扮演的角色。

施特劳斯：是的，这我知道，但……

学生：我认为，有个真正的……卢梭自己有个真问题，在这个问题的统摄下，他独特地认定人口增长是好事，这既不是服从《圣经》道德，也不是赞同马克思主义。

施特劳斯：是的，正如我们可以从《社会契约论》得到佐证。有一章的题目是"一个好政府的标志是什么？"①人口增长。是的，这很清楚。

我不仅喜欢你说话的内容，也喜欢你说话的方式。你意识到自己要想吸引或振奋那些昏昏欲睡的学生，就必须用到清晰明了、抑扬顿挫的表达，我觉得这一点非常好。我希望，等你当老师的时候，别忘记这一点。困难扑面而来，你开始意识到大量的困难了。

让我先来就你提出的两个问题谈几句。塞尔茨先生，关于自由的含义以及我在我的"论卢梭章节"中不得不重申的相互矛盾的含义，我认为这个问题很简单：读一下《社会契约论》卷一的第九章，我认为问题十分清楚。换言之，自由或许仅仅意味着独立，即，无论什么情况都

---

① 卷三，第九章，"论一个好政府的标志"。

不顺服于他人的意志;它当然也包含某些其他意思。很好。

关于巴特沃斯先生的问题,"卢梭以一种更高的科学之名攻击科学",我说过吗?

巴特沃斯先生:是的,你说过。

施特劳斯:对。好的,你看,你不得不谈许多东西,你必须澄清它们。我的意思是,我认为我知道自己这么说的用意,但是,现在出于稳妥考虑,让我退守到绝对安全的地方,也就是,我不止一次提到的:卢梭以德性之名攻击科学。至于这个德性是否被理解为一种更高形式的科学,我们后面将会看到。如果你不介意,我们放到后面再讨论。

学生:关于这个论题,我还能再问个问题吗? 我认为你试图说明的是,就卢梭冲着这些东西去的论证本身而言,他就是在使用更高意义上的科学。

[64]施特劳斯:是的,这仍然跟我们的朋友上次提到的幸福视角的东西有关。但这把我们带得太偏了。至于这个论断"每个无用的公民就是个有害的人",我想后面还有句评论,是关于闲暇的,对吗? 每个不工作的公民。①

学生:是的,这个词是 Inutile[无用的]。

施特劳斯:是的。卢梭本人后来在评价自己的时候纠正了这一点,他确实是一个无用之人,但却并不因此是个有害的人。② 你还提到了其他几点,比如说,有好天性的人是什么意思? 当然,第一印象是我们用"好"所理解的东西;但卢梭澄清过,这并不是道德意义上的好。那么,它是什么呢? 他摆脱了骄傲,以及其他所有会引发冲突和不必要伤害的激情。那么,这种好只不过就是,没有动机实施无必要的伤害。我的意思是,在有必要时仍会去伤害别人;正如我们已经看到,如果他不伤害别人就无法自保,他就会去伤害别人。那么,当卢梭与霍布斯论战时,会发生什么情况? 很简单,霍布斯说,自然人自己早就是邪恶的了;

---

① 在讨论《第一论》的一句话,引号里的并非直接引文。

② 在第六次漫步中。参见 *The Reveries of the Solitary Walker*, *Botanical Writings*, *and Letter to Franquières*, trans. Charles E. Butterworth, Alexandra Cook, and Terence E. Marshall, ed. Christopher Kelly (Hanover, NH: University Press of New England, 2000), 56。

而卢梭则说,这是社会要求的恶,而不是原初的恶。这就是区别。我的意思是,如果我们可以提出一个不加解释的简单论断,那么,霍布斯的看法就是,骄傲(pride)限定自我保全,卢梭的看法是,同情(compassion)限定自我保全。这很清楚……倘若卢梭正确,他设想的人就比霍布斯设想的人稍好一些。

学生:是的,但是关键在于:他不得不说人更好,或人是好的,就这一点而言,他不能坚持这个论断,因为他必须说:"我用好指的是人……"

施特劳斯:是的,当然,但是你接着必须选择一种非常广阔的视角,也就是他其实反对的东西。你们读过《爱弥儿》中引自塞涅卡的格言吗?① "我们被可治愈的疾病困扰"。我们被可治愈的疾病困扰,人类的医药可以治愈它,这种药是政治,当然。那么,我们所有的疾病都可以通过政治手段治愈。这就是"人是好的"的意思,他的疾病可由他自己治愈。不存在什么原罪。神圣救赎也没必要存在。我认为,这就是这个论断之所以存在争议的意义。

学生:可是,即便这样,是否依然有必要提出这个暗示,即也没有原初的德性?

施特劳斯:当然不。因为原罪当然只有在人被完美创造的情况下才存在。让我们画个简图,人被完美地创造。[施特劳斯在黑板上写字]我用 P 代替完美而不骄傲的人。紧接着,有一次堕落;随后就产生一种需求,[65]还有救赎这件事。这个清楚吗? 这会产生无穷无尽的后果,同样,政治。卢梭反对这个整体框架,正如在他之前,霍布斯已经这样做过这件事。但让我们先不用去管霍布斯做了什么,只看卢梭。卢梭首先这样说,很明显他反复这么说:人之初,性本善。随后,当然发生了某种类似堕落的事情。那么,恶从何而来? 于是卢梭说,他首先说,好吧,人在什么意义上是好的呢? 人太愚蠢,所以还不懂得使坏。所以一开始是这样。堕落又是怎么回事? 意志的行为? 不,自然必然导致如此。你们懂了吗? 所以,当你考虑卢梭攻击的立场时,他著名的表述作为一种必须被转换为精确语言的临时口号才变得可以理解。

---

① 出自塞涅卡的"论生气"。

学生:这就是我所……当他开始这个论证的时候……

施特劳斯:读一下《爱弥儿》的那条格言,可惜是拉丁文,不过尼科果斯基先生很乐意为你们翻译。"我们被可治愈的疾病折磨",最根本的原因在于,存在一种人的天性。天性无法被败坏;有这样的暗示。有时困难并不难克服,你可以写个在篇幅上十倍于这篇论文的评述来审视它们。顺便说一句,想想我们在这里的讨论,当然一个学期也可以勉强对《第二论》做出恰当的研究。我们给不了一个学期。如果我们读过……比方说,读洛克,如果我们只让自己读《下篇》,在一个学期中,可以读得非常仔细。不过,我认为这种顺序不好,因为你还必须对《上篇》有所了解;于是,你就已经得面对怎么在一个学期完成这么多事情这种问题。莫里森先生。

莫里森先生:我不知道卢梭在这里是不是以什么方式提到了这一点,不过在我看来,考虑到我们之前说过,苹果从善恶知识的树上掉落,这很奇怪。这非常有趣。

施特劳斯:这话出自哪里?

莫里森先生:伊甸园。

施特劳斯:好,苹果当然已经是一种解释了。《创世记》中没有任何文本……

莫里森先生:无论它是什么……

施特劳斯:果实。

莫里森先生:果子从善恶树上掉下来。

施特劳斯:他提到了?

莫里森先生:不。我想知道他是否提到。

施特劳斯:你看,这些不懂法语的可怜人读不到卢梭增补的注释,而这些注释相当重要。柯尔(Cole)只翻译了其中一两条注释,我[66]认为,这本身就标志着理解不够充分,因为这些注释都必不可少。首先,让我就你的问题简单说几句。是的,我认为这一点绝对重要,这次堕落被转换为一种自然而然的必然,一种非目的论意义上的必然;正如卢梭所称,一次偶然发生了。那么,这个过程就是一个严格——我的意思是如果你再往前推一步——一个严格的决定论的过程,最重要的决定性因素当然就是人的无知（human ignorance）。这是政府的基础，这种无知让人很容易被狡诈的富人蒙骗，这归根结底是因为他们愚蠢、缺乏经验；这也会导致方法不足，导致极为容易堕入专制，这都归咎于缺乏经验。但是，智慧却借由必然性产生了。如果有过被独裁这种糟糕的经历，就能更好理解这些。有的人，即卢梭，只不过在某个特定时刻，简单地对比了不太专制的日内瓦政府与比较专制的法国政府，再添加一点儿从古代学来的历史知识，获得一个如何在安全基础上建立自由政府的观念。你看，这归咎于一种完整的必然性，但从根本上讲并不是一种目的论意义上的必然性。"就是这样发生了。"那么，人的思考也是必然的，人有特殊类型的大脑，可以这么说。我认为，这就是卢梭想的。

你说得很对，卢梭介于洛克和马克思之间。这么说很对。财产是洛克的核心概念，卢梭关于财产起源和产权起源的解释极为接近洛克，也很接近马克思。你还特地提到劳动分工。在一本论卢梭的新书中①，我还因为略去关于劳动分工问题的这段话被责备了，我只是没有涉及到这个问题罢了。不过，这个问题当然存在，对这个发展历程来说，它至关重要，因为劳动分工是……即人不再，不再能够顾得住自己的需求，因为它变得分化、分裂、细化。如你们所知，这正是马克思的主要观点之一。最终，将会有一次全人类的复归，每个人都充分发展了所有能力。这么说当然很对。

你正确地强调了卢梭对野蛮人的赞扬。卢梭在这篇论文中的明确教诲无疑就是，野蛮人的生活（the savage life）是最高生活，比最早的初民（first primitive man）的生活还要高，当然也就比后来的任何生活都要高；你还聪明地补充说，我们必须留意这一点。我们将会试着这么做。人口增长引发一个巨大的麻烦，卢梭是什么意思？初民，健康的兽，相当可观地繁育后代，栖息在大地上，然后，这种健康发展造成恶果。正如你们所见，历史辩证法：这种合理行为并未产生合理结果，相反却导致了不合理的结果，随后循环往复直至最终——在卢梭的时代——出

---

① 有可能指费彻的《卢梭的政治哲学》（Iring Fetscher, *Rousseau's Politische Philosophie*: *zur Geschichte des Demokratischen Freiheitbegriffs*, Neuwied: H. Luchtherhand, 1960）。施特劳斯后面会直接指出是这本书。

现了一种关于人如何获得健康秩序中的位置的观念。

学生:不,我认为我认识到了这一点。即,他把人口增长当作一件好事;把这件事的发生当作人接近原初状态的标志;然而,也正是由于这个增长,人偏离了原初状态,走上一条……

施特劳斯:是的。换言之,还要考虑一下反目的论的含义。通过达成这个繁殖命令——我的意思是,不是通过任何罪行,不是通过偷吃莫里森先生的苹果这项罪行,而是通过完成神圣的命令,人口繁盛——人摧毁了[……]。[67]我的意思是,如果我们[……]。但是,卢梭当然考虑到这一点,把人口增长视为唯一明确的好政府标志,这并没有错。例如,相对于大萧条时期来说,二战后有个人口激增——他就会说,二战后的美国比起胡佛与/或罗斯福治下统治得更好。你明白我为什么说"与/或",因为在当时这是个难题。好。

有一点不是特别重要,它只是个谈资,不值得深究。关于可怜的柯尔先生,你怎么说?

[关于柯尔译本一处问题的讨论,听不清]

学生:——我认为他提到迈达斯(Midas)的两种形容词含义,富有却悲惨。

施特劳斯:哦,我明白,不可怜。谢谢。但这其实并不是特别重要。

所以,我们现在先来看第二部分的开头,卢梭在这里做出一个非常强烈的修辞性论断,即私有财产是公民社会基础;这当然是个洛克式的观点:政府的目的是保护财产。他随后详细引述了洛克本人,le sage Locke[智者洛克],谁说的? 没有财产的地方就没有不义。因此,在财产建立起来之前,人不会犯错。但是,俱往矣。

在第 2 段中他给出一个比较重要的总结,因为它不仅是个复述:它侧重于某个不同的东西。看到了吗?

雷肯先生:

　　人的第一个感觉就是他的生存感觉,他首先关心其保全。

施特劳斯:"其保全";或者不,他的自我保全,他的生存的保全。

首先,他觉得生存是某种好东西,于是,他急于保护它。是的。

学生[读文本]:

> 大地的产品为他提供了生活必需的东西,本能告诉他如何使用它。饥饿与其他欲望使他相继采取各种生存方式;其中有一种会促使他繁衍后代——一种盲目的倾向,与内心毫无任何关系,只会产生一种动物行为。需要一经满足,两性彼此就不再相识,甚至孩子一旦自立,也不再属于母亲——

施特劳斯:有什么触动你的? 我的意思是,我们听过这种说法,但这次再提到时有些不同。

学生:同情(compassion)——自我保全(self-perservation)。①

[68]施特劳斯:是的,很好。我甚至还没想到。很好,因为在卢梭多年后的一部作品中,他实际上拿掉了同情。② 你们知道,此处的这个说法非常可疑,因为我们已经看到,这种同情与马在看到尸体时的感受没什么区别。我的意思是,这没什么值得赞许,它也没那么重要。这是一点。不过,还有一点更重要:只字不提认识的地位。他在这里只提到人的欲望生活,而非认识生活。卢梭没有去描述人在认识方面的发展。

学生:我认为他暗示了,他提出"它们只制造动物行为"。

施特劳斯:是的,但这指的是所有动力,指的是需求;他没有提到认识活动。你们知道,这种人只有感觉。这些感觉如何发展成某种类似理性的东西,发展出普遍观念;关于这些,他什么都没说。简而言之,卢

---

① 这个学生有可能是在指出,尽管卢梭看到两项先于理性的原则,自我保全与怜悯,他在这里只提到第一项原则。

② 我不确定施特劳斯在这里指的是哪部作品。《致达朗贝的信》符合施特劳斯说的年代,的确把怜悯(pity)在公民社会中淡化了。但这并不等于拿掉怜悯。《论语言起源的论文》可以说几乎拿掉了怜悯,至少怜悯被理解为理性之前的两条原则之一,因为这部作品提出怜悯来自自爱,且它先于思考完全不起作用(Jean-Jacques Rousseau, Essay on the Origin of Languages, in Essay on the Origin of Languages and Other Writing Related to Music, trans. and ed. John Scott (Hanover, NH: University Press of New England, 1998), 305—6)。不过,这篇论文是卢梭逝世之后出版的。

梭没有描述众神观念与上帝观念的产生。这贯穿始终。正文中没有提到野蛮人是异教徒，只在脚注中提到这一点；但这一点当然尽人皆知。这对于理解卢梭在做什么有一定帮助。随后，但不是在这个总结中，他说，"这就是人类的初始状态，人起先只过着纯感觉的动物般的生活"，没有普遍观念。①

　　于是，他在下一段非常有力地描述了这种因果关系，我们没时间读这段了。他受偶然事件驱使——偶然再次出现。驱使这个词的本义当然是不自然的，我指的是在亚里士多德那里。② [施特劳斯走向黑板]自然之物反暴力。淳朴状态，这就是自然的。你有了一个冲击这种自然统一的意外事件，暴力的偶然事件。暴力并不意味着野蛮，暴力意味着违背自然。于是，与人之天性相悖的某个事情完成了，这塑造了他。这就是这里全部讨论的意义。让我们读一下第 3 段结尾，在我们刚才读过的这段话之后。

　　雷肯先生[读文本]：

　　　　我们用大、小，强、弱，快、慢，胆小、勇敢以及其他一些类似的概念来表达这些关系，这些概念是不由自主并且几乎是不知不觉地经过对比产生的，这些关系最终在人的头脑中引起某种思考，或者说得更确切些，产生一种无意识的审慎，向人指示他最必要的安全措施。（《第二论》第二部分，第 5 段）

　　施特劳斯：是的，机械的，或者说 machinale。这句话要从字面理解：人属于动物机器，其中不包含精神性的东西。再往后大概两三段，我们读一下卢梭讨论第一次巨大变革的地方，"这些进步，这些最初的进步最终使人加快了前进的步伐"。

　　学生[读文本]：

　　　　这些最初的进步使人的其他方面也发展迅速。他们越是开

————————

① 《第二论》，第二部分，第 3 段。
② 《物理学》，卷八，第四部分。

化,就越是勤恳。他们不再栖身于第一棵大树下,也不再躲在给他们提供庇护的第一个洞穴中;他们发明了各种坚硬锋利的石器工具,并用之凿地、伐木;他们用树枝搭建起屋棚,然后学着用泥浆和黏土糊起屋棚。这就是第一次变革时代,这个时代建立并划分出家庭,并且引入一种财产,财产本身成为纷争与冲突的源头。(《第二论》第二部分,第 12 段)

施特劳斯:我们先停到这里,然后来看下一段,卢梭描述了家庭如何发展出来。"人们开始了解最美好的感情,夫妇之爱与父子之爱"(《第二论》第二部分,第 13 段)。这是个特殊阶段。我们不用全部读完,amour propre、这种不好的自我之爱(self-love)发生在这个阶段。我认为我们应该读一页之后的那段话,"一切都开始改变"。

学生[读文本]:

那些曾经在森林游荡的人们,得到了一个更固定的生活方式,逐渐聚居起来,形成一个个部落,终于在每个区域形成一个独特的民族,按照性格和习惯凝聚在一起,不是通过规则或法律,而是通过一致的生活饮食习惯,以及共同的气候影响。(《第二论》第二部分,第 16 段)

施特劳斯:对,你看此处的强调:外部影响塑造人,地球上不同地区的人受到不同的塑造。因此,由于自然原因,类似各种民族的东西出现了。塑造民族的并不是社会的立法者或建立者,民族的出现完全是由于自然原因。

雷肯先生:是否要我查对法文?

施特劳斯:不需要。对我们来说足够了。不过,我们现在要进入更重要、更关键的段落。关于这种状态,卢梭说"这就是 18 世纪欧洲对野蛮状态的认识"①,他当然首先想到的是北美印第安人。卢梭如何概

---

① 不是直接引文。

述这种状态？我们来看这段开头，大约在两页之后，"但我们必须注意到的是，社会一旦出现，人们之间建立起关系，那么就一定要求人类具有一些他们在他们的野蛮组织中不具有的品质"。请继续读。

雷肯先生[读文本]：

> 道德开始出现在人们的行为中，在法律订立之前，每个人都是自己遭遇的伤害的唯一裁判者和复仇者，因此，曾经适合纯粹自然状态的善就不再能适应这个新生的社会状态了。

施特劳斯：La société naissante[新生代社会]，在新生过程中的社会，被生出来的社会。纯粹的自然，纯粹的自然状态是一种愚蠢的动物的状态。此处这个正在诞生中的社会[70]就是野蛮状态，卢梭经常用这个状态来谴责[……]这些部族。是的。

雷肯先生[读文本]：

> 随着侵犯的机会变得愈发频繁，惩罚不得不更加严厉，对报复的恐惧必须取代法律的严苛。于是，尽管人变得不那么耐心，他们的自然同情心已经遭到减损——

施特劳斯：好，我应该这样说。他肯定听说过割头皮之类的事情。是的。

雷肯先生：这个人类能力的扩张（expansion）期——

施特劳斯："发展期"（development），他为什么这样翻译呢？是的。

雷肯先生[读文本]：

> 这个人类能力的发展期，在原初状态的悠然自得和我们的利己主义肆虐之间保持了一个恰当的平衡，它必是最幸福且最稳定的时期。我们越是思考它，我们就越是发现，这个状态是最不容易发生变革的时代，完全是人能经历的最好的（the very best）——

施特劳斯：他为什么这么说，"对人来说最好"？他明确说对人来说最好。

雷肯先生［读文本］：

> 因此他只有通过某些致命的偶然才会脱离这个状态，为共同利益，这个偶然永远不发生才好。

施特劳斯：是的，你们看——没有罪恶。我再次强调这一点。一次致命的偶然引发了堕落的来临。

雷肯先生［读文本］：

> 野蛮人大多都被发现处于这个状态，他们的例子似乎证明，人注定要停留在这个状态，它是这个世界真正的青春期，随后的所有发展看似促进了个体的完善，实际上则推进了这个物种的衰弱。

施特劳斯：这是个极强的论断。我们当然必须严肃对待它，我们不能基于一个笼统的印象就认为他不可能有这个意思而排斥这一点。我所看到的最新的关于卢梭的解读是德文著作，一个叫费彻（Fetscher）的人写的《卢梭的政治哲学》（1960）。① 他认为，这的确是卢梭所主张的论断，他还特地责怪我没有将这一点当作解释卢梭的核心。我再次思考了一遍，但我还是得说，我认为他错了。不过，让我们把这个问题放在更广阔的基础上。顺便说一句，卢梭在你刚才读过的这段之后的那段话中重复了这一点，他说冶金术和农业毁掉了人类。在野蛮状态之后出现了冶金术和农业；这些是田园牧歌般的部落或猎人，世界的青春期。所以它对这个物种来讲是坏的。实际上在后来的阶段中同情被毁坏了，［71］而在这里它只是被毁坏还尚未被摧毁。这一点是关键。那么，如果这个解释正确，从卢梭在注释中所说的人们从传教士那里得知野蛮人这一点可以得出，这些野蛮人当然是异教徒。这当然就意味

---

① 费彻，《卢梭的政治哲学》（Iring Fetscher, Neuwied am Rhein: Luchterhand, 1968）。

着,这种特殊的异教徒比任何后来的其他东西都要优越。费彻并没有得出这个结论,但我认为他必须得得出这一点。不过,让我们来考虑一下这个论题本身。两三页之后,卢梭描述了早期农业社会的下一个阶段,这个阶段再也没有野蛮人,他说——读一下这段话,"在这里,我们的所有能力都得到发展"。它们在野蛮社会没有得到发展。"记忆与想象"读一下这段话。

雷肯先生[读文本]:

> 记忆力与想象力并存着,私心(egoism)被唤醒,理性(reason)被激发,思想(mind)似乎已然达到了它所能达到的最完善的程度。

施特劳斯:停。你们看,人类的各种能力发展了。但这个短语很含混。它们发展得充分吗?答案是否定的。Esprit——不仅仅是思想,espirit;它几乎等同于英文当中的"精神"(spirit)。精神几乎达到了它最完善的程度。卢梭没有说理性达到了最完善的程度。他说理性被激发。无论如何,我们先回来思考野蛮人问题。在野蛮人阶段,我们的能力还没得到发展。显然,这些能力后来才得到发展,这个发展只发生在农业阶段。简单说来,卢梭给予野蛮人最高的赞美,接着他说我们能力的发展对人类来说是坏事。显然:只需要简单地两两结合,我们就得到这个结论。但是,我们被赐予这种对人类来说是坏事的能力发展,这件事如何与神意(Providence)一致呢?一种说法是,我们能力的发展并非由于神意,而是由于罪:人注定不能永远是个孩子。但这并不是卢梭的说法。能力的发展归因于偶然,归因于机械的必然性(mechanical necessity)。我们能力的发展本身是坏事,这个说法仍然是个悖论。在这里,我必须回到我上次提出的一个问题。这是否正是我们讨论能力时遇到的困难的根源所在?是不是卢梭讨论能力时的说法造成了现在仍然流行的那种观点?

我给你们读卢梭的几句话,出自一封写给巴黎大主教博蒙(Monsieur de Beaumont)的信,他在信里为《爱弥儿》和《社会契约论》辩护。

他对主教说:

> 与那些处理这些问题的人一样,你假定人本身就带有完全形成的理性;唯一重要的事情是,他使之运作起来。

换言之,他已经具有发展完备的理性,他只需要有理由使用这种理性。卢梭说,

> 实情并非如此,因为人的技能之一,甚至最晚获得的技能之一,是理性。①

理性是获得的,这不仅意味着理性的实现是获得的,也意味着理性本身的能力也是获得的;这是理解这个问题的唯一路径。这样一来,我们如果想理解卢梭的意图就必须完全忽略这种能力说。

学生:能告诉我们在哪一页吗?

施特劳斯:在加尼尔译本《社会契约论》的第457页。也就是换句话说,如果我们完全放弃掉能力说,追随洛克,那么这种解读就仍然成立:卢梭认为野蛮人——你们还记得他的野蛮人指什么——的生活是人类生活的顶峰;从那以后的一切都是一种衰败。可能是这样。我们可以用什么理由来反对这种观点?尼科果斯基先生,你读的过程中想到了什么吗?

尼科果斯基:紧接着这一段之后,他说,这是人类最幸福、最安稳的时期,他这样总结野蛮人生活的特征。他做的方式让人会觉得这是一种反讽。

[读文本]只要人们还满意简陋的茅屋,只要他们满意荆棘与鱼刺缝制出的兽皮衣,靠羽毛和贝壳来炫示自己,还在把自己的身

---

① 卢梭,《致博蒙书》(Letter to Beaumont, Letters Written from the Mountain, and Related Writings, trans. Christopher Kelly and Judith R. Bush, ed. Christopher Kelly and Eve Grace, Hanover, NH: University Press Of New England, 2001)。

体涂抹得五颜六色,还在改进装饰他们的弓箭,用锋利的石头造渔船和笨拙的乐器;只要他们做的是一个人就可以独立完成的事情,限定在不需要劳动协作的那些技艺中,他们就过着自由、健康、诚实与幸福的生活,只要他们的天性允许,只要他们继续享受共同而又独立的交往的愉悦。

施特劳斯:好,这样问题解决了吗?

学 生:没有。

施特劳斯:因为有人会说,在森林里当一个自由人好得多——众所周知,发展你自己的全部能力,如果可以用这个词儿——而不是做一个不那么完整的人,比如那些专业化的职业学院等等培养出来的文明社会的人,自由人不需要依赖那些可怕的医生、[……]律师等等。这不能解决问题。不能。

学 生:但它引发一个问题;这种[……]的论调提出一个问题,即他是否满意这种状态。

施特劳斯:可是他已经说过了;首先,必须给出一个清晰准确的说法……除非它与一个同样清晰准确的说法矛盾;那么我们才有资格提出这个问题,"这是定论吗?"史若克先生。

史若克:你是否可以重新表述你和这位德国作者之间的这个问题?

施特劳斯:野蛮人的状态是否被描述为人类发展的顶峰,如他所说,也如卢梭在这里所说? 还是说,这并不是顶峰? 这是问题所在。首先,他绝对正确。卢梭的确这么说。对吗?

[73]学 生:在我们刚才读的这段话中,是不是有一点很重要,卢梭说"他们仍然停留的这个状态是世界真正的年轻时期"? 他在《爱弥儿》中强调的东西是,你必须认真对待年轻时期,并且意识到这种状态——

施特劳斯:非常好,换句话说,你可以说,在一个更老派的作家那里,他用"年轻"这个词时指的当然是有个比年轻更好的成熟期。在卢梭那里则不能这样说,因为那里没有目的论。所以,我想到现在为止,我绝对站在费彻先生一边。

学生：的确没有目的论，但是，他通过谈及年轻就暗示着随后而来的是个成人。

施特劳斯：是的，但这个成人或许更次一级。你们知道，我知之甚少，所以我经常查阅前人的疏解，我在一个疏解中看到，在古老的时代，人们认为秋天是一年中最美好的时节——我不是很相信这种解释，但它应该还是有些道理。我自己总是那样觉得，但是很简单……过去的人，众所周知……收获当然无论如何都比播种更让人满足。这是一种非常没有诗意的观点，但也是一种非常理性的观点。这位评注者提到一本我没读过的书，他说这在古代是一种普遍流行的感受。秋收的节日比春天的节日多，甚至在这个国家你也可以很快获得这个印象。据说在 18 世纪，春天才变得重要起来；当然所有的现代诗都具有这种春天感的特征。春天显然不是收获季。所以，你可以说，春天之所以变得如此重要，原因和我们的世纪被称为孩童的世纪一样。从某个观点来看，成熟就是单调乏味。好的。所以，这里没什么可争论的。直到这里费彻都是对的。如果可以的话，我现在要试着完全推翻他，我来为你们读一下《社会契约论》第一卷，第八章"论文明状态"的一个论断，为了理解这一点，必须清楚地记住，这些野蛮人生活在一种前-文明状态（pre-civil state）；他们生活的这种状态仍旧是自然状态的一种变形。那么，它与这里的这种［……］是什么关系呢？

从自然状态到文明状态的这一页，或者说这个转变，在人身上造成了一个非常显著的变化，在他的行为中正义代替了直觉，在他的活动中增添了过去缺乏的道德。

不管怎样，这并未解决问题；你可以说，为什么不可以认为直觉比正义更高？

只有在这个时候，义务之声代替了生理冲动、权利代替了肉欲，人，此前仅仅考虑自己，看到自己必须要按照其他原则行事，在听从偏好之前必须征询理性的意见。尽管在这个状态中，他失去了自然赋予的许多优势，另一方面他又获得了巨大的优势，他的那些能力锻炼了自身，并且发展了自身，他的感情变得更加高贵，他的整个灵魂也上升到那一点，即，只要这一新生的处境——即文明状态——不使他生活比以前——即自然状态——更堕落,他就必然会不断地去赞美、去[74]称颂这个带他永远走出自然状态的时刻,这个时刻令他成为一个智性存在和一个人,而不再是一种愚昧而又狭隘的动物。①

说得直白一些,自然状态的人还不是一个完全的人,因而野蛮社会、对野蛮社会的这种赞美,不会是卢梭的最终定论。读整个这一章节,它非常短,还不到一页。顺便说一句,在第二论中也有这样的暗示。我们读到哪里了?你读一下随后那段话的最后,他谈到人误用那些使他荣耀的才能,这个观点就是在暗指我给你们读的《社会契约论》这一章中更充分发展的观点。所以,换句话说,卢梭对野蛮人的赞美只是暂时的;我想费彻自己到后面也会承认这一点。我现在还没看到,这不重要。

不过,现在还是让我们再看看关于野蛮人的这段重要的文本吧。看到了吗?他在这个关键性的段落里对这种社会大加赞赏,这段话这样开始,"不过,必须注意到",无论如何。我们必须读一下下一段的后半部分:"这恰恰就是到达的那个状态……"

雷肯先生[读文本]:

> 这恰恰就是我们所知的大多数野蛮部落达到的状态:正是由于没能在我们的观念中做出一个合适的区分,没能看到他们已经离自然状态有多么遥远,许多作家轻率地总结说,人生性残暴,需要文明制度——

施特劳斯:因为如果你考虑一下野蛮人,你就会明白这种残暴:割下囚徒的头皮,折磨他们,以及其他这类事情。你不得不考虑这些。继续。

雷肯先生[读文本]:

> 需要文明制度让他更加温和;然而,没有什么比他的原初状态

---

① 卢梭,1994,页141。

更温和了——

施特劳斯:原初状态(primitive state)是前野蛮状态(pre-savage),他们在那个状态下各自生活在森林中。

雷肯先生[读文本]:

> 因为他被自然放在距离野兽的愚蠢和文明人要命的天才(fatal ingenuity)同样遥远的地方。他们同等地受制于本能与理性,唯独关注防卫自己对抗威胁到他的祸患,他受到天然的同情心的约束不愿伤害他人,即便受到伤害也不会去做这种事情。①

施特劳斯:就读到这里。这里对前野蛮人(the pre-savage man)给予了和野蛮人一样的高度赞美。措辞不完全相同,不过,还有什么比"距离野兽的愚蠢和文明人要命的启蒙(enlightenment)同样遥远"?(这不正是我们所有人如今都梦寐以求的东西吗?)以及"受制于本能与理性"更好的赞美吗?换句话说,这种初民已经是一种实际意义上的理性存在。如今,随后发生的事情与之完全相反:这种对早先的人,对初民的赞美与对野蛮人的赞美完全相反。因为我们从这里看到,卢梭甚至在两段之后就收回了自己特地强调的东西,我们无法采用这个事实即卢梭确实提出了他对野蛮人的赞美——[75]我们无法把这当作对他的观点的证明,仅仅因为他说过这话。这个长句子容易理解吗?我的意思是,在赞美野蛮人的生活时,有个明确肯定的句子。在《第二论》中并没有明确与之相反,这不假;但是我们在下面的段落中看到另一种赞美,这个赞美没有那么强烈,这也不假。我的意思是,他在这里并没有说初民的状态是对人而言最好的,时代;他并没有这么说。然而,这个赞美的措辞,即早先的人,初民是野兽的愚蠢与文明人的不合情理的启蒙(unreasonable enlightenment)之间的适度中道,换而言之,初民是真正理性的,这种措辞表述得与接下来的段落以及全书都矛盾。

① 第二论,170,48。

我的论证清楚吗？我们必须考虑一下语境。我要说,尽管卢梭在第 1
段中并没有说初民是最佳状态的人,他暗示了这一点。因此,在措辞上
并没有什么矛盾,但是事实上存在一种矛盾。

　　如果我们可以假设野蛮状态并非最佳状态,我们还理应做另一个
限定。让我们姑且认为卢梭在某一刻把野蛮状态当作对这个物种(the
species)最好的状态;与物种相区别的个体(individual)后来的发展过
程,并不是一种表面上的发展。这一点实际上是必须指出的关键。对
于卢梭来说,这个物种的顶点,这个物种最顶峰的状态,并不同于个体
最顶峰的状态;这对卢梭整个思考都至关重要。这绝不是一种矛盾的
思想。毋宁说它是常识性的。只是卢梭提出这个观点的方式才非常矛
盾。雷肯先生。

　　雷肯先生:关于这两段[……]的矛盾。尼科果斯基说,有两个观
察点,卢梭说得好像起初那个是原初状态,但尼科果斯基认为,实际上
观察到的起初事实是野蛮状态,野蛮状态之前的原初状态仅仅靠思考
而非观察得来。

　　施特劳斯:有这种可能,你说的站得住脚。不过,把《第二论》的论
证视为整体,这样说也成立:第一个状态却是通过合理的推论而得知,
尽管是推出来的。当他说"两个已知事实"时,他说的并不是"通过我
们的感官经验得知的事实"。合理的推论,通过合理推论得到的事实
也是已知的。

　　学生:在开头部分,或者说,在第一部分的最后,当他谈到两种已知
事实时,显得他似乎要开始讨论原初状态作为其中一种。

　　施特劳斯:是的,是的。

　　学生:但是,在《第二论》的最后,他谈到两种观察到的状态,他的
论证的两个极端实际上是可以被观察到的。

　　施特劳斯:我不记得,不过如果他这样说过,你是对的。

　　[76]学生:所以,我几乎认为,在某种程度上,这似乎与他之前所
说的矛盾,或者说是一种修正,拿野蛮状态替换掉作为一端的原初
状态。

　　施特劳斯:是的,就是这样。我的意思是,我浏览了后面的内容,如

果他这样说,那么你绝对正确。是吗?

学生:他确实故意说野蛮状态是被观察到的。事实上,大多数野蛮人都在这个野蛮状态。

施特劳斯:哦,是的,野蛮状态是被观察到的,这一点没有问题,但是问题在于,是否即便不通过直接观察,通过合理推论也不能得知原初状态。是的,巴特沃斯先生。

巴特沃斯先生:我恐怕自己没跟上你的论证,当你对照那个描述人类最幸福时期的段落前面那段话的后半部分时,你是不是说,在那段话的后半部分,他讨论个体,在下一段中,他讨论物种?

施特劳斯:不,不。没有必要把事情变得比它本身更复杂。卢梭首先说——这个事变从何而起?——他首先讨论的是他所谓的"纯粹自然的状态"(the state of pure nature);这就是前社会的人(pre-social man),森林中独居的人。接着,他提到野蛮人,这也是一种自然状态(a state of nature)。野蛮人:野蛮状态被赞美为最高的状态,世界的青年期。这段话我们已经讨论过。现在,当他谈及最初状态时,他没有用这样极端的赞美词;但是,尽管没有使用这样的赞美词,描述本身就意味着完美状态:一种处于兽类的愚蠢与文明社会滥用理性之间的智性存在。你还有别的什么吗?

我想再给你一些证据,或许你们课下可以思考一下这段话。在《论不平等》第一部分的最后,第一部分的倒数第 3 段。看到了吗?我们只要看后半部分。"展示完这种完美之后",等等。对吗?

雷肯先生[读文本]:

> 我现在必须收集并考虑一下那些促进人类理智但却让物种堕落的那些不同的事件。

施特劳斯:对,停。我想的就是这段话。"那些或许让人类理智日臻完美。"你看,当卢梭在这里讨论物种的完美时,这是他提及它时的第一种表述:只是一种个体的表面进步,有别于[77]物种。现在,他用到一个更加精确的术语:理智(reason)的发展。物种的发展有个无法突破的瓶颈;卢梭暂时说,这个瓶颈在野蛮社会就已经达到。理性无法超越它,且又必须超越它。然而,这却对人类来讲并不算更好。他阐述了自己所想;因为,在许多方面,卢梭的思想当然不含混,含混的是他的表述。或许存在一个终极含混;我们必须看到这一点。但是,就这一点而言,他思想中并无含混。我再给你们读一段致巴黎主教的信[……],在同一版第471页:

> 这些思考把我引向在公民社会的状态下思考人类思想的一项新研究;于是我发现,启蒙和罪恶总是成相同比例地发展——即,人们有多么启蒙就有多么堕落——"不是发生在个体(the individuals),在个体身上,道德进步或许和智性进步同时发生,而是发生在民众(the peoples)——我历来谨慎地作出这个区分,那些攻击我的人都无法理解这一点。

所以说,这个区分从[第二论]开始就没有改变过。我的意思是,这本书——我还没读完;等我通读之后,我会给你们进一步的报告——不过到目前为止,我还没看到他意识到[物种的最佳状态与个体的最佳状态之间的区分]。

那么,卢梭用这个词指什么?个人主义(individualism)是个临时的表述。他指的是那些出类拔萃的个体,出类拔萃的个体们。那些极富天赋的个体们,可以作为个体达到众人所无法企及的高度。在某种意义上,卢梭是个民主主义者,但他并不是个简单的平等主义民主派。我认为,必须澄清这一点。我将再给你们两个……我先来完成这个论证;你们要记住……此外,我要说在这个小论证的基础上,援引的段落,你还当然要考虑到《第二论》中的"致日内瓦的信",他在那里高度赞扬日内瓦。我认为,从表面上看,对日内瓦的赞美和对野蛮社会的赞美同样强烈,这就是对野蛮社会的一种赞美。我尤其要提醒你们注意那里的第1段。

那么问题在于,卢梭为何给出这样的赞美,在这段话中的这个终究站不住脚的赞美——从他自己的观点来看站不住脚的赞美? 那么,第一个理由,我首先要提出这个理由,一个愚蠢(idiotic)的理由;不过愚蠢(idiotism)构成了学术的一部分。如果你不知道,就得学习一下。

[更换磁带]

——没用,可以得到证明。卢克莱修诗的第五卷,卢克莱修在那里也有一个类似卢梭描述的发展,卢梭有一些有趣的修改;但学者们总是对于证明卢梭的借鉴(我听说用如今的美国话说是抄袭,对吗?)更感兴趣,而不去考虑他们还应该思考哪些问题,二者的差异往往更令人深省。在卢克莱修那里,你可以看到这个描述,[78]即前政治的、早期的社会就是社会发展的顶峰。所以卢梭只是单纯模仿卢克莱修。由于这个理由,它是愚蠢的,因为卢克莱修这么说的时候,当然有他自己的理由;但是,这些理由应当和卢梭的理由一致,这就无疑是想当然了。你必须首先要考察一下。只需要提到一件事,在卢克莱修那里,很明了,因为伊壁鸠鲁主义极度批判政治社会本身。严格说来,伊壁鸠鲁主义没有政治哲学。他们的原则是 lathe biosas[退隐生活]。不去过一种公共生活;不去过公民生活。但卢梭当然是个政治哲人,所以他的理由不同。我前面说过,对野蛮社会的赞美其实间接表达了卢梭与基督教的决裂。这是一种表达方式,即异教社会优于欧洲社会,优于基督教社会。我认为,这一点很好。不过,这还不够充分,因为要达到这个目的,赞美罗马就足够了,他一贯高度评价异教罗马。在我们今天的内容中可以看到卡图颂——赞美他是最为伟大之人——你们记得吗?——卢梭在别的作品中重述过这个赞颂。卡图:无疑是个伟人。

所以换句话说,尽管确实存在这个动机,但它并不足以解释卢梭对野蛮人的偏爱:给异教罗马的青睐倒可以满足这个需求。我要给出下面的解释,这个解释比较复杂,但我想比起单看卢梭的文本来说要简单一些;基于这一点,我需要你们注意听。卢梭从原初状态的好处开始——你们都知道,原初状态,彻底的前社会状态的人;不仅是前政治的,而且还是前社会的。卢梭在赞美这个第一状态时,他模仿得仿佛这是一种圣经视角,完美的开端:当人出自造物主之手时,他完美无缺。通过赞美这种野蛮人,即此后的状态,他显然又否认了他对开初的赞美。那么,从初民发展到野蛮人应该被理解为才能的发

展,因此也该被理解为恰逢其时的发展。因此,上帝并没有把人造得
完美无缺,但是上帝创造了人,这样一来,人可以通过使用和发展自
己的才能日臻完美。野蛮人之后发生了一种堕落,这个事实可以证
实这一点,如果你从字面理解——我的意思是,伴随所有文化而来的
一种堕落。但是,这种堕落再次让我们能够真正发展才能,而这种发
展在早期的社会里并未发生。此外,严格来说,它并不是一种堕落,
而是从最初开始的整个进步当中的一个偶然的、机械的因果关系。
换言之,这是我的表述,卢梭第一步否定了真正的神学,即《圣经》教
诲;他的第二步论证否定的是他那个时代出现的一种自然神学。这
么讲似乎可以解决这个困难。

　　现在我们继续,因为我们还得涉及更大的范围。是的,关于权利的
这个问题;这很重要。自然状态的最后一步。在哪里,我们之前读过
它,雷肯先生,看到了吗?大概在卢梭开始讨论冶金和农业的地方。下
面那段,开头是,"随着耕种土地而来的必然是土地分配,而财产一旦
得到承认,就会有最早的正义原则"。看到了吗?

　　雷肯先生[读文本]:

　　　　随着耕种土地而来的必然是土地分配,而财产一旦得到承认,
就会有最早的正义原则;因为,要保护每个人自己的东西,只有让
每个人都拥有些东西才有可能。此外,随着人开始展望未来,所有
人都有可失去的东西,每个人都有理由去理解,一旦他伤害了别
人,[79]随之而来的就是报复。这种起源显然更加自然,因为除
了人力劳动之外,你无法设想出财产从何而来:除此而外,人还能
给原本不属于他的东西增加什么,从而让它们变成他的私产?惟
有农人的劳动,赋予他了他所耕种的土地的产品的所有权,也赋予
他对土地本身的权利,至少直到收获之前;所以,年复一年,持续的
占用很轻易就变成了私产。格劳修斯说,当古人给色列斯(Ceres)
立法者(Legislatrix)的称号时,并给一个收获节日命名为地母节
(Thesmophoria)向她致意,他们以此表明,土地分配产生了一种新
的权利:也就是说,所有权,它不同于自然法(the law of the nature)

引出的那种权利。

施特劳斯：对，这很重要。后面当然会解释这一点。所有权的唯一凭证、所有权的自然凭证，就是劳动。你曾听过这种说法吗？

学生：洛克。

施特劳斯：洛克，当然；洛克的主题。卢梭接受了它，但他给它做了个非常有趣的限定，通过这种说法："至少直到下次收获。"严格来说，通过耕种土地，你无法获得永远占有这块土地的权利；只能占有到下次收获。这是一种新型权利，正如卢梭所说：私有产权不同于产生于自然法的那些。自然法提供了什么？他之前提出过这个问题，就在这部分的第 1 段，他在那里谈到大地的果实；这些果实为所有人共同所有。没有私有财产，这是自然法。分化来自于一种新权利；而卢梭随后要说它引发的坏的道德后果。我们不能忽视这一点，再展望一下……发生了什么？土地被据为己有。但并非人人平等：有的人一无所获，因为他们来得太晚，土地已经被别人占领。这些人便是穷人；富人与穷人；然后就有了冲突。让我们读一下。从我们刚才读的这段往后数 5 段。

雷肯先生［读文本］：

> 于是，最强大者或最可悲者把他们的能力（might）或痛苦（misery）视为一种对他人财产的权利——

施特劳斯：不，不是痛苦："认为他们的威力（powers）或需求（needs）是某种对他人所有物的权利。"

雷肯先生［读文本］：

> 一种对他人财产的权利，在他们看来等同于对财产的权利，平等的毁灭伴随着最可怕的失序。富人的侵占，穷人的抢劫，还有二者不受约束的激情，抑制了自然同情的哀告与正义苍白无力的声音，用贪婪、野心和罪恶填满人类。在最强者之名和第一占有者之名中间，出现了永恒的冲突，这冲突绝无休止，除非在战

争和流血中。

施特劳斯:那么。法律上如何描述文明社会建立之前的状态? 基于劳动,我们拥有财产权,劳动是可设想出的最公正的凭证。但是,这种土地分配以一种无法律的方式发生。不是非法,而是无法。每个人都抢占了一块土地,但是很多人仍旧没有土地。其他人,那些拥有者,[80]确实得到了土地。他们耕种过这些土地并且[……]森林,还有诸如此类的东西;其他人出局。

其他人是什么地位呢? 好吧,他们为拥有者工作。但是,或许这些人太多了,又或者拥有者自己就有个庞大的家族,孩子多得足以完成这些工作。穷人是什么地位呢? 你看,有一些直接的前提,它们充分发展后当然会导向某种类似共产主义的东西,那么研究这些东西就非常有趣了。无产者的法律地位是什么? 这是问题所在。

学生:他们显然是罪犯;他们试图——

施特劳斯:是的,当然;但这是个问题,他们在那种状态下是不是罪犯呢。那种状态下还没有法律,只有自然正当。自然正当赋予你什么东西?

学生:充足,一种丰裕。

施特劳斯:自我保全。因此如果他们并不是通过乞求得来……让我们假定,所有土地都被分配了;你不再能够随意捡到无主的香蕉,或橡子之类的东西。他们就乞讨,所有者们不会给他们。这是一种什么情况呢? 他们当然会靠强力取得它,于是,就有了卢梭说的这种情况:"认为他们的威力(powers)或需求(needs)是某种对他人所有物的权利。"但卢梭的意思是:如果这个可怜的家伙,这个饥肠辘辘的人在身体上非常虚弱,那么他的自我保全的自然正当就没什么用了。因此,对应着所有权的有效权利就是强者的权利。在这里,强者的权利被界定为一种权利,因为其基础是自我保全的权利。我认为,这就是他描述的法律处境。顺便说一句,我们从这里就可以理解我们上次描述的这种说法,卢梭对至高道德原则的改变,他用更一般但更有用的原则取代了至高的道德原则,正如他所说:追求你自己的利益,底线是不去损害别人。你会造成损害，但莫去不必要地损害人。这就是这些穷人所做的。你们还会看到，这是一种道德上难以承受的处境，两种同样好的所有权永远彼此矛盾。我们需要一种只有单一原则的境况，一个不矛盾的原则。

随后发生了什么？契约。什么是契约？现在，所有人都意识到财产，有产者与无产者；于是此后只有一种建立在劳作、劳动基础上的自然正当，它现在是一种建立在普遍认同基础上的社会正当。

学生：这和洛克没有什么根本差别。

施特劳斯：不，不，洛克精心弱化的东西被卢梭直白地说出来了。

学生：在洛克那里，我有种感觉，只要有人从地上捡起一粒橡子，只要捡起了它，他就对橡子做了自己的劳动，橡子就成了他的财产。在某种程度上，你不会觉得卢梭那里的橡子是财产。

[81]施特劳斯：哦，当然，确实有这个意思。不过，在卢梭那里，只有吞下去才算真正的财产。因为一旦还不回去了，它就正当了。卢梭极为清楚地发展了这个观点。但是，在洛克那里，也恰恰是同样的情况：自我保全赋予你正当性，而正确的正当性就是，通过你的劳动，而非通过从别人那里取得。但是，如果出现饥荒，物资匮乏，又会出现什么状况呢？那么，根据洛克（尽管洛克未曾强调这一点，但他暗示了），人们当然就会从别人那儿取得。只有当他的自我保全没有变成竞争与他人的自我保全之间的竞争时，他才会维护其他人。

现在将会发生什么？一切财产如今都凭借一个契约，凭借社会法律变得合法化。但这意味着什么呢？这意味着，这是个骗局。财产是坏的；这是一个卢梭信徒 Balbert① 的名言，因为这一点，他在法国大革命时被罗伯斯庇尔处决。众所周知，这就是后来产生了社会主义者的

---

① 誊写者在这个名字后面打了个问号，不清楚施特劳斯究竟指的是谁。Babeuf(1760—1797)在私有财产问题上态度激进，而且援引过卢梭，所以有可能是他。他在罗伯斯庇尔被处决的三年后才被处决。Brissot(1754—1793)也有可能，因为他曾经提出独占财产是掠夺行为，而且他被罗伯斯庇尔处决。但是，在那个时代，他是个"温和派"，而且他被处决与他对财产的理解无关。也有可能是 Jacques Hébert (1757—1794)，因为他的名字听起来像 Balbert，他被罗伯斯庇尔处决，而且他比罗伯斯庇尔左。把 Hébert 说成卢梭的信徒远比说另外两人更牵强。

左翼。原则如下：这是一种篡夺，一种免不了的……我的意思是，因为人们必须要活下去。因此，他们夺取了一部分土地。我的意思是，他们被赋予这样的权利，但是，每个人都平等地被赋予这样说的权利，即我要去耕种这块土地，我要去付出劳动。问题并不在于劳动是那个合法的名号，问题在于：谁可以把自己的劳动加之于什么之上？如果没有生产资料，你无法劳动。你必须首先拥有生产资料，而这才真正是占有的第一步行动。因此，冲突不可避免，而且根据卢梭在这里的描述，富人阻止穷人从他们那里获取东西，就这方面而言，整个行动都是一种狡狯、精明的行动。这一点与马克思主义的关系显而易见。卢梭将会试图修正……这就是他写作《社会契约论》的原因。文明社会的开端就已经默许了一种根本性的不平等。

看到发生了什么之后，我们现在就可以更好地理解从私有财产引发出什么问题。正如卢梭眼中的这些问题，出现了这类不公正，比如封建秩序、长子继承权等诸如此类的东西。如今我们懂得这一点，如今我们要试着至少提出一个正义社会的原则；我们将在《社会契约论》中完成这个任务，但还是必须带着这种理解——它在《社会契约论》中清楚呈现，在《爱弥儿》中也非常清楚——即法律必然青睐富人。这一点没有差异，因为法律必须保护财产。那么法律更多地保护那些有产者而非无产者，更多地保护那些财产丰厚的人而非财产微薄的人。所以，用阿纳托尔（Anatole France）的话说，法律同等严厉地禁止穷人和富人栖身在桥下，还有……什么别的吗？

学生：偷面包。[1]

施特劳斯：偷面包。而且卢梭承认这是绝对必要且合法的事情，但也是他感到毛骨悚然的事情。卢梭当然并非社会主义者，但是这些基本论断会被后来的社会主义者采纳。

于是他随后发展出一套简明的恰当政治学说。重申洛克的要点：所谓的财产先于文明社会，社会的建立是为了保护那种财产。但是，除

---

[1] "法律同等严厉地禁止穷人和富人在桥身、在大街行乞以及偷面包。"阿纳托尔（Anatole France）获得 1921 年的诺贝尔文学奖。这句引文出自他的小说《红色莉莉》（The Red Lily，1894）。

去财产之外，什么是文明社会的特征？答案是，一个契约。这是文明社会得以建立的唯一合法方式。其他选项要么是强力要么是欺骗，它们都不够资格，不具有合法性。正如卢梭所说，父权绝不会催生政治权威，这种说法首先追随洛克，但也在某种意义上追随了亚里士多德。但是，在这个讨论中（我能否提出一点？），他在这里所说的并不是《社会契约论》里的学说。他明白无误地表明，此处的论断完全是暂时性的，它的基础是一种卢梭反对的双重契约原则。这个原则简而言之就是：这是公开宣称的契约学说的古老版本，政治契约学说——但也不算非常古老（我认为一个名叫萨拉莫尼乌斯［Salamonius］的人创立了这个学说，他是一个16世纪的西班牙作家）。① 高夫（Gough），不知道是否这样读，我听过两种读法）先生的这本论社会契约的书对于理解这个问题非常有帮助。② 那时候就已经发展了。

那么，这个学说也就是卢梭那个时代的主流学说，基础是普芬道夫与其他作者，还有伯雷曼奎（Burlamaqui）［听不清］。③ 首先有一个联合契约（a contract of union），社会据此得以建立，恰当的社会契约。随后出现服从契约（the contract of subjection），人们据此建立起政府。政府（即君主）与人民之间有个相互契约，这当然难度非常大，因为如果发生冲突，没有人能担任仲裁者。我的意思是，没有一个最高法院可以解决行政部门和立法部门之间的一切冲突。这造成的困难——因为有两股力量，人民和政府，［……］君主——催生了这种对秩序与和平的伟大爱好者，霍布斯，也就是说，只有唯一的一种契约。社会契约就等同于服从契约。人民如果不服从一个政府就无法结成一个社会。社会契约就是个体们支持君主这个第三方的契约。他们会互相说，我们彼此结成契约来服从那个人或他的家族，或不管别的什么东西。卢梭当然不只热爱和平，他也热爱自由，因此，他无法接受霍布斯的解决方案。

---

① Mario Salamonius（约1450—1532）是 *De Principatu*（1544）的作者。

② J. W. Gough，《社会契约：一项关于其发展的批判研究》（*The Social Contract：A Critical Study of Its Development*，Oxford：Clarendon，1936）。

③ Jean Jacques Burlamaqui（1694—1748），瑞士政治理论家，《自然法的诸原则》（*Principles of Natural Law*，1747）的作者。

但他接受霍布斯方案的原则:只有一个契约。

社会契约是一种服从契约。但是服从谁? 答案是:服从人民。个体把他们的一切力量让渡给社会。政府与人民的关系[83]并不是一种契约关系。人民单方面地把必要的权力委托给政府,政府官员纯粹变成专员,由人民委派,而且没有契约权利,除了在[……]和专业意义上,涉及到养老金和公民服务等等。但是显然没有政治权力。顺便提一句,洛克虽然没有这么说,但却做了完全相同的事情。但洛克没有特地强调这一点。洛克也有这种单一契约(the single contract)。

学生:你不觉得,这个[……]原则,即如果没有某种服从就没有有意义的联合,这不是和古典政治哲学而非双重契约给出的解决方案更加一致吗?

施特劳斯:是的,当然,但在古典学说中,他们没有约定,不是契约关系。是的,[……]的统一。顺便提一句,如果我可以解决这个[……],卢梭有时被称作极权主义者。在某种意义上,的确如此。但是,如果在这个词如今代表的一般意义上来说,则完全错了,因为如今极权主义当然被理解为政府的极权主义,卢梭完全反对它。卢梭所说的本质上可以被称作社会的极权主义,人民的极权主义,而非政府的极权主义。政府必须依然有效地为公民主体负责,否则它就因此失去了其合法性。这是否就足够,完全是另一个问题,但必须记住其中的差异。

换句话说,你可以说,卢梭并没有充分地保护社会对抗民主的多数人的暴政。这是一种合法的批评。但如果多数人建立起一个政府,这个政府不再有效地代表公民主体,多数人非法地行动,阻止它的少数人至少拥有和多数人[……]一样的权利去革命。有人想要问问题。

学生:你说,卢梭反对霍布斯,因为他热爱自由,但他为什么不反对洛克呢?

施特劳斯:他也反对啊,但不是在这里。他在《社会契约论》中反对洛克。他反对整个不列颠体系,比起绝对君主制,他当然更喜欢它,因为它是代议制政府。时至今日,这种与实际情况相反的论调不断被提及,事实上有些政治家更在乎个人利益而非人民的利益——于是有了公民投票、盖洛普民意测试,还有其他东西以保持议员们最终能服从民意。这是非常粗略的卢梭路线。卢梭想要的是直接民主,而不是代议制民主。这就是他反对洛克的理由。

顺便说一句,不能对卢梭做此不公正的评价;他当然没有头脑简单的人民党的傻气:他懂得政府必须拥有自己的强力。例如,战争与和平的权力完全属于政府,但立法权力由镇民大会而非议员掌握。但在法律范围之内,政府必须拥有非常大的权力;否则它会不顾及人民的利益。例如,假如在 1945 年,尽管百分之九十的美国人说"带那些男孩回来",美国总统会说,"不,我不带他们回来,因为我不得不在五年后更不利的条件下派他们出去",[84]那么,他就会依照卢梭的原则来做,尽管并不是依据简化理解后的民主原则做。是的。

学生:如果不仅仅是大多数呢,如果是公意要把公民主体的权力委托或献给政府呢?

施特劳斯:不可能;这绝对是非法的。没有权力这么做。政府要合法,就不能从任何人那里取得立法权力;那么,立法主体的至高权力必须被保护。不以判例、普通法为基础,把任何人排除在外都是一种暴政的行为。

学生:可是如果他们全都把自己排除——

施特劳斯:正如卢梭所言,蠢行行不通。一个愚蠢的行为,一个白痴行为,行不通。按照严格的理论结构,论证思路如下:在霍布斯和洛克那里有自我保全的权利;如果其中不包含自我保全的手段的权利,自我保全的权利就是毫无意义的,举例来说,棍棒、枪支或是别的自卫工具。我或许愚蠢至极,总是选择最糟糕的手段,但就我个人的自我保全而言,我比最伟大的智者兴趣要大得多。霍布斯甘愿冒此风险,即让不够格的人民担任自我保全的手段的评判者,因为他说,它在更安全的手中:人们当然对他们自己的自我保全有着非常强烈的兴趣。但是,霍布斯接着说:但是,这种每个人都作为独立的评判者的权利,导致一切人对一切人的战争;因此,就需要一个强大的政府,需要把一切权力让渡给利维坦,让渡给主权者。

卢梭做出的改变是这样的:他说,霍布斯,你所说的导致一种无可避免的后果,你再也不能区分专制政府与非专制政府。这完全正确。霍布斯那里的服从义务也包括面对任何一个尼禄式暴君,而霍布斯为此做出的辩解相当牵强无力。他说:如果你不生活在罗马宫廷,不是朝臣,或是类似的人物,你没什么可畏惧;如果你生活在偏远的小农场,尼禄根本不会操你的心。① 这也包含一定的真相,但这明显不够充分。我们必须有一个学说,它可以让我们能够清楚地区分专制政府与非专制政府——卢梭承认并强调这一点——我们怎样可以做到这一点? 卢梭说:保全我自身的这项权利、我自己要当我的自我保全之手段的评判者的这项权利,必须被保全。如何才能保全这项权利? 答案:人人都是主权者主体的成员。对于自我保全的正确手段的公共评判被称作法律。法律告诉你,自我保全的哪些手段可被允许,哪些被禁止。如果我是主权者的一员,如果我的投票和其他所有人一样有效,我仍旧是一个评判者。很明显,仅此还不够;但是,作为基本宣言,这么说就非常有意义:任何人都不必惧怕遭到暴政,只要他不仅拥有自由投票的权利,也有自由在集会上发声反抗[85]他认为邪恶的法律的权利。这当然还不够充分,而所有现实的困难都来自于这种不充分;这一点非常清晰地展开了。同样,这些缺陷在《社会契约论》中得到清晰而又坦诚的展开。我们将会在《爱弥儿》的最后看到这种人的样板,卢梭在那里给出了一个对《社会契约论》中的论证的总结。

我们还应该读另一段话,他说,"这就是,或必然是社会和法律的起源。"

雷肯先生[读文本]:

　　　　这就是,或者也许是,社会和法律的起源,它给穷人新的桎梏,还给富人新的权力;这无可挽回地摧毁了自然的自由,永远地订立下财产和不平等的法律,把巧取豪夺转换为不可改变的权利,而且,为了一些野心家的利益,让全人类陷于持续劳动、奴役和不幸之中。可以轻易看到,一个共同体的建立如何使得其他所有的共

---

① Hobbes,1998,120.

同体变得必要，以及如何，为了对抗联合起来的势力，其余的人必须反过来也联合起来。社会迅速扩张并且遍布地球，直到我们几乎不能在世界上找到一个角落，在那里人可以逃避枷锁——

施特劳斯：不，"几乎不"语气太弱，法语中没有这个词。"再也不可能。"

雷肯先生［读文本］：

并且让自己的头颅避开头顶那把永远岌岌可危地高悬着的利剑。公民权利于是就成为每个共同体的成员们之间的共同准则，自然法只有在不同的共同体之间才保有一席之地——

施特劳斯：先停在这里。这是个关键，我前面说的包含了这一点。在卢梭看来，正如霍布斯也已经这么看，存在一种自然权利，一种自然法，但是它已经完全被吸收到公民法中。霍布斯的自然法学说走向这个最终结论：服从政府，无论政府是什么样。这一点优先于其他所有的自然法。在卢梭那里则有所不同。卢梭说：在一个组织良好的社会里，在一个依照自然法构成的社会里，诉诸自然法就不再必要或可能。作为一个刚才描述的那种共和政体的自由社会的一员，你无权且不可能诉诸于更高的法(a higher law)，因为这个社会正是依据更高的法建立的。这类改变的动机如下：诉诸更高的法一直都是困难的事情。很难合法地避免霸权。显然，某个人也许可以毫无理由地诉诸更高的法。如果你在公民社会拥有某种权威去执行更高的法，比如最高法院，这也是一个实定权利(positive right)的机构，有着自己特有的程序法，没人敢说最高法院的每个主张甚或每个决策当然是可能存在的最高一份正义，没人可以这么说。因此，如果可以找到一个替代物取代对更高的法的超法律(trans-legal)诉求，这就会妙不可言，这就是卢梭试图做的事情。自然法变得被一个适度组织的社会的实定法吸收。这正是自然法在实践上的重要性为何不复存在的主要实践原因。19世纪的法律实证主义［86］就是这样或那样的卢梭主义。国家(the state)，正如它尤其在德国政治和法哲学被称作的那样,令从国家诉诸到更高的法变得不再可能也不再必要。

学生:这在某种程度上和中世纪描述的依据自然法建立的国家有些微不同。

施特劳斯:是的,不过关键在于诉求:从实定法诉诸更高的法,自然法,这在过去的描述中在法律上是可能的。由卢梭导致的最终结果以及与之相关的一切,则不,这在道德上不可能。但它也同样不再必不可少,它曾是个慰藉。

学生:关键难道不在于它是否是组织良好的国家吗,这难道不是关键问题?

施特劳斯:当然。卢梭说,一个组织良好的社会是一个法律统治的社会;法律,也就是,不存在不由法律界定其职能的地方官,一旦他偏离这些职能,他就变成罪人。所以,法律的统治,法治到底是什么意思?每个人都服从法律,这样一来就在制定法律的时候有机会发言。简言之:每人一票。这并非完全符合卢梭的说法,但这是个简单的[……]。因此,你们现在都拥有一票。

第二,法律必须是一般性的。不能是一条法律,一条法令,它说,也就是,"穆埃勒先生将被剥夺他的财产"。穆埃勒先生要被剥夺财产,只能依据他违背了的那条一般法,而这条一般法就会永远具有这种性质,不仅适用于穆埃勒先生,也适用于其他人。根据卢梭在《社会契约论》中的观点,法律的来源和制定具有普遍性,这个事实就是法律上的合法性的必要和充分条件,因此,你无权抱怨。法庭上或许会发生不正义判决的个例,在任何社会都无法防止这一点。但是原则,这才是关键。

我们得继续往下读。我希望你能找到我们读到的地方,雷肯先生。"自然法只在不同的社会之间有其基础,在那里,举着国际法的名义。"

雷肯先生[读文本]:

> 它受到某些心照不宣的习俗限制,为了让贸易往来行得通,并且作为自然同情的替代品,当施用于社会时,它几乎失去了它对个

体发生的全部影响,除了在某些伟大的世界公民的精神外,它已经不复存在,他们破除了分隔不同民族的那些假想的藩篱,追随我们造物主的榜样,把全人类都包容在他们的仁慈之中。

施特劳斯:这是什么意思?即便你有了这里界定的那种法治社会,你仍旧有个相当麻烦的问题亟待解决,这个问题就是,每个公民社会都是一个特殊的社会,都与别的特殊的社会隔开。有国界、武装,还有其他各种之类的东西。他们不一定是铁幕国家,但总是会有国界,因此[87]也就会有战争冲突。会有某些类似国际法的东西,但国际法和自然法的情况一样,正如卢梭提出——字面地,再次提出霍布斯的主题——但这个东西当然没有很大的效力,因为不存在一个够格的裁判来裁决两个主权国家;于是战神将裁断他们之间的争端。人之为人的纯粹人性将通过绝大多数人彻底服从爱国主义,服从他们自己的社会的绝对准则而实现;正如卢梭指出,一些伟大的世界主义灵魂将会超越这些假想的藩篱,这些藩篱由习俗建立起来,由那些建立起每个特定的社会的习俗建立起来。如果你说这是社会契约的武力实施,那么你就是说某些历史事件,由于这些历史事件地球才被划归这个或那个国家……这往往依赖于王室通婚和和平条约之类的东西,我就不必啰嗦这些事情了。

我得让你们注意这段话,我们不能再去读了。这段话大概在五页或之后:"继续这样从权利出发来考虑这些事实。"这里再次出现一段对自由的长篇讨论。可以这样总结最终结论:自由高于自我保全——卢梭没有这样表述,但是这个意思。这种在政治意义上对自由的赞美与他讨论人的定义时提及的自由之间有着明显的关联。这种关联非常含混,但这个事实无法否定;这是现代民主"意识形态"的秘密之一,即,自由的这两重极为不同的含义彼此来回切换。如果可以这样表述的话,人的形而上学自由被引证为支持政治自由的论据,这对我们的许多同时代人而言似乎是绝对不证自明的东西,但经过更仔细地审查后,它并非不证自明。但毫无疑问,卢梭跟这种情况关系重大。我想你们应该读一下这段话。还有一处值得注意的地方,从中可以看出卢梭喜欢民主制，因为文明社会的这种状态最接近自然状态，这一点也值得一提。

还有这么多，我看看书瞧瞧表，看看表瞧瞧书。我只要简要地提一点。结束前大约有三段话，这段话的开头是，"从此处着手进入细节，我会轻易解释如何"，等等。请读一读这段话的中间。"我会观察到这种对名望、荣誉和特权的普遍欲望是如何……"

雷肯先生[读文本]：

> 我会解释那将我们所有人吞噬的对名望、荣誉和进步的普遍欲望在多大程度上让我们去施展并比试我们的才能和力量；它如何刺激并扩张我们的激情，而且通过制造人类之间的普遍竞争、对立甚至敌对，通过无数野心家们的角逐，不时上演无数的种种失败、成功和灾难。我将证明，正是由于这种希望被关注的欲望，和渴望出人头地的不灭激情，我们区分优劣，区分我们的德性与罪恶，我们的科学与[88]谬误，我们的征服者与哲人；这也就是说，许许多多的坏事，和为数不多的好事。

施特劳斯：我们停在这里。换句话说，卢梭在这里说（很难夸大其词地指出这一点），我们的德性也归咎于对差异的渴望或对荣耀和名誉的渴望——罪孽也是如此，这一点很明显，可德性也是。道德动机就是对这种卓越的渴望。他在这里还说（译本中没有体现出来）："这种要使自己卓尔不群的热望，这几乎总是让我们偏离自身，"即，不是总是。那些关注差异的人并不一定是（他们怎么说？）没有主见的人（other-directed）。他可以很好地自主。我要求你们记住这一点，可以说这里有一种对荣誉的辩护，这似乎和卢梭作品的主要部分抵牾，尤其是《爱弥儿》。卢梭对这种没有主见的人（他现在这样称呼他们）的描述非常有力，我认为这非常重要，不仅出于理论或学术方面的理由，因为异化的人等概念全都出自这里，而是因为，这种现象在我们的社会扮演的角色显得比以往的社会更加重要。

我在这里只提一下学术讨论中的一个问题，我觉得这个问题非常有启发，即角色这个词在今天心理学中的使用。角色，每个时代都用这个词。比方说，当你看到这个课程的通告时，你会发现这个词。我的意思是，比方说，一个男人，有父亲的角色，有纳税人的角色。角色。我们都是演员，这暗示着这一点。我们一直在扮演，我们的一生都在演戏。但是，如果有个人，对他的孩子特别有兴趣，照顾他，惩罚他，等等类似的事情，这就不是在扮演一个角色，而是，做一个父亲。其他一些事情也是这样。所有事情都受到扮演这个概念的影响，这是当今一个非常可怕的现象。价值中立的社会科学的特征就在于价值中立地使用这些词语，比如角色，这就阻碍了思考这些词语的内涵，即通过在心理学家的意义上使用角色这个词，你就可以说，做什么都不叫做坏事，你只是在生活中扮演某个角色。这就是其中的意味。但这是一种非常无赖的价值判断，至少我会说，它应该被审视。但它得不到审视，因为那些方法论者告诉我们，这些都是价值中立的词，除了他们给出的定义外，这些词别无他意，但实际上当然不是这样，因为不管这些方法论者怎么说，这些定义都消除不掉这个词必然具有的蕴意，这些蕴意从通常理解到知识理解都有。这个问题就说来话长了。下次我们来阅读《爱弥儿》的第一部分。

第五讲 《爱弥儿》卷一：非理性与非社会性

[90][录音进行中]施特劳斯：——卢梭开始的话或许只是初步论断。换句话说，《爱弥儿》或许有个作用，就是克服那种[……]；我们当然应该思考这个问题。

你指出的第二点是，从某种角度来讲，《爱弥儿》和《第二论》一样，都处理理性起源的问题，只是这里处理的是理性在个体中的起源，而不是在整个物种中的起源。那么，这当然就迫使我们提出一个更深入的问题，因为人如何变得理性这个问题很含混：究竟是他获得理性，还是说，理性能力只能是被实现的？卢梭在这里一直谈论各种能力（faculties），我们必须记住这个问题，我们在讨论《第二论》的时候谈到过这个问题：这只是一种他的习惯表达或方便说法，还是说，卢梭依然相信，存在严格意义上的能力？关于你的论文先说这么多。

不过，我得先回答你的问题。你说，你不清楚这一点，卢梭显得把理性赋予了初民（primary man），这样一来又如何和他早先否定自然人有知性的观点协调一致，关于后者，你指的是《第二论》的第一部分。他在什么地方把理性给了初民？

莱恩先生：在第 242 页。①

施特劳斯：我手头没有文本。

莱恩先生：他在前面那段话中说野蛮状态（the savage state）是最佳

---

① Cole 译本。

状态。我们在课堂上读过那段话。他说，

> 没有比在他的原初状态（primitive state）更温柔和顺的人，因为他被自然放在距离野兽的愚蠢和文明人要命的天才（fatal ingenuity）同样遥远的地方。

施特劳斯：噢，是的，我们讨论过。

莱恩先生：对，我不明白这和前面的引文如何一致。

施特劳斯：并不一致。这当然是一处明显的矛盾，不过我将试着解释一下。这个问题恰好位于我上次提出的那一整套矛盾的背景下。最直接的矛盾就是，这个观点意味着人最早的状态就是最好的状态；半页之后，他又说野蛮状态才是最好的。我曾试着解释过，在这里就不再重复一遍，但我们还会遇到差不多的问题，而我们的处理方法也一样。穆埃勒先生？

穆埃勒先生：关于野蛮状态，他不是说过"谁愿意离开那里？"这不是意味着——

施特劳斯：原始人，初民，也不想离开那里。但发生了某些意外事件让他们脱离了这种懵懂无知的伊甸园。

［91］学生：但是带着怀古心情缅怀和直接断言"这是最好的"并不是一回事。［……］或许这个问题毫无意义，因为在某种意义上，脱离这个状态的过程是必然的；意外，却又必然。

施特劳斯：对，即便如此，出于下面这个原因，它依然非常重要：我们必须试着尽可能让它最大限度接近现在的程度；在某种程度上，这恰恰是卢梭的意思。我们的教育、我们的文明社会、我们的经济都应该极尽可能接近自然状态。我们后面会看到。

不过，让我们从一个更一般性的说法开始：我可以提一下吗？由于某种神奇的偶然，我们恰好在《爱弥儿》出版200周年时读这本书。我很惊讶居然没有任何纪念活动。哦，对，在俄亥俄州有，我想起来了；他们举办了一场卢梭纪念活动。因为，卢梭最著名的两本书，《爱弥儿》和《社会契约论》在同一年问世。这当然无关紧要，但我们必须偶尔也要合理地说起这些不相干的事情。

我猜，莱恩先生遇到的问题，你们许多人也会有（我当然不止一次遇到；我这个周末阅读卢梭的时候又遇到这个问题），这样一来，有的人就会被这些棘手的矛盾搞得不耐烦。尽管在第二部分某个地方，他做了一个关于这些不可避免的矛盾的长注释，这些矛盾只不过因为这个事实，就是你无法同时说所有事情，即为了表达清楚，你不得不经常用非严格意义上的词语，而这会导致与你使用严格意义上的词语时矛盾。这并不难理解。不过，我认为遇到这种情况，最好不要把书丢开，而是要尽可能搞清楚这些根本性的困难是什么。

有一个东西在《爱弥儿》中非常明显，当然在其他作品也有，卢梭因此而闻名：自然是好的。但是，必须恰当理解这一点，因为亚里士多德也说过，自然是好的。那么，它在这里是什么意思？"自然是好的"意味着理性是坏的，意味着社会是坏的——这是卢梭学说的一处关键——因此，当卢梭说"人天生是好的"时，它不是特地强调人好。一切自然的都好，但人当然最让人感兴趣。

卢梭打动每位读者的第二个要素，就是他热衷民主制，我们可以说，他热衷政治上的自由和平等。卢梭满怀政治激情，这显然就与第一个要素矛盾，"自然是好的，那么社会，当然也包括民主制社会，就是坏的。"卢梭热衷于人民反抗任何统治阶级，这是第二个关键。你们都知道，这些东西非常修辞化地呈现给我们，因此往往很含混。

那么，第三个要素则不是修辞化的呈现，也不经常提出来，但正是由于这个原因，它或许是我们进入卢梭思想更好的入口，这个要素就是卢梭在原则上赞同霍布斯。关于自然法的根本问题，他和霍布斯一起反传统。这是第三点，我个人发现，如果我由此出发，我就可以获得我个人对卢梭思想的把握。

[92]还有第四点也是卢梭经常提到的，尤其在《第二论》和《爱弥儿》中，即个体的完善与族群、社会、人民等（不管他如何称呼）的完善之间的不协调。这四点错综复杂，如果理解了它们之间的关系，就可以说理解了卢梭。

不过，我确信，要想获得一个对卢梭的全面看法是可能的。这是可能的，我还要说，我目前的阅读再次印证了这种整体看法。但是我当然必须证明这一点。无论如何，在任何研究之前，你可以这么说：从这四点中的任何一点开始，都必定能从中推出其他三点，那么，你就可以明白其中的内在关联，如果完成了这项工作，那么，你就理解了卢梭。但是，这又谈何容易，尤其当你初次读卢梭时，你只会手足无措。不过，还有一件事能改变这种状况。坐回去，不要过于细究每一页，而是要循着整体印象往下读。我想，这就是莱恩先生的问题，他没有这么做。比方说，关于自然人的整体印象，要尽可能少受自然概念的干扰。

教育必须是消极的，正如卢梭后来展示的那样。这是贯穿《爱弥儿》始终的景象，孩子应该自己发展。这完全不可能，有些干预必不可少，只不过是最低限度的干预。你可以用一个绝佳的词来形容——放任主义（laissez-fair）。它严格对应着亚当·斯密的在经济事务上的不干预，同样也是看不见的手在起作用。你懂的，管理者那看得见的手对你做不了任何好事。教育也是如此。

现在，我不想试着从四个要素的任何一个来推导出其他三个。我认为我们应该先来看看《爱弥儿》，看看我们可以读懂什么。［……］问题解决了吗？你提的这个问题很好，因为我忽略了这个特殊的矛盾。不过，你几乎可以在每页都找到和卢梭在其他地方矛盾的说法，于是你就逐渐获得……我的意思是，表面看起来有成千上万的矛盾。但是，当你稍微仔细思考一下，你会发现有一小部分矛盾反复出现，这就是第五点。我想可以把它归到第四点。那么，问题立刻变得有限了，四组矛盾比成千上万的矛盾好解决。那么，你必须思考这一点。

让我们先来用一贯的方式开始读文本。我们不需要对序言讨论太多。卢梭在第一页第三段说，他的步骤依据着自然的方式，la marche de la nature［自然而然行进］。① 总而言之，他在这里重申了他在《第二论》中关于前辈政治哲人们的说法：他们全都找到了自然人，但他们绘

---

① 课堂上用的是 Barbara Foxley 的译本，可能是 1961 年的重印本。Jean-Jacques Rousseau, *Emile*, trans. Barbara Foxley, New York: Dutton, 1961.［译按］本书中《爱弥儿》的引文为李平沤译文，根据课堂学生读的 Foxley 英译本和课堂讨论有改动，同时参考了 Bloom 英译本。

制文明人。相似地,迄今所有教育都不是自然人的教育,而是被社会败坏了的人的教育。他在序言中谈到这个事实,作为人的人应该如何被教育,这当然意味着在任何时代、任何地域的人。这就意味着此处提出的教育普遍适用。莱恩先生,就你所读的内容来看,后面卢梭还会重提这个主题吗? 这种教育果真无论何时何地都可能吗?

[93]莱恩先生:第一个规定是这样,即这种教育因其自身就是好的。

施特劳斯:但它放之四海皆准吗? 严格地说,它是普适的吗?

学生:严格说来,他所展现的并非如此。

另一个学生:人们不得不受到特定环境的影响,针对这个事实,他提出了的一种警示语——

施特劳斯:是的,不过,让我们看看你们手头的译本的第19页,第5段和第6段,这里是相关内容。"地方或国家并非没有关系。"你看到了吗?

雷肯先生[读文本]:

出生地对人的教育来说并不是没有关系;人只有在温带才能达到他的充分成长。两极的不利显而易见。人不能像一棵树那样,被栽种在何处就在他的余生都待在那里,要从一个极点走向另一个极点,你就必须比从半路出发的人多走一倍的路。如果一个温带居民走过地球两极,他的优势显而易见,因为尽管他和从一极到另一极的那个人改变得同样多,但他从自己的自然状态只离开了一半路途。一个法国人可以生活在新几内亚和拉普兰,但一个黑人却不能同样地生活在托尔尼欧,萨摩耶人也不能生活在贝宁。似乎头脑在两极地区也组织得不够完善。无论黑人或拉普兰人都不如欧洲人聪明。所以,如果我希望我的学生是地球上的公民,我将从温带地区挑选他,比如,在法国,而不是其他地方。

施特劳斯:这是普遍适用的,这一点毫无疑问。这是一种人之为人的教育;但是,由于这是最好的教育,它就应该有最好的教育材料,而这种最好的教育材料限制在温带地区，这当然并不意味着每个温带地区的人都适合这种教育。这一点没有明说，但是以一种普遍的方式[说明温带地区适合最好的教育]。必须记住这一点。

现在，让我们来读第一卷。卢梭始于这个论断，我们听过不止一次：自然是好的，因为它是被造的。人毁了一切。这是贯穿卢梭作品的一个主题。问题只是：这一点最终在多大程度上是真的？我的意思是，这里还未出现这个限制。但让我们现在先不要深入这个问题；让我们简单地说，这是他的[……]。问题来自这个基础：由于自然是好的，人是不是应该无所作为？卢梭的答案是否定的；在人败坏一切之后，一切都依赖于人的作为来对抗这种败坏。败坏是人的过错——你们可以看出神学上的类似说法：堕落是人的过失，但这并不由神来纠正，而只能由人来纠正。我要再次重申，只有当你对照神学传统的背景来看时，卢梭的主张才变得有意义。这些主张尚有不足，但很容易完成，因为神学知识关于这一点的解释并不够好。如今甚至人人都可以获得它。因此，有堕落，却没有救赎，救赎者只能是人。现在，让我们来读第 5 页，底下有条注释。我们读不完整条注释。

雷肯先生[读文本]：

> 慈爱而殷切的母亲，我恳求你。你可以把这株幼苗从大道上移开，保护它免遭社会习俗（social convention）的冲击。在它枯死之前培育并浇灌它。

施特劳斯：不，不是"社会习俗"，卢梭说的是"人的意见"（human opinion）。我承认，这两个词在卢梭那里的意思几乎一样，但译者不应该随意使用。我的意思是，opinions humaines[人的意见]和 conventions sociales[社会习俗]一样容易从法语转译为英语。在一个好的社会里，译者得接受公开的巴掌，因为没有任何借口这么做；不过，这种运转良好的社会可遇不可求，因为它需要在出版业上来个彻底的改变，而这当然超出了人力所及。好，从你停下来的地方继续。

雷肯先生[读文本]：

> 在它枯死之前培育并浇灌它。有朝一日，它的果实将会回报
> 你的照料。从外部给你孩子的灵魂竖起一面墙；另一个人会勾画
> 出计划，你一人应该将其付诸实施。

施特劳斯：现在，读一下这里的注释，开头是，"最初的教育毫无疑
问属于女人"。在这条注释最后。

雷肯先生[读文本]：

> 父亲的野心、贪婪、专制、错误的愿景，他们的疏忽，他们的冷
> 漠，远比母亲的盲目溺爱对孩子的危害更大百倍。此外，我必须解
> 释一下我用"母亲"一词意指什么，这个解释就在后面。

施特劳斯：对，你看，如果你这样读，就会有人简单地说：多么感
人，严父和慈母谁不会做错呢。但卢梭说，后面会进一步解释。所以
你不能字面上接受这个说法。我给你们读一下我记忆中就这个论题
的最明确的说法，就在《山中书简》。我现在找不到序号，①在 Garinier
版的第 202 页。有个攻击卢梭的人说，《爱弥儿》可以作为父母指南。
卢梭说：

> 这种断言没有道理，因为我在序言中，在书中许多地方，都展
> 示出一个完全不同的意图。主题是一个新教育体系，我把一个关
> 于它的计划提供给智慧之士审查，它并不是供父母参考的方法，我
> 从没这么想过。打个通俗的比方，我有时看似在向他们讲话，这要
> 么是为了让我更容易得到理解，要么是为了用更少的词来表达我
> 的意思。

---

① 书信九。

记住这一点,它并不是写给父母亲的。我们不能把取悦母亲的这些话当真。顺便说一句,在同一段话中,他说,"所有这些都是真话,尤其是关于那些并不是写给大众看的书,正如我一贯所为。"卢梭的书从来不是写给大众看的——他在这里这样说——只写给那些他所谓的"智慧之士"(the sages)。

[95]随后他提出这个主题:"人不可能一生下来就长大成人。他只能生为一个无助的婴孩。"①对于如何使用他的胳膊腿儿等等,他毫无概念,因为这种知识、这些观念必须经历一个漫长的过程之后才能够获得。如果没有一个漫长的历程,你无法获得这些观念。这当然就暗中否定了《圣经》信念——亚当被完美地创造出来。让我们来读一下第 6 页的第 3 段。

雷肯先生[读文本]:

> 这种教育或者从自然、从人们,或从事物,发生在我们身上。我们器官和才能的内在成长是自然的教育,我们学着使用这种成长就是人们的教育,我们由我们对周遭环境的体验获得的就是事物的教育。于是,我们每个人都由三种导师(masters)教育。

施特劳斯:等一下。让我们先考虑一下:这是什么样的关系?来自自然的教育是我们才能和器官的内在发展。器官很好理解:成年人的肝脏与婴儿的不同,诸如此类的东西。大脑也是如此。但是才能呢?"别人教我们如何使用这种发展":自然并不教我们如何利用这些才能的发展。这是什么意思?这些才能有没有一种自然的发展?或者,这些才能的自然发展和这种恰当的自然教育之间是什么关系?我相信,根据我们之前在《第二论》中所读内容,你可以说:因为才能的发展预设了语言,而语言只能通过人们和孩子讲话获得,理性的发展必定只能是人的教育而不是自然的教育。读下一段。哦,抱歉,我搞错了。我们得先读一下前一段。

---

① 非直接引述。

雷肯先生［读文本］：

> 我们生来软弱，我们需要力量；无助，我们需要帮助；愚昧，我们需要理性。

施特劳斯：所以我们生来愚昧。即，我们各自都是愚蠢的动物，这个物种一开始都是如此。继续。

雷肯先生［读文本］：

> 所有我们生来缺乏的东西，［我们成年时期需要的一切东西，］都是教育的馈赠。

施特劳斯：那么，如果我们字面理解，意思就是我们把一切归功于教育；在某种意义上，卢梭当然赋予教育无上权威。单独看这个论断会暗含这一点。不过，卢梭旋即作出限定：有一种来自自然的教育。这种教育来自自然，然而它仅仅是一个部分，它的含义随后将会得到解释。然后他谈到三种教育和三种导师。他们彼此矛盾，这种矛盾将会被克服。这段话模仿了孟德斯鸠《论法的精神》的一段，我非常确定，我给你们读一下这段话，因为这段话有助于［96］理解，尽管卢梭用不同的措辞提出。孟德斯鸠也提到三重教育，《论法的精神》卷四第四章：

> "多数古代人生活在这些政体中，或在这些政体下，它们因为它的原则而有美德"——根据孟德斯鸠的说法，这就是民主原则，"而且，由于美德在那里有效，人们做三件我们如今不再做的事情，它震惊了我们的小灵魂。他们的教育比起我们的有另一个优势；这从不会被否定——"

——你怎么翻译 démentie？

学生："这是个谎言。"

施特劳斯：让我们说"从不违背"。

厄帕米农达(Epaminonda)在他最后的生命里和他刚开始受教育时说过,听过,看过,做过同样的东西。如今,我们接受三种不同或相悖的教育;父亲的教育,师长的教育,以及世界的教育。过去有人告诉我们——"即,在这个世界上"推翻前两个的所有构想。这部分来自于在我们身上存在的遵从宗教与遵从世界这两者的矛盾;某些古人并不知道的东西。①

人生在世,举手投足必须像个法兰西贵族(因为他主要考虑的当然是法国社会):你必须决斗,为捍卫自己的荣誉而决斗。但是,你在你的宗教信仰中得到的教诲则是,自杀是一种严重罪孽:矛盾。同一类的其他东西。

卢梭考虑到这一点,尽管他在这里没有表达。让我们看看结果是什么。有三种彼此矛盾的教育,这导致了一种不和谐的人格,正如他们如今的说法。你必须找到这种教育的统一;这种统一如何建立? 答案:我们必须用一种自然教育甚至自然观来构建我们的人类教育,甚至我们的事物教育(our education by things)。让我们来读第6页,第8段。他问:"这种教育的目标是什么?"

雷肯先生[读文本]:

这个目标是什么呢? 正如我们刚才已经证实,它就是自然的目标。由于所有这三种教育必须一起运作,我们可控的那两种就必须依照超出我们控制的那种的指引。

施特劳斯:我们可以控制孩子面对的那些东西。我们当然可以控制我们对孩子做什么不做什么。我们控制不了自然的发展。因而那些不受我们控制的东西成为了指引。这非常有趣。这在某种程度上意味着最低等级的东西成为了控制者,因为它自身不可控。根据亚里士多德的观点,教育的目标应该来自等级最高的东西,因为它的内在价值最

---

① 参见孟德斯鸠,《论法的精神》4.4。施特劳斯没有全文引用。

高。而最低等级的东西——我们说是身体的需求——因为它与此等同,或者与之关系密切——这是不可抗拒的,尤其对于非常幼小的孩童来说。因此,忘记一切其他东西,让一切其他东西都调整到与最低的东西和最顽固的东西协调。

[97]因此它非常成功,卢梭在这里所做的都取决于这一点。但是,问题当然就是:自然是什么? 或许 natura[自然]这个词有一个意思两个方向。你必须试着调整它的意思。让我们看一下。读下一段。

雷肯先生[读文本]:

> 我们被告知,自然只不过是习惯。这是什么意思? 不是有一些被迫形成的习惯,这些习惯永远不会扼杀自然吗? 例如,被我们培育得横向生长的植物的习惯就是这种情况。植物保持着人工的形状,但是树液不会改变它的流向,这株植物的新生长将会直立起来。一个人的脾性(disposition)也是如此——

施特劳斯:"偏好"(inclinations),卢梭碰巧这么说。好。

雷肯先生[读文本]:

> 只要处境还保持不变,习惯,甚至最不自然的习惯,也可以保持得很好;但是改变了处境,习惯就消失不见,自然又再次恢复她自身。教育本身就只不过是习惯,不是有一些人忘记或丢失了他们的教育,另一些人则保持了它吗? 这种差别从何处产生呢? 如果自然这个词只限用在适宜自然的那些习惯上,我们就不需要多说什么。

施特劳斯:读下一段。我犯了个错误;这不必要。这只是冲着当代人的一个论辩。

雷肯先生[读文本]:

> 我们生来敏感,自打出生就以种种方式受到我们周围环境影

响。一旦我们变得(become)意识到我们的——

施特劳斯:他补充说,"可以说变得(become)"。所以换句话说,卢梭从来不会说孩子有意识。

雷肯先生[读文本]:

> 可以说一旦意识到我们的感觉,我们就趋于寻找或避免那些它们的肇因,首先由于它们或令人愉悦或令人不快,其次因为它们适合或不适合我们,最后因为理性赋予我们的幸福和美好的观念而形成的判断。这些倾向随着理性的增长获得力量与持久,但是由于我们习惯的阻碍,它们或多或少被我们的偏见扭曲。

施特劳斯:"被我们的意见。"是的。

学生:在这种改变之前,它们就是我所谓的我们内部的自然。

施特劳斯:对,换句话说:什么是自然的? 你可以说,不受我们意见影响的东西;这些东西是最初的脾性,与任何社会教导都相反。你可以说是"偏见";这是一种解释。不过,卢梭在这里提到意见,或许这并非偶然。怎么了,穆埃勒先生?

[98]穆埃勒先生:没什么,我等会儿再问。

施特劳斯:好,我们看一下。[施特劳斯走向黑板]这里特地强调教育是自然的。这是什么意思? 只有当我们把它视为不自然的教育的对立面时才可以理解它,这当然是卢梭贯穿这本书始终讨论的问题。比方说,母亲不……英语词怎么说?

学生:母乳喂养。

施特劳斯:[母亲]不母乳喂养她的孩子,这就是不自然。孩子被褓襁裹着,这就是不自然。给孩子自由,这很简单。但卢梭想的是个更深的问题,他随后会做出解释。自然教育就是把人教育成他自己的那种教育。而不自然的教育就是为他人来教育一个人的教育。如今所有关于自我导向和他人导向的讨论,根子都在这个地方。因此,你要么必须和社会组织对抗,这就是自然教育;要么必须和自然对抗,这就是不自然的教育。一个人无法同时做这两件事情。那么，为什么是这样？
读下一段。

雷肯先生［读文本］：

　　　　每个部分的社会（partial society），当它范围有限又团结一致
　　的时候，便倾向于远离大的（withdraw from the large）。

施特劳斯：让自己疏远大的（Alienates itself from the large）。"大
的"（the large）指的是人类，与之相对，每个国家，或大或小，都是一个
部分的社会（partial society）。继续。

雷肯先生［读文本］：

　　　　每个爱国者都对外国人很冷淡：他们只是一些人，在他眼里什
　　么都不是。这种麻烦不可避免，但却微乎其微。最重要的事情是
　　对那些共同生活的人好。对外，斯巴达人野心勃勃、贪得无厌、也
　　不正义；但在国境之内，却正直无私、公平公正、和睦平和。别相信
　　那些世界主义者，他们在自己的书中去远方寻找他们不屑于在身
　　边履行的义务。这样一个哲学家爱鞑靼人，为的是不用去爱自己
　　的邻居。

施特劳斯：如果你来翻译花费的时间太久。读就好了，抱歉，我只
会在翻译得实在太糟糕的时候说明一下。

雷肯先生［读文本］：

　　　　自然人为自己生活；他就是个整数，全体，只依靠自己和自己
　　的喜好。公民只是一个分数的分子，它的价值取决于分母；他的价
　　值取决于整体，也就是，取决于共同体。

施特劳斯：换句话说，自然人是个整体，是全部。公民是分子，他只
是整体的一个部分。他的好就在于做一个好的部分。对。

雷肯先生［读文本］：

好的社会制度是那些最适合让一个人变得不自然——

［99］施特劳斯：Dénaturer l'homme，让他不自然；让他依赖他人。

雷肯先生［读文本］：

把他的独立转变为依赖，把这个整数融入群体，这样一来，他就不再视自己为一个，而是视为整体的一部分，并且只关注共同生活。一个罗马公民既不是盖尤斯（Gaius）也不是卢修斯（Lucius），他是个罗马人；比起他自己的生活，他更热爱他的国家。

施特劳斯：卢梭现在讲述了一个关于献身国家、城邦、祖国的著名古代故事，我们没时间读完。我相信主要观点很清楚：严格意义上讲，公民身份是一种不自然的处境。你可以把一个孩子教育成一个公民（卢梭将会谈到这一点），但他就不会再是个完整的人。他将不再是个完满的人格，如今人们怎么称呼这个东西？他将会在每个方面都被专业化。他将会适合社会和特定社会的一项特定功能，是一个美国公民，而不是完整意义上的一个人。这就是卢梭的意思。现在，我们来看第8页，第3段。

雷肯先生［读文本］：

想在社会生活中保持自然情感优先性的人并不知道他的诉求。处于自我斗争中，在他的愿望和他的义务之间摇摆不定，他将既不是个人也不是个公民。他将会既对自己无用，也对他人无用。他就是我们今日的人，一个人法国人，一个英国人，一个中产阶级的人。

施特劳斯：不。un bourgeois，他什么都不是，他继续说。所以，换句话说，如今的教育是一种不知道自己想要什么的教育。它既不能让人

成为完整的公民,也不能让他们成为完整的人。必须要提出这些反对意见。接着他说,

> 如果你想要一个公众教育,即公民教育的例证,那么读一下柏拉图的《王制》;没有什么更真确的东西了。

确切情况就是这样:当你彻底成为一个整体的一部分,你将无法在个人幸福中找到快乐,而只能在城邦幸福中找到快乐;你的个人幸福问题一定不能提出来。不过,在卢梭看来,更重要的例子是吕库古斯,著名的或者说传奇的斯巴达立法者,他改变人的自然特性,而不仅像柏拉图那样净化人。我们得稍后再讨论这些,不过我们要先强调这一点的重要性。在这本书里,我们将看到的教育不是为了把人教育成公民,而是为了成为人。让我们一直记住这一点。

有段话我本想读一下,出自《山中书简》,但花的时间太多。不过,在《山中书简》的一条注释中,卢梭说,"爱国主义与人性是两种力量上不相容的德性"。在一种温和的形式下,二者相容,但是百分百奉献给祖国就和人性不相容了,百分百致力于人性也与爱国主义不相容;卢梭发展了这一点。这段话极其重要。那么,卢梭为何决定对抗柏拉图或吕库古斯? 第8页,倒数第2段。

雷肯先生[读文本]:公共机构——

施特劳斯:公共教育,L'institution publique。

[100]雷肯先生[读文本]:

> 公共教育并不(does not)存在也不能存在——

施特劳斯:不复存在(does not exist any more),n'existe plus。它曾经存在过。

雷肯先生[读文本]:

> 不复存在,因为既没有国家,也没有爱国者。

施特劳斯：字面看，"既不再有祖国，也不会再有任何公民"。① 正如卢梭在别处所说，我忘记在哪儿了，只可能有中产阶级，没有公民。②

雷肯先生［读文本］：

这些词应该从我们的语言中取消。

施特劳斯："从现代语言中取消"，从现代语言中取消：它们在古典语言中才有意义。那么，他如何继续推进？

雷肯先生［读文本］：

个中缘由与我们现在的讨论无关，所以尽管我知道它，却不愿意提它。

施特劳斯：这个缘由究竟是什么呢？他暗示地太过宽泛。他指的是什么？如果你看一下《山中书简》的这段话，卢梭提到了它。我读不了这段话，太长了。这段话就在第一封书信。基督教，要点在这里。他还在《社会契约论》最后一章论公民宗教时暗中提到这一点。由于存在这两个国，天国的与尘世的国，就绝不允许完全献身于那个尘世的祖国。③

---

① 更字面地说，"不再有祖国，也就不再会有公民了"（where there is no longer a fatherland, there can no longer be citizens）。

② 据我所知，卢梭没有在任何地方确切地这么说过。但是在《关于波兰政府的思考》中，卢梭宣称"不再有任何法国人、德国人、西班牙人，甚至英国人，只有欧洲人"（The Plan for Perpetual Peace, On the Government of Poland, and Other Writings on History and Politics, Christopher Kelly, Judith Bush 译，Christopher Kelly 主编，NH: University Press of New England, 2005，第 174 页）。在《第一论》中，卢梭宣称"我们有物理学家，几何学家，化学家，天文学家，诗人，音乐家，画家，我们不再有公民"（《论科学和文艺》）。在《山中书简》向日内瓦人说话时，卢梭说，"你们既不是罗马人，也不是斯巴达人，你们甚至也不是雅典人。把这些不适合你们的伟大名号放在一旁吧。你们是商人，工匠，中产阶级，占据他们私人兴趣的总是他们的工作、贸易、利益；对于这些人来说，自由只不过是没有障碍获得和安全地占有利益的方式而已"（卢梭，2001，页 292—293）。最后一条引文感谢 Christopher Kelly。

③ 参见卢梭（2001，页 146—149）和卢梭（1994，4.8，第 218 页）。论公民宗教的段落从第二段到结尾。

　　学生:我可以提个问题吗？你刚才说过,既没有国家,也没有爱国者;你说,有的是中产阶级。基督教和这有什么关系？

　　施特劳斯:这些问题是一起的。卢梭没有推进这个问题,在某种原因上,黑格尔推进了。我们现在不必深究。关键在于:什么是中产阶级？中产阶级是这样一种人,他是国王的臣民,不保卫自己的国家,因为[101]有雇佣军。因此,黑格尔会说,中产阶级的特征是畏惧暴死。换句话说,霍布斯所说的人的特征,就是卢梭和黑格尔所说的中产阶级的特征。他不战斗,因此严格说来,也就没有爱国主义者。绝对君主政体当然是神圣恩典下的君主制,即建立在宗教基础,建立在基督宗教基础上的君主制,就此而言,这在某种程度上就和基督教有关了。

　　学生:你提到的这些引文在哪里？他在哪里讨论这些东西？

　　施特劳斯:我记得一处在《山中书简》。他在那里是不是讨论过公民和中产阶级的区别？

　　学生:对,"但不再有公民,只有法国人"。

　　施特劳斯:这是另一处。不过,哪里有公民与中产阶级的明确对立？我现在记不起来,不过应该来自卢梭,这我知道。马克思主义当然直接来自黑格尔,但马克思赋予它一种关系到对现代经济体系分析相关的特定含义。读一下下一段:"最终仍旧有家庭教育(domestic education),或自然教育。"

　　雷肯先生[读文本]:

　　　　还有家庭教育(the education of home)和自然教育。

　　施特劳斯:所以换句话说,公共教育是不可能的。是的。

　　雷肯先生[读文本]:

　　　　如果一个人受教育只是为了他自己,他将如何与他人相处？如果通过消除一个人的自我矛盾,双重目的能够结合为一个,那么他幸福的一个大障碍就没有了。要判断这一点,你必须看到这个人的成年状态;你必须注意到他的偏好,目睹他的发展,追随他的脚步;一句话,你必须真正了解一个自然人。当你读过这本书,我认为你将在这种探究方面获得了某些进展。

施特劳斯:他在这里说,或许自然人与文明人之间的这种矛盾可以被克服。这当然需要欧洲社会发生剧变;我们想起法国大革命引发的变化。在一个未来共和政体的世俗社会中,这两种非矛盾的对象会再度统一起来。但这并不是卢梭的最终定论。尽管他支持世俗国家,他并不相信世俗国家可以彻底解决这个问题。文明人与自然人之间的根本矛盾仍旧存在。《社会契约论》展开了这一点,在第二卷(我不记得具体章节,我没记下这一章),很清楚的是,人的非自然化,让人不自然,这对于一个人在古代或现代的世俗国家成为一个公民来说都是本质性的。不过,卢梭依然试图做到这一点:让自然人与文明人之间的对比没有它的实际情况那么明显。卢梭试着缩小文明人与自然人的差距。随后可以看到这一点更加明显。读下一段的开头。

[102]学生[读文本]:

> 要教育这样一个特殊的人(exceptional man),必须做些什么呢?

"这个难得的人(rare man)"。特殊的意味着有特殊禀赋;而我们知道,爱弥儿并没有特殊禀赋。后面会明确说到这一点。

学生[读文本]:

> 我们可以做很多,但最重要的事情是避免去做任何事情。

施特劳斯:是的,换句话说,好教育是消极教育。它是一种放任主义(laissez-faire)。我们在这里必须回顾一下这种教育与古典教育观的差别,即出现在亚里士多德《政治学》卷七、卷八和在柏拉图那里的教育。其中当然存在某种相似性;用词一样:自然的。但是,对古典立场来说,只有通过运用理性才能达成人之自然目的,至于在教育还是在经济方面运用理性则没有差别。人不是一株植物,也不是一只兽,人得靠理性来控制。霍布斯却说,实际上,理性本身无能为力。激情在起作用,而且它们可以起作用。我现在要给一个非常暂时的论断,这个论断还需要进一步解释:激情必定是好的;激情的运作,它们的内在运作,也是好的。在放任主义的意义上,自然是好的。放任主义指的是激情运作是好的,理性干预是坏的;在教育方面还是在经济方面则没有什么根本不同。

学生:我可以提一个笼统的问题吗? 许多这类东西似乎都和帕斯卡尔的[……]有关。我猜想我看到两个[……]。

施特劳斯:就是说?

学生:当他说自然只不过是习俗的时候:"他们告诉我们,自然只不过是习惯。"他似乎不只是在说福尔梅(Monsieur Formey)。①

施特劳斯:是的,福尔梅,他是柏林研究院的无名小卒。

学生:在第一条注释中,卢梭实际上说,法律总是涉及财产而不是人,因为它们的目标是和平而不是德性。所以帕斯卡尔说,和平是统治性的善。② 这当然是在社会,它在根本上是含混的;他很快就意识到文明社会的这种含混,因为它完全是非理性的,或者说,至少某些文明社会是全然非理性的。一个人[……]可以成为国王,但你不能质疑它。如果你质疑,你就彻底动摇它。或者,这是……?

施特劳斯:我不太理解你的意思。你是要问:卢梭和帕斯卡尔难道没有关联吗? 关于这个问题,我会说,没有,出于下述理由:帕斯卡尔[103]作为天主教徒,才对卢梭来说重要,也就是说,卢梭并不需要特地借助帕斯卡尔来理解天主教教义的大致脉络。那么,我们来看另一个我要提出的想法,这就是:当卢梭提到对他来说非常重要的前辈时,我们看到他特地强调霍布斯的名字。而你指出的这几点——不是德性而是和平——这也是霍布斯的。自然是坏的,当然,他从帕斯卡尔那里

---

① 学生提到卢梭在《爱弥儿》初版中的一条旁注,里面提到福尔梅。福尔梅(Johann Heinrich Samuel Formey,1711—1797),是百科全书的出资人,也是柏林研究院的书记,著有《反爱弥儿》(1763),可以在 the Pléiade edition 找到这条注释。

② *Pensées*, 299.

读到过,但他也从别处读到或听到这种说法:《新约》。所以,我不认为
这有什么帮助。

　　我们读到哪里了? 重复一下,自然教育是放任自流。但是,实际上
并非如此:毕竟卢梭一直以来做了很多事情。那么,自然,以及作为教
育者的卢梭的所作所为,这两者之间究竟什么关系? 自然,既好又完
美,不受外来干扰。不幸的是,人极其容易受干扰,必须保护自然免遭
干扰。自然人,如果我们可以这么说的话,容易受到自然的干扰,因此,
必须做些什么免于这种干扰。在很久以前,对于人们所谓的亚当·斯
密的"看不见的手",我用过这个表述:我说,这是对的,但并不完整。
真正的经济体系需要"看不见的手"外加亚当·斯密。如果人们没有
学习过亚当·斯密,他们绝不会自然而然就获得自然体系。此处是同
样的道理:自然,再加上卢梭作为自然的保护者;否则,自然教育并不会
自然而然地横空出世。自然需要被保护起来,正如亚当·斯密意义上
的经济体系为了有效运行当然也需要被保护起来。必须要有一些针对
小偷骗子的法律,以及其他这类的东西。否则,它无法运作——当然,
会破产。

　　继续,在第10页,第2段后半部分,关于为什么必须要有这种教
育,他谈到一个更深层的理由:并不是为了这个或那个工作、专业、社
会地位,而是为了适应大规模社会流动的一种人之为人的教育。一
个法国贵族的儿子不再拥有仆人,他不会再拥有城堡或庄园。换句
话说,后代身上发生了某种革命——卢梭给出这种忧虑或期待(无论
是什么)的其他迹象,——我们把这联系到前面所说的内容。如果发
生一场革命,它将会很可能引发一种比以往更自然的人类生活。比
方说,举几个简单的例子:18世纪的人戴着假发,众所周知,法国大革
命之后,这个东西不见了;人们的胡须自然生长。比较一下19世纪与
18世纪的名人的肖像。19世纪的人蓄着胡须,18世纪的人……很明
显,这一点当然无法被彻底想清楚,因为,即便在19世纪,人们试着想
要自然,他们也还是会剪指甲,而百分之百的自然生活应该是甚至连
指甲都不要剪。所以,只是大体上如此。现在,我们跳过一段,看第
15页的最底下。

雷肯先生[读文本]：

　　新生儿啼哭，他的婴儿时期在啼哭中度过。他间或被轻拍与摇晃来安抚他；有时，他被威胁，有时挨打，以此令他安静。我们做他想要的事情，或者我们让他做我们想要的事情，我们顺从他的任性或让他服从我们的。没有中间状态；他要么统治，要么服从。因而他最初的观念就是暴君的那些或是奴隶的那些(those of the tyrant or the slave)。

施特劳斯：字面上，"帝权和奴役的"(of empire and servitude)。继续。

[104]学生[读文本]：

　　他能说话之前，就会下命令；他能行动之前，就会服从；有时候，在他意识到过错，甚或在他们犯错之前，就因此受罚。这些恶情绪的种子这么早就种在他幼小的心灵。

施特劳斯：文本中没有"邪恶"，不过也可以："把恶输入到天性中；在费尽全力让他变坏之后，又抱怨发现了他的恶"，即，生来邪恶。这对整个教育来说都是决定性的东西。教育就在于这个事实，教育者不把恶的种子播种给孩子，那么，他就绝不会邪恶，因为他身上没有恶的种子。他生来本善。一切邪恶都来自外界的干预。当然有某些因素不假：当你告诉一个孩子"你说谎"，你就因此教了孩子说谎，因为这个可怜的孩子压根儿就没想过说谎；人们的确会犯这个显而易见的错误。但卢梭指的是某些更根本性的东西。卢梭的观点可以概括地表述为：恶就是骄傲，关乎相较他人而言的优越；一切邪恶都是骄傲——他从霍布斯那里接续这一点。现在，与霍布斯不同的是，卢梭说恶(和骄傲)只从社会来：人身上并没有一种自然法则让他在这个意义上骄傲，我把骄傲这个词用作广义理解。

　　[换磁带]

——必须避免这一点：孩子们之间绝不能有类似竞争这样的事情，比方说。好吧，你们都知道，竞争在进步教育中多么重要。一定不能有分数，也不能有根据学业完成情况给孩子分级，他们必须在每个方面平等对待彼此。这类平等是唯一需要考虑的事情，也就是说，阅读、写作、算数等训练，或是所有你们学的这些东西，这些都必须从属于这种良好的关系。我不知道他们用哪个词，不过我曾听过。你们都知道，这样就不会有任何类型的竞争，如果这就意味着有天赋的孩子完全厌倦这个现实，即他们不得不接受最慢的那个孩子的节奏，这才是对的，因为差异、区别对待，无论你如何称呼，这类事情是最不正确的。这看起来不错，但是最终实际情况是，强尼被证明不如伊凡善于读写。于是，以这种非常愚蠢的方式，但是非常典型的方式，这种教育，重视优秀的教育（这种教育当然意味着胜过他人，无可避免）重新得到认识。但是，其根源毫无疑问就是卢梭。骄傲，以及与之相关的一切，对人来说都不是自然的，通过恰当的教育可以把它从人的灵魂中清除出去。与此相关的是下面的观点，你可以在第19页的第3段找到这个观点。

雷肯先生［读文本］：

陪伴一个年轻人四年是一回事，引导他二十五年则是另一回事。你在你的儿子已经成形的时候给他找师父（tutor）；我希望在他出生之前就有一个。你的人会每五年更换他的学生；我的则只会有一个学生。你区分教员（teacher）和师父。多蠢啊！你区分弟子（pupil）和学生（scholar）吗？

施特劳斯：换句话说，带大一个孩子：不要换师父，从他孩提时代最开始到最后一个教育阶段。只有一个孩子，同样也只有一门学问[105]要教——并不是读书、写作、算数，这些是两三门学问——只有一门。这门学问是什么？

雷肯先生［读文本］：

孩子只要学一门学问——人的义务。

施特劳斯:你看,人的义务是要被教的。所以,这非常老派,听起来像是从最古老的时代而来。不过,他做出了解释。

雷肯先生[读文本]:

> 这门学问是一个,而且,无论色诺芬对波斯人的教育会说些什么,它都不可分割。

施特劳斯:在那里,他们的教育关于正义,以及在马背上骑行,以及用长矛投射。

雷肯先生[读文本]:

> 此外,我更乐意称拥有这种知识的这个人为导师而不是教员,因为这是一个引导问题,而不是讲授。他一定不要给出准则,他一定要让这个学生自己找到这些准则。

施特劳斯:这是另一个要点:不用说教进行教育,即没有命令与禁令。这必然来自这条原则——消除或防止骄傲的出现,因为命令或规定意味着服从;于是就会有优等与劣等的关系,一旦孩子获得任何权威的概念,好了,他就会设想,等我长大了,我也要做一个权威;他的灵魂就被这种想法彻底毁掉了。这就是卢梭的学说。那么,让我们读下一段。

雷肯先生[读文本]:

> 如果如此仔细地挑选了这位导师,他也可以挑选弟子,尤其是当他打算为其他人树立榜样的时候。这种挑选并不根据这个孩子的天赋或性格,因为,我在他出生前就选了他,而且只有当我使命完成之后才知道它们。如果我来选择,我会选一个才智平常的孩子,这就是我对我的弟子的假想。常人是必须被教育的人,唯独他们所受的教育可以作为他们同伴的教育范本。其他人才能找到他们的方式。

施特劳斯：这对理解全书至关重要。爱弥儿，这里即将被教育的弟子，是 un homme vulgaire[常人]。他是个常人——这将是彻底决定性的——即，他是那些注定要成为人民、社会、公民的一员，而不是拥有个体最高完满的边缘人。巴特沃斯先生？

巴特沃斯先生：我想我明白你的暗示；但是，他随后说，他并不介意爱弥儿来自拥有一定社会地位的家庭。

[104]施特劳斯：你看，不可避免得对这个世界做出某种让步。卢梭只是试图最低限度满足这种考虑；比方说，最低限度就是，这个孩子必须独自受教育，亦即，没有任何其他孩子。所以，有个最低限度的社会。完全没有社会不可能，因为，毕竟，孩子几个月大的时候需要保姆，身边还会有其他人。我们必须记住的是，爱弥儿有着 un esprit commun[普通才智]，而且是 un homme vulgaire[常人]。他是这样的一个人——你无法期待理性的最高发展。

学生：上面这段有个问题：他是否曾经给人的义务任何内容呢？他在那里说，只有一门学问要教……

施特劳斯：是的，当然，他给了内容。我们就快看到了。它们与我们日常理解的人的义务并没有特别大的不同。我们随后就会看到。

学生：在我看来似乎是这样，如果你看一下紧接着的那句话，他说，不应该有准则……

施特劳斯：让我们举出一个最简单的准则：你不该偷盗。但卢梭从不会对这个男孩子说不要偷盗。他将会以一种间接方式教会这个准则。在《爱弥儿》的第二部分，卢梭将会作出解释。怎么了？

学生：这是一种把人教育成公民——

施特劳斯：不，不是。这就是困难所在：他只会被教育成一个人，而不是一个公民。但是，卢梭想到的是某个我们后面将会读到的东西。[施特劳斯在黑板上写字]这是人的教育，这是公民的教育。他在某种程度上试着把这些分岔的线聚合起来——然而，他现在还没有告诉我们这一点，你们知道的；这就是让人吃惊的东西——因为爱弥儿是 un homme vulgaire[常人]，他不得不成为一个公民，因而必须有某种别的[……]。不过，我们不去深入这个问题。悖论在于，他是一个要被教育成为人而不是公民的人——然而,他是一个常人,一个普通人。这就是困难。我可以回答这个问题,但它没有帮助。你必须把它当作一个问题。随后在第20页,他清楚地说明爱弥儿是个孤儿。我的意思是,即便爱弥儿有父母,他们也不在他的教育上起任何作用。下课铃响了吗?

学生:亚当就是个孤儿。

施特劳斯:不,不。

学生:卢梭的五个孩子?

施特劳斯:不,不。但这是心理学,自传。我们不关注这些。不;在最高的层面上。你在哪里会看到孤儿的教育?

学生:柏拉图的《王制》。

施特劳斯:啊,完全正确。柏拉图在那里怎么说?

学生:既没有兄弟姐妹,也没有父母。

施特劳斯:不,我指的不是这一点。

学生:当他们建立城邦的时候,他们必须把孩子从父母身边带走。

施特劳斯:对了。第七卷的最后。接管城邦的哲人,为了有个好城邦,必须把10岁以上的人赶出去。这样一来,哲人就让孩子们变成了孤儿。于是,父亲们在乡下生活就没什么要紧。那么,这里有大量暗示。莫里森先生?

莫里森先生:这里面有个联系,不用准则进行教育,这让我们想起拒绝告诉格劳孔:格劳孔寻求回到概念,回到什么是善的理念上来,但这……

施特劳斯:但格劳孔不是个小孩子,看到这一点了吗? 我的意思是,一个年轻的教师,他当然是个成年人,这是一回事。但对一个孩子来说,你不能把这用在孩子身上。二者没有可比性。我们只要考虑要对孩子做什么,而且,很清楚,柏拉图的孩子要被教很多东西。卢梭非常确信许多东西可以寓教于乐地教给学生,通过游戏。换句话说,柏拉图不支持——我应该怎么说呢? ——这种教育,即,通过体罚的方式教拉丁语语法;另一方面,他也同样不支持那种不学写字的渐进教育,如你们所知。而且,我相信这是原则:你只能有一个整体上的"猫"

（cat），你看到一幅猫的图案写下来，然后你慢慢依次有了 c、a、t；但是，始于字母是可怜的孩子无法逃避的负担。你们肯定听说过，或许你们当中还有人经历过呢。

现在，爱弥儿是个孤儿，这让我们想起柏拉图在第七卷把 10 岁以上的人都赶出城邦。可是，最大的区别在哪里？我不仅认为卢梭受柏拉图影响，这一点毋庸置疑，但是，区别何在？柏拉图在《王制》对他的孩子们所做的最令人吃惊的事情是什么？

学生：让他们目睹战争。

施特劳斯：这是后面的。这一点也非常不卢梭（un-Rousseauan）；但是，就在一开始，在他开始陈述孩子们的这种教育时，第一件事是什么？

学生：让他们生活在一起？

施特劳斯：不，这很清楚。教神话——神话，就是这个。爱弥儿则不会被告知任何东西。换句话说，卢梭在这里试图不用"意见"教育这个普通人，不去灌输 [108] 意见；让我们把这视为摆脱偏见。你们可以看卷二，在第 76 页，第 2 段或第 3 段，我们现在没时间读：摆脱偏见。爱弥儿要被教育得仿佛是个完美的哲人，如果一个完美的哲人是一个没有偏见的人。暗含着：每个人会被教育成一个哲人。这显然和柏拉图相反。换句话说，每个人都可以被教育为一个自足的、智性上自足的、自主的个体。

与民主制的关系非常明显：在观念上，民主制是这样一个社会，其中每个成员都是一个充满理性的存在。你们理解我的意思吗？每个公民都真的能够胜任选举，而不仅仅以——他们怎么说的？——家庭传统或阶级关系为基础。你们都听说过这些选举研究之类的东西。这当然不是一种理性选择。这是一种在实践上无可避免的选择，但它并不理性。他们并不是那种有能力选出最智慧的人来当统治者的人。他们也无法判定措施，比方说，该对古巴做什么，该对医疗法案做什么，或无论什么事情。这只不过是以一种简单粗暴的方式决定，而不是一种理性的方式。一个理想化的民主制度是其中每个成员都足以胜任的民主制。你们今天有时会在社会科学，或政治科学著作中读到这一点，可是,这一点是错误的民主观念,理想化的观念,据说斯图加特·密尔(John Stuart Mill)在某种程度上有这种观念。而正确的观点当然是把民主制的人民视为他们实际上的那个样子,还有人民的政治领袖,还有他们操作的政治机器,还有那些烟雾缭绕的房间,还有所有其他机构,也就是,研究这些东西——这种民主才是可能的,事实证明,这才是真实的——忘记这种理想化的民主制。我认为,这在如今的政治科学中是一种非常强有力的因素。它往往不被提及,因为它看起来如此明显说得过去。但是,你必须考虑最高意义上的民主制是什么:一个可以统治好他们自己的理性人联合。不要忘记,自我统治(self-government)这个词一度曾被用来描述民主制。从这个观点来看,因此卢梭教育爱弥儿做一个自治的个体,也是一个由理性人民组成的社会当中的一个完美的理性成员。你决不能忘记这一点。但是,有个重要的反对意见是可能的,它是什么呢,从一个宽泛的角度来看这个问题?

学生:人民不是孤儿。

施特劳斯:是的,不错;这是一个实践上的困难,但你可以用寄宿学校替代;寄宿学校,每个年轻的公民都有一个独立导师。众所周知,天知道一旦我们的现代技术体系充分发展,我们可以得到什么。也许会有两小时的工作日。你永远说不准。但是,不,以卢梭本人在这里的论断为基础。

学生:情爱的自然关系永远无法取代。

施特劳斯:这正是卢梭拒绝的,我们来看看这个问题。换句话说,卢梭打算牺牲情爱,以防这种可怕的东西,骄傲,竞争,以及类似的东西,浮现出来。

[109]学生:他在第一卷中这样做了吗?

施特劳斯:我现在还不能说。不过,现在让我们跟着论证。卢梭试图教育每个人,至少尽其可能,仿佛他就是个哲人。与这种做法相反的意见是什么——这种做法尽可能要把人类改变为完美教育过的理性人,即哲人。从卢梭自己的基础出发,什么是反对意见?

学生:从《第一论》?

施特劳斯:任何地方。

学生:有道德。

施特劳斯:是的。我要简要地指出:卢梭的反理性主义,我们找到许许多多的样本。没有理性,只有直觉,以及所有这类东西。理性被直觉或心灵取代。这就是困难所在,一个根本性的矛盾,而我们必须看看如何克服它。这一事实表明卢梭意识到了这一点,在这个特定背景下,卢梭专注于这个问题。翻到第21页,最下面,以及第22页最顶端。

学生:关于医学的那部分?

施特劳斯:我们很快会看到,他讨论的并不是医学。"我在这里没有意愿去让自己讨论医学的无用。"

雷肯先生[读文本]:

> 我的目的只是考虑它的道德方面。我还是不能不说,人们在医学的应用上,也在用他们在寻求真理时采用的那同一种智术(sophism)。

施特劳斯:是的。现在,听着:为了理解这一点,忘记医学,看看关于寻求真理,卢梭说了什么。然后,你就会理解这一点。你们看,这就是他经常遵循的那种方法,他使用了一个看起来足够有效的例证,某些坏的东西无疑可以说与医学和医生有关,但是,更有意思的事情是附属的例证,追求真理。因为,确切讲这个问题是这样:你是否可以把所有人教育成献身于求知的人,即哲人? 继续。

雷肯先生[读文本]:

> 他们假定病人得到救治,真理的追求者找到真理。他们没有看到,与医生们救治一条生命形成对照的是一百次杀人,与发现一条真理形成对照的是它附带的许多个谬误。指导人的知识和治疗人的医学无疑是极好的,但是误导我们的知识和伤害我们性命的医学是邪恶的。教我们知道区分它们,这才是真正的困难。如果我们满足于对真理无知,我们应该不会成为谬误所欺骗的傻子;如果我们不想不顾自然而被治愈,我们应该不会被医生们杀

死。我们应该好好操纵这两者,我们应该显然会成为获益者。我不否认,医学对某些人来说有用;我断定,它对人类来讲是致命的。

施特劳斯:这正是卢梭关于哲学或知识的说法:知识,哲学,或无论你怎么称呼,它对某些人好,对人类则是致命的。这又是一个关键。现在,让我们来看第22页的第3段。

雷肯先生[读文本]:

这种说谎艺术,编造出来与其说为了身体的不如说是为了思想的疾病,它对二者同样无用;它没有治愈我们的疾病,反而让我们充满惊恐。它没有让我们逃脱死亡,反而让我们恐惧死亡的降临。它消耗生命而不是延长它;即便它能够延长生命,它也只是这个物种的偏见,因为它让我们把它的预警置于社会之前,把我们的恐惧置于我们的义务之前。

施特劳斯:你们看,他在这里用物种和社会差不多是一个意思。追求真理对某些人来说是好的。理性的完善对某些人来说好。它对社会则是致命的。理性的完善与整个物种的完善并不一致。现在,我确定我们可以更好地理解《爱弥儿》整体的意图。我们必须面对这个矛盾,而不要试图将其圆融统一起来——否则我们无法理解任何东西。这个矛盾就是,卢梭看起来仿佛要去教育一个哲人,但爱弥儿绝对不是哲人。那么,这本书的用意是什么?当我们理解了这一点,这本书的许多含混之处就烟消云散了。我会说,卢梭在《爱弥儿》做了一个实验,在最深的层面上(还有这本书的其他用途)。卢梭想要向我们展现,理性最大程度的完善在人民当中的一个人身上是可能实现的,目的是让我们看到人民之完善的上限。这是非哲人可以抵达的最高限度;这就是用意所在。我不会据此否认其他教育方面的描述并不重要,不过,它们的确不重要。我的意思是,当你牢记这个问题的时候,这本书中许多看似疯狂的东西就可以理解了。

我认为，这就是第一卷的关键段落。换句话说，它停留在理性的完善与社会的完善之间的不一致上。[施特劳斯在黑板上写字]我可以这样来表述：卢梭试图引出某个交汇。在某一点上，有个急转弯，但这个急转弯必须被用图示呈现如下：忘记这个；这里是一个急转弯。人的教育不会到达其顶点，但它改变，转换了方向。我认为，这就是这本书的用意。紧接着有几页，不多的几页，我们必须思考一下。在第26页，第4段，我们在段落中间看到一个评论。

学生[读文本]：

> 在所有动物中，人最不适合过群居生活。

施特劳斯：是的，人是最不合群的动物，这展示出卢梭对人天生的社会性否定得多么极致。我认为很明显日常经验与此相反，这当然是个很大的麻烦。这正是卢梭学说的根本性缺陷，否定人天生的社会性。我们必须找到，如果我们可以的话，必须找到究竟是什么迫使他，是什么驱使他做出这个残忍的论断，这种对人天生的社会性的残酷否定。卢梭在这里没有故意犯错误；他就是单纯犯了错误。但是，是什么让他犯了这个错误？

否定人天生的社会性有什么好处呢？这种否认与我们拥有的一切经验都相悖。这有什么好处呢？

学生：这是不是回归到了这种古老德性，人之自我的最初观念，他的自发性，他的个体性？

施特劳斯：是的，它与之相关，但我认为，可以更简单地表述如下：如果人生来是社会性的，这就意味着他总是生在一个社会中，他通过出生于此进入社会。他无条件地进入社会，他没有立场讲条件，如果你答应我这样那样，我才愿意进入社会。对他提要求，他的义务先于他的权利。这些现代学说，从霍布斯到卢梭途经洛克（还有许多二流人物也都至今在捍卫这种立场，有少许修正）非常关注这个事实，即人，每个个体都可以决定自己做一个社会的公民。他的权利是第一位的，义务次之。此观点唯一可能的理论表述就是，人生来就是非社会性的；他进人社会是一个完全任意且自由的行动。那么，当然由于这种情况，他可以主张具体要求。我的意思是，整个现代都试着把个体从一切需要中解放出来，这些需要并不来自他的意志，他的基本意志。因此，社会契约在现代如此重要，尽管这种思想颇为古老，但它从来没有这种充分的含义。所有义务在根本上都是契约性的。并不存在自然的义务。我们稍后必须回到这一点。我们得再读两段。在第33页，第2段，"孩子的这种倾向"，看到了吗？

雷肯先生[读文本]：

　　孩子们这种容易生气、烦恼和暴怒的倾向需要仔细对待。波尔哈维(Boerhaave)认为，孩子的大部分疾病都是痉挛性的，因为比起成年人，他们的头在比例上更大一些，神经系统更加广泛，他们更容易受神经性刺激。千万要让孩子们远离仆人，因为仆人容易招惹、烦扰、惹怒他们。他们远比新鲜空气和季节变化更危险且更致命百倍。

施特劳斯：这很可能也是夸大其词。我的意思是，从纯粹医学的角度看，这言过其实。

学生[读文本]：

　　当孩子们只在事物上经受阻碍，而从不在人的意志上(in the will of man)——

施特劳斯：字面说，"在意志上"(in wills)。

学生[读文本]：

　　而从不在意志上，他们就不会变得叛逆或暴躁，他们的身体就会更好。这就是为什么那些更自由更独立的穷人的孩子，总体上没有那么虚弱无力，比那些被认为不断干预能更精心培养的孩子更壮实的一个原因；但是，你必须始终记住，不去阻止他们是一回事,服从他们是另一回事。

施特劳斯:是的,换句话说,生气并不是自然的东西。这有点夸张,我承认这一点,但他倾向于这个方向。换句话说,卢梭假设的是——他不时地给出这种例子。[112]一个孩子需要某些东西。如果你说,不,你已经足够了,或类似的话,那么,他就会——因为他并不理解,这句话的意思是拥有的足够了——他就会生气。然后他就会愤恨,然后与之相关的骄傲和所有东西,坚持己见,全都发展出来了。但是,如果你说,没有蛋糕或糖果了,每个孩子都理解客观上无法获得它,这样一来就不会有愤恨。我相信这是一种非常可疑的论断。我们后面必须研究一下。我认为,这是这个[……]的一个关键点,即人民,或者尤其是孩子,因为他们被一个意志反对就会生气,而不会因为东西生气。为什么卢梭做出的这个区分是错的?

学生:孩子踢桌椅板凳。

施特劳斯:就是这样。他们给椅子强加一种意志。卢梭假设孩子(也包括成年的人民,不过主要是孩子)如此理性,能够区分有意志和无意志的东西;所以它没用。这一点至关重要,我认为,这是卢梭和柏拉图之间最大的区别。对柏拉图来说,他所谓的血气或义愤是人的自然组成部分,对卢梭来说,只有坏的教育才会引发它。

学生:他试图把踢椅子这类事情撇清,我想我记得在这一章读到过。

施特劳斯:你的意思是,在第一卷?

学生:是的。我试着找找:"一切邪恶都来自虚弱。"

施特劳斯:你找着,我们来看第34页的另一段话,在最底下。

学生[读文本]:

当孩子长大时,他们获得了力量,就不再那么骚动和不安,就更加独立。灵魂和身体获得更好的平衡,自然不再要求比自我保全所需的更多的活动。但是,对权力的爱(the love of power)并没有消灭——

施特劳斯:"对发号施令的爱"①我认为这比"对权力的爱"更加确切。"对命令他人的爱并没有消失。"

雷肯先生[读文本]:

> 以及它唤起的这种需求;权力,或命令,唤起或催生了自爱,而习惯强化了它;于是,心血来潮伴随需求而生,偏见和顽固的第一批种子就播种下了。

施特劳斯:换句话说,偏见之为偏见源自骄傲。偏见实际上更多来自骄傲,而不是错误。这也是霍布斯的意思;不过,这里当然没有充分展开这一点。对吗?

学生:这就在上一段,他谈到了这种毁灭性的活动,这种能量。

[113] 施特劳斯:是的,但这不是毁灭性的;这不是邪恶的。当然,但这就是问题。如果我们从经验中举个例子,我们是会观察到单纯的破坏行为和想要破坏的欲望,卢梭总是会说,好吧,你们已经败坏了这个孩子。你们知道,它生来就是……卢梭谈到一些问题;孩子当然可能会毁坏东西,而且不是故意毁坏的,这显而易见。我的意思是,或许是在玩一个东西,拆开它,试图看看里面有什么,以这种[……]破坏它,而他并不带破坏意图;这种情况很多。但是,问题在于是不是真的从来就没有邪恶,也就是说,没有恶出现在义愤中,除非孩子面对一个预先的警示或命令,一种预先的权威施加的影响唤起他对权威的渴望,这种渴望的表现形式是反抗。如我所说,卢梭犯的根本错误在于,孩子可以区分意志与事物,孩子能够在早期阶段就看到物品没有意志;换句话说,他绝不会试着用头撞墙,因为他懂得墙不会被打动。

学生:这里不是有个困难吗? 对卢梭而言,这是个非常明显的[……]领域;他还甚至多次在这本书中不断提到,他一直在审视自己,并且说明感官体验。看起来似乎他也意识到了这一点。那么,他如何会……?

---

① 原文是 Désir de commander。

　　施特劳斯：不，直到我们读到的这一页，我会说，他还是没有解释这种现象。你看，我愿意向你们解释这种错误的根源。我在《自然权利与历史》论卢梭的章节中非常简要地讨论过这一点。我不知道我是否现在可以很好地再现里面的讨论。或许，我从当今开始说起：当你们如今对社会科学家说，某个东西对人来说是自然的（我这里指的不是消化之类的事情，而是指情感），你将会听到这不正确：它们并不是自然的。举个例子，你们读过本尼迪克特（Ruth Benedict）的《文化形态》（*Patterns of Culture*，1934）吗？我读过，所以我有一手信息。她举了这个例子：两个北美印第安部落，一个粗鲁残暴，另一个非常和善。这些和善的人没有任何暴力概念。昨天有个学生课后告诉我，南美有一个部落，我想；他们没有表示杀戮的词语。换句话说，对这些温顺的人来说，杀戮完全是陌生的概念，因此他们甚至没有一个词来指称它。总而言之，人有无限的可塑性。并不存在可谈论的人性——当然，有身体，还有感觉认识的那些最一般的特征，但这就是全部了。整个嗜欲生活都是没完没了的顺应，没有什么可以说是自然的。

　　那么，为这种说法奠定基础的人，就是卢梭。根据卢梭，如你们会想到的，自然人恰恰只有可完善性，如果你忽略身体；即没有特定的发展，或特定的完善（或不完善）之路天然地属于他。因此，如果是这样，就有理由说，某个东西是教育的产物。当今许多社会科学家，社会心理学家等等，就这样说。我们看看我是不是还记得别的例子。换句话说，这两个部落，回到本尼迪克特那里吧，生活在相同的气候和其他条件下，周围的一切，大环境，都一样。因此，不能从环境来理解。从种族看，他们是同一个种族，没有任何理由可以解释他们为什么不一样。[114]她给出的答案是这样的——我想，我比她更确切地提出来，我用希腊词来提出：令他们不同的东西是 nomos［习俗、法则］。在这些社会的起源，或者在某种状态下，他们赞同了暴虐或温顺，一切随之而生。并没有可谈论的自然。卢梭开启了这种观点。霍布斯的自然人尚且有一种品质；不是一种非常让人愉快的品质，但他具有一种品质，好的。但卢梭的自然人则彻底没有任何品质，而这正是卢梭所谓的好——我的意思是，他随后会否认——因此，正如当今的人会说，无论何时，一个人有了糟糕的品性,[坏的东西都是来自]社会,破碎的家庭,或其他更精巧的解释。但是,人自己身上实际上同时有善端与恶端,并非以任何方式受到他的社会影响(在某种程度上有,但非根本上的),在最健全的家庭中长大的孩子,被富裕体面的父母抚养大,完全远离坏影响,还是会突然出现害群之马。日常经验证明了这一点。或者,你也许想用自然科学的术语提出这个观点,基因,这些东西或者在基因里,而且不仅是出生前地,甚至是预设地,如果我可以这么说的话。

学生:事实是,尽管卢梭本人曾做过导师;即使这样,他看不到小孩踢桌子,可以肯定地说,他肯定有过这种经验。那么,为什么他在这本书的此处和其余部分公然否认这个常识证据呢?他必然有可能超越这一点,在思考一个不同的要点。

施特劳斯:这是一个很好的问题。换句话说,你的原则是这样的:没有一个像卢梭这般极聪明的人会说简单的废话。这是个好原则,我承认这一点;但我仍然只能说,这整个学说说得通。但另一方面,如果你依据这种东西来宣称人生来是非社会的(asocial),这实在是一个荒谬的意见。我的意思是,如果你以一种霍布斯式的形式提出它,在霍布斯的形式下,它伴随着这种论断,即人生来也是一个恶劣的家伙。那么,霍布斯会如何提出它?那么,你很容易看到这一点:霍布斯不够准确。霍布斯证明,人的自然的非社会性靠的是反社会(anti-social)的激情(骄傲以及一切属于它的东西)的力量,但他没有反思,没有考虑到,只有在一种根本性的社会性的基础上(on the basis of a fundamental sociality),人才可以反社会。非常简单:如果真的是这样,即所有恶都来自骄傲,那种对优越性的渴望,以及对那种优越性的承认,如果人类天生就关注别人优越,那么他天生就是社会性的;因为这涉及其他属于他本性的东西。那么,这就是一个严重的理论错误,这关系到所谓的形而上学,或者亚里士多德所谓的哲学的衰落。他没能区分非社会性(asociality)与反社会性(antisociality),这就是个严重的错误。霍布斯当然是个伟大的人,但是,霍布斯说的真的是某种彻底荒唐的东西。这就是其中之一。

现在,一旦由霍布斯发起的这场运动由于某些原因——有力的原因——而富有吸引力,一个传统就建立起来了。在某种意义上,卢梭就生长在这个传统中,因为与他交往频繁的百科全书派同仁就是某种弱化的霍布斯主义。一旦这个传统建立起来,就把你推向某个方向,于是你真的有时就看不到最明显的东西;安徒生那个皇帝新装的故事就再次发生了。我这么说没有任何恶意,尽管它听起来会有点儿坏:我想,如果一个人读了或看了逻辑实证主义者们的论断,有的逻辑实证主义者的确才智极高,你就会有同样的[115]印象。他们课后片刻都不会讨论那些课上的问题。这甚至碰巧[……]。但是,我承认,如果你可以向我们证明,卢梭恰当地思考过这个问题,那么我就收回我说的话。在你展示证据之前,我不会承认。

学生:我能拿出的唯一东西也只是一时想起的,不过我认为它[……],它在第二或第三卷,有一处关于爱弥儿打破窗户的问题;爱弥儿打破窗户的原因可以回溯到和踢椅子一样的观念,或与之类似的东西。卢梭所做的只不过是让爱弥儿一个人待着。他最终冷静下来……

施特劳斯:这只意味着如何消除他的怒气,而不意味着……我有个非常一般化的解答,但我不想现在给出来,因为我希望每个人……

学生:可以回答这个问题?

施特劳斯:是的,可以。

学生:我想到了,你读一下这段话,你会给它赋予一个更狭义的意味,然后试着让它变得不是毫无意义。在第33页:"当孩子们只在事物上经受阻碍,而从不在意志上,他们就不会变得叛逆或暴躁,他们的身体就会更好。"如果你觉得这不是指此处的直接原因是[……],他在说,长远来讲,他们变得叛逆或暴躁,而这来自意志,而椅子之类的东西则并不来自意志。

施特劳斯:我不同意这一点,因为在一段话(可惜我现在找不到,我应该做个记号)中,他说,当孩子被告知没有糖果的时候,他们不会说什么。换句话说,客观上无法满足他的要求时,不会引起任何怒气。我确定,这并不是真的,不过可惜……谁找到了这段话,帮我一下?

学生:我刚好注意到这段话了,如果译本是对的,就是接下来这段话。

施特劳斯:我能问一下在哪一页吗?

学生:在译本第33页。就在第2段,开头是,"当孩子一声不响地试图抓取东西时,他认为自己可以碰到这个东西,因为他没能正确判断距离;当他哭闹着伸手时,他就不再是错判距离,他在命令这个东西靠近。"现在,卢梭在这里说,孩子给对象强加意志。

[116]施特劳斯:非常好。这是非常好的一点。让我做个记号。非常感谢你给出这段引文。等等,他还没结束。

学生:这正是第二点:对于这一点,我还不是很理解,也就是,你想说卢梭认为人有无限可塑性。注意到这一点十分有趣,他说,人有一种先天感觉——或者说,孩子有一种先天的正义感。当然了,亚里士多德会说,是非观是习得的,不是吗?

施特劳斯:是,但不确切;这很复杂。让我们看这段话。在哪里?

学生[读文本]:第32页,第7段:

> 我永远忘不了目睹一个麻烦的哭闹的孩子被他的保姆打。他立刻就安静下来。我想他被吓住了,还告诉自己,"这将会是个奴性的人,只要严厉的手段就可以逼他就范"。我错了,这个可怜的家伙气鼓鼓地,几乎不能呼吸,脸都气黑了。

施特劳斯:蓝(Violet),继续。

学生[读文本]:

> 隔了一会儿,哭得更大声了,这个年纪的生气、愤怒、失望的每种迹象都表现在他的腔调里。我觉得他要死了。假如我怀疑过人心中先天的正义感与不正义感,这个例子就让我确信下来。我确定,比起轻轻地,但却故意伤害他,一块滚烫的碳不小心掉在这孩子手上对他造成的伤害都要小些。

施特劳斯:是的。我要说,你不认为,这是一种先天正义感的有力的证据吗?什么类型的正义?这当然有个古老的柏拉图源头:柏拉图称之为血气(thymos)的东西。这个词只被译作义愤(spiritedness)表明自身——生气是最常见的现象——因为我们生气。柏拉图说，在每种生气中，都有一个感觉，我遭受了某种不正义。所以，这其实是一种柏拉图式的想法。但是，它的基础是什么呢？你一定不能忘记，这话是柏拉图对话中的苏格拉底说的，而且它属于一个可被推翻的长论证。柏拉图并没有说过，这是一种先天正义感的证据。在义愤中并不存在正义感；它只能存在于推论中，在柏拉图的［……］。这不是一回事。那么，他现在用这个东西指什么？如果一个人——一个相当得体的人，有正常的体面——确定他应该遭受一件事，他就不会生气。所以，如果一个得体的人生气了，他就认为对他做了某件错事。就此而论，生气就包含一种正义感，而在特定的情况下，它也许是错的；但是，卢梭所说的当然不止于此：他当然生气了。他们抓住的那个家伙，迪多(Dido)——或别的什么名字，这个人跟美容院有关。① 这个人被抓获时当然也很生气，我在电视上看到过他有多生气。但这能证明他有一种先天的正义感吗？这实在无法证明这一点。这本身就是个荒唐的论断，不过，它为后面关于这种事情的一些论断做了铺垫。这是一个长论证的第一个起始步骤；因此我还［117］没把这一段单独提出来。我记着这段话，而你提出的这段话我还没想过。不，我想现在雷肯先生先来。

雷肯先生：按照卢梭的理解，当孩子们只经历这些事情时，这个从句可以被读作"这些处境；但他们并没有变得叛逆或暴躁"。② 教育的第一个任务就是，让孩子不再把意志强加给事物。他在下一段会告诉你，只需静候风暴结束；孩子会学会什么是生活。"他将由此得到适合他年纪的结论"——第一课，真正的——"此外别无其他方式告诉他这一点"。

施特劳斯：是的；不过，我还是会说，卢梭说的是——我的意思是，

---

① "迪多"或许是"吉多"(Nick Guido)之误，一个芝加哥帮派的成员，参与过很多起入室抢劫(其中一起案件是抢劫美容院)。他于1962年被捕。
② 雷肯似乎在不完整地意译下一段中的一句话，卢梭在那里说，当"孩子们只在事物上发现阻碍时［雷肯把'东西'(choses)翻译成了'处境'］，而从不在意志上，他们就不会变得叛逆或暴躁"。

只有一个人假定你面前的困难中有一个意志,他才会生气。你可以说,这是生气的唯一定义,当我们挫败时,我们会生气。生气与欲望相对。欲望是最初的现象,然后你遭到挫败,第一反应就是生气。但是,因挫败而生气,当然就意味着有某种意志让你挫败:当你踢椅子时,你给椅子强加了一种意志。我们全都知道,椅子并没有它自己的意志,所以踢椅子很荒唐,除非只作为一种摆脱痛苦的应激反应。你们知道,你给自己另一种痛苦来抵消伤痛。这样一来,它就是一种理性行为,但如果是要惩罚椅子,这就是荒唐的。但是,问题在于:孩子可以分得清楚吗?孩子难道不是给所有东西赋予生命吗,正如卢梭在我们看的这一段中所说?

学生:然后他就学到——在这一段最后,他学到[……]。这是他的第一课。

施特劳斯:不过,让我说,顺便说一句,回答你的问题,是不是有这种可能性:卢梭对平等、对人摆脱统治别人或被别人统治的欲望有某种特殊执念,这种极大的关切不时地让他无视事实?

学生:有可能。我会认为,或许这种极大的关切[……]。如果这个婴儿在森林深处,他不会想要命令树木移动[……]。正是由于婴儿哭闹着让妈妈或保姆来到身边,他也会哭闹并期盼着摇篮到他面前。

施特劳斯:等一下,很抱歉。穆埃勒先生。我想我把你忘了。你有什么问题吗?

穆埃勒先生:我想的是同一件事。[……]我在想,在《第二论》中,有一处关于野蛮人拥有的正义感的描述,关于一个恶人……

[118]施特劳斯:我们今天讨论不了正义感的问题,因为我们在这里才第一次看到卢梭提它;我们必须看看接下来的部分如何讨论正义感。莫里森先生。

莫里森先生:有件事困扰我:孩子是不是要求东西到他们面前?我的意思是,他从哪儿学到的? 他是不是记得自己做过,或……

施特劳斯:这当然不可能。不,我认为,他试图从这个事实重构它,我们作为成年人所拥有的这种距离感是后天获得的,而这需要用到理性。一个人在用到理性之前如何理解距离? 这是人们非常关注的一个主题,比方说,柏克,或是其他作家:即,我们如何获得概念,也就是,一件事物的概念,实体概念,等等,以及……

　　［录音结束］

第六讲 《爱弥儿》卷二:力量与欲望

[录音中]学生:——或许来自"效仿"(emulation)。

施特劳斯:不,我不这样认为。Emulation[效仿]和 Emile[爱弥儿]:u 变成 i,这个变化必须得词源学的根据,或者你得出这样一种词源学,他们过去嘲讽这种词源学。狐狸(fox)的希腊词是 alopex,然后你就说,省略 a——a 很容易被丢掉——然后你就剩下 lopex,然后又丢掉了 lo,你就只有 pex,这就差不多是 fox 了。①

学生:[……]

施特劳斯:不,我认为埃米利乌斯(Aemilius)是唯一简单的解释。②[……]而且问题在于,这些埃米利乌斯当中有没有谁是卢梭特别仰慕的。当然,它不如卡图这个名字那么荣耀,卡图这个名字在 18 世纪被用滥了。我相信卡图这个名字如今被用作——它是不是有时用作犬名,大型犬的名字?

学生:在美国没有。

施特劳斯:我想我听过狗用这个名字。你们没听过吗?

学生:我觉得这对狗来说是个好名字。

施特劳斯:你也觉得吧。不过,我想这个看法太刻薄。或许正因为

---

① 课堂讨论卢梭为何选爱弥儿作为这个假想学生的名字。

② 关于爱弥儿这个名字,最常见的解释是,这个名字来自普鲁塔克的《埃米利乌斯生平》(*Life of Aemilius Paulus*)中描述的埃米利乌斯。然而,正如施特劳斯指出,有许多个埃米利乌斯。

如此,它用得不多。我们别浪费时间了,因为我们完全没有可靠的资料。

[讨论继续,未被记录下来]

学生:我对他的这种说法很困惑,他说,有朝一日,萨瓦本堂神父的信仰告白会在众人之中引发一场革命。[①] 他当然也是一位攻击基督教关于不朽的学说的有神论者。

施特劳斯:因为这一点并不是你的作业的主题,你必须读一些唤起回忆的东西。而且,尽管这个主题涉及广泛,必定有一两个甚至冲突[……]。典型的。

学生:他把自己说成是一个真正……说成一个对自己的梦很诚实的做梦人。

施特劳斯:不过,这并不是《爱弥儿》第二卷的整体主题。教育是《爱弥儿》的主题,关于这一卷中的教育,我们有什么理解吗?

[120]学生:这种教导必定是消极的。它并不由规矩构成。它靠的是模仿,是正确类型的模仿;爱弥儿被教会莫伤害他人这门基础课;这是唯一的肯定性教导,唯一的积极道德学说。他的自然的善[……]。

施特劳斯:那么,我要提及你[②]提到的一个问题。如果我正确地理解了你的话,你说,教育是一种习惯养成,不需要给出理由。然后,随着他长大,他会懂得理由,将会能够提出理由。这恰恰是柏拉图和亚里士多德的意思——但是这里显然有个差别——柏拉图和亚里士多德所理解的教育:养成习惯,不给出理由,因为孩子不会理解理由。但是,区别何在? 这很明显。你指出了,不过我希望你重复一下。

学生:情感的这种训练?

施特劳斯:这一点在柏拉图和亚里士多德那里相同。随处。

学生:这个差异……自由而非权威……

施特劳斯:是的,它与这一点有关:没有规矩。柏拉图和亚里士多

---

① 见于《孤独漫步者的梦》,第三次。

② 施特劳斯指的是一份课程作业,穆埃勒先生的,这篇作业没有记录下来。

德当然会对孩子说"做"与"不做"。没有规矩,这就是区别。

学生:没有提到责任或义务。

施特劳斯:这些词或许对小孩子来说无法理解,但是"做"与"不做"很容易理解。你强调了这个事实——权利,而非义务,成为了根本性的东西。这当然是霍布斯的遗产。不过,你还提到一点,在你论文的前半部分,关于卢梭和霍布斯的关系,这一点我不太理解。

学生:卢梭说,我们的痛苦就在于我们的欲望和能力不相称。接着人的幸福也就只不过是一种消极的状态:我们并不知道绝对的幸福或绝对的不幸。可是,我们也就无法仅仅通过限制欲望来寻找人类智慧或通往真正幸福的道路,因为,这正是我们存在的一种限度。

施特劳斯:好吧,首先,通过简单对比,这是柏拉图、亚里士多德、廊下派、伊壁鸠鲁派都会说的:限制你的欲望,否则你永远不会幸福。卢梭说,"不,不要限制你的欲望"。他如何[建议人们补救这种不相称]?

学生:消除欲望大于能力的那个部分。

[121]施特劳斯:是的,这么做的结果是什么? 智慧地节制欲望通往我们所谓的"幸福"。倘若无法限制欲望,就不幸福。那么,关于这一点,霍布斯怎么说?

学生:我们无法避免不幸,因为我们的欲望总是大于我们的能力;没有终极目的,也没有至善。

施特劳斯:当然,但这是如何发挥作用的? 这很常见。我的意思是,在一个明智之士身上。首先是霍布斯:即便是一个明智之士,哪怕这样子的人也不会幸福,根据霍布斯的说法? 他也无法限制自己的欲望?

学生:卢梭指出了这种状态,一种平衡状态,一种最终状态。看起来是一种——

施特劳斯:我们不要推测:卢梭说,幸福是可能的,与霍布斯相对。我们必须理解这一点。

学生:通过公意……

施特劳斯:但他在这儿还没提到它。

学生:噢,提到了。

施特劳斯：他提到过了吗？我没看到。

学生：随着社会秩序发展，至少。

学生：我能自告奋勇地就此来谈谈我的印象吗？

施特劳斯：当然。

学生：看起来令人吃惊，但这位导师忙着用计策哄骗爱弥儿。

施特劳斯：很显然。

学生：在开始举例子之前，有一句看起来意味深长的话，在第53页顶上："到了有理智的年龄，孩子就变成共同体的奴隶。"似乎是这样的，这指向两个路向之一——[……]文明秩序——而且，在这一页，你开始想知道，义务是否真的建立在哲学理性的基础上，义务概念是否不止是习俗性的。这是成问题的[……]。随着我们深入这类东西，比如马耳他甜瓜和打破窗户，我们看到无论过去做过什么，孩子不会感受到意志，但是，毫无疑问，[122]意志在驱使他。他被塑造得靠铁腕来认识它们。

施特劳斯：是的，这当然是真的。我们必须这么说，没问题。

学生：这和财产概念没有关系吗？他说，他确信即便在这个国家，也不可能不用习俗道德的观念养大任何一个人；真正的道德必须被教授，但它总有一些错误。在我看来这很显然来自这一点。

施特劳斯：让我们看看是否如此。我认为这与我们上次讨论的问题有些关系：孩子是否有能力区分意志与命运或事物？问题恰恰在这里。倘若他没有能力做出区分，他就会成为一个潜在的僭主，如果卢梭的心理学是对的。如果拒绝——不！——拒绝，在一种权威的意义上——不，我不做这件事是因为我不愿意做——如果这会败坏一个人，那么所有孩子生来就要被败坏，因为他们迟早要遇到这类事。哪怕是爱弥儿也会遇到。我们必须稍后再讨论这个问题。那么，莱恩先生，你想说什么？

莱恩先生：讨论千回百转，我不知道我要说的是否相关。我在想和霍布斯相关的无限制的欲望，以及这最终会引发的混乱状态。

施特劳斯：是的，但霍布斯用它来指什么呢？这一点当然有关系。你们有谁还记得霍布斯的表述？我不记得原话，只记得大概：人人都有争名逐利的欲望,至死方休。那么,如果人人都有这种欲望,无论他理性与否都永远欲壑难填,于是人天生就不幸福,也就不存在严格意义上的幸福。霍布斯当然这样说。他说,并不可能有一种 summum bonum [至善],不可能有至善或极乐。只存在一种极乐,这就是,每当你付出些努力,就获得更多力量,这样的话你就是成功的。那么,这就是一种有可能实现的幸福。但这不是一种静态幸福,而是一种动态的、活动的幸福。曾经一度,赶超我们身边的东西,或类似的东西,这是极乐。在《法的要素》中,人生被比作一场竞赛:人赢了一切物种。①

学生:这和穆埃勒先生的远虑有关,远虑带有无尽的忧虑。

施特劳斯:是的,在某种程度上,卢梭认为——尽管,他始于一个霍布斯式的基础,他确信永远不可能达到极乐或幸福,我们早先曾谈到过这一点;这也就是说,分析这个物种的动机:倘若是明智之士,要想自我保全就需要力量。假如这种自我保全立足于感受到活着便美哉乐哉,那么,如果你停止行动并让自己服从[123]他称之为存在的基本感觉的东西,那你就会幸福。用雷肯先生的话说,这倒转了极乐幻象,这是卢梭的出路。②

不过,我想现在我们该讨论作业了。从穆埃勒先生的报告中我们能学到什么呢?我认为我们确实有些收获。我们每个人都应记住之前那次讨论的结论,这并不是说要把它们作为教条全盘接受,而是说,应该把它们当作经过深入阅读验证其有效性的前提假设。那么,我们就获得了某种暂时的确定性,以及对于我们所读内容的共识,因为,若非如此,我们只会被细节淹没。

那么,让我们从开篇一段话开始,第 42 页,第 4 段。"另一种进步让孩子们觉得抱怨无济于事;这就是他们力量的增长。"你看到了吗?

雷肯先生[读文本]:

　　　他们可以靠自己做得更多,他们不再经常需要他人帮助。有

---

① 参见霍布斯,《法的要素》,《自然与政治》(Whitefish,MT: Kessinger,2004,Part 1,chap. 9, sec. 21)。极乐在那里是"不断地比后来者快"。

② 施特劳斯指的似乎是第三学期的一部分,这部分没有转录下来。

了体力,随之而来就是使用它的感觉。正是在这第二个阶段,真正的个人生活开始了;正是在这个时候,孩子开始意识到他自身。记忆在他生命的每个时刻都唤起这种自我感觉;他真正地成为一个人,始终如一,因而能喜能忧。于是,我们必须把他当作一个道德存在。

施特劳斯:是的。换句话说,作为新生儿的他还不能算作道德存在。他在什么意义上成为了一个道德存在? 当然不是在意识到义务这个意义上;与此无关。因为他有能力感受幸福与不幸。这个暗示就是,动物不会感受到幸福或不幸;它能感受到痛苦与欢愉。[①] 什么区分了人与动物?

学生:记忆。

施特劳斯:是的,似乎是记忆。不过,实际上是自我意识。换句话说,感受到幸福或不幸的条件就是自我意识[……],亦即,成为真正的那一个。动物无法成为真正的那一个,这就是其中的含义。真正的那一个需要自我意识,意识到你是独一无二的。这是他的意思吗? 我曾经理解为,这意味着记忆是决定性的东西,不过现在我确定我搞错了。这样理解没意义,对吗? 因为动物也有记忆。所以,记忆只是这种自我意识的一个构成部分而已,但并非其充分条件。所以我们先讨论到这里,我不能告诉你们我的错误解读得出的错误结论。

让我们从这里继续。下一段。

雷肯先生[读文本]:

尽管我们几乎知道人生的限度和我们到达那些限度的机会,没有任何东西比我们任何一个人的寿命更不确定了。很少有人可以获得高寿。生命伊始就发生重大危险;我们过往的生命越短,[124]我们的求生欲望就越少。新生儿中,至多半数可以长大成

[①] 不过,对照一下《第二论》,里面说人"服从某种义务"而动物"能够参与自然正当"(《第二论》,126;15)。

人；很有可能，你的学生活不到成人。那么，该如何去想，粗鲁的教育（cruel education）——

施特劳斯：野蛮的教育（barbarous education）。
雷肯先生［读文本］：

为了一种不确定的将来牺牲现在的野蛮教育，这把孩子绑在各种各样的限制下，以让他可怜兮兮开始，目的是为他准备某些遥不可期的幸福，而他也许并不会享受这种幸福？

施特劳斯：让我们停在这里。我认为，这也是你们所想的一段话。但是，卢梭在这里想的是什么，大致观点是什么？我不认为我们在这里要去思考永恒幸福问题。

学生：我正困扰于此。我确信，他的意思是，我确信有两个层面。我确信，首先要从字面理解，我认为，它的意思是——

施特劳斯：是的，你必须从字面理解。从他明确呈现出来的来看，这段话的直接含义是什么？

学生：如果一个人活不到成人阶段，就不存在什么关于人类义务的好教导。

施特劳斯：是的。换句话说，你必须不把童年理解为成年的预备阶段。这对整体而言至关重要。当然，这在一定程度上是真的，但卢梭试图让它在最大可能上成为真理。但是，这背后隐藏了什么原则呢？

学生：他在这本书的后面转而说，"每个事物都有其自身恰当的成熟状态。我们必须把这种事物视为一个制作精良的人，不过，啊！一个制作精良的孩子，这实在是一个罕见的东西。"

施特劳斯：是的，换句话说，这里并不存在顶峰。如果我们借用亚里士多德的概念［施特劳斯走向黑板］：每个存在都有一个起点，一个顶峰，一个衰退。你在动物身上可以清楚看到这一点；人要更复杂一些，不过也大致如此。而且，你不能说，下降服务于顶峰。因为它发生得很迟，不能服务于顶峰。但是，这个则是对顶峰的准备。童年，婴儿时代，或是别的什么阶段，这些是准备。这是人类的一种普遍见解，即便我们如今的堕落年代也是如此，不过，在更早的时代这个看法毋庸置疑。这就是卢梭问题。什么才是根本原因（fundamental reason），他为什么必须要以这样或那样的方式来质疑它，尽管他无法不断质疑它？

学生：或许因为存在之甜蜜在于孩子的欢乐——

施特劳斯：不，某个更普遍的东西。这意味着什么，这个简单的方案？

[125]学生：发展。

施特劳斯：人人都有发展。

学生：一个终点。

施特劳斯：终点，终点，一种目的论的观点。通过对目的论观点的一种质疑，这就必须被质疑。所有阶段都平等，正如我们如今的历史主义认为所有时代都平等，人类学认为所有文化、文明都平等，这就是结果。事物中并不存在一种内在秩序。没有什么内在秩序。严格来讲，你甚至无法说有生命的存在比无生命的存在等级更高；你只能说，它们更加复杂，更加错综复杂。塞尔茨先生。

塞尔茨先生：这又如何与他的这个观点协调呢？他还认为，一个孩子成为成人的统治者是不自然的事情。

施特劳斯：这一点提得好。他当然会说，成年人在某种程度上统治孩子是自然的。不过，问题仍然是，当你从这个角度看这个问题时，他在什么程度上会承认成人统治孩子是自然的？这遭到很大的质疑，知道吗？婴儿必须得被动接受一些事情，因为婴儿无法自理，必须得到照顾；但这应该尽可能少统治，你知道吗？某些事实无法否认，无论你的理论偏好如何，都必须承认它。但卢梭试图尽可能朝这个方向理解。也就是说，只有在一定程度上把孩子理解为自治的（autonomous），这才有可能。穆埃勒先生？

穆埃勒先生：对，自治，是的。

施特劳斯：尽可能地。

穆埃勒先生：是的，可事物还是有一个自然秩序，尽管他不会给等级赋予任何内容，它只是个短语而已。这位导师的意志仍旧是权威者的训诫。

施特劳斯:这在多大程度上和我所说的相悖?那个关键点是什么?

穆埃勒先生:它不是,我猜,除了——

施特劳斯:但是,我承认,并不存在一个完整的……他无法完整地贯彻这一点,童年和成年平等。但他试图接近平等。塞尔茨先生。

塞尔茨先生:这与孩子的弱小有很大关系,不是吗?

施特劳斯:很显然,自然地。

塞尔茨先生:我认为他把这还原成这样,不是吗?

[126]施特劳斯:是的,尽最大可能。但是,我们必须为这个含混的表达"尽最大可能"找个更好的表述,我们逐渐会看到是什么。我们只需记住一个东西:即,正如我们将会发现,尽管卢梭那里仍保留了一种目的论,但这种目的论有条件限定。如果我们看不到这一点,我们就不会理解他。对于这种联系,我要说:卢梭用到许多医学和所谓的生物学资料;至于这种生物学资料,卢梭依靠的是著名的法国自然学家布冯,卢梭经常援引布冯。我还没有研究过布冯(我应该研究一下),看看在布冯那里,现代机械论物理学在多大程度上侵入对生命的理解,这会非常有趣。我不了解,应该会很有趣。我只是顺带提一句。

紧接着,在第43页,第2段末,以及第3段。你们看,在第2段最后,他提到"存在的快乐",她翻译得不太一样:"一旦他们能够感知、感受存在的快乐,他们就会喜欢上它。"他在接下来的一段中批判了那些人,"他们总是轻视现在"。服从当下,忘掉未来,忘掉愿景;享受生存本身:这是一回事。不过,关于这些,我只是顺带提一下。我们现在必须要讨论穆埃勒先生提到的幸福问题。第44页,第2段的最后。我们只读这一段的开头:"我们知道。"

雷肯先生[读文本]:

　　　　什么是绝对的善恶(good and evil)。

施特劳斯:"什么是绝对的幸福或不幸(happiness or unhappiness)"。我们不知道这是什么。我不知道。① 一顿巴掌。好。读这一段的最后:"更多苦难而非享受。"

雷肯先生[读文本]:

> 更多痛苦而非快乐——这就是我们所有人的命运。在这个世界上,人的幸福只是一个消极状态;他的痛苦越少就算幸福。

施特劳斯:"他遭受的恶越少"。也就是说,最幸福的人就是遭受恶最少的人;最幸福的人不是肯定性的词,不是拥有最大欢乐的人。所以,我们若想理解卢梭,就必须从这一点开始。卢梭不是个简单的享乐主义者。享乐主义者认为,拥有最大欢乐的人就拥有美好生活,他在某种程度上见解更深刻,你可以说,是对伊壁鸠鲁主义的通俗理解:欢乐即缺乏痛苦,而不是某种积极的东西——这并不是伊壁鸠鲁学说,但这种理解在古典时代就已经有了。欢乐就是缺乏痛苦,于是,拥有最少痛苦的人也就拥有最大欢乐,这种人就是最幸福的人。这当然和霍布斯有关,和霍布斯有某种关系。霍布斯说,不存在最高的善,最大的善不存在,但最大的恶存在。霍布斯说,欲望总是由恶挑起,而不是由善激发。在某种程度上这种观点也进入了卢梭的思想。

[127]"欲望总是由恶激起,操纵它。"但是,卢梭并没有止步于此。我们来读下一段。

雷肯先生[读文本]:

> 每种苦难的感受都与摆脱它的欲望分不开;每种欢乐的观念都同享受它的欲望分不开。所有欲望都意味着一种愿望,而所有愿望都是痛苦的;因为我们的不幸就在于我们的欲望与我们的力量不相称。一个清醒的人(conscious being),在他的力量和他的欲望对等的时候,就会有完美的幸福。

---

① 他们讨论的词是 bonheur 和 malheur。

施特劳斯：他说"一个明智的人"，意思是有理智能力的人。所以，绝对的幸福就是可能的。可以说卢梭自我纠正了。绝对的幸福就是才能与欲望的相称。这有些道理：只欲求你力所能及的那些东西，这样你就会幸福。古老的廊下派表述是，廊下派表述：只欲求 eph'hêmin［内在于我］的东西，我们能力范围之内的东西。这并不是卢梭的观点，尽管有许多廊下派伦理学的奇怪忆述。但这并不是一种廊下派的学说，正如我们随后马上要看到的那样。我们继续。

雷肯先生［读文本］：

那么，人的智慧又是什么？通往真正幸福的道路何在？仅仅限制我们的欲望还不够——

施特劳斯：是的，他现在部分地和廊下派或别的什么学说一致。

学生［读文本］：

因为，如果它们比我们的力量小，我们的一部分能力就会闲着，我们就无法享受我们的整个存在；仅仅扩张我们的力量也不够，因为如果我们的欲望也增加了，我们就会更痛苦。真正的幸福在于消除我们的欲望与我们的力量之间的差异，在于建立起力量与意欲之间完美的平衡。那么，唯有当所有能力得到运用，灵魂才会处于宁静，人会发现自己处于他真正恰当的位置。

施特劳斯：所以，不是通过消除我们的欲望（因为他根本没有区分各种欲望，他只讨论了总体上的表述，［总体上的］欲望，并且说，我们要激发起我们的某些欲望，这并不好）。我们所有的能力并没有被充分调动起来。换句话说，他所说的可以归结为这一点：幸福就在于我们所有能力的实现。倘若我们的所有能力都得以实现，那我们就是幸福的。而由于外部障碍，由于欺骗，由于别的什么东西，它们可能无法实现，那我们就不幸福。所以，简单的表达式可以归结为这一点——归结为这一点——亚里士多德式的表述而不是伊壁鸠鲁或享乐主义的。幸福:即我们一切能力的实现。于是,当亚里士多德说,我们一切能力的实现或德性的实现,就是幸福时,他的智慧当然做出了某种限定。他说什么? 亚里士多德最著名的限定是什么? 人人都可以幸福吗?

学生:我们必须拥有自然的——

[128]施特劳斯:是的,但是设想一下,在某种意义上,对所有正常人来说很常见。但是,这里说的障碍是什么?

学生:外部条件(equipment)?

施特劳斯:外部条件(Choregia)。所以,幸福就是,如果我们用一个图示形象地表达[施特劳斯走向黑板],幸福等于德性再加上外部条件。我把外部条件这个词简写成小写的 e,因为亚里士多德强调的是德性。但是,举例来说,假如没有健康,没有最低限度的财富,一个人就无法获得亚里士多德意义上的幸福。因此,卢梭此处的想法似乎来自亚里士多德,还有别的什么。亚里士多德当然会毫不犹豫地说,我们必须区分我们的欲望。我们当然必须。即便我们会沉湎于形形色色的欲望,也有一些欲望是我们无论如何都不该沉湎进去的。那么,卢梭知道这一点,我们继续。我们现在来读一下这之后的内容。

雷肯先生[读文本]:

　　在这种情况下,自然,她总是把一切都朝向最好来做,从一开始就这样安排人。首先,她只给了他自我保全所必需的欲望,这些力量足以满足他们的需求。她在他思想中储藏的其他一切东西都是一种收藏,在需要的时候才拿出来。

施特劳斯:所以,孩子可发展的才能非常少。在他长大成人之前,其他才能仍旧只是潜能。我们在这里仍然用了才能及其发展,潜能及其实现。是的。

雷肯先生[读文本]:

　　只有在这种原初状态下,我们才会发现欲望和力量的平衡,独处的人才不会不幸。一旦他的潜在力量——

施特劳斯：他说的是"实质上的"（virtual），不过，这当然是一回事。这是一回事。所以，你看，这里说到的果真就是亚里士多德的哲学术语。是的。

雷肯先生［读文本］：

一旦他的潜在思想力量开始起作用，比其余一切都更有力量的想象力觉醒了，而且还领先其余一切。正是想象力为我们扩展了可能的界限，无论是好是坏，因而通过满足这些欲望的期待来刺激并喂养欲望。但是，那些似乎在我们掌控之内的对象飞得似乎比我们可追赶的速度更快；当我们认为我们抓住它时，它又变换了自身，再次远远地在我们前面。我们再也无法理解我们穿越过的那个国度，我们不再去想它；那摆在我们面前的东西仍旧在我们面前变得广袤无边。于是，我们精疲力竭，然而却永远无法达到我们的目标，我们越接近享乐，就越远离幸福。

施特劳斯：跳过下一段，读后面那段话。

雷肯先生［读文本］：

现实世界有限，想象世界无边；由于我们无法扩张其中之一，就让我们限制另一个；因为，那些真正令我们苦恼的折磨来自现实与想象的差别。健康，体力，还有［129］良知除外，人生中所有好东西都是意见的问题；除了肉体折磨和悔恨（remorse），我们的所有不幸都是想象的。

施特劳斯："良知的悔恨"（remorse of conscious），要准确一点。是的。

雷肯先生［读文本］：

你会告诉我,这是个老生常谈;我承认这一点,但它的实践运用就不是老生常谈了,而且我们现在要关注的就只有实践。

施特劳斯:让我们试着理解这一点。我们有了这个大体上的说法:我们全部能力的实现就是幸福。这现在必须有个限制。有一种能力令我们不幸,它就是想象力。想象力的实现导致不幸;在某种程度上,想象力被理解为与意见等同,你们都看到了。这一点很关键。实践含义是:唯有肉体的疼痛和良知的痛苦才是真正的恶。一切其他的恶都是想象。

下面来考虑一下这意味着什么。一个人的双亲逝世会怎样? 哈姆雷特在他的独白中枚举的那些恶是什么? 这些全都是凭空想象出来的恶吗? 我们的朋友让-雅克是多么的廊下派啊! 唯有廊下派才会在众多恶中甚至连肉体的痛苦都不提。所以,卢梭比廊下派稍微好一点。他是打算教育出一个哲人吗——在古代晚期的意义上的——这个人对于所有冲着他来的外部的险恶都无动于衷? 是的。我们都知道:他想教育出自治的个体,因此他采取这种观点。在第 45 页第 3 段的最后,你会找到一个论断,我认为这个论断很有帮助。

雷肯先生[读文本]:

让我们量一量我们的范围有多大,并且像蜘蛛待在它的网里一样待在这个中央;我们就会有足够满足我们需求的力量,我们就不会有理由为我们的虚弱懊恼,因为我们永远不会意识到这一点。

施特劳斯:他将永远自足。自足(self-sufficiency),这就是标准。自足,但既不是廊下派意义上的自足,因为这样就不存在肉体疼痛;也不是亚里士多德意义上的自足,因为这样当然就必须考虑生命中其他好东西——比方说,和其他人的关系,此处完全忽略了这一点。

学生:斯宾诺莎?

施特劳斯:是的,可以这么说,也许。我想起了斯宾诺莎的其他需要。不过,让我们继续吧。请读下一段话。我们只读这一段的开头和结尾。

雷肯先生[读文本]：

> 别的动物只拥有自我保全所需的力量，唯有人拥有得更多。

施特劳斯：拥有过剩的力量。读最后一句。

[130]雷肯先生[读文本]：

> 如果一个人满足于活着，他就获得幸福；他也就会善良，因为，他有什么东西需要靠作恶来获得呢？

施特劳斯：在我看来，关键就在于这个论断——人有富余的力量。我们在前面已经看到：想象力是一种能力，卢梭证明它是坏的。人有富余的力量。你们现在回忆一下《第二论》的论断，他把野蛮人描述为身处一种美好的环境中，人的这些才能都尚未发展出来，未得到充分发展。这些才能的充分发展会导致人类的不幸。还记得吗？在这里，你有了富余的力量，由于它们的充分发展会导致不幸。这当然是一个对这种目的论的重要限定：有些力量是多余的。这是针对亚里士多德观点的一个著名反对意见：好，我假设人要生活得好，每个器官都有用，那么阑尾呢？我们没有阑尾一样生活得很幸福。所以，这就是多余的东西。所以，这里的关键在于：人有富余的力量。可是，哪种力量才是多余的？极端的表述是：人应该把自己限定在活着，只是活着就行了，这样他就会幸福了。

让我们比较一下亚里士多德的看法。亚里士多德当然会说，人并没有富余的力量：他必须发展他所有的能力，不过要按照它们恰当的顺序来，目的是美好生活。如亚里士多德所说，能力这个概念意味着人天生就是一种政治的或社会的动物。让我们先来看看，这个观点，即人并不是生来是一种政治的或社会的动物，是如何受霍布斯的影响；社会完全是约定俗成的。人生来是非社会性的，因为他生来就反社会，或者说，骄傲。所以，人生来就不幸，因为这种骄傲就属于他的天性。安稳生活的原则即自我保全:仅仅关乎生命,让自己摆脱骄傲。但是——这也是内涵所在——这仅仅关乎生命,一切所作所为都是为了活着,这实际上与幸福就是一种满足状态并不一致。人绝不会满足。如果满足意味着幸福,那么霍布斯式的人就永远不幸。

于是,在霍布斯的基础上,卢梭试图寻找知足常乐的可能性;这个解决方案部分地包含在霍布斯那里:摆脱骄傲,关心他人对我们的意见,想象。出于某种理由,卢梭相信意见和想象相伴。与霍布斯相反,卢梭认为摆脱骄傲和意见不仅对于自我保全足够了,对幸福来说也足够了。这似乎就是其中的关联。我们必须看看卢梭能否止步于此。但这一点很重要。所以,在某种程度上,卢梭赞同亚里士多德和古典:幸福是可能的,作为一种满足状态。但他对幸福的理解,对幸福的实质的理解,则极为不同。你想就此说些什么吗?

学生:你是说,卢梭说,仅仅活着就是幸福?

施特劳斯:读一下卢梭的话:"如果一个人满足于活着,他就获得幸福;他也就会作为一个好人生活,因为,他作恶能得到什么好处呢?"我重复了这个关键句子:"一个只希望活着的人就会活得像个幸福的人。"好。但是,根据我们所知的卢梭的其他言论,做出进一步的解释和引申,[131]这当然指的不是仅仅活着,因为这样一来,所有人都会幸福。可他并没有说那些没有其他愿望只想活着的人。你看,有的人在西伯利亚的铀矿做苦役,或者你可以举出其他例子,这样的人当然很不幸,因为他并不满足于仅仅活着。如果他对此感到满足,那么对他来说,无论是生活在铀矿,还是在克里姆林宫统治百万民众,都毫无差别。

学生:他说,初民会拥有某种程度的幸福。但你不认为,他也赞同亚里士多德吗,就是说,如果他发展了他的才能,他会更幸福? 初民并没有发展自己的全部能力,因此,卢梭或许说,幸福就在于把一个人的欲望和能力结合起来,去满足能力充分发展带来的那些欲望,这种幸福比初民的幸福更加幸福。

施特劳斯:是的,很有可能。我也这样认为。不过,无论如何,这似乎是从人类理智发展的最高阶段重新回归每个人,甚至连动物都能体验到的东西。

学生：在这个意义上，对卢梭来说，幸福也不是仅仅活着，对吗？

施特劳斯：他称之为——比起"生存感觉"，他没有更好的词来指称它了；"仅仅活着的感觉"。这很难。

学生：我只想搞清楚……肉体上的折磨不也当然是一种痛苦吗？我的意思是，那个待在西伯利亚的人或许遭受着肉体痛苦……

施特劳斯：是的，当然，卢梭也会承认。巴特沃斯先生，你想说些什么吗？

巴特沃斯先生：我认为，这个问题的答案部分来自于你先前读过的一段话，《社会契约论》卷一，第八章，在那里，人发展了他的一切当然会更幸福，如果他的社会——

施特劳斯：他说的是"幸福"？他真正成为一个人；他说"幸福"了吗？这很成问题。

学生：卢梭说，如果一个人除活着之外别无奢求，他就会幸福，你说，幸福是能力和欲望的平衡，这两种说法之间是否存在矛盾？因为，假如人天生能做许多事情，而不只是活着，那么，只求苟活的欲望就会表面上和能力不平衡。

施特劳斯：你的意思是，未充分发展能力是否会造成内在痛苦？你是这个意思吧。是的，不过，另一方面，有一些能力是多余的。所以，未充分发展造成的痛苦或许好过已充分发展造成的痛苦。我认为，我们必须先把这个问题搁置一下，如果我们想理解卢梭，就必须承认这个巨大的难题。换句话说，卢梭找到了一个幸福的概念。[132]顺便说一句，我们还没讨论一个因素：良知的悔恨，良知的愧疚。就这一点，我们应该考虑什么？好，卢梭当然会说，这个只想活着别无所求的人将不会从别人那里攫取任何东西；那么，他就会总是有良知。所以，他不会受此困扰。穆埃勒先生？

穆埃勒先生：当然说……往后几页，他提出治疗社会的恶，对个体来说替代法律的东西和让公意具有权威性。

施特劳斯：在哪里？第几页？

学生：第49页。

施特劳斯：我们等会儿再看。不过，好吧，怎么了？

学生:他还提到初民临终的淡定,即便廊下派的无欲无求也达不到这般境界。

施特劳斯:是的,当然:死亡是绝对的界限;不过,换句话说,如果死亡毁灭了人类所有可能的欢乐,正如此处的假设,那么,唯一理性的做法就是坦然接受死亡。这正是廊下派以他们的方式所说的,也是卢梭所说的。

学生:但他们并不是这样做的,这才是我要说的。

施特劳斯:为什么说不是呢?

学生:他们感受不到初民的从容淡定。这只是说,欲望与能力的相称或相等只存在于原初状态。

施特劳斯:但任何力量都阻挡不了死亡的降临;因此,渴望永生的人(至少地球人)注定不幸。因为最大的不幸永远在威胁他;那么,如果他无法把死亡当作一种不可避免的必然性坦然接受,他将会永远得不到幸福。

学生:你能再说一下廊下派的幸福观吗?

施特劳斯:完满的自足。即便你遭受最可怕的痛苦——我想,著名的廊下派 Panaetieus,或者 Posidonius,他忍受着可怕的痛苦,同时患有痛风和胆结石,在这个病程中,他仍然声称很幸福。卢梭则没有到这种地步。卢梭也患有各种肉体上的疾病,他会说,不,身体疾病太难受了;如霍布斯所说,它们真实存在着。顺便说一句,霍布斯在想象的[133]恶和真正的恶之间也做了这个区分,真正的恶是身体上的恶。我现在不记得了,在《利维坦》的某个地方。这很清楚。我们接受这一点。

所以,让我们看一下,我们还没获得卢梭的幸福观念。我们一步步来。让我们读一下第 46 页,第 4 段开头,穆埃勒先生引用过的一个句子。

雷肯先生:"审慎"(prudence)!

施特劳斯:不,"深谋远虑"(foresight)。

学生[读文本]:

深谋远虑!深谋远虑总是让我们展望未来,一个我们在许多情况下绝对不可企及的未来;这就是我们全部麻烦的真正源头!

　　施特劳斯:是的。肯定地表述为:如果你对现在的生活满意,享受生存的美妙吧,不要好高骛远。这就是唯一可能的幸福。在你担心将来如何可以继续这种生存感受的这一刻,当你开始关注自我保全的这一刻,不幸就不可避免地进入了。

　　学生:这是否和《新约》的这个观念有关呢,让明日的麻烦……影响今天?

　　施特劳斯:是的,但不是以这种方式。这里,在关于百合花的那段话里怎么说的? 这是什么意思?

　　学生:什么?

　　施特劳斯:关于旷野百合的那段话。① 这里是什么意思? 莫过多担忧。但是,卢梭的意思不一样。《新约》并没有教诲说,仅仅活着就是唯一可能的幸福。我的意思是,有个……无论从什么角度看,人们都不可能认可没完没了的忧虑。我的意思是,即便在谚语的伦理观里:船到桥头自然直(let us cross that bridge when we come to it)。如果你为自己可能要过的每座桥都忧心忡忡,你就会一直处于不幸。莫里森先生?

　　莫里森先生:[卢梭是不是有]这样一种观念——我不知道他是否后面会谈到——意识到幸福是个问题,这个观念本身就让幸福变得不可能,就像你有可能会说的这样? 它呈现了一个……给幸福之路设置了障碍,要达到一个更高程度的意识,一旦你到达那个高度,你就在麻烦中。如果你像旷野的百合般活着,如果你像个自然人那样活着,只劳作,不忧虑,不去搞哲学,也不去思考那些抽象的思想——卢梭是不是会说,这种人才会幸福,而且恰恰由于这个人压根儿就不去想自己幸福与否?

　　[134]施特劳斯:不。他将会想到的是:他将会被迫思考这个问题。我的意思是,人必须思考自我保全,这发生了。那么,他将被迫进入社会——这是穆埃勒先生的关键——即,一种不幸的来源。所以,人

_____

① 《马太福音》,6:28。

真正能够拥有的唯一的幸福就是,不要在公民等级之下,在卡图的等级之下,以好公民当作榜样,而是超越它。这是极少数人的专门领域;卢梭当然把自己包括在内。

换句话说,卢梭提供的是对在《尼各马可伦理学》中亚里士多德的目的概念的一个修正概念——以一种激进的方式修正。政治的或实践的生活、道德-政治德性的实现就是幸福;它需要借助外部条件。那么,存在某种超越它的东西,理论生活,这种生活仰赖的外部条件程度较低。因为,亚里士多德当然思考的是一个以最高可能形式从事政治活动的人:在亚里士多德的假设框架下,政治家必须是家世好,有合理财产,并且必须有家族的人。全都是忧虑,知道吗?但是,理论人是一种超越这些忧虑的人,他在一个较低的程度上需要外部条件,这是一种更高形式的生存。你可以说,这是卢梭背后的东西。但是,卢梭不能像亚里士多德所理解的那样坚持理论生活的优越性,我们将试着找到原因,所以他得到了这种颠倒的理论生活,这就是生存感觉。

学生:但是,卢梭会不会说,无法企及这个高度的不幸的人,其实是被误认为能够到达所以被推至那个高度,可他们其实做不到?

施特劳斯:不,不;目前尚不能展开这个问题,它关键在于这一点:做一个公民当然会有很多回报。我的意思是说,纯粹是从一种幸福观甚至是快乐观来看,自爱的快乐——特别是自豪的快乐——进来了。比方说,爱国的骄傲将会补偿许多苦头,不仅公民在和平时期的生活是这样,甚至战士的战时生活和为国牺牲也是如此。大家都能理解这类事情。卢梭在某个地方说,他不能一下子全说出来,这有一个好处:我们可以更好地跟随论证的步骤。怎么了?

学生:这个最新的论断听起来像拉斯维尔(Lasswell)①。

施特劳斯:是的,好吧,这里和拉斯维尔有点关系……不过,谁说的来着,说拉斯维尔总在说些没意义的话?没人说过。好。翻到第46页,他描述了我们由于缺乏智慧才过着不幸的生活。

---

① 拉斯维尔(Harold Lasswell,1902—1978)是已故的美国政治科学协会的主席,他是20世纪影响最大的政治科学家之一。

雷肯先生[读文本]：

　　于是,我们掌握一切,我们抓住一切;我们担心时间、地点、人、东西,所有现存和将有的东西;我们的自己只是我们自己的最小部分。

施特劳斯:停。每个没智慧的人都只是人的一个分子,因为他的更大的部分是东西,地点、人,这些都不是他。这让我们想起把公民描述为一个分子。换句话说,人是分子,这比起公民只是个公民来说,是个更广泛的现象。我想说这一点。

　　稍后(我这里没有引文)。肯定是在第 47 或 48 页,这段话的开头是,"社会让人更加柔弱,并不仅是由于它剥夺他。"对吗?

雷肯先生[读文本]：

　　并不仅仅由于它剥夺了他运用自己力量的权利,而且更多地由于使他的力量不足以满足他的需求。

施特劳斯:是的。我们继续,从这里往后第 3 段。

雷肯先生[读文本]：

　　当我们的自然倾向不受人类偏见和人类习俗的干扰时,孩子和成人同样的幸福都在于享受他们的自由。但是,孩子的自由受限于他们缺乏力量。

施特劳斯:受限于他的柔弱。

雷肯先生[读文本]：

　　受限于他的柔弱。一个人只要自己能够满足自己的需要,因而愿意做什么就做什么,这样的人才是快乐的——

施特劳斯：即他的欲望不会超出他的能力。是的。

雷肯先生［读文本］：

　　这样的一个人就是生活在自然状态的人。

［更换磁带］

雷肯先生［读文本］：

　　一个按照他喜好行事的人，如果他的欲望超过他的力量，他也是不幸福的；孩子在类似的处境下也是如此。即便在一种自然状态下，孩子也只能享有一种不完美的自由，就像成年人在社会生活中享有的一样。我们每个人都难免他人的帮助，就此而言，变得孱弱又可怜。我们打算做成年人，法律和习俗把我们变回婴孩。

施特劳斯：我们停到这里。所以，你们看，一方面，卢梭当然承认，孩子是不完满的人；在某种程度上，他承认这一点。但是，就像我说过，他试着尽可能地证明这是可能的。第二点，在这段引文中和在前一段一样，我们之前已经看到过：社会状态是一种和幸福不相容的状态。一个公民作为公民是无法幸福的，除非以一种虚伪的方式；卢梭重申这一点。现在，我们来读下一段。

雷肯先生［读文本］：

　　这些是重要的考虑，他们为所有冲突的问题提供了一个解决方案——

［136］施特劳斯："为社会制度的一切矛盾"。所以，换句话说，这些矛盾是社会制度所固有的；因此，如果卢梭的学说自我矛盾，他有权表示，他只是复制了社会制度的内在矛盾。这不是一种自相矛盾，一种真实存在的自相矛盾。但是，有个解决方案，是什么？这个方案是什么？这就是第49页，第3段。

雷肯先生［读文本］：

　　有两种依赖：依赖东西，这是自然的工作；依赖人，这是社会的
工作。对东西的依赖，是非道德性的，这不会伤害到自由，不产生
罪恶；对人的依赖，是无序的，这引发出种种罪恶，由此主人和奴隶
变得互相败坏。如果对这种社会的恶有任何治疗方式，它必须建
立在法律取代个体的基础上；要用超越任何个人意志的真正力量
来武装公意。如果国家的法，像自然的法——

施特劳斯："国家的法"当然指的是实定人法，而不是国际法。
是的。

雷肯先生［读文本］：

　　像自然的法，就绝不会被任何人类力量破坏，对人的依赖就会
变成对物的依赖；自然状态的一切好处和社会生活的一切好处就
可以在共同福祉上结合起来。保护人免于罪恶的这种自由就会和
把他提升得有德性的这种道德统一起来。

施特劳斯：是的。所以，你们看，这很有趣，因为卢梭起初只是简单
地说，没有任何可能解决这个矛盾：要么是人，要么是公民。你们记得
吗？现在，他在这里至少提出了这样一个概念，一个可能的解决方案，
他暗示存在这种方案。他现在采用的这种方案根本上是《社会契约
论》的方案。我们后面将会讲到。所以，那么，我们可以说，一个建造
得好的公民社会可以使公民最大程度地接近人；也就是说，在一种民主
制下，在某种程度上来说，人自然地生活，仿佛他并没有生活在一个社
会里，他不知不觉地服从法律。这一点当然在严格意义上不可能达成，
后面将会澄清这一点。

　　卢梭在这里当然再次提出了他所认为的健全教育的原则：没有人
对人的服从。对物的依赖不可避免（我的意思是，我们需要食物，需要
庇护所），但人对人的依赖必须要避免——即，因为无法完全避免，这

必定意味着互相依赖。如果我对 X 的依赖和 X 对我的依赖一样多,我就不是在简单地依赖他。所以,在一种对等的条件下,在社会和政治平等的条件下,人对人的依赖会尽可能地小。那么,这也得出这个结论——我们不可能都读一遍——孩子必须被教得能承受磨难,身体上的痛苦,因为若非如此他会作为一个成熟的人[……]每时每刻;卢梭相当严厉。众所周知,不溺爱孩子,嘘寒问暖,担心饥渴,等等。我们不必读这段话。

现在我们来读第 53 页,第 2 到 3 段,我想就是这里。我看一下。不,不是这里。你们给我读一下译本。你们看,这很别扭。我找不到。

[137]我只能给你们读一下附近的一句话,这句话是"在理性的年龄开始了文明的束缚(civil servitude)"。看到了吗?

学生:就在第 53 页最上面,第一个完整的句子。她翻译成"共同体的奴役"①。

施特劳斯:换句话说,文明生活必定是一种束缚形式。《社会契约论》的开头:"人生而自由,却无往不在枷锁中。这是怎样发生的?我不知道。是什么使之合法? 我相信我可以回答这个问题。"所以,换句话说,政治哲学的问题就是去理解合法的枷锁和不合法的枷锁有什么区别。任何情况下都会有枷锁。在下一段话,读一下,"我回到实践"。

雷肯先生[读文本]:

> 我回到实践的事情上。我已经说过,你的孩子一定不能得到他要的东西,而要得到他所需要的东西;他一定不要按服从来行动,而要按必要。服从和命令这两个词要排除出他的词典,此外还有义务和权利;但是,力量、需要、虚弱、抑制则要占据其中很大篇幅。

施特劳斯:这在童年很重要。是的。

---

① 见中译本,前揭,页 98。

雷肯先生［读文本］：

　　在理性的年龄之前，不可能形成任何道德存在或社会关系的观念；因此尽可能要避免使用表达这类观念的词语，以防孩子在很小的时候就接触到坏观念——

施特劳斯：让我们停在这里。他深入了这个观点：不存在什么义务，在童年没有义务这个概念。你们还记得他谈到一种先天正义时，这个观念让你们当中有人感到震惊。这并不意味着一种先天的义务。它意味着孩童是否能被激怒的先天性；它意味着我的权利的先天性，而不带任何义务的先天性意味。我们必须说，这是最低限度。让我们继续读第 55 页第 2 段后半部分那个更清晰的论断。

雷肯先生［读文本］：

　　你会说，法律尽管和良心结合起来，在成年人身上施以同样的强制。就是这样，但要不是用教育败坏了孩子，怎么会有这些人呢？这是你应当避免的。对孩童用强力，对成年人讲道理；这就是自然的秩序；智慧之士无需法律。

施特劳斯：所以，你们看，法律是某种有问题的东西。［所以要］理性。但理性只能用于成人，甚至无法用在所有成人身上。只能用强力。这很有意思。没有给义务留有余地，法律。严格来说，只是一方面留给理性，另一方面留给强力。让我们读下一段。

雷肯先生［读文本］：

　　[138]根据你学生的年龄来对待他。要从一开始就把他置于他的地位，并让他保持住，这样他就不再会设法离开它。于是，在他知道何谓善之前，他会践行其中首要教训。别给他任何命令，绝对不要。甚至不要让他认为你向他显示任何权柄。

施特劳斯:没有义务或权威,只有强力。继续。

雷肯先生[读文本]:

> 只让他知道你强他弱,知道他的条件和你的条件令他处于你的庇护之下;让他知道这一点,学会这一点,感受到这一点。让他尽早发现在他高傲的头颅上,自然给我们加上的那个沉重的枷锁,必然性的沉重枷锁,每个有限的存在者都必须屈服于它。让他在事物当中,而不是在莫测的人性中发现这种必然性。让力量而非权威作为束缚。如果有什么是他不该去做的,不要去禁止他,而是要提防他,同时不加解释或不去讲理;你要给他的东西,在他没有开口乞求或讨好的时候就给他,无论如何都不能谈条件。心甘情愿地给予,面露难色地拒绝,但要让你的拒绝不可动摇;没有任何纠缠可以打动你;让你的“不”,一旦说出来就要是铜墙铁壁,孩子五六次碰壁就会筋疲力尽,不过最终他将不再会试图逾越它。

施特劳斯:让我们考虑一下:这孩子会不会……我的意思是,没有权威;没有命令,没有禁令。但有的只是许多个“不”。当然一次次只会遇到“不”,无法把这些“不”解释给孩子听,因为他没有理性。那么,这是否真的能让叛逆、暴躁之类的事情不出现呢? 我无法理解这一点。怎么了?

学生:如果你认可卢梭说的这一点,对孩子来说,有可能避免把意志强加给事物,那么你,这个导师,你把自己转化为一样东西,一座铜墙铁壁。

施特劳斯:是的,但是我们就又回到我们的老问题了:孩子能否像大人那样简单地作出这个区分? 你们都知道,我们上次讨论过这个问题。我必须说,似乎有个东西错得离谱,除非我们假设《爱弥儿》的意图不仅仅是要在教育孩子方面给出指导,除非这本书同时也是我上次提出的一种理智实验,也就是说,不带任何偏见地推导出一个人的发展,不管什么样的偏见都不带进来,看看有哪些地方是偏见必然会进入的。带着这个想法来思考,没有哪个文明社会能不带偏见,但是,存在可欲求的偏见与不可欲求的偏见;那么,最好的事情当然就是有最好的那些偏见。但是,让我们考虑一下:为了在认识到偏见之必然性的同时也认识到哪些偏见是最合理的偏见,我们必须用一个孩子来做实验,直到我们看到什么时候需要出现偏见。比方说,摇篮中的婴儿显然不需要偏见,但是,究竟什么时候需要偏见出现,在怎样的情况下出现? 总体上该如何理解偏见,尤其是理解最好的偏见? 我相信你必须这样来看这个问题;否则,我无法理解该如何理解这个地方。让我们先来看——我们必须思考更多的重要段落。第58页,第2段。看到了吗?

[139] 学生:如果我们读一下雷肯先生读完那段话紧接着的那一句,是不是会有些帮助呢,卢梭在那里说,"人可以忍耐事物的必然性,这是不是人的天性呢?"

施特劳斯:在哪里? 我看到的是:"还有这句话,什么也没有了,"他说,"没有孩子会反抗这个答案。"我否认这个论断的真实性。

学生:但是他随后给它一个重要的限定。

施特劳斯:不,即便他知道这是真的。即便这里没有了,也可以获得它,靠钩子什么的。你没见过顽童吗?

学生:这并非这个限定的重要之处。它就像这本书后面出现的一个例子:一旦孩子意识到自己在对抗铜墙铁壁,一切就顺利了;但是只要他辨识出——

施特劳斯:是的,但是他在多大程度上知道这是普遍的? 我的意思是,在一种给定的情形下,我承认他可以知道,但是,这就是问题所在。换句话说,难道是想象,或者随你怎么称呼,让人有了愚蠢的想法吗?这个东西难道不是必然会发展出来吗? 有没有任何手段可以阻止它的发展? 这是雷肯先生提出的那同一个问题的另一个不同观点:卢梭的这种建立在这么多机巧、谎言、哄骗上的教育,还能算是一种自然的教育吗? 你该如何设想一个自然人开始有这种不自然的教育? 这是针对这个问题的另一种质疑。他是不是其实没有从错误的角度开始,尽管他所说的许多东西都非常合理? 我的意思是,如果这本书只包含着一些含糊其辞的建议,我猜没人会读这本书,我们也不会读。它的确包含不少合理的内容。但问题在于:难道没有一个让整件事情无效的原则吗？我会说，这是因为卢梭假设人生来不是社会性的存在。因此这个孩子的教育完全仰仗他……一旦你有了一群孩子，困难就会无可避免地出现。即便有五个爱弥儿要靠卢梭自己抚养，如果他们一起来，孩子之间的竞争（或者无论你怎么称呼它）就会立刻出现。

学生：但事情是这样的：他自己否认过这种教育可以付诸实践。

施特劳斯：是的，我们确实看到过；我们现在讨论这个问题。在第58页，第3段。

学生：但除了它能否付诸实践之外，最大的问题是，这样说的主要效果是什么，如果它可以被这样言说的话？

施特劳斯：不过听着：我认为，一项教育计划能否付诸实践至关重要。你们不这么认为吗？这正是问题所在。现在，这个问题在我们将要读的这段话里得到解答。

［140］雷肯先生［读文本］：

另一点必须要考虑进来，它可以确定这个方法的适用度——

施特劳斯：我们来读这里："不过，为把这孩子教育成不感情用事的人，我们应该把他放在什么地方呢？"

雷肯先生［读文本］：在最下面：

不过，为了把我们的孩子抚养成一个不感情用事的人，一个机器人，我们应该找个什么样的地方来安置他呢？我们应该把他放在月球上吗，还是放在一座荒岛上？我们应该让他远离人类社会（human society）吗？

施特劳斯："远离所有人"（from all humans）。是的。

雷肯先生［读文本］：

他难道不总会看到周遭其他人七情六欲的景象和事例吗？他

难道从来看不到同龄孩子吗？难道他看不到父母、邻居、保姆、女师、男仆吗？他难道自己训导自己吗，他毕竟不是个天使啊？

施特劳斯：所以，你们看。那么答案是什么呢？

雷肯先生［读文本］：

> 对此我们有个切实而严肃的反对意见。可我说过依据自然的教育是件容易事儿吗？哦，人们啊！你们让所有好事情变得困难，这难道是我的错吗？我承认自己意识到了这些困难；或许它们难以克服；但是，可以确定的是，我们试着做，就可以在某种程度上避免这些困难。我在试着展现我们应该尝试达到什么目标，我并没有说我们一定可以达到它，但我确实说谁能尽可能接近它，就离成功越近。

施特劳斯：是的，换句话说，这是个永远无法企及的目标。但是关键在于，靠近这个目标是因为它好。这一点非常有趣。目的这个概念在这里意味着什么？它并非古典意义上的目的，古典的目的被理解为某种可以企及的东西——并非必然某时某地可实现，但确实有可能实现的。柏拉图的《王制》：这个主张无论多么反讽，始终被认为不仅可欲求，也是可能的。而且他必须证实其可能性。柏拉图在《王制》中做了这件事，可以说是关于一种不可能的对象，这种特殊政制。但是这种思考方式，这种方法，是严肃的。正如在亚里士多德那里：你必须展现存在这种可能性；如果这个目的本身绝非可能，那么走向它就是蠢行。我们从哪里可以看到对人们而言不可能性成为一种启示？我们在哪里可以看到？不在古典思想中。

学生：在中世纪传统中吗？

施特劳斯：不，不。中世纪总是假设一种可能性。

学生：斯宾诺莎把人类结构呈现为……

［141］施特劳斯：好吧，我们不必陷入任何揣测。把这类事情当作无阻力运动。典型的现代概念，现代科学的概念，理想状态下，理想状

态意味着某种自然状态下不可能的事物，但它很容易被建构，让你能够用来分析实际存在的事物。这种理想状态的观念并不是古代的或中世纪的，它来自现代，这种观念指引着卢梭。换言之，你在早期看到的东西只不过是数学事物的预备：一个圆，一个正圆。［施特劳斯在黑板上画圆］好，你们看：黑板上画不出一个真正的圆。这是个经验性的证据；雷肯先生也可以试试，它也不会是完美的圆。因此，这是不可能的。数学事物不可能是可感知事物；不可能是。我们所谓的数学事物永远是概念性的事物。我们可以在可感知事物中呈现它们，但这只是一种不完全的呈现。那么，现代发生了这件事，如果我对此有所理解的话，数学物理学意味着这一点：有可能让数学事物（不是数或几何图像）作为可见或可感知事物的关键。换句话说，类似光学中的纯黑体，或无阻力运动：这些都是物理概念，不算是数学概念；它们是一种数学构造的物理概念。你觉得对吗？

学生：非常准确。

施特劳斯：因为，据我所知，雷肯先生是在座诸位中唯一受过严格科学训练的人，所以他是我的阿波罗。所以说卢梭的完美教育就具有这种品质。就我所知而言，康德充分地澄清了这一点：对康德而言，一个观念（即一种完美社会的观念）只需要一个证据来证明其可能性，即，它不自我矛盾。你应该展示其可能性的条件，比方说通过考察人性。因为否则你就不知道完美人性究竟在多大程度上是可能的。如果你想要无限地进步，你不能把经验所知的人性作为目标，因为作为经验知识的人性可以被无限制地修改。因此，根据康德，唯一的标准就是摆脱自我矛盾。那么，这些建构［施特劳斯在黑板上写字］当然也都摆脱了自我矛盾；否则你无法把它们用作模型。我认为我们必须记住这一点。换句话说，卢梭描述的这种教育是一种理想状态，这个理想状态指的是现代意义上的，而非更古老意义上的。

卢梭给出的第一个条件如下：教育者必须德性完美，尤其要纯良，正如他在下一段直到接下来一段最末说到，"爱他人，他们也会爱你"。多么乐观的假设！只要训导师和蔼可亲，这个孩子就只会看到善良。你必须承认在我们看来这种要求蛮可信。在这种条件下，这孩子当然不会看到任何形式的罪恶。这棒极了,但卢梭并没有证明其可能性。如果这孩子接触到的整个环境都是品行高尚的人,那么当然他的确看不到罪恶,只要他不走出家门。但卢梭并没有假设仆人和其他各色人等全都是品行高尚的人。怎么了?

学生:在某种程度上,他说要解释给孩子听,那些人是病人。

[142]施特劳斯:是的,接下来会讲到,的确如此。他举了脾气暴躁的老园丁的例子,那个人在什么地方大发雷霆。然后他就被告知"他并不是个坏人"之类的话:那并不存在。因为如果你告诉孩子存在邪恶,你就给他心里播撒了邪恶的种子。必须避免这类事情。所以你要说,"这个可怜人病了。"当然,这也说得通,确实是这样。所以换句话说,卢梭必须有一个虚构(make-believe)出来的世界(这贯穿于这本书的始终)。一个虚构世界。自然教育是一种虚构教育。这一点并不必然要遭到责备,但这种教育并没有它看起来的那么自然。好。我们翻到第61页,第5段;因为我们必须考虑这节课快结束了。

雷肯先生[读文本]:

> 我们第一要对我们自己负责任;我们的第一感受以自我为中心;我们所有的本能首先导向我们的自我保全和我们自己的福祉。因而,最初的正义概念不是来自我们如何对待他人,而是来自他人如何对待我们。流行的教育方法还有另一个错误。如果你告知孩子他们的义务,而不告诉他们的权利,你就是始于一个错误的目标,告诉了他们既无法理解,也毫不相干的事情。

施特劳斯:所以,你们现在就可以明白该如何理解他先前对内在正义感作出的评论了:它只能是一种对自我权利的感觉。关于这是否可以如此轻易地和义务感(其他人对你有义务不侵犯你的权利)分割开,这里尚未给出进一步讨论。

学生:在我看来,如果你把我们前面读过的那段话,就是关于如果你友好,人们也会对你友好那段,和这段话联系起来,前面那段话或许可以理解为,你让人们对你友好的唯一方式就是对他们好,或是一种你在普芬道夫或霍布斯那里可以看到的算计：如果你不友好，你就得不到友好的回馈，或者……

施特劳斯：好，你们看，我们没法全部都读完：大概在第49页，第4段，或别的地方，我们不能全都读，那里说，你可以假定孩子的反应会是感恩，但是卢梭只看到羞耻。我发现这很有趣。好吧，由于这比较重要，那我们读一下吧。看到这段话了吗？

雷肯先生［读文本］：是的，第49页，第3段。

让孩子只依赖于物。通过这种教育过程，你将会依照自然的秩序。让他不合理的愿望只遭遇物质性的障碍，或是他自己行为导致的惩罚，当同样的处境再现时，这些教导就会被记起来。

施特劳斯：换句话说，这些算不上真正意义上的惩罚，而只是些恶果。

雷肯先生［读文本］：

这就足以让他远离错误行为，而又无须禁止他做错事。

［143］施特劳斯：错误行为在这里不具有道德意义。做了错误的事情。

学生：类似一种失误。

施特劳斯：是的，继续。

雷肯先生［读文本］：

经验或缺乏力量可以取代法律。给他所需之物，而非所欲之物。不要产生他顺服或你专制这种问题。补给他所欠缺的力量，只要达到自由所需的程度即可，而不需要达到强力，这样他就会带有某种惭愧（shame）来接受你的帮助。

施特劳斯:他说的是"带有某种羞耻(humiliation)"。更强烈一点,羞耻。换句话说,感激善意是不被允许的,因为这是一种卑微的情感;那么他想变得优越,结果他才两岁大就已经是个暴君了。我发现了这种特质。

学生:我试着进一步往下谈:在这个世界上……卢梭是不是几乎成功消除了伦理说教。

施特劳斯:是的,就某一点而言。我的意思是,这恰恰是我们不得不关注的:责任感或义务感从何而来?截至目前,我们尚未看到任何与之相关的东西。

学生:这令人惊讶地接近实证主义者的计划……

施特劳斯:是的,我不是质疑卢梭影响很大。我的意思是,卢梭被拉低了,在许多方面变得更实际或者说更通俗,在另一些方面被弄得更粗俗。他以这种方式征服了西方世界。我知道这一点,这正是我们阅读卢梭的原因。

我可以提到一点吗?我们在这里没时间读了:一位英语作家路易斯(C. S. Lewis)写了一本书,或者更确切地说有一系列讲座,名叫《人之废》(*The Abolition of Man*),它的方方面面都值得一读。这本书是他对社会科学实证主义的批判。他在第一讲中称这些人为"没有胸怀之人",意思是他们认可身体性的欲望,在某种程度上他们也认可理性:即如何获取身体性欲望的对象。其他东西,价值,正如他们所宣称的那样只不过是主观的东西。换句话说,身体有较低的那个部分,肠胃和下半身,也有大脑,但是这之间什么都没有。没有心灵。这是对此观点的很好的描述。我推荐你们读一下。C. S. 路易斯,《人之废》,纽约,1959。好的。我希望目前已经搞清楚这一点了,如果卢梭如此明显强调一种内在正义感,这并没有太多的用意;这一点毫无疑问。我们必须看看正义是如何逐渐出现的。

[144]这在第62页注释1提出了,卢梭当然不反对打屁股,这一点很清楚。就这方面来说,卢梭和当今流行的那些教育理论非常不同。因为这只是一种强力的运用。强力是被允许的,只是不要权威。这就是区别。让我们翻到第64页的注释。

雷肯先生[读文本]：

　　此外，即使遵守诺言的责任感在孩子的思想中还没有通过其自身效用建立起来，孩子逐渐生发的良心将会迅速把它作为一种良心的法律，一种内在原则，对他产生影响，只待适当的经历来帮助它发展。这种最初的轮廓并不是由人勾勒出来的，而是由一切正义的那位作者雕刻在心上的。除去原初的契约和契约加给人的义务，人类社会除了虚无和空虚就什么也不剩了。只因为对自己有好处才信守诺言的人，只要不轻许诺言就可以做到守信。这个原则是最重要的，值得好好研究，因为人就是从这里开始和自己斗争的。

　　施特劳斯：因为他变得道德化，这是关键。人的内在冲突就是自然的，亦即非道德的人与文明的或道德的人的冲突。换句话说，这就是卢梭在这里所说的最含混的地方。他用了传统语言：有一条镌刻在人们心中的法。这法是什么？道德的第一法则？我们再次提出这个问题。

　　学生：做对自己有利的事情，同时尽可能少地伤害他人。

　　施特劳斯：这里不是。这并不是良知的法。遵守承诺，履行你的约定，契约。是这个。你做出这个承诺就必须遵守它。这项职责就是履行你的义务，这才是卢梭所说的。习俗或契约之前的法，以及它设定的义务，这就是作为社会基础的基本法(the primitive law)。那么，哪位伟大的道德家说过，法，道德法，可以被总结为遵守约定之法？

　　学生：霍布斯。

　　施特劳斯：当然，霍布斯。在《利维坦》的第14章和第15章的开头。霍布斯的学说更复杂一些：这项法在霍布斯那里只是第三位的法。但它是唯一有效的法(the operative law)。为什么呢？因为不可能一切义务都来自你对别人作出的承诺。这种义务必须来自你和他或其他人的约定。所有义务都来自契约，而如若没有必须维护这项契约的那个根本性的义务，就不可能有任何义务。而这种根本性的义务来自一种基本正当，即自我保全的权利。论证非常简单：假如你不是社会成员，你就无法保全自己,必须有警察强力或是其他类似的保护生命的东西,于是就有了契约。但是,由于一切义务都来自契约,当然也就不存在什么先天的责任;否则你就无须为它们定契约。它们只能来自契约。而且,如果你说,可是这种责任当然先在于人心之中,就像卢梭在这里提出的那样,而不是来自契约(履行契约的义务当然不会派生出[145]履行契约的义务),这很清楚。是的,但它派生自自我保全的基本权利。这正是先天的正义感。

换句话说,如果我可以这么说的话,卢梭用了比霍布斯更伪善的词语,但他的意思并没有什么不同。我们记住这一点。但是,然而一旦一个孩童明白这一点,明白不信守诺言就无法自我保全,那么,经由这个事实,他就步入了道德世界,正如卢梭在下一段开头所说的那样:"在这里我们就到了道德世界;在这里大门向罪恶敞开。"这也同样是罪恶的开始。因为如果没有一个道德世界,也就当然不存在罪恶。我的意思是,严格说来,狗就无所谓恶犬。巴特沃斯先生。

巴特沃斯先生:这里只有一个问题,你怎么看这个关键句,除非为个人利益,从不信守诺言的人很难受制于……

施特劳斯:是在下一段中吗?

学生:不,就在这条注释。

施特劳斯:我们来读下一段,这个想法在接下来这段有所推进。读下一段。

雷肯先生[读文本]:

　　　　在这里我们就到了道德世界;在这里大门向罪恶敞开。

施特劳斯:这是开头。位置在:第65页,最上面。

雷肯先生[读文本]:

　　　　欺骗和谎言伴随着习俗和义务而生。

施特劳斯:你们看,顺序很有意思:"伴随着习俗和义务。"义务只不过出自习俗而已。

雷肯先生[读文本]:

一旦我们可以做我们不应该做的事情,我们就试图隐瞒本不该做的事情。

施特劳斯:所以,这就是义务和罪恶的关系,对吗?

雷肯先生[读文本]:

一旦自身利益促使我们给出承诺,一个更大的利益就会让我们打破它。

施特劳斯:很显然。我的意思是,这是每个功利主义者的困境。我的意思是,利益并不能作为一个充分的基础,因为迟早会有其他利益出现。是的。

雷肯先生[读文本]:

这只不过是一个做了而又免于惩罚的问题;我们自然地会在隐瞒和撒谎中寻求庇护。因为我们不能防范罪恶,我们就必须惩罚它。人生的不幸就始于其过错。

[146]施特劳斯:很抱歉。这里很重要,但并不是这一段话。他在哪里提到眼下的利益? 巴特沃斯先生,你应该知道这一页。

巴特沃斯先生:就在你提到的那条注释里。

施特劳斯:不,在别的地方。在第66页,最底下,我找到了。当他说……他说什么? "这是你的吗?"

雷肯先生[读文本]:

"是你做的吗?"因为在这样做的时候,除了教他否认之外,我还做了什么呢? 如果他性情执拗迫使我和他达成某种共识,我要仔细留意,提议总是由他提出,决不能是我——

施特劳斯:换句话说,他是立约者;义务并不是强加给他的。因为第一位的东西是权利,而不是义务。所以他必须愿意让渡自己的部分权利。这当然就是一切契约的意义。是的。

雷肯先生[读文本]:

当他履行的时候,他总会获得现实且有效的利益——

施特劳斯:"一种感觉得到的利益",意思是一种他能切身感受到的利益。是的。

雷肯先生[读文本]:

在完成他的承诺时的一种感觉得到的利益——

施特劳斯:够了。换句话说,如果缺乏这样一种当下可以切身感受到的利益,履行契约的动力就不足了。现在来看一下社会契约:在一个公民社会中,这种当下就感受得到的利益明确告诉你,你的利益就是去履行你的义务,或服从或不服从法律,这当然没有结束,因为有许多逃避法律的机会。你们一定听说过,有人特别擅长寻找税法的漏洞;又或者,有一些并不真的是漏洞的漏洞,也许 30 年后会发现它们,但对有些人来说只要它们没被发现就算是漏洞,大家都知道。

所以,换句话说,卢梭说的是这个意思:如果做被明令禁止的那些事情是明显的蠢行,显而易见的愚蠢,那么没人会真的那么做。我确定卢梭在《爱弥儿》其他什么地方举过这个例子:有人说自己彻底爱上了一个女人,他自己根本料不到会爱上这个女人,但他抑制不了这种冲动。卢梭做了这个简单的实验:他们在这位女士的窗前竖起一座绞架,他十分确定一旦他上楼去,再出来的时候就会被绞死。你会看到这种爱并非无法抑制。所以换句话说,如果他面对显而易见的惩罚,他就不会做错事。但是,麻烦就在于,大家都知道,并非所有情况下都会如此。

因此你必须有一种体面的或守法的一般感受,无论你怎么称呼,但它当然不等于纯粹的私利,欲望的利益。孩子还没有这种东西,因此孩子的诺言一定是他通过约定、承诺可以获取什么好处,他不许下承诺就连一秒钟的好处都享受不了。[……]

[147]这就是问题所在:人们如何可能更喜欢共同利益而不是私人利益呢?这是个问题。这正是卢梭的《社会契约论》想要提出的问题。卢梭意义上的道德的人就是那种惯于处处都更偏好共同利益而非他私人利益的人。但这有悖于人的自然天性。人生来就更在乎他自己的利益而非其他任何利益;并且没有任何先天认识会让人更爱共同利益而非私人利益。没有先天认识。在这个意义上,正义感并非先天的。把自我保全视为自己非做不可之事的那种欲望才是与生俱来的,这些社会义务都由此而来。但是,自我保全的权利可以从我们的本能这里找到证据,而共同利益和追求共同利益则找不到。这就是卢梭看到的问题。怎么了?

学生:我发现有个东西你没有提到。在第52页,第2段;这段话的开头是"让我们回到原初法则"。紧接着的这句话让我迷惑:他说,"自然让孩子茫然无助并需要关爱。"那么,这并非一处公然的自相矛盾,但这确实看起来有些违背……

施特劳斯:好吧,你能否把它翻译成另一种语言能让卢梭……我的意思是,卢梭所想的那个事实是什么,即便当今的社会科学家也会承认的那个事实是什么?

学生:他是否只是说,他希望有人同意,孩子希望周围的人喜欢自己?

施特劳斯:不是,不过注意。首先,我认为母亲们,就像动物幼崽的母亲们一样,有一种自然的本能去照顾这些无助的生灵,哺育它们,等等。这类事情存在某些理性的因素。因为,由于各种各样的理由,如果没有母亲的照料,包括人类在内的各种幼崽都会活不下去,这像是一种目的论,不是吗?自然这样安排事物,婴儿的无助呼应了母亲的照料,有时甚至是父亲的。

学生:是的,但卢梭想去否认自然的社会性的形成……

施特劳斯:对,但是你看,卢梭走到这一步……我们已经看到。对卢梭而言,人是最不群体性的动物。我们已经看到了。但是问题仍然是,他该如何做? 顺便说一句,霍布斯也承认这些事实,但是他如何逃脱它? 首先有他所谓的自然欲望,这个东西导致生儿育女。然后有了某种类似的东西,一种母亲(在某种意义上父母亲都是)要照料孩子的类似道德的冲动。这些无论如何都不会引发任何可以被称作"社会"的东西。卢梭在《社会契约论》的一条注释中对此做出极大的推进,我们还没读过这段话,我觉得英译本可能都没有翻译这段话,他在那里表达了与洛克的分歧。洛克解释了霍布斯路向的婚姻社会,他说把社会聚合在一起的除了需要共同照料后代以外别无其他。你也可以在某些动物当中看到类似情况,它们待在一起为了照料它们的后代。就人而言[148]这种社会比起其他物种而言持续得更久更稳固。他从未说过究竟有多久有多稳固。但是,这种观点意味着一旦孩子长大成人,就不再需要子女与父母之间有任何瓜葛,父母之间也是如此。明白吗? 换句话说,婚姻社会,如果我们使用洛克式的术语来说,婚姻社会绝不是文明社会的发源地。绝不是。因为文明社会是一种成年人的联合体。

学生:洛克会说,父母的养育之恩还在,不是吗?

施特劳斯:你在什么意义上可以称之为道义责任? 你看,你一定读过洛克的这段话,我想这句话在第六章,我不太确定,他谈论过这个问题,仔细读这段话;因为第一印象当然是……他老是引用"孝敬父母",一则《圣经》主题的重述,但是当你更仔细地读,你会发现并不是这样,子女长大成人后还孝顺父亲只不过是因为期待继承遗产。他是这样说的。洛克说,"实际上这并不是一种自然的责任",但是他说这是一种非常有力的责任。我确定是这样说的。

学生:《圣经》在这一点上也较为强硬:"你们要孝敬父母,使你们在地上的日子长久。"(《出埃及记》)

施特劳斯:是的,不过这是另一回事,不太一样。"你们的日子"意思非常不同,指的是整个民族的日子,社会整体的安宁要依赖它。我认为这一点非常不同。好的。怎么了?

学生:在第69页,最上面,他作出指示:绝不伤害任何人。这似乎并不是建立在这个契约的基础上。

施特劳斯:是的,我们需要读一下。可以读一下吗？可以从头读一下这段话吗？

雷肯先生[读文本]：

> 检查你的教育原则；你会发现它们全都混乱不堪,尤其在关乎德性和道德的事情上。唯一适合孩子的道德课——对每个年龄都很重要的一课——就是:"绝不伤害他人。"甚至行善这条原则如果不服从这条原则,都是危险、错误且矛盾的。谁不会做点好事呢？每个人都会做点好事,坏人也会做出点好事,他让一个人快乐的代价是让成百人遭殃,于是就引发我们的一切不幸。

施特劳斯:他让谁快乐了？

学生:他自己。

施特劳斯:是的,有趣的论证,不是吗？继续。

[149]雷肯先生[读文本]：

> 最高贵的德性是消极的,它们也是最难做到的,因为它们并不显眼,甚至没有给人心里的甜蜜快乐留下一席之地,就是我们让别人心满意足了的那种想法。

施特劳斯:我们读一下这里的注释。

雷肯先生[读文本]：

> "绝不损害他人"这条训诫暗示着最大可能不依赖人类社会；因为在社会状态下,一个人的善就是另一个人的恶。这种关系是事物本性的一部分,它无可避免。你可以用它来检验社会中的人和隐士,来看看谁才是最好的那个。有个出色的作家说,"只有坏人才能独自生活"。

施特劳斯：这是狄德罗，他在把它用在卢梭身上。狄德罗这么说是因为卢梭如此非社会性，而且狄德罗认为这显示出卢梭最根本的邪恶之处。是的，"我要说……"

雷肯先生[读文本]：

> 我要说，"只有好人才能独自生活。"这个提法，虽说不精辟，但比另一种说法更真实更合逻辑。如果恶人独居，他还要做什么恶？只有在同伴中他才能给别人设置陷阱。如果体面想把这个论证用在这样的人身上，我的回答就在这条脚注所注的那段话里。

施特劳斯：现在，让我们看一下。你怎么提出这一点？困难是什么？

学生：似乎这真的建立在契约的基础上。

施特劳斯：是的，的确如此。不过，这意味着什么呢？它能给你多大的启发呢？不损害任何人；然后卢梭说，"当你生活在社会中时，你必然会伤害别人。"他不是这么说的吗？我们已经看到，他改变了关于邻人的基本法则：追求你的利益时尽可能不害别人。你会伤害其他人，这一点不言而喻。但是，若非必要，别伤害别人。卢梭等于是这个意思。现在卢梭说，你们记得这来自《第二论》，这归因于一种自然关切，他称之为"同情"或"怜悯"。随后的说理强化了这一点，只用这一个理由，即如果你毫无必要就伤害别人，尤其是，你总在伤害他们，你就会艰难度日。我不明白……困难在哪里？我们最终到了这个之前就看到的著名的特性：即，好人就是孤独的人。因此他作为一个个体生活。[施特劳斯在黑板上写字]我们称之为"我"。这里，我们还有"公民"。这个表达式极为重要。那么，公民当然是那个订立契约的人。而好人没有任何义务。你们看，这对卢梭来说是个关键特征：好（goodness）并不是德性。德性以这样那样的方式建立在社会契约的基础上。整个责任、义务、德性、道德的世界都是不自然，然而却是必需的；这是关键。也就是说，整个良知世界，它有别于良知尚未进入的那个纯然自然善的世界，它属于契约世界。我们必须记住这一点，才能[150]理解"萨瓦本堂神父的信仰自白"。我们还得再读三页,然后就必须停了。在第73 页,第 3 段。

雷肯先生[读文本]:

> 如果语言学习只是学习一些词语,也就是说学习语言用来表达自身的那些符号(symbols),那么这也许是一种适合孩子的学习;但是语言,由于它们改变了符号,也就修改了这些符号传达的观念。

施特劳斯:他说的不是符号(symbols)而是标志(signs),这个词好一点,因为它不涉及我们今天那些烦人的符号学理论。好。

雷肯先生[读文本]:

> 才智由语言形成,思想沾染了这些语言风格的色彩。只有理性是普遍的,每种语言都有其独特形式。

施特劳斯:好的。我只给听过我上周一讲座的人读过这段话。这是老观点了。[……]之间的区别。在第 74 页,第 4 段,这个开头并不完全是没有意思。"读者们,常要记住对你说话的人既不是学者,也不是个哲人,他只是个简单的人,热爱真理,没有党派,没有体系;"等等。好吧,他可不像自己说得那么简单。

最后一点——这一点非常重要,必须一直记着——在第 76 页,第 2 段,一直到那段话的最后。我们必须始终记着,他说,"第一个词……"

雷肯先生[读文本]:

> 第一个毫无意义的短语……

[录音关了,雷肯先生还在读]

施特劳斯:——增强较强的。还有许多段落。我认为卢梭教育的关键原则在于:不带任何偏见地抚养孩子,不带任何他人的信念……

［录音结束。下面的内容来自学生笔记：］

……不带任何他人观点中的信念。这和不傲慢属于一类。傲慢与偏见在一起。卢梭承认无法不带偏见地抚养孩子，但是最接近不带偏见的做法就是他教的那些。人为的目标（goal）取代了目的（telos）。

［本节结束］

第七讲 《爱弥儿》卷二:自然教育与偏见

[152][录音中]施特劳斯:——推理(reasoning)只以这些感觉(sense)为基础吗? 这是什么意思呢? 它的对立面是什么? 我认为,如果不思考一个论题想否定的那个对立面,就无法理解该论题。

学生:我认为它想要否定的是……它给我这种印象,儿童的推理处于亟待完善理解和推理的这个阶段。

施特劳斯:不,基于感觉的推理的对立面是什么? 会是什么?

学生:我认为对立面是不借助感觉的推理。

施特劳斯:但这是什么东西,如果用肯定性的表述来说? 让我们忽略数学,因为卢梭在这部分讨论数学的时候仍然以感觉活动(sense activities)为基础。画个圆,数个绵羊,或别的什么活动;就其本身来说,这仍是一种感觉活动。那么他否定的是什么? 我的意思是,这一点至关重要,具有决定性的重大意义。他否定了什么?

学生:他否定一切非经验性的东西。

施特劳斯:是的,但请正面来表述,如果可能,请用卢梭自己的表述。

学生:普遍观念(general ideas)。

施特劳斯:这太过笼统。在某种意义上,孩子也有普遍观念。打个比方,10 岁的孩子知道这是一个人,那也是个人,这还是个人;所以他也有普遍观念。

学生:内在观念(innate ideas)或能力(faculties)。

施特劳斯:这就清楚了。但是,这是一种什么样的知识?

学生:你是不是想问推理和能力之间的区别,理智[……]。

施特劳斯:好吧,你可以这样说。不过你看,传统上把最广义的关于感觉对象的知识统称为自然学(physics)——最广义的,这些感觉对象包括所有自然物。此外另有一个知识门类处理其他对象。

学生:形而上学。

施特劳斯:形而上学。根据某种广为人知的看法,这门知识的基础不再是感官经验。所以,儿童教育拒绝所有类型的形而上学知识。我要问,传统意义上的形而上学的最高对象是什么,就卢梭所知而言?

学生:上帝。

[153]施特劳斯:上帝。这才是关键。我的意思是,这是一种礼貌的清除方式,关于上帝的事情对孩子只字不提。所以,这意味深长,绝对不是随便说说。经过你们的阅读和我们的讨论之后,就我们目前已经读过的内容来说,你会如何总结卢梭在《爱弥儿》呈现出来的教育理念?

学生:纯粹是孩子的生理发展。

施特劳斯:对,不过,即便这里……好吧,我们先完全限定在身体训练方面吧。这种训练的效果是什么? 我的意思是,就训练一个孩子的身体而言,你追求各种各样的目标。你提到的数页篇幅里已经表明:最大限度的自足,这样一来他就可以尽量依靠别人。他能在任何环境下生存。他可以移居到任何地方。但是,你若不考虑这项教育的整体目标,而仅仅考虑身体训练的目标,你就无法理解这一点。

学生:[不仅不依靠别人还]不依靠别人的意见。

施特劳斯:他必须成为一个自足完满之人,不以任何方式依靠他们。我们必须牢记这一点。那么,在我们讨论作业之前,我想提醒你们注意我前面讲过的一个问题。我很高兴你没有再次告诉我们卢梭的论断多么自相矛盾,尽管你有数次机会可以这么说。这么说当然一贯正确。但正如我上次所说,为了在不计其数的矛盾中找到方向,你必须化零为整,把这些矛盾化为少数几组反复出现的矛盾,然后你就可以考虑该如何解决这些基本矛盾;如果能解决这些矛盾,你就能进一步解决卢梭思想的问题。

现在，再次从起点开始，重申一下我曾说过的话，人们从卢梭随意一部作品——或许尤其是《爱弥儿》——获得的第一印象，一个关键命题就是自然是好的，如果你看不到这个命题在否定什么，它就是个毫无意义的论断。相对自然而言，社会是坏的，理性是坏的。这就是它的含义。这也就包含了这个看法，即情感（sentiments）属于自然；要感觉（sensibility）、心灵（heart），而不要理性。这是阅读卢梭的一个障碍。还有第二个关键点，关于这个关键点，到目前为止，我们在《爱弥儿》中看到的相对还不多，这就是卢梭的政治激情：共和、民主——当然不是当今美国政党意义上的——对某种特定类型的政治社会的特别关注与对社会本身的责难之间当然很不一样。我们找到的第三个关键点是——或许在《爱弥儿》中找不到它，但我们在《第二论》可以发现——卢梭与霍布斯的根本一致，尤其是，这是由卢梭详细指出的。你提到的卢梭与洛克的一致当然也很重要，但这是所谓的支线问题。至少在道德和政治事务方面，卢梭和霍布斯有根本性的一致，因此他也和霍布斯的追随者，比如洛克当然是其中之一，有着根本性的一致。

[154]现在，我想就最后一个关键点来谈谈《爱弥儿》的问题，因为作为霍布斯的追随者与批评者，比起其他那些我指出的卢梭问题，比如自然概念问题，他的这个问题更容易获得一个较为清晰的分析。那么，卢梭的起点同样是霍布斯的起点，不过，让我先来谈谈霍布斯。

传统自然法建立在这个前提的基础上，即对于人之为人来说，有一个自然的目的。霍布斯拒不接受这一点，结果卢梭当然也不接受，尽管卢梭经常采用一种目的论式的语言表达形式。但我们看到不少暗示。能力的充分发展对于这个物种而言是件坏事情——他在《第二论》里说过。这也就是说，朝向唯一自然目的（the natural end）努力进发是件坏事。或者正如我们在《爱弥儿》中看到，存在富余能力，而且同等重要的是，这些能力得以实现的原因完全归因于偶然性。换句话说，人并没有想要实现自己能力的内在冲动。能力的实现是在偶发状况下强加给这个人的。第二点与第一点相关，这就是理性的失效。传统自然法学说假设理性足够强大有力。新学说则认为，基本的道德现象必定是一种激情（passion）。至于自然法，自然法必然来自一种激情，这种激情被证明是自我保全，或者说，其否定性的表述是畏惧暴死。同样重要的是，如今这被称为一种激情，而不是一种自然偏好（natural inclination），非常重要。这意味着，基本的道德政治事实乃是一种权利而非一种义务。一切义务都来自自我的责任，来自契约。卢梭和霍布斯在这一点上达成充分的共识。第三点在某种程度上偏离了卢梭。霍布斯仍然赋予自然法极大效力。自然法本身并无效力。我们必须找到究竟是哪种激情取代了自然法；卢梭在什么地方找到这个替代物？在卢梭那里，取代自然法的激情是什么？

学生：生存感觉？

施特劳斯：不是。

学生：同情？

施特劳斯：同情——或者说，善（goodness），他这样讲。所以换句话说，最原初且最基本的东西是自我保全，自我保全仅仅导向罔顾他人去追求个人私利。不过，我们在自己身上发现某种东西能缓和它，这个东西近似理性一般行使着自然法或道德法的功能；这就是同情或善的激情，对无端作恶的一种反感。不过，即便如此，尽管卢梭对霍布斯有着如此重大的偏离，卢梭说只有借助社会契约，自然法才会变得强大有力，正如霍布斯说要借助主权者的力量。只有当行义举时安全无虞，我们才会行义举。现在我们必须为了正义把社会变得安全，这就意味着必须建立强大的政府，还必须有绞架和警察，以及其他相关的东西。现在，卢梭和霍布斯再次有了充分的一致，你可以说，在某种意义上卢梭走得更远。在《社会契约论》第二卷的最后一章——我想是在第二卷——有一章非常短，讨论法律的门类。那里都有些什么法？现在，当你拿此处提到的那些法去对比霍布斯、洛克、格劳修斯，或是其他人的法的门类，你会看到一个奇怪的东西。巴特沃斯先生？

巴特沃斯先生：这里没提到自然法。

施特劳斯：不再提自然法。但有各种类型的法：刑法、民法、国际法，等等，但没有自然法。自然法本身消失了。所以，这和卢梭与霍布斯的一致密切相关。

现在，我来谈谈他们的不一致如何逐渐出现——不在第一阶段。那么，我们追随霍布斯建立起一套始于自我保全权利的自然法学说，通过社会契约走向公民社会的秩序，建立起了主权者，然后，我们看到这个事实——自然法是社会基础，与此同时，它在社会中变得多余。你在社会中不再能够诉诸自然法。这正是霍布斯和卢梭共同的特征；洛克看起来不一样。那么，这种自然法学说如何与政治现实联系起来？答案是：政治现实缺少它，即便对霍布斯来说也是如此，因为霍布斯关于国家主权的学说，这个关键性的学说，几乎不存在。

霍布斯意义上的主权状态与其说是常规倒不如说是例外。有各种类型的偏离。比如英格兰人：主权在何处？在国王吗？不，在国王和议会；但这对霍布斯来说是个问题。我们不知道它适合什么地方。事实上，当然你可以说……好吧，在霍布斯的时代，这确实并没有确立下来，所以有各种麻烦。但是，在18世纪，主权在议会，但霍布斯意义上的主权仍旧是例外。还有其他形式。在所有大陆君主国都有基本法（fundamental law），即不从属于主权者的法。法国国王不能废除萨利法典（the Salic law）。还有其他的基本法……基本法与主权，严格意义上的主权并不相容。因此没有主权。

正如霍布斯明智地提出，他的《利维坦》在某种意义上和柏拉图《王制》一样是乌托邦。它并不来自经验（正如你们在课本上读到，他只记录了欧洲君主国的实践）；欧洲君主国的实践与霍布斯传授的学说大相径庭。然后我们就看到现实中发生的事情，我们所谓的人类的自然发展，导致不完美的社会秩序。或者，用卢梭的术语表达就是，人类的自然发展通常导致专制。也有些例外，尤其是斯巴达和罗马，但即便斯巴达和罗马也距完美相去甚远。人类的自然发展当然会经过野蛮状态，卢梭在《第二论》就此已经谈过许多。野蛮状态，这意味着（尽管在《第二论》没有说过，但却显然有此意味）经过一个无限盲信的状态。根据霍布斯和卢梭，这正是事情的现状。因此，某些卓越个体的理性的充分发展，就像霍布斯和卢梭，必然会干涉进来以期纠正人类自然的发展。这个思路是否清晰？应该是，因为这成为现代传统的一个主要部分。事情就这样发生了。一种蠢行取代另一种蠢行；有的稍好一些，但根本说来它们都不合理。合理性只能来自安排万事万物的那个超越心智。但该如何促成这种纠正是个问题。霍布斯的答案很简单:启蒙。霍布斯的《利维坦》一定会成为牛津、[156]剑桥的教科书,绅士阶层将会学到真理,然后传播它,比如说,在和约的事情或是别的什么事情上正义。这最终会落实到农民,至少到乡村。

卢梭不同意这个答案。正因为如此,他陷入和法国启蒙哲人的论战,这些人被称作百科全书派。你们肯定听说过。我的意思是,霍布斯本人或者他部分地通过洛克占领了 18 世纪的法国。开明专制(enlightened despotism)成为这些法国启蒙哲人的主导观念,他们编纂了一部大型丛书《百科全书》(第一卷出版于 1751 年)并宣传开明专制。所谓的重农主义者(Physiocrats)在某种意义上也属于这个运动。鼎鼎大名的有[施特劳斯走向黑板]达朗贝和狄德罗。他们都是卢梭的熟人。卢梭有部有趣的作品专门反对达朗贝,讨论法国的道德风尚,讨论日内瓦的剧院,因为达朗贝建议日内瓦人——他们是严格的加尔文教徒,应该最终走出来并拥有一座剧院——悲剧和喜剧,你们懂的——这被加尔文教思想视为与纯粹的虔敬不一致,因此遭到谴责。所以卢梭就攻击了达朗贝试图启蒙日内瓦人的这次尝试,卢梭替旧的简朴秩序辩护。布鲁姆先生翻译了这部写给达朗贝的作品,他已经出版了这个译本(布鲁姆先生也是我早先的学生);这个译本由自由出版社的亚戈拉系列(the Agora Collection)出版。

我们继续回到前面的问题。所以卢梭并不相信流行的启蒙思潮。这是他和霍布斯、洛克、伏尔泰,还有其他所有这些人不同的地方。证据很多。我们在《第一论》能找到许多,其他地方也有。但是《爱弥儿》中的论证在某种程度上不一样。人一旦长大了,再想纠正那种只会通往不完美社会的自然发展就不可能。在牛津剑桥学习的那些年轻人——霍布斯想再教育的绅士们——已经年纪太大来不及了,即便他们也才不过十六七岁。一旦长大成人,这种纠正就不可能。也就是说,必须从出生那一刻就开始;当然要在儿童早期开始。理性对于消除成年人的偏见来说毫无效力,青少年也包括在内。教育必须自然而然地从最初开始。必须永远不允许偏见进入。一旦偏见进入,你就输了。

这正是《爱弥儿》明显释放的讯号。这就是《爱弥儿》与卢梭整体学说的关系。

现在我们来看作业。我们在阅读过程中会发现多处文本可以佐证上述所有这些内容。让我们翻到英译本的第78页。卢梭在这里讨论拉封丹寓言，乌鸦与狐狸。我们只需要读这一段的结尾。

[157]雷肯先生[读文本]：

> 这正是你以明智判断的精神训练你学生的方式，它只承认合理的推论，可以区分其他故事中的真假。

施特劳斯："其他人的故事中。"所以，换句话说，这就是教育的最初目的：孩子必须学会且至少获得明智的判断，这种判断不是被任何人强加给他的，人们借助这种判断就可以辨明其他故事中的真假。因此，借助寓言和童话的常规教育也是同一类事物。这就是卢梭的意思：如果你告诉孩子们巨人与侏儒，狼和外婆，孩子就会深信不疑。如果一匹狼可以回答这些著名的问题：你的耳朵和嘴巴为什么这么大？——那么，如果狼都可以开口说话，谁还分得清楚什么可以说话，或什么东西可以做什么。下面我们来看第80页第4段的后半部分。

雷肯先生[读文本]：

> 社会需要一种我们言传的道德规则，它也需要一种我们身教的道德规则。前者包含在教义问答册里，也仅停留于此；后者包含在拉封丹写给孩子们的寓言和写给母亲们的故事里。同一位作者兼做二者。

施特劳斯：这提醒我们注意最开始提到的问题，即那个时代法国人经受的双重甚或三重教育——"我们经受"，他这样表述——这些教育互相矛盾。我们后面会看到。第81页，第2段。

雷肯先生[读文本]：

如果，根据我已经拟定的计划——

施特劳斯："我开始拟定。"我的意思是，译者实在是……换句话说，你不能相信译本。

雷肯先生［读文本］：

> 你遵循那些与老套成规彻底相反的规则，如果不带你的学生到异域，不和他徜徉在远方，在遥远的风土，在遥远的时代，在天涯海角，在那些天堂本身，你去试着让［158］他专注自己，照料自己的事情，你就会发现他能够认识、记忆，甚至还会推理；这是自然的次序。

施特劳斯：停。这只证明同样的事情。孩子见识有限，但是见识狭窄和见多识广一样都可以进行理智的思考。如果你要这个孩子按照一个人的见识理性地行动与思考，你要求得就太多了；孩子根本不可能做到。但在他幼小的见识里，他可以如同成人在成人的见识里那般理性。这就是教育的目标。完美无偏见的儿童，这就是自然的方法。也就是说，没有意见，也没有偏见。他随后在第84页或别处提到斯巴达人的教育：在第1段的最后。

雷肯先生［读文本］：

> 这正是斯巴达人的教育；他们不是被教得去啃书本，他们被派去掠取食物。他们日后是否会有什么害处呢？他们战无不胜，在各种战斗中都大展拳脚，清谈的雅典人害怕他们的辞令也怕他们的痛击。

施特劳斯：我指出这个地方只是因为斯巴达人毕竟没有给孩子那种由教师引导的严格的个人教育。他们给孩子公共教育。这也是一处暗示，暗指在《爱弥儿》中可以在某种程度上克服最开始强调的个人教育与公共教育、人的教育与公民教育之间的对立。它将不再是开头提出的那种极端对立。现在，我们来看第84页，第4段。

雷肯先生［读文本］：

> 对你的学生采用相反的课程；让他总是认为他是主导者，而实
> 际上你才是。再也没有比这更完备的主从关系了，它可以保全自
> 由的形式（the forms of freedom）——

施特劳斯：她为什么不译成"自由的外表"？很抱歉我不得不责怪
一位女性。许多男士也会以同样的态度翻译，我同意。继续。

雷肯先生［读文本］：

> 意志自身就是这样被俘获的。这个可怜的孩子，没有知识、力
> 量，也没有智慧，岂不完全由你摆布吗？你不就能掌控影响他的整
> 个外部环境吗？你不就能按照你的喜好来塑造他吗？他的工作与
> 游戏，喜悦与痛苦，这些不都在他不知不觉中掌握在你手中吗？诚
> 然，他是可以做自己想做的事情，但是他只会想做你想让他做的事
> 情。他绝不会走出你没有预见到的一步，也不会说出你没预言
> 的话。

施特劳斯：我认为，这也是非常重要的一点。你可以说，卢梭的自
然教育是你能想象到的最人为的教育。这种教育从最开始就基于一套
系统的设计。人为的，不自然的。没有任何真正自愿自主的东西，全都
是安排好的。你可以这样批判地对卢梭说，这种教育具有人为性质，因
为它的基础是一种不真实的前提，即人生来是非社会性的；因此，这个
孤零零的孩子的概念建立在［159］错误原则的共识上。你只用想想他
如何被带离那些他想要一起玩耍的孩子就够了。他很显然见了别的孩
子，还听说了许多闻所未闻的事情。有人对他说，你撒谎，他对撒谎没
有概念，然后突然就明白是怎么回事了。在接下来的日子里，他变得堕
落，按照卢梭的说法。但是卢梭会怎么守护他呢？他当然无法否认他
那种教育完全是人为的，但是他会怎么辩解？

学生:保持自然并不是必然意味着你不需要习惯。在这个意义上他或许赞同亚里士多德的观点。

施特劳斯:不。

学生:给出一个历史方向是必需的,因为环境不再是自然的。

施特劳斯:是的;在一开始的时候,他谈到过这种结果。换句话说,在一个完全人为的世界中的一种所谓的自然教育的替代者并不是真正自然的。机巧从方方面面加入教育。当孩子问你小孩怎么生出来时(卢梭后面会讨论这个问题),你会说鹳鸟送来的,或是别的什么方式,那么你也就用到了机巧。卢梭用了别的机巧,但他会说,这些是不得不用的机巧。但是问题在于:这些机巧服务于什么样的目的? 他还说,他的教育尽管包含了机巧因素,仍然是自然的,因为它服务于自然人这个目的,自然人是完全自足的个体,或者说尽可能地自足。翻到102页会看到另一个例证,第2段——我们必须来看这段话。

雷肯先生:哪段文本?

施特劳斯:允许爱弥儿和其他孩子玩耍——这是关键。

雷肯先生[读文本]:

> 想象一下你自己,一个小赫拉克勒斯凯旋归来,手持一只匣子,为自己的历险相当骄傲。这匣子被放在桌上,郑重其事地打开。我可以听到欢呼雀跃,当他们发现里面不是糖果蜜饯,而是藓沼或棉毛毡上的一只甲虫,一只蜗牛,一块煤,几粒橡果,一颗芜菁,或其他类似的东西。另一次是在新粉刷好的房间里,一样玩具或别的小物什挂在墙上,孩子们必须不触碰墙壁把它取下来。当取下它的孩子回来之后,要看他是否满足了条件,他的帽顶,鞋尖,衣襟或袖子若沾上白粉,就暴露出他技拙。

施特劳斯:我只想说,这里当然就是竞争,骄傲,骄傲落空,等等——这些东西进入了。还有许多类似的例证。不过,你会在第109页看到辩白。我想这还在今天作业的范围内。

[160]学生:是的,一直到第114页。

施特劳斯：第109页,第2段。

雷肯先生［读文本］：

此外,在这个领域就像在其他的领域一样,我不打算让我的学生自己玩;我打算经常和他分享着玩,使之变得更有意思。他不会有别的竞争,但我的将会是场持续不断的竞争,加入这场竞争不会有任何危险,它将会使他的活动增添乐趣,又不会在我们之间引发妒忌。

施特劳斯：卢梭在这里承认注定会产生竞争,但他确信只要他是爱弥儿唯一的竞争者,这种竞争就不会产生任何害处。好,很明显,从卢梭的角度来看,这并不是个完全令人满意的解决方案。只要对人的灵魂来说竞争、骄傲、优越感或自卑感是极度致命的东西,他就无法凭借任何机巧回避它。我们将会看到,卢梭稍后也会承认这一点。

学生：分享对他来说也是乐趣。这难道不意味着一种对社会性的认可吗？

施特劳斯：是的;但这是一种更近似于同情的东西,与潜在的敌意无关。你们看,竞争意味着潜在的敌意,而分享乐趣本身——只要是真正的分享——则当然不包含任何敌对因素。

学生：可分享是一种——

施特劳斯：一种社会性的现象,是的。如果人生来是非社会性,就无法支持这种现象。必须要仔细地修饰这个说法。现在我们来看前面的内容。我们翻到第89页。读这段话,第一句是"用这种办法,你就会让他有耐心",等等,指的是"从不禁止且从不命令",我们已经听说过好多次了。那么,他在这里都说了些什么？ 第89页,第2段。

雷肯先生［读文本］：

至于我,我稍微严肃一点待他,但也没有责备或嘲讽,而且由于怕他发现我们一直在捉弄他,我那天就拒绝带他散步。第二天,我很高兴地发现他跟我穿过昨天那群见他落单就戏弄他的人时得

意洋洋。你们应该很确定,他再也不会威胁不需要我陪伴独自
出门。

施特劳斯:你们再次看到,优越与自卑的社会性感觉不断出现,这
根本无法避免。我们现在读到的这段话,沃翰神父(Father Vaughan)强
调它讨论知识论问题。在第 89 页最下面到下一页的开头。"人的最
初自然活动。"

[161]雷肯先生[读文本]:

由于人最初的自然运动就是比较自己和他的环境——

施特劳斯:"和他周遭的一切"。我认为这比"环境"好,你把环境
当作一种障碍,与此同时,当你说"他周遭的一切"时,你看到环境由许
多东西组成。没有人会看到一种作为环境的环境,但他会看到他周围
的事物。对吗?

雷肯先生[读文本]:

在每个对象中去发现,他看到那些感知的性质——

施特劳斯:"所有感知的性质"(all sensible qualities)。这也很有意
思。好吧,我不是总想纠正她,只不过是想不断告诫你们,如果你们想
研究卢梭,必须要学习法语。继续吧。

雷肯先生[读文本]:

一切或许与他有关的感知性质,所以他的第一项学习是一种
为了(for)他本人自我保全的实验物理学。

施特劳斯:"关系到(relative to)他本人的自我保全。"
雷肯先生[读文本]:

在他发现自己在这个世界中的恰当位置之前,他就被从这里掉转到别处,被派去沉思性的研究。

施特劳斯:你们看这意味着什么:没有任何意义上的形而上学。

雷肯先生[读文本]:

当他精巧柔韧的四肢能够调整得适应那些它们想要作用其上的物体时,当他的感官敏锐摆脱幻觉时——

施特劳斯:你们看,其次是偏见。用今天的话来说,卢梭没有用这个表述,首要的事物是:纯粹的感性材料。没有意见,也没有偏见进入,我们不去影响它。这也是卢梭所谓的"自然是好的"的另一个例证。这些原初的材料完全合理真实。我们用自己的偏见,用不恰当的理性来加工它们,这是坏事。怎么了?

塞尔茨先生:当卢梭用习俗社会的孩子这个例子时,比如在这里,他是爱弥儿的老师,而不仅是和爱弥儿亲近,你是说,我们必须要仔细考虑这种背离为何发生,还是说,这并不是决定性的?

施特劳斯:我不太明白你的意思。好吧,他不和任何人一起长大,不和任何孩子。

塞尔茨先生:爱弥儿[不和]。但是,在这段话中,卢梭时不时地提到别的孩子,而不是爱弥儿;他被雇佣为……

[162]施特劳斯:不;他确实在有些地方与他人对比:看看法国社会怎么养育孩子,多么不合理,看看我怎么养育爱弥儿。这是一点。但这没什么意思,因为只是为了辩论。

塞尔茨先生:我的意思是,当他提到他教导的那个孩子时——那位父亲雇他做孩子的家庭教师。

施特劳斯:哦,我知道了。这种情况当然不像爱弥儿的情况那样纯粹,当然;这是一种不可调节的试验。在这里,我们有一种可调节的试验。这很简单。但是,难度当然在于,爱弥儿根本不可能远离充满偏见的人类、随从、女仆等等,他也不可能远离其他孩子,因为这会制造一个——一个从不和别的孩子玩耍的孩子绝对是个怪人。所以,他必须允许爱弥儿接触别人。而这当然是一种不可避免的困难,他承认这一点,但我相信,他也知道这会危及全部计划。所以,我相信你提出的这个困难并不存在。卢梭说《爱弥儿》是个绝对不可能实现的理想化案例。绝不会。你只能接近它,在不同程度上接近。卢梭的意思是,把它作为你的范例,抚养你自己的孩子时尽可能接近它。这是卢梭的意思。约翰逊先生?

约翰逊先生:我在想:有一处描写了比赛,他要教这孩子规矩。卢梭用数页篇幅描写这个特别的例子,他小心翼翼地向我们指出他在做实验,这个孩子的完整的实验。这个孩子不是爱弥儿。比赛的当然还有别的孩子。是否可以说,这是主要原因,仅就这个事实而言,必须有其他孩子加入,因而……?

施特劳斯:不。我们必须区分两件事:其一,当卢梭谈及他作为其他孩子的家庭教师或监护人的那个真实的经历:这些当然是真正的事实,他们可以或好或坏地接近理想教育。这是其一。其二则是,当卢梭谈到爱弥儿,几内亚猪,他懂得即便在最理想的状态下,你还是无法获得彻底的无阻力运动,无法获得关于这个假设的一种彻底气密性实验。莫里森先生?

莫里森先生:我也想说说同样的几行文本。在我看来,当卢梭想要就阻力注定会进入这个事实谈些什么的话——我想萨尔茨先生想说这一点——他故意谈论其他例证为的是……他丢开爱弥儿,为的是指出爱弥儿是个理念这一事实,为的是指出无阻力运动根本不可能。

施特劳斯:是的,但是我认为他还是会说,这种情况……或者例子,他举了贵族海德的例子,他的一个熟人——我不知道你们是否读到那里——这个例子比较接近,他会说。但是,这当然指的仅仅是特殊[163]情况。这个男孩由他的家庭教师指导,在观察中获得很好的训练,他的思想不会被书本学习扰乱;这非常好。但是,就其他方面而言,这种教育当然不是范例。换句话说,各处的教育者们做些好事情,卢梭试着把这些成功汇聚起来,做成一个整体,并找出其中的原则。这就是他在《爱弥儿》做的事情。但是此处呈现的这个整体无可否认地是不可实现的。现在,让我们回到我们刚才停止处之后的那段话。

雷肯先生[读文本]:

> 在实践一门技艺之前,你必须首先获得你的工具;而且你若想很好地使用那些工具,它们就必须得做得足够坚固耐用。为了学习思考,我们就必须锻炼我们的四肢、我们的感觉,还有我们的身体器官,这些都是理智的工具;而为了最好地使用这些工具,为我们提供这些工具的身体就必须健康强壮。说真正的理性(ture reason)独立于身体发展,这不仅非常错误,而且恰恰是好的身体结构才能让思想轻松而正确地运转。

施特劳斯:这段话沃翰也讨论过,他觉得这个说法在某种程度上言过其实。好,就我所知,这其中最强烈的主张——与传统说法相去甚远,健康身体中的健康思想,偏离太远——这出现在斯宾诺莎的《伦理学》,第5部分,第39命题:"拥有善于最多事物的身体的人拥有一个思想,这思想的绝大部分是永恒。"翻译过来:拥有善于最多事物的身体的人,拥有最完美的思想。身体与灵魂的严格对举。当然,在斯宾诺莎那里,这个说法的基础当然是他关于身体与灵魂对应关系的学说,这个学说在某种程度上是18世纪思想的背景。卢梭依靠的是他那个时代的物理学或形而上学,这没有争议。依靠洛克思想则是另一个标志。

学生:他在这里说"真正的理性",有什么原因吗?

施特劳斯:哪里?

学生:他说真正的理性独立于身体发展是个错误,这个地方。

施特劳斯:是的。换句话说,在与虚假的理性或崩溃的理性做对比。或许我们可以翻到第96页,第5段,在最开始。

雷肯先生[读文本]:

> 有种与众不同的教育,只愿意保持那些接受这种教育的人与普罗大众的区别,总是选择花销大的科目而不是廉价的科目来教,

即便后者更为有用。

施特劳斯:停在这里。当然,在某种意义上,爱弥儿的教育才是最与众不同的教育。但这是个表面困难,说它表面是因为卢梭会说它并不打算与众不同,不打算提供给特殊阶层,赋予他们特权。这是一种[164]针对普通人(un homme vulgaire)的教育。第 97 页,最下面。让我们只读这段话的后半部分。

雷肯先生[读文本]:

在阳光照耀下,我们强过他们;在黑暗中,他们反而成了我们的向导。我们有一半时间是瞎的,区别在于:真正的盲人总是懂得该做什么,而我们在黑暗中惧怕风吹草动。你会说,我们有灯光。什么! 总是人为的帮助(artificial aids)。

施特劳斯:他说的是"总是器械"。换句话说,我们应该如同盲人在黑暗中那样习惯黑暗——我的意思是,不借助灯光也能找得到路。再一次,同一个原则:极尽可能的自足,尽最大可能。我们所知的这方面的最有可能的自足就是:我们凭靠经验,从观察不需要灯光的盲人那里得知,我们不需要灯光,没有灯光也能行走。极尽可能不依赖器械,不依赖任何人造物。这都是同一种思想:不依赖器械,不依赖任何他人的意见。正面的表述就是,清晰直接的知识带来最大可能的自足。这种教育是自然教育,因为人生来是自足的个体,因为人生来是非社会性的。我们总会回到这一点来。我们来看第 98 页,第 3 段。

雷肯先生[读文本]:

我会在黑暗中做许多游戏! 这项提议比起它表面看来的更有价值。人们生来就害怕黑暗;有些动物也是这样。只有很少数人才可以借助知识、决断和勇气摆脱这个负担。我见过思想家(thinkers)、怀疑论者(unbelievers)、哲人(philosophers),极勇敢——

施特劳斯:"哲人们"后面是"士兵们"(soldiers):"士兵们在大白天很勇敢,在夜里像女人一样瑟瑟发抖。"

雷肯先生[读文本]:

在黑暗中草木皆兵。这种恐惧被怪罪到保姆的故事上;这是个错误;它有个自然的原因。这个原因是什么呢? 什么让聋子疑神疑鬼——

施特劳斯:"同一个东西使得聋子疑神疑鬼,使得人们迷信。"即?

雷肯先生[读文本]:

对关系到我们的那些东西的无知,以及对我们周围发生的事情的无知。

施特劳斯:停在这里。因此,并非简单的意见(保姆的故事等等),无知才是迷信和偏见的原因。换句话说,迷信有着一个自然的原因。它的产生与意见无关。这意味着,自然人是迷信的:想想《第二论》中的野蛮人。爱弥儿,与野蛮人形成对照,他不会迷信;因为(我们在这里回到那个论证)野蛮人作为迷信的人,并不生活在自然世界,而是生活在幻想世界。卢梭并不总是在严格意义上使用自然人这个术语,严格意义上的自然人是一种完全生活在自然世界中的人,不生活在哪怕他本人的幻想世界。严格意义上的自然人是个充分觉醒的人。照这样理解的自然性来看,几乎所有时代的所有人,当然也包括自然状态下的人,都是不自然的。但是,这样理解的自然性实际上是[165]作为一个目的(telos)的自然性。从这一页的一条注释可以清楚地看得这种和幻想的关系,这条注释读起来太长了。它引自著名的自然学家布封。读一下这条注释的最后一句话,引自布封那句。

雷肯先生[读文本]：

　　所以，人们老说的见鬼是有个自然基础的，这些形象不仅仅是想象的捏造，像那些科学人让我们认为的那样。

施特劳斯：所以，换句话说，这甚至更强烈。即便没有想象，也会自然产生鬼怪。让我们读第100页，第1段末尾。

雷肯先生[读文本]：

　　我听到声响，就是贼盗；我什么也没听到，就是鬼魂。自我保全本能带来的警惕只会让我更恐惧。能让我镇定下来的只有我的理智，而本能的声音却比理智的声音更响亮。没什么可畏惧的，去想他又有什么用呢，因为我们根本没什么可做的呀。原因指出了医治。在所有事情上，习惯都比想象更强大；想象只会来自新事物。关乎我们习以为常之事的不再是想象，而是记忆，这正是这则格言的原因："习以为常之事不会有激情——"

施特劳斯："不会产生激情。"

雷肯先生[读文本]：

　　因为想象的火苗才能点燃激情。因此，别去与任何你想治愈他畏黑病的人争辩；时常带他去暗处，并且相信这项练习远比所有哲学论证都行之有效。屋顶的瓦匠从不知道什么叫眩晕，那些习惯了黑暗的人也不会害怕。

施特劳斯：你们看，卢梭在这里又谈到他与他口中的哲人们的差别。差别在于：理智本身并不能把人从想象的力量和本能的需求那里解放出来。你需要额外的习惯。这当然不是什么创新；你们还记得此前谁还说过这种作用？

学生：亚里士多德。

施特劳斯:是的,还有柏拉图。这只是某种哲学的一个结果,所谓的 18 世纪理性主义哲学。在同一页,第 4 段。

雷肯先生[读文本]:

> 生命中有这样一个阶段,此后我们倒退着前行。我觉得我已到了这个阶段。可以说,我重回到一段过去的生涯。年纪渐增让我们回忆起我们童年的快乐时日。

[166] 施特劳斯:是的;他说"回忆起最初的时代"(of the first age),这里当然有些含混。尽管随后的文本自然指的是童年,它也包含着别的含义:世界的最初时代,人类的童年。我们停在这里。你们记得这个表述"最初的时代"出现在《第二论》,他在那段话中赞美野蛮状态。[……]这再次说明了卢梭质疑目的论的理由。成年并不是纯粹,即各方面就比童年好。我相信人人都承认这一点。但是,卢梭采取的这种思考方式最终当然导致所有年龄都平等,从襁褓婴儿到百岁老人。

[换磁带]

——年龄的平等,当然也导致时代的平等,文化的平等;我们不能更熟悉的那些东西。接下来,在第 100 页,第 5 段开始,卢梭举了一个来自他自己生活的例子。我们没有时间读完这个故事,但是,当他还是个年轻人,寄住在一位神父朗贝西埃家:那么,这个例子展现了什么?我只能给出我的意见;我们没时间读。这个例子在我看来实际上展现了——与卢梭的解释有所差异——畏惧被嘲笑、被鄙视,畏惧坏意见,这能让人克服对鬼怪和黑暗的畏惧,我毫不怀疑这是真的。但这当然意味着,某些在卢梭看来不自然的东西,即对他人意见的畏惧,可以让我们克服这种畏惧。这与我们早先讨论过的一个问题有关,这个问题可以表述如下:卢梭能否忽略或无视柏拉图所谓的"精神性"的那种现象,能否忽略或无视孩子或初民无法恰当区分意志与事物? 你们还记得我们的讨论吗:孩子能否真的理解伤害他的石头或椅子并非有意为之;意志与事物的区分是否并没有超出小孩子的理解力? 下面我们来读第 103 页,第 4 段。

学生:可以问个问题吗:关于黑暗的事物……在我看来,当看到这个例子的时候,有个……我对这个比喻感觉到警惕。

施特劳斯:在朗贝西埃的故事吗?

学生:是的,整个这一段——他为什么如此在意孩子在黑暗中看得见东西并觉得开心呢。我发现我自己想知道这里是否影射到,或许小心地掩盖提到宗教问题。

施特劳斯:是的,正是这个问题。"无偏见的人"是什么意思呢?不怕鬼魂的人?这有点偏了。一些霍布斯的知识可以提供帮助。那么,霍布斯如何界定宗教?有人记得吗?

[167]学生:畏惧看不见的力量。

施特劳斯:畏惧看不见的力量,对,他用的词也是"鬼魂";这些是一回事。霍布斯对宗教的公开攻击有个标题:"黑暗的王国"。当然:黑暗、鬼魂对抗的是启蒙的含义吗?这个世界是清晰、阳光,在原则上一切都完美地清晰,没有任何一种不可思议之物还存在。

学生:但是,在我看来关键在于,这是一种双重之物,我们后面将会看到,对卢梭来说没有光,事实上只有黑暗;你必须意识到这是黑暗,要靠触摸来行动,而不能试着依靠视觉。

施特劳斯:是的,这就是黑暗,自然的黑暗(natural darkness)。但是自然的黑暗不必定成为——我再次用霍布斯式的语言——精神性的黑暗(spiritual darkness)。毕竟,是否有可能——如这个论证在这里展现的那样,在最低程度上来理解这个论证——是否有可能在黑暗中,没有任何光,人为的光,而又不畏惧?这对人来说是可能的。

学生:尤其是,如果你依靠触觉来感知的话。

施特劳斯:对。你越是培养那些可以替代视觉的感觉,你就越是远离这种畏惧。我一次次地重复:《爱弥儿》中呈现的那种教育典范就是完美地摆脱了偏见的人。因此,他不仅没有在童年被各色人等灌输各种偏见,甚至偏见的自然根源都萎缩了。这是关键。我的意思是,在某种意义上,这是迄今最为理性主义的一本书;很奇怪的是,卢梭写了这本书。我的意思是,卢梭时代的其他哲人当然没有特地干涉这种教育。出于这个目的,我本该读但却没有读洛克的《教育论文集》。洛克有两篇讨论教育的论文。一篇是——我忘记标题了——我读过，它处理的是绅士教育的问题，这篇论文非常迷人；我不久前读过。不过还有另一篇论文，卢梭提到这一篇，我没读过这篇，但是我认为洛克不会走得那么远。我认为这是卢梭的论战对手指出的。① 塞尔茨先生？

塞尔茨先生：在朗贝西埃这个故事里，教育的意义在于，怕被人嘲笑能让人克服怕鬼魂。

施特劳斯：是的，但这并不是卢梭想强调的。换句话说，这里用到的是某种虚荣心，但卢梭没有强调这一点。但是卢梭再次说，我不是说这是理想的方法——如果有许多孩子，这会是件困难的事情。但这只是象征着怕黑是可以被克服的。

塞尔茨先生：这又回到我先前的关注点：卢梭是否在爱弥儿身上用怕被嘲笑来克服怕黑？在我看来并不会，因为卢梭并不想让爱弥儿面对嘲笑。

施特劳斯：当然不，是的，当然。但我认为，为了公平看待卢梭，你必须作出这个区分——我想莫里森先生之前提出过这个问题——有时候有些例子是真实的世界的真实的人们会做的事情，如果我可以这样表述的话。这些当然不能立刻适用于我们的试管几内亚猪；这一点很清楚。在这个真实世界的特定情况中，它被小男孩的虚荣心克服。这个例子足以说明可以克服怕黑。我们必须给它找个替代物，但我不知道，这留给每个人的想象空间去想卢梭本人作为爱弥儿的导师如何完成这项任务。我猜他会说：这男孩当然没有鬼魂的概念。爱弥儿，当然也有怕的东西，它是什么呢？或许是个鸟，或许是个四足动物，或是别的什么呢？让我们猜猜看。我来告诉你我们做什么：我们会匍匐前进，这样就不会跌倒，每次到这个地方的时候；我们还可以彼此呼唤让别人知道自己很好。我猜，类似这样的事情，虚荣心就不会进来。我们必须自己列出这类事情。怎么了？

学生：朗贝西埃这个故事的结局似乎强烈地暗示，卢梭很好地意识

---

① 卢梭提到的这篇论文和论绅士教育的论文是同一篇《关于教育的一些思考》。或许施特劳斯想的是另一部作品《论理解力的指导》。

到精神活力（spiritedness）的重要性，他若无其事地提醒读者们。

施特劳斯：他想让他勇敢，这毫无疑问。

学生：但是，谈到这种活力，这种差不多是愤怒的必要性，他先是说，"你会问，我是否把这件轶事当作这些游戏带来的欢乐的例证"；这段话的结尾是，这是许多人的安慰。然后他继续描述了另一个游戏，这个游戏显然和虚荣有关，关乎竞争和卓越，让你想起前面的，他说倘若你希望我能说出些什么，就不要读我的书。

施特劳斯：很正确。他总是这样说，我在和智慧之士谈话，而不是和那些像福尔梅（一位批评家，这样提到他很好）那样的人谈话；我应该必须什么都谈，但这样就没法儿写书了。关于虚荣，我们就这样处理。但是畏惧呢？爱弥儿当然在他的限度内会有某些畏惧——我的意思是他不会有疯狂的畏惧，但他也会有所畏惧——他应该被教会去克服它们：不是通过观念，不是通过说你胆小，而是通过展现这种恐惧毫无根据。还是要看情况。比方说，或许有一条完全不知道的狗，一条能撕碎人的恶犬，某个真的很危险的东西。但是卢梭讨论的是如何处理无害的东西、危险的东西、不知道是否有害或危险的东西；他讨论过。我给不出合适的例证，不过我想特别有兴趣的人能给出来。

学生：回到我早先问到的关于宗教的问题，是否存在某种对偏见的猛烈攻击，这是关键。在我看来，他在这里做的就是这件事，［169］但是他这么做所基于的立场并不简单地呈现为这并不是种启蒙立场；在我看来，卢梭在这里或许指的是人的自然状态实际上是黑暗，而非光明。正是出于这个理由，触觉比视觉更重要。因为他随后谈到某些关于视觉的奇怪的事情，仿佛试着依靠视觉是件错事：你必须要做的是意识到你身处黑暗，凭借触觉探路。

施特劳斯：很好，这引出一个很大的问题。我并不排除这一点（我没有看出来，不要紧），只是因为这一点非常好。众所周知，在传统观点看来，视觉是最高贵的感觉，所有那些传统的属于——沉思、理论，那些都是视觉性的；视觉是最高贵的感觉。如今……但是让我们假设，唯一存在的事物是身体和身体性的事物。这难道不会导致视觉不再那么重要吗？我认为甚至还有一些证据来证明这一点，可以思考这一点；可惜我记不住了。在卢克莱修那里有句诗（众所周知，他是唯物主义作家）谈到这一点。这句诗的开头是：corporis est tactus。换句话说，只有通过触觉才可以把身体作为身体来认识。可惜我记不住了，不过可以查一下。所以换句话说，再次提到霍布斯：身体，除身体之外别无他物，霍布斯这样说。并不是这样才导致这个结果，否则触觉就不会这么重要？这是我们必须要考虑的问题。我们来看一下。

学生：他在许多地方谈到纠正视觉的必要性，他说你不能用你的视觉，除非……

施特劳斯：这很简单；我的意思是，那个时代的心理学中它扮演了重要角色（我记得特别是在贝克莱那里）：我们如何开始意识到一个事物——意识到任何事物，比如一把椅子或别的什么东西。比方说我们的距离感：为了获得距离感，视觉是不够的；还必须要伴随着一种触觉训练。许多年前我对这个问题非常感兴趣。让我们看看，这是什么？［施特劳斯走向黑板］在 18 世纪，18 世纪后半叶，人们从根本上提出一项心理学变革。直到那个时代，人们认为存在灵魂的两个部分……灵魂的根本区分：认知（cognitive）部分——感觉和［……］和理智等等，欲望（appetitive）部分——意志、欲求。后来人们突然说，还需要一种三分，这个要求大获成功：思考（thinking）、意志（willing）以及感受（feeling）。后来哲学的三分，哲学被分为逻辑学、伦理学、美学，这都与这个三分有关。于是与感受（sentir）相关就有了感觉（sentiments）。感受最初是什么？［施特劳斯敲讲台。］明白吗？我的意思是，在某种意义上，感受的这层含义丧失了——我是说，触觉这层含义——［170］不过联系还在。这是我们所拥有的真正的意识（awareness），在某种意义上也是最深层次的，这是无限的。从某种意义上讲，我们不时地思考这些暗示，这非常好，不要认为这些问题可以在一次课程中全部得到解决。就这一点来说，你提出这个问题，这很好。它当然会有许多意味，因为在卢梭那里，感觉这个词总是非常重要……对，感觉，最初是触感。许多许多年以前，当我对霍布斯更感兴趣的时候，我收集过关于这些问题的材料，不过我现在记不起来了。不过，在我看来，这样一种研究的起点应该是大量粗暴的学术事实：提出沿着这些线索的三分灵魂，思考、意志、感受取代思考与意志。我猜你们可以在任何心理学史中看到这个说法，我猜，然后你必须自己往回追溯，挖得更深，然后就会发现些什么。如果不回溯到感受的来龙去脉，现代美学的全部问题都会完全无法理解。过去人们从不会用这种方式来谈论感受；毋宁说，这个术语出现过，但它的意思完全不一样。在亚里士多德那里，相当于感受的词是pathos，被侵袭（being affected）、愤怒、妒忌、欲望等等。被侵袭——这个词一般也用于事物上：石头被雨水侵袭。怎么了？

学生：有个有关的东西，关系到［听不清］，太过复杂，难以言表：如果你身处黑暗，凭借触觉探路，有件事你就做不了，你看不到要去往何处，也就是说，看不到目的。

施特劳斯：不，倒不如说是这样。我是说，我用这个简单的办法向自己阐明其蕴意：夜里你坐在沙发上。夜很黑，你听到窸窸窣窣的声响，你碰到什么东西，然后抓住它，然后发现是只老鼠，这对多数人来说都不是什么愉快的经历。我会说，我认为多数人实际上都会打开灯，只有亲眼看到才会说这是只老鼠，即便之前其实已经知道这是老鼠。众所周知，光明之物，最终让我们看到东西的那种感觉，让我们意识到真实的那种感觉并不是触觉，而是视觉。

学生：我借助旅程来理解这件事，目的论。

施特劳斯：是的，但我认为这跨度有点大。你们看，请允许我这样说，这些是年轻人常犯的错误，他们有时太过直接地看待这些联系。但是，某些关联的确存在。但我认为更简单的方式是从这个问题开始：我们如何开始认识；在开始认识到物体是物体的时候，触觉是否具有特殊功能。顺便说一句，根据某种亚里士多德式的学说，触觉在这个意义上是差异性的感觉：众所周知，所有动物，甚至最低等的动物都有触觉，而只有较高级的动物才有听觉和视觉。但是，这只是这种说法的反面，即视觉是最高层级、最高贵的感觉。

现在我们来读第103页，第4段。我的意思是，卢梭插入的这些故事，无论是他本人的还是他人的故事，都自然要被考虑一下。他可不是为了充字数才写下这些故事。就此而言，我完全赞同莫里森先生。

[171] 雷肯先生[读文本]：

> 有一些练习会使触觉迟钝麻木，另一些则会使之敏锐，让它敏感细致。前者，把许多动作和力量用在坚硬的物体持续印象上，让皮肤变得又厚又硬，使之失去自然的敏感（sensitiveness）。

施特劳斯："自然的感觉"（sentiment）。我们必须记住这个关键词。继续。

雷肯先生[读文本]：

> 后者则是那些给这种感受带来变化的练习，它通过细微的频频触碰，让思想贯注于反复出现的印象，很快学着分辨它们的变化（their variation）。

施特劳斯：他说的是"一切它们的修正"（all their modification）。我们停在这里。这里暗指自然的感觉必然会被教育改变。即，几乎毁掉，或许彻底毁掉，或者说，提升。因此，我们仍然保持严格意义上的自然。我们可以说，在卢梭的意义上，教育必然是一种对自然的疏离。但这还不够准确。这种提升保护了自然，给它加上了某些东西，而别的则毁掉自然。因此，自然教育可以在一定限度内，被这样定义：自然教育当然是一种对自然的修正，但它保护了自然，给它添加了某些东西；而坏教育则是那些毁掉自然的教育。在第105页，第3段，你可以看到与这个问题相关的内容。

雷肯先生[读文本]：

> 在这里我们必须颠倒我们先前的计划。不是简化这种感觉，总是借助另一种感觉来增强它，丰富它。让眼睛从属于手，也就是说，让前一种感觉的莽撞受制于后者更理性的节奏。对于这种实践的需求来说，我们的目测不甚完美。我们无法瞥一眼就正确估算长、宽、高和距离；工程师、测量师、建筑师、泥瓦匠和画师迅速一

看就可以正确估算出距离,这证明错误不在我们的双眼,而在于我们的用法。他们的领域给他们带来我们缺乏的那种训练——

施特劳斯:他说的是"经验",这或许是一个人应该保持的。
雷肯先生[读文本]:

> 他们通过相应的经验来检查同一个视角模棱两可的结果,这为他们的眼睛断定了这个角度的两个原因的关系。

施特劳斯:对。所以,我们感觉的运用及其提升来自于这种运用向展现我们的感觉能做什么。未被运用的感觉变得无用,开始退化,而这样就向我们揭示出我们的感官的自然。最概括地说来,我们的自然以可完善性为特征,因而我们必须考虑完善问题,以便理解我们感觉的自然问题。我们得跳过一些内容。第 109 页,第 3 段。从开头读。
雷肯先生[读文本]:

> 我们的房间急需装饰品,现在我们已经准备好了。我要把我们的画框起来——

[172]**施特劳斯**:换句话说,用某种方式促使爱弥儿画的画。
雷肯先生[读文本]:

> 用好玻璃覆盖起来,这样谁都不能触摸它们,只能在摆放的位置观赏它们,我们两人都有动机保护好自己的画作。我把它们按顺序挂满房间,每幅画都要重复二三十次,这样就可以展示作者在每个范本的进度,从这座房子只是个粗略的四方形,一直到它的前景、边景、比例、光影都完全描摹好。这个渐进过程当然会给我们许多图画,我们自己兴趣的来源,也是别人好奇心的来源,这激发我们继续竞争(emulation)。

施特劳斯：你们看，再次提到竞争。还有在同一段后面："这样我们俩都向往这个特别的框子的荣誉"，等等。所以，如果没有 amour-propre 的激发，教育就不可能，这与一开始说的形成对照。这正是卢梭起初的决定性立论之一，它随后受到限定。正如卢梭在《第二论》某处提出，我们的所有德性与恶行——包括德性，都来自于 amour-propre。我们从骄傲谈起，不要从自我保全的简单含义谈起。我们不会因为某人活着这个事实就羡慕他，除非在生存下来都非常困难的特殊情况下；我们就会归给他某种品质，忍耐力或别的什么。但是，一个人活着，仅仅这个事实并不算是个优点，正如你在人们找工作时所见。我的意思是，如果你只会说我活着，这并不够好。所以，自我保全本身并不充分；根据卢梭的看法，关乎优越的骄傲就必须进来了。我们绝不能忘记这一点。这太容易忘了，我自己就不止一次忘记。第 110 页，在第 3 段中间。

雷肯先生［读文本］：

如果我想要量出一个六十度的角。我从这个角的顶点开始画，不是画一段弧线，而是一个正圆，因为对于孩子来说，并没有理所当然的东西。

施特劳斯："没有什么不言自明的东西。"清晰且直接，完全自觉的知识：这正是贯穿始终的原则。我们翻到第 112 页，第 2 段。

雷肯先生［读文本］：

能做的事就可以做。

施特劳斯：对。这当然正确，这是卢梭那些例证的基础。如果有人说，这不可能，好吧，只要卢梭有一个例子证明有老师做到了，他就用这个实例证明了可能性。是的。

雷肯先生［读文本］：

找个四肢和成人一样灵活的机敏孩子再寻常不过了。可以在任何集会上看到他们,双手倒立着旋转摇摆,在拉紧的绳索上跳动起舞。这些年来,大批儿童吸引观众们去看意大利喜剧院的芭蕾。在德国和意大利的人们,有谁没听说过著名的尼科里尼哑剧团?

[173]施特劳斯:等等。让我们来读下一段。我们读不完。

雷肯先生[读文本]:

在我看来,这些还有更多的例子都证明了,预设孩子们没能力完成我们的游戏,这是想象,如果他们在某些游戏上没有成功,这是需要练习的。

施特劳斯:对;我们也得明白这一点:当然也有一些极端的例子。卢梭可不是想让爱弥儿成为钢丝上的舞者,我也不了解什么别的著名马戏团。卢梭通过这些例证只不过想证明最大可能的完善,它极其罕见,它就是自然教育。这当然是一种有意义的完善,而不是钢丝舞。人要比预想的更有无尽可完善性。这成为了进步教育的一个很大的部分……我记得他们宣称懂音乐的人与不懂音乐的人差别只在于常识,即民俗,但没有意义。人皆可变得有音乐才华。但是,问题当然在于,要我变得懂音乐所做出的努力是否值得。这是个问题。但是,只要付出必要的努力,你可以让任何人成为随便什么家,物理学家,或别的什么,音乐家,或是诗人之类的,我想人们会认为理所当然如此。在德国有句谚语说,你可以教会熊跳舞。大家知道,熊真的可以被教会跳舞,但你必须承认,这算不上跳舞,他们采用的方式——非常残忍的方式——也不是好的教育方式。翻到第112页,第4段,你会看到另一处关于自然教育意义的阐述。

雷肯先生[读文本]:

你会告诉我,关于身体,我又犯了在谈到心灵时发现的揠苗助

长 的 错误。

施特劳斯:指的是,通过走钢丝舞者的例子。

雷肯先生[读文本]:

这些情况非常不同:在一个,进步只是表面的,在另一个,它是真的。

施特劳斯:在哪个是表面的,哪个是真的?

学生:当孩子谈哲学时,这只是表面的。

施特劳斯:对;而身体……我的意思是,如果他可以在钢丝上跳舞,他的确可以。但如果他重复自己所学的句子,这只是表面的。好。

雷肯先生[读文本]:

我已经表明,孩子们并没有他们表现出来的那种心智发展,尽管他们确实做了他们看起来做了的那些事情。此外,我们绝不能忘记这一切应该是游戏,大自然要求他们轻松自如地控制活动,丰富他们的游戏,让他们更加愉快的艺术,没有一丝一毫地强迫把这些变成苦工;因为,我在他们玩的什么游戏中找不到教育他们的素材呢。

[174]施特劳斯:我们停在这里。换句话说,这是什么意思?自然教育:没有强迫、没有训诫,活动全都由自然命令,由孩子施行。一切都是自愿完成的:没有可悲的空谈家给孩子填鸭。我们还有不少页。在第113页,第2段的最后。

雷肯先生[读文本]:

人们可以通过闪电与打雷的间隔来估算一场雷暴的距离。让孩子学习这些事实,让他学习那些他经验可企及的事情,通过引导发现其余的;但是,我更情愿他对这些一无所知,也不愿意你去告诉他。

施特劳斯：对，换句话说，清晰直接的知识靠自己获取，最大限度的自足。他随后更充分地说明了这一点：感官的培养，自然的教养，由自然所命令；但也以自然的方式获得——没有暴力。自然的各种方式在这里汇聚。教育必然不纯粹是自然的，自不必说：这是一种自然的教养。但是，根据卢梭的看法，好的教育是一种自然的培养，按照自然的要求，以一种自然的方式，即没有暴力。这是一种好教育。我们来读一下第 113 页，第 5 段。问题现在涉及到书籍。读。

雷肯先生［读文本］：

　　教他说话时坦率直接，表达清晰，发音正确，毫不做作，要把握和模仿正确重音和韵律发音，要总是足够大声地讲话，让人能听清楚，但别太大声——学校里的孩子都有这个通病。在任何事情上都不要浪费。

施特劳斯：对，很正确，但我想知道如果没有训导（precept），这如何可能。我不知道怎么能完成这些。

学生：如果学生声音太大，他就假装不注意他。

施特劳斯：也许吧，我不知道。但你必须承认，这不是比直接说不要大声说话更麻烦——当然麻烦得多——也并没什么道德优越。即使他说，我拜托你不要大声说话，这让我不舒服。训导和这种方式究竟有何实质差别呢？卢梭自己谴责旧教育，当父母对孩子说"请"的时候，仍旧是一种事实上的命令。难道命令形式本身，命令的外在形式，就如此关键吗？这是个问题。顺便提一句，还有一些他没讨论的问题，这些也很有意思；比方说，关于进餐的一般礼貌：孩子不应该在餐桌上做某些事情，还有其他一些——打嗝，以及类似的事情。你会怎么做，简单地把他赶出去，说自己无法容忍这个做法？好吧，大体来说全部问题在于：训导是否像卢梭宣称的那样坏？这当然也是后来的进步教育面临的问题。约翰逊先生？

约翰逊先生：首先，你所说的训导是否仅指"不要做这个"？

[175]施特劳斯：对。

约翰逊先生：因为我在想，借助卢梭在爱弥儿身上用到的例子，比方说，当爱弥儿打破窗户时，他会受冻；这位[管理者会]修好窗户，而[孩子]会再次打破它，然后你会把他关进没有窗户的小黑屋。

施特劳斯：对；只有强力（force），没有命令。这正是这个例子所[……]。他可以用强力。只要把孩子关起来，甚至还打屁股。就是这样。

约翰逊先生：强力，而不要训导，不要暴力——暴力又该怎么解释？

施特劳斯：一样的。我的意思是，没必要做出这个区分，除非你指的是，人不应该在愤怒中做任何事情。是的，他当然会说你不应该在愤怒时行动，因为这会给出坏[榜样]。我是说，熊孩子或许让人难以忍受，这会导致……你们知道，有个关于完美现代教育者的故事，他从不生气，允许孩子为所欲为，后果是他最终抓狂杀了那个孩子。你们看，这也非常……

学生：这种行为不就类似训导的形式吗？比方说，如果我打破了窗户，我会不自觉地待在那里，我的老师会进来，带我下来。

施特劳斯：对，当然。换句话说，我不认为——我从不认为这是最合理的教育，但你必须试着理解……我是说，在各种各样的意见中选择这一项方案相对容易。但我们必须明白是什么把卢梭推向这个方向。我是说，为什么这些方案表面看来部分合理，部分不合理？通常是这样：自足的个体，不带任何偏见的人。那么，孩子就应该是个不带偏见的孩子，而如果偏见与威信之间的确存在本质联系，那么就不要威信。确实可以这么说，威信和偏见有个关联：命令当然是指我告诉你这么做，而又无须给你理由。在某些情况下，你给不出道理，因为，正如卢梭正确地指出，一个孩子怎么会懂得什么是对他长大以后好的事情，他对长大并没有具体的理解。老观点是，你只需要告诉他不能这么做；顽皮是个阶段。在很多情况下，这都很行得通，在另一些情况下则无效，但是行之有效远非好标准，因为谁证明了过程教育行得通？你们一定听说过：他们突然发现比强尼更善于读写计算的伊凡或许给成年的强尼制造了个大危机——成年的伊凡后来［对成年的强尼来说会是个大威胁］。所以这并不是个完全不相干的考虑，强尼不会理解这一点。但是结果是，教育计划必须被修改。我的意思是，在最低的程度上，[176]在计划所能改的程度上，但我认为这是一种提升。这背后的观念当然是：不要竞争。所有孩子都平等，不仅在上帝眼中如此，而是就他们在学校的成绩来考虑，相信不要分数，不要区分，[……]这样一来就每人会觉得自己比别人优秀。这是否适用于人类生活？这会是个问题。我是说，无论举什么例子，运动或别的什么，不平等都是明摆着的，否定它只不过是掩耳盗铃。我是说，必须要教给孩子，无论他拥有哪些过人之处，他都仍必须对那些在某些方面不如自己的人举止得体。这是老观点；更加实际可行。现在卢梭要做出一些激进的改变。但是卢梭所想的是，我们也必须始终记住这个目标（这是个实验，而且不仅仅是狭义上的教育实验；他并不是写给父母亲，他说过）：他想要表明——这是我的理解——他想要表明，什么时候、在哪一点上、出于何种理由，偏见必不可少，以及哪种偏见是最理性的偏见。很难[……]。我认为，这是我们在此必须做的。请允许我用我的旧图［施特劳斯走向黑板］：对于人，也对于公民来说，这里是共同起点。人往这个方向走，公民走向这边。现在，在特定的点上，他教育爱弥儿做人，和社会没有任何关系。随后他说，爱弥儿必须成为一个公民。［这是个］决定性的［时刻］。［卢梭］并没有停留在人必须生活在社会中这个大而无当的概念，而是更细致……但决定性的偏见……成为一个公民意味着服从权威，这显而易见。这意味着要服从某种偏见。然后，在这里发生某件事，然后爱弥儿到了这里，但是以一种更好的方式。换句话说，比起如果以这种方式训练出来的人，他会是个更好的公民。更加理性，这是关键。

所以，卢梭的政治作品有个统一关系，尤其是《社会契约论》和《爱弥儿》，但这种关系并不是显而易见的。你必须通过一些思考才能看到这一点。你们还有谁有其他问题？

学生：你能否比较一下卢梭的教育，他培养普通公民的教育观与尼采的《道德的谱系》？

施特劳斯：这很难，因为尼采并没有真的质疑人的社会性。卢梭说，人是最没群体性的动物；而尼采说，人是最爱群居的动物。所以这里很难做出直接的对比。尤其是，尼采彻底拒绝无权威原则。尼采说（你们都知道，我们在上次尼采课程讨论过那段话，在《善恶的彼岸》中），在某种意义上，任何权威都比没权威好；不是出于功利角度看，法律和秩序，而是从使人之为人这个角度看。你们都知道，没有障碍的成长；他还给出了例子，他说，比方说，[177]比起随心所欲文思泉涌，强制只能使用某些格律来写诗会造就更好的诗人，记得吗？没有这个限制，没有学着……

学生：但我想的是有某些共同之处。

施特劳斯：对，有一些令人吃惊的东西。但是总体而言，关系是：相反。尼采反对卢梭的方案。但这种反对基于某些共同点，没那么容易说清楚。换句话说，尼采并不简单地诉诸卢梭到更古老的作家们；他在某种程度上在同样的方向上比卢梭走得更激进。我在《道德的谱系》课程上提到过一次，怎么说的？自我保全和同情在卢梭那里……我现在记不清了，抱歉，我想不起来了。但是当然有个很近的关系，一种很近的辩论关系。

学生：我对他们的不同观点感兴趣，尤其是关于人比任何外在条件都更重要；换句话说，我会说初民，比如……

施特劳斯：是的，但是尼采在《道德的谱系》中的初民绝对是一种畜群式的人；只有在被各种畜群道德塑造的漫长过程之后，与之相反的个体才会出现。人最初并不是个体，除非在身体意义上；但是一个遵从他自己的法则、自己的天赋的人，如尼采所说，他是一个漫长过程的终点，绝不是在开端；就这一点而论，这种观点当然要比卢梭似乎提出的那种观点更加现实。

学生：这种主权状态不是［……］某种早期状态？

施特劳斯：是的，顺便说一句，尼采在这一点上的说法并不是原创的。白芝浩（Bagehot）在他的作品《物理学与政治学》中几乎直接推进了达尔文的工作：习惯的至关重要性，固定习惯的重要性让物种稳定下来，这持续了千年。这个观点与尼采一样。现在，问题就是——正如对白芝浩本人也是一样的,只是尼采更加复杂一些——"进步的社会"如何出现,在什么情况下会发生? 我认为通常思考白芝浩的书不会联系到尼采,不过在我看来,当你同时读这两本书时,这非常明显,这种联系。

那么下次课,该谁读作业了?

［本节结束］

第八讲 《爱弥儿》卷二、卷三:人的可完善性

[179][进行中]施特劳斯:——我很高兴看到。现在,我想指出三点。第一点,不,总体来说,我想说,你似乎是本次课程第一位具备,或者说,表现出具备卢梭之后的教育史知识的报告人。你是否——你研究过这个发展过程吗?

学生:对。

施特劳斯:好的,这很有帮助。你说你遇到一个困难,我没太明白,因为你宣读论文的速度非常快:还有饮食问题,怎么通过人们的饮食区分他们,明白吗? 一方面是吃牛排的英国人,另一方面是素食主义的国家。你遇到的困难是什么? 你不认为这一点很重要吗?

学生:我说的是,这尚未建立起来;我不知道是否,如果这可以建立起来的话……他们提出,素食主义确实可以促进健康,肉食对健康有害,他们这么说。但我并不知道他们建立起了性格和饮食之间的关联。

施特劳斯:好。换句话说,说不定卢梭似乎是个素食主义者,这是你的印象。

学生:我过去从未听说过这种观点。

施特劳斯:是的。好吧,我们必须出于别的理由提出这一点。那么,我认为你十分正确地强调了一点,而我们过去完全忽视了这一点:即,卢梭认为,如果孩子由亲生父母教育就最好不过了——他的自然父母,可是在《爱弥儿》这个案例中,我们很明显看到一个或许有双亲但却被当成孤儿抚养长大的孩子,这个孩子只有他的老师。你如何解释

卢梭的做法——尽管他承认父亲才是孩子最好的教育者,他为什么还要把一个老师呈现为这个最好的教育者呢?

学生:[听不清,似乎在表明他认为因为卢梭只是在给我们展现特殊案例。]

施特劳斯:对,但问题仍然是,他为什么更喜欢这个特殊的案例,正如他很明显表现出来的这样?

学生:或许是……

施特劳斯:我的意思是,用卢梭的例子来说,什么是坏影响?

[180]学生:如果孩子不被允许保持自己的天性?

施特劳斯:更……这有些太笼统了。偏见,权威。或许很难有父亲会相信这一点,他想给父亲作出示范。所以,换句话说,只要你能找到一个和卢梭一样开明的父亲,父亲这样做就更好;但如果找不到,老师就必须做这个父亲。我想这就是卢梭的意思。

关于你提到的后世在卢梭基础上发展出来的那些教育学说,我只想说一点。这也是向你提出的一个问题。当卢梭说,比如,"对孩子来说,乡村比城市好";就像你指出的那样,他指的当然是乡村生活比城市生活更自然:当今的这些教育家是否也这么说?换句话说,更清晰地表达我的问题,我会这么说:从当今社会科学的观点看,乡村居民有着和城市居民一样良好的教养。我的意思是,按照卢梭的意思,严格意义上的自然人并没有教养,因为教养与自然截然不同。如今的社会学会否认这一点:只要有人,就有教养。严格说来,它们如何——如今怎样提出这一点,如果有人觉得从教育孩子的角度来说,乡村生活比城市生活更胜一筹?当今的理论家们会怎么提出这个观点?

学生:……

施特劳斯:是的,但是这里——我的意思是,我感兴趣的是:如今用来取代过去称作"自然的"的东西是什么,相对于人为来说?毕竟自然与人为之分并不完全是随意的。比方说,假如你对比一个有翅膀,或有别的什么不自然的东西的人,去对比一个没翅膀的人——

学生:优异与落后(underprivileged)的孩子?

施特劳斯:落后,不;落后并不必然就是自然的。想想那些部落,落后的部落挂着鼻环，这当然不自然，不是吗？众所周知，他们也有那些区分——血缘区分，所有类似的东西。

学生：调整/校正（adjusted）？

施特劳斯：对，但所有人在某种程度上都要适应他们的环境。

学生：我认为多布男孩（Dobu boys）是极其糟糕的调整/校正。

施特劳斯：谁？

学生：多布男孩。

施特劳斯：什么男孩？我从没听过这个词。

[181]学生：出自《文化模式》（*Patterns of Culture*）。①

施特劳斯：噢，我忘记了。我记不清那些细节了。我知道了。不过，毕竟有某些类似的东西。巴特沃斯先生？

学生：墨兰诺（Morano）说过，自发性（spontaneity）——②

施特劳斯：哦，自发性；不错。这个东西在杜威的作品《人性与行为》（*Human Nature and Conduct*）中也很重要。我不知道他是不是用了自发性这个词，但他作出这个区分：习俗或习惯与自然生发的，我想是这样。对，不错。这里所说的和习俗相关的"自发性"对应的是自然与不自然的区分。但是区别是什么呢？在杜威那里——我碰巧知道这本书。杜威对自发性的理解与卢梭对自然的理解有什么不同吗？好吧，如果我能使用这个粗陋的词语的话，自发性是对自然的历史理解，意味着：丛林人的自发性，英国人的自发性，巴西人的自发性各自不同，因为所有自发性都产生于一个特定习俗的基础；这是对特定文化的一种反抗。情况就会是这样，自发性并不是普遍相同的东西，而是依靠着与它对立的那种习俗。明白吗？不过很好。莱恩先生，你也想说些什么。

莱恩先生：我正想提出杜威的概念。

施特劳斯：嗯？

莱恩先生：我正想提出杜威的概念。

施特劳斯：对。哦，很抱歉我抢在你前面了。还有其他的吗？对，

---

① 第五讲曾提到这本书。

② 找不到原文出处。或许学生指的是 Jacob Moreno（1889—1974），一位心理治疗师和教育理论家，在他的作品中，自发性是关键词。

在这里必然会提出的问题是:后卢梭的教育家们(我指的并不是裴斯泰洛奇①这类人和紧随其后的人,而是指当今的人),他们是否当然不再拥有和卢梭一样的理论基础——我的意思是,自然人这个概念。必须考察这个基础是否和卢梭的基础一样相对清晰。

不过,很有趣:在卢梭的立场你不会发现任何根本性的困难,任何在卢梭立场的困难?

学生:不,除了这一点……关于家庭……

[182]施特劳斯:对。不过,那么你当然就面临这个问题,不是所有家庭都能同样好地养育子女,那么,你就必须,你就必须澄清对于培养孩子来说,好家庭的概念是怎样的,你能指出哪些教育家讨论了好家庭这个概念吗? 我的意思是,我们必须知道这一点,否则它就不会好,对吗? 我的意思是,单是断言父母比老师更好并不能给我们任何帮助,因为并非所有父母都适合培养子女。

至于这一点,这是我最后要讨论的一点,即卢梭是第一位看到青春期对于教育的重要性的人,我无法相信这个断言。因为毕竟在任何时代都很容易看到对这个问题的讨论;而且,如果我记得不错的话,许多部族都有成年礼或其他类似活动,这当然基于一个事实,即人们认识到青春期的重要性。我认为只有一点不同:过去的人们在讨论这种天性的主题时比较含蓄,明白我的意思吗? 众所周知,卢梭不再有这种含蓄。我的意思是,当你读《忏悔录》的时候,你们读过他的《忏悔录》吗?他在那里毫不遮掩地大谈自己生活中最难以启齿的事情——好吧,我想还是有一丝含蓄的,但是当然完全没有考虑怎么说更得体。所以换句话说,我相信,说卢梭发现了青春期的重要性并不是事实。好。但是在教育史中是这样论断的,对吗? 我的意思是,我在问你,我自己没读过这方面的历史。

学生:我在这里想指出的是,在讨论这个问题的地方,卢梭说,"在这个年纪,孩子的力量增加得远比所需更多——"

施特劳斯:我知道。你的意思是……进一步分析……

_____

① Johann Pestalozzi(1746—1827)是瑞士教育理论和实践家。

学生：……

施特劳斯：对，但并不是在柏拉图的《王制》——我不认同这句话，但在柏拉图的《王制》中没有大致相当于最麻烦的年纪的那个东西，在这个年纪的孩子们尤其需要防御……我认为是这样。无论如何，在我看来在卢梭之前就有人讨论过人生的这个阶段。但是，毋庸置疑的是，卢梭是前所未有的毫不顾忌地讨论这些问题的人。当然，和我们今天所见相比，这不值一提。是的，有人——莱恩先生。

莱恩先生：……他们的步骤似乎有个显而易见的统一，但是他们的起始原则极为不同。卢梭看到一个真正的潜在问题，一个冲突——一个无法解决的冲突，杜威似乎拒绝这个冲突，并且试着让他的学生适应环境。但这只不过是实用主义的结果——

施特劳斯：并不完全如此，并不完全如此。不是这样，因为在杜威那里，自然和自然生活已经完全失去它对卢梭具有的那种效力。换个表述，即人是社会性的存在者［183］是杜威和亚里士多德都承认的事情，然而，他们或许对此理解不同。所以，你们知道，这种独特的"个人主义"，卢梭的这种极端个人主义，被抛弃了。众所周知，杜威在实践上是一个社会主义者，即便他并不特别是个社会主义者，整个黑格尔传统，尤其是，功利主义传统都绝对排斥任何自然人的概念，排斥绝对坚定的个人主义，正如这里提出的那样。因此，这绝不只是实用主义的。

学生：［缺乏］冲突和紧张与杜威思想中出现的革命因素之间的关系是什么？在杜威思想中，这种革命性的因素在某种程度上告诉他社会总是在向好的方向发展……

施特劳斯：是的，这当然与之相关。人永远从一开始就是群居动物。也就是说，从最早的人发展到现在的人，总体来说是进步的，当然；对于卢梭来说，至少根据我们在《第二论》已经读到过的主题来看，从愚蠢的动物到田园牧歌般的野蛮人，再到此后种种，是一种堕落趋势。你们记得吧。这并不是卢梭的最终定论，但他还是可以说——拥有进步论观念的杜威从未能，也不会像卢梭那样批判科学。根据杜威的观点，智性的方法——即科学——和民主的方法是一致的；而卢梭却说，二者并不相容。不，不，这里存在巨大差异。我是指，我们提出这些问题非常好,免得我们只看到从卢梭延续至今的某种教育学说的延续性,而看不到其中的重大区别。很好。

学生:你可以详述一下刚才提出的观点吗,卢梭说科学的方法和民主的方法——

施特劳斯:杜威!杜威。只是口误。

学生:好。但是你说,卢梭说它们并不相容。可以详述一下吗?

施特劳斯:可以,当然,我们讨论过《第一论》,他在那里说:人民必须和科学完全保持距离。读《第一论》,读他说的那些内容;罗马为什么是个光荣的共和国,或是斯巴达,正是因为他们在科学上无所建树。雅典则是次等城邦,因为科学在那里太重要了。所以,他讨论了——

学生:我记得那里。

施特劳斯:好吧,如果——我们看一下,我们还可以读哪些? 对,《第一论》是最明显的论断,不过这个观点在其他作品中也反复出现。

学生:还有一个小问题:在古典政治思想中,或是在古代经典中,是否有关于饮食与性情的讨论? 因为在某种程度上……

施特劳斯:你的意思是,关于东北地区的那些人,塞西亚人或是——

[184]学生:我似乎记起一些事情——

施特劳斯:——只吃乳制品的人温和驯良? ……他们叫什么?①对,但我会说,甚至在亚里士多德那里就已经认为的确存在这些因素;卢梭当然假设,对国家和对个人来说都是如此。卢梭曾经计划写作一本书,这本书从来没有写成,书名是《圣人的唯物主义》,处理的是类似饮食的影响以及类似其他事物对思想的影响……②当然,孟德斯鸠在《论法的精神》里谈了很多鱼如何影响态度的例子,他用一个疯狂的故事讨论日本人和某些其他东方国家,他认为比起西方人,他们吃鱼更多,他或许说得对,我不知道,而这决定了他们的性格,诸如此类。③ 这

---

① 施特劳斯或许想到的是 Starbo《地理学》第七卷第三节中描述的各种部族。

② 因为这一讲有记录,所以“听不清”都被补全了。

③ 参见孟德斯鸠(1989),第 23 卷,第 13 节,第 435 页。这个问题是生物论的而非性格论的——“鱼的油脂部分可以补充大脑创造活动所需的营养”。

在韦伯那里也有。

我要说,恰恰相反,我认为比起过去的,也就是18世纪的人,当今的人更加怀疑自然因素对思想的影响。你懂的,这与价值问题相关。倘若"是"与"应当"之间存在一一对应的关系,那么在价值问题上就不会这么武断。换句话说,社会科学相对主义是旧唯物主义和旧唯灵论的杂交后代。它以某种方式维持着,以一种非常滑稽的方式维持着自由概念。明白吗?基于这个事实,"是"与"应当"之间不存在一一对应的关系。任何"是":两个生活在同样环境中的部族……没有自然的……有着不同的应当。为什么?一种无法解释的选择。顺便说一句,的确如此——唯心论对当今社会科学相对主义的影响。这类似于……在纯认识论方面,当今实证主义者的先驱被称为"经验批判主义"。你们听说过吗?

马赫(Ernst Mach)是其中最著名的史家和机械论者。① 列宁在一本长达600页的书中激烈批判这种经验批判主义,因为他们不像他的学说那样遵循这种广为人知的严格唯物主义。那么相应地,在道德学说上也发生了类似的事情;我的意思是,比方说,简单的唯物主义教条……粗俗的功利主义——当然是被反对的,因为粗俗的功利主义说这些东西天生就是好东西,不这样选就是傻子。如果有人……不去选择苟且活着……就是傻。你们至多,这里给予人们的这种奇怪的自由,他们并不是从他们的传统中获得:他们从其他传统获得。这些事情发生了。那么——我不知道我是否讲清楚了。

我的意思是,用一种更技术化的术语,我是指更精确的术语,对于当今这种社会科学来说,关键人物当然是韦伯,即便他并没有开创它,但他造就了……社会科学。我认为这……出现在这个国家只是从韦伯的东西[185]通过翻译或德国的研究者而为人所知时开始。那么,韦伯的起点是什么?他最初是个经济学家,这意味着某种功利主义,被唯物主义传统修正过的。随后他遇到尼采,对尼采来说,功利主义和社会主义理想,最高的生活标准被描述为末人:即人类可以到达的下限,在

---

① 马赫(1838—1916),物理学家,哲学家,科学史家。

那个状态下人人丰衣足食,居有其屋,不再有更高的精神性的东西,不再有精神性的东西。对培根哲学,最终对功利主义(在某种意义上的社会主义)理想的这种批判受到激烈质疑,这对韦伯的影响非常大。你几乎可以说,这种质疑正是韦伯价值中立社会科学的核心意义。社会科学无法在两者之间选择立场——关于末人的地位:是的,它必须价值中立。这并不能穷尽韦伯这个案例,但这是显而易见的东西。所以,怎么了?

学生:参照你的这个论断,你会怎么看密尔? 你读《论自由》时会看到密尔讨论了拥有自由的必要性,这样人们就可以读到各种生活方式并讨论它们,然后理性地决定如何生活,正如如果你试着决定——决定用某种理论生活,那么只要动动手指你就可以改变性格,或别的东西。

施特劳斯:好吧,首先,密尔从来都不是一位价值无涉的社会科学家:读一下他的《逻辑学》。第一点,他不是无涉价值的社会科学家。第二点,约翰·斯图加特·密尔已经是他的父亲和边沁(真正的坚定的功利主义者,他只考虑人的生理需求)还有法国人圣西门①的后裔。更不必说他奉若神明的妻子,当你读密尔对她的描述时,这是唯一恰当的表述。我不记得她的名字了。② 但他真的——他很推崇她,不是在丈夫珍视妻子那个层面,远远不止。但是我认为密尔当然在非功利主义的传统下有意识地改变了功利主义,顺便说一句,杜威继续这项工作,并且重新完成了一遍。

学生:但我尤其在想——

施特劳斯:但是在密尔那里,在杜威那里,都没有价值中立的社会科学。

学生:好吧。但是按照你几分钟前所说,我在思考这个问题,一个人能否自由选择自己的价值观,自己的生活方式,又或是自由地形成自己的个性,当他长大成人。现在我不确定当你讨论列宁的批判主义时,

---

① 圣西门(Henri de Saint Simon,1760—1825),一位与社会主义和实证主义关系密切的社会理论家。

② 泰勒(Harriet Taylor)。

你讨论的是哪一种。

施特劳斯:哦,我很抱歉。如果提到太多名字总是很麻烦。很糟糕。那么,我来以更简单的方式重述一下?按照当今的观点,有两个[186]学科:一个称之为认识论,或者也许称作逻辑学,另一个称之为伦理学。这对我来讲很清楚。

学生:逻辑或是什么?

施特劳斯:或认识论。好吧,让我们别分得太细。那么,正因为如今的逻辑实证主义并不是老式的唯物主义——

学生:你指的是谁——?

施特劳斯:经典的:霍布斯,现代,但也……更少人。但它已经,正如"逻辑的"这个词指涉的——方方面面都已经是康德了。康德,你们听说过吗?

学生:是的。我不是很明白,康德如何——

施特劳斯:那么我必须简单说说,请允许我来告诉你们。他们不谈论康德,这会让他们难堪。他们只提休谟;但是当你读完休谟,再读他们,你就会看到区别。允许我列出这个公式[施特劳斯走向黑板]:逻辑实证主义减去休谟,剩余的就是康德。有帮助吗?这里也类似,如果你采用对应者,社会科学相对主义,我称之为 SS(Social Science),不,SSR(Social Science Research):如果你现在加上 C,你就得到社会科学研究会(Social Science Research Council),不过我不这么做[施特劳斯被学生的笑声打断数次]。如果你从中减去,比方说实用主义,指它的这种旧的要素,你就会得到某种和康德对应的东西。你甚至可以说康德:一种自由学说,一种非政治意义上的自由学说,一种订立自己价值观的自由,这不同于仅仅渴望,自然的渴望。好。我不应该这么说;我的意思是,不是因为它不合理,而是因为很不幸,它造成许多混淆。

现在,让我们回到文本,雷肯先生,准备好了吗?在第 115 页,第 4 段。

雷肯先生[读文本]:

如果我们必须等到经验教会我们通晓并为自己选择合适的食物,我们可能就被饿死或毒死了;但是仁慈的上苍(providence)把愉悦造成了——

施特劳斯:字面上是"至善"(the supreme goodness)。

雷肯先生[读文本]:

把感知存在的愉悦造成了自我保全的工具,教我们通过我们的口味获知什么适合我们的肠胃。在一种自然状态下,没有比人自己的食欲更好的医生了,毫无疑问,自然状态下的人能找到最可口的食物就是最有益健康的。

施特劳斯:对。你们看到了吗?卢梭在这里再次用到目的论的词语,我们必须看看他用来指什么。我们天生就知道什么自然对我们好。这很好,我们天生就知道这一点。他指的不是我们(we)凭借自然知道。我们必须理解这一点。我们不再是[187]自然人。如果我们(we)出去吃任何吸引到我们的东西,我们当然很快就死掉了,因为我们已经不再拥有那种直觉:我们不再是自然人。但是,自然人天生就知道什么天生就对他好,他凭借愉悦就可以知道。他受到吸引——自然人感到的愉悦是对人本身好的东西。我的意思是健康,在这个特定的例子中。但是这对我们无效,因为我们已经不再是自然人,当然。于是,我们需要医药,诸如此类的东西。随后,在下一段里,他解释了。我们来读一下——现在我们来读下一段话。

雷肯先生[读文本]:

不仅如此。我们的造物者不仅供给他创造的那些需求,也供给我们给自己创造的那些,正是为了保持我们的欲求与需求之间的平衡,他才让我们的口味随着我们的生活方式变化。我们越是远离自然状态,我们越是丧失我们的自然口味;或是更甚者,习惯成为了一种第二自然,因而完全取代了我们的真实自然,我们已经失去了所有关于它的认识。

施特劳斯：是的。现在你们看到了，卢梭存在这样巨大的困难：他如何得以——这里有一种自然目的论，朝向上帝本身。但是却丧失了这个东西：我们不再会在生理上被有益的事物吸引。如今，这种简单的解释当然会被破坏，这是我们的错。这正是他有时会选择的态度，正如我们在《第二论》中所见。

学生：……

施特劳斯：我可以先说完吗？卢梭在前面的段落里说过的同一个证据可以证明，所以如果我们脱离自然，如果我们自己生出不自然的欲望，这些欲望的满足就令人不愉快。会得出这个结论，知道吗？但这显然并不是卢梭说的意思。这很有害，这并不是卢梭说的。卢梭所说的意思是去怀疑目的论，卢梭关于富余能力的说法就表达了这些怀疑，按照卢梭的断言，超出野蛮状态之外的人的满足对人这个物种来说是有害的，这与目的论并不相容，因为如果内在能力的完满是坏事，那么这就不会是天定的秩序。清楚吗？我的意思是，如果——如果上帝给我们的能力安排了对我们有害的自然发展，那么就谈不上至高的善。现在，——

学生：只是一句评论……

施特劳斯：是的？

学生：他提出了愉悦问题，即令人愉悦的就是对人有益的，如果我们是自然……

施特劳斯：只有当我们是自然人的时候。

学生：是的，自然人。

施特劳斯：对。

[188]学生：是的，换句话说，我想知道这种食物是否会被……烹调——？

施特劳斯：当然也许没有肉类；这一点很清楚。我的意思是，换句话说，在各种果实根茎中，吃或是不吃，你会——正如动物总是能躲过对他们有毒的那些，人也会本能地这么做。

学生：我指的是，愉悦这个概念，愉悦会是［……］自然的食物，而不是那些被调味过的，或是——

施特劳斯：这完全被排除了。但是我们不再有能力辨别未经加工过的自然食物，也不能区分哪些有毒哪些没毒。我们需要植物学和化学之类的东西才能做到这些事情，关键在这里。可以说我们无法闻出来某样东西是否有毒。这是困难所在。

学生：即便……选择那些没有毒的食物，有益的食物……他仍然不喜欢看到任何意义的进步。

施特劳斯：我们现在讨论的不是这个问题。我们现在关注的仅仅是这个问题，人是否生来就知道什么天然就对他有益处；卢梭说，只要他是个自然人，他就会知道这一点。但是，即便野蛮人也不再是自然人了，那么问题，此处的根本问题就是自然目的论的问题：是否存在这样一个自然，它凭其自身就可以把我们引向那些天然对我们好的东西。这是个问题。好的，雷肯先生。

雷肯先生：在下一段中，非常有趣的是，他突然把标准转换为自足。

施特劳斯：你可以读一下吗？

雷肯先生［读文本］：

> 由此可以得出，最自然的口味应当是最简单的，因为那些是最容易改变的；但是当我们的喜好增强并刺激它们之后，它们就获得了一种无法改变的形式。一个没有让自己特别适应一个国家的人，可以学会任何国家的方式；但是已经适应某个国家特殊习惯的人就永远无法摆脱它们了。

施特劳斯：是的。这是什么意思？问题仍然是一样的。关于食物，什么才是自然口味？一种无论如何不受喜好、意见所影响的口味。正因为如此，普遍的口味特别容易受影响。你们看到，每种动物都指向这种或那种食物。人却没有这样一种本能——这正是可完善性的意思——因此他越是保持这种适应性，他就越是自然。重点从愚蠢的动物这个意义上的自然人转移到具有自然特征的人，按照卢梭的说法，这种自然特征被称为可完善性,这也几乎意味着无尽的可变性。尼科果斯基先生?

[189] 尼科果斯基先生:我只是想说,人和公民之间存在一种有趣的紧张关系。他谈到国家,习得某个特定国家饮食方式的人将不可能适应另一种形式——

施特劳斯:换言之,对饮食如此的事情,对偏见也同样如此。

尼科果斯基先生:是的。

施特劳斯:是的,当然。但我确定他想到了这个问题。卢梭想要的是完满独立的个体,绝不受到任何一种本土偏见塑造,这甚至在饮食方面也是这样。

学生:或许这也关系到这个事情,在爱弥儿成为公民之前,他被带去周游世界。

施特劳斯:对,当然。但这已经是较晚的事情了,当他……对,但是——他注定要成为一个公民,但他应该是带有最少偏见的公民。

学生:……

施特劳斯:对,当然,如今人们还是这么做,人们旅行是为了抵抗地方性偏见。不正是这样吗?

学生:当他谈到自然的甜味感觉时,比方说糕点之类的东西,在某种意义上,这些是多余的能力或多余的欲望。然而,在另一种意义上讲,这是自然的,这似乎和此处的适应性有关,无尽的适应性;在某种程度上,这种味觉是自然的,在另一种意义上,它又是多余的,并且——

施特劳斯:它为什么是多余的呢?我们不需要食糖吗?坦率地说——

学生:好吧,他提出——

施特劳斯:难道不是或许孩子比成人更需要糖分吗?我不知道。

学生:对,但是,或许我们通过水果蔬菜的天然糖分就可以满足我们的自然需求。

施特劳斯:是的,但是后来的东西可以说明这一点,但是对糖果来说如此,对甜的水果也一样,相对甜蜜的水果。顺便说一句,关于这一点,他只是遵循了古典传统,关于甜的东西。对我们的舌头来说,甜味也是自然的东西,另一些,比如苦的、酸的、涩的东西,则是违背自然的。① 你可以在亚里士多德,以及许多古代作家那里读到这种说法。为了检验,你必须习惯。我的意思是,一旦你习惯了,人们就不习惯任何不辣的食物。但是这种习惯需要养成。你并非必须去习惯那些违背你舌头的东西。

[190]在下一段中——我们不能全部读完,我认为我们应该读后面小半部分。"最终,"他说,"我们的口味越是简单,它们就越普遍。"看到了吗?

雷肯先生[读文本]:

确实,我们的口味越是简单,也就越是普遍;大多数人往往不喜欢的是那些精制的菜肴。你见过什么人不喜欢面包或清水吗?这正是自然的手指,也就是我们的规则。尽可能地保持孩子最初的口味,让他的饮食清淡简朴,让他的嘴巴对重口味的东西一无所知,不要让他的饮食过于一成不变。

施特劳斯:应该是"让他不要形成排他的口味,"只接受特定国家的特定食物。让我们读一下下一段的开头。

雷肯先生[读文本]:

我此刻不是在探讨这种生活方式健康与否,这不是我探讨的问题。对我来说知道我的选择与自然协调就足够了,它更容易适应其他条件。

施特劳斯:这个说法非常有趣。卢梭并不十分关心最健康的饮食——因为这样他就得求助医生之类的专业人士——而是关心对人来说无论何时何地都必须的东西;更准确地说,自然的东西被界定为最大限度的独立,个体最大限度的自足。这是主要考虑的东西,而不是健

---

① 亚里士多德,《尼各马可伦理学》,1153a5—6。

康。当然,健康问题也在其中,不过不是这里。整体的考虑……这就是,自然人是一种拥有最大限度自足的人,具有无限的适应性。怎么了?

学生:当你提出可完善性和适应性时,你是否等同这两个概念? 我们是否发现我们的天性具有可完善性?

施特劳斯:是的,但是你看——适应性,你可以说。是的,你可以这样说,因为可完善性带来一种特定困难;因为,如果不存在完满,也就无所谓可完善性。就这一点来说,这是卢梭思想的一个特定困难,因此类似可塑性、适应性这样的术语在某种程度上可以更准确地表达卢梭的意思。但是,这种可塑性或适应性当然意味着最大的自由。如果他被放在撒哈拉沙漠,或是北极,他还能找到自己的生存方式。如果你把一个 18 世纪的法国农民放在这种地方,他会死的,因为他只知道法式生活方式,只要他不在正确的时间吃午餐,他就会陷入一大堆麻烦里……

学生:我犹豫要不要说,但是大概两年前,我看到过一项实验,它十分有趣地和此处的阅读相关。他们在婴儿面前放各种各样的食物……各种类型,肉类、蔬菜、水果,各种东西。结果发现婴儿自己就可以抓取正确比例的[191]食物,取了一部分肉、蔬菜,水果,几乎按照膳食平衡的范本选择。①

施特劳斯:不止在数量上? 也在质量上吗?

学生:质量和数量。

施特劳斯:我不懂这些。这是个严格控制的实验吗? [笑]

学生:我确实读到过,我不清楚所有细节——

施特劳斯:我不懂,没法评论。我只能说我感到佩服。[笑]

学生:……发现 5 岁的幼儿倾向于毒害自己。[笑]

施特劳斯:那些孩子多大年纪? 就你所知那项实验?

学生:他们都是小婴儿。大一些的幼儿当然要吃糖果了。

学生:所以用卢梭的术语来说他是对的了。

---

① 戴维斯,《断乳婴儿的自选食谱》(C. M. Davis, "Self-selection of Diet in Newly Weaned Infants: an Experimental Study", *Journal of Diseases of Children* 36:4 (1928): 651—679)。

施特劳斯:是的。当然,正是这一点非常有趣。我挺吃惊。在下一段里——这真的非常有意思——我们跳过这段其余部分——在下一段里,他做出一个区分……太长了,不读了。或许我们读一下第 3 句,"这种感觉的活动——"

雷肯先生[读文本]:

> 这种感觉的活动完全是身体的和物质的;在所有的感觉中,唯独它不诉诸想象,或者至少,想象在它的感觉能力中扮演较次要的角色;而模仿和想象通常把道德感带到其他感觉的印象中。

施特劳斯:他讨论的是触觉——味觉……你们看,这里的身体性和物质性区分于那些关系到想象和模仿的东西。身体性和物质性是自然的。你可以在霍布斯的《利维坦》第 27 章看到这个区分,当霍布斯谈到肉体伤害时——比如被枪击之类——以及幻想出来的伤害。幻想的伤害是某种虚荣心的伤害。此处也暗含着同样的区分,正如我们所见,这对卢梭也很重要。现在我们翻到,到哪里呢,第 119 页,第 2 段。整个这一页。你可以看到这一大段一直到第 120 页。或许我们可以先来读一下第 120 页的第 3 段。

雷肯先生[读文本]:

> 尽管这段引文并不相干,我还是忍不住要抄过来,我认为我的读者不会反感。

[192]施特劳斯:是的,这段话很长。在这个版本中长达 3 页篇幅:这是一段极长的离题话。这段引文来自普鲁塔克,正如卢梭所说,这本书题名是《论食肉》(*De Esu Carnium*),出自这本书的开篇。那么,卢梭为何这么做? 好吧,这是一种攻击——你们已经读过了吧? ——攻击吃肉,基于一些古代学说,前苏格拉底哲人们,毕达哥拉斯、恩培多克勒等。我们读不完全部引文,但是可以看出卢梭引用它并不仅仅因为它修辞优美,而是因为它另有深意,我们立刻可以读一段。我只对那

些碰巧对本书这部分内容感兴趣的人指出一点：相较原文而言，这是一段非常自由的翻译。我想知道是否——据我所知卢梭不懂希腊文，但我很确定这本书被翻译成拉丁文，也曾被翻译成法文。必须去查对那个时代的译本，如果卢梭并未润饰过他看到的这个译本，我也不惊讶。无论如何，因为卢梭引用了它，并且赞美它，那么在比素食主义问题更重要的问题上，这段话就对他有所启发。在这段漫长的引言之后，让我们来读第 119 页，第 2 段。

雷肯先生［读文本］：

凡人们，神所喜爱的——

施特劳斯：不，读那之前的，荷马引文、诗行之后那段话。

雷肯先生［读文本］：

那么，当他第一次违反自然，做这样一顿可怕的膳食时，他必然这样感受；他第一次对活着的生灵感到饥饿时，渴望用那还在食草的动物果腹时；当他命令他们屠宰、肢解、砍伤那些正在舐他手的羔羊时。令我们惊吓的，正是那些最先享用这些残忍佳肴的人们，而不是那些抛弃他们的人，对于那些初民来说，这么做还有借口，而我们则毫无借口，正因为毫无借口，我们的野蛮要更甚百倍。

施特劳斯：你们看，我的意思是，这是一种极为可怕的事情，捕食一种动物；但是最初这么做的人尚有理由，而我们没理由这么做。当我们走进一间餐馆，享用美味的肉菜时，我们比那些茹毛饮血的野蛮人还要残忍。继续。

雷肯先生［读文本］：

"凡人们，神所喜爱的，"原始人这么说道——

施特劳斯："这些初民会这样告诉我们。"

雷肯先生[读文本]：

　　拿我们的时代同你们的对比一下，看看你们有多幸福，我们有
多可怜。新形成的土地和湿瘴的空气还不听从四季的规则。地球
的四分之三泛滥着江河，覆盖着水塘、湖泊和无底的沼泽。仅剩的
那一份层林密布。大地不结果实，我们也没有农具耕种，我们甚至
根本不知道要用它们，不播种也就没有收获的时节。因此饥饿如
影随形。在冬季，[193]苔藓和树皮是我们的常见食物。慈姑或
石楠的绿根就是一顿佳肴，当人们找到榉子、胡桃或橡子时，就会
聚在一起歌唱，他们称大地为母亲和乳娘。这是他们唯一的节庆，
他们唯一的运动；人们的余生都消耗在悲惨、痛苦和饥饿中。

施特劳斯：……
雷肯先生[读文本]：

　　最终，当贫瘠的不毛之地不再供给我们任何食物时，我们被迫
为了自保而对自然施暴，在不幸中吃掉同伴，而不是与他们一起
消亡。

施特劳斯：这就是我们需要的内容。这段话是否令你们震撼？我
想说另一点：在这段引文之前，他在那段话中间说，"所有野蛮人都残
忍"。现在，我来为你们复述关键段落。这些初民说我们，你，今时之
人是幸福的；而我们多么不幸。我们总是挨饿，我们的生活充满痛苦和
不幸。我们不得不痛苦地吃掉同伴，即同样饥饿的其他野兽。而你，当
然不再有这种不得已。当你读到这两三页时，必然会观察到什么？
　　学生：农业和社会都是必要的。
　　施特劳斯：这个意思略有涉及。当然，但是如何——我的意思是
说，这只是略加提及，因为这并没有击中问题的要害。
　　学生：人必然是有罪的？
　　施特劳斯：这里直接违背了《第二论》的整体学说。人最初是幸福

的。现在,我们被告知我们才是幸福的。初民是野蛮残忍的,生活得很悲惨,他们被迫变成食人族,几乎和食人族一样。我的意思是,尽管是借普鲁塔克之口,卢梭在这里收回了《第二论》的表面学说。在自然状态中的人是什么样子的这个问题上,他展示出一种和霍布斯以及洛克更充分的一致。在霍布斯那里自然状态下的人是什么样的?"兽性、凶恶、粗暴。"怎么了? 现在——

学生:你或许可以说,尽管,正如他说我们才更加野蛮,尽管他们在身体上较为不幸,但他们道德上更幸福。

施特劳斯:是的,你可以这样得出结论;但是他谈到了那个幸福的阶段,而对自然人身处其中的持续饥饿不做评论。不存在对《第二论》的那些段落的任何影射。我认为他故意这么做,他借用另一个人物收回自己说过的话,那个人物就是普鲁塔克。我们已经看到,《第二论》的学说站不住脚,当你试着更加充分地理解《第二论》时,但是这理论上是这本书的唯一教义。你们可以看到在——好吧,你们可以这样说:在《第二论》,关于田园牧歌般的[194]人,野蛮人的生活,同样建立在一位古典作家的基础上(卢梭并没有引述他,但是学者们正确地看出),这就是卢克莱修,卢克莱修是一种不可引用的作家,作为一位伊壁鸠鲁主义者。普鲁塔克则是可引用的。但是……卢梭让普鲁塔克的早期人类想象与卢克莱修式的想象相对。这是他的观点。在我们讨论《第二论》的时候,我们已经讨论过这个问题,这种看法——这是人类唯一幸福的时代,田园牧歌的野蛮人,此后一切都要次一等——不能被视为卢梭关于这件事的严肃且最终的观点。巴特沃斯先生。

巴特沃斯先生:你能更详细地说说你的想法吗——你说这和最初不一样。比方说,他是否借助这段话里说话的人之口改变了什么?

施特劳斯:不,这里是模拟初民之口。这也是在普鲁塔克的书里。

巴特沃斯先生:第三人称单数?

施特劳斯:不,单数的这些初民中的一位向如今的肉食者讲话是同一件事。不,我的意思是,我还没有——我只是没时间了,但你们可以这样做,为了辨识卢梭自己怎么做的,你必须知道卢梭用的是哪个译本。

巴特沃斯先生：这一点之所以重要，其中一个原因是，难道不是卢梭能看到的所有普鲁塔克的译本都是16世纪的法文版吗？

施特劳斯：这我就不知道了，我不了解。我不清楚是不是第一位普鲁塔克的编辑者——不是赛兰德①吗？——他不是把普鲁塔克翻译成拉丁文了吗，我并不了解，不过应该很容易查到，你只需要……好吧，当然，芝加哥图书馆不能满足这个需求，他们不会藏有老的法文译本。但这不难查找。但是，当然，不考虑究竟用的哪个版本，卢梭在这里接受下来的就是这样。我在这里主要想说的纯粹是方法上的问题：当卢梭说这只是离题话，他只是因为这段话写得好才忍不住引用时，实情并非如此。穆埃勒先生？

穆埃勒先生：卢梭确实说过"［我们被迫］对自然施暴"，这是被迫的。他是否在强调我们无法预料到这种不得已，他是否坚持自然的善？

施特劳斯：是的，在某种意义上，是这样，因为倘若你出于自我保全被迫这么做，你就不该被责备，如果你是这个意思。但是，问题仍然是，当你谈到无论何种自然状态时——对，这就是"人天生就好"的最大的含混之处。这是什么意思？［195］即曾经——正如洛克在《第二论》的开头描述的图景，人们平静地生活在黄金时代——这是一回事。换句话说，不需要为食物竞争。然而，最终"人天生就好"变得意味着自然人要伤害他人，如果为了他的自我保全的话。你们知道这个表达式：追求你自己的利益，同时不对任何人作恶。做到这一点的人就是好人。我的意思是，在卢梭那里，自然的善这个概念说来话长。我只读过《忏悔录》的一段话，他在那里谈到——

［换磁带］

施特劳斯：——他打算欺骗他的朋友，关于这位朋友的情人——我的意思是，这不是他的妻子，他这么做非常仔细，他认为情人和妻子一样好——他称这为有罪的活动。然而他说，他在尝试这样做的时候非

① 赛兰德(Wilhelm Xylander)是16世纪的古典学者，他完成了第一个完整的普鲁塔克《论道德》译本。

常完美——他并没有成功——没能成功犯下这个罪行，因为这完全是自然感受；他不得不……这也是自然的好，你必须恰当理解它。换句话说，你不能说，在卢梭谈论自然的善的时候你说道德性就完全是误解了。它仅仅指无意的伤害。塞尔茨先生。

塞尔茨先生：在《第二论》中不是有个部分说，人，仍旧在自然状态的人，因为人口过剩和饥饿蜕变到现在的状态吗？

施特劳斯：是的，我确信人口过剩带来创造力。这一点提到过，他们被迫去发明以便活下来。他们被迫耕种土地。但是我不认为有——自然状态残暴的一面未被提及。我的意思是，一切人对一切人的战争最后才来临，在私有财产引入之后才发生。这是一种彻底的——我的意思是，并没有提到他们总是生活在饥饿和不幸中。他明确在《第二论》中谈到的可怕的自然状态是私有财产引入之后的结果，而不是自然的匮乏。顺便说一句，但这是所有这些讨论的核心问题，你可以说这是洛克带来的影响。因为在霍布斯的叙述中，自然状态如此糟糕，因为就优越性来说，人们如此卑劣。洛克做的改变是，他们并没有这么卑劣，他们如此贫乏，是财产让他们卑劣，即，这是一种无罪的恶，是财产之类的东西引发的恶。孟德斯鸠也接过了这种看法，最终又传到卢梭这里。所以，我的意思是，毫无疑问，卢梭并不是要我们返回野蛮状态，他从来不是这个意思。我的意思是，自然状态，举例来说正如《第二论》描述的那样，是一种象征性的东西，这必须得到解释——用准确的术语去澄清它的含义。你想说些什么吗？

学生：他在《第二论》确实说到过野蛮状态的残酷，他似乎在那里想把这归咎于骄傲的开始。

［196］施特劳斯：的确如此。不是归咎为自然的必然性。

学生：是的，我现在想知道这里在第 118 页：他很直白地说，"所有野蛮人都残忍，并不是他们的习惯要往这个方向去，他们的残忍是他们食物的结果。"

施特劳斯：是的，可是，为什么他们要吃他们的食物？为什么他们要吃那种食物？他们被迫的——卢梭说，他们是被迫的。这就是卢梭和其他像他一样的人们反对《圣经》观点的全部"历史哲学"。在《圣经》观点看来，人被创造成完美的，在某种条件下——他并不是被迫的，没有任何被迫变坏了。他堕落了，这次堕落导致其他罪恶，也导致某些身体上的恶。对于像霍布斯、卢梭和洛克那样的人来说，人的原初状况是极不完美的。人是被迫变得卑劣的，被迫的。而且你们看到，当你说这归咎于骄傲的时候，你们知道——野蛮人，人们不得不变得社会化，因为地震或是别的我不知道的原因——但就在那个时刻，他们变得社会化，变得在道德上坏起来：出现优越、低劣、骄傲。然后，他们就真的邪恶了。

但是，还有个不一样的，一个更加唯物主义的解释：财产，过度的需求才是原因，才是一切道德罪恶的最终原因。但是麻烦出来了，随后，污秽的习惯出现了，随后即便人们不再被迫行事卑劣，习惯还会迫使他们这样做。你们看，但是这种东西对于现代犯罪学很重要：犯罪的原因是什么？是邪恶或卑劣吗？毫无疑问，必定可以拿环境或别的东西辩解罪行，确实如此。因此这是一种非常强劲有力的解释，我们继承了它。这里，只是在更大规模上（不仅是解释青少年犯罪之类的事情），整个人类的历史，起初有一个绝对悲惨的处境，甚至不存在区分对与错、高贵与卑贱的可能性。这极其缓慢、极其自发地出现，人们随着文化的到来变得更加富有：财产权利。抵御外来的游牧部落变得非常紧要，因此勇敢德性开始受到珍视，慢慢地，更高的人类生活非目的论地逐渐发展起来。这就是当今许多思想背后暗藏的观点。

然后，紧接着的暗含意思，直到今日：这个无人监管的过程（你懂我的意思是指：没有任何形式的计划）是……一个进步过程，但是必定是一种不完美的进步过程，因为它具有偶然性和非监督性。但是，在某个特定时刻，一个人，或某些人开始意识到这个特性，在这个时刻，人开始计划他的进程。人们开始有意识地、不间断地作为，此后的事情都不仅是偶然的了。这就是18世纪思想的立场，卢梭也是其中之一。于是有了他的《社会契约论》。这表明——好吧，可以尽可能接近它，接近这个共和国。因此，他可以用过去的例证。无论是日内瓦还是罗马或斯巴达，没有什么区别，它们全都不完美，因为它们全都是自发形成的，并不是有意识地创造出来的。

当人们开始意识到这一点——我的意思是,开始意识到这种启蒙计划的缺陷(这或多或少是法国大革命最大的成果:法国大革命最大的成果就是人们开始怀疑是否这些设计出来的社会真的比其他社会优越),于是,就像我们知道的那样,历史观念就出现了。因为,你可以看到设计出来的政制,法国——这也适用于美国宪政,但当然首先是法国[197]政制。政制不能是设计出来的,它们必须是发展出来的,即政制或其他社会组织如今被理解为以动植物自然生长的方式自然生长出来——但这当然并不是像猫猫狗狗一样的同一种自然。当这……得到充分解释时,我们意义上的历史观念就出现了,这个观念并不比法国大革命的反响更古老。我认为有人可以证明这一点 texte à la main[手写文本]。好的……我回答了你的问题吗,顺便问一句?

学生:回答了。

施特劳斯:有时——

学生:当你提到犯罪学的时候,我想起在《爱弥儿》靠前的地方,说到告诉爱弥儿生气的人是病人,在卢梭看来这完全不算欺骗爱弥儿,但是——

施特劳斯:是的,当然,不过在这个地方我们必须再次小心谨慎。不。顺便说一句,有一本现代小说(你们看,我的时间跨度有点大,实际上有六七十年)是一位英国乌托邦主义者写的,我记不清名字了,他写了《众生之路》(*The Way of All Flesh*)。

学生:巴特勒。①

施特劳斯:巴特勒……这基于——你们读过另一个吗?——不过这基于众生皆弱这个原则——人对它们的弱并无责任。但是它们的道德缺陷,它们只是病了,它们必须得到你的精神科医生治疗……这里自然就这样假设。但是在这里,我们必须谨慎地进一步分析,因为认为生气是一种疾病的观点当然要古老得多。你们曾经听说过吗?

学生:我认为整个观念——整个古典的灵魂平衡观念……

---

① 巴特勒(Samuel Butler,1835—1902)。《众生之路》出版于 1903 年。

施特劳斯:但是非常简单——我的意思是,请允许我……当你读西塞罗的《图斯库路姆论辩集》(*Tusculan Disputations*)尤其是关于廊下派的部分时:激情是灵魂的疾病。① 因此,换句话说,这个观点古已有之,但是这里有什么新东西吗? 廊下派和这些现代人的区别在于如何处理这些激情。廊下派的解决方案是理性。当你读塞涅卡论生气的那本书时,他会给你各种处理方式,即,告诉你自己生气有多么愚蠢。换句话说,理性地劝诫,而非精神治疗。知道吗?

学生:廊下派会把责任归功于……

施特劳斯:很正确,当然。但是现在,这是一种内在事物,疾病,这就是区别所在,根本上是机体原因。机体原因,就像胆囊病一样。正如你有胆结石时会约见你的胆囊科专家一样,你如果受到情感困扰就会约见精神科专家。好。

[198]学生:普鲁塔克必定也在德谟克利特传统中:大地新形成——

施特劳斯:哦,是的,我知道。你说得很好。你的意思是,可见宇宙是生成的。是的,是这样。但是,我认为普鲁塔克在大体上讲(我并不是十分了解他)更多属于柏拉图传统,大体上讲。但是,你也很正确:这种观点更容易让人想起卢克莱修或其他这类人,而不是柏拉图或亚里士多德,确实如此。谢谢,我忽视了这一点。

下面我们必须再读其他段落了。可以读一下第122页最下面吗?

雷肯先生[读文本]:……

施特劳斯:不……

雷肯先生[读文本]:

> 有限的生灵的生命是如此可怜短促,以至于只看一眼不会引发任何情感。

施特劳斯:对,继续。

---

① 《图斯库路姆论辩集》,卷四,10—13。

雷肯先生[读文本]:

　　想象(fancy)加诸现实——

施特劳斯:字面翻译是"幻想"(chimeras)。
雷肯先生:幻想?
施特劳斯:是的。
雷肯先生[读文本]:

　　倘若想象力不给那些触动我们感觉的东西施以魅力的话,我们贫瘠的欢乐就只被这些感觉限定,而心灵仍旧是冰冷的。

施特劳斯:对。停在这里。所以,如果有人要用今天的语言来表达就是,现实本身让我们冷酷。这就是价值中立。只有通过幻想,通过想象,即通过我们的欲望,才能看到令人动容的那些特征:日出,或是其他什么。是的。还有几页。第124页,第1段的最后。
雷肯先生[读文本]:

　　在这里迎接他的正是他的朋友,他的伙伴;当他看到我,他就知道他不再会无趣;我们从来不互相依赖——

施特劳斯:这是关键句:从不依赖。从不依赖,即便在友谊关系中;独立的个体。在接下来这段话的最后。只有最后:"人们不必告诉他,抬起你的头颅。"
[199]雷肯先生[读文本]:

　　没有必要说,"抬起你的头颅",他从不会因为羞怯或畏惧低下头去。

施特劳斯:因此,这里不会有羞愧或畏惧进来,当然,除了害怕身体上的危险。在第 125 页第 1 段中间也有另一处关于同一个特性的地方:"他不会墨守成规。"好,读这一整段。

雷肯先生[读文本]:

　　他不知道习惯、成规、习俗是什么意思:他昨日所为并不影响今日所为;他不遵守规则,不服从权威,不效仿榜样,只会随自己心意去说去做。

施特劳斯:是的,我想这很清楚了。同一句话。那么,这句话的道德象征意义是什么? 读同一页的第 2 段。

雷肯先生[读文本]:

　　你会发现他也有一些关于他眼下境况的道德观念,而没有关于成年的——

施特劳斯:好的,"没有关于相较而言的人的状态",即,更高的,更低的,更好,更坏,等等。继续。怎么了?

雷肯先生[读文本]:

　　他要它们有什么用,孩子还不是一个社会的活跃成员。跟他谈自由、谈财产,甚至谈契约,他或许也会理解你,他懂得为何他的东西属于他,为何别的东西不属于他,没有更多的了。跟他谈义务或服从,他会不知道你在说什么,命令他去做什么,他不会留意;但是告诉他,"如果你给我这个荣幸,我也会在需要时回报",他会立刻让你满意,因为他不会有什么比扩大他的范围,从你那里获得权利更好的事情,他知道,这是值得做的。

施特劳斯:是的,这很有趣,正如他所称的那样,国王这个概念确实进入了他的头脑。这无法避免。但是孩子的道德完全是自私的。我的意思是,不可能仅仅为了付出而付出,他的基础是互惠的算计。在下一段中,这似乎得到限定。你可以读一下下一段开头,前几句话吗。

雷肯先生[读文本]：

> 就他自己那部分来说,如果他需要帮助,他会轻而易举地向他
> 遇到的第一个人寻求帮助。他求助国王和求助他的仆人一样随
> 意,在他眼中所有人都平等。你从他请求你的方式可以看出,他知
> 道你不欠他任何东西,他就是在寻求帮助。他也知道仁慈让你伸
> 出援手。

施特劳斯：是的。在这个阶段,这是什么意思,什么是仁慈诱使他
施以援手？这不止是意识到需要帮助,我的意思是,即算计？是否还有
更多？我要问这个问题。我给你们再读一些第二卷的内容,然后咱们
看第三卷。这段话在第 126 页,第 3 段,读到这段结束。

雷肯先生[读文本]：

> 穿什么装束,用什么名字,他就会是第一；在任何地方他都会
> 统治其他人,他们总会感受到他的优秀,他将会是首领而不自知,
> 他们将会无意识地服从他。

施特劳斯：所以,换句话说,他是自然的统治者,正如古代人会这么
称呼。这如何与他的教育相称？他只是被教育为一个非社会的存在者
而已——不是反社会；非社会的——然而他会是自然的统治者。怎
么了？

学生：好吧,他是唯一的自由人。

施特劳斯：确实如此。就是这样。通过做一个个体,最激进意义上
的个体,完全不依赖他人,不依赖偏见,不依赖权威——这个事实令他
至少潜在地是统治者。现在,我们来读第三卷。

学生：有个问题。

施特劳斯：好的,巴特沃斯先生？

巴特沃斯先生：你的意思是指他会是统治者,还是说,用卢梭的术

语讲,在这种情况下最好称呼他是立法者? 我认为——

施特劳斯:是的,这是一回事。我们现在在最广义上使用统治者这个词,他的范围可以从驯犬人到立法者,最广泛意义上。我的意思是,驯犬人不够好,因为他不是给任何人类下命令。顺便说一句,他也可以。也有这种情况。

［……的交流］

施特劳斯:或许有这样的情况。

学生:我这么说的理由是因为他离任何进入社会的入口都有距离。

施特劳斯:是的,当然,确实如此。后面会有。但他仍然是非社会性的,但是他从他的非社会性上获得了一种能力,一种社会中最重要的特质:领导力,自然的领导力。而[201]关联正如穆埃勒先生所说,唯独他是一个个体,其他人都不是。下面我们来读卷三。莱恩先生?

莱恩先生:这种自然的领导人如何适合? 是否仍然需要哲人来指导混乱的世事?

施特劳斯:我们还不知道。我们还不知道,我们必须看看这如何运作。但是我认为我必须告诉你——他如何成为这种人?

莱恩先生:我会猜测是通过哲人的指导。

施特劳斯:我明白。好吧,所以仍旧需要他们。我的意思是,如果没有卢梭就没有爱弥儿,正如如果没有亚当·斯密就没有市场和自由竞争。别忘了这一点;这些东西并不单纯是自然的。我的意思是,它们需要人的介入,如果只是想防止介入的话。莫里森先生。

莫里森先生:另一件事情一直困扰着我。你怎么调和他强调的每个阶段有其特定形式的完满——他的那些大词:孩子也许明天就死了,所以让他今天好好生活——和从这些事例能明显看到的事实上存在目的论;孩子会长大成人。

施特劳斯:是的,一种目的论。但是你和我一样知道卢梭如何解决它。每一次——比方说,让我们用你描述的孩子这个例证:他成为榜样是因为他从不会被告知他不能充分理解的事情,这些事情对他来说不是清晰直接的知识。通过把他的年龄视为自足的,我们为他的成年期做了最好的准备。如果他把童年视为成年的预备期,我们就会为了成年阶段反而毁了他。这说得通吗？换句话说，这个方案把每个年龄段的自足和这些年龄之间特定的承续关系调和起来。人，至少个人，在成年时达到他的最高阶段，卢梭毫不怀疑这一点。就此而论，童年是个预备期。但是如果童年在教育过程中被视为预备期，你就会让他成为奴隶：习俗和偏见的奴隶。如果你想让他在最高的层面上成为一个自由人，当他还是孩子时，把他当作孩子对待，这样他作为孩子和作为成人一样都可以做一个自足的人。这不合理吗？换句话说，孩子在他的狭小圈子里［黑板］是个完美的求知者，一个拥有所有这个圈子内的清晰直接知识的个体，正如最伟大的哲人在天地万物中，在真正的宇宙中那样。我认为他说得很清楚。

学生：但是这在某些事情上造成了困难，他说……在这种教育方针下，因为他计划提前以某种看起来——

施特劳斯：是的，这一点正是卢梭——这正是我们从亚当·斯密那里看到的同一套说法：如果卢梭不提出，或是某个类似卢梭角色的人不提出来，当然某些傻瓜会干预并阻碍他。我的意思是，这是无法否认的：孩子需要引导。这种引导可能是明智的，也可能是不明智的。那么，卢梭的意思就是，从实践上看，所有［202］迄今为止人们践行的教育都不明智，他这种才是明智的。这仍是一种引导，但这是一种孩子几乎浑然不觉的引导。我的意思是，我们讨论过人为的要素，甚至欺骗在……教师，我们已经展现过；但我认为，在此基础上的形式上的一致性不可否认。你想说些什么吗？

学生：我想知道：你是说，对卢梭来说，这只是一种策略……引导孩子走向成年，还是说，他实际上指的是你不应该哪怕，不应该按照你的意图来引导孩子长大，而是要——

施特劳斯：是，不；都有。说到引导，你不可能恰如其分地引导他，除非你严格地把他当作孩子，也就不要告诉他任何他无法理解的东西。他应该尽可能去自己发现，而不是被告知，否则他会养成习惯依赖别人的说法。他不应该养成这种习惯。我认为在这一点上，和卢梭是一致的。它能否行得通，能否有效，它是否……关于别的事情当然是另一回事。

　　下面我们来读第三卷,这一卷处于中心位置,全书共有五卷。现在我要做一些卢梭严令禁止的事情:用权威,宣布某些我知道的东西。我确信知道事实,我不想去论证,这只是在许多情况下浮现在我面前,即在这类作家这里,中心,中心的东西,是最重要的东西,既在重大的东西也在巨大的东西上。我的意思是,重大指的是整本书,巨大指的是许多项东西当中处于正中心的那个看起来重要。你不是必须信服这个说法——我的意思是,你不应该相信它[因为这来自我],但是我只是想,我希望我有权作为一个长者说出某些我经常观察到的东西。

　　学生:我可以问个问题吗?

　　施特劳斯:可以。

　　学生:我觉得就单纯的公正而言,我曾经在之前的课上提过这个问题,关于《第二论》的中心;就此你说你不知道,而且——

　　施特劳斯:这究竟到什么程度? 是的,应该在各方面检查它。我的意思是,在卢梭这里,让我这样说:我在卢梭那里从未有过这种经验,从未;只有这一次在阅读《爱弥儿》的时候,我正要——需要我证明它吗? 看。好吧,让我们先看第129页,第2段,第二部分:他在第三卷中现在讨论这个年龄段。

　　雷肯先生[读文本]:

　　　　在这个阶段中,个人的体力超过他的所需,正如我所说,相对而言尽管并不是绝对体力的最大时期。这是他人生中最珍贵的时间;它到来了,仅有一次;它非常短暂,太短暂了,当你思考合理使用它的重要性时你就会发现是这样。

　　[203] 施特劳斯:是的,你们看,这是——我的意思是,这就是第三卷,中心卷。它处理的是生命中最珍贵的时期,众所周知,处理的是本质上最重要的事情。这也是第三期,童年阶段,正如他在第三卷第2段所说。但是,让我们看一下;我们不可能全都读完。让我们读一下第129页,第4段,他必须要教什么东西。换句话说,关键点:孩子智性的发展现在成为比前面的阶段重要得多的事情,因此他必须学会,必须学

会认识事物。但是,他应该认识什么东西? 答案是:我们关注的并不是他要知道一切事物,而是仅仅知道有用的事物。他只应该学习有用的东西,更明确地说,那些他看得到的有用的东西。所以如果你告诉他,这件事将来在他当大使的时候会对他有用(他来自贵族家庭),这没用。读下一段,第 129 页,第 5 段。从"这为数很少……"

雷肯先生[读文本]:

我们现在就被限定在一个小圈子,对比——

施特劳斯:不,在这之前那段。

雷肯先生[读文本]:

在这为数很少的知识中,我们必须排除那些要求一个充分发展的头脑才能理解的真理,那些预设人与同伴关系的知识—— 一种没有孩子可以获得的知识;这些东西,尽管它们本身真实——

施特劳斯:不,不,不是这样——这里说的是第三项。① 换句话说,首先,他不应该学习那些没用的东西,这是第一点。现在我们拿掉需要成年人理解力才能掌握的那些东西。然后我们拿掉预设人类关系的那些知识。比方说,高等数学属于第一类,如你们所知,高等数学家或许对人类关系和理解力一无所知。你听说过吗,雷肯先生?

雷肯先生:是的。

施特劳斯:好的。然后是第三类,那些本身真实却让没经验的人对其他问题产生错误想法的东西。我会称之为"危险的真理",最后一类。真实但却危险,尤其对孩子来说。下一段的结尾佐证了这一点:"记住,时刻记住无知永远不会做出任何恶行,唯有错误才是灾难,人们不会因为他无知才犯错,只会因他自以为知才犯错。"现在,他更进

---

① 换句话说,卢梭打算命名第三类真理,区别于要求充分成型的头脑和要求对于人类关系的成熟认识的知识——也就是那些,尽管真实,但会引导孩子错误理解别的东西的真理。福克斯雷的翻译指出"尽管它们本身真实的东西"指的是前两种。

一步发展了这一点：[应该教授的]只有自然知识，即不建立在权威基础上的知识，我们的天性要求知道的东西。第 134 页，第 4 段，我们应该读一下。只有几页，我们就会看到。

雷肯先生[读文本]："记住——"

[204]施特劳斯："始终记住"，他说。

雷肯先生[读文本]：

> 始终记住这是我的方法的核心——

施特劳斯："我的教导。"……

雷肯先生[读文本]：

> 不要教孩子许多东西，但是永远不要让他形成不精确或含混的观念。

施特劳斯：字面上，"除了精确清晰的观念，决不让什么进入他的头脑。"这几乎和笛卡尔的清晰直接观念一样。继续？

雷肯先生[读文本]：

> 我不在乎他一无所知，只要他不犯错误，我告知他真理是为了确保他不犯错误。理智和判断力到来得缓慢，偏见却成群结队来到我们面前，因此必须保护他远离这些东西。

施特劳斯：是的，这实际上是整本书的方案：一个没偏见的孩子，因为来自成年人的成人偏见的教育到来得很晚。是的。第 135 页，第 5 段。

雷肯先生[读文本]：

> 我必须再次进入详尽细致的解释。我听到我的读者们犯嘀咕了，但是我准备好面对他们的反对了；我不会因为你的不耐烦而牺

性这本书最为重要的部分。

施特劳斯："这本书最有用的部分。"所以，你们还会怀疑第三部分是最有用的部分吗？

学生：我还是有一个问题，这就是，还有另一个中心，也就是字面上讲的这本书的中心，整本书的中心——

施特劳斯：是的，是的，当然了。

学生：——也就是萨瓦本堂神父的信仰自白。

施特劳斯：这是——好吧，你比我知道得还多；你果真已经仔细研究过了吗？

学生：我没数过。

施特劳斯：好吧，我们可以数一下，就在这里。总共多少页？444？几乎在第222页，你是对的。几乎就是刚过了字面上的中心，它开始了。是的。这就是铺垫。这是对的：另一个中心。好吧，许多东西都不止有一个中心；比方说，如果你把一本书分成许多章节，中心章节并不是最中间哪一行。好。但是，这不过是——他说这一点，而不是萨瓦本堂神父，[205]我想应该是下一段。在下一段的结尾，他讲了这个故事："有一天，我们去集市。"

雷肯先生：不读注释吗？

施特劳斯：……不读注释。

雷肯先生[读文本]：

> 我们到集市去，有个变戏法的让一只蜡质鸭子在一盆水上游动，他让它追逐一块面包。我们非常吃惊，但我们没有叫他巫师，我们从没有听说过这样的人。

施特劳斯：你们看，就是这样，这是个例证。这类事物，像巫师这类迷信观念，并不存在。这一点对卢梭来说很重要，你必须读完整个巫师故事才能理解。我们看到卢梭想到的是两个层面：首先，并不存在巫师这类观念；其次，不引起任何虚荣，因为——所谓的巫师在用磁铁做这些事情,而这些淳朴的乡下人并没有这种概念,因此他们纯粹崇拜这种行为,他有只人造的鸭子可以追逐面包游水。那只鸭子内部有块磁铁。于是爱弥儿在他导师的帮助下发现这一点,然后第二天他们再到那里,完成同样的事情。当然大获全胜,这个男孩也能做到,他心中充满虚荣和骄傲。接着,他的骄傲会被他做的另一项实验打碎:再接下来一天,鸭子没有追逐,因为巫师设置了别的装置(我现在记不清是什么了,这并不重要),因此纠正骄傲当然和认识到巫师不存在一样,都是重要的一课。对于第三卷为什么重要而言,这一点是非常关键的一点。下面让我看一下。是的,防止骄傲,后面充分展开了这一点;我们不能[深入读下去]。读起来很有意思,整个故事当然是教师和巫师之间,他一开始获得短暂的胜利,随后是泄气,这意味着在他接下来的日子里虚荣或骄傲得以治愈。

学生:这个故事的最后一部分,羞耻的含义……

施特劳斯:是的。两页后,关于不带偏见的这种教育。在第141页,第3段。

雷肯先生[读文本]:

不要让孩子因为被告知要做就做什么,除了他发现好的事情以外没有什么对他好。

施特劳斯:字面上是"他觉得如此的东西"。

雷肯先生[读文本]:

当你总是催促他超出他目前理解力时,你认为你高瞻远瞩,而实际上你缺乏这一点。为了拿一些他也许从不需要的工具装备他,你从他身上剥夺了人最有用的工具——常识。你让他像孩子一样听话,当他长大成人后,他会是个容易上当的人。你总是说,"我要求的都是为你好,尽管你不理解。对我来说你做不做都不重要,我的努力完全是为了你。"

[206] 施特劳斯：换句话说，当你作为一个孩子已经习惯于此，你长大就会这样做。这样他就不会是个自由人。请继续。

雷肯先生[读文本]：

你用所有这些好言好语期望让他学好，它们其实铺就了通道，这样一来，空想家、引诱者、骗子、无赖，各种愚人都可以网罗他或是使他陷入愚昧。

施特劳斯：是的。我认为这很明显就是卢梭所想的。第 142 页，第 2 段。

雷肯先生[读文本]：

"这有什么用？"将来就是神圣的准则，我和他要用这条准则检验我们生活中的每次行动。

施特劳斯：所以你们看，完美的理性。他完美地意识到他为什么学它，他知道这个东西为什么重要，为什么这件事要是这个样子。是的。在这一段的最后。

雷肯先生[读文本]：

一个学生，他真正地只被教得想知道有用的东西，像苏格拉底一样发问；他从来不会没有缘由地问问题，因为他知道他在获得答案之前必须给出理由。

施特劳斯：换句话说，卢梭用这种方式打断了孩子们问十万个为什么的习惯：你为什么应该知道；你知道了为什么会对你有好处？那么，孩子当然没有答案，自然如此。这或许不是一件坏事情；停止这种发问。我们要读的最后一段话是第 142 页，第 4 段。

雷肯先生[读文本]：

这或许是教师最大的难题。如果你仅仅试图在孩子问问题时摆脱他，如果你只给他一个他无法理解的单一理由，如果他发现你的理由根据的是你自己的观念，而不是他的，他就会认为你告诉他的东西对你有好处，而不是对他有好处；你将会失去他的信任，你的全部努力都付诸东流。但是什么老师会停下来对学生承认错误呢？我们全都把不承认自己实际上犯下的错误作为原则。现在我要定一条原则，要承认即便我并没有犯的错误，如果我无法让他清楚我的理由的话；由于我的行为对他来说总会是可理解的，他就决不会——

施特劳斯："将会永远在他头脑中清晰。"我的意思是，不仅他所使用的其他东西，工具，对他来说是清晰的，而且他和他接触的唯一的他人也像山间溪流一样清澈。没有什么神秘的东西，所以他将会拥有一个完美启蒙的孩子。

雷肯先生［读文本］：

他永远不会怀疑我，通过承认我假象的错误，我获得了比掩盖他们真正错误的人更多的信任。

［207］施特劳斯：我认为，在书的这个部分，卢梭没有——他是否还没有讨论过教育，讨论过孩子如何出生？是的，下一次才会看到，所以我们不应该——我们等看到那里再说。他给出了一位在某种意义上非常正确的法国母亲的答案，即，他解释说事实上孩子在某种程度上可以理解他们。这并不是谎话；我的意思是，不是关于鹳鸟送子这类事。这令我印象深刻，因为我一直想知道他如何处理这个障碍。但他把这归给一位法国女性，而不是他的发明。那么，你们还有什么想要提出的吗？因为我们读不了什么了。约翰逊先生和……

约翰逊先生：我只是想知道，在那个故事里，提到的第三个同伴，也就是那个回来的骗子——。首先，爱弥儿在第二次已经失败了，他受到了伤害；这个故事没有结束，但他却回来了。

施特劳斯：不，不。是的，继续。要表达什么？

学生：因为几乎剥夺了那人的生计而产生的羞耻感。

施特劳斯：是的，的确如此，应该提到这一点。巴特沃斯先生。

巴特沃斯先生：还是和同一行有关，但是——问题再次关于寻找故事的中心点。如果［这些要点的顺序］是首先，教会爱弥儿不应该有迷信，然后最终让他远离虚荣和骄傲，然后第三是这个事实，变戏法的人回来并且教爱弥儿一直去问他的导师问题。第三点很重要，但是第二点是我们在卢梭那里经常看到的，骄傲和虚荣问题，强调应该在它萌生的时候就让孩子远离它。

施特劳斯：当然，当然如此。你——

学生：在《致波兰人民的信》中，卢梭说，当他们忠于自己民族文化的时候，他们能够击败俄国侵略者获得自由，他归纳了这一点。这是否意味着，民族文化是某种完美的东西，或是某种——我的意思是，他是否将这等同于某种自然的东西？

施特劳斯：不，不。完全不是自然的。但这正是他在一开始就提到的那个矛盾：人——公民。人，自然的；公民，专制的。在《波兰政府》中出现了卢梭就这一论题的强烈主张：越不自然，越好。比起那个时代风靡于上流社会的世界主义来说，一种排外的、恐外的民族精神要好太多了。因此卢梭是——毫无疑问，无论某些人会怎么说——卢梭是19世纪和20世纪的民族主义之父当中的一位。毫无疑问。但是卢梭并没有把民族理解为一个自然的有机体；19世纪才产生这种观点。卢梭是个预备阶段，但卢梭并未这么说。在卢梭那里表达的是，人必须生活在社会中，即政治社会。而且这种政治社会必须有一个［208］它自己的特征。爱国主义到了自己的顶点，如果爱国主义是对特定价值的奉献，而不是对普遍价值的奉献——那么你可以说这和美国无关……意大利……任何其他的民族体，这如何产生，这个国家：通过征战，通过世袭，都不会有什么差别。关键在于，当然它最好是一个民主共和国。但是，这是19和20世纪民族主义中最有力的部分，当然，它是民主的而且不赞成一种贵族制或君主制。当然，我想你可以这么说。

我不知道19、20世纪还有什么人对于民族主义学说的预备如此重要。当然。但这并不是人文(humanity)。不是人文的。人文不一样,保护一小群人。我的意思是,你们看,对于卢梭来说,政治生活和社会生活并不是人最高的生活,但它是对很小一部分人的保护——而这当然也存留在当今的思想中,不过是以一种完全削弱的方式,当人们提及知识分子的时候。众所周知,这些自由知识分子中的许多人同时也非常为身为知识分子而感到莫大骄傲。你们是否看到……我想你们到处都可以看到。如今,这当然意味着,他们绝不是大众,尽管在某种意义上他们非常民主。但他们不是大众,而是知识分子,从他们使用的语言中也可以看到这一点:这并不是一种大众语言。我的意思是,他们或许会研究他们称之为波普文化的东西,流行文化(还是我杜撰的?不知道,不过无论如何这个名字很相称[笑]),但他们不会这样去做,不会践行波普文化;他们做的方式是在这些叙述中,被研究的那些人则不会意识到自己身处这种叙述中。[比方说]我认为有人——我并不认为马歇尔·迪隆(Marshal Dillon)会理解[学生笑]当他在(你们知道谁是马歇尔·迪隆吧?我想知道的)[笑]……在道奇城。但是卢梭当然不会认为这些知识分子是他指的知识分子。他指的是这种拥有他认为自己也拥有的那种智性和心灵的人。这是一个不同的类型,卢梭的学说与此不相容,鱼和熊掌不可兼得,这一点很清楚:非此即彼。而如今的观点是,令人满意的东西是因为它可以兼得;这永远都是个重大提议。

　　好的,下次课……谁宣读论文……

　　[本节结束]

第九讲 《爱弥儿》卷三:自保与自尊

[210][录音中]施特劳斯:——在这个阶段,他大约 15 岁时,完全是个前道德的人;当然,也是个前信仰的人——[这]没有任何地方可以进入。有个问题很特别,碰巧有点意思:你们有谁记得法国国民公会在判决后如何决定路易十六之子的教育问题?

学生:他有某种营生。

施特劳斯:我想是木匠,但不确定。① 我们也许可以问一下古特夏克先生(Gottschalk)②。可能是这个。这是卢梭。你看[……]奇特的书,在同一方面,他也提到了另一位自顾不暇的贵族。在阅读过程中,这是否会让人想起那个坐拥三个王国支持而又被迫向其他王庭祈援的人,只因为他没有学会任何营生? 这显然指的是詹姆斯二世。不过我觉得詹姆斯二世可以做个称职的上校,或是参加哪个国家的海军;我听说他很擅长做这个。[……]无论如何,卢梭的共和国观念当然在每个方面都对此有所影响。

现在,让我们按照一种自然顺序进行。我们从第 143 页顶端开始。这里只有个非常概括的主张,它解释了卢梭的整体进路,先前曾经有过关于其影响的评论,不过我们要读一下。

雷肯先生[读文本]:

---

① 一个皮匠被任命为太子的老师。
② 他不是课堂上的学说,而是芝加哥大学的一位历史教授路易斯·古特夏克,法国大革命专家。

　　我不喜欢口头解释。年轻人根本不会有耐心对待它们,他们也记不住。事物!事物!我不断得重复。我们太强调语言,我们这些老师喋喋不休,我们的学生也会学样。

施特劳斯:是的,这只是他用自然教育所指的东西的另一个标志:事物是自然的;语言产生自习俗,是某种人为的产物。现在,这个主题以各种方式推进——只有清晰直接的知识是我们已经看到过许多次的。它也出现在第146页,第6段。我读一下这句话:"一旦他开始有理性,就绝不能同其他孩子攀比,没有对手,没有竞争者,哪怕在赛跑时:我百倍情愿他什么都不学,也不愿他通过嫉妒或虚荣学到什么东西。"

　　这两个东西贯穿全书,正如我们现在所见:只要清晰直接的知识,孩子可以拥有的这种清晰直接的知识;[211]绝不投入攀比、荣誉、虚荣之类的精神。现在,紧接着他谈到了自由教育最好的论著,他指的是《鲁滨逊漂流记》。我认为我们应该读一下:第147页,第6段。我的意思是,为什么《鲁滨逊漂流记》如此重要。

雷肯先生[读文本]:

　　鲁滨逊在他的岛上,没有任何同伴的帮助,没有任何干活的工具,然而找到食物,保全性命,还过得挺惬意;这件事对于各个年纪的人来说都很有趣,可以用各种方式让孩子感兴趣。我们就要让之前作为假设的那座荒岛成为现实。我承认,这种环境并不是一个社会人的环境,也不可能是爱弥儿自己的环境——

施特劳斯:因为最可能的是,爱弥儿将不得不和其他人一起生活。是的。

雷肯先生[读文本]:

　　但他应该用这作为对比其他各种环境的一个标准。把他置于偏见之上,并且把他的判断基于事物真实关系的最可靠的方法,就是把他放在一个孤独者的位置上，判断所有的事情都按照它们本身的用途判断的那样。

施特劳斯："按照他自己的用途"。那么，这就是为何《鲁滨逊漂流记》成了自然教育最佳经典的理由：绝对隔绝的个体。但是当然很清楚，这当然是一种理念；我们必须判断他的各种关系，哪怕他生活在社会里：[他应该]只关注自己的用处，关注他舒适的自我保全，我们可以这样说。你们指的，最小限度的自我保全是仅仅活着，但他不必这样，他可以有些许惬意，正如我们看到，鲁滨逊考虑的是怎么把自己城堡里的生活变得尽可能舒适。换句话说，合理的舒适是必需的。他充分利用自己的理性，因为鲁滨逊是个成年人，自然可以这样理解。他是完满的个体，和物种、众人或社会相对。

现在，似乎此处在一种目的论意义上使用自然。也就是，自然人本身是完满的（我们看到其他这样的事件），已知卢梭思想中的目的论特征是成问题的，在这种情况下，我们必须试着解释完满如何可能。那么，在卢梭之后，并且在卢梭的基础上，康德把此前人们称为自然法（the natural law）的东西称为自由法则（the laws of freedom），与自然法则（natural laws）相对。可以说，自然法则就是牛顿定律、供需关系定律之类的定律。但是，此前我们用自然法则所理解的东西，也就是指向人之完善的法则，如今不再被称作自然的，而是被称作理性的，理性法则或自由法则。出于下述理由，卢梭对这一改变做了决定性的预备，它向后可追溯到卢梭。正如卢梭尤其在《第二论》中描述的那样，人的天性中并没有任何指向人之完善的东西。它的目的是自我满足，而不是自我超越。你们还记得吗，让人被迫脱离自然状态的是偶然事件。正如卢梭在《第二论》描述的那样，自然人是前社会、前理性的人，严格说起来，是前人类的人。他只有在特定外界压力的作用下才有了成为人的能力，但他本身则完全是个前人类的人。似乎这并不能给人任何指引：你怎么可能从，我们怎么能从一种和猩猩差不多的存在者身上学习如何生活呢？这个对比来自卢梭。

[212]有个完全不同的东西是卢梭在《社会契约论》里最清晰地发

展的。我们如何基于这样一个"是"，即一个完全前道德或非道德的"是"，得出一种法呢？卢梭在《社会契约论》中用这些术语粗略地描述了这个问题：我们生来就关心我们的自我保全，关心一种设想得非常狭隘的幸福，不关心任何义务之类的东西。我们如何能达成私人意志与共同意志或一种好意志之间的区分？卢梭说，我们并不是必须出于这个目的研究人类的自然——他没有这么说，但却暗示了这一点。有一种方式可以找到一种法，这就是我们意志的一般化，而且是在一种严格的政治语境下。你们带着不再交税的坚定意图去参加集会、参加城市议会；你们在这里提出的东西会成为一项法令，废除一切税赋；当你们提出它的一刻，或许甚至更早一些，你们就开始意识到这个事实，即，如果这是一项法律，它当然将会平等地适用于所有人，那么你们也要承受这项法律。你们的意志的一般化将会迫使你们用任何人，甲先生、乙先生来取代你们自己，通过这个行为，你们就超出了自己。所以，立法的必要性，法律的正式性，它不仅适用于你，也适用于所有人，让你们合理化。那么，这当然是一个困难，即便在政治层面上，正如你阅读《社会契约论》时会遇到的那样，但是有些东西与此相关；这并不是一种完全不合理的想法。

由此出发，康德发现一个道德问题的解决方案，他认为回溯到自然全无必要；这当然不再是这样的法，特定状态的政治性的法——这不是真正的普遍的法，能够限制人之为人的法。但你必须从一个更高层面的抽象概念出发。倘若我们反思我们的行动，我们会观察到，在所有具体决定下面都暗藏某些原则，即传统称之为座右铭的东西。比方说，我会看到我依据这个座右铭行动，为达目的不择手段（许多人可能都据此生活，另一些人则依据别的）。因此，为区分好坏座右铭，我必须检验它，检验方法很简单：我必须把它普遍化，换言之，用任何人来替代我，我的座右铭应该能够被理解为一个适用于任何地方的理性存在的法则。所以，每个经得住检验的座右铭就是好的，或至少无可指摘，那些经不住检验的就是错误的。这就是康德伦理学的著名原则，他称之为形式伦理，因为一种纯粹理性形式，即普遍性，是对善的充分检验。这出自卢梭，正如我前面所说，往回可以追溯到卢梭，因为在卢梭那里，传统意义上的自然法已经变得非常成问题，因为自然人，人的自然性，不再有任何特殊的人类特征：它不再是个社会存在，不再是个理性存在。

这仅仅是第一个说明，关于一个人如何试着，在某种程度上，卢梭本人试着克服他最初就意识到的困难。我们首先必须更加充分地考虑"自然的"这个术语在卢梭那里的多重含义。我们现在来看这个问题。博扬先生。

斯蒂芬·博扬：很抱歉，我没有理解你用卢梭的术语提出的那个问题的答案，我们如何获得应当，基于——

[213] 施特劳斯：你只可以这样说。这个问题，我的意思是……如今，正如它通常呈现的那样，当然在康德的基础上，这个问题就是存在一个"是"的范围，但并不存在从"是"到"应当"的任何指向。你们听说过如今非常盛行的这个观点吗？你可以说，这个观点部分由休谟奠定，部分由康德奠定。而传统观点，也就是在亚里士多德那里得到最清晰表达的传统观点则是，存在这样一种指向，因为每个事物都指向其目的，指向其完成，指向其完满；因此，关于是与应当的这个区分的问题并不存在。接着，有了一次巨大断裂，首先和霍布斯有关（我稍后会讲这一点），而霍布斯仍然认为这是可能的，他在抛弃目的论［施特劳斯走向黑板］（这是霍布斯的）同时保留了一种自然法。卢梭同样相信这一点，但在卢梭那里，整件事情都变得非常成问题，由于他背离了霍布斯。霍布斯的自然人仍旧是一种理性存在，尽管并不是一种社会性存在。卢梭的自然人则既不是社会性的，也不是理性的。这样一种次人类的存在如何能够给人提供任何指引呢——这就是困难所在——关于我们如何生活的问题。你们看到了吗？现在，在这个基础上，你可以正确地提出，并不存在"是"到"应当"的指向。因此我们必须有一种完全的……一种不基于任何是的应当原则。这正是康德努力的方向。但是，正如我所说，卢梭谈到在政治立法方面发生的意志的一般化，康德谈到道德决断中发生的座右铭的普遍化，这两者存在一种关联。它们不是一回事，因为卢梭讨论的是政治法则，而康德讨论的是道德法则；它们不是一回事，但是存在关联。卢梭称为一般化（generalization），康

德称为普遍化(universalization),这个纯粹形式就足以表明这个差异。

下面,我们继续,并且先来更好理解卢梭的丰富含义;翻到第148页,第3段。

雷肯先生[读文本]:

> 自然技术的操作,或许可由一人独自进行,带来的工业技术则需要许多双手合作。前者或许可由孤独者,由野蛮人进行,而其他的只能在社会中发生,它们令社会变得必要。

施特劳斯:我们在这里稍停一下。自然技术指的是那些自然人、孤独者可以操作的。工业技术则是非自然的,因为它们基于劳动分工,正如我们随后看到的。

雷肯先生[读文本]:

> 只要意识到身体需求,人就是自足的;随着富余产品的出现就有了分配和劳动分工的需要,因为尽管一个人独自工作可以养活一个人,一百号人一起工作就可以养活两百人。一旦某些人闲下来,其他人就必须工作来弥补他们的闲暇。

施特劳斯:那么,自然的就是指人不需要其他人,不需要劳动分工。换句话说,当我能满足自己的需要而不需要任何人帮助时,就是自然的;相反,如果我和他人共同工作,同时也满足他人的需要,而且我并不是完全投入,因为基于劳动分工,我只专门从事其中的某个部分,那么,这就是不自然的。我们在这里可以看到卢梭与马克思的相似与区别。马克思如何解决这个问题? 因为这正是马克思的问题:人[214]不再是自然的,经由劳动分工(只是马克思不再说"不再是自然的",因为对马克思来说自然不再是一种标准);人不再是整体,不再是完整的;他变得碎片化。克服它的唯一办法并不是返回野蛮人,而是继续前进,继续劳动分工的进程,直到共产主义成为唯一可能的社会:人的彻底社会化,即对卢梭意义上的自然的完全抑制,克服劳动分工。这样你又会得到一个完整的人，一个没被碎片化的人，但是在社会内部并通过社会，人的能力得到充分发展；而卢梭意义上的自然人则是一个能力未得到充分发展的人。我们也读一下下一段。

雷肯先生［读文本］：

你的主要课题应该是让你的学生远离所有社会关系的观念，这不是他可理解的，但是当知识的推进迫使你要给他展现人类的互相依赖时，你不要向他展现道德的一面，而是要把他的全部注意力引导至工业和机械技术上，这些让人们互相有用。

施特劳斯：这正是我们所需的全部。我们在这里看到了和马克思的联系：你几乎可以说，首要的东西不是社会关系，而是生产模式。人们通过生产活动满足他的需求的方式，这个东西让人成为人之所是。但这只是附带的。

这里的自然的需要后来也被说成是与想象的需要相反的东西。社会的，想象的，意见的，这就是非自然的所有特征。我们必须始终记住这一点。还有另外一页，在第149页，第5段。在这一段："为了明智"。

雷肯先生［读文本］：

为了明智，我们必须区分善恶。当你的孩子既不能判断人的判断，也不能解决他们的错误，他怎么能够理解人呢？在不懂得人们的想法的真假之前，就知道他们的想法，这就不幸了。首先要教会他事物真实的样子，然后你就可以教给他它们是如何呈现给我们的。他这样就能够对比流行的观念与真理——

施特劳斯：不，"意见与真理"。

雷肯先生［读文本］：

意见与真理，能够超凡脱俗；因为你意识不到你听取了偏见，当你不喜欢一个国家的时候,你就无法领导它。但是,如果你开始教其他人的意见——

施特劳斯:不。这非常有趣:他在这里称其为大众意见(public opinion)。大众意见起初带有贬义,我们不要忘记这一点。大众意见就是错误的意见,愚蠢的意见;这也是个有趣的故事,当大众意见开始有了肯定性含义的时候——我认为这在卢梭那里也有一些。在卢梭那里,你可以发现褒贬两层含义都有。那么,在后来的发展中,随着民主制的发展,这个词当然只具有褒义了。但是最初它指的就是愚蠢的意见。我记得[215]这个词在托马斯·莫尔《乌托邦》里的一处地方出现过(我认为仅一次),在那个地方它只带有否定含义。继续?

雷肯先生[读文本]:

但如果你在教他如何判断大众意见的价值时,就开始用大众意见教导他——

施特劳斯:不,"它的价值",换句话说,首先你必须教会他如何评价大众意见,这样一来,如果他暴露在大众意见之前就没有危险了。但是如果他还没获得判断大众意见的能力,就被暴露在它面前,他就会受到大众意见支配。继续。

雷肯先生[读文本]:

[关于一件事情,你或许可以确定,]无论你做什么,你的学生都将会接受那些意见,你就没法成功地改掉它们了。所以我确信,要想让一个年轻人做出正确的判断,你必须形成他的判断力,而不是教给他你自己的判断。

施特劳斯:他在下一段里继续这个论题,我们不读了。他谈到这个事实,他尚不知道社会的法律,但是他指的是必然性的锁链。他几乎只是个身体性的存在者——一个身体的存在者,尚不算是个道德存在者——他欣赏一切自然事物和人们通过显而易见的关系获得的作品,显而易见的关系,根据的是他的事业,他的安全,他的保全,他的幸福。这就是这个阶段。

在下一段中,他顺带谈到爱弥儿不是个普通人,不是普通孩子;但这并不与这个事实矛盾,爱弥儿是个常人。他是个常人,但是并不以平常的方式受教育。就这一点而论,爱弥儿不是个普通人。让我们翻到第151页,第1段的最后。

雷肯先生[读文本]:

我不打算追问工业致力于精工细作赋予这些原材料最终形态,是否就比最初让它们能为人所用的劳动更加重要,更应获得酬劳;但是我要这样说,在所有事情中,最普遍有用且必要的那种技艺,毫无疑问应该更值得尊重,比起那些还要依赖其他技艺的来说,因为这种技艺更加自由,更近似于无所依赖。这些才是技艺价值的真正法则;其他的那些都是任意的,取决于大众偏见。

施特劳斯:"意见"。所以,换言之,所谓的基础技艺才是最高级的,因为它们是最自由的、最不依赖其他技艺的。这当然直接反对亚里士多德的观点,在亚里士多德看来,最高的技艺是那些最有指导性的技艺:那些技艺,或那种技艺,可以引导其他所有技艺。这里当然与卢梭的民主倾向有着显著关系。

学生:你能否把这用在某种技艺上? 把这些都用在亚里士多德通常谈论技艺的那个层面上,比如马术,甚至医药? 你能否设想卢梭如何谈论马夫? 马夫的技艺更重要。

施特劳斯:是的,我想到的也是同一个例子。让我简要复述一下。最高级的技艺,让我们称之为立法技艺,然后仅次于它的是更狭义些的政治技艺,政治家的技艺——好吧,你可以这样理解:立法技艺就是促使国父们建立联邦的技艺,美国总统不需要这种技艺,因为他在这个框架内工作;他不用建立它。因此,政治家的技艺要低一些[比起立法者的技艺];然后,还有一门更低的技艺,这就是军事技艺,将军的技艺,因为他听从总统的命令。那么,你必须说骑兵队长的技艺要低于将军的技艺,因为他必须听从将军的命令,将军调兵遣将。然后,我们就到了造马具的技艺,因为骑手告诉他什么样的骑具更适合活动。简单的技艺等级,我认为你也可以将其用在别的事情上。但是,这为什么在卢梭这里就不再适用了呢?因为造马具的技艺当然是一种依赖许多其他技艺的技艺。因此,卢梭在这里想的是那些完全自主的技艺;造马具的技艺显然并不自主。但是,最简单的例子,大地上的农夫:他不需要任何人指导他,他知道如何播种,何时播种,也知道何时收获之类的事情。

学生:是的,但是,你能否做个转换呢? 这样会非常有帮助。

施特劳斯:好的。亚里士多德会如何与卢梭的例子争辩? 耕作这门技艺是否完全不依赖……我的意思是,你们想的一定不能是如今的工业化农夫,他们要依靠化工之类的东西,而是要想着过去的那些父子代代相传的农人。亚里士多德会怎么反对? 好吧,简单地说,如果没有政府,农夫如何确定自己可以收获种下的那些东西? 也许会有敌人,还要别的这类的事情。所以换句话说,耕作也需要政治生活来保障它;因此……农夫也要依仗统治者,因为假如农夫不生产谷物之类的东西,他们就没得吃。但是这种关系……[施特劳斯在黑板上书写]。有这样一种关系,还有这样一种关系;但这离不开这个事实,即这个更高,更加智性。农民的技艺则不是一门智性的技艺。我的意思是,最小限度的——

学生:然后就到了——对卢梭来说,这会是最尴尬的立场[……],亚里士多德对这些技艺相应的特质都给出说明。

施特劳斯:是的,这导致重大困难。你们看[施特劳斯在黑板书写],如果你有这个秩序,这意味着,换句话说,应该统治的是智慧,表述得政治一些;智慧拥有一种自然的统治权。而这当然就和通常理解的民主原则不相容,因此卢梭必须另辟蹊径。或者简单地说:政治地,在亚里士多德的分析和事实状况中,[217]到卢梭那个时代还没有改变的是什么东西? 根据亚里士多德,在民主社会中主导阶层是什么? 有个大致的说法。

学生:中产阶级。

施特劳斯：不，不是。

学生：穷人。

施特劳斯：穷人。但是，"穷人"是什么意思？这指的并不是乞丐流民。

学生：多数人。

施特劳斯：是的，这是一个东西；因为，正如亚里士多德智慧地说，多数人——

学生：这是商业利益吗？

施特劳斯：不。农民和手艺人——不是绅士农场主，而是农夫和手艺人。他们自然是卢梭青睐的阶层。我的意思是，这并不是全部，而是特定的问题，因为卢梭有民主直觉。但这带来了真正的困难：如果你审视一下爱弥儿的教育，这显然并不是穷苦农民或木匠的儿子可以获得的教育；很显然。更一般地说，卢梭的个人主义如何和他的民主协调呢（我们之前已经触及到这个问题），因为民主制当然指的是公意至高无上，至少在卢梭看来如此。关于这个问题，我们知道什么？个人主义如何……有人（并不是每个人，很明显，而是某些个体）充分完成了自己的理性。这是一方，另一方是社会。我们不能忘记卢梭关于社会完善与个人完善之间根本分裂的说法。你们已经忘记了吗？我的意思是，你们的许多前辈都忘记这一点，因为在通常关于卢梭的文献中都会这么做，但我们不能忘记。卢梭如何阐述的？

学生：我想到的是《第一论》。

施特劳斯：任何地方都可以找到。

学生：事实是并不是所有人都有知识——

施特劳斯：也无法有；当然无法拥有了。

学生：但是为了，那么，对于社会……

施特劳斯：塞尔茨先生？

塞尔茨先生：我认为这肯定和《第一论》中论培根和笛卡尔的部分有关，换句话说，极稀少的不出世的个体不需要任何指引；我认为[218]这也出现在《忏悔录》中，他在那里说，他，卢梭，在7岁大的时候就像成人一样思考，不像个孩子。

施特劳斯:是的,的确如此;确实是这样。但是为了理解这一点,我们必须考察一下一般理解的民主制是什么意思——我指的是,不是卢梭理解的民主制。我认为,一般理解的自由民主,既是个人,所有个人的最高程度的发展,也是由这些个人的集合进行统治;每个顾好自己的事情的自我管理,以及这些集合起来管理共同事务的自我管理。这并不是对这件事的看法。

学生:你是不是说,在自由民主制下,答案是留给个人私人领域,多数人统治公共领域;而卢梭的看法是,在我们之前读过的引文里,他认为要让个人依赖作为公意的法律?

施特劳斯:不,让我们把你简单提出的这个一般表述放在一边:私人领域。在卢梭那里,私人领域的地位是怎么样的?

学生:在《社会契约论》里,它被简单地废除掉了。

施特劳斯:既对又不对。在理论表达中,它完全被废除了,因为社会契约意味着个人把他的全部力量和拥有的一切都让渡给社会。这里没有私人领域。私人领域存在于,只是借助共同意志,借助公意的行动才存在。所以,换句话说,公民体集合通过法律确立了公意定义的私人领域的神圣性,当公意觉得这个早先的定义有问题时,它可以修改这个定义。清楚了吗? 所以,卢梭希望有一个私人领域,但这个私人领域完全依赖于主权者的意志——这是要害——而在一般的自由民主概念中,这一点被否认。因此,卢梭必须……卢梭的问题就产生于这个基础之上。由于公意的必要性,而且公意是全能的,并且具有真正的至上性,问题就产生了:在人这里是否就没有超越公意的东西了? 卢梭的回答是,有,在极少数个人那里有;并不是人人都有。明白了吗? 这就是困难出现的地方。

学生:难道这不是说,就统治而言,在统治的人们当中,他们的激情让他们去做该做的事情?

施特劳斯:那么就没有什么困难了,不是吗?

学生:除了这个事实……当激情并没有失误的时候。

施特劳斯:是的,但是那么这就没问题了,对于公民社会来说没有需求。如果所有人……

学生：但是关键在于，他们的激情是败坏的，必须得到启蒙。

[219] 施特劳斯：是的，可是在卢梭的意义上来说，到处都是败坏的，在任何地方激情都是不够的。换句话说，并不存在一种——正如亚里士多德似乎在《政治学》开篇勾勒的——一种从家庭到更大的团体，最终到城邦的有机发展。对卢梭来说，在特定的问题上，一个真正的断裂发生了。这就是卢梭所谓的改变自然（dénaturer），这是必然的。我们后面会讲到。穆埃勒先生。

穆埃勒先生：这种私人领域的本质是什么……

施特劳斯：就是人应该拥有财产，私有财产。这当然也就意味着，很明显，自然必须拥有在公共集会上的言论自由。我的意思是，这一点很清楚。不过，在集会以外的场合，在街角，在酒吧，是不是仍然有这种言论自由就是个问题了。你们都知道，人并不是一直都像我们现在这样自由，允许私人批评政府。当你在集会发言时，你就不是个个人，而是最高统治者的一分子。这是另一回事。

学生：也就是，如果你在酒吧里听人说话，你并不是在形成自己的想法。

施特劳斯：你说什么？是的，这些都应该在集会里完成。我不是说卢梭谈到了这些，而是说一种特定的言论自由离不开民主制，这不言而喻。但是问题在于，公共集会上允许的那种言论自由是否并不足够。当然，如今在代议制政府中这不可能（这一点不言而喻），因此如我们所知，在出版物或通过公共媒体批评政府对自由民主来说必不可少；这一点很清楚。但这并不必然意味着……这意味着，对于一切实践目的来说，当然，言论自由，毫无疑问——我的意思是，仍旧会有第二自然的限制。但是，我认为对于卢梭来说，关键是真正的财产：应该有私有财产。它是否应该有所限定则是另一回事。我的意思是，你们知道，你可以通过各种途径做到，通过税法之类的东西。

学生：我想回到最初的问题，它引发了我们后来的问题，即有关技艺的问题。是不是这样，卢梭用他强调的那些更高级的技艺取代了那些所谓的高级技艺，是不是因为他的技艺不依赖政府或社会，而那些所谓的高级技艺要依赖？

施特劳斯:对,但这并不十分……它们其实也要[依靠政府或社会],只是爱弥儿还不知道而已。你们不能忘记这一点;我的意思是,卢梭有时候从爱弥儿的角度来呈现事物,为的是表明他如何处理爱弥儿的问题。但是,无论如何,卢梭心里想的是,一个人越不依赖他人就越自由,他的生活就越自然。更加自然。那么,种地的人也有可能养了一些牛。我的意思是,他的妻子制衣,他们从牛羊那里获得奶,如果他拥有一定的体能,他就足以应付耕具。至少接近自给自足是可能的,而且[220]这是……至于手艺人则当然不同,他稍后会表明在某种程度上手艺人比农民更自由,因为他没有被束缚在土地上。在另一种意义上,他当然更有依赖性,因为他需要顾客,你们知道,农民则不需要。

我认为,可以把整个问题简化为这种说法(这么说绝对正确),卢梭的教育目标是一个最大限度独立的人,最大限度独立的个体。最大限度的独立意味着总是高度依赖他人,这不言而喻,但却是最大限度的。从这个观点出发,他认为一个拥有简单技艺的人,比如木匠的技艺,就拥有了最大限度的独立,因为即便在困难时期,人们仍然需要房屋和其他东西。他流动性很强:如果因为这样那样的原因,他在甲地无法谋生,可以再搬到乙地、丙地。这是卢梭后面会讲到的内容。怎么了?

学生:你曾经指出,古典的理解并不区分政府与社会;与现代理解相对比,古典思想确实没有区分政府与社会。这两者……在卢梭的民主观中是否重新统一起来?

施特劳斯:你误述了我说的话。我说的是,国家与社会之间没有区分;这非常不同。换句话说,当你读亚里士多德的时候——柏拉图同样如此……这一点呈现得更加清晰:在政治组织之外,还有许多别的团体或组织、联合体。家庭、行会、商会都是组织。但是,并没有一个被称作国家的社会统一体去区别于别的统一体,明白吗?或者说,用个现代说法:社会是一个无所不包的统一体,政治组织是其中的一个部分。明白了吗?那么,我认为这一区分的最关键的问题、历史上最早的东西就是市场。你们看,当古人谈到经济的时候,他们指的是齐家——你们都知道,包括如何对待自己的妻儿和奴仆——但是在狭义上,它的意思只不过是逐利。那么，当我们提到经济，我们首先想到的不是家庭这样的单位，而是市场。市场是一种人类的组织，一种非正式组织，不是吗？这当然就不充分，如今的社会这个概念在18、19世纪逐渐出现。但是，政府当然是政治性的，这不言而喻。那么，回到你的问题。

学生：我不知道这是否仍然适用，但是你能否评论一下这个区分用在卢梭的民主观念上？

施特劳斯：好，卢梭这里没有区分。有一些个人，也有像家庭这样的小群体；但是没有我们意义上的社会。社会是政治社会。顺便说一句，当你读洛克的时候，在洛克的某些部分有些故意的含混；但是，当涉及实际问题时，社会就是政治生活。社会是政治生活。重复一下，这并不意味着不再有其他团体或社团，但它们是次政治的，这是关键。但是，当我们今天谈到与国家相对的社会时，我们指的是，这两者至少具有同等崇高性，或者甚至[221]社会比国家具有更高的崇高地位。国家要服务于社会；这是它的另一个部分。那么卢梭在这一点上有着古代观点，在这一点上。

学生：在亚里士多德对待农民和手艺人的态度上，自足原则不也同样非常重要吗？

施特劳斯：是的，但是亚里士多德的自足的核心是什么？事实是他会是个彬彬有礼的农场主，当然了；他并不需要亲自耕作。你们一定不要忘记：他不会亲自耕作。但是，他的自足在本质上在于他的道德自足。他可以理性地指导自己的生活；他不需要服从命令，他也不是要下命令的人。你可以说，在亚里士多德那里，一个自足的人就是一个不需要命令而生活得很好的人；在亚里士多德看来，农人或艺人则是需要命令才能生活得好的人，因为他们欠缺教育。亚里士多德的意思是：针对美好生活的自足。而此处，没有出现任何意义上的美好生活：最多只是舒适的自我保全，这并不能算是美好生活。

学生：你能不能稍微谈谈你之前提到过的，卢梭的捍卫私有财产是什么？

施特劳斯：并不是一种捍卫。你可以说，卢梭认为它是理所当然的，简单说来。

学生:不,我的意思是——

施特劳斯:我不记得他在哪段话里捍卫过它。通常,非常频繁的是,他尖锐地批判私有财产,但他认为私有财产是理所当然的。

学生:就因为我们很明显不能不依靠它来生活?

施特劳斯:是的。不,严格说来,我认为,当亚里士多德批判柏拉图的时候,他做出的最简单的常识观察是——你们知道,就是,人人都应该拥有一个他需要充分负责的领域,因为如果是共同责任,那么比起一个人负责,事情往往更糟糕,权宜之计也是如此。① 所以,我会说,亚里士多德会认为私有财产是理所当然的,同时也经常强调许多罪恶必然会随之而来。

学生:[问题……听不清,给出了肯定答案。]卢梭没有把自己真的限定在——生态学意义上——通过把自己限制在这种身体性的进步上?

[222]施特劳斯:是的,他到目前为止是这样做的。我们已经看到了:自我保全和身体的舒适。

学生:其中并没有自由。这是一种非常秘传的……因为生活过程完全借助于——

施特劳斯:好吧,如果我们不借助任何形而上学,我们必须承认,为了生活,我们必须获得这些东西——食物、住所,等等。而为了获得这些东西,我们必须拥有自由来获取它——这一点可以非常简单地得到经验上的证明:如果有人管束你,你甚至连去街角便利店买瓶可乐都不能。所以,你需要自由来保全自己。

学生:亚里士多德的自由观念和卢梭的没有区别吗?

施特劳斯:当然,这毫无疑问。但是这才是关键:卢梭理解的自由是什么? 它部分地只不过是霍布斯和洛克理解的自由:如果你没有自由去获取你自我保全所需的东西,你就无法自我保全,如果你没有自由去判断什么对于自我保全来说是有效的。这是一种自由观。亚里士多德只是认为这并不充分,因为,正如他指出的那样,人进入城邦只是为

———————

① 亚里士多德的《政治学》,1261b30—35。

了生活，但城邦的存在却是为了追求好的生活；自由的真正意义必须借助好生活来理解，而不是仅仅为了活着。那么，卢梭同样有某种更崇高的自由观，但是，这种自由观和霍布斯-洛克式的观念如何发生联系则不那么容易回答。

学生：亚里士多德谈到那些在某种意义上生活在社会之外的人们，那些人要么高于人，要么低于人。

施特劳斯：是的，好吧，低于人，那些人彻底地如此（我该怎么说呢？），如此精神错乱，如此低能。有这种人。另一方面，还有一些不需要社会的人，因为他们在最高的层面上自足。他没有详细说明他的意思，但是他注定是哲人。但是在一个简单的意义上，当然，这不是真的，因为他们也需要食物和住所，还有别的东西。

学生：那么那些低于人的呢？

施特劳斯：你对他们能做什么？

学生：在卢梭那里，是否有对应这个阶层或群体的东西？

施特劳斯：我认为卢梭会承认有傻瓜，当然。他会承认这一点。施罗克先生，我忽略掉你了。

施罗克先生：我也不是很清楚卢梭那里民主制原则的问题。在我看来，你在指出《爱弥儿》或许是个理想模型，[223]但对于民主或者说普通人如何变得理性起来，却是个不可能的建议，假如这个建议可行——也就是说，如果每个人都有个导师，诸如此类。但是，或许《爱弥儿》有个更低的目标：比起要让每个人都有能力在议事会上使用理性，比如在《社会契约论》，或许《爱弥儿》建议如何让一小部分人，一小部分普通人成为领导者。

施特劳斯：确实如此，就是这样。

学生：在第126页，卢梭说，爱弥儿要去领导，去统治他的同伴。

施特劳斯：嗯，这很简单；我的意思是，我可以为你解释一下。卢梭区分了主权者和政府，而且是个明确的区分，在他之前很少见到如此清晰地做出这个区分。主权者不是政府。在古代民主国家，主权者就是政府。统治者不仅订立法律，还能左右战争与和平，当然是在法庭上决定。主权者与政府的差异意味着，执政和司法活动并不是作为人民的那些人的活动,而是人民委任的那些人的活动。因此,政府与主权者有很大的区别。顺便说一句,这当然也潜在于美国宪政中,不言而喻。统治者委派这些权力去执政、立法等等。

学生:所以爱弥儿有可能是政府官员?

施特劳斯:他可能会是政府官员,当然。但是,或许还更重要一些,或许甚至是个立法者。但这不太可能,但当然有可能是执政者。

［换磁带］

施特劳斯:——因此,作为主权者的人民需要统治者,需要管理者,但并不是人人都适合做这件事;作为主权者的人民必须选举他们,他们不能是他们的替代者。这很简单。博扬先生,你有问题吗?

博扬先生:我有许多,但是……好吧,我来问您一个,至少。

施特劳斯:好,至少是最切题的。

博扬先生:当你讨论卢梭和亚里士多德的自由含义时,你说,亚里士多德认为自由是美好生活的需要。有人评判美好生活吗? 对亚里士多德来说,是否有人评判过什么是美好生活?

施特劳斯:你这样说是什么意思:人们是否知道什么是美好生活?当然,否则他们就不会谈论它。是否每个人都知道,这是另外的问题。但是,我认为,亚里士多德会这样说:每个没有彻底堕落的人都知道什么是美好生活,即便他意识到出于这样或那样的原因,他没有能力过这种生活,[224]他也会有一种对美好生活的天然崇尚。也就是说,比方说,乡间的农人,相对来说是没被败坏的人:他们自然就顺服学者,顺服他们的长辈。在大城市里面的人,比如雅典,尤其那些海滨的人——吉米·霍法①的少年们——他们当然不会顺服他们,但他们显然是败坏的人。我的意思是,我给出这个观点;这说来话长,但是实际上可以归结为这一点。

学生:那么,关于这一点,我唯一的困难在于这是一种什么样的自由?

施特劳斯:服务于舒适的自我保全的自由是一回事,服务于一种美

---

① 霍法是 20 世纪五六十年代美国商业联合会(一个劳动联盟)主席。

好的、道德上的美好生活的自由是另一回事。我不是说它们不可调和，但是它们是出于不同考虑。对于亚里士多德来说，总体上强调的是后一种自由，而对霍布斯和洛克来说，总体上强调的是另一种。卢梭在某些地方以一种非常难以描述的方式处于两者之间。莫里森先生。

莫里森先生：[……的表述，说的是他要回到前面谈过的问题。]你是不是说，主权者与政府的这个区分，比起前人，卢梭让这个区分变得更加尖锐？

施特劳斯：是的。好吧，我只知道一个人……你们一定不要忘记，在古典哲学那里，这不存在，因为对柏拉图和亚里士多德来说，主权者就是政府，或者反之亦然；不是狭隘的构想，我指的不是现政府，而是主权者是统治主体（并不必须是现任的行政官，这没意思）；你是知道的，统治主体。统治主体可以是少数人，也可以是多数人，这不造成任何……有一个统治主体，至少在每个共和制的社会中，这就是主权者或政府；而在卢梭那里，你有一个清晰的区分，在洛克那里的某些东西为此做出铺垫——比方说，在洛克那里关于人民和我们称作主权者的东西之间的区分——但是这在洛克那里不如在卢梭那里那么清晰。

学生：你曾讨论过马西利乌斯？

施特劳斯：就是这个。马西利乌斯（Marsilius of Padua）①是唯一一位我知道的也有这个区分的更早的思想家。他怎么称呼这个区分的？我忘记名称了。

学生：[……。]

施特劳斯：Principates 是政府，他怎么称呼……populus［民众］；populus 是……当然他不是在谈主权者，尽管主权者这个词来自于中世纪拉丁语：soveranus, superanus；但他没有提到主权者。不过实际上，我的意思是，如果不是被提醒注意卢梭的区分，你是不会去读马西利乌斯的。不过，我认为在马西利乌斯那里，这个区分不是最终定论。这说来会非常话长，[225]但是……是的，你说得非常合情合理。这是最后的问题，否则我们就不会有任何进展。

---

① 马西利乌斯（约1275—约1342年），意大利政治哲人，写过《和平的捍卫者》（1324）。

学生:这里的绅士是不是暗指爱弥儿应该是一个新型社会的统治者？因为我认为有许多……

施特劳斯:是的,你可以这样说。我是说,他会非常适合成为革命后建立的好的共和国中的新政府成员。

学生:我想要评价说,在一开始,在最开始的时候,卢梭说柏拉图的《王制》是一部关于政治的论著,但是实际上它是一部论教育的好作品。与此同时,正如你后来看到……

施特劳斯:卢梭说,论公民教育。

学生:是的,他也对比了……

施特劳斯:不,这是……我认为我们……我只想复述我所说的。起初,卢梭展现了公民教育与人的教育是不可调和的;在论证的过程中,受过最好的人的教育的那个人被证实是为了引领众人而受教育,这两种教育似乎合二为一,相协调了。但是,实际上并不是如此。

学生:在127页,在这段关于绅士的引文之后,他还说他认为这个孩子的教育非常有前途;他还说,因为"这个问题非常适合这个孩子的年纪,答案也非常简单;但是可以看出这孩子的判断多么准确",这个孩子在某种程度上被教育得像卢梭一样。然后他说:"亚里士多德的学生也是这样驯服那匹任何骑师都无法教育的名驹的。"他在这里想的是不是亚历山大?

施特劳斯:是的,他肯定指的是亚历山大,不过我不知道。

学生:卢梭之于爱弥儿正如亚里士多德之于亚历山大?

施特劳斯:是的,但你不能坐实了,不过在某种程度上可以这样说。现在我们继续。在第151页,第2段,我们发现一处非常清楚的卢梭关于教育目标的论断,在中间:"他想知道一切事物的原因……他不会凭借推测来承认任何事情",即,基于未经检验的前提。这是个非常强的论断:不带偏见的孩子。他不会对任何他不知道真相的东西下论断。

[226]第152页,第4段,你可以找到一个论断,他谈到为社会生活做出的第一个准备时,卢梭真的说(你不会相信的;我记不清楚了,当我读到时相当吃惊):"金钱是社会的真正纽带。"你在这里可以看到卢梭和英国传统的关系:霍布斯在顶端,金钱是政治机体的血液。尽管

卢梭批判这个传统,他在相当大的程度上接续了这个传统。

学　生:尽管它修正了。

施特劳斯:是的,当然修正了。但是,问题仍然是他会这样说! 我的意思是,亚里士多德甚至不会暂时地这样表述。好,好吧。原因很清楚:因为如果首要目标是舒适的自我保全,舒适的自我保全预设了交换,如果没有钱,交换就不可行,金钱的到来是绝对必要的。

学　生:我认为我们正在通过两条线索交汇处的或许三个转折点中的第一个,我相信它们会被归入问答法线索,世界、肉身、魔鬼;不过从事手艺人行当这个营生肯定是要把爱弥儿推向世界;似乎这第一个很不自然——

施特劳斯:是的,但在什么意义上? 这一点也很正确:我非常强烈地想到这个问题,当沃翰神父读论文时:即,在某种程度上,当然,他在这个阶段已经开始社会化。但是为什么卢梭却仍然说还没开始社会化? 因为这是唯一进入的计算,可以这么说,市场。他进入了商品和服务交换的世界,此外没有别的。更多的东西在第四卷进入。我的意思是,像卢梭理解的那样的自然人进入社会是为了满足他身体性的需求,身体性的需求和这些需求的满足当然是人们通常借助经济生活理解的对象。你们知道,他开始社会化的程度达到了他现在获得的对经济生活的理解程度,没有更多了,对它的表述(我们已经读过了)就是,他只知道最低程度的产权,因为如果没有关于财产的描述就无法谈论自然交换。

下面看第154页,在注释中有另一条评论,在中间:“我为自己制定了一条不可侵犯的法则:决不命令他去做他的理智无法理解的事情”——你怎么翻译 à sa poignée?

学　生:它不能理解;在他的把握中的。

施特劳斯:“在他把握中。”这只关系到我们多次看到的东西。我们得读一下第155页,第5段。

[227] 雷肯先生[读文本]:

　　在这第二个时期的一开始,我们利用了这个事实,即我们的力量远远超过我们所需——

施特劳斯:我只指出,他在这里称"第二个时期",此前他称作"第三个时期"。这是塞尔茨先生看到的问题。继续。

雷肯先生[读文本]:

> 让我们走出自身。我们漫游苍穹,丈量大地;我们探究自然的法则;我们探寻了我们整个岛屿。现在,我们返回自身,让我们不知不觉地靠近我们自己的处所。如果我们发现它还没有被打算夺取它的可怕的敌人占领,我们就太高兴了。

施特劳斯:好。这个敌人是谁? 谁是这个敌人?

学生:苏菲。

施特劳斯:好的,是的。我认为我们都明白,尽管你的答案并不确切,因为你只提到某个人,而不是这类事情:性。这出现在第四卷。

学生:苏菲是个女人,她只是个例子。

施特劳斯:我知道。对,你可以这么说。所以,为了整个计划,我们必须记住这一点:敌人只出现在第四卷。现在,在这个序列中,他只谈到劳动分工和文明社会的必要性。但是,整个问题再次建立在自我保全的基础上,正如他在第 156 页第 2 段表明的那样:"自然的第一原则关乎自我保全。"这个说法一直都有。否定性表述就是:最强烈的自然厌恶就是对死亡的厌恶,正如他紧接着也会这样说。我认为我们应该读——尽管时间有点晚:这很重要——在第 156 页,第 4 段。

雷肯先生[读文本]:

> "先生,我必须活着,"一位悲惨的讽刺作家对责骂他不名誉的营生的大臣说道。"我看不出有什么必要。"那位大人冷酷地回应。

施特劳斯:我还知道一个更好的版本,我认为,也是卢梭在某处说的:你知道,一个人——你们怎么称呼他,那种把粮食辎重运给敌人的人?

学生:买办。

施特劳斯:不,不,我指的是战时。无论如何,这样一个人蒙骗政府,然后被捕了,他扑在路易十四脚下说,"先生,我必须活着。"路易十四完全事不关已地说:"我看不出有什么必要。"好吧。

[228]雷肯先生[读文本]:

这个回答,绝妙地出自大臣之口,出自任何其他人之口就会是野蛮和虚伪的。每个人都必须活着;这个论点,伴随他仁慈的比例或多或少地不得已适用于每个人,当它用在一个人自己身上时,因为它无法回答,打动了我。因为,我们的厌恶死亡是一种根植于我们内心的最强烈的自然心理,它得出的结论是,对于没有其他生存手段的人来说,一切都是允许的。教好人轻视生命和殉其职责的人的那些原则,与这种原初的简单原则相距甚远。幸福就是那些不需要做出努力也好(good)的民族,不需要有意识的德性(virtue)。

施特劳斯:"不需要德性。"她为什么要插入"有意识的"? 所以换句话说,好和德性不同,正如你们看到。自我保全和好是一致的。当人进入社会的时候,它必须被修正。在这里,义务和德性进入了;义务和德性是某种在根本上不同于好的东西。这是卢梭的一个关键区分。你在此之前见过其他人做出好与德性的这种区分吗?

学生:在《第二论》。

施特劳斯:是的,但这还是让-雅克。我指的是他之前的人。

学生:马基雅维利。

施特劳斯:马基雅维利。他用来指什么?

学生:嗯,virtù 是审慎,或……

施特劳斯:不只是审慎。

学生:这不是为了什么东西(for something)?①

———————————

① 根据下文推测,也有可能是"被迫"(forcing)。

施特劳斯:对,结合。当然是政府外加力量,正如他们如今所说,而好指的是类似善良的东西。而卢梭在一个完全不同的意义上做出这个区分,但是这个区分已经有了,关于它有很多问题。这个区分绝对重要,对于卢梭来说。社会变得必要是因为各种利益的冲突。因此,就开始有必要重新界定这个意义上的最高道德原则,追求你的好,而又最小限度地对他人作恶。在这里,在建立政府的这个阶段,它变得必要起来,或者说,服从法律和公共精神,也就是德性取代了好。

在第 157 页,第 2 段,有一处非常重要的地方提到即将到来的革命,作为《爱弥儿》式教育的理由:这些法国贵族不再确信自己的传统生活方式,他们可能会一无所有——正如它确实发生了——正如他们必须自己准备好[229]这样的不测事件。但我认为,补充这一点同样重要,也就是,即将到来的革命归因于接下来两段提出的自然社会原则。如果这些原则吸引住人们,他们就会摧毁古典政制。

学生:这样就实现了预言。

施特劳斯:是的,我想这是真的。接下来,在第 158 页,第 2 段,他谈到了没有特权的新社会。在这一段的最后,如果你读到的话:"不劳而食者。"

雷肯先生[读文本]:

> 人在社会中就注定要劳作;无论穷富,无论强弱,每个闲人都是个小偷。

施特劳斯:是的,"每个闲散的公民都是无赖。"所以,换句话说,所有人都必须成为工人。好吧,在那个时候,它指的不是劳力工人;它也可以指绅士——它的含义或许更丰富。但是,这是……闲暇阶层不复存在。闲暇阶层是无赖阶层。你们肯定经常听说这个说法。

学生:这里插入即将到来的革命非常令人震惊:在那个时代,这常见吗?

施特劳斯:我认为关于这个影响,还有许多话要说。但是我们必须在这里谈谈,我认为意义在于:当卢梭把革命当作一个原因,当作一个诱因,对于法国上层修正他们后代教育来说,卢梭不时地指出这场革命为何在道德上是必需的:因为旧社会的基础与真正的自然法相悖,卢梭认为的真正的自然法是自我保全,是所有人在自我保全基础上的平等权利。因此,由于没有财产就谈不上自我保全,如果只是赚取工资——这适用于所有人——这样就没有那种已经失去效力的上层阶级的一席之地了,正如人们后来所说。法国贵族成为了一种几乎失效的上层阶级,你知道的,通过路易十四的体系。

学生:他在这里用自己的名字谈论革命,而在他同时写下的《社会契约论》中,当他在那里提到革命时,他不用自己的名义说话,你认为这件事有多重要?

施特劳斯:因为,谁会在一本论教育的书,在中间的某处掩藏着,藏着一段政治论文? 而在短短的《社会契约论》,一百来页,每句话都直白。我认为这是——

学生:但是,你不能为这两本书放在一起做个解释吗?

施特劳斯:必须这样。毕竟,卢梭并不是(人们怎么称呼这种人,那些有两个头脑的人)精神分裂。是的,我确实应该更多地研究这个问题。

[230]学生:除此而外还有一个有趣的地方,也就是他在《忏悔录》里说到的,他很吃惊看到审查员,不管审查员是谁,从卷一和卷二抽取出片段,而不从后面几卷抽取。我认为他们正是从卷一和卷二抽取了部分片段。

施特劳斯:我必须说,卢梭是个极为聪明的人,但我认为他的实践判断还有待提升;他因为《爱弥儿》和《社会契约论》遭到的迫害让他震惊,我认为这个迫害根本没什么令人震惊。或许在那种环境下,这并不令人震惊,因为那个时代的法国政府相当温和,正如你们所知。但是当然,这是一种实践上的温和,旧的法律仍然是强制性的。这些书会被焚毁,在法国和日内瓦都是如此,而且它们确实被付之一炬。

那么,卢梭做了一件事情,在某种意义上,它非常令人尊敬,而在另一个意义上,它显得缺乏审慎。有许多人写了在法国政府的角度看来更坏的书——法国唯物主义者,你们知道,拉美特利和霍尔巴赫这些人——他们就没被怎么样。为什么？他们是一些在卢梭看来不诚实的人：他们出版自己著作的时候不会在封面上署名。但这在那个时代并不是很坏的行为，因为孟德斯鸠也这样得体地示范过。但卢梭坚持认为他不会做任何不合法的事情：他的名字出现在封面。一位法国大臣，马勒塞布曾经为他做过担保；不过马勒塞布显然没有这种权威，随后，经由某些上流社会的女士(我不清楚，这是某种阴谋)，卢梭身陷麻烦。我的意思是，他实际上在对抗法律，因为政府有权决定什么书应不应该烧毁。

学生：奇怪的是，他们并没有删减。在我看来，如果他们删除某些——

施特劳斯：我认为那个时候的政府并不畏惧一场革命。你们都知道，政府，在某种意义上，他们总是最晚注意到革命。不，我认为这主要还是因为在《萨瓦本堂神父的信仰自白》中对启示宗教的攻击，正是由于这一点他才在法国身陷麻烦，随后在日内瓦，而不是由于攻击君主制。

学生：沙皇治下不也发生过类似的事情吗，沙皇的审查官只是懒得读下去？

施特劳斯：嗯，并不是这样。不，确实发生过，当然，但这次有……在某种程度上审查官的注意力——身份极高并受过良好教育的人——被引向这个事实，在这些书里有某种可疑的东西。

[231]现在翻到第158页，在第3段，有一处关于所有能维持生计的领域的美好描述。让他最接近自然状态的是体力劳动。接近自然状态——我认为这是最佳表述，你可以发现卢梭在靠近什么。返回自然状态不可能，就提升人性这个层面来说，接近自然状态就是卢梭想要的东西。这只是我在今天一开始所说的问题的另一方面。自然状态或自然人对卢梭来说不可能是个简单的标志，因为他的次人类品质。只有他的某些方面还保有权威性：他的自由、他的独立，没有别的了。比起霍布斯和洛克来说，卢梭的困难要大得多。我想我要解释一下，联系到我在一开始讲的[施特劳斯在黑板上写字]我不能重新解释这个图，因为我已经不记得它的准确含义。好，亚里士多德，目的论：有一个人的

自然目的。我们可以说,这就是"是"和"应当"之间的连接,如果我们也可以把这个区分用在亚里士多德身上的话。那么,霍布斯和洛克摧毁了这个连接;他们认为这没有结果,怎么看它都是错的。他们做了什么? 他们说,我们一定不能从人的目的开始——如果我们这样做,我们就到了乌托邦,到了一种君子政制,如果你用严格的标准而不是统治阶层自诩的标准的话,这种政制并不存在。但我们必须从自然开始。这一点很清楚。但是,如果自然本身并不指向一个目的,它该如何给我们一个指引呢? 答案是:在人的自然激情中,有一种最为根本性的激情,出于这个理由,它也是最强有力的,因此这一点就很明确了:任何违背这种激情的社会约定都注定会失败;而且,这种基本激情就是自我保全的激情,或是畏惧暴死的激情。然后,霍布斯很好地论证了这一点(我是指,一旦你认可这个前提,他说的就顺理成章了),由于自我保全必然导致冲突,那么你就不得不加入一切人对一切人的战争——你必须得有个政府,这个政府还必须拥有无限权力。这就是霍布斯的构想。那么自然状态,这种只有自我保全和其他激情还没有政府和法律的状态,是一个标准,但却是个消极标准:是一种必须要摆脱的状态。如果你理解了这一点,即正是由于其缺陷,自然状态才指向一种完成状态,公民社会的状态,这大概就是霍布斯-洛克构想了。

但在卢梭那里,至少如果你严肃地看待《第二论》,这个构想当然已经毁掉了,因为自然状态是好的。它不需要指向自身之外,你们明白吗? 我的意思是,如果这是一种完美的孤独状态在每个……人们都住得很远。如果人们鸡犬之声相闻,老死不相往来,又如何会有一切人对一切人的战争呢? 他们会在这种状态下永远生活下去。因此就需要有这些著名的偶然事件把他们带到一起,自然状态就这样终结了。这就是卢梭学说的特质。

在第 165 页,第 2 段。他在这里用一句精当的话描述了自然教育的目标:"为了不像野蛮人一样懒惰,他必须像农夫一样劳作,像哲人一样思考。"此后人们就不能再像做野蛮人那样找到自己的幸福了——如果人作为野蛮人曾经幸福过的话——解决方案就是他必须像农夫一样靠自己的双手劳作,但是与此同时要像哲人一样摆脱偏见。

你可以说,这句话表达了这种教育的目标。

[232]接下来是一段关于智性教育的话,这段话非常重要,但我们时间不多了,我不知道怎么才能在这么短的时间内处理完这段话。它从第165页开始,在第5段。卢梭在这里告诉我们什么是观念(idée),这也在根本上是洛克对这个处境的看法。

在第165页,第5段;第166页,第2段;第169页,第4段;塞尔茨先生,当你读到信仰自白,他谈论人类灵魂的那个地方时,你必须要考虑这个问题。我们现在来看一下。在第167页,第5段,他在第3或第4句话里说:"生活在自然状态下的自然人与生活在社会状态下的自然人有极大的差异。"这里也就承认了在社会状态下也可以有一种自然人。也就是,在最高程度上,是我们的爱弥儿。自然与社会、人的教育与公民教育看起来似乎在这一点上得到了解决。

从第167页最底下到第168页最上面,你会看到这再次被称作人生的第三个时期。

在第168页,第2段,有一段关于感觉转换成观念,也就是休谟所谓的印象转换为观念的方法的论述。不幸的是,我们没法深入阅读了。我们现在更该看看第169页,倒数第2段。

雷肯先生[读文本]:

> 由于不得不自己学习,他用自己的理智而不是别人的理智,因为如果你不服从习俗就一定不会服从权威。我们的大多数谬误都归咎于别人,而不是我们自己。

施特劳斯:换句话说,如果我足够仔细地考虑我的观念怎么从感觉中形成,我就完美地摆脱了谬误。谬误的主要来源是权威,他人的意见。是的。

雷肯先生[读文本]:

> 正如身体通过劳动和劳累可以产生活力,不断持续的锻炼也可以发展思想的活力。另一个好处就是,他的进步与他的力量成

比例，思想和身体都没有超过负荷。在事物存储在他记忆之前，必须得到他的理解，从这个仓库里取出来的是他自己的东西；不然的话，我们就有这种危险——在负担过多未消化的知识的记忆中无法找到任何我们自己的东西。

施特劳斯：换句话说，这就是卢梭对传统教育的批判：记忆负担。它被重复了很多次。但是在卢梭那里，它有特别精确的含义：你只能从记忆中获得你被灌输而未理解的东西。所以记忆和意见、权威被归在一起，这三个东西全部都与[233]理解相对。没有记忆负担，因为唯一算数的东西是增强理解力。联系到这一点，卢梭在下一段说——我来翻译一下："他拥有一种包罗万象的精神，不是因为其内容"，我们可以说，"而是因为这种获得启蒙的能力"。因此，esprit universel[一种包罗万象的精神]才是这种教育的目标。在下一段中，"爱弥儿只有自然和纯物理知识。他甚至连历史这个名字都不知道；也不知道形而上学和道德学是什么。"沃翰神父提到过这一点。我们只来研究一下本卷的最后一段，或是倒数第 2 段："总而言之。"

雷肯先生[读文本]：

爱弥儿已经拥有关系到他自己的那部分德性的全部了。为了获得社会德性，他只需要一种让那些德性变得必要的那些关系的知识。他只是缺乏那种他已经准备好要接受的知识。

施特劳斯：所以可以得出：直到现在他都是严格的非社会性存在者。我指的是，除了在某种意义上参与市场的人可以说是社会性的；你知道，在交换物品的时候他是社会性的，但仅限于此。你们有人发现这里存在一个困难。因为他是又不是社会性的；严格说来，他并不是社会性的，因为仅仅作为市场的一员，你并非真正是社会性的存在者：如果你不参与到市场中，你还是只关注自己的事情。读下一段。

雷肯先生[读文本]：

他想的不是别人而是自己，并且希望别人也是这样。他对他们没有要求，也不承认对他们有什么亏欠。

施特劳斯：换句话说，他不是不正义：他不命令他人，也不让他人命令他，但是他是严格的……这是反社会的；他是非社会性的。他对别人没有义务，他也不认为别人对他有任何义务。

雷肯先生[读文本]：

他孤身在人类社会之中，他只依靠自己，因为他已经达到一个男孩子在他的年龄可达到的一切。他没有过失，或至少只有那些无法避免的；他没有恶行，或是只有那些无人可避免的。他身体健康，四肢灵活，他头脑健全，没有偏见，他心灵自由，不受激情困扰。骄傲（pride），这种最早也最自然的激情，在他身上鲜有呈现。他不打扰任何人的宁静，在自然所允许的限度内，他满足、幸福而又自由地度过自己的人生。你会认为一个在这种条件下成长到十五岁的孩子的青少年时期是白白浪费掉的吗？

施特劳斯：译者在这里译作骄傲，但是它的法文是 amour-propre[自恋]。它当然……骄傲是一种说得通的译法，但是当然并不准确。卢梭区分了 amour de soi[自爱]和 amour-propre[自恋]，前者是自爱（self-love），后者字面上也可以指自爱。但它只是卢梭之前的一种武断的造词法，它具有轻微的否定义，尤其带有骄傲和虚荣的意义。卢梭在这里称 amour-propre 为"所有激情中首要且最自然的"。[234]这样一来，他就暗示与此相关的自我保全并不是一种激情。因此激情可以用作多重含义。我的意思是，激情可以是任何扰乱心智的东西，自我保全并不必然扰乱心智。所有激情中最自然的就是这个 amour-propre。所以骄傲（如果我们采用这个译法）还不存在，因为他是极端非社会性的。他还没有考虑过别人的意见。这确证了我们到目前所看到的。在第四卷中，伴随着性欲望的觉醒，开始有了社会化——用如今常用的术语表达。

我只想提一点，我认为这一点我还未给予足够的强调，也就是，尽管卢梭经常用 amour-propre 来指称一切罪恶的根源,在卢梭那里并不总是这样。他在《第二论》的某处说,amour-propre 是我们所有德性和恶行的来源。换句话说,一切人类特有的东西,因为自我保全对于人和动物一样普遍,它在某种程度上近似 amour-propre。因此,比方说,充分意义上的公民如果没有 amour-propre 就不可思议;它最清晰的标志就是爱国主义,卢梭把爱国主义也溯源至 amour-propre。换句话说,只要一个人的自我保全决定他进入公民社会的意愿,这就不是激情性的;这纯粹是一种算计:我作为社会的一员要好过没有社会。而且,爱国主义这种激情部分和自爱有关,和骄傲有关,在这个特殊的社会中与他人形成对比。甚至立法者,你可以读《社会契约论》第二卷第七章的一开始:立法者的动机是一种对永恒荣耀的爱,它从属于 amour-propre。莫里森先生?

莫里森先生:我想,amour-propre 通常被译作自尊(self-respect)。

施特劳斯:是的,可以采用这种……

莫里森先生:我想知道的是,自我保全与自尊之间是否存在某种关系;自尊是[……]自我保全超越……

施特劳斯:不,没有关系。自我保全是人与野兽共有的东西。只不过,人可以运用他的理性,而且必须运用他的理性,来保全自己,因为他没有足够好的本能,但是服务于自我保全的理性与别人如何看待你毫不相干。在人开始考虑别人,考虑别人怎么看待自己的那一刻,amour-propre 就存在了。那么,它当然有各种形式。可以是一种非常愚蠢的虚荣,在最高意义上也可以是一种对不朽荣耀的渴望。但是,所有这些现象都有一个共同点,即人关注别人如何看待他。我认为可以说,这也许是可以给出的 amour-propre 的最一般性的定义了。我们必须记住这一点。

莫里森先生:我只是在这个意义上思考它,即对一个人来说,有这种念头,他自己是配得上什么的,这或许是一个中间阶段……

施特劳斯:不,不;这就是 amour-propre。因为在自我保全中没有这种……因为如果没有一些初步比较,就谈不上某个人配得上什么;在比较进入的这一刻,[235]amour-propre 就开始了。但是,只要你仅仅关注自我保全,你就完全不关心其他人的意见。

学生:但正是从这个意义上说,amour-propre,自尊,可以被视为与自我保全有着特别密切的联系,也许是离自我保护又近了一步。

施特劳斯:怎么说? 我没明白。

学生:自我保全的意识。

施特劳斯:只是偶然地;因为有些时候,你的自我保全或许依赖于他人如何看待你,仅在这一方面成立,但这只是偶然。比方说,就拿美国西部日常发生的那些事情来说:你是否被怀疑为偷马贼而被绞死,很大程度上取决于人们对你的看法。但这具有偶然性;这并不属于自我保全的实质。

学生:可以设想考虑这样一种情况,自尊会导致你拒绝自我保全。

施特劳斯:确实如此,当然。我的意思是,所有这些,包括那些提升人超越仅仅自我保全的东西(比如爱国主义)和那些降低人的东西(通过关注人们如何对我窃窃私语)——所有这些都合在一起;因而卢梭才说 amour-propre 是我们所有德性和恶行的根源。人类不得不发展美德和邪恶的动机始终是在 amour-propre 这个意义上。因此,我们可以说,amour-propre,与自爱形成对比,是人类特有的。相对而言,自我保全本身则不是人类特有的;尽管自我保全的手段——理性服务于自我保全——当然是人类特有的。施罗克先生。

施罗克先生:亚里士多德是不是会说,对荣誉的关心,例如,在一个好人身上,类似于这种 amour-propre 观念?

施特劳斯:是的,但是 amour-propre 还带有一层贬义内涵,而亚里士多德那里则没有。亚里士多德对一个宽宏大量的人会评价说,他是一个当之无愧的人——那么就不带有暗指[不光彩的动机]。或许亚里士多德在这个问题上有点太简·奥斯汀了,这个问题说来话长;不过亚里士多德那里确实没有任何贬低的意味。换句话说,他会不做正当的事情,他会做错事,不主张这些荣誉。它具有一种客观性,这种客观性与他的主观感受无关,如果我们可以用这些术语的话。

学生:我不知道德语怎么表达,但是尼采对骄傲与虚荣做了个区分。① 骄傲是自足吗? 是不是类似于亚里士多德式的宽宏大量的人

---

① 《朝霞》,格言365;《善恶的彼岸》,格言261。

的……他不勇敢……

[236]施特劳斯：让我们这样说，亚里士多德拒绝把任何德性追溯至激情。对亚里士多德来说，德性是一种对待激情的态度，绝对不是一种激情。想想柏拉图的那个简单的意象，马车与两匹马，高贵的与低贱的马。这些马就是激情。驭手就是理性，德性就是驭手。这个比喻需要这些马匹，但不是把它们作为动机，而是为了控制它们。比方说，对荣誉的渴望很常见——我不是说具有普遍性，我见过那些完全漠视荣誉的人——但是非常常见。那么，什么是德性？它并不是对荣誉的渴望，而是对待它的态度：即，你在恰当的时机主张荣誉，因此主张这些荣誉就是正当的。即，比方说，一个理由可能就是，这仅仅表现出不名誉，不敬态度，如果你不习惯性地追逐荣誉，你就在某种意义上被降级。就是这类事情。我的意思是，可以想得到，毕竟一个人即便对荣誉没有任何强烈的兴趣，也会出于客观原因而要求荣誉。这无法设想吗？我的意思是，一个很简单的情况：我想象肯定有很多军官，下级军官，甚至士官，他们坚持要被新兵恰当地对待，不会因为这样就膨胀。很简单，你必须这样做；这是军队秩序的一部分，这甚至也适用于政治秩序。比方说，可以想象，有人对自己的活动秉笔直书，例如，丘吉尔就这样做，他并不关心名誉本身，而是为了使人们能够正确地评价他在负责英国政策期间所做的事情；这是有可能的。我认为亚里士多德想的，无论他的观念……好吧，亚里士多德从不认为真正的德性很常见，但他会说这是可能的，绝对可能，而且他还会呈现它在具体事务上是怎样的；因此严格意义上说，德性并没有激情性的动机。我的意思是，我们当今意义上的激情，激情这个词改变了它的含义，因此我们如今谈到激情的时候总是褒义。而对亚里士多德来说，激情不是一个赞美词，它本身也不带贬损的意味：它很大程度取决于是什么样的激情，以及激情的程度。不过，激情中绝对没有德性。

而在现代，这……17、18世纪的思想家试图寻找一种激情性的替代物来取代德性。这或许完成了……好吧，霍布斯是个粗人，他感受到的是畏惧暴死让一个人变好。更流行的版本当然是，感情——我指的是良好的情感(sentiments)，感伤(sentimentality)就出自这里。处

于驭手位置的也不再是理性,而是对立面:这就是情感。穆埃勒
先生。

穆埃勒先生:卢梭让慷慨依赖于……我不知道在某种程度是依赖
amour-propre 还是意志,但爱弥儿的判断力是建立在养猪这件事的优
越感上的,这在真正意义上确实如此。

施特劳斯:但是,你知道,对卢梭来说,这有点窘迫。因为,毕竟,
无论你能……我的意思是,一方面是一个人充分发展出来的德性和
一个拥有突出德性的人——这是亚里士多德写作时所想的——另一
方面是你可以对不成熟的人类做的事情,尤其是孩子。亚里士多德
就这一点说得很清楚;他没有提到竞争之类的事情,但是他的例子是
羞耻感。[237]羞耻感意味着做错事时的感受。亚里士多德用他的
智慧说出有德性的人不会有羞耻感:他不做任何错事。① 但是年轻人
不够成熟注定会犯错,这也适用于他们。这也适用于追求卓越的欲
望作为一种动机。但是人们一定也会说——我的意思,当你在特定
示例中审视它们的时候,无论亚里士多德的这些论断听起来有多么
不可思议,它们也是合理的。比如说,当你看到一个人雄心勃勃(让
我们假设在更高的意义上,而不是在金钱地位上,在更高意义上),当
你开始意识到这一点,你无法不去感到这很渺小。我们无法仰慕一
个不专注于什么的人。他可以说非常好(我认为这一点从任何人文
学科的角度来说都是必要的),对于一个人来说不这样几乎不可能,
然而我们在评价一个人的时候并不是这个意思。这是亚里士多德所
想,有这种专注,这样你并不需要一种激情。尽管我们今天称这种专
注为激情,这说来话长。

学生:然而,一个宽厚的人做一些并不正确的事情,这并不矛盾;如
果周围没有人,他还会脸红吗?

施特劳斯:他不会这么做。他不会犯错。我的意思是,换句话说,
你指什么?可以想象他会做一些事情,一些独自一人时完全可以做的
事情,偶尔也会有人在那儿,而他自己不知道。好吧,那么你不是真的

---

① 《尼各马可伦理学》1128b9—35。

说,他做了什么错事。我不知道;比方说,他没穿戴整齐,然而有人却碰巧出现在房间里,因为这个人是从窗子跨进来的。他甚至不可能知道这回事;这没什么可不好意思的,只是或许有点儿尴尬。不,亚里士多德指的是这个。柏拉图的看法有所不同,因为柏拉图关于每种高贵事物上的爱欲的学说可以被粗糙地归纳为激情,比如哲学激情。但是,有趣的是,柏拉图并不将其夸大为哲学痛苦(pathos),而是说哲学爱欲,这不是一回事。维斯拉比。

维斯拉比:我有点搞不清楚 amour-propre 的意思。爱弥儿确实有对自己的看法,不是吗?

施特劳斯:但这并没有开始。没有。我的意思是,一只幼犬(或是一只狗,就这件事来说)会虚荣吗? 在这个意义上,他还是幼稚的,他不懂这回事。不能设想人也会是这样吗[不关心别人怎么看他]? 孩子玩耍的时候,有时候会完全不关心其他小孩子怎么想他。他们完全沉浸其中。爱弥儿就是这样的孩子——关键就在这个地方——他不懂得有这回事。你可以做个实验:有时候你会看到有些人的极端情况,他们有被害妄想症,认为其他人全都没别的事做,只关注他;你们知道,说者无意,听者有心。你们知道这种事情吗,见过这样的人吗? 我见过。那么,如果以这种情况为例,你进一步稍加想象就可以发现有种对这种念头完全免疫的人;有人会说,在某种意义上,这样的人绝对是很幼稚的,我指的是完全没有自我意识的人。这就是他的意思。

[238]学生:可是,这样的人就不能有德性吗?

施特劳斯:他当然可以有,但他还没有获得。

学生:我理解爱弥儿还没有德性,但我从《第二论》推导出来一个问题……

施特劳斯:不[……]卢梭似乎指的是,如果没有一种激情的推动,这样一种激情,也就是 amour-propre,什么都做不了。我的意思是,有这样一种看法,我认为西塞罗曾经在什么地方表达过:在书中鄙薄荣誉的那些哲人们怎么能把大名写在封面? 换句话说,彻底不署名的情况极其罕见,就这一点来说,卢梭是对的。但是这一点……或许只是程度不同,但我认为这是一种本质差异,是否用激情来理解德性。斯宾诺莎的学说是：只能通过一种激情来克服另一种激情；①还说，追求荣誉之情可以克服其他所有激情，如果是足够高的荣誉观念可以导向极高的事物。但我只能说，这不是亚里士多德的看法，从根本上讲也不是柏拉图的理解。

　　学生：回到你起初回答卢梭体系中主权者和行政官问题的地方。我不清楚的地方是，按照我的理解，他的政府命令是主权者的执行手段，似乎执政官本身并不发布命令，是主权者给他们下达了这些命令。

　　施特劳斯：那么战争与和平呢？

　　[录音结束]

———————

① 《伦理学》，第四部分。

第十讲 《爱弥儿》卷四：同情与荣誉

[240][讲课中]施特劳斯：我们都有的一些发音上的困难,在这些地方我不太明白你。我唯一不明白的是最后。

学生：我知道了,我得以某种方式总结一下。

施特劳斯：这是个很清晰的论述。要点阐述得很清楚,也就是现在这个部分的主题,关键主题是怜悯(pity),同情(compassion)。而且,这在某种程度上是卢梭的道德学说。其次,你很好地指明这是个非常成问题的东西,卢梭也意识到了。我对这一点特别满意。你说自我保全是最高的善。他这么说了吗? 没有。我是说,我不知道;我记得不清楚,但是我们读文本时会简单看一下。它是首要的善,这一点毫无疑问。我先保存这篇论文,我下次会还给你。下一次,它是……

下面我们立刻开始。我们读到了第 172 页,在第四卷开头。在第四卷,他会谈到大概十五六岁的爱弥儿。青春期,青春期是个重大的分水岭。"我们出生两次,"他说;"一次是为了生存,再次是为了生活;一次是为了物种,再次是为了性。"这次性的诞生现在成为这里的主题,他说了一些与之相关的内容。但什么是他的——在这个早期阶段,你并没有提到过任何关于他的性教育的原则。我是说,这应该被提到,尽管这当然并不是这个部分的主要论题。

学生：他试图避免困扰于性问题。

施特劳斯：不仅仅是困扰:他试图尽可能推迟所有性方面的关系;在这一点上,如今看来他极端老派,不是吗? 我是指,对比当今。于是就有了某些非常粗暴的故事,关于他赞成的这种老将军,那个人尽量避免他儿子放纵,他就把儿子送到医院,在那可以看见晚期梅毒病人;所以这是一种——男孩从这种景象中学到了自控。我们没法深入讨论这个,但这很重要——我是说,卢梭根本不传授宽松的道德。现在我们从第173页的一段话开始,第3段。

雷肯先生[读文本]:

> 我们的激情是自我保全的主要工具——

施特劳斯:是主要工具。我们来看一下。呀,是对的。对不起。

雷肯先生[读文本]:

> 因此,试图摧垮它们,既徒劳无功,又荒谬可笑;这将意味着征服自然,重塑上帝的造物。如果上帝命令人完全消灭他[241]赋予人的这些激情,上帝会命令人既是又非;他将自相矛盾。他绝对不会颁布这种愚蠢的诫命,不会有像这样的东西写在人的心中,上帝想要一个人做什么,他也不会把这些话语交托给另一个人。他亲自说话;他的话写在秘密之心中。

施特劳斯:……我指的是,我确信在那个时代这很好理解,不过如今这个说法需要简略地评述才能被理解。用清晰的英语来说,他说的是什么?

学生:忘记《圣经》。

施特劳斯:是的,当然。不过,再多说一些。为什么?

学生:它是多余的。

施特劳斯:对,可是,究竟是什么促使他在这里暗指保全问题?某些非常简单且粗鲁的东西。

学生:那就是简单的情绪(sentiment)对我们来说就是充分的向导?

施特劳斯:没有禁欲道德。我是指,有某种特定——禁欲主义这个词有多种意义,不过我们可以暂且这么说:没有禁欲道德。禁欲道德的基础是启示,或正确或错误地理解的启示,同时,并不存在启示。因为上帝对我们讲话,上帝想要我们做的事情都写在我们的心底。他不——不存在什么特殊的启示。但是显然你不能简单地停留在这个论断,即激情是好的,是自然的,因为无论怎么看,都有坏激情。现在卢梭如何解决这个问题? 在同一页末尾,"我们诸多激情的来源——"

雷肯先生[读文本]:

> 我们的种种激情的发源,所有其他一切激情的本源,唯一一个同人一起产生而且终身不离的,就是自爱(self-love);这种激情是原始的、内在的、先于其他一切激情,在一种意义上说,一切其他激情只不过是它外在影响(external influences)的结果——

施特劳斯:等一下。不对,"有外在原因"(external causes)。外在原因,外在于人的原因。

雷肯先生[读文本]:

> 没有外因,这些演变就绝对不会发生;这些演变不仅对我们毫无好处,而且还有害处。它们改变了原初目标,违反了它们的目的。人就是这样脱离自然,同自己相矛盾。

施特劳斯:对,现在,我们试着来理解这一点:所有激情的根源就是自爱,关系到自我保全。这当然是好的。那么,怎么可能存在坏激情? 现在我们假设一个简单构想[施特劳斯在黑板上写字],比如霍布斯的构想:自我保全是好的;而同样自然的骄傲却是坏的。同样自然。我们可以说,卢梭在这里给了我们某个比霍布斯在某种程度上更精确的解释:因为如何可以理解这一点,即[242]人天生有一种坏激情,它与首要[激情]相冲突? 你可以如下陈述:自我保全。你需要自我保全的手段。自我保全的总体手段被称为力量(power)。这是霍布斯对它的定义:力量。只有在你的力量超过你的竞争者时,力量才变得至关重要;在斗争中起作用的只有超出来的那部分力量,而不是你与他人都有的那部分力量。多出的这部分力量未必要实现：如果别人以为你的力量比他多，他的行动也会一样。这尤其是一条外交公理，你们知道；但是在私人政治中，这也有可能起效。因此，你若被认为有超出来的那部分力量就很重要。我是说，即便你真有力量，有超出别人的力量，你被人认为更有力量仍然很重要。读读日报关于古巴的内容，我也不必再费事了。对诸国如此的事当然也对自然状态下的个体如此。

因此，这就引发一种对于被认为比他人优越的关切。但这种被认为优越的关切，却可以如其所示的那样，变得忘记其起源——自我保全。于是，它会导致人变得认为关系更优越，而遗忘自我保全。那么这种骄傲就出现了，它就与自我保全相矛盾。因此，骄傲有一种自然起源，但骄傲如此远离自然起源，以至于骄傲变得与首要激情相互矛盾。换句话说，与自我保全矛盾的激情都出自自我保全，可是它们当中有些与自我保全冲突。于是我们就有了一种区分，一种区分好坏激情的标准，这个标准并不需要一个超越自我保全的目的，因为每种激情的原初意义都是自我保全，一种自我保全的变体。因此，这在某种意义上是对霍布斯的一个批判，但它在某种程度上也是对霍布斯的解释。人们肯定说霍布斯没有阐明这一点，但是有人在某种意义上更好地理解他……人们看到这是霍布斯意欲的。

现在我们继续——下下一段。我们只读开头和结尾。

雷肯先生［读文本］：

　　　自我保全也就需要——

施特劳斯：不对。"那么为了保存我们自己，我们就必须爱自己；我们必须爱我们自己胜过一切……"

雷肯先生［读文本］：

　　　而由此直接得出的是，我们爱有助于我们的保全的东西。

施特劳斯：对；所以这就是爱的首要含义：我们爱任何有助于我们

自我保全的东西。这当然是极端原始的爱的观念,但卢梭说,这是更高的爱的起源,我们必须始于这里。然后在同一段落的结尾,他做了[人与东西]的区分。

雷肯先生[读文本]:

> 有些事对我们好,我们寻求它;但我们爱对我们做好事的人;有些事情伤害我们,我们在它面前退缩,但我们恨试图(tries to)伤害我们的人。

[243]施特劳斯:不对——"想要(wishes to)伤害我们的人";还没有出现。因此,如果某人或某物积极施惠给我们——比方说,你拾起的石头砸到你的敌人——你寻求它;但是如果你发现一个想要帮助你的东西——而这个东西也可能是另一个人——那么你就爱它。因此,无论何时我们碰到想帮助我们的东西,我们都会爱它;而且无论何时我们[碰到想伤害我们的东西],我们都会恨它。这是卢梭发展的激情理论的开端。

学生:爱弥儿会爱帮助他的人吗?

施特劳斯:这是一个基底层,在爱弥儿那里也是如此,在每个人那里都如此。不过,它上面还会覆盖诸多更高的层次;我们现在是从头开始。

学生:但这暗示了一种感激(gratitude),不是吗,这就可能——

施特劳斯:我们遇到了感激问题。我们处于最为基础的基底层。我说的是,色诺芬的《齐家》(*Economicus*)中的一段文本绝佳地指出了这一困难,就是这句,我试试看能否原封不动地援引此句:"人们相信要爱那些他们相信可以从他获得好处的人。"这一句需要加以斟酌,这足以让有些编订者把这段话视为错漏,因此他们把这两处"相信"删掉一个。可是色诺芬很清楚他在说什么:我们相信要爱某个我们相信由于它得到好处的东西。这是个在最原始意义上的关于施惠者的简单例子,某个帮助你的人。他可能已经是或可能会成为一个十足的恶棍,但因为这样或那样的原因,他让你受益,那么,色诺芬想说的是,一个粗人,一个没识别力的人爱这个恶棍——他不是真正地爱这个恶棍;但他相信自己爱他——这种信念的基础是他相信他从恶棍那里得到好处。真爱并没有这种品质,这就是色诺芬暗示的东西。但是卢梭却从头做起,从严格意义的自我主义道德(egoistic morality)开始,正如你们看到的那样。在174页第4段。巴特沃斯先生,你有什么问题?

巴特沃斯先生:有个问题:这一段的末尾有意含混,就这个说法而言——保持这个想法,即我们所讨厌的总是个东西。

施特劳斯:是的,当然;但随后就有了一个问题,我们能够做出这个区分,太小的孩子也许不能做得很好,但是10岁的孩子可以很轻易地做到,区分帮到他的东西,比如椅子,与一个想要帮他的东西,比如他的妈妈。所以,在174页第4段的开头。

雷肯先生[读文本]:

> 因此孩子自然习惯友好的感觉,因为他看到人人对他都想帮他,从这种经验中,他养成了对他物种有好感的习惯。

施特劳斯:我们这里停一下。在同一段落往后一点:"自我之爱,只关注——只考虑我们自己。"你找到了吗?

[244]雷肯先生[读文本]:

> 自爱(self-love),只关注我们自己,满足我们自己的需要(satisfy our own needs)就够了——

施特劳斯:"我们真正的需要"(our true needs)。

雷肯先生[读文本]:

> 但是自私(selfishness),那是——

施特劳斯:不对,原文是amour-propre[自恋];这个译本从未出现过这个词。我将要一直用这个法语词。你们中有人法语不太好,我们在进行的过程中要解释这个词,极为粗略地讲,这个词就等于霍布斯的骄傲(pride)。但是我们必须往下看。是的,"但是 amour-propre[自恋]"。

雷肯先生[读文本]:

> 但是 amour-propre 则促使我们同他人进行比较,所以从来没有而且永远不会有满意的时候——

施特劳斯:你看,换句话说,一种强人所难;这意味着一种强人所难。自爱只是说,我以自己为先;这没有不公平。但是,如果我说你应该喜欢我更甚于你自己,那我就很不明智。这就是 amour-propre。不明智就是 amour-propre 的本质。继续。

雷肯先生[读文本]:

> 可见,敦厚温和的性情是产生于自爱,而偏执妒忌的性情则是产生于 amour-propre。因此,要使一个人在本质上很善良,就必须使他的需要少,而且不是同人比较;如果一个人的需要多,而且又听信偏见,则他在本质上必然要成为一个坏人。

施特劳斯:我们先读到这里,我们试着理解它。所以,卢梭在此解释了孩子们为何本来是好的,心肠好:因为他们只接触过愿意帮他们的人。那么,你可以说通常会是这种情况,但也绝非普遍,当然了。他在这里区分了自爱与 amour-propre。这种 amour-propre 正是憎恶和易怒的诸激情之源,亦即,当我们受挫时,这些激情与我们受挫相关。因此 amour-propre 就近似柏拉图用血气(spirtedness)来理解的东西,这不足为奇,因为柏拉图理解的血气包括胜利之爱、荣誉之爱、卓越之爱。这里当然有亲缘关系。而这个 amour-propre 在根本上是非正义。这是我们今天讨论的整个这一节的第一个涵义。

下面,这个问题……在奠定好这一基础后,卢梭回到首要论题,性爱,他接着会讨论这个论题。而这是——关于它,卢梭说得非常简单:存在一种对他人的纯粹性欲,我们与禽兽都有这种性欲,这尤其不足为

奇。爱,他所唯一关心的人类之爱,人类的性爱,是有限定的欲望:这个
女人;而非任何女人。好吧,任何了解狗的人——比方说,人们会养非
常漂亮的母狗,这条靓狗会和任何狗交配,如你们所知,这对所有狗主
人来说都是个大麻烦。[笑声]……你们知道,这有时会造成近乎悲剧
的事件。但在人类当中,这种情况极罕见,如果一个男人可以有一些更
好的选择,他若是还能满足于任何女人,无论他如何界定更好。因此,
他唯一关心的爱是这样一种爱,[245]比起别人更爱这个女人,爱这一
个;而这意味着偏爱,因为作为一个规律,男人偏爱年轻漂亮的女人,而
不是又老又丑的女人。也有例外;但我只说规律。怎么了? 好的。然
而,这也就意味着人类之爱包含比较;因此,人类之爱以 amour-propre
为前提。这是关键点。因此,关于性爱的讨论被关于 amour-propre 的
讨论覆盖,甚至几乎为之取代。卢梭只字未提生育的欲望或本能:这里
甚至没有暗示一下。性爱与其自然目的被分离;这是——正如你们在
180 页的第 2 段会看到,开头是——

雷肯先生[读文本]:

依照年龄进行抚养的孩子——

施特劳斯:我看一下……对,是这里。

雷肯先生[读文本]:

是孤独的。他一切都照他的习惯去做,他爱他的姐妹就好像
爱他的手表一样,他爱他的朋友就好像爱他的狗一样。

施特劳斯:因此,换句话说,不存在什么——被爱的是任何有帮助
的东西;任何有帮助的东西和被认为愿意帮忙的(你们当然可以说狗
是这样)就会被爱。继续。

雷肯先生[读文本]:

他不知道他是哪一个性别的人,也不知道他是哪一个种族的

人,男人和妇女在他看来都同样是很奇怪的;他一点不知道他们所做的事情和所说的话同他有什么关系,他不看他们所做的事,也不听他们所说的话,或者说,他压根儿都没有去注意过他们,他们所说的话也像他们所做的事一样,引不起他的兴趣:所有这些都是同他不相干的。

施特劳斯:等等。记住,卢梭想要说什么,回到这一点:性爱(重复那一点)与其自然目的分离,性爱被当作所有社会情感的源泉,尤其是"优越之爱"之源。这听起来像弗洛伊德(Freud),但并不是那个意思。有问题吗?

学生:我有两个问题。当你做出这个论断时,即性爱与其自然目的分离,你说的是亚里士多德式的目的吗?

施特劳斯:是的;那么,我也是在说一种相当自然的概念。我的意思是,比方说,你们经常会发现,或许在适婚年龄的女孩中更常见到这个观点,即,她们结婚是为了变成(become)小孩——抱歉,为了有孩子(我不知道德文是什么):为了有孩子。你们懂了吗? 我是说,如今这正如我理解的那样被看作理所当然,但一般普通人知道这一点:性关系服务于生育目的。

学生:现代新教神学不会说这是性爱唯一的自然目的……

施特劳斯:但是不。我认为,这是人们经常想的问题。这是非常重大的问题,而且这很有趣——与其说是道德颓败,我认为出现了道德颓败,不过这并不是我在这里的首要关注点——我眼下更感兴趣的是其暗含的理论前提;我们来看一下。我后面会重新讨论这个问题。

[246]学生:他是说 amour-propre 根本上不正义? 尤其是……

施特劳斯:对。不,后面会提炼。第一次提出——这是他一贯进行的方式:他先是呼声很大,然后再给出一个可怕的夸大论断;然后他再限定它。现在,他先是说 amour-propre 就是不正义,我们在这里先记住,但稍后就会有所限定。他现在谈论的另一个主题是性爱,人之爱(我说性爱,是为了避免任何误解,比如误解成慈爱或其他类似的东西),人的性爱根源于比较,也就是说,它以 amour-propre 为前提——顺带说一句,正如他在《第二论》中已经说过的那样。顺带说一句,经验性地,我相信卢梭相当错误,因为孩子们当然能感觉到男女的美丑之分;但是这……并不影响论证的要点。但是我不想去……以及他说到的整个问题。例如,当他在这里在178页第4段说,"孩子们没有成人一样的欲望,但是他们也受制于"……——你们怎么说 malpropreté[肮脏,下流]?

巴特沃斯先生:肮脏(dirtiness)。

施特劳斯:肮脏,或这类东西,会伤害感知。换句话说,如果孩子也像成人那样受猥琐的人排挤,这当然意味着比较,偏好等等。我的意思是,这很清楚,这当然不能被提及。现在,我们继续;我们来跟随论证,抓住卢梭影射的各种不同东西。第180页,第3段。

雷肯先生[读文本]:

> 正是想象力的错误嬗变出有限的存在者的邪恶激情,甚至天使的激情,如果他们确实有激情的话——

施特劳斯:不对,应该是"如果有天使",s'il y en a。

巴特沃斯先生:不,我不认为是这样。

施特劳斯:不?

巴特沃斯先生:"如果他们有那些。"

,7 施特劳斯:那么他就会说,s'ils en ont,而不会说 s'il y en a。

巴特沃斯先生:好吧,我的文本里是 s'ils en ont。

施特劳斯:噢,好吧,奇怪。肯定有两个版本。我还不知道。

巴特沃斯先生:是的;但你的版本更好,因为这条注释提到 s'il y en a。

施特劳斯:这是个更好的版本吗? 我想了解一下。

[247]巴特沃斯先生:你想听听这个注释吗?

施特劳斯:对,好啊;请吧。

巴特沃斯先生:"卢梭在自己手稿中写了 s'il y en a,它替代了眼下这个版本——"

施特劳斯:哦,我明白了。所以换句话说,稳妥起见,你必须得读最终版本。好吧。谢谢你。非常感谢。不过这还是很有趣:我是说,卢梭发现这么说太危险,就替换掉了这个词。嗯,好。[……的交谈]s'il y en a。非常感谢。现在我们看一下 180 页开头,第 3 段,"你是否希望……"

雷肯先生[读文本]:

> 如果你想使日益增长的欲念有一个次序和规律,那就要延长它们在发展过程中所经历的时间,以便使它们在增长的时候可以从从容容地安排得很有条理。能使它们安排得井然有序的,不是人而是自然,所以你就让她去进行安排好了。

施特劳斯:好,我们看一下。自然的秩序指什么? 它当然是指人使其成为可能的秩序。这并非严格意义上的自然,而是依据自然;正如亚里士多德所言,kata physen、secundum naturam[依照自然],但这并不仅是自然。第 182 页的第 2 段,这里涉及——现在我们快到中心段落:"人之弱点。"你们看,你们会回想起来卢梭做了第一个概述:自我保全——对于自我保全有益或有害之事——因此,爱与恨包含在这些术语的原初含义中。已经解释过这一点了。不过,我们现在到了更高也更有意思的阶段,我们在这里了。读一下。

雷肯先生[读文本]:

> 人之弱点令他合群(sociable)。

施特劳斯:我们现在来看看这如何关联。人,自我保全。自我保全,而人迟早(毋宁说很早就)意识到,如果没有他人的帮助,他就不能很好地保全自己。"人之弱点令他合群(sociable)。"尚不是社会的(social)。起初,人并不合群。他的需求令他合群。嗯?

雷肯先生[读文本]:

　　我们之所以爱人类,是由于我们有共同的苦难;如果我们不是人,我们对人类就没有任何责任了。所以每种情感,就是力量不足的表征:如果每一个人都不需要别人的帮助,我们就根本不想同别人联合了。所以,我们微小的幸福——

　　施特劳斯:换句话说,那是一次偶然(accident)。它是偶然的。这是一次必然的意外,但正是这唯一一次偶然,人才变得社会化。人天生并不是社会性的。这一点至关重要,卢梭从未否认过这一点;尽管有各种矛盾,在这[248]方面却不存在矛盾。而这正是卢梭的极端个人主义的含义,这种极端的个人主义当然也是他与霍布斯、洛克共有的。

　　学生:在阐述这种必然的偶然的问题时,难道不会遇到问题吗? 即精确描述这个偶然是什么,但这不就让人几乎会认为这是自然的了吗?

　　施特劳斯:是啊,当然;自然地。不过,问题在于:卢梭为何如此强烈地坚持自然的社会性(natural sociality)与纯然的社交性(mere sociability)之间的细微差别呢? 因为,如果人天生是社会的,那么至少这就意味着社会乃至政治社会都优先于个人,正如亚里士多德在《政治学》开头论述的那样(《政治学》1253a19)。这意味着,对个人而言的首要基本的道德现象乃是诸种责任。个人出生在社会中,并且自然就从属于社会;但是,如果对个人而言首要的并不是社会性的,那么他基于各种束缚自由地进入社会——基于一个契约。你们明白了吗? 这正是这个看似形而上学上的区分(这一点清楚吗?)在实践上的重要性,因此,这是一个至关重要的区分。请允许我用一件事来理解这个用法:你们知道他们过去如何称呼亚里士多德的学说——当然也是廊下派和其他学派共同的学说——"人天生是社会的"吗? 社会主义学说(socialistic doctrines),就是这个名字:人生来是社会性的。而这些学说则被称为反社会主义学说(the anti-socialist doctrines),当然是狭义上的……也是如此。你们都知道著名的"人人为己,神为吾人",在早期自由企业哲学(free-enterprise philosophy)中。它在这个意义上当然是反社会主义的,你们明白吗? 那么,这在 17 世纪和 18 世纪是个非常重大的问题,即现代学派是反社会主义的。这甚至以一种更微妙的方式保存在德国观念论哲学中,正如黑格尔的早期作品中出现的非常引人注目的段落,我在《自然正当与历史》中引用过这段话;我记不清在哪一页。如果你们有兴趣,可以找一下。现在我们继续吧。开始?

雷肯先生:……

施特劳斯:不对。"每一种依赖都是欠缺的标志;如果我们人人都不需要他人,我们就不会梦想自己与他人的结合。因此,从我们的弱点本身中,升起了我们微弱的幸福。"继续。

雷肯先生[读文本]:

一个孤独的人才是真正的幸福的人——

施特劳斯:不,"一个真正幸福的存在(being)"。

雷肯先生[读文本]:这样就让下面这句话更合理了:

唯有上帝才享受了绝对的幸福;不过,我们当中谁知道这种幸福是什么样的呢?一个力量不足的人即使自己能够满足自己的需要,照我们想来,有什么乐趣可说呢?也许他将成为一个孤孤单单、忧忧郁郁的人。我不理解,没有任何需要的人怎么可能对什么东西表示爱:我想象不出对什么都不爱的人怎么能过幸福愉快的生活。

[249]施特劳斯:对。你是否——我是指,此处有个非常重大的暗示,这与我们的问题并不直接相关。我们看到一件事:人需要其他人类。因此,他是社会性的,也就是可以变得社会性。因此,这正是卢梭分析激情时采取的下一个步骤。但是,这里他插入了一个神学见解:你们明白他这里说的吗?几乎非常清楚。

学生:我不懂最后一句。

施特劳斯:哪一句?

学生:"我不理解,没有任何需要的人怎么可能对什么东西表示爱。"

施特劳斯：因为所有爱都基于需要。只存在一个 amor indigentia [需求之爱]，正如经院哲学的叫法，一种源于需求的爱；不存在别的爱。依我看，由此必然得出：神不爱。对吗？"一个真正幸福的存在是一个孤独的存在者"，神就是这种孤独的存在者。于是，卢梭说，"神无所求"——"我不认为无所求的神会爱什么东西"。当我们进入神学部分时，我们必须记得这一点。不过，我们来看一下这个结论是什么。约翰逊先生。

约翰逊先生：……如果神不爱他创造的东西，自然，那么是否有另一种可能，我是说，是否会是对立面，我的意思是，即自然是某种彻底悲惨的东西？

施特劳斯：有另一种思路。我是说（如果我们认真地考虑）神需要创造物。什么？这是一种必然性，道德的或其他的，等等。也许卢梭想到的就是这个，不过，让我们看一下。

雷肯先生：卢梭用这一连串的矛盾是不是在暗示，从人的立场来看，绝对的自足作为幸福之源，是不可设想的？

施特劳斯：对，请允许我为你们读一段《孤独漫步者的梦》，第五次漫步，卢梭讲到生存感觉。"一个人在如此一种情况下可以享受什么？没有任何东西外在于他自身，除他自己和他自己的存在以外，什么都没有；只有这种状态持续着，人就会如神一般自足。这种剥离其他所有情感或激情的生存感觉，本身就是一种满足与宁静的珍贵感受。"诸如此类。因而，换句话说，这种幸福，这种愉悦景象，你可以这么称呼它，它不包含爱，因为就其存在而言，而且只要它持续，人就是自足的。因此，我想这确证了我们在这儿读的内容。但这不是——神学问题并不是现在的主题，尽管我们必须记住这一点，在我们读"萨瓦本堂神父的信仰告白"的时候。

我们看看，关于人类激情，我们从这里可以学到什么……下一段开头是，"由此可见。"在下一段，道德结果就出现了。

雷肯先生［读文本］：

由此可见，我们之所以爱我们的同类，与其说是由于我们感到了他们的快乐,不如说是由于我们感到了他们的痛苦;因为在痛苦中,我们才能更好地看出我们天性的一致,看出他们对我们的爱的保证。如果我们的共同的需要能通过利益把我们联系在一起,[250]则我们共同的苦难可以通过感情把我们联系在一起。一个幸福的人的面孔,将引起别人对他的妒忌,而不会引起别人对他的爱慕。我们将诉说他之所以过得格外舒服,是因为他窃取了他不应当享受的权利;同时,就我们的自私(selfishness)来说——

施特劳斯:Amour-propre[自恋],对。

雷肯先生[读文本]:

是更加感到痛苦的,因为它使我们觉得这个人已经不再需要我们了。但是,有哪个人看见别人遭受苦难而不同情的呢? 如果从心愿上说,谁不想把他从苦难中解救出来呢? 我们的心将使我们设身处地地想象自己就是那个受苦难的人,而不会把自己想象成那个幸福的人。我们觉得,在这两种人的境遇中,前一种人的境遇比后一种人的境遇更能打动我们的心。怜悯心是甜蜜的,因为当我们设身处地为那个受苦的人着想的时候,我们将以我们没有遭到他那样的苦难而感到庆幸。妒忌心是痛苦的,因为那个幸福的人的面孔不仅不能使羡慕的人达到那种幸福的境地,反而使他觉得自己不能成为那样幸福的人而感到伤心。

施特劳斯:现在我们先提醒自己在这个论证中的位置。所以,我们在某种程度上,以一种非常粗糙的方式,理解了在最原初意义上的爱与恨从自我保全的诞生。现在,卢梭提供了一种更高形式的说明,一种人类形式的说明,对于一种真正的爱的属人形式的说明。这……被卢梭称作,这种对人来说、对人之为人来说最高级形式的爱,"怜悯"或"同情。"这就是这里的重大主题。在这个语境中,怜悯问题在这里等同于人类道德问题,因此我们必须看看我们能否解开它。

那么,有件事情一开始就很清楚:卢梭知道道德的另一个基础,他暗中提及这个基础,他称之为利益(interest)或计算(calculation)。计算可以引导人合理地好好行动:诚实是最好的策略。而且,卢梭明白这一点;年轻的爱弥儿,在这个阶段之前,就拥有了这种计算的道德。在前一节中,这一点已经非常清楚。但是,卢梭知道一种计算的道德不够好:我们必须拥有一种真道德;这种真道德,他指的就是怜悯或同情。我认为这在这里已经很清楚,而且它随后会得到充分地澄清,卢梭理解的同情包含着一种优越感:我好多了。顺便说一下,我想在各种各样被称作怜悯或同情的现象中,一种最令人作呕的事是:有人注意到,有时一些人冲到灾祸面前,单纯的人被蒙蔽,并且认为,好吧,他们有着如此好的心肠。不:他们在那里享受他们的优越感,因为别处找不到。那么,卢梭在这一点上稍欠教养。所以,有这样一种感受:无法对他人的幸福感同身受的人,也就无法对他人的不幸感同身受。这看起来才是更人性的观点,对吗?我是指,如果人真有同情心,能够感同身受,他们既会对同伴的不幸感同身受,也会对同伴的幸福感同身受。一个人能够分享他人的幸福,并对此感到幸福,可卢梭认为这……不可能,人不可能分享另一个人的幸福并因此幸福。对我们来说,更自然的是为他人的不幸而感同身受。施罗克(Schrock)先生。

[251]施罗克先生:我想说这一段可能来自霍布斯:霍布斯把怜悯定义为一种对于类似灾难会降临到自己头上的想象力。

施特劳斯:可是有一点,施罗克先生:无论霍布斯会如何谈论怜悯,他都不会让怜悯成为道德的支柱。这不清楚吗?不,霍布斯的道德是一种严格意义上的计算道德,激情基础是畏惧暴死。

施罗克先生:……可是,怜悯可以从这种激情中衍生出来……

施特劳斯:是啊。但是怜悯无法作为道德支柱。我们回到霍布斯;随后甚至将会有一个非常明显针对霍布斯的反驳。现在让我们多看一些相关段落,我只选最重要的。是的。

学生:这是一种类似于休谟的观点吗?

施特劳斯:对,当然。我相信整个问题的起源(但是没有这种特殊的多愁善感)在斯宾诺莎那里,就我能看到的而言。基本问题是相同的:你如何以一种根本的自我主义为基础获得一套真正的道德?对所有这些人而言,都存在这个问题。大致说来,斯宾诺莎的论证是:如果我幸福,我当然就感到开心,如果我不幸福,我就觉得灰心。好的。那么,假如我目睹了另一个人的幸福,我的反应是什么? 一方面,或许会嫉妒,因为他幸福而我不幸;另一方面,存在,然而,(由于我知道幸福有多么美好)——存在一些休谟将会称之为观念联系的东西:他的幸福让我想起我的幸福,因此,我可以感同身受。当然,同一个东西也同样适用他人的不幸。斯宾诺莎称之为情感模仿。斯宾诺莎虽然没有提到观念联系,但是这种现象基本上是同一个。换句话说,基于一种严格意义上的自我主义与机械心理学,卢梭的前辈斯宾诺莎和休谟之类的人试图建立某种类似于非自我中心道德。我认为这就是背景。维斯拉比。

维斯拉比:我想,尽管,休谟不会在这一点上赞同卢梭和斯宾诺莎,他不认为你必定会嫉妒那些比你好的人,相反你会仅仅觉得对他们抱有好感,正如你早先提到的那样。

施特劳斯:对。我现在记不清细节了。不过,我只是在讲这个推理的一般结构。所以问题是,重复一遍:你如何在自我中心论的、机械论的心理学的基础上建立一种所谓的利他主义道德? 这是这三人共同面对的问题。这是我现在唯一感兴趣的问题。我们来看看184页,第2段。

雷肯先生[读文本]:

> 因此,怜悯诞生了,第一个相对的情感——

[252]施特劳斯:那么,这里的相对指什么? 他早先曾经谈到——稍后还会再次谈到——作为一种绝对情感的自我保全。相对被理解为与自我保全之绝对性相反。自我保全与其他东西无关。相对则与其他情感有关……继续。

雷肯先生[读文本]:

> 怜悯,这个按照自然秩序第一个触动人心的相对的情感,就

是这样诞生的。为了使这孩子变成一个有感情和有恻隐之心的人，就必须使他知道，有一些跟他相同的人也遭受着他曾经遭受过的痛苦，也感受到他感受过的悲哀，而且，还须使他知道其他的人还有另外的痛苦和悲哀，因为现在他也能够感觉到这些痛苦和悲哀了。如果我们不能忘掉自己的形骸，把自己同那个受痛苦的动物看作一体，替它设身处地地想一想，我们怎么能动怜悯之心呢？我们只有在判明它确实在受痛苦的时候，我们才会感到痛苦；我们所痛苦的不是我们自己而是那个动物。因此，任何人都只会在他的想象力已开始活跃，能使他脱离自己，他才能成为一个有感情的人。

施特劳斯：进入他人。这个"脱离自我"，指的就是 amour-propre［自恋］的意思：走出你自己，超越你自己。总之，同情是对 amour-propre 的一种修正。Amour-propre 本身分成两支：一个是怜悯，另一个则是荣誉。这就是卢梭的用意所在。为了看到卢梭的学说的特质，让我们回到它的原则：所有的爱都建立在需求的基础上。这是否意味着，我们是——这是否必然导致这种结果，即我们更容易被有需求者吸引，而不是被无需求者吸引？

［对话……］

学生：这不得不是……

施特劳斯：你同意这一点吗？

学生：如果你需要施舍，就找富人。

施特劳斯：很明显，这是最简单的层面，但是，由于我们也有其他需求——我是指，有钱人不一定能够帮我们。不过，大致说来，如果所有爱都建立在需求的基础上，并不会得出我们更容易被有需求的人吸引，而不是被无需求者吸引。我们或许恰恰会被可以帮助我们的人吸引。这正是柏拉图式论证，上升到一个特定层面：即，当格劳孔被苏格拉底吸引的时候。格劳孔是一个有需求者。苏格拉底可以满足这个需求。所以在这种关系中，其他东西——卢梭贬低的激情出现了，比如仰慕，比如竞争。这是其完整主题——你们看，这种学说与柏拉图的学说以及亚里士多德的学说的陌生感相当令人惊讶;我们必须让这一点清楚起来。古典哲人会得出完全相反的结论。

现在,我们必须提出这个问题:为什么要有对怜悯的这种强调? 对我们理解的一般激情的强调:这是基于这种原则早就——早就已经建立起来并且将会被卢梭在这里重复,即,理性并不充分;理性不够有力。所以,道德的这个基础只能是一种激情。这没有任何新鲜的;但为什么要有对怜悯激情的强调呢?

[253]巴特沃斯先生:……您如何用这个术语?

施特劳斯:激情。我在这里把它用作感情(sentiment)的同义词。因此,此处的论证起点是计算:我们计算出,如果我们对同伴很好,我们就好,可以服务于自我保全。但是,计算总不够好,不够强大,不够深刻。哪种情感,哪种激情可以促使人对他人友善? 当然出现在卢梭这里的论证里,但是,这并非全部,正如我们翻到184页可以看得的那样,第3段,刚才那段紧接着是这一段。

雷肯先生[读文本]:

> 为了激发和培养这种日益增长的感情,为了按它的自然的发展倾向去引导它和认识它,如果我们不使一个青年人把他心中愈来愈扩充的力量用之于那些能扩大他的胸襟,使他关心别人,能使他处处忘掉他自己的事物;如果我们不十分小心地消除那些使他心胸狭隘,使他以自己为中心而时时都想到他个人的事物,换句话说,如果我们不促使他的心中产生善良、博爱、怜悯、仁慈以及所有一切自然而然使人感到喜悦的温柔动人的激情——

施特劳斯:你看,巴特沃斯先生,你还有什么疑问:激情。对吗?
雷肯先生[读文本]:

> 并防止他产生妒忌、贪婪、仇恨以及所有一切有毒害的欲念——不仅使人的情感化为乌有,而且还使它发生相反的作用和折磨他自己的欲念,我们又怎样做呢?

施特劳斯：你们看，我们要换种方式重新提出卢梭在这里回答的这个问题。卢梭正在寻求一种情感，它愉悦、甜蜜，还取悦他人。那么，如果你嫉妒，甚至争强好胜，欲求荣誉，这些就不是简单的甜美激情，因为它们也有令人困扰的品质；当然，它们也不必然要取悦别人。这些激情当然会让所有竞争者不快乐。而怜悯有着独特的品质：它令怜悯者快乐，也令旁观者快乐。怜悯不会刺痛心怀怜悯之人，至少卢梭这么理解它；卢梭也不认为，某人看到他人身处困境时受苦，真的会受到折磨，但这个人却能感受到自己的善良。你们看，他觉得很好。所以，怜悯并不刺痛怜悯者，也不刺痛旁观者，但愿不刺痛受折磨的人——因为也有人讨厌被人怜悯，这种情况没被考虑进去……因此，卢梭想的是，假如怜悯满足他的条件的话，那么它确实有种无与伦比的激情：能取悦心怀怜悯者，也能取悦被怜悯者，还能取悦旁观者。这是一种独特的激情，那么它确实应该被极尽可能地鼓吹。麦阿提先生。

麦阿提先生：我不知道这个地方对于我想提的问题是否恰当，一个大问题。

施特劳斯：大问题？

[254]麦阿提先生：一个大问题。不太温和的问题。亚里士多德的肃剧观念：激起怜悯和恐惧的情感或感觉，认为这样可以净化灵魂。卢梭是否——让我想想我是否能找到……

施特劳斯：让我先来试着回答。亚里士多德不欣赏怜悯。对他人的痛苦无动于衷的人是蛮族，或者说野蛮人（savage），这一点自不必多说，然而这不意味着要鼓吹怜悯。怜悯是一种在适当场合，对适当的人的感情，这是适当的；但是它必须被理性控制，绝对地。此外，在肃剧这种情况下，肃剧意图净化怜悯，而不是要放纵它。

麦阿提先生：卢梭想到过类似的东西吗？

施特劳斯：卢梭当然明白这一点，怜悯不是可以被完全控制住的东西，必须得到理性地对待。但我们现在从头开始，从怜悯要求获得重要地位的这个事实开始。现在关于亚里士多德和肃剧，一件小事：卢梭的追随者莱辛，一位德国作家，解释了亚里士多德的肃剧理论，这是十年后的事。他做了什么？亚里士多德讨论过对怜悯和恐惧的净化，莱辛却说,忘掉恐惧;怜悯,被理解为有同情心就等同于善良。这向你们展示了亚里士多德肃剧理论与卢梭那里暗示的东西之别了……怜悯不是竞争性的。我是说,当然我们即便在这些人为了感觉良好而去假惺惺地帮人的事例中也可以看到,这些人之间也存在竞争。我观察过这些事例,但即便在稍好一点的事例中,它不像爱荣誉或好胜的那种竞争;另一方面,这也不是排他的,不像性爱那样:仅限于两个人。它可以扩展到任何人,这是重点。

接下来,卢梭建立或提出三则格言(184 页到 187 页),处理了关于富人与穷人的同病相怜(fellow-feeling)。换句话说,他讨论的幸福与不幸的形式仅仅是富人与穷人的幸福与不幸——我是说,这是一种关于人类幸福与不幸的非常狭隘的观点;毕竟,除了贫穷之外,还有其他苦难。我们后面会回来讨论贫穷这种苦难。换句话说,卢梭不考虑健康,孩子是否争气,还有其他一些我们当然会思考的关于幸福的因素。卢梭的观点是这样的:并不存在——我用同病相怜这个老词儿为的是同时记住对他人幸福与不幸的感受——因此,没有对富人的同病相怜,只有对穷人的同病相怜;也没有富人的同病相怜,只有穷人的同病相怜。这就是三条格言的结果;这真是非常危险的说法。我们这里清楚地看到了鼓吹怜悯与民主之间的关系。

［换磁带］

施特劳斯:——你们如果有疑问,读读托克维尔《美国的民主》中的一章,托克维尔在那谈到怜悯和利己在民主制中作为驱动力的重要性。顺便一提,在阅读托克维尔的时候你们必须留意一个错误。在某种意义上,托克维尔当然是个很好的观察者,但是,他带着心中的民主理论面对这个国家,［255］而你们可以——托克维尔发展的所有范畴都能在卢梭那里找到。换句话说,一个以那个时代最伟大的民主理论为基础,绘制了一幅民主图景的人来到这里,他发现实际情况与理论很相符。那么这些事实也许符合其理论——这个问题说来话长——但一定不要忘了,托克维尔用来接近现象的前见起到巨大作用。也就是说,在某种程度上,托克维尔并不是一种独立的来源;这是我想要澄清的。这需要更细致的研究。我们现在读第 186 页,第 4 段。

雷肯先生[读文本]：

　　是人民构成人类，不属于人民的人就没有什么价值。各种等级的人都是一样的，如果承认这一点的话，则人数最多的等级就最值得我们尊敬。

　　施特劳斯：哦，卢梭说，"最值得尊敬"。这当然很要紧。可是，怎么得出来的？在什么条件下，可以得出这一点？我们必须把人当成人来尊敬，当然；但在什么条件下可以得出，我们必须尊重大多数，而非少数人？只能基于人人平等的假设；你们看，所有重要方面的平等。我想下一段会说明原因，对，就在下一段里，这很重要，因为他在那里捍卫——他不得不捍卫他在小说中的立场，反对传统哲学观点，反对廊下派、柏拉图、亚里士多德的观点，再重复一遍，他们的观点是：同情是一种激情，因此绝对需要理性来控制。廊下派走得更远，人必须摆脱激情，因此尤其要摆脱怜悯，这不意味着他们推崇残忍，因为残忍只是一种相反的激情。当然，当他们讲到悲惨和幸福时，有个广博的视野；他们不把自己限定在某种特定类型的幸福或不幸中，在读完下一段后，我们就能够详细说明这是何种幸福与不幸。雷肯先生？

雷肯先生[读文本]：

　　因此，我们那些圣贤还说——

　　施特劳斯：等下，这个"我们那些圣贤"，卢梭指的当然首先是与他有分歧的同时代人，那些 les philosophers[启蒙哲学家]。不过，卢梭也指那些大学的学说，尽管他们——卢梭轻视那些教授，但他们在那个时代尚有些名声，自然如此。教授们只要还活着就会有名声，或者说只要他们尚未退休，我之前应该已经说过了。不过，卢梭也是指整个传统，这在我们的阅读中也会很明显。好，现在读。

雷肯先生[读文本]：

我们那些有学问的人还说,各种等级的人的幸福和痛苦其分量都是一样的。这个说法既有害又无法证明——

施特劳斯:不,他说,"站不住脚"(untanable)。"站不住脚"。
雷肯先生[读文本]:

如果大家都是同等幸福的话,我为什么要为人家而自找麻烦呢?

[256]施特劳斯:这当然是个险恶的论证。没人说所有人都同等幸福,但是他们说,幸福(和不幸)并不取决于社会地位,而是取决于完全不同的事情。你们看,换句话说,卢梭指控前辈思想家们铁石心肠。继续。

雷肯先生[读文本]:

那就让每一个人永远保持他现在这个样子好了:奴隶受虐待,就让他受虐待;体弱多病的人受痛苦,就让他受痛苦;贫穷的人要死,就让他死。因为改变他们的地位对他们并无好处。学者们一桩桩地数了一下有钱人的苦楚,指出他外表上的快乐都是空的,这简直是诡辩!有钱人的痛苦,不是来自他的社会地位,而是来自他本身,是由于他滥用了他的社会地位。

施特劳斯:现在听着,想想希腊悲剧和其他故事中的著名形象——你们知道尼俄伯(Niobe)的故事,或不管什么故事,或特洛伊的普里阿摩斯(Priam of Troy)。能说这是因为他的愚蠢而咎由自取吗?和有钱人暴饮暴食生怪病是一回事吗?这很荒谬。我们来看看卢梭的意图。

雷肯先生[读文本]:

即使他比穷人还痛苦的话,那也没有什么可怜的,因为他的痛苦都是他自己造成的,能不能幸福愉快地生活,完全取决于他自己。然而穷人的痛苦……

施特劳斯：我要提醒你们，每个有钱人——我是说，不是精密论证意义的幸福，一种廊下派意义上的，而是一种非常粗糙意义上的：每个有钱人能拥有完美的幸福，这完全取决于他本人。而穷人无法幸福，这由不得他。这种幸福观。我们看看卢梭的意思。

雷肯先生［读文本］：

　　然而穷人的痛苦则来自外部事物（external things）。

施特劳斯："来自事物（things）。""来自"——为什么外部？"来自事物"，而不是来自他自己。

雷肯先生［读文本］：

　　来自压在他身上的严酷的命运。没有任何习惯的办法可以使他不感到疲惫、困顿和饥饿的身体疾病。

施特劳斯：不对，"疲惫、困顿和饥饿这些肉体感受"。对。好了。

雷肯先生［读文本］：

　　他的聪明智慧也不能使他免受他那个地位的痛苦。

施特劳斯：嗯，这里的地位指他的社会地位，尽管用的词还不是——de son état［他的境况］。只读下一句。

雷肯先生［读文本］：

　　爱比克泰德（Epictetus）早就料到他的主人会打断他的腿，然而预料到这一点又有什么用呢？

施特劳斯：好，我们停在这里。你们对爱比克泰德有所了解吗，我的意思是,一般性的了解? 他作为奴隶也幸福;他是著名的廊下派哲人。换句话说,爱比克泰德代表的原则恰恰是这样:幸福与不幸与社会地位或经济状况无关。按照当时许多人的看法,这或许是条坏原则,[257]不过在此处,爱比克泰德当然不是好榜样。那么,卢梭想的是什么呢? 哲学可以照料有钱人的不幸。换句话说,在这个意义上,有钱人的不幸是他自己的过错。富人可以坐下读伊壁鸠鲁、爱比克泰德、塞涅卡,读这些作家笔下是如何忍受痛苦的。而他——当然他就坐在那儿;仆人给他倒茶,或提供其他所需;这个有钱人安静地坐在那里读书,他有充足的闲暇自娱;当他的孩子夭折或发生别的什么——无足轻重。穷人不可能坐下学习和自娱。哲学可以照料有钱人的不幸,而不是穷人的不幸。穷人的不幸是身体性的,正如卢梭在这里所说。但有人会说,罹病的富人也有身体不幸,那又该怎么看? 毕竟,疾病痛苦并非穷人特有。卢梭在这儿暗示:然而,备受折磨的穷人的痛苦之源并非首先在于自然病痛,而在于其地位:源于地位的不幸是唯一令哲学束手无策的不幸。那么,地位——居于人下,为什么是不幸之源,甚至坏过其他任何不幸? 这正是卢梭的怜悯学说的最核心部分。我只有一个答案:基于 amour-propre [自恋]。我的意思是,你——人的虚荣心不是必定会因这个事实而受折磨,他患上道德疾病;可是,当他看见其他人没有这种不幸时,会怎样? 他会说,为什么我就得成为锁链囚徒的一员,这些人却坐享鸡尾酒会、夜店和其他美妙的场所呢? 有趣的是,我们看到卢梭还没有说出他的继承者们会说的话,即,受这些罪是如此痛苦,因为这些罪原可避免,在一个富裕社会中,没有人必须有疲惫、困顿和饥饿这些身体感受。那就是说,卢梭的怜悯学说至关重要,除非将其与卢梭的民主倾向(按照他理解的民主)联系起来,否则无法得到适当理解。

　　我来换种说法,我们必须想想那些古典学说,首先来看另外一项选择,因为它们当中的许多对我们而言已经变得理所当然,而我们也就再也看不出它们的问题。古典的观点是:政治力量的资格(投票权当然也是一种政治力量的资格)必须有某种优异性。这很有意义。与奴隶相反,卓越是自由人的品质。亚里士多德在《政治学》中表明,自由人——民主的支柱是穷人(《政治学》1279b11—1280a6),穷人不是说他们是被救济的人,而是说他们要挣钱支撑生活。这些想要发言权的多数人并不把他们的主张建立在他们的贫穷基础上,而是建立在他们是自由人的这个事实的基础上,而这导致了这个结果,即寡头制(权利基于财富)排斥穷人参与政治统治,而民主制则不能排斥富人参与政治统治,因为权利并不基于贫穷,而是基于做自由人,富人和穷人都是自由人。你们明白吗? 那么,古代民主制基于的原则是,统治的资格必然是优越而非欠缺。而在现代,就不明显是这样了;稍微夸张一点说,在现代,政治力量的资格可以是一种欠缺:痛苦。明显的事实是,就必须给遭受痛苦的人一个参与统治的资格,因为,这是他们得以关注自身痛苦的唯一途径——例如社会立法之类的事情。可是,如果说怜悯是穷人德性,而怜悯是一种如此突出,如此突出的激情,那么贫穷甚至在实践层面就等同于一种优点。好人,好的意思指富于同情心的人,就是穷人。就经验而言,这当然不是真实情况,这无需多言。这是一种偏见,但是,如果你不理解这种力量,就绝不会理解卢梭关于同情的学说。

[258]现在,我们来回顾一下背景。背景是这样的:在《爱弥儿》中,在 amour-propre[自恋]的其他形式显露之前,卢梭希望先建立同情或怜悯;因为,如果同情是一种人内在的强有力的东西,那么,后来再出现对荣誉的欲求时,就不会对基底层造成太大冲击。

我们现在要跳过一大段。在 193 页末,你们找一处提到身体与灵魂作为两种实体(substances)的地方。为了我们下次的形而上学讨论,我们必须牢记于心。

第 195 页,第 3 段:

雷肯先生[读文本]:

　　　　忘恩负义(Ingratitude)——

施特劳斯:因为感激曾经出现;有人提出它。这是忘恩负义。

雷肯先生[读文本]:

　　　　如果大家都少做小恩而望厚报的人,则忘恩负义的人也会少一些的。我们爱那些对我们做了好事的人,这是一个极其自然的情感! 在人的心中找不到忘恩负义,但是自私——

施特劳斯:听听! 人的心中找不到忘恩负义。对。
雷肯先生[读文本]:

但自私却在那儿,不过,有趣的是:忘恩负义的人没有施恩望报的人多。如果你把你的东西卖给我,我就要同你讲价钱;但是,如果你先假装把东西送给我,然后才照你开的价钱卖给我的话,你就是存心欺诈了:无偿的东西变成了无价的东西。一个人的心是只服从他自己的;你想束缚它,结果却释放了它;如果让它自由自在的话,你反而把它束缚得紧紧的了。

施特劳斯:下一段。
雷肯先生[读文本]:

当钓鱼的人把香饵放进水中的时候,鱼就游来了,并且放心大胆地停留在他的周围;但是,一到它上了隐藏在香饵下面的钓钩,它就发现有人在拉鱼线,它就想逃跑。能不能说渔翁是施恩的人呢? 能不能说鱼儿是忘恩负义的呢? 施恩的人虽然忘记了受恩的人,但哪一个受恩的人把施恩的人忘记过呢? 恰恰相反,他往往喜欢谈到他的恩人,他无时不亲切地想念他。当他一有机会对他的恩人效劳,用以表示他记得他的帮助的时候,他内心是多么高兴他现在能报答他的恩! 而在他的恩人对他表示感谢的时候,他内心又是多么欢喜! 他怀着多么兴奋的心情对他说,“现在,该我来为你尽我的力量了”。这是出自天性的声音;真正的恩惠是绝不会被人遗忘的。

施特劳斯:当然,在特定程度上,卢梭完全正确:如果某人帮助别人,期待别人表现出感激,那么,馈赠的真实性就很成问题。卢梭在这里还说,帮助别人的唯一方式就是忘记帮助过他们这回事——就此而言,我认为他完全说对了。卢梭还说,之所以有许多种所谓忘恩负义的情况,[259]其实是由于那些行为本不值得感激,这个说法也很对;可是,另一方面,卢梭的极端论断:人的心中找不到忘恩负义(这是人性本善这种普遍论断的一个例证)——这表明卢梭在这种联系中正走向了哪一端。附带提一句,我们这里看见了这种联系,即卢梭所指的人性本善主张与他对怜悯的强调之间的联系;如果是坏人,就难以获得怜悯,这种情况是恶有恶报。因此,这两种主张合二为一。但是,提到感激问题,难道不存在这种人吗? 他们受不了被人施恩的这种感觉,因为这一点,他们绝不会表现出感激,甚至在任何情况下都这样。或者,换个说法,与表达感激的意愿相反的对优越性的渴望,难道不也是一种自然情感吗? 这就是全部困难。对卢梭整个理解的至关重要的地方就在我们要读的 196 页的第 3 段。

雷肯先生[读文本]:

> 我们终于抵达(reach)了道德的秩序。

施特劳斯:不对,"我们终于进入了(enter)道德秩序"。这些在某种意义上都是预备性的,对怜悯的分析。继续。

雷肯先生[读文本]:

> 我们刚刚以成人的步伐走了第二步路。如果现在时机恰当的话,我就试想指出从心灵的最初的活动中是怎样产生良心的观念的,以及如何从爱的感受——

施特劳斯:你们看到,在多大程度上我们必须忘记他如何讨论不义感的先天品质——最初是正义感的。这不具有实践上的重要性。现在我们来看这一点。

雷肯先生[读文本]:

　　从爱和恨的感情中是怎样产生善和恶的观念的。

施特劳斯:对,我们前面已经看到这一点。继续。
雷肯先生[读文本]:

　　我将阐明"正义"与"仁慈"(kindness)不仅——

施特劳斯:"与善(goodness)"。
雷肯先生[读文本]:

　　不仅不是抽象的词,不仅不是由智力想象出来的纯粹道德的概念,而且是经过理智启发的真正的心灵的情感——

施特劳斯:"灵魂的"(of the soul)。
雷肯先生[读文本]:

　　是我们的原始的情感的循序发展;我将阐明,如果单独通过理智而不诉诸良知的话,我们是不能遵从任何自然的法则的;如果自然的权利不以人心的本能需要为基础的话,则它不过是一种梦呓。

[260]施特劳斯:"人心的自然需要。"对,但是——好。但是卢梭说,我不是非得阐述我的学说。卢梭把问题放在那里。我们现在来理解这一点。同样在这里的注释中,卢梭谈到了良知以及与理性相反的情感,作为自然法的基础:卢梭在寻找自然法的新基础。我们在《第二论》中已经看到,你们记得吗? 那么,是谁说自然法除理性外别无其他基础? 谁说的?
　　学生:霍布斯?
　　施特劳斯:正是。可以说,除了霍布斯(还有洛克)外别无他人。自然法由一些理论或结论构成,它们只能借助公民社会的建立获得强力。托马斯的学说是,自然法建立在自然倾向(the natural inclinations)

的基础上;基于自然倾向,而非纯粹基于理性①。现在,在某种程度上,卢梭似乎反对霍布斯,并且回到更古老的托马斯观点,卢梭说自然法必须基于需要,基于自然需要,但是,这和阿奎那的意思很不一样。它必须建立在需要的基础上,基于自然需要,基于感情,基于广阔灵魂的强力。屈从于自然法必然有这种感情特性。那么,托马斯·阿奎那与卢梭在这里的真正区别是什么? 什么是真正的区别?

学生:对托马斯来说,理性包含在内。

施特劳斯:没错。换句话说,良知与理性的简单对立当然是卢梭的东西。但我认为原则是这样的:整个自然倾向(希腊语是 horme)学说是基于这一观念,即存在灵魂这个东西,或者更一般地说,有生命体。卢梭也谈到灵魂,我知道;但是卢梭指的是截然不同的东西。区别何在? 绝不能忘记现代的开端的一个人物,尽管这里很少提到他。我把他的名字写在黑板上,因为他至关重要:笛卡尔。可以说,笛卡尔完成的事情很简单:他抛弃了灵魂。笛卡尔谈论灵魂,但灵魂不再是过去的含义。笛卡尔说,有一个根本区别[施特劳斯在黑板上写字]:广延(extension)与认知(cogitation)。你可以用物质(matter)代替它——这对我们目前探讨的语境影响不大。物质与认知,最宽泛的意义上,就是物质与思想。当然,每个记忆,每种情感都是一种思想。这是什么意思? 实际意思是,动物是机器;在非生命体与心智(或意识)之间,没有生命。换句话说,回到当代术语,不存在无意识。只有有意识的才是认知,是所谓"灵魂"。② 因此,不可能存在这种自然倾向——存在整体的倾向(the whole being)、人的倾向或一种动物的倾向。存在整体不只是[一个部分]——[任何倾向]都不可分地影响着人,也就是说,其作为存在整体。因此,有感情、意识行为,没有倾向。这当然与我们之前的讨论有关,即关于潜能(potency)与行动(act)的讨论,严格说来没有诸种能力(faculties)。在 197 页,第 2 段……对。请读吧。

[261]雷肯先生[读文本]:

---

① 托马斯·阿奎那,《神学大全》,1a,2ae,91.2,94.2—3。

② 《第一哲学沉思》、《第二沉思》、《第六沉思》。

到现在为止，我的爱弥儿是只管他自己的，因此，他向那些同他相似的人投第一道目光，将使他把他自己同他们加以比较；这样一比，首先就会刺激他产生一种处处要占第一的心。

施特劳斯：可以这么说——好吧，继续。

雷肯先生［读文本］：

自爱转化成 amour-propre［自恋］的关键就在这里，因 amour-propre［自恋］而产生的种种激情也就是在这里开始出现的。

施特劳斯：因此这只是从青春期阶段开始，是吗？也就是差不多十五六岁的年纪。继续。

雷肯先生［读文本］：

但是，要确定这些激情是否会——

施特劳斯：不，不，"这些激情中的那些"。

雷肯先生［读文本］：

是博爱敦厚还是残忍阴险，是宽和仁慈还是妒忌贪婪，就必须了解他自己认为自己在人类当中占据什么地位。

施特劳斯：我们停在这里。因此这里明确说 amour-propre 是同情和荣誉的共同根源。非常重要。所以这就确定了我们之前感受到的东西。但是，考虑到怜悯与良知的联系，我认为，我们将不得不补充一点，即，卢梭理解的良知也是 amour-propre 的一种变型。

接着卢梭转而讨论这个问题——爱弥儿如何能够获得不可或缺的关于人类不幸与邪恶的知识，而又不用憎恶人类。答案是历史：读史。然后卢梭提出这个问题，爱弥儿应该读哪些史家？胜利者是普鲁塔克。普鲁塔克，因为普鲁塔克不仅仅描述了战争、胜利和外交，他也论及英雄人物的私人生活,卢梭这里给了一个关于法国将军的很好的例子,蒂雷纳(Turenne),他对待他的仆从是多么仁慈。我们没办法读这段话;这是个次要问题。巴特沃斯先生。

巴特沃斯先生:对修昔底德的这种评论具有重要性吗?他说修昔底德只是报告事实。

施特劳斯:不;好吧,当然不是。

巴特沃斯先生:……

施特劳斯:不,这很无趣。我认为很无趣。我是说——

巴特沃斯先生:我是说,仅就事实而言。你认为他真的相信这些吗?

[262]施特劳斯:我想这有可能;但我会说,这没有任何特殊意义。我们从中无法得知任何关于修昔底德的评价,我们从中也看不出卢梭的看法。毕竟,这本书多少也算教育手册,或教育指南,那么卢梭说:青少年应该读哪种史书呢?那么在这种联系中,卢梭说可以读修昔底德;但是普鲁塔克,是更佳选择。这是卢梭的决定,从教育学观点看,当然站得住脚。不过,我想青少年既读不懂修昔底德,也读不懂普鲁塔克。只是试着去读。

学生:我过去认为,人步入社会之前,本身就有同情心,也可以说,同情心是人的天性。

施特劳斯:是的,当然。

学生:可是,我们在这里读到,同情心来自于 amour-propre,这——

施特劳斯:当然,你想到的主要是《第二论》的内容。我大体不相信,从学术上看——我不相信这个类型的专题研究,因为我认为绝不可以从一个作者呈现某种学说的语境中单独抽出这个学说。这个做法总是很危险。不过,我认为,一种从最开始,一直到《爱弥儿》的关于卢梭怜悯学说的专题研究是有益的。我是指,比方说,我乐于见到在我面前有一种提法——一种可靠的提法——其中呈现了卢梭在不同阶段关于怜悯的整体学说。怜悯这个概念肯定在变化,至少很明显从《第二论》开始剧烈变化,变得更加详细也更加深刻。但是,从一开始,卢梭就迫切地想让怜悯作为一切属人的善的唯一根源;这一点是真的。不过,《爱弥儿》无疑比《第二论》中的叙述更具权威性,《第二论》只有个框架;在《爱弥儿》中它推进了。博扬先生。

博扬先生:我想知道,通过区分同情与怜悯是否可以解决这个问题?

施特劳斯:什么与什么?

博扬先生:同情与怜悯。

施特劳斯:对,但卢梭未作区分。他没有这么做。

学生:但卢梭的确用了两个不同的词。

施特劳斯:对,不过卢梭把它们当同义词。我是说,即便你可以区分各种类型的同情,我不认为这会影响到这个原则;这不会影响到此处的基本问题,与《第二论》正相反[《爱弥儿》的怜悯的发展与 amour-propre 的发展混在一起,而非从人之初就在那里]。至少与《第二论》中的具体教诲相反,这里存在某种特定的含混。但是,在《第二论》出版后不久的一些道德著作中,卢梭收回了《第二论》的学说,[263]或者至少是《第二论》的表面学说,即关于自然人的怜悯,彻底地。

学生:……

施特劳斯:彻底地取消自然人之自然怜悯。你们一定不要忘记,你们仔细读《第二论》时,什么是第一阶段的怜悯? 一匹马看到另一匹马的尸体感到畏惧,这匹马就怀有怜悯之情(《第二论》154;36)。但那其实不是我们所谓怜悯的含义。对吗? 因此,我认为真正的、卢梭关于怜悯的完整学说其实呈现在《爱弥儿》。我们现在翻到第 205 页,最底下,因为这段也很重要。

雷肯先生[读文本]:

> 对人类了解得最深刻的并不是哲学家,因为他们完全是通过哲学上的先入之见去观察人的,我还没有见过什么人是像哲学家那样有许多成见的。一个野蛮人对我们的判断,比哲学家对我们的判断中肯得多。哲学家一方面知道他自己的毛病,另一方面又鄙视我们的毛病,所以他自己说"我们大家都是坏人";而野蛮人看我们的时候,是不动什么情感的,所以他说:"你们真是疯子。"

他说的很有道理,因为没有哪一个人是为了做坏事而做坏事的。我的学生就是这样一个野蛮人,所不同的是:爱弥儿爱思考,爱把各种观念拿来比较,爱仔仔细细地观察我们的过失,以防他自己也犯这种过失,而且,他对什么东西有确实的了解,他才对它作出判断。

施特劳斯:好的,当然了,卢梭加诸野蛮人的东西是哲学观点。我的意思是,哲人们恰恰是这种更倾向于说人愚昧而非邪恶的人,苏格拉底:所有的恶是无知,愚昧。更重要的是这个事实,卢梭在这里指出了他从来没有如此清楚地表达过的东西,即,与高贵的野蛮人,即爱弥儿相反的野蛮人恰恰是有偏见的。这在此处并没有明确说明,但是却清晰地暗示:爱弥儿只判断他知道的事物;野蛮人评判他们一无所知的事物。这只确证了我们之前说过的内容。出现在这阶段的问题是:在他有了这样一位出色的青年偶像之后,当然会有巨大的危险,因为他会由于自己的贤明而骄傲,你们看,他还不做错事,尤其是还如此有同情心;他还看到其他同龄人多么兽性,于是他感到优越。必须做些事情预防它:前面用很大篇幅讲一则长故事,说爱弥儿年少时与这位同伴遇到的趣事,你看,在那个地方他相信他能变魔术——是什么东西,用一只鸭子。

学生:在一个水池里。

施特劳斯:没错,鸭子和磁石[笑],好。我们翻到第210页,第3段。

雷肯先生[读文本]:

不过,我的意思并不是说你应该阐发一下这些格言的意思,更不是说你应该把它们写成一定格式。最愚蠢的莫过于——

施特劳斯:好,对。换句话说,这里卢梭谈到了使用寓言。你们记得卢梭之前批评了让小孩子读拉封丹寓言的做法,这位诗人[264]在寓言中谈到恶行和一些小孩子不可能理解的事情。现在,到了这个阶段,爱弥儿已经学过历史,此后,爱弥儿应该学习寓言了。好的。继续。

雷肯先生[读文本]:

> 大多数寓言在结尾的时候提示的寓意是最空洞不过的,也是最为人们所误解的,似乎是因为这种寓意不能够或不应该说清楚,所以才采取这种方法让读者明白似的!为什么要在结尾的地方加上这种寓意,以致剥夺了读者自己动脑筋去体会的乐趣呢?教育的艺术是使孩子喜欢你所教的东西。为了使他对你所说的教的东西发生兴趣,那就不应该使他的脑筋对你所说的话都是那样的默认,就不应该使他除了听你说话以外,便无事可做。做老师的固然应当虚荣(vanity),但也要让学生的虚荣心(vanity)有发挥的机会,要让他能够说——

施特劳斯:不是"虚荣"(vanity)。卢梭说,"教师的 amour-propre[自恋]总要为学生的 amour-propre 留有余地……"因此,换句话说,amour-propre 完全有必要,这必定暗示,无法避免 amour-propre。换句话说,如果某人工作做得好,他自己就会感到得意,这无法避免;这——并非取决于任何人——可能暗示了比较(comparisons)。就此而言,主张根除 amour-propre 是荒谬的。然后,我们转向 215 页,第 2 段。

雷肯先生[读文本]:

> 只要把自爱(self-love)扩展向他人,而且——

施特劳斯:amour-propre。

雷肯先生[读文本]:

> 只要把 amour-propre 扩大到爱别人,我们就可以把它变成德性,这种德性,在任何一个人的心中都是可以找得到它的根柢的。我们所关心的对象同我们越是没有直接的关系,则我们越不害怕受个人利益的迷惑;我们越是使这种利益普及于别人,它就越是公

正;所以,爱人类,在我们看来就是爱正义。因此,如果要爱弥儿爱真理,要使他能认识真理,我们就必须事事使他远离开他自己的利益去考虑问题。他越是关心别人的幸福,他的心就越是开朗和聪明,而他也就越少搞错什么是善和什么是恶;不过,我们不可让他仅凭个人的见解或不正确的成见而产生盲目的偏爱。他为什么要为了服务一个人而伤害另一个人呢?只要他增进了所有一切人的最大幸福,则谁都得到其中的好处,对他来说有什么要紧呢?贤明的人首先关心的是大家的利益,然后才是个人的利益;因为每一种利益都属于整个的人类,而不属于其中的某一个人。

施特劳斯:好。我们读接下来的两段。它们很短。

雷肯先生[读文本]:

为了防止怜悯退化成脆弱,就必须要普遍地同情整个的人类。这样,我们才能在有所同情的时候,就首先是同情正义,因为在一切德性中,正义是最有助于共同的善的。理智和自爱迫使我们同情我们的人类更甚于同情我们的邻居;而同情坏人,就是对其他人极其残忍。此外,还必须记住的是,我们之所以能够采用这些方法,使我的学生这样忘掉他自己,正是由于它们同他有直接的关系,因为这不仅给他带来一种内心的享受——

[265]施特劳斯:即,这种感觉,这种甜蜜的感觉伴随着同情。

雷肯先生[读文本]:

而且我在使他施惠别人的时候,也教育了他自己。

施特劳斯:好的,卢梭当然意识到这个事实,无区别的怜悯是愚蠢的,因此,爱弥儿必须明白他该如何确保怜悯与德性一致。解决方式很简单:将它普遍化。如同普遍化 amour-propre 那样普遍化怜悯,也如同普遍爱正义一样。卢梭在《社会契约论》中也持相同主张:意志的普遍化可以令个别意志转化为公意(the general will)。普遍化的 amour-pro-pre 就是把怜悯普遍化,为什么是这样呢?简而言之,怜悯落水狗(un-derdog)意味着你知道你自己不是落水狗;因此,你知道自己的优越。那么,这就是——我假设我们全都观察到这一点,但是在研究这件事的源头时,你——这在某种意义上更容易,也更准确。还有一段至关重要,在 216 页的第 3 段结尾。

雷肯先生[读文本]:

> 他们所学到的知识,拿数量来说也许彼此是相等的,但就内容来说,就一点也不同了。你发现他具有高尚的情操,而你的学生连这种情操的苗头都没有,就感到惊异;可是,你曾否想到,当你的学生已经成为哲学家和神学家的时候,爱弥儿还不晓得什么叫哲学,几乎没有听人讲过上帝哩。

施特劳斯:不是"几乎没有"(scarcely),"甚至还从未听说过上帝"。因此你们看到,爱弥儿是一位没听说过上帝的道德偶像。对于理解接下来的内容而言,这至关重要。我们再读一段,在 217 页。我们来读第 2 段;第 217 页,第 2 段。

雷肯先生[读文本]:

> 我之所以说得这样肯定,而且我认为可以原谅我说得这样肯定的理由是:我不仅不刻板地抱着一套方式,而且还尽可能地不按理论而按我实际观察的情况去做。我所根据的,不是我的想象而是我所看到的事实。的确,我并没有局限于只从某一个城市的市区或其一种等级的人的生活中去取得我的经验;当我尽量把我在过去生活中所见到的各种社会地位的人加以比较之后,就决定:凡是那些只是这个民族有而另一个民族没有,只是这种职业的人有而另一种职业的人没有的东西,都是人为的,应该加以抛弃;而需要研究的,只是那些对所有一切的人,对各种年龄的人,对任何社会地位和任何民族的人来说,都是无可争辩地人人共有

的东西。

施特劳斯:下一段。
雷肯先生[读文本]:

> 如果你从一个青年的童年时候起,就按照这个方法教育他,而且在教育的过程中,如果他不受任何褊狭之见的影响,尽可能不为他人的权威和看法所左右,请你想一想,结果他是像我的学生呢还是像你的学生?为了弄清楚我是不是错了,我觉得,首先要回答我这个问题。

[266]施特劳斯:对。你可以做出下述评论:自然的东西是普遍的,它不局限于任何位置或阶层,它实际上(actually)可以在各种年龄的所有人那里被发现(实际上,而非仅仅潜在地[potentially]),卢梭说——这当然也意味着在童年早期,你们在那里只能发现自我保全。你们在那里找不到 amour-propre,也找不到性欲,至少根据弗洛伊德之前的观点——你们一定早就已经听说这个彻底革命。因此,在此意义上的自然是普遍的,道德也是普遍的。如果你不——我是说,你的原则必须基于考虑人类,而不是考虑你的邻居。那么,道德肯定不是在各个年龄的所有人那里都实际(actual)存在,但却在所有人那里都可能(possible)存在;实际存在于具有文明本性的所有人那里。个别(The particular)是人造物(the artificial),如卢梭这里所说,乃是基于偏见。最概括地说,自然具有普遍性,道德也具有普遍性,这一观点肯定是传统哲学的观点。不过,卢梭这里有一个特殊的暗示:如果个别是人造物(这当然意味着非真理,不自然且非真理),那么这意味着什么?

学生:……宗教?
施特劳斯:是的,实定宗教(positive religion),无疑。自然宗教未必,但实定宗教会有这种特性。可以说,这就是全部含义。爱弥儿是个自然之人(a man of nature),就像卢梭称呼的那样,而不是人为之人(the man of man),后者通常指普通人。爱弥儿的教育是特定的自然教育,这种教育全然——不仅不夹杂偏见,而且根植了抵制偏见的习惯。这正是这种教育的特定目的;当然这不仅意味着——换个说法吧,正如你们在 206 页底端看到的,"培养最完全的自由,他认为最大的恶是束缚(servitude)"。最大的恶不是霍布斯说的死亡,而是束缚。因此,彻底去除偏见,彻底实现个体自由,正是……我们已经看到多次暗示,这里我不能再去复述。但我们,我和你们都应该把这些主要观点牢记于心。我认为,其中一个主要观点无疑就是我们今天探讨的怜悯。这主要指情感道德的含义:情感取代理性,代替自然倾向。这在 18 世纪扮演很重要的角色,而这种情感肯定是怜悯。每个孩子都可以谈论它,它就是"世俗化的《圣经》宗教",意味着同情、宽容、仁慈,出自其神学语境。很容易谈论这些东西;每个孩子都谈点什么,而且我认为今天依然如此。然而这对我们没有帮助,因为每种世俗化都意味着从实定宗教的主体中做出选择。选择基于什么原则? 挑选出哪个部分?"世俗化"这个词没有给出答案。我的意思是,也可以做别的挑选。那么,为何怜悯成为核心? 我认为,卢梭的思考很明显基于我们今天看到的情况:同情是一种突出的情感,因为它有特别令人愉快的特性,再重复一遍:令怜悯者、被怜悯者与旁观者都很愉快。问题就会是,其他激情就不能解决同样的问题吗? 于是,这就会进入这个问题。当然,卢梭的怜悯学说绝对与他理解民主的方式密不可分,而且它包含这些原因——卢梭的思考借助了民主。是的。

[267]学生:我在思考卢梭与自由民主之间的对比。我心里想的是斯宾诺莎,他把自然权利建立在人的尊严(human dignity)的基础上,换句话说,不是以人的欠缺为基础——

施特劳斯:是的,但是这不一样,因为在斯宾诺莎那里,怜悯根本没有扮演任何角色。我的意思是,换个说法,你可以说,这是古老的廊下派学说:怜悯是一种缺陷,它扰乱心智,它阻止你做正确的事。

学生:这正是斯宾诺莎。

施特劳斯:不,斯宾诺莎并不情感化。

学生:关于怜悯如何与民主联系,我有些模糊的印象,您可以说得更详细些吗?

施特劳斯:这是古老的故事,我不能忘记时代在发展。在亚里士多德的《雅典政制》中,有一段非常有趣,这为我们提供了进行各种思考的机会。你们知道,这是一本沉寂了很多、很多个世纪的书;直到上世纪末才被发现。亚里士多德在书中讲到三十僭主之后的清算——你们知道三十僭主吗? 你们看,在伯罗奔尼撒战争之后,这些上层党派的成员,柏拉图的一些亲戚建立起一种所谓的贵族政制,这其实是非常血腥的僭政;特拉绪布勒斯(Thrasybulus)领导的民主派获胜,他们的行事做派很明智。我指的是,罪魁祸首如果未在战役中被杀就被处以极刑;但是不株连,其他人都赦免。亚里士多德联系这个事情,谈到普通民众的好天性。那么换句话说,亚里士多德不带任何感情色彩,可是,他是否多少有些反讽的意思? 我不知道。我没看出来。我们再举一个例子。修昔底德在书写他经历的历史时,他当然描写了科西拉岛(Corcyra)和其他一些地方的普通民众的恶劣行为。而修昔底德在谈到斯巴达和雅典这两个关键城邦时,指出两个城邦的重大差别是,雅典人肯定比斯巴达人更人道。我是说,有一些——有些非常著名的……有些密提林(Mytilene)的非常奇妙和著名的故事,在那里建立起来的党派——克利翁想要把他们都吊死,因为他们背叛了雅典;然而公众有种强烈的情绪,我是说这些淳朴的人反对残忍行径,在千钧一发之际,救密提林人的命(Thucydides,3.36—49)。那么,有可能是这样:高社会等级让人严酷。或许如此。让我们这样假设:你们看到了吗? 你们如今无法对高社会阶层人士做出任何推断,因为如今生活充满变数,其实不再有一个上层阶级了。你们无法作对比。至于其他国家仍旧有上层阶级,比如某些欧洲国家,当然他们元气大伤,甚至暴露在大众批评面前,更不必说那种非常有效的法律批评,[268]那么这不再是古老的故事。你真的必须了解一下法国贵族和英国贵族,他们在掌权时如何行事。我只能解释到这里了,为了对两种阶层的人都公平,我要说,在贵族制的情形中,体面的贵族与下层被这个事实区分开:贵族制对其成员的要求,要比更低阶层对其成员的要求高得多。这伴随着更加严格,这一点也可以理解,对别人也严格。你明白了吗? 我只能说到这个程度了。或许有这种情况,可以经常见到;我是说,我经常看到:我知道那些真正有同情心的人,他们对自己要求很高,却又富有同情心,他们对其他人不这么严格;可是我也见过一些人,他们的怜悯或同情,只不过是他们宽以待己的另一面罢了。德国有一句格言,你们中有听过德语的就知道:Gemütlichkeit[宽松]。歌德对许多这种事情看得分明,他说Gemütlichkeit就是纵容他人和自己的缺点,而且,你们看,就是这种事情。你们知道——宽松当然总带来愉悦,因为我们喜欢被纵容;然而这并非我们用来下严格判断的标准。维斯拉比。

维斯拉比:我想知道,说亚里士多德排除了怜悯是否公平;这是否导致——亚里士多德不把怜悯当作一种德性。

施特劳斯:是啊,当然。但是另一方面呢,他会说一个人——这种德性叫作温和,希腊文 praotes[温和],而一个不温和的人——我的意思是,有两个[缺点]。其反面是粗鲁,我忘了亚里士多德怎么命名这个缺点,与粗鲁相反的缺点,我记不清了,有谁记得? 我猜测这会是这样一种东西,它实在是心软(你知道,一种多愁善感),是不好的东西。温和是德性;粗鲁是恶行;这一点很清楚。

学生:温和是与气愤相对的德性吗?

施特劳斯:是的,你说得很对,与气愤相对。这也是——它的反面是粗鲁、恶行。如果一个人甚至在明白人应当气愤的场合不生气,那么这另一种恶行是什么呢? 亚里士多德会将之看作一种缺陷;正如亚里士多德所说,有人对美食佳酿没感觉——我想说,这不是很严重的缺陷,但这也肯定是一种缺陷。正确的是自制力,当你发现这很好时,应该及时停止。这同样适用于气愤。按照亚里士多德的观点,一个人无法感到生气,也是一种缺陷。

学生:可是这会连怜悯也一起排除掉吗?

施特劳斯:不,当然不是。但怜悯不是这样一种德性。怜悯是这些马当中的一匹,这些感情,这些激情,它必须得到控制。我是说,怜悯就像欲求食物那样微不足道的德性——对好食物的欲求——这也是种德性。这是一种自然的东西,但必须被控制。对他人的苦难无动于衷之人是残忍的生物,无疑是这样。[269]这肯定与说同病相怜是全部德性的根源非常不一样,你们知道。卢梭对怜悯的推进程度超过前辈哲人,事情就是这样。你们想说什么吗?

学生:只有——这里关于怜悯所说的:在普世化(universalization)之间没有一种紧密的联系吗——这相当奇怪,即对全人类的怜悯比对邻居的怜悯更重要。

施特劳斯:是啊。

学生:民主制对怜悯的普世化与众意(the wills)的普及无关吗?

施特劳斯:当然有关。

学生:这就是它出现的地方。社会福利一类的东西,正如你会说。

施特劳斯:还可以……我是说,有一种普遍化(generalization);这当然意味着普遍化是理性因素,对吧?因此,理性建立普遍或普世真理。而且,通过把怜悯普遍化,你使怜悯也理性化。因此,换句话说,你如果不这样做,你可能会对你门前的受苦者有一种巨大且非理性的怜悯,这人也许配不上这种同情……而且当然,卢梭心中所想的这种普遍化当然可能会遭到曲解,对你完全不认识的人,以及你没法帮助的人心怀同情——完全柏拉图式的同情,这当然只是虚伪,不是真正的激情。但这不是卢梭的意思。卢梭的意思是,如果怜悯不普遍化,你就注定会过度评价、错误理解特殊情况。比方说,他指的是:有人要走上绞架(如你所知,这种事情早年间都是公共行为),并非特别残忍的人们(你们知道,这出自英国文学)去那里围观:他是慷慨赴死,还是发表了一番演说?然后,一个好人也很可能会去围观。但如果有个非常心软的人,他或许就会同情本不值得同情的人。顺便一提,堂吉诃德是个好例子。你们看,当堂吉诃德看到这些锁链囚徒时,当他看到这些戴脚镣的人时,他看到的只是一些被束缚的可怜人,他要做的第一件事就是解放他们。

[本节结束]

第十一讲　《爱弥儿》卷四：信仰自白（上）

[录音中][272]施特劳斯：我对这一点印象深刻，你不辞劳苦地查阅卢梭其他著作的相关段落，像是《忏悔录》《致博蒙书》。那么，你从这个问题开始，也就是[……]卢梭是否赞同萨瓦本堂神父，这是你提的一个问题。如果不研究无法具体回答这个问题。但是，你又说了一些别的，你说卢梭的信念与萨瓦本堂神父有些差异。但是，接着你又说，尽管如此，卢梭的信念在一个形式基础上可能和萨瓦本堂神父很相近，即，卢梭的信念同样被暴露在他对不可解决的异议的意见中，这么说对吗？

学生：对。

施特劳斯：那么这就意味着，卢梭自身的立场基础并不仅仅是理性——与萨瓦本堂神父的立场的理性程度一样少——可能会有某些类似感觉、情感之类的东西，这么说对吗？

学生：对。

施特劳斯：在卢梭看来，如果它有同样的非理性基础，它的优越性何在？

学生：我想，其优越性在于它提供给非社会性的个体。

施特劳斯：对，但这个东西为什么会有必要性呢？

学生：在某种程度上，我不确定，因为，如我所说，我不能读《孤独漫步者的梦》，可是我在某种程度上觉得这本书与独立的个体有关。

施特劳斯：换句话说，存在两种生活：公民生活与孤独者的生活

[施特劳斯在黑板上写字]，公民需要萨瓦本堂神父的 weltanschauung [世界观]，孤独者需要[卢梭呈现的另一种世界观]。但这两种世界观的冲突无法调和，是这样吗？

学生：除非每一个原因似乎证实了那个前理性的情感。卢梭的解释由于其不可解决的困难导致了唯物主义，这种解释利用了可以确证前理性情感的人类理性；唯心论的说法同样可以这么说。

施特劳斯：非常正确。问题就成了……那么你们就要找到这个标准允许你……[施特劳斯在黑板上写字]。我是说，你在这里有了孤独者；然后你有了公民。公民有一种二元论形而上学；而孤独者有一种一元论形而上学。我们不确定这之前是否被称作唯物主义，是这样吗？

[273]学生：是的。

施特劳斯：因此，这两者同样无法证明，同样如此。如果这种更优越，优越性取决于与另一种的对比，而非取决于理论性的基础；我认为，如果你的观点正确，我们就会得出这个结论。

学生：[……就影响而言；我想是的。]

施特劳斯：让我们只是搞清楚你的意思。那么，我们要看到是否如此，但一定要考虑某些事实。我认为，这个论证细分了你所说的萨瓦本堂神父与洛克的区别，而你的解释是：卢梭在这方面也反对洛克。萨瓦本堂神父和卢梭共同反对洛克，我们得检查一下。我对此很感兴趣，因为我没研究过这个问题，那么至少，你认为《忏悔录》和《爱弥儿》所陈述的事实肯定不对。

学生：我的唯一基础是……正如我所说，我真的没准备好证明这一点，这主要基于传记研究的成果告诉我的。

施特劳斯：我知道。

学生：我觉得《爱弥儿》的陈述肯定不对。

施特劳斯：是的，不过……好；"觉得"当然还不够好。这肯定不只适用于历史问题。你要更谨慎些。

学生：这当然根据的是我引用的《忏悔录》中的一些提示。

施特劳斯：好吧，我们看看。或许这没那么难。当然，我们必须把自己限定在《爱弥儿》上,或许该文本才是决定性的。在我们开始讨论之前,我想要请穆埃勒先生为我们提供爱弥儿的信息,关于"爱弥儿"这个名字。

穆埃勒先生:好吧,我不想显得我一直在研究这个问题……

施特劳斯:不不,你私下告诉我的,我认为全班都感兴趣。

穆埃勒先生:读普鲁塔克的时候,看到埃米利乌斯·保卢斯(Aemilius Paulus)的生平,看到许多有意思的事[……]都指向卢梭命名爱弥儿时想到的是保卢斯。保卢斯曾经是一位祭司,酷爱学习古代作品,普鲁塔克说,即便保卢斯知道得更好,当他[……]时影响了这个观点:看到日食,他知道日食的原因,因为学习过这方面的知识,可是他的行为着眼于灵魂,因为这或许适合神圣仪式。

施特劳斯:你还说……

[274]穆埃勒先生:哦,对了,普鲁塔克一开始说,保卢斯不像其他罗马人那样被抚养长大,没教过他谄媚大众,或实行演讲术,没有单纯为了演讲术而辩护的案子——我想是这样——虽然他非常有趣地教育自己的孩子。他结过两次婚,他第一次……离婚了,然后他让两个非常不同的家庭分别收养了他的两个儿子。一个被斯基皮奥(Scipio)家收养,另一家我不记得了。[第一个孩子后来成了]小斯基皮奥。

施特劳斯:我感兴趣的正是这个问题,那就是,我确定卢梭对于如何称呼这个榜样是有过思考的;因为,后面登场的女主角名叫苏菲(Sophie),这确实是个意味深长的名字,是"智慧"的意思,有理由猜测卢梭选爱弥儿这个名字的原因。通过你告诉我的事情,至少有理由假设,爱弥儿可能是普鲁塔克笔下的保卢斯,尤其是卢梭非常推崇普鲁塔克。这很有趣。非常感谢你。我的意思是,当然经常要研究这些名字,至少在这个国家,最著名的例子可能就是《联邦党人文集》:他们的署名是普布利乌斯(Publius)。必须要问问他们为何选这个名字。

不过现在,我们回到文本。我们在哪儿停下来的? 我的标记太乱了。我上次标在 217 页。我找到了;非常感谢。在 217 页,第 5 段,他从这个任务开始,卢梭要塑造自然人,法语是 l'homme de la nature[自然之人],与"人为之人"相反,但这并非是说要把他送回森林。换句话说,爱弥儿应该是社会中的自然人;但是没有权威来管制爱弥儿,除非这个权威是他自己的理性。我们不要忘了:这是整个教育的目标,完美的无偏见之人。我们读读第 218 页,第 4 段,卢梭在这里与洛克争论。我认为,汇总本书中所有明确提及洛克的地方,这显然是一项恰当的学术研究,因为洛克的《教育漫思》(*Some Thoughts Concerning Education*)显然作为靶子与卢梭最接近;阅读洛克这本书,并且去看二者的异同,既要看卢梭明言的差异,也要看实际差异。不过我们现在在课堂上当然做不了。现在,请读一下对洛克的评价。

雷肯先生[读文本]:

> 洛克让我们从研究精神开始,然后再研究身体,这是迷信的方法,偏见的方法,错误的方法;这不是自然的方法(the method of nature)——

施特劳斯:"理性的"(of reason)。

雷肯先生[读文本]:

> 甚至不是井然有序的理性方法。

施特劳斯:我知道了。这里可能有印刷错误;因为这里是:"这不是理性的方法,甚至不是井然有序的自然方法。"我看到的文本是这样,但这是准确的版本吗?

学生:我们另一版的文本也是这样。你的版本与我的法文本一致。

[275]施特劳斯:所以这里没提……?

学生:没有。

施特劳斯:我懂了。所以译者又做坏事了。那么,继续。

雷肯先生[读文本]:

> 这无异乎是蒙着眼睛去学看东西。必须经过对身体的长时间研究之后,才能对精神有一个真正的概念,才能推测它的存在。把

次序倒过来,就只好承认唯物主义的说法了。

施特劳斯:好的。那么,洛克的方法导致了唯物主义,而且这是……但是唯物主义有什么问题? 我们必须看看。接下来他说……我们读读下一段。

雷肯先生[读文本]:

> 既然我们的感官是我们取得知识的第一个工具,则我们可以直接理解的东西就只能是有形的和可以感觉的物体了。"精神"这个词,对任何一个没有受过哲学训练的人来说,是一点意义都没有的。在一般老百姓和孩子们看来,精神也就是一种物体。他们岂不是在说精神是会叫喊、会讲话、会打打闹闹的吗? 所以你得承认精神有胳臂和舌头,同身体是很相像的。全世界的人,包括犹太人在内,都要制造有他们的偶像,其原因就在这里。

施特劳斯:"有身躯的神"(Corporeal Gods)。换句话说,所有人,所有民族,包括犹太人,都是唯物主义者;即便他们谈论精神,他们所指的精神是某种类型的实体。不过这并不是真的;恰恰相反。那么,在下一段中,我们来读一下。

雷肯先生[读文本]:

> 当我们对其他的物体有所行为的时候,首先就会感觉到,如果那些物体对我们也有所行为的话,其影响也同我们给予它们的影响是一样的。所以,人类一开始就认为所有一切影响他的东西是有生命的。

施特劳斯:"因此人始于赋予所有存在以他感受到的活动"。继续。

雷肯先生[读文本]:

　　由于他自己觉得不如那些物体强,由于他不知道它们的力量有多大,因此就以为它们的力量是大得没有限制的,并且,当他把它们想象为有躯体的东西时,就把它们看作是神了。在太古的时候,人对万物都是害怕的,并且认为自然界的东西没有一样是死的。物质的观念本身也是抽象的,因此在他们心中形成的速度之慢,也不亚于精神的观念。他们认为宇宙中是充满了像他们一样的神的。

　　施特劳斯:不,不:"以及可感知的诸神",以及能够被感官感知的诸神。

　　雷肯先生[读文本]:

　　星、风、山脉、河流、树木、城镇甚至房屋,全都是有灵魂、有神、有生命的。拉班的家神、印第安人的"曼尼托"、黑种人的物神以及所有一切自然和人创造的东西都曾经做过人类最初的神;他们最早的宗教是多神论的,偶像就是他们最初的崇拜对象。

　　[276]施特劳斯:我们停在这里。所以,换句话说,如果我们需要任何证据,我们现在就有了:野蛮人满是迷信、多神教,偶像崇拜。因此,如果卢梭真的说野蛮人的时代是完美时代,那么这就会……我们在讲《第二论》时花很长时间讨论过这个问题。雷肯先生?

　　雷肯先生:我们在孩子会认为椅子有意志这个语境中也看到过这一点。

　　施特劳斯:很好。那么,你们还记得我们探讨了很久的这个问题:孩子能区分有生命的与无生命的存在吗? 你们记得这为什么重要吗?

　　学生:因为他有理性,能接受必然性。

　　施特劳斯:是的,他能摆脱那种感觉吗? 那种感觉是……精确术语怎么讲?

　　学生:报复的感觉?

　　施特劳斯:报复以及所有类似事情;他能分辨恶意与一种没有任何

意志的纯粹的盲目吗? 我认为他无法分辨,因此如上所述,卢梭在此提出的学说站不住脚。现在卢梭说了许多话几乎承认这一点,尽管他在这里仅仅谈论成年的孩子,野蛮人。

于是,卢梭基于这一点来展开:由于孩子无法理解精神,孩子就不能把上帝(God)看作是无躯体的存在者。这对于卢梭之前未对他的爱弥儿谈论上帝是个弥补性的辩护。当然,另一个暗示是,野蛮人也不信上帝,那么让他们皈依一神教也不公平。这没有这样说,但却清楚地暗示了。我们翻到第 222 页,第 3 段。

雷肯先生[读文本]:

> 我们已经观察过受过文化熏陶的人的心灵是通过什么道路走向这些神秘的境界的——

施特劳斯:什么神秘的东西? 性的神秘,对,或者他在这里还没谈到? 不,还没有——这里仍是宇宙的神秘;抱歉。因为卢梭后面也用了这个短语……继续。

雷肯先生[读文本]:

> 我愿意承认,即使处在社会之中,也要年岁稍长的时候才能自然而然地达到那个境界。但是,由于社会中有许多不可避免的原因加速了人的激情的发展,所以,如果不同时调节激情的智慧也迅速发展的话,我们就真会脱离自然的秩序,从而也破坏其平衡。当我们无法控制一种东西过快地发展的时候,就必须让跟它有关的种种东西也以同样的速度发展,才能使秩序不至于混乱,才能使应当同时前进的东西不至于脱节,才能使人在一生当中时时刻刻都是那样的完善,不至于有时因为这种能力的过快发展使他成为这个样子,有时因为那种能力的过快发展使他成为那个样子。

[277]施特劳斯:除了知识的能力,还有哪些能力是这个阶段中会急速发展的? 我的意思是,卢梭在这里说,"不可避免的原因加速了人

的激情的发展",这迫使我们加速了他那种知识的过程。他这么说是什么意思?

学生:荷尔蒙。

施特劳斯:是的,这是非常哲学化的表达。不过我们还是说"性",我相信"性"不是一种非常不科学的表达。换句话说,当孩子长大到足以理解哲学宗教学说的时候才能引入宗教,这个时候他的激情需要这些学说去控制激情。这就是宗教出现在这个阶段的原因。在性的觉醒之前,存在的激情无需宗教即可控制,但此后就不行了。在下一段(我们没法朗读了),在第4句左右,卢梭说,"让一个土耳其人"。

雷肯先生[读文本]:

> 一个土耳其人如果在君士坦丁堡说基督教是十分可笑的话,那就让他来巴黎打听一下我们对回教的看法! 特别是在宗教问题上,人的偏见是压倒一切的。

施特劳斯:"意见(opinion)是压倒一切的。"因此,教育的目标,挣脱意见,因此对宗教的关注胜过其他一切,因为意见在宗教中得胜。请读下一句。

雷肯先生[读文本]:

> 可是我们,既然不让他受任何事情的束缚,既然不屈服于权威,既然不拿爱弥儿在其他地方他自己不能学懂的东西去教他,那么,我们要培养他信什么宗教呢?

施特劳斯:答案:一种自然宗教。接下来会出现。我们现在渐渐接近萨瓦本堂神父了。怎么?

学生:前面你说宗教观念介绍给普通孩子只能当这两个条件满足的时候:第一,他为它们做好准备,准备好理解它们;第二,为了控制激情的时候才需要宗教。

施特劳斯:是的。

学生:巧的是,这两个条件会同时发生,这看起来奇怪。确切联系是什么?

施特劳斯:我可以给你一个卢梭之前提供的答案(我不知道这是否令你满意):自然是好的。因此,当需求出现时,它们都被满足了。老说法:一种目的论,甚至在马克思的陈述中还承认,"人不会给自己布置任何[278]他完成不了的任务。"你们知道马克思的这个学说吗?这只是老说法的一种修正,老说法即:没有不被自然确保其实现的自然需要——我是说,没有自然需要;并非过度的需要。他会说这是——按目的论完全会否定的事物,在现代变得却很寻常。这看似不合理;看似只是巧合。但是你们不知道那个例子吗,我们都会同意,有这种适当的需求和实现? 比如,为何生育小孩的女性,一般都可以母乳喂养孩子呢? 我是说,女性身体结构可以生育小孩,也可以产生母乳,这个事实没有摆脱这种奇怪巧合,就是孩子也需要母乳。换句话说,经验上有某种目的论;而所有用机械论术语(mechanical terms)解释它的企图……好吧,我不想举著名的例子,对于某种昆虫,我已经忘了细节——你肯定知道;你可是这里的自然科学家——说某种昆虫在一个晚上产卵之类(有人懂我的意思吗),就在那个晚上,某种花也盛开了。你们听过这件事吗? 听过的。有这种奇特的事。你知道吧,博扬先生?

博扬先生:我想你想举的是其他例子。变色的昆虫;它们之前都是白色。

施特劳斯:你是指拟态(mimicry)之类的?

博扬先生:绝大多数昆虫以前都是白色;当人们带着工业出现,空气中烟雾弥漫,昆虫显色了,鸟就吃掉了它们……

施特劳斯:是的,这被称作拟态。这都是著名的达尔文问题,对于表面上的目的论做出机械论解释。然而达尔文理论还是预设了表面上的目的论,因为这意味着达尔文要通过解释才能消除这种目的论。其初步证据支持目的论。巴特沃斯先生。

巴特沃斯先生:我对前面的另一段另有问题。

施特劳斯:前面哪段?

巴特沃斯先生：在那段中，你提及了自然宗教。问题是：卢梭为爱弥儿提供自然宗教的理由真的是充分理由吗？因为事实上卢梭说，"我们想教给爱弥儿的东西，他自己在任何国家都可以学到"，然后似乎爱弥儿凭借这种自然宗教也可以生活在任何国家。然而内在地说，这可能就错了，因为很简单，只要他在那个时代进入法国，试着公开按照这种自然宗教生活，他会遭遇很多困难。

[279]施特劳斯：打断一下；如果他完全漠视任何实定宗教，依照这里陈述的规则，他可以让自己与任何实定宗教保持外在一致。因此他可以在日本崇拜天皇，而在其他国家搞伏都教（voodoos）——或者如拿破仑所言（你们知道，拿破仑在某种意义上是卢梭的学生）："我在东方是穆斯林；我在法国是天主教徒。"我们后面再说。

那么关于第223页的第2段只有一点。卢梭暂且阐明……我们只读这句话："对于这个主题，我不会告诉你我自己怎么想的，相反，我会说说一个比我更有价值的人如何思考它。"那么卢梭形式上说，我不会告诉你我的意见，我会告诉你别人的意见；而此人比我有价值得多，然后你来做选择。这是关于这个问题的第一次提出：卢梭是否同意萨瓦本堂神父？

阅读这个论证时我们就要多加留意，也要留意卢梭对萨瓦本堂神父理智能力和道德能力的评价：这两件事物结合在一起。萨瓦本堂神父是卢梭笔下的人物；萨瓦本堂神父的现实原型是否存在并不是个有趣的问题。因此，我们要知道这位代言人的特质、资格是什么样的。现在我们看第224页的第4段。

雷肯先生[读文本]：

这个诚实的基督徒是萨瓦地方的一个贫穷的神父；由于青年时期的一次冒失的事情，同他的主教发生了龃龉，他越过阿尔卑斯山去寻找他在他的故乡找不到的谋生的道路。他并不是一个没有智慧（wit）和学识（learning）的人。

施特劳斯：暂且读到这。你们看，这并不是非常高的称赞；你们一定不要给……"他既不缺少机智(esprit),也并非不识字(letters)"当然相当于说是文化不高,有些常识;但肯定不是个哲人。这是我们找到的第 1 段叙述。后面的评语证实了这一点:我们也看到他曾有过年轻时的冒险。那么,这种叙述太过笼统,我们无法说这是否反映出他的性格;后面会详细展开。在之后的 225 页的第 2 段。

雷肯先生[读文本]:

把宗教忘记得一干二净,结果将导致忘记做人的义务。

施特劳斯:"人的义务",我们记住这一点:没有宗教,就没有人的义务。我们翻到第 226 页的开头。

雷肯先生[读文本]:

为挽救这个濒于道德死亡的年轻人,神父就首先从唤起他的 amour-propre 和自尊心着手做起:他给他指出只要善于利用他的才能就可以获得美好的前程。

[280]施特劳斯:你看这多重要,维斯拉比:首先,amour-propre 可以有多好。这是位处于他道德下限的男孩子(你们看,这就是卢梭本人),这位明智的教育者做的第一件事就是唤醒这个男孩心中的我们称为自尊(self-respect)的东西。但是自尊当然是 amour-propre[自爱]的一种变形,因为自尊总是基于某种形式的比较。我们先放下这个问题。现在,翻到第 226 页的第 3 段。

雷肯先生[读文本]:

我用第三个人来讲,已经讲得不耐烦了,这样小心的做法完全是多余的——

施特劳斯:换句话说,到现在为止卢梭一直在谈论这位少年犯;现在他告诉我们,那个少年犯就是我。请读吧。

雷肯先生[读文本]：

> 因为，亲爱的朋友，你们已经觉察到这个不幸的逃亡异乡的人就是我自己。

施特劳斯：噢，"亲爱的朋友"！"公民同胞"（Fellow citizen），"亲爱的公民同胞"。我觉得她确实应该回学院重学。我看到她是个文学硕士。她不够资格。继续。

雷肯先生[读文本]：

> 我自己就是这不幸的逃亡者。我现在认为，我不会再像青年时期那样地胡闹，所以我敢于承认我以前所做的胡闹行为；而那个把我从堕落的境地中挽救出来的人，是值得我在这里再受一点羞辱以赞扬他的恩情的。

施特劳斯：卢梭这里为什么要公开自己的身份？我是说，用第三人称也可以继续讲下去。而他做得还不止如此：他指出了听讲人的身份，额外地，以一种笼统的方式。他没有说"我亲爱的朋友"，他说"我的同胞公民"，这意味着什么？

学生：[……；大意是：卢梭来自日内瓦；他讲话的对象是日内瓦的同胞公民。]

施特劳斯：这有什么关系？

学生：因为在日内瓦没有特别多的萨瓦本堂神父，不是吗？

施特劳斯：是的。因此，换句话说，因为卢梭谈到过一位有问题的天主教徒——你可以安全地说他是一位可疑的天主教徒，此外，抛开他不是虔诚的天主教徒这个事实，他也犯过某种不虔敬罪，新教徒对此的看法与天主教徒不同。卢梭自然是对一位更有同情心的新教徒讲话，按照新教徒的定义来说。这位不虔信的基督徒是位天主教徒，因此新教徒会说，我们之中没有这种害群之马，如果天主教徒有害群之马，那就是天主教的错（新教论调中的著名话题）。那么其具体[缺点]何在？

我们先要简略地识别出这种不虔敬,看看神父的这次少年过失。文本在 228 页的第 5 段。

雷肯先生[读文本]:

> 我生在一个贫苦的农家,我的出身注定我是要干庄稼活的;但是,人们认为,如果我去做神父,以这门职业糊口的话,也许要好一点,因此就想了一个办法,使我能够去学神父。当然,无论是我的父母或我自己都很少想到要一次去寻求美好、真实和有用的学问,我们所想到的只是一个人为了得到神父的职位所需要的知识。[281]别人要我学什么,我就学什么;别人要我说什么,我就说什么;我照人家的意思去做,于是我就做了神父。但是,我不久就意识到,在答应我自己不做俗人的时候,我许下了我不能遵守的诺言。

施特劳斯:这个隐晦的说法指什么?
学生:贞洁。
施特劳斯:独身生活;对。继续。
雷肯先生先生[读文本]:

> 人们告诉我们,良知是偏见的产物,然而我从经验中知道,良知始终是不顾一切认为的法则而顺从自然的秩序的。要想禁止我们做这样或做那样,完全是徒然的;只要我们所做的事是井然有序的自然所允许的,尤其是它所安排的,则我们就不会受到隐隐的良心的苛责。

施特劳斯:我们先停在这里。那么,他做了什么? 我指的也包括后面的段落。塞尔茨先生,你确定这位神父冒险做了什么吗? 那么,显然他是和一位未婚女子有禁忌关系(肯定是禁忌关系),因为他自夸说,事实上他绝对没有犯通奸罪。因此,这似乎就解决问题了。真正滑稽的是:卢梭把信仰自白(the Profession of Faith)托付给一个有道德污点之人——卢梭似乎不能担保此人口中的话。卢梭为何要这么做？这样做看来极不恰当,卢梭肯定不希望使信仰自白也不可信。那么,他为何要这么做呢？我想这是个更微妙的问题,但我认为必须提出来。

学生:嗯,他希望用宗教与性相平衡。

施特劳斯:这个观点很好;谢谢。我没有想到这一点;让我们对此多加留意;这非常好。这显示出一种联系。这当然也说明……可是,这说明什么？那就是,这不够充分;因为神父按照宗教方式培养长大,却没有用。但是,无论如何,你指出的这种一般关系,我确定,很正确。塞尔茨先生。

塞尔茨先生:卢梭是不是想展示神父如何达到这种自然宗教;他到达自然宗教是因为神父的不端行为之所以被发现,不是由于鲁莽行事,而是因为他对此事有顾虑吗？

施特劳斯:是的,不过他的顾虑非常有限:这并非通奸,通奸和私情有区别,他不会去通奸。我仍旧要重复你强调的重点,这就是:这暗示了二者之间的关联——宗教的出现关系到性欲,这点很重要。

学生:原因是不是……在这个具体例子中,在我看来,卢梭没把这件事当成这个人品性上的重大污点。

[282]施特劳斯:当然不是了;不过,他得顾及读者。尽管这在18世纪(当然如此)法国上流社会或许并不很严格,如你所知,不过尽管卢梭在这(我怎么说呢)并不是上层人物,你们知道,他也不是法国守卫官员,然而他是作为负责任的教育者讲话。他不能……

雷肯先生:重点是不是在于,不仅仅是说,卢梭不把这当回事,而是说,这种事情一直都有,而卢梭认为,这个人打破了一个从未被打破的规则？

施特劳斯:完全正确;卢梭之所以能够这么做,是因为他正对一位公民同胞讲话,也就是日内瓦人,即一位新教徒;这很清楚。不过话说回来,这终究是道德污点,因为毕竟,严格意义上的新教无论如何也不会包容这位神父犯下的这种纵欲过失。既然他立誓不结婚,他就不该和任何一位女性有关联,这个道理很简单。我还认为,一位严格的新教徒也同样会这么说,他会说,好吧,你有理由,但是有理由当然就意味着,你做了错事。每当你说这事可以辩解,你就相当于说,这本质上是个错事。

学生:可是,与雷肯先生的问题相关,重点在于,如果卢梭引入宗教平衡性欲,宗教还是无法彻底克服它。重点是,你肯定无法把不可能变成可能。问题在于,这个平衡物要起作用,不在于彻底阻碍自然,而或许在于控制它。

施特劳斯:你和雷肯先生说的都完全正确,但这会导致一个非常漫长的讨论,而我们现在没有时间;不过无论如何我还是要就此说几句。卢梭写过一部小说,《新爱洛漪丝,或朱莉》(*The New Heloise, or Julie*),他在书中极尽详细地讨论了这个主题,用一种堪比今天的小说家们的精美手法——你们不懂——我是说,如理查森(Richardson)那般精美,我想他可以写写这些事情;你们看,卢梭称得上是 18 世纪的理查森。可是如果透过这些装饰,呈现出来的事情就很清楚:女主人公被她的看护者(governor)引诱,一个叫圣普乐(Saint-Preux)的人,这个人物当然也可以说就是卢梭。这就闹出一桩大丑闻,不端行为的巨大后果得以避免仅仅是因为朱莉的父亲听说这件事,掌掴女儿,由于她怀孕了,结果,她跌倒导致了流产。而[圣普乐]当然带着耻辱被这个家庭解雇了。许多年之后,朱莉嫁给了父亲的朋友沃尔玛(M. de Wolmar),沃尔玛比妻子年长很多,是位完全受人尊敬的绅士,当然也很富有。朱莉如今爱她的丈夫;我是说,在结婚前夜,朱莉经历了一次宗教皈依,她斩断对圣普乐的缠绵之情,把他赶出心房——非常令人动容的一幕。她过得……她有了孩子,非常幸福。后来,圣普乐被请来做朱莉婚生子的教育者(你看,他们宽容心泛滥),而且他们都极其宽容且有德性;读到这么多形容词让人受不了。而真正严肃的事情是:朱莉十分幸福。她只有一个麻烦:他们是新教徒,她的丈夫沃尔玛却是个无神论者。但沃尔玛绝对服从社会的要求——他去教堂,做教徒做的一切——但朱莉知道他是无神论者;用句谚语说,这是唯一的美中不足(the only fly in the ointment)。那么从未清楚说明的事情是这一点,[283]但这件事是整个行动发生的原因:朱莉真正的不幸是她嫁给了她不爱的人。她的爱仍属于圣普乐,她的初恋。这当然表明,爱不可能被任何法律控制,无论人法还是神法。我想,这是整部小说的意义。这和你提出的问题非常相关;你知道,有个……不过肯定,对于大多数目的而言,实践性的目的,控制行动当然就足够了,而行动与情感大不相同。巴特沃斯先生。

巴特沃斯先生:我就说一个事,我想莫里森也指出这一点了,要么在《爱弥儿》的前半部分,要么在《忏悔录》里,卢梭确实谈到了一位神父,圣比埃尔神父(the Abbé St. Pierre),据这位神父说,他无法忠于誓言,却反对通奸,他在家中养了一些可爱的女仆;她们只要有了孩子,就会被卖掉。我记得是在整本书的前半部分出现的,在《爱弥儿》,或者《忏悔录》。

施特劳斯:他在《忏悔录》中谈到圣比埃尔神父。

巴特沃斯先生:问题是,如果真的有这种恐怖的行为,你不该以这种方式说这个人的名字。

施特劳斯:但我不是很理解这个事。

巴特沃斯先生:卢梭不是以"据说"开头,而是明确说就是圣比埃尔神父,他说这位神父——这样我们就得知这是一位有信仰的人——他认为通奸很坏,可是他在家中养了一些漂亮女仆。而一旦仆人有了孩子……这暗示性非常强……

施特劳斯:是的,但你别忘了,这是说 18 世纪法国的一位神父。最著名的例子是塔列朗(M. de Talleyrand),你们知道这位主教——这只不过是家庭的安排,这是一种照料破落贵族家庭的子弟的方式。

巴特沃斯先生:不过,我试图说明的一点是,在这个基础上,就采用这种历史的观点,我想知道,这是否真的是一种污点。

施特劳斯:可是,你必须……这是我从马基雅维利那里知道的一个著名问题,人们说,马基雅维利说的完全是小儿科;在意大利每个人都这么想问题。但是,只需要读一下同时代的说法——比如萨伏那洛拉的布道词,还有其他一些东西——看一些这并不是每个人的想法。有些难对付的政客这么想问题,但是区别在于人做了什么(他们一直在做可怕的事情)与负责任的大众导师(比如卢梭)所说的之间的区分。你们知道:卢梭的名字印在扉页上,而且他在全部著作中一直反对一切轻浮行为。那么，这就要更严肃对待了。约翰逊先生。

[284]约翰逊先生：[……大意是：你们谈得偏离了最初萨瓦本堂神父的错误；而从第227页，他显得没有完全克服这个错误。]因此这不仅是原罪，还是重复出现的罪。

施特劳斯：好吧，你在非常随意的意义上用"原罪"这个词。你是在说他的年纪吗？

约翰逊先生：没有，我就说这种行为……他仍旧是神父，对吧？

施特劳斯：他犯下错事时，仍然是一位神父。

约翰逊先生：萨瓦本堂神父对卢梭谈话的时候呢？

施特劳斯：那是很多年后。

约翰逊先生：对，但那个时候就没有誓言了吗……？

施特劳斯：噢，是的；他说到，他的这一弱点已经残留下来。我忘了在哪儿了，可是他就此有明确评论；而且我认为，卢梭也对此有过一个评论——抱歉，我这会儿找不到。

学生：这个评论在227页，第8行以下。

施特劳斯：啊。所以换句话说，他在这方面不守常规……

学生[读文本]：

　　　除了之前使他蒙羞的那个缺点，他也只是部分克服了的那个缺点。

施特劳斯：这是个奇妙的说法，不是吗？我是指，这给读者留下很大的想象空间去想卢梭所谓的部分地克服是什么意思；很有趣。但卢梭还会引起如此多的狂欢，你无法从他的……

学生：我想，萨瓦本堂神父的错误有个含混之处，他自己在229页第4段说的内容——当然在这里让这位神父明确说，而且卢梭也会同意——他向其告白的日内瓦古板加尔文教徒和巴黎的一位极有可能是本书读者的体面的伯爵夫人都会同意——在通奸上会发现最坏的事情；他当然是个不审慎的人，不能理智地像另一位……

施特劳斯：是的，道德要求比较松的人不会觉得这是多大的错，这自不必说。但正如我说,对于一个做出卢梭为他本人和萨瓦本堂神父提出的主张的人(他还据说传播一种比其他宗教都要优越的宗教)来说,这样就不够好。这个问题仍然在这里。

[285]学生:只有一个小根据,我认为可以以某种方式支持那些试图把萨瓦本堂神父等同于卢梭的人:在224页,卢梭第一次提到神父年轻时的错误;然后在226页,卢梭谈到自己年轻时的荒唐无度,卢梭自己的错误,然后他说,我想我已经远离了自己年轻时的荒唐无度。在接下来的一页,他说这位神父只是部分克服了他的错误;那么随后在另一处,他实际地描述了神父的错误。那么,在这个背景下,卢梭让人关注他自己的年轻时候……

施特劳斯:非常好;很好。

学生:虽然卢梭把这种错误命名为厌恶世人(misanthropy),这位神父的错误却是贪欲;他似乎是……

施特劳斯:不,不。他也说……无疑卢梭也在年轻时有非常不轨的性行为。我想,你们只要读读他的《忏悔录》,不用考虑所有的……不,我认为你说得非常好。可是不管怎样,仍摆脱不了的事实是,毕竟,既然这是一位神父展开的告白(按卢梭说的,一个比自己更有价值的人),于是这又回到神父的道德瑕疵上。那么,我想建议的是,除这个说法的反天主教意味之外,该陈述还达成另一个目的;因为神父有道德污点可要严重得多——虽然,这类过犯时有发生;在这一点上,我们没必要自欺欺人;可是神父的过犯相当罕见,他是一个心为新教徒的天主教神父。换句话说,明显而又世俗的过犯让我们关注到潜在而且不世俗的过犯,尽管如此,道德上说,后一种过犯也是值得质疑的行为。这一点毫无疑问。那么,当然,再一次(现在我回到你前面讲的,尼科果斯基先生)这个过犯,这个更重要的过犯当然也是卢梭的过犯。我想这贯穿于整部著作。

尼科果斯基先生:在《山中书简》的一处,卢梭说他尽管是一个天主教新教徒(Catholic Protestant),可是他一直抱有同样的宗教原则;他始终坚持同样的基本原则。他是一致的。

施特劳斯:那么,卢梭称为天主教徒的基础不是别的,而是方便,你们看,在他第一次意大利之行的时候。这是一回事。然而,更深层的问题并不在于新教与天主教之间的改宗,或诸如此类,而是卢梭宣称的那些他并不具备的原则。卢梭与萨瓦本堂神父都"不诚实"(insincerity),而另一方面,这是比性事件更有意思的道德问题。

学生:我不太理解萨瓦本堂神父的失节是如何被发现的。

施特劳斯:什么? 哦,那只是传闻罢了。

学生:不,这比较重要,因为萨瓦本堂神父说,人总是可以通过犯更严重的罪逃避惩罚;正是这些经历……

[286]施特劳斯:哦,我懂了,我有些曲解你的意思。我认为他的意思是:出于机灵的考虑,通奸更加安全,比起……因为[偷情的]另一个当事人有强烈的动机隐瞒这个行为;而年轻女孩有可能找母亲吐露此事,于是事情就会败露。这是我能给这个非常复杂的句子的唯一含义。所以,他在本段结尾怎么说;他说……

雷肯先生[读文本]:

> 我之所以遭遇这样的祸害,是因为我犹豫狐疑,而不是我不能自制;根据人民对我可羞的事情提出的责难来看,我有理由相信,犯的过失愈大,反而愈能逃避惩罚。

施特劳斯:是的,我想他就是这个意思。因此通奸比仅有私情更安全。我想这是他的意思。如我们所见,卢梭懂得一些人世的习惯。那么,我们来继续。还有更初期的一个要点,在227页第2段。我们读这一段。

雷肯先生[读文本]:

> 这个机会等了很久才来。在吐露心怀以前,他先致力于使他在他的弟子的心灵中播撒的理智和善意的种子生发幼苗。在我身上最难克服的是一种愤世嫉俗的骄傲心理,是对世界上的富人和幸运的人的一种痛恨——

施特劳斯:这里,这里。你们还记得我们读过的关于富人和穷人的那段吗? 在讨论怜悯的时候。继续。

雷肯先生[读文本]:

> 好像他们都是牺牲了我才发财走运的,好像他们的所谓幸福都是从我这里夺过去的。

施特劳斯:换句话说,简单说来,在卢梭对富人的反抗中存在一种嫉妒因素;或许在他写作《爱弥儿》时,这种嫉妒仍以一种更精巧的形式强有力地存在于他身上。不过,下一点。

雷肯先生[读文本]:

> 青年时期的狂妄的虚荣心碰到钉子,因而使我更易于爆发愤怒的脾气。

施特劳斯:但是,这指什么? 什么叫一个人不想被羞辱? 这是个非常暧昧的表述。这话特别含混。我碰巧听说,一位学者指责与他讨论的另一位学者试图公开羞辱他,这指的是如果他被驳倒,这就是一种羞辱,这样理解的羞辱当然是一种荒唐理解。你们看,有可能存在一种过度敏感——我该怎么说呢? ——对于一个人的缺陷的过度敏感,这种做法极度不合理。卢梭明显就有这种过度敏感。这只是我上次课以另外的方式提到的怜悯与嫉妒关系的一个表征而已。

雷肯先生:"碰到钉子"指什么?

[287]施特劳斯:好吧,字面上看,……"碰钉子"又是这位文学硕士的版本;卢梭字面上说的是"碰到羞辱",没有"钉子"。"钉子"是这位文学硕士译者的。"qui regimbe contre l'humiliation",原文是这样。第230页有很多话表明萨瓦本堂神父的偏见,对此我们必须极为简要地考虑一下。我们没时间读这部分。他有"一颗用来崇拜的心,用来崇拜上帝",而且他当然关注寻找"一个规则为他的义务"(这些是所有原则);他选择"欺骗,而非什么都不信"。看到了吗? 所以这种描绘在

某种程度上回答了这个问题,萨瓦本堂神父的偏见是什么? 他的信念就是理性的不充分性,因此他转向"内在的光",在第 231 页的第 4 段的中间。

雷肯先生[读文本]:

> 所以我只好去找另一个导师,我对自己说:"请教内心的光明,它使我所走的歧路不至于像哲学家使我走的歧路多,或者,至少我的错误是我自己的,而且依照我自己的幻想去做,即使堕落也不会像听信他们的胡言乱语那样堕落得厉害。"

施特劳斯:是的,然后他接着又说,他发现一个真理,但是这个真理暴露给不可解决的反对意见。但是,人们采取的一切立场都会暴露给不可解决的反对意见。这是这萨瓦本堂神父的观点,当然,我们必须看看这是否是卢梭的观点。我们还是必须得看看。

学生:你引述的第一条原则是萨瓦本堂神父的原则去相信谬误而不是不信;而爱弥儿,直到数页之前……

施特劳斯:不,我想用的是萨瓦本堂神父的偏见;萨瓦本堂神父想要某种确定性,不考虑它是否会引发反对意见。在 232 页出现了有一段非常重要的话,在第 3 段中。那么现在,论证开始了;它以一种那个时代的人都会开始的方式开始。笛卡尔:Cogito ergo sum[我思故我在]。J'existe[我在]。这是开端。其他的一切都可以被怀疑,我不可被怀疑,为了怀疑,在;因为一个不存在的存在无法被怀疑。读这段。

雷肯先生[读文本]:

> 我存在着,我有感官,我通过我的感官而有所感受。这就是打动我的心弦使我不能不接受的第一个真理。我对我的存在是不是有一个特有的感觉,或者说,我是不是只通过我的感觉就能感到我的存在? 这就是我直到现在还无法解决的第一个怀疑。因为,由于我或者是直接地或者是通过记忆而继续不断地受到感觉的影响,我怎么就能知道"我"的感觉是不是独立于感觉之外的,是不

是不受它们的影响呢？

施特劳斯：那么基于我们先前的探讨，这里有哪一点打动你们的呢？

学生：有一点，关于生存感觉：此前，我们说这个东西是先于……

[288]施特劳斯：是啊，我想这正是卢梭教授的东西，尤其是在《孤独漫步者的梦》中。因此这里，换句话说，这种（我该怎么说？）对生存感觉的绝对化是一种卢梭特色，并不是萨瓦本堂神父做出的。这就是我理解它的方式。我认为这里有所不同：因为生存感觉有某种特殊含义不同于——

［换磁带］

施特劳斯：——我在这里看不到与洛克的区别——或许用词上：我未经核实记不清洛克是否称之为他者，他是否把这个差异同被动与主动之间的差别相协调。我不知道这一点。

学生：这听起来几乎像是康德。

施特劳斯：不，早得多：斯宾诺莎、莱布尼茨和笛卡尔。这可能与洛克不同，但是并不意味着与之完全相反。我们翻到第234页的第2段。

雷肯先生［读文本］：

我心灵中所具有的这种归纳和比较我的感觉的能力，不管别人给它一个这样或那样的名称，不管别人称它为"注意"也好，或者称它为"沉思"也好，或者称它为"反省"也好，或者爱怎样称它就怎样称它，它始终是存在于我的身上而不存在于事物的身上，而且，尽管是只有在事物给我以印象的时候我才能产生这种能力，但能够产生它的，唯独我自己。我有所感觉或没有感觉，虽不由我做主，但我可以或多或少地自由判断我所感觉的东西。

施特劳斯：停一下；这个译本漏了一段。你可以读那段话吗？

雷肯先生［读文本］：

所以,我不只是一个消极被动的有感觉的生物,而是一个主动的有智慧的生物;不管哲学家们对这一点怎样说,我都要以我能够思想它而荣耀。

施特劳斯:"思想",句号。一个思想的,而不仅仅是感知的存在者。继续。

雷肯先生[读文本]:

我只知道真理是存在于事物中而不存在于我对于事物进行判断的思想中,我只知道在我对事物所作的判断中,"我"的成分愈少,则我愈接近真理。因此,我之所以采取多凭感觉而少凭理智这个准则,正是因为理智本身告诉过我这个准则是正确的。

施特劳斯:是的。我想,这一段是你论证的基础;[……]可是,首先,莱恩先生,你的论点是什么?

莱恩先生:我想我没有论点。被动事物与主动事物的区分:我猜想这是洛克,但是这个印象的概念似乎超越了洛克。这个简单……每个被动的东西都与抽象相连……

[289]施特劳斯:我懂了,而印象就是一种行为。我现在只是记不清洛克了。休谟却提出,他所谓的观念与印象相对,是一种衰退的印象。因此这里不包括行为。我不记得……

学生:他接受休谟,却不接受洛克。

施特劳斯:是的,好。顺便提一句,巴特沃斯先生,你知道这个译本为什么删掉这段话吗?

巴特沃斯先生:不,这里没有注释。只有一个东西,当卢梭说"无论哲学可能对此说过什么"的时候,我的版本有个注释说,卢梭指的是[唯物主义]。

施特劳斯:这是无关信息。我是说,需要注释的人也不需要这样的一条,如果允许我这么说的话。我是说,对于《爱弥儿》的读者而言,这是无关的东西;而别人也知道这个。所以,这条注释非常没意义。现在,我们逐渐接近论证的主干了。论证始于这一事实,物质是不动的。物质本身是不动的;因此运动的原因不能在物质中寻找。我们唯一知道的事情就是,拥有一个内在运动原则的东西是人。但是动物也很有可能具有自发性运动,正如他在那个时代发展的一样。现在,他到了结论部分,在第235页的第4段。

雷肯先生[读文本]:

> 运动的第一原因不存在于物质内部,物质接受运动和传送运动,然而它不产生运动。我愈是对自然力的作用和反作用的互相影响进行观察,我愈是认为,我们必须一个结果接着一个结果地追溯到某种意志中去寻找第一原因——

施特劳斯:是的,在某种意志中。因为我们看到,我们确切知道的唯一自行运动的存在是人,运动回溯到一种意志行动。是的。

雷肯先生[读文本]:

> 因为,如果是假设一连串数不清的原因的话,那就等于假设没有任何的原因。总之,所有一切不是因为另外一个运动而产生的运动,是只能来自一个自发的、自由的动作的;没有生命的物体虽在运动,但不是在活动,没有哪一个真正的活动是没有意志的。这就是我的第一个原理。我相信,有一个意志在使宇宙运动,使自然具有生命。这是我的第一个定理,或者说我的第一个信条。

施特劳斯:是的,我们现在直接翻到第237页的第2段。

雷肯先生[读文本]:

> 如果运动着的物质给我表明存在着一种意志,那么,按一定法则而运动的物质就表明存在着一种智慧,这是我的第二个信条。进行活动、比较和选择,是一个能动的和有思想的实体的动作;这个实体是存在着的。"你看见它存在于什么地方?"你这样问我。

不仅存在于旋转的天上,而且还存在于照射我们的太阳中;[290]
不仅在我自己的身上存在,而且在那只吃草的羊的身上,在那只飞
翔的鸟儿的身上,在那块掉落的石头上,在风刮走的那片树叶上,
都存在着。

施特劳斯:好的;那么,这就是前两个信条,它们已经充分说明信仰
自白是关于什么东西的:这是对上帝存在的一个证明。那么,你该如何
必须借助各个时代提出的形形色色的证明来描述上帝——我是指,仅
仅按照历史顺序安排,首先,上帝是什么?我是指,这个论证是双重的,
不是吗?关于这个信条:1.关于运动的起源;2.关于整全的秩序。第二
个是神学论证:存在一个有秩序的宇宙,秩序指向一个智性的安排者
(orderer)。第一个没有提到智性,正如你们所见,它只提到意志。那
么,第一个是什么?这也同样是一个非常著名的论证,尽管并不必然以
这种形式呈现。穆埃勒先生?

穆埃勒先生:谁以这种方式做出这个论证?不是亚里士多德。

施特劳斯:当然:proton kinoun[第一推动者]。

穆埃勒先生:但不是一个时间中的第一推动者。

施特劳斯:那是另一个问题;但这是……不,在亚里士多德那里,它
并不是一个时间中的第一推动者。在亚里士多德那里,第一推动者不
在时间之中。

学生:是的。垂直的……

施特劳斯:是的,当然;可是,在现代科学的基础上,第一推动者被
修改了,而根本上讲,这个论证是,运动指向一个第一推动者——指向
一个第一推动者,在亚里士多德那里它当然必定不动的。而这里没有
阐明这一点。但是,这当然也是柏拉图的论证,我们日常发现的所有运
动——坠落的石头,或无论是什么东西——是物体的运动,这些物体自
身并不具有运动的原则。那么,我们为了理解运动,就必须回溯到自我
运动的诸存在;这就意味着,相对于所有灵魂的运动而言,所有形体的
运动是第二位的。所有物体的运动要次于所有灵魂的运动。这就是
《法义》中柏拉图式的论证(《法义》894b—895b),别的地方也有。所

有这些学说在这里结合在一起。

学生:休谟是什么时候写的?

施特劳斯:要早一些。我是说,这要看你指的什么:《自然宗教对谈》是休谟死后出版的,比《爱弥儿》晚很多;但休谟的其他作品要早一些。

学生:不,我指的就是宗教对话。

施特劳斯:对,那本在休谟死后出版,在 1779 年前后。

学生:我想这正是个证据以证明休谟不会容忍这一点,因为萨瓦本堂神父首先还是断然取消怀疑论,这是一种对任何……的直接否定……

[291]施特劳斯:是的,当然。但我们一定不能忘记,那个时代的某种论证知识,18 世纪的大哲学家的知识和那些[……]论证的知识在那时都很普遍。我是指,有个相当于《不列颠百科全书》(或者你们现在用的什么东西)的东西,没文化的人可以从中获取关于学习对象的信息,在那个时代,这个东西就是拜尔(Pierre Bayle)的大词典,*Dictionnaire philosophique*[《哲学词典》]。那么,在这本词典里,你能找到[施特劳斯在黑板上写字]关于上帝存在证明的所有细节,好吧,湮灭了,因为……条目是漫谈式的。我依稀记得一个关于萨巴瑞拉(Zabarella)的词条——一个意大利人,很明显;我不记得他做过什么了,他如今似乎已经被彻底遗忘了 ——而在索引 F(或其他索引下[编者注:索引 G 中]),在关于萨巴瑞拉的词条里,你们会找到一个关于本体论证明的完美历史。在那个时代,人们从 F 条目下知道这个萨巴瑞拉的本体论证,在其他条目下,你也可以轻易找到……人们都知道。所以休谟不需要卢梭,卢梭也不需要休谟:这些东西都广为人知。那么,你就必须有个特定的理由来选择你凭借的是哪种假设来谈论这类事情,关于论证的知识,关于上帝存在的证明。

对此,我们就谈到这里,因为我们现在关注的是萨瓦本堂神父的特征,而不是他和之前的老师们的共同点。比方说,运动的开端——必然有个开端——这是笛卡尔的著名故事。笛卡尔需要一位上帝来赋予宇宙 chiquenaude[推动者](英文是什么?),用英文讲,那个推动者(the push)。一旦你可以解释第一推动者,在机械论基础上,世界的整个起源都变得可理解。为解释这个第一推动者,笛卡尔需要上帝——这是同一个东西,意志。因此,我们必须看看萨瓦本堂神父从哪里偏离通常人们所知的论证。我不知道这种结合是否非常普遍,我很难说。按照康德的呈现,这三个最重要的论证是,首先,本体论证明——这里根本不需要;你们看,这个证据,最完美的存在必定存在,因为存在就是完美性之一,所以,要说最完美的存在不存在就是一个自相矛盾;第二个是宇宙论的证据,从世界的偶发事件出发,这就需要一个无论如何都绝非偶然事件的必要存在者;第三个是目的论的,从宇宙的美好秩序朝向一个智性的原因。如今卢梭既没有用本体论证明,也没有用宇宙论证明,而是用了有关运动的修正版论证,加上目的论的证据。我要假设,卢梭认为这两个是最容易理解的证明,最流行的证明,否则它们无法起到它们原本要起到的作用。在 238 页的最上面有另一个观点,在中间。这仍然是目的论证明的继续,即,宇宙及其中的诸多存在都无法因为巧合或偶然的原因而生成。

雷肯先生[读文本]:

> 如果有机体在取得固定的形状以前,是以各种各样的方式偶然结合起来的,如果它先有胃而未同时有嘴,先有脚而未同时有头,先有手而未同时有胳臂,先有各种不能自行维持其自身的不完备的器官,那么,为什么这种残缺不全的东西我们一个也没有看见过呢?

[292]施特劳斯:这是来自什么人的什么观念?

学生:恩培多克勒。

施特劳斯:没错,恩培多克勒,非常好。或者卢克莱修。所以,这些是古老的希腊观点,关于秩序从混沌中生成,而没有一个理智原因。顺便一提,他们如何尝试解决这个困难;为什么我们看不到胃——他怎么说提出来的?——今日有嘴而没有胃,而它们一开始是存在的?

学生:它们不可存在……

施特劳斯:那么,它们如今仍会生成,但是它们会再次消逝。不,在第一阶段,由于最初的条件,特定的温度或其他什么,所有那时发生的事情后来都不会再发生——这是我想到的。但是,这只在过去。更重要的是我们在第 239 页发现的东西,第 2 段。

雷肯先生[读文本]:

> 所以,我认为世界是由一个有力量和有智慧的意志统治着的,我看见它,或者说我感受到了它,我是应该知道它的。但是,这个世界是无始无终的呢还是由谁创造的呢? 万物是唯一无二地只有一个本原呢还是有两个或几个本原? 它们的性质是怎样的? 这些我都不知道,它们同我有什么关系? 所以,只有在这些知识对我有意义的时候,我才努力去寻求它们;而在此之前,我是不愿意去思考什么空洞的问题的,因为它们将扰乱我的平和(trouble my peace),既无助于我的为人,而且还超过了我的理解能力。

施特劳斯:你说"扰乱我的平和"? Mon amour-propre[扰乱我的 amour-propre]。还是说,有两个版本? 没有。那么,又一次,她会被罚休学的。让我们继续。

雷肯先生[读文本]:

> 你始终要记住的是,我不是在传播我的见解,我只是把它陈述出来。不管物质是无始无终的还是创造的,不管它的本原是不是消极的———

施特劳斯:不,"无论是不是存在一个消极的原则,还是不存在任何的",这和这个问题一样……正如第一个问题。如果物质是永恒的,就存在一个独立于积极原则——上帝——的消极原则。

雷肯先生[读文本]:

> 总之整体是一个,而且表现了意志独特的智慧,因为我发现这

个系统中的东西没有一个不是经过安排的,不是为了达到共同的目的的:在既定的秩序中保存这个整体。这个有思想和能力的存在,这个能自行活动的存在,这个推动宇宙和安排万物的存在,不管它是谁,我都称它为"上帝"。

施特劳斯:是的。简言之,上帝是唯一思想着、意欲着且强有力的存在。那么,我们在这里看到萨瓦本堂神父明显背离了公认的学说。他没有断言只有上帝是永恒的。[293]物质是否是永恒的,对这一问题,他保持开放。那么,他说,就在这个问题的第一个声明里;事物是否有单一的原则,即这意味着严格意义上的一元论,还是说,有两个或是更多的原则? 这会意味着:是否存在不止一位神? 毕竟,理论上讲,可以存在一个诸神的团体,一个诸神的群体可以统治宇宙,或许与一位最高神一起。可是,神父后来把这限定在两项原则这个问题上:上帝与永恒的物质。他没有断言它,但也没有排除它;他说,这个问题对他不重要。那么,这当然是个蹩脚的大话。这必定对他来说是最重要的问题。可是,物质的永恒有什么优越之处?

学生:是否在《致博蒙书》中,卢梭说,涉及创世问题,创造,从无中创生有?

施特劳斯:我们来……但这里有个更具体的论述,在卡尼尔版(the Garnier edition)的《致博蒙书》,第462页:"这两个原则的共存似乎更好地解释了宇宙的结构;它可以消除这些困难,如果没有它,这些困难不容易消除,正如恶的起源等其他困难。"

就是这一点。换句话说,如果有一项原则,上帝,那么上帝看起来也是恶的制作者——创造万物,也就包括恶。那么,如你们所知,一神论的答案当然会说:不,恶的起源在被造物之中,在天使或人之中。这就引发更多困难,但如果你说还有第二项原则,即物质,它限制了上帝的力量,那么上帝的工作就不能如他所希望的那么好。这个观点在传统上也非常著名,例如,在早期基督教时代,摩尼教的学说[施特劳斯在黑板上写字],创始于摩尼(Manes),如果我没记错。不过,再往前可以追溯到波斯人的二元论,琐罗亚斯德教(Zoroastrian)……这个观点在拜尔的《哲学词典》中被再次证实为在理论上是最好的,我之前提过这书,伏尔泰在他的《老实人》(*Candide*)中也用微妙的方式再次确定这个观点——因为书中有两个人物:一个是一神论莱布尼茨主义者,另一个人的名字是,什么,邦葛罗斯,另一个人是玛丁。他说,一切都是所有可能世界之中最好的(这是邦葛罗斯的说法),那么当然存在着许多恶,你们看这个说法就很滑稽。另一个人是玛丁,玛丁主张二元论;因此,玛丁把恶归为一个具体原则,他能够以此来解释恶。顺带一提,玛丁为阿姆斯特丹的书商们工作了十年。那么当时的人都知道这个玛丁的原型就是拜尔。拜尔是纯种法国人,却因为南特诏令(the Edict of Nantes)而离开了法国,继而在阿姆斯特丹写作维生。因此,拜尔就是玛丁。因此那个时代这种学说也为有学识者广泛知晓。

顺便说一句,在哲学传统中,这种学说的最终来源是柏拉图本人,在《法义》第十卷(896e),在神的存在证明和对目的论的探讨中。那里提到两种灵魂,好灵魂与坏灵魂。还有其他一些说法[294]在柏拉图那里……好吧,这是个简单的故事;在《蒂迈欧》的创造宇宙中,工匠神(the Artificer)用某个不被称作物质的东西创造了宇宙,但它在存在论上具有物质的功能。

因此,这就是他所持的观点。所以,关键的意蕴当然就在于这一点:存在二(there are two)。如果存在的一切都如其所是受善恶原则的共同作用,人就不可能仅仅是好的。我是说,如果说神把人引导到德性,人的内在就存在某种自然的东西,这个东西把他引导到无限制的自我主义(unqualified egoism)。第二层意蕴是:如果物质是永恒的,对于人之善(一个永恒的一)来说,就存在一个永恒的阻碍——这很容易就被认为,人之初是非常不完善的,通过人的努力可以达到全面进步,超越这个阶段。

学生:您可以重复一遍吗?

施特劳斯:人的另一支力量(他自身的积极力量)自然地克服了原初的恶(badness),或者,用一个较晚近的表述,通过历史进程——如我们所见,这是卢梭的观点(正如我们从《第二论》中看到的那样)。你希望我重述一些东西。什么东西? 关于这一点吗? 人不能是纯粹的善,还是说人之初必定是不完善的？同时，如果上帝是唯一的原则，人必然被造得很完善，就像根据《圣经》学说描述的那个样子。但是，倘若存在这种双重原则，人之初就不可能是完善的。

学生：你在这之后说的……

施特劳斯：对。对于人之善来说，存在一个绝不可能最终克服的自然障碍，但是，通过人的努力，它可以在一定程度上被克服。人的这种努力就会具有一种进步特征，这就是《第二论》的部分叙述。我们必然以一种有序的方式前进。巴特沃斯先生。

巴特沃斯先生：我想知道，您是否会深入《第二论》中——这是我的问题……卢梭的一个说法……我想是在注释 o 中①，大概是吧，卢梭在那里说，人天生是好的？

施特劳斯：你是不是说，这个以两个层面结束的论述吸引一种人与另一种人？

巴特沃斯先生：是的。

施特劳斯：是的，这是条非常重要的注释，但我现在记不清楚……我是说，我清楚记得两种讲话对象。一种是基督徒，另一种是无信仰的人，基督徒被要求应当待在社会并服从君主，如果君主们是邪恶的，也要耐心地忍受；而另一种人，无信仰者，被告知回到丛林，因为无信仰者毕竟不担负原罪；他可以重新取得原初的善(《第二论》)。

[295]学生：而且无信仰者多少比……强壮些。

施特劳斯：这不好说。我的意思是，这是非常具有修辞色彩的说法，而在修辞之下，显而易见的是……一般而言，讨论卢梭的那些作者们不思考这段话。一位非常杰出的新教神学家，巴特(Karl Barth)写道他从未在卢梭那里发现这种论述——让我们回到自然，这种表述如此……Revenons à la nature［返回自然］……我也没见过。这段话是最接近"回到自然"的表述了，在这段话中，回归自然被呈现为对于那些不信启示的人来说的一种可能性。

学生：我认为他还说——没有明说，但是在［对话中］有非常强烈

---

① ［英文版编者注］注释 x 或 xi。

的暗示。

施特劳斯:我不记得这个。尼科果斯基先生。

尼科果斯基先生:我想知道,关于两种独立原则的这种观点,是否必定与非常明显的自然神论(the deism)相关。

施特劳斯:哦,不是。自然神论通常是一种单一原则。不过,它是个非常含混的东西,你们看,因为某些以自然神论者闻名的人,显得像是自然神论者,深入观察后他们是某种不同的人。不过,我认为,严格意义上的自然神论指的是这种观点,即存在一种单一原则——神圣,可以被自然理性认识,与启示不相容。我认为这是自然神论的特征。换句话说,启示不仅是不确定的,而且与神圣的善不相容。因为……他接下来提出的东西,我认为这就是……让我看一下。对,康德区分了自然神论与有神论,但他在哪儿做的这个区分,在《实践理性批判》吗?我不确定康德在哪里做出这个区分,但我认为,康德的革新在于——自然神论是这样一种观点,根据它——这是一种纯粹理论的观点——存在一个智性的宇宙创造者,与人类义务无关;有神论带有一种道德意味:他也是立法者。但是,据我所知,康德做了这种区分。不过,这很容易搞清楚,通过查阅最好的英语或法语词典,还有德语词典——你们都知道,词典会呈现词语的来源。就自然神论一词的来源而言,我认为它源于17世纪——我知道洛克已经在谈论自然神论——自然神论在这里指相信上帝但是反对启示的人。

学生:这里提到了克拉克(Clarke),他不是……

施特劳斯:是的。我不清楚——我是说,克拉克与牛顿有关,他们与莱布尼茨论战,部分关于物理学(尤其就空间问题),部分关于宗教。不过我现在不知道确切的论点。我认为,关键要害是牛顿承认空间[296]具有神圣属性(诸如此类,如果没记错的话),而莱布尼茨否认这一点。我不知道这个论证;那个时代发生了很多这类论战,自然地,在那个时代。我不清楚。

学生:我有种感觉,自然神论这个词和克拉克关系非常密切,在某种意义上。

施特劳斯:是的,不过,克拉克与莱布尼茨的交锋是在何时?在17

世纪的最后 10 年吗？我记得不确切。洛克在《基督教的合理性》(1695)中谈到过自然神论，这本书要更早；而有这么个……不对，等一下：梅森(Mersenne)怎么说的(这是个非常著名的说法)：有两三万[教徒]，他说自然神论者还是无神论者？我不记得了。这个说法更早，大约在 1630 年前后。但是洛克说，在当时的英格兰，有许多许多(我想他没有给出具体数字)自然神论者。我现在只能跟据我所知的复述，自然神论者是一个相信作为一切的原因的单一原则，即上帝的人，但是，它作为一种理性信仰，排除了启示的可能性。

学生：我想，双重原则学说可能对一位自然神论者有帮助，他想保持与造物主、创造者的关联，并确保日常生活中这种关联不起作用。

施特劳斯：可是，我认为这在当时总会被称为像摩尼教的某种东西，或者类似的东西。我是说，拜尔写过这个。拜尔使之成了一个关键点：只剩下自然理性就会导致摩尼教，也就是说，导致这里呈现的原则，双重原则。但是，拜尔随后当然做了通常的让步(顺便说一下，有些人相信它，今天有些人认为这是真心的让步)，但这仅仅表明理性的不足，因此，人不得向启示让步。你们知道，这是拜尔明面上的教诲。但是，当时并非每个人以这种方式理解他。那被看作一种……他有各种麻烦，包括私人性的麻烦以及其他……他在阿姆斯特丹是加尔文教徒，不仅如此——像经常发生的那样，除了教义问题，还有很多招惹是非的事。

学生：这与摩尼教好像存在基本差异……对于拜尔，这另一个原则不是主动原则，而是被动原则，不是这样吗；那是物质而不是[……]。对于自然神论者，由于恶不是主动的，他们把宇宙描述成一块手表，根据其完全有规律的法则运行，但钟表匠已经可以甩手了，因为……

施特劳斯：但他有物质吗？因为，那必然意味着物质具有某些特性——这是人们理解物质的那种方式。那不再是亚里士多德的物质，没有特性的纯粹物质。但作为物质，它会限制神(Him)；限制神。而且有许多形式。顺便说一下，物质也能够是可理解的物质(intelligible matter)，意思是理智的必然性，就像柏拉图的理念，就像数学法则，它们也可以被看作限制上帝；那么，整个关于神的全能的问题，就以另一种方式出现了:上帝是在能够做逻辑上不可能之事的意义上全能吗?
[297]人们在整个中世纪和现代早期长期讨论不休。现在,我们翻到
第239页,页末。

雷肯先生[读文本]:

确信我的不适当(unfitness)——

施特劳斯:改为"我的不足(insufficiency)"。
雷肯先生[读文本]:

我绝不会推理有关上帝的本性,除非我被上帝与我的关系这
种感受所驱使。这种推理总是很鲁莽;一位智者应该带着颤抖冒
险一试,他应该肯定,他绝对无法探查他们之间的深渊;对上帝最
粗野的态度并非回避思考上帝,而是糟糕地思考上帝。

施特劳斯:这也是个典故,本身可以追溯到普鲁塔克,但拜尔又把
它大众化了(popularized);这就给他带来一个问题,这个根本没有想到
上帝的人可以被说成是行动上的无神论者;另一个认为神不好的人是
个偶像崇拜者或多神论者。他在这里说,这个无神论者、这个行动上的
无神论者比对上帝具有错误想法的人好。我只是顺便提一下这一点。
然后,作为结果,他提出了人在地球上的独特地位,或者甚至干脆说,这
就意味着天使存在还是不存在? 我们之前看过一个段落,差不多就是
这个意思。那么困难当然就是:被造的人拥有很高的命运;看看人是怎
么做的。整全的秩序与人类事物的无序,恶。相关内容在,那个以……
结尾的段落。肯定在241页,第1段结尾:"噢,上天啊,这就是你统治
世界的方式吗?"

雷肯先生[读文本]:

仁慈的上帝啊,你的力量何在?

施特劳斯:"你的力量变成什么了?"

雷肯先生[读文本]:

我发现这个地球上充满了邪恶。

施特劳斯:所以,这就是恶的问题。另一方面,你们看到,从他成问题地确认物质的永恒性看,萨瓦本堂神父好像支持这一点。这是困难所在。那么,在下一段,我们得再读一遍。

雷肯先生[读文本]:

我亲爱的朋友,你相不相信正是由于这些悲观的看法和明显的矛盾,我的心灵中形成了我以前一直没有寻找到的关于灵魂的崇高观念? 当我思索人的天性的时候,我认为我在人的天性中发现了两个截然不同的原则——

施特劳斯:记住这个,这个语言表述:"两个截然不同的原则"。继续。

雷肯先生[读文本]:

其中一个本原促使人去研究永恒的真理,爱正义和真正的道德(of true morality)——

[298]施特劳斯:"爱道德上美的东西"(the morally beautiful)。

雷肯先生[读文本]:

进入智者怡然沉思的知识的领域,而另一个原则则使人故步自封,受自己的感觉的奴役,受激情的奴役;而激情是感觉的指使者,正是由于激情妨碍他接受第一个原则对他的种种启示。

施特劳斯:我们只需要读这些。那么,我们首先看到萨瓦本堂神父以某种方式承认整全中的双重原则,这似乎自然导致对人自身的双重原则的承认。根据前面的讨论,这意味着这双重原则对人而言都是自然的。因此,既然这是一个恶的原则,那么在人的世界中有那么多恶就不足为奇了。但他在这里似乎忘了这一点,就像接下来表明的那样。我们读下一段。

雷肯先生[读文本]:

> 年轻人啊,你要深信不疑地听我的话,因为我始终是诚诚恳恳地说的。如果说良心是偏见的产物,我当然是错了,而公认的是非也就没有的;但是,如果承认爱自己甚于爱一切是人的一种自然的倾向,如果承认最基本的正义情感是人生而有之的,如果承认这些的话,谁要是再说人是一个简单的生物,那就请他解释一下这些矛盾,他解释清楚了,我就承认只有一种实体。

施特劳斯:所以,换句话说,这个论证我们现在好懂一点了。可惜我们今天讲不完了;时光流逝的性质就是这么奇妙——[施特劳斯在黑板上写字]。那么,我们有宇宙的双重原则。出于方便,我们就称之为上帝和魔鬼。那么,如果整全有双重原则,人也就有双重原则:一个,让我们称之为内在正义(the innate justice),内在的正义原则,道德;这[另一个]是自私原则,让我们称之为自我主义(egoism)。这是人的本性。与主流学说相比,这当然完全是异端。那么,他做的事有点不同,他以下述事实反驳通行的观点:这可以说是灵魂的原则;而这是身体原则。有两种实体——这当然就是通常的学说:唯一的上帝、唯一的原则创造了两个实体,灵魂和身体、意识和物质,或者不管它们叫什么。你们看到了吗?这是个非常复杂的图景。

学生:这就从摩尼教走向了笛卡尔的……

施特劳斯:不,这不是……不是的,上帝创造了灵魂与身体,这是普通的一神论学说。

学生:不,他从摩尼教走向了笛卡尔主义。

施特劳斯:是的,你可以这么说,至少就通常理解的笛卡尔主义来说;但更一般地说,他走向了一神论学说。

尼科果斯基先生:他真的公开说灵魂和身体都来自相同的来源吗[……]？这很关键。

[299]施特劳斯:好吧,我们的报告人,你能回答尼科果斯基先生的问题吗,萨瓦本堂神父有没有明确说唯有上帝创造了这二者？我记得他没有明确的论述,不过你们不能忘了,他没有明确说有这两个原则:他只说也许有。但这当然……他肯定不信一神论——至少这是清楚的——而且他也说了。换句话说,他用上帝与魔鬼的二元论使上帝不为恶的事实负责——同时,也以某种方式让人类为恶的事实负责,你们明白了吗？可是,此后他用这些东西,通过这种灵魂与身体的形而上学二元论,提出一种不同于自私的道德原则。我搁下文本有一会儿了,因为我们得在结束之前讲完它,而且看看……你们明白问题是什么了吗？我们必须记住:如果有灵魂和身体[施特劳斯在黑板上写字],这个与正义、完全致力于公共善有关,而这个与恶有关……所以,我们有两个冲突的道德原则。只有一个是好的道德原则;另一个是坏的。可是,我们之前关于恶的问题了解到了什么呢,在这个神学部分开始之前？

学生:[……]自爱——我忘了那个词——骄傲和德性。

施特劳斯:我知道你的思路是对的,可你忘了点东西。

学生:Amour-propre[自恋]是道德基础。

施特劳斯:那么,从根本上看所有的激情,所有的激情都源于自爱——amour de soi,自我保全。那么,存在某种混杂,amour de soi[自爱]由于它而变成了amour-propre[自恋];在那里,amour-propre[自恋]仅仅是由对待他人而构成的一种激情。(举个简单例子)如果你饿了,这严格来说在你身上;要确信你饿了,不需要对比。我的意思是,别人可能都不饿,这也不会消除你的饥饿。但是,就别的事情来说,与他人的对比对于构成激情是必需的——就怜悯和骄傲来说也是如此。我们上次已经看到,怜悯也基于与他人对比:我比他的状况好,所以我能怜悯他。那么怜悯与骄傲——方便起见,让我们假定骄傲是坏的,怜悯是好的[施特劳斯在黑板上写字]。因此,这来自同一个根源,这个根源被称为自我保全。卢梭承认,怜悯不是普遍地好:有一种愚蠢的怜悯。可是,你如何能够区分合理的怜悯与愚蠢的怜悯呢? 答案是:通过一般化——你们记得它,这个在很多方面听起来都很怪的段落:对人类整体的怜悯,而且,你只有根据这种普遍的怜悯在特殊情况中运用你的怜悯。换句话说,你从叫作 amour de soi[自我之爱]、自爱、自我中心原则本身的唯一的东西中得出了严格一元论的道德。换句话说,利他主义是自我主义的一种修正。我的意思是,在"信仰自白"之前呈现的道德学说不需要两个原则;而萨瓦本堂神父认为道德问题需要两个原则:一方面是恶的原则,[而]另一方面是德性原则;而这对应于身体(只是我自身)与灵魂(它能够接受整全)的形而上学二元论。

　　学生:是不是可以说,"信仰自白"之前的道德学说基于一个原则,这一点很确定? 我这么问的原因是,如果你考虑《第二论》,[300]卢梭在前言中说,自我保全和同情是对人来说最自然的事;建立自然权利最自然的两件事——对人和对动物都是——是自我保全和同情。而且,只是后来在脚注中——可以说在这里是个改写——卢梭才补充谈到关于 amour-propre 的这件事和所有与 amour de soi 紧密相关、源于 amour de soi 的激情。所以,存在这个二元论的冲突的原因是……

　　施特劳斯:是的,可是并非如此……为了论证的目的,我们暂且认可这个说法;就对激情的分析而言,毫无疑问《爱弥儿》是比《第二论》细致得多的作品;根据一些十分一般的解释原则,我们必须说,在《第二论》与《爱弥儿》有冲突的情况下,《爱弥儿》有优先权,因为在写作《爱弥儿》之时,卢梭知道他在写作《第二论》之时所知道的一切,反之则不然;这很清楚。所以我想,说到卢梭的心理学,其主要来源是《爱弥儿》而非任何其他东西。当然,我们也必须了解其他作品,但在这里他的意思就是这样。

　　学生:那么,这对他的自然权利学说意味着什么:他的自然权利学说依赖于两个原则这一点,然而……

　　施特劳斯:这可能仍然是……与《第二论》比较,这没有根本改变。因为,卢梭为何需要这两个原则呢? 因为,如果我们只有自我保全而没有怜悯,我们就根本没有理由考虑他人。

学生:对。

施特劳斯:那么卢梭就会说,后来当怜悯随着自然状态的衰落而衰退,必须有另一个原则取代它。什么原则呢? 普遍意志(general will)。可是,什么是普遍意志呢? 普遍意志就是普遍化了的个别(the generalized particulars)。回到我的简单例子,个别意志是不交税。然后你将它普遍化并且说:所有人都不应该交税。这样一来,你发现你的意志很蠢,于是抛弃了它;否则你就是个蠢人,然而——换句话说,理性的自私使怜悯变得多余。理性自私是指一种经过如下事实修正的自私:我们必须在社会中生活,这是卡彭(Capone)甚至都会承认的事,只是他没有足够的逻辑看到对他人工作的依赖意味着什么,他认为他能独占独得。我们知道,有时候这样做行得通,但这种方案没有任何内在合理性。

学生:但我的结论是,根据后一种表述以及那个脚注——我认为它非常重要——难道我们不能回过头来说,即使就这第一件事来说,怜悯其实也源于自我保全吗?

施特劳斯:是的,你可以这么说,但这个关于怜悯的学说阐述得不够清晰。我的意思是,那里的表述完全站不住脚,因为那意味着自然人这种猩猩比最文明的人更有怜悯感,这显然是荒谬的。我的意思是,卢梭必须作出改变,在这篇紧随《第二论》的作品中,在《语言的起源》(*Origin of Languages*)[301]中,我相信他已经就此进行了修正。我认为在这里我们可以看到他的成熟表述。

现在让我这样总结一下。这里我们有人的两个原则:针对任何他物优先考虑自己,完全的唯我论(egoism),而这一点似乎会追溯到物质;天生的最初的正义情感(sentiment)似乎可以追溯到上帝。但是,这个思想发生了这种转变:人不是……不,那也将意味着,人当然不对那个唯我论负责,因为这属于他的自然构造。我是指善和恶的宇宙原则共同造成的自然构造。但是,这不是萨瓦本堂神父得出的结论。他得出的是这个结论:他理解人的两个原则——自私与不自私,并且将它们追溯到身体与灵魂这两种实体。由此可以得出,意志(willing)——亦即理性欲望、道德的欲望(virtuous desire)——的根源在灵魂中,而激情的根源在身体中。这一点后来得到了发展。那么，一个大问题当然就出现了：如果作为理性欲望的意志是道德的欲望，这就意味着不可能有坏的意志。[这是]他在 243 页处理的另一个困难。

抱歉，我们今天到此结束——我们今天无论如何都没法讨论完这个非常重要的部分；下次在尼科果斯基读他的论文时我们会有时间，因为这些思想非常……你们知道，它们相当简单，因为我希望……不，这次课后我们有个很简短的作业，所以，我们可以说，到下周二结束时我们就又补上了。

[本次课结束]

第十二讲 《爱弥儿》卷四:信仰自白(下)

施特劳斯:[302]首先,我想感谢你和博扬先生给我提供百科全书中的这些摘录,它们表明我上次关于自然神论的说法是正确的。我的意思是,当时讲得不够集中,但主要观点是这样:自然神论是指,将一个有思想、有意志的神认作宇宙的原因,可以为独立的人类理性所认识,并且在此基础上拒绝启示宗教。我想,这是关键点。

我现在说回来。首先,外在问题。我们的译者说的是 Sophronisque,她误导了你。苏格拉底的父亲叫索弗洛尼斯库斯(Sophroniscus)。当然,写成法文就是 Sophronisque,她不知道这一点。又一个谴责她的理由。

第二点是小问题,无关紧要:这个表达是 cuius regio, eius religio[在他的国土上就是他的宗教],据我所知,这句话比"威斯特伐利亚和约"早得多:在 1555 年的"奥格斯堡和约"之类。这一点不重要。

现在让我们转向更严肃的问题。你有很多出色的评论,但有一点……你说,爱弥儿必须接受某种实定宗教,这是你的印象吗?

尼科果斯基先生:是的。

施特劳斯:我只是想确认一下;之后我们得处理这一点。

我要谈谈你论文的一些论点,我们今天也许不能讨论你的作业,因为我们上次欠的账太多。把宗教的地理界限看作对作为普遍启示的启示的反驳;你之前听说过吗? 穆埃勒先生,你好像对此有所了解。

学生:我想到帕斯卡尔。

施特劳斯：不，帕斯卡尔没有提过。不，是孟德斯鸠，在他的《论法的精神》中，在他谈到局限于西方世界的基督教与更东边的世界的伊斯兰教之时——你知道，传播宗教有自然的障碍。甚至在向回看的时候你会发现，你会发现比如帕多瓦的马西利乌斯的《和平的保卫者》无论如何也暗示同样的思想。这是老生常谈了。我想，人们可以说，普遍社会的观念源于启示宗教，而非源于哲学。我认为，哲人们总是认为只可能存在特殊社会。我在伊斯兰中世纪的某处研究过，［303］那里有很多讨论，这是我得出的结论。对此，马赫迪先生（Mr. Mahdi）远比我知道得多。

然后你谈到拟人的神（anthropomorphistic god），作为启示宗教的本质构成的拟人的神。

尼科果斯基先生：我自己没说这是启示宗教的本质构成，我只是表明，这是萨瓦本堂神父和卢梭在这本书中的主要观点之一，而不是［……］。他们好像是说，如果这是本质构成。

施特劳斯：是的，这次读《爱弥儿》的时候我想到，当卢梭谈到与l'homme de l'homme［人为之人］对立的l'homme de la nature［自然之人］之时，这就与此有些关系。自然人与拟人化的神所理解的人做对比。我可以顺便提一下。

关于萨瓦本堂神父的观点具有不令人满意的特点，你提出了一些点。当然，为了公允地对待卢梭，人们必须将基督教的论点，尤其是萨瓦本堂神父阐述的天主教（Catholic Christianity）论点，与巴黎大主教这类同时代的天主教辩论家的阐述方式进行对比。我的意思是，如我记得的那样，巴黎大主教不反对教会以外无救赎的一般理解。人们必须了解这一点。

但这些都是次要观点。我现在说更重要的一点，这就是新教与天主教的问题。卢梭如何理解新教？我认为这在《山中书简》中呈现得相当清楚，《山中书简》是对日内瓦人说话的。新教的观点，我想这是我们在学校都学过的观点（因为我是在一个新教国家上的学）：宗教改革（Reformation）所做的一件大事就是解放个人的判断，亦即普遍神职。这意味着，每个人都拥有跟任何其他人一样的《圣经》解释权；没有严格意义上的教会权威(ecclesiastical authority)。所以,此时在新教中这当然——在路德和加尔文那里——至少仍然与对《圣经》文本之神圣性的信仰紧密相关。然后就出现了这种发展,一旦你同意个体原则,每个基督徒就都是跟别人一样好的评判者。然后其他问题就来了——比如文本问题:文本可靠吗? 你们知道有异文(variant readings)和很多其他情况。好,每个人都可以判断文本。那么还剩下什么呢? 荷兰人有句谚语,geen ketter sonder letter[没有文字就没有异端]——对教会来说。最终,严格意义上的新教完全变成了纯粹的理性主义:凭借其自然理性,每个人都成了评判者,他是否接受《圣经》,再次取决于他的推理的结果(你们知道,像奇迹、可靠的传统等等一般的证明是否有效)。这是卢梭认为理所当然的一个观点。换句话说,不是……这当然不是加尔文《基督宗教要义》(Institutes)中的新教。它被掺了很多水分——我的意思是,那个时代的新教,大部分当然或多或少是理性主义的,但我认为要点就是如此(而且这一点在我们往下看的时候就会呈现出来):卢梭在某种意义上肯定是民主派。

[304]民主要求并且意味着平等,在某种意义上,正如投票平等、决断平等亦即决断权平等表明的那样。在完全世俗的学说中,这非常清楚。拿霍布斯来说:每个人都跟别人同样有资格对其自我保全的手段进行判断,傻瓜和明智之人都是如此。那么,如果这正式成为民主原则,这当然就适用于其他事情,所有具有公共意义的事情,我可以这么说。我的意思是,没人会说这涉及的是做鞋或者物理学,而是所有具有公共意义的事情。宗教显然是具有公共意义的事情,因此,不能有任何宗教权威。因此就有了主要是反对天主教的意涵,自然如此,因为世俗权威的存在。新教的教会权威——至少新教的大陆形式,路德宗和加尔文宗——你知道,这些严格来说是教会权威:教会会议(synods)及其一切。直到今天,这个问题在这个国家仍然存在。这个问题[就是],民主制是否与任何不是源于人民的权威相容? 宗教权威本质上不是源于人民。我想,这是我们在这里必须记住的一点。

你提出了与此相关的一点:自然宗教最终像启示宗教一样造成了同一个问题,如果我对你理解得正确。据我理解,你的意思是,因为不

是所有人都会相信自然宗教,我们拿最明显的例子亦即无神论者来说:
无神论者与萨瓦本堂神父的追随者们难道不具有同样的权利吗?因
此,换句话说,虽然萨瓦本堂神父愿意宽容所有对自然宗教做加法的
人——天主教徒、新教徒、犹太人,或者无论什么人,他不是同样必须宽
容对自然宗教做减法的人吗?这不是你想说的问题吗?然后,你得出
了如今当然非常普遍的观点:政治社会关于宗教事物没有任何权利,什
么权利都没有;那么,结果就是最严格意义上的政教分离(separation of
Church and State)。就是这个道理,但卢梭当然会这么说:自然宗教对
公民社会显然极为必要,以至于关于启示宗教的道理对自然宗教不适
用。你可以有一个自然神论者(deists)构成的正派社会,也可以有一个
基督徒的正派社会,而且他会说,前者甚至比基督徒的社会更有可能;
但你不可能有一个无神论者的正派社会,因此,公民社会有权(enti-
tled)甚至有义务建立公民宗教;这正是他在《社会契约论》著名的最后
一章关于公民宗教的说法。你同意吗?

尼科果斯基先生:是的;还有一点,自然宗教本身可以是普遍的
(universalistic),而且在结果上可能与基督教一样,会对政治社会带来
同样的问题。

施特劳斯:噢,是的;这是他在《山中书简》中着力讨论的问题,他
在那里谈到人性与爱国的对立;你指的是这个吗?这是对的,这非常正
确;我们还没考虑这一点。

尼科果斯基先生:所以,关于法国的天主教,这是最困扰他的事之
一,同样,这种自然宗教某种意义上也面临这个问题。

[305]施特劳斯:不,这不仅是天主教的问题,也是从任何解释来
看的基督教的问题,因为《新约》的道德显然想成为一种普遍的道德。
我的意思是,有很多事情,因此《社会契约论》最后一章关于公民宗教
的观点大致是这样:正确的事情是有一个特殊宗教,每个社会、每个城
邦都有它自己的宗教——所以,区别很明显,你知道,如果你到另一个
城邦去,你就得敬拜别的神——因此,宗教与爱国是一回事,而且这是
可能的最封闭的社会形式;但是,他说这就导致残忍,因为,不同城邦的
成员之间没有任何纽带(bond)。所以,你就采用一种普遍宗教,基督

教:它是人道主义的,本质上不是好战的、残忍的或者血腥的;但卢梭说,这就会削弱爱国主义,你知道,因为超政治的(extra-political)纽带至少与政治纽带一样有力。卢梭有点闪烁其词,他得出结论说,必须有某种东西,这种东西……是的,除此之外,当然他在这里也提到了权力的二元论。如果有两个……在基督教处境下,你以这样或那样的方式得到一个区分,世俗权力与精神权力的区分,这会削弱政治体的主权。因此,最终解决方案就是他所说的公民宗教,这种宗教实质上是我们在萨瓦本堂神父这位新教徒这里看到的。但是,那里没有继续讨论爱国与人文主义(humanism)亦即人道主义(humanitarianism)的冲突问题。这个问题还在。因此,卢梭的含混之处是:一方面,他通过一种国家的联盟看到一个解决方案,如此一来,各主权国家就成了一个普遍社会的成员,这样一来爱国就不再意味着好战:这是当前的解决方案,至少有些人这么看,你知道吗? 可是,另一个选择则是一种非常好战的民族主义。和平主义——如果我们能够称之为和平主义,它意味着一种由所有国家构成的国际组织——和另一个选择,也就是非常强硬的民族主义,卢梭是在同一个层面上理论性地思考这两者的。

学生:可是,卢梭真的没有倒向民族主义一边吗? 我的意思是,他谈到了普遍的人与普遍的宗教,但它们总是在某种程度上导致……

施特劳斯:是的,特别是考虑到那个时代的诸多可能。当然,我指的是这二者……但是,仅仅作为一种理论上的情况来看,人们可以说,支持联合国的民族和反对联合国的民族同样可以在卢梭那里找到来源。至少我想说这一点。

然后你谈到了语境,表述得非常好:直接的语境就是如何控制性激情的问题。萨瓦本堂神父宣扬的宗教,意图是作为它的唯一手段,这也是卢梭的严肃意图,对此我确信不疑。但是,正如你肯定已经注意到,这并不意味着"信仰自白"就是真实的。我的意思是,有些不真实的东西或许有益于教育和政治目的,这很明显。你注意到这一点了吗?

尼科果斯基先生:在谈论关于狐狸与乌鸦的第一个寓言时,卢梭说的一些话与"信仰自白"结尾所说的话类似:他在某个地方说,这是向你的学生展示如何推理的方式,这是在他讨论寓言的某个地方。当然,在"信仰自白"的结尾,他说这是向爱弥儿展示如何推理宗教事物的方式。除了一个区别,在这个寓言当中,他让学生做判断,至少从表面上看,在"信仰自白"的结尾他不让爱弥儿下判断;[306]他不打算像在这个寓言中所做的那样引导作出一个判断。对此我不能得出答案,不过对应的措辞非常有趣。

施特劳斯:或许我能回答。我不是很肯定,我有没有很好地理解你在谈论更大的语境问题时想表达什么——不过你提到了这个问题;我指的不是性这个直接语境,而是整部书的更大语境。你记得,这个大的语境是[施特劳斯在黑板写字](说到粉笔,他们太小气了),你记得,在开头,他将这个问题论述成一个不可解决的困难:人与公民。这是柏拉图在《王制》(Republic)中的做法,展示公民如何[⋯⋯],这也是吕库古斯在斯巴达的实践:个体完全服从政治社会。另一个选择是把人教育成非政治的、严格来说是非社会的存在者。这是卢梭在《爱弥儿》中想做的事情。卢梭断言这二者不可能结合,我相信他是这个意思。但是,某种结合是可能的,《爱弥儿》呈现了这一点:(我们之前也看到过)他毕竟要让爱弥儿成为共和社会的一个领导者,这一点我们已看到了。所以,换句话说,这个为了非政治生活而接受教育的人要去实现政治作用。

在我看来,正是这种联系使"信仰自白"至关重要。"信仰自白"正是作为一种政治的或公民的宗教服务于弥合人与公民、个体与社会之鸿沟的目的。作为个体的个体,只关心他自己在最高层次上的福祉,这个层次也许是完美的有德性之人,但只是为了他的完善,就影响别人来说,他只是偶然为之。那么,如果要让人优先选择共同的好而非他自己的好,就要彻底改变人,用卢梭的一个极端的表述来说,这就是使人改变本性(denatured),dénaturé,从而成为一个公民。那么,如何改变本性(denaturation)——翻译成英文怎么说?

学生:Denaturalization[改变本性,去自然化]。

施特劳斯:真的吗?化学上怎么用这个词?是denatured[改变性质]吗?好的。那么,在《社会契约论》中,我们看到卢梭在关于立法的那一章中有一个说法。立法者——你们知道,大立法家——是这样一个人，他将人从人转化成公民，而且，他的做法是利用诸神。只有在信仰诸神的基础上，人们才会相信共同的好高于私人的好。什么样的诸神都管用，正如立法者那章暗示的那样，但还是存在一些区别；[考虑到]聪明的选择，明智的选择，从那个观点出发，卢梭倾向于萨瓦本堂神父的一神论。[施特劳斯在黑板写字]这就是"信仰自白"建立的桥梁；但这里就有困难了：谁是爱弥儿？他是哪种人？卢梭反复提到这一点。

学生：一个普通人。

[307]施特劳斯：un homme vulgaire[一个普通人]。所以，这个解决方案，这个调和，只对不属于最高层次的人而言才是可能的。对于最高层次的人，这个对立仍然存在。这意味着，这位孤独者——卢梭，正如他在《孤独漫步者的梦》中的自我描述——他仍然……他不是公民；他是人。我的意思是，从法律上说他是一个公民，但在最深的意义上，他不是[一位公民]。[他是]人。有个说法——我不知道我记得准不准——他称自己为无用的公民；他承认自己是个无用的公民。但是，从城邦的观点看，正如他所说，无用的公民就是个无赖。所以，换句话说，从政治的观点看，从公民的观点看，卢梭承认自己是个很成问题的人。但是，他否认政治评价的根本性，他很可能会这样争辩[施特劳斯在黑板上写字]：只有这位疏离政治社会——孤独——的孤独者，才是唯一能够给政治社会提出最佳建议的人。所以，[正如]他宣称，他在某种意义上是人类的恩人，但是，之所以如此，是因为他严格来说不是一个公民。

在使用卢梭所用的这些极端的语词之时，人们就十分轻松地认识众所周知的现象，但是，他想的是我们都熟悉的某种东西。我不知道我用的是不是正确的语词。我的意思是，自由民主制在卢梭之后的进展大量吸收了卢梭的观点，但也在许多方面偏离了卢梭。今天的一般看法当然是，个体与公民之间没有根本冲突，没有冲突。如他们所说，有完全的言论自由；任何人都能宣扬任何东西，公民宗教或任何这类东西都不可能。根据强硬的自由主义学说，甚至不需要关于基本事物的一致。你们知道，更早的说法是：你必须就基本事物达成一致。他们说，不,你只需要关于程序的一致(你们没有听过这种观点吗?),关于程序的一致,[比如]每四年选举一届政府之类的事情。结果就是,我们接受这个机器产生的所有结果。你们听过。这似乎完全解决了卢梭感到的政治问题和所有困难;他感到的所有矛盾都消失了。但是,即使……在那种社会中仍然有某种东西让我们想到这个问题,这在某种意义上……在那种社会中有一群特定的人,[他们]在某种意义上处在最高端,在另一种意义上又相当边缘。我不是指知识分子,这太笼统了,因为根据我对这个词的理解,工厂或写字楼职员都是知识分子,因为他靠读写谋生,不是吗? 我认为,他们所说的知识分子是这个意思,所以这太笼统了;因此,让我们说说艺术家。艺术家是什么呢? 根据一个众所周知的定义,他是社会批评家、社会的良知。想想人们怎么说斯坦贝克(Steinbeck),还有《推销员之死》——是米勒写的吧? 我没读过;我只是在[芝加哥]《太阳时报》的版面上读到过这些东西,但我相信……我有时候问读过这些东西的人,他们告诉我,我对它们的看法是对的,所以,我完全不需要读这些书本身。所以,在一种意义上,这些人是社会的良知,从某种意义上说远远比总统更是如此,在另一种意义上,他们确实是边缘的。我认为这是自由社会中的反思……或者,想想罗素(Bertrand Russell)这类人物,罗素给赫鲁晓夫(Khrushchev)和肯尼迪(Kennedy)发电报。在一种意义上,[他是]极为边缘的人——正如他自己首先愿意承认的那样:[一个]不守成规之人(non-conformist)……是的,我们如今得到的自由民主制相信,完全可能使不守成规之人融入一个根本上[308]循规蹈矩的社会,因为,每个社会都在一定程度上是循规蹈矩的。这是要点所在。卢梭看到这不可能:真正的不守成规之人无法融入社会之中,社会本身在一定程度上显然是循规蹈矩的。我们相信鱼和熊掌可以兼得:既有必要的凝聚力,又对不守成规之人具有所谓无限的开放。卢梭这里看到了一个困难,很简单地说:社会需要关于基本事物的一致,但这些基本事物未必是正确而正当的。因此,必须有能够质疑它们从而因此改善社会的人。没有任何可能的解决方案。我的意思是,如果你说有《第一修正案》来保证对基本一致的公开审查,那么,每个人都来审查(你们看到了吗?),而这是不可能的。但另一方面，你不能说，你不能制定一条法律，［它说］只有第一等的人可以参与批评，因为这不是一个合法表述。管理者们怎么选出这些人呢？这样一来，就会导致极为荒谬的程序：要知道哪些人应该有这种特殊地位，他们得在这些人死后等上两三代人时间。我说清楚问题所在了吗？换句话说，我强调这一点的一个理由是：我认为，就所有实践目的来说，人的最深层弱点就是相信鱼和熊掌可以兼得。很自然，我们今天的社会像其他任何社会一样深信这种可能性。

但是，卢梭这样的人是有用的，无论他们的具体论断具有何种正确性，因为他们让我们想到这些无法［消除］的坚硬棱角。在我看来，卢梭看到的基本问题是这样的：必须有不受法律限制的社会权威，可是，如果没有任何批评它的方式，人亦即人类就会消亡。这个问题［……］，没有任何法律的解决方案。因此，我的意思是——这本书所推崇的不合法（illegality）已经表明，一个法律的处境是何等不可能。施罗克先生。

施罗克先生：孤独者或者卢梭的特征，与其说是理性，不如说更多是高昂的感觉或情感，是吗？或者，作为批评家的艺术家被颠转了；他的感情（emotions）参与其中了。我提到这一点，是因为卢梭在《第一论》中提到理性人——培根、笛卡尔和牛顿——严格来说表现出来的一个类似的功能：疏远或者身处国王们的宫廷——我不知道——提出建议或批评。但他们是理性人。换句话说，他似乎远离了……

施特劳斯：是的，但这样一来我们上次讨论的问题就出现了：你能不能将卢梭等同于萨瓦本堂神父？你们明白了吗？我的意思是，萨瓦本堂神父的神学可以说更多基于情感而非理性。这种性质的学说能够以不同于理性的情感为基础，卢梭同意这个观点吗？换句话说，这个学说的情感基础不是如下事实的结果吗：这个学说面临无法解决的怀疑？

施罗克先生：我不太认为可以等同，或者……

施特劳斯：是的，但这些问题分不开。我的意思是，如果你要说，因为萨瓦本堂神父的一些话，你必须纠正卢梭在更早时候表达的观点，那么，你必须知道卢梭和萨瓦本堂神父是一回事。

［309］施罗克先生：我更多想到的是《孤独漫步者的梦》和这个

[……]其他顶点。"信仰自白"是结合人与公民的方式;但是,你可以看到对爱弥儿的补充——爱弥儿[也许]会采纳"信仰自白"——孤独漫步者或者有远见的艺术家是[一个补充]。但是,我认为,这位有远见的艺术家,这位有心之人完全不同于培根和笛卡尔。

施特劳斯:不,完全没问题。但要点是这个(我怎么用最简单的方式来表述呢?)。在《孤独漫步者的梦》这部更晚的著作中,卢梭重申(甚至比《爱弥儿》论断得清楚得多),他实质上同意萨瓦本堂神父。他先说了这一点。然后,你们看到一个很长的讨论,[关于]人是否有义务说真话——之后出现了一个很长的讨论。答案是人必须就每一件有用的事情说真话——就每一件有用的事情。所以,换句话说,如果让你说出一条小溪中有多少鹅卵石的真话,你在这件事上骗人,这就不是说谎。很好。所以,它必须是有用的。但这当然就意味着卢梭在这里没有明言的事,但他给了暗示:如何对待危险的真理? 很清楚,如果诚实的责任仅仅适用于有用的真理,那么,就有隐藏危险真理的道德义务。然后,论证继续,在有些地方,萨瓦本堂神父的学说与卢梭的说法之间的矛盾变得十分明显。我们会再回顾这些段落;现在我们必须回到语境。博扬先生,还有莫里森先生。

博扬先生:抱歉,在你继续讨论这个冲突亦即卢梭与自由民主派之间的问题时,我没跟上,还有兼得鱼和熊掌的问题等等。

施特劳斯:好吧,问题是这样:今天,我的意思是,如果你去看极端的自由主义路线,他们说民主制与无条件的言论自由相容,甚至需要它。你们知道,他们在这方面走得很远,甚至当淫秽文学……你能不能做任何事情反对它,都变得非常可疑了。很好。但这样一来你必须说……当然,他们承认共产主义者或法西斯分子的宣传权利是理所当然,如你们所知。然后,有些人对这些困难十分警惕,这些原来非常自由主义,比如胡克(Sidney Hook),他们说:允许有异见;不允许有阴谋。这是个漂亮的说法,在许多方面都有用,但它当然不充分,因为划分不可能这么容易,因为异见很可能是个长期的阴谋。这样一来,问题就变成了[这样]:这就是长期和短期阴谋的区别问题;你会从哪里划分呢——因为,长期的阴谋在关键的时候或许在一夜之间就变成了短期的阴谋？所以这些是非常困难的事情。但是更一般地说,美国社会的兴衰系于大多数人关于自由民主制优于其他政体的一致意见。比如说,如果半数美国人民不信任它,那么这个政体就会很脆弱……看看法国。所以这很清楚。所以,如果没有这种一致——不是所有个体的一致,而是 maior pars,maior sive melia pars[社会中更大或者也许更好的部分的一致]任何政体都不能持续。这需要一些捍卫行动,不管美国人民主行动组织(Americans for Democratic Action)怎么说;使之成为必要的那些困难迟早会出现。[310]卢梭已经想得很透彻了。他说,是的,这不是人们必须勉强承认——你们知道——并且在极端情况下奉行的某种东西,人们必须公开承认这一点:一种政制必须捍卫自身。这需要某种教育——我的意思是,例如,在学校里向国旗宣誓效忠,诸如此类;这当然是教育的一部分。我不知道研究政治社会化的人有没有考虑过这类问题,但这的确是政治社会化的问题:培养孩子相信自由民主制的优越性。但是,如果是这样,如果每一种政体都依赖于对确定原则的忠诚,而这些原则必须捍卫,这至少意味着对言论自由的限制——我的意思是,你仅仅面临内战威胁的时候这样做,还是适时地这样做,这是政治明智或不明智的问题,这很清楚。

现在我提出另一点:人世中曾经存在的任何政制都不是真正完善的,因此,那个社会中必然应该有这样一些人,他们将发现这些缺陷并且以明智的方式——以明智的方式——等待机会安全地改善它。但是,所有个体行动都得基于某种连贯的思想——这正是政治哲学的含义——因此,换句话说,人们需要卢梭这样的人。可是另一方面,我可以说,由于他关于最佳政体的论述必然在某些地方与现存秩序相左,他在某种意义上是个危险人物。今天的观点是,这些人、自由社会的良知、社会中坚或者不管他们怎么称自己,他们不应该被看成危险的人,而应该……你们知道,只要想想罗素就行了。换句话说,人们某种程度上对其中潜在的严重政治问题视而不见。那么,莫里森先生,我希望……你要继续吗？

莫里森先生:是的,关于同一个论题[……]。我在想另一个党派,就像你会说的那样——我忘了确切的词:它有点像自我批评的党派

［……］，在苏联——但他们已经尝试将这一点制度化，因为他们不允许它［不受管制地］运行。他们试图将它制度化，这造成了一些非常有趣的事情。在尝试……之时，他们让自己陷入了麻烦，这个事实揭示了问题所在。

施特劳斯：是的，在那里显然如此，因为他们明确否定任何言论自由；他们甚至不［承认］最低限度的言论自由，没有这种自由，自由社会就是不可能的——这些自由就是对当前政府人员、对严重罔顾正义和所有这类事情的批评，比如说报纸或其他载体上的公共批评。你们知道，毕竟这种自由不仅是无害的，而且是必不可少的。我的意思是，他们走到了另一个极端——你们知道这种怪事，甚至在那里的大学里，严肃讨论马克思主义的原则都绝无可能。在那里，你甚至连托洛茨基（Trotsky）都不能读，据我理解，他毕竟是个马克思主义者。

学生：有趣的是，我知道，学校的历史书里没有他的名字。

施特劳斯：是啊，显然。我的意思是，这事太野蛮了，有个事实很好地说明了这一点，他们的主要报纸叫作 Pravda，我听说是真理的意思。人们完全没法严肃看待它，［311］除非因为他们全副武装。我的意思是，人们本可以严肃看待他们，正如人们必须非常严肃地看待恶棍。

莫里森先生：但特别有趣的一点是，现在他们确实有了一个东西——这个东西有一个专门术语——就是自我批评；而且，他们非常重视它，因为他们认识到他们需要它。

施特劳斯：是的，但这意味着什么呢？

在某个工厂里，在水管工人和工程师的会议上，某个聪明的水管工人可以说，"工程师先生，你上过大学，但你实际经验不多；你用这个小开关就可以起到同样的效果"——这是自我批评。或者，自我批评也适用于一些不太［重要的］、次要的经济措施，但是，如果有人严肃地指出整个农业政策在根本上是错的，我想，这就不再被认为是正当的自我批评。无论如何，自我批评当然只意味着对具体措施的批评；它不意味着批评这个政体根本上的危险缺陷。巴特沃斯先生，你先说。

巴特沃斯先生：基本上还是同一个问题，只是换了个角度。你在黑板上勾勒概要时,谈到了作为孤独漫步者的卢梭,以及这个关于无用的卢梭的问题——我认为有一件有趣的事,那就是注意到卢梭在《孤独漫步者的梦》的这一段中[提到了]这一点,他说,是其他人让他无用,[或者说]不让他有用……

施特劳斯:不,不;最终的表述是,他说,他永远是一个无用的公民。哦,我明白了;我想起你说的部分了:正如在他之前的不少人那样,卢梭将他的缺点从政治的角度说成被迫的结果。换句话说,他只想做个好钟表匠或者公民工程师之类的人,只是他发现坏人妨碍了他做到这一点。但这个……

巴特沃斯先生:不,我不是这个意思。也许我的理解有误,我是这么理解的,就卢梭是无用之人来说,这是因为他是个哲人或者社会批评家。但卢梭似乎是说,只是因为哲人们(les philosophes),那个圈子,不让他[312]有用,他才变得无用。换句话说,如果卢梭没被人批评,他就会有用;我想知道这是什么意思。

施特劳斯:我没法……我完全不懂《孤独漫步者的梦》。

巴特沃斯先生:在“第六漫步”。

施特劳斯:不,我只能说——断言,你不一定要相信我——我认为他确实……孤独者不只是碰巧是坏公民或者令人不满的公民,本质上也是;因为他存在的中心是他的私人生活,生存感觉[……]。但是,这种偏离(eccentricity)碰巧——但这是一种必然的巧合——使他成了社会的良知,成了立法者们的唯一教师。

学生:但是,如果卢梭能够实现他的学说,那么,他不就在最高意义上成了最有用的公民吗?

施特劳斯:是的,但不仅仅是公民,因为这适用于所有国家,你们明白;这也超越了个体城邦(polis)。我们必须往回看;再有两个,那么我们就完工了。

学生:我正想往回看……换句话说,如果我正确理解了你,那么你提到的这个问题是民主制的一种两难;你说的是,现代自由主义理论没有认识到这是个两难,但卢梭认识到了。

施特劳斯:是的,你可以这样表述,但不仅是自由民主制。不过,在它这里尤其模糊,因为,更老的政制一般来说有限制,那里会有一些类似东西;但是,在自由民主制中,尤其是根据自由主义的解释,毫无限制:除了在拥挤的剧院里大喊"着火啦",它允许任何言论。你们知道,我夸张了点。

学生:对于政府限制自由言论,卢梭是什么立场呢?

施特劳斯:读一读公民宗教这一章。我的意思是,必须有一个国家宗教;一个国家宗教,任何不赞成的人都不能成为公民;如果有人赞同它,却违反它的信条,[就是]死罪。顺便提一下,这产生了一些实践结果。在法国大革命期间,他们对大写的理性(Reason)有一种崇拜,这就是践行卢梭公民宗教的一种方式。

那么,让我们回到观点。上次我们讨论了萨瓦本堂神父的自然神学。我提醒一下关键点。两个原则:让我们称之为上帝与物质;这当然意味着,每一种存在者——尤其是人——都是神和物质两者的产物。人不可能自然就是完全好的,因为,那个不好的原则(non-good principle)亦即物质进入了他的构造。另一方面,恶不需要进一步的解释,因为,这里有一个恶的原则,也就是物质——尤其是,没有声称原罪的基础,这是重点。

[313]接下来萨瓦本堂神父这样讲的是[施特劳斯在黑板上写字]:首先,他讲了上帝与物质;然后我们看到人的善良意志(good will)——让我们称之为好(goodness),这里这个则是恶;这实际上意味着利他主义(altruism)与唯我论(egoism)的对立。这与人有灵魂和身体两个实体这一事实有关。所以,有一个连贯的二元论,从人的行为——灵魂与身体——上升到上帝与物质。这很清楚。那么,困难正是这个:在引入神学之前,卢梭已经表明好或德性是对自爱或 amour-propre 的修正;这就是说,他不需要一个独立的原则。他不需要两个原则。因此,我认为(至少对我来说)这足以证明一个事实,卢梭本人不接受这个学说。不过,让我们继续吧。第 242 页,第 2 段。

雷肯先生[读文本]:

> 我只是通过对我自己意志的认识而了解意志的,至于理智,我

对它的认识还不十分清楚。如果你问我是什么原因在决定我的意志,我就要进一步问,是什么原因在决定我的判断;因为两个原因显然是一个;如果你已经明白人在进行判断的时候是主动的,知道他的理智只不过就是比较和判断的能力,那么,你就可以懂得我们之所以说他是自由,也就是说他具有类似的能力,即由理智中演化出来的能力;他判断正确了,他就选择善;他判断错误了,他就选择恶。那么,是什么原因在决定他的意志呢? 是他的判断。是什么原因在决定他的判断呢? 是他的理智,是他的判断能力;决定的原因存在于他自身之中。除此以外,我就不知道了。

施特劳斯:好的,但要点是什么呢? 他之前的说法可以论述如下:[有]灵魂和身体,两个实体。激情属于身体一边——激情当然也意味着自我保全——纯粹的欲望属于身体。意志属于灵魂,因为意志是理性的欲望,亦即道德的欲望(virtuous desire)。这里包含的问题是:能否存在一个坏的意志? 如果意志本质上是理性的欲望,像所有人承认的那样,但同时也是道德的欲望,就不可能存在坏的意志。有违反意志的欲望;但不可能有坏的意志。我认为,他在这里谈到的段落是这个,你们知道:“除此之外,我什么都不理解”,也就是说,我不理解坏的意志意味着什么。可是,人们可以预料,善良意志与正确的(right)判断有关;而坏的意志与错误的判断有关。我们翻到第 250页,第 2 段开头。

雷肯先生[读文本]:

我们行动的道德——

施特劳斯:“我们行动的全部道德。”

雷肯先生[读文本]:

在于我们本身具有判断的能力。

施特劳斯：我们在这里停一下。所以，显然，既有正确的判断，也有错误的判断；答案可能正是这个。但是，判断尤其是错误判断的原因是什么呢？除了其他原因，它们是身体的状况。卢梭在当时没完成的一本著作中写过这个主题，这本著作显然佚失了，叫作《圣贤的唯物论》（*The Materialism of the Sage*）：[314] 疾病、气候之类的各种事物对我们的判断影响多大啊。接下来这个困难被回避了，你们可以在 243 页第 4 段看到"每个行动的原则"。

雷肯先生［读文本］：

> 一切行动的本原在于一个自由的存在有其意志，除此以外，就再也找不到其他的解释了。没有意义的词，不是"自由"这个词而是"必然"这个词，要设想某种行为，某种结果，不是由能动的本原产生的，那等于是在设想没有原因的结果，等于是在恶性循环中兜圈子。无论是根本就没有原动力的存在，或是一切原动力都没有任何的前因，总之，凡是真正的意志便不能不具有自由。因此，人在他的行动中是自由的，而且在自由行动中受到一种无形实体的刺激，这是我的第三个信条。根据这三个信条，你就可以很容易地推论其余，因此，我就不再一一地讲了。

施特劳斯：换句话说，他发现的出路是，人是自由的，这样一来，关于一个人为什么在特定情况下坏地或者好地选择他的自由，就不存在最终的可能解释。人是自由的，因此，人由一种非物质的实体推动。这意味着，恶的起源在人之中，上帝只是允许它，正如他在 243 页结尾论述的那样。上帝为什么允许恶？也许我们可以读一读第 243 页结尾的那句话。

雷肯先生［读文本］：

> 上帝使人自由，以便使人通过选择而为善弃恶。上帝使人能正确地利用他赋予人的才能而做出这样的选择；但是，他对人的力量施加了极其严格的限制，以至即使人滥用他给予的自由也不能

扰乱总的秩序——

施特劳斯:前面一点说到:"当人滥用神意赋予他的自由时,神意不希望人作恶;但是,神意不防止人作恶,这要么因为在上帝眼中,如此弱小的存在者的这种恶毫无效力,要么因为,如果不限制这种存在者的自由,那么上帝也无法防止恶",等等。那么,我要这样表述第一点:上帝允许恶,也许是因为恶在他眼中微不足道。萨瓦本堂神父接着谈到道德之恶的起源:它在人之中。在244页第2段。

雷肯先生[读文本]:

> 我们之所以落得这样可怜和邪恶,正是由于滥用了我们的才能。我们的悲伤、我们的忧虑和我们的痛苦,都是由我们自己引起的。精神上的痛苦无可争辩地是我们自己造成的,而身体上的痛苦,要不是因为我们的邪恶使我们感到这种痛苦的话,就不算什么事。

施特劳斯:我们在这里停一下。道德的恶在某种意义上是身体的恶的起源,因为,没有我们的恶,身体的恶对我们来说就讲不通。在原初的淳朴(primitive simplicity)中,几乎不遭受任何恶;所以,如果我们如此容易遭受恶,这是我们的错。当然,人在原初状况中对恶不敏感,是因为他是愚蠢的动物,我们知道;如果他有了孩子,然后孩子死了,他在森林里的某个地方遇到的妻子也死了,他关心什么呢? 他完全是愚蠢的。现在到第244页结尾。

雷肯先生[读文本]:

> 人啊,别再问是谁作的恶了,作恶的人就是你自己。除了你自己所作的和所受的罪恶以外,世间就没有其他的恶事了,而这两种罪恶都来源于你自身。普遍的灾祸只有在秩序混乱的时候才能发生,我认为万物有一个毫不紊乱的秩序。特殊的恶只存在于经历恶的人们的心中——

施特劳斯:"在遭受它的存在者的情感中"。

雷肯先生[读文本]:

> 只在遭受它的存在者的情感中;但人之所以有这种情感,不是自然的恩赐,而是人自己造成的。任何一个人,只要他不常常感到痛苦,不瞻前顾后,他就不会感觉到什么痛苦。只要不让我们的罪孽日益发展,只要我们不为非作歹,只要不出自人为,那一切都会好起来。

施特劳斯:所以,换句话说,恶的问题的解决方案,就是返回原初的淳朴。很清楚的是,从这里阐述的观点看,这个解决方案无论如何不充分,因为,他说的话完全是自相矛盾的;因为,他已经提出——显然只是提出,而非断言——有两个原则,上帝与物质;因此,恶的创始者根本不能仅仅是人。他在这里忘了这一点。所以,换句话说,一旦谈到道德问题,可以说他忘了这个根本的二元论;他接下来继续讲,你翻到第245页,在第2段。

雷肯先生[读文本]:

> 哪里是一切都好,哪里就没有不正义的事情。正义和好是分不开的,换句话说,好是一种无穷无尽的力量和一切有感觉的存在不可或缺的自爱之心的必然结果。

[换磁带]

施特劳斯:——力量,它在某种意义上与全能(omnipotence)有区别,虽然很难区别。但是,他在这里还没用到全能这个词;因为,由于上帝与物质这两个原则的二元论,他不能说全能。我们可以说,只有全能才会带来绝对好的创造,因此带来绝对好的原初的人。但是,如果有两个原则,就没有绝对好的世界,也没有绝对好的原初状态下的人。换言之,非全能的存在者不可能完全是好的,相反,它充其量只能在尽可能少伤害其他事物的情况下追求它的好。在下一段……我们就不读了。上帝凭靠正义创造幸福——你们现在看到了,我们反过来说:由于宣称上帝全能并且因此能够完全是好的、完全是正义的,上帝就凭靠正义创造了幸福。这确实是……你们看,如果存在叫作物质的另一个力量,那么正义事物的不幸福很有可能是因为上帝的力量有限,这个上帝希望成为正义者,但他做不到,因为有物质的障碍。可是,如果上帝是全能的,他就能够是正义的,而且他的……神意与恶的力量的冲突必须面对。上帝凭靠正义创造幸福;但是,看看那些大行其道的恶事吧。解决方案就是:不朽,死后的正义的赏罚。不朽在理论上是可能的,因为实体具有二元性,它在道德上也是必要的。接下来继续讲到了这一点;如果你们翻到第 246 页第 2 段:"死后的生活是什么呢?"

雷肯先生[读文本]:

人的灵魂在本性上是不朽的吗?

施特劳斯:你们看,这是一个此前用很大篇幅讨论过的问题:不朽是灵魂的本性吗,还是说,灵魂只是借助神的许诺才是不朽的? 所以,这就是他提出的问题。

雷肯先生[读文本]:

我不知道。我有限的理解无法把握无限;所谓的永恒超出了我的理解。

施特劳斯:"所谓的无限躲开了我。"真是的,[无法理解]译者为什么要作这些绝对草率的改动;看来,译者们最大的通病,就是他们想通过改变措辞展示他们自己的创造性,我相信他们会说这是创造性。你们看,创造性能有多糟糕。继续吧。

雷肯先生[读文本]:

我能主张或否定什么,我如何能思考它,对于那我无法构想的事物？我相信灵魂在肉体之后仍然存在，为了维持秩序——

施特劳斯："足以（sufficiently）维护秩序。"
学生：可是，"足以维持公民秩序"是什么意思呢？
施特劳斯：不，继续读；我们先读一遍。
雷肯先生［读文本］：

　　谁知道这是否足以使之永恒呢？

施特劳斯："这是否足以永远持续"，继续。
雷肯先生［读文本］：

　　无论如何，我知道身体会由于各个部分的分离而耗尽、毁灭，可是，我无法构想有意识的本性会有类似的毁灭——

施特劳斯：因为其简单性并且因此不可分解。继续。
雷肯先生［读文本］：

　　而且我无法想象它如何死去，我假设它不死。因为这个假设给人慰藉，而且本身并非不合理，我为什么害怕接受它呢？

施特劳斯："向它屈服"。所以，不朽并不确定；这只是一个令人安慰的看似有理的假设。在上一段中——我们没法全读——他已经表示身体与灵魂的结合是不自然的："由于他们具有如此不同的本性"，他说，"它们由于这种结合处于不稳定状态"，亦即不自然的状态；［317］"当这种结合结束了，他们又都进入了其自然的状态"。所以，身体与灵魂的结合——我们所说的生命——是不自然的。结果就是非常极端的来世论，摩尼教那类；这是卢梭教给所有人的。我们可以说，彻底的来世论与［人］重新成为愚蠢的动物具有相同的性质。换句话说，这是一种临时的看法［……］。我给你们读一点《纳喀索斯序言》（*Préface de*

Narcisse），这是卢梭在《第二论》之后的一部早期作品。我们在其中看到这样的论述：

　　［读文本］一种奇怪而糟糕的结合，在这种情况下，人们积累的财富总是在催生积累更多、更大财富的手段；在这种情况下，一无所有的人不可能获取任何东西；在这种情况下，好人没有任何手段摆脱困苦；在这种情况下，最大的恶棍最有荣誉；在这种情况下，人们必须放弃德性，才能成为一个正派之人。

［正派之人］指受尊敬的人。

　　［读文本］我知道，所有这些事情，演讲家们已经讲了上百遍。

——演讲家们指布道者们和神学家们；你们知道，世上的坏人——

　　［读文本］但他们凭靠演讲的技法，而我凭靠理性说话。他们看到了恶，我却发现了恶的原因；我让人们看到一件极为令人安慰又极为有用的事，因为，我已经表明，与其说这一切恶属于人，不如说它们更属于承受糟糕统治的人。

　　换句话说，卢梭谈到并且承认恶统治着人，这是他同意神学家的地方。但是，神学家不理解这一点；他们不知道原因。卢梭看到了原因：原因是坏的政府，坏的秩序社会。那么，你们看得很清楚，如果卢梭在这一点上同意萨瓦本堂神父——世上的生命是所有恶的来源，亦即身体与灵魂的结合，而且唯一解决方案就是死后——那么卢梭就不可能是他所宣称的政治思想家。清楚了吗？换句话说，我的意思是，死后没有救赎，只有凭借政治改革的世上的救赎，这是卢梭的学说，而不是萨瓦本堂神父的学说。在这里你就看到区别了。萨瓦本堂神父不是政治人。萨瓦本堂神父是像正统神学家那样的演讲家，你们明白了吧？我认为这是关键。施罗克先生。

施罗克先生:我不理解萨瓦本堂神父在多大程度上宣称人有自由意志。在我看来,他在这两段话中自相矛盾。就在前面,他宣称了一种有限制作用的物质要素,或者类似的东西;但在此之前,他又宣称人拥有自由意志。

施特劳斯:他的观点是这样的。首先,普遍规则:我的意思是,如果我们要理解萨瓦本堂神父,我们必须紧紧抓住他在何处偏离了公认的学说,这是第一条。第一个重要偏离是承认物质永恒的可能性。那么,我们——根据卢梭在其他地方的说法,也许再加上我们自己的一点思考——我们可以得出结论,物质的永恒性可以解释邪恶,无需诉诸人类自由的滥用;因为上帝不是全能的:他受到一种叫作物质的顽固事物限制。

施罗克先生:上帝受到限制,人却没有:人有某种自由领域,是吗?

施特劳斯:是的,但这是个大问题,我的意思是,要在这里理清这一点的话。不过,让我们看看,他——怎么称呼他来着?——萨瓦本堂神父做了什么。说完这些之后,他在说话时就变得更正统了;[318][……]他最终得出一点,他实际上主张全能,这是跟最初的说法矛盾的。那么,以全能为基础,神父当然必须说,人造出来是完美的,神意秩序绝对正义,一切恶都源于人,这与他的前提包含的意思是相反的。再说一遍,"一切恶都源自人"这一主张,如果理解得正确,卢梭是接受的;但萨瓦本堂神父对它的理解不正确。[根据]萨瓦本堂神父的理解,一切恶都源于人,而秩序是正义的,神意秩序是正义的。答案:在这里,人的生命基于[灵魂]与身体不自然的结合——这当然也与上帝的善矛盾:他为什么应该造成这种不自然的结合? 他没[有一个答案];好吧,也许他有答案,但他肯定甚至没有概述一个答案。但要点在于,解决方案是死后生活,这不是卢梭的解决方案:因为卢梭说(我引用了《纳卡索斯序言》中的这个段落),解决方案是政治变革。政治变革会尽可能建立正义,但这不是完美的正义。因此,我现在可以重复一下我的说法,它此前也许不好理解:我们在这里发现的这种极端来世论,与重新成为愚蠢的动物、返回丛林具有相同的性质;卢梭从未严肃地认为卢梭应该返回丛林。他的意思是,在我们的思想中返回社会的诸多原则,返回社会的源头,并且通过这种返回发现建立一个理性社会的途径。我相信,他也不把这种极端的来世论当真,他的严肃想法是一个政治的解决方案。巴特沃斯先生。

巴特沃斯先生:关于这个,我有一个问题:但是,如果如你所说,卢梭的解决方案是,人们在政治社会中可以发现的正义不是一个大——

施特劳斯:不;卢梭会说,如果这是一个秩序良好的社会,这就很多了。它并不完美:我的意思是,总是会有……

由于有错误,甚至有欺骗等等,人们无法消除对正义的扭曲,但你可以有一个在合理范围内的正义社会。

学生:但是,这种社会不可靠,这种基本的可能甚至对卢梭来说不是永远存在吗?关于契约,只要从非常粗略的层面想一想……

施特劳斯:但仍然,你必须……我是指,这个反对演讲家的观点——卢梭同意此世处于恶的状态。但是,卢梭不同意他们,因为卢梭知道真正的原因:此世处于恶的状态,是因为统治得坏,这指的是人统治得坏,你必须用好的统治取代它。[这]似乎就表明了卢梭与[萨瓦本堂神父]的差异。此外,萨瓦本堂神父——不要忘记这个非常明显的事实——萨瓦本堂神父提出了一种神学,一种以神学为基础的伦理学,但他对政治不置一词。无论如何,你们知道政治对卢梭有多重要。此前有一个段落——我们没有读,因为我们没法全读——卢梭在那里说:谈论道德品质的人,如果不考虑政治,他就一无所知,反过来也是如此。这是在第四卷,我记不清了,我现在不记得准确的段落了。谁记得吗?它肯定在那。

[319]学生:但是,事情在于,如果卢梭提供的政治社会最终无法维持,那么,你就必须回到我们个人与社会之间看到的这个原初的二分。

施特劳斯:我之前说过这一点。

学生:是的,不过我的意思是,要点在于在根本上你能不能真的认为,卢梭没有走到你必须称之为来世论的地步?

施特劳斯:能,只有此世生活;他没有来世论。你可以说卢梭在某种程度上是非政治的,但这不是来世,不是。这非常重要。那么,接下来,他谈到永罚的问题,他否定永罚,认为它与上帝的正义矛盾,与上帝的善矛盾。地狱就在此世。让我们看第 247 页第 2 段;他说什么?

雷肯先生[读文本]:

不要问我,坏人是否会永远受苦,其造物主的善是否会判处他们永远受罪;再说一遍,我说不上来,我没有多余的好奇心来研究无用的问题。

施特劳斯:读下一段。

雷肯先生[读文本]:

当我们短暂的需要结束了,当我们疯狂的欲望也安静下来了,我们的激情和我们的罪也应该停止了。纯粹的精神能肆意妄为吗? 一旦无欲无求,它们为何还会是坏的呢?

施特劳斯:换句话说,如果身体不在那,恶必然停止,这样一来,就不再有理由惩罚人们。所以,我认为我们可以肯定地说,萨瓦本堂神父否定永罚。在第 248 页,第 1 段;这个段落很长:读这段中间。

雷肯先生[读文本]:

当我想到,是他把生命和运动赋予那能动的活的实体去统御所有生命体的时候,当我听到人家说我的灵魂是精神性的,说上帝是一个精神的时候,我就憎恶这种亵渎神的本质的说法,因为这种说法好像认为上帝跟我的灵魂是属于同一个性质,好像认为上帝并不是唯一绝对的存在,不是唯一能够真正活动、感觉、思想和意愿着的存在,好像我们的思想、感觉、运动、意志、自由和生命不是得之于他的! 我们自由,因为上帝意愿我们的自由——

施特劳斯:"我们自由,只是因为上帝意愿我们自由。"

雷肯先生[读文本]:

他那无法解释的实体对于我们的灵魂,就像我们的灵魂对于我们的身体一样。他是否创造了物质、身体、灵魂和世界,我可不知道。创造的观念在我是模糊的,是我的智力所不能理解的;不过,我既然能想象他,我就可以相信他:我知道是他塑造了宇宙和一切存在的东西,我知道所有一切都是他制作和安排的。毫无疑问,上帝是永恒的,然而我的心灵能不能理解永恒的观念呢?

[320]施特劳斯:换句话说(用直白的英文来说),当我说上帝是永恒的,我不知道这是什么意思。这里等于是表明这一点。卢梭在这里用到了前人尤其是霍布斯用过的某种东西:从公认的观点开始,亦即适用于上帝的属性与适用于人的属性不完全一样,[然后]说将上帝称为精神(spirit)并且将其他谓词赋予他,这没有意义。他也再次以略显隐晦的方式否定了创造:"我知道,他塑造了宇宙;但创造超出我的理解;我不明白。"第249页,在第3段。这里展开了道德上的结果。

雷肯先生[读文本]:

可以感知的客观事物给我以印象,内在的感觉使我能够按照天赋的智慧去判断事物的原因;我根据这些印象和内在的感觉推出了我必须了解的重大的真理之后,我就要从其中找出哪些准则可以用来指导我的行为,哪些规律我必须遵循,才能按照使我降生在这个世界上来的神的意图去完成我在世上的使命。由于我始终是按照我自己的方法去做,所以我这些规律不是从高深的哲学引申出来的——

施特劳斯:"一种更高的哲学",这是个贬义词,当然。换句话说,他是个淳朴的人。

雷肯先生[读文本]:

而是在我的内心深处发现的,因为自然已经用不可磨灭的字迹把它们写在那里了。我想做什么,我只问我自己;所有一切我觉得是好的,那就一定是好的;所有一切我觉得是坏的,那就一定是坏的;良心是最善于替我们决疑解惑的;所以,除非是为了同良心刁难,我们是用不着那种诡谲的论辩的。应当首先关心的是自己;然而内心的声音一再告诉我们说,损人利己的行为是错误的!我们以为这样是按照自然的驱使,而实际上我们是在违抗自然;我们一方面听从它对我们感官的指导,而另一方面却轻视它对我们良心的指导;主动的存在在服从它,而被动的存在却在命令它。良心是灵魂的声音,激情是身体的声音。

施特劳斯:好的。换句话说,良知从不犯错。良知从不犯错;因此我们只需听从它。我们听从内心;内心从一切更高的控制中完全得到了解放。清楚简单的指引。但困难在于这一点,如果你们看一下第250页第3段。

雷肯先生[读文本]:

我的年轻朋友,让我们向内看——

施特劳斯:"让我们回到我们自身之中"。

[321]雷肯先生[读文本]:

让我们放下个人的偏见,看一看我们的倾向将把我们带到什么地方。是他人的痛苦还是他人的快乐最能打动我们的心弦?是对人行善还是对人行恶最能使我们感到快乐,而且在事后给我们留下最美好的印象?你看戏的时候,最关心的是戏中哪一种人?你喜不喜欢看作奸犯科的事?当你看到犯罪的人受到惩罚,你流不流泪?

施特劳斯:好的。稍后他说:"这种德性的热情,它跟我们的私人利益有什么关系? 我为什么宁可成为卡图(Cato)。"

雷肯先生[读文本]:

自己结束生命,而非做得胜的凯撒?

施特劳斯:诸如此类。自然……是的,但人们必须考虑的问题是[这个]:在他所说的这个意义上的良知是如此清楚简单的指引吗? 那么,他的例子是什么呢? "内心的声音多少次告诉我们"(我们前面读过),"当我们以别人为代价追求我们的好处,我们是在作恶?"你们记得他此前说过的准则——追求你的好处,尽可能不伤害别人——这显然意味着我们很难避免伤害。顺带说一下,显然,仅仅根据这个观点,这什么也没[证明];你们知道,[这]不是结论。他在这里举出的例子,第一个涉及我们的行动,第二个涉及我们对别人的观察……我的意思是,如果你观察一下,人们很容易在剧场中表现德性,同情麦克杜夫(Macduff),反对麦克白(Macbeth);但是,人们或许一边这样做,一边以自己惯常的方式当麦克白。所以,换句话说,他在这里没有谈到的复仇的甜蜜,显然可能像好良知的甜蜜一样有力。这一点需要很多思考;我们必须提出问题:良知究竟是什么? 第252页第3段。

学生:对不起? 在249页,似乎良知的第一原则是,我是第一位的。

施特劳斯:在哪里,你说什么?

学生:这前一个段落是"铭刻在人心上的诸多特性",但良知本来就是为了宣扬自私,正是这些通过感觉带给我们的其他声音告诉我们——

施特劳斯:这是哪一段,"首要的关切是对自我的关切"?

学生[读文本]:

我们首要的责任指向自身;可是,别人的声音多少次告诉我们,如果以别人为代价追求我们的好处,我们就是在作恶?

施特劳斯:我看看我们看的是不是同一段:"首要的关切是对自我

的关切;可是,内心的声音已经多少次告诉我们,如果我们以别人为代价追求我们的好处,我们是在做坏事。"是这个吗?

学生:译者轻率地把它译成了……

[322]学生:你是对的;完全正确。

施特劳斯:没有不一样的文本吧?

学生:没有。

施特劳斯:你查过了吗?

学生:是的。

施特劳斯:译者太糟糕了。

学生:在哪里?

学生:第 249 页第 3 段,注释以上 10 行左右。她译成"别人的声音";应该是"内心的声音"。

施特劳斯:"内心的声音",是的。我们来看一下;说到良知,什么是良知呢? 第 252 页第 2 段。

雷肯先生[读文本]:

> 因此,在我们的灵魂深处生来就有一种正义和道德的原则;尽管我们有自己的准则,但我们在判断我们和他人的行为是好或是坏的时候,都要以这个原则为依据,所以我把这个原则称为良知。

施特劳斯:好的,但是,良知不是理性,这显然是一贯的看法。下一段我们不读了,这是一个十分引人注目的观点,只要人们遇到社会科学如今流俗的相对主义,人们就应该思考这一点,因为它恰好让人们想到某种简单的真理:人们之间没有那么大分歧——社会之间也是如此——这不像今天的人类学家们宣称的那样。我们来看第 253 页第 3 段。

雷肯先生[读文本]:

> 为此,我只要使你能够辨别我们从外界获得的观念跟我们的

自然的情感有什么不同就够了,因为,我们必然是先有感觉,而后才能认识;由于我们的求善避恶并不是学来的,而是大自然使我们具有这样一个意志,所以,我们好善厌恶之心也犹如我们的自爱一样,是天生的。良心的作用并不是判断,而是感觉:尽管我们所有的观念都得自外界,但是衡量这些观念的情感却存在于我们的本身,只有通过它们,我们才能知道我们和我们应当追求或躲避的事物之间存在着哪些利弊。

施特劳斯:在这里,他似乎解决了他在243页第2段提出的困难:善良意志的原因不是正确的判断,而是良知;他暗示,良知不可能犯错。我们读下一段。

[323]雷肯先生[读文本]:

存在就是感觉;我们的感觉力无可争辩地是先于我们的智力而发展的,我们先有感觉,而后有观念。不管我们的存在是什么原因,但它为了保持我们,便使我们具备了适合于我们天性的情感;至少,这些情感是天生的,这一点谁也不能否认。

施特劳斯:这显然是此前整个论证的基础:对自我保存的关切。

雷肯先生[读文本]:

就个体来说,这些感觉就是自爱、恐惧、痛苦——

施特劳斯:"对痛苦的恐惧"。

雷肯先生[读文本]:

对痛苦的恐惧、对死亡的畏惧、对安逸的欲望。

施特劳斯:换句话说,这些是霍布斯甚至也不否认的事;第一位的事。现在我们会看到更有趣的一点。

雷肯先生［读文本］：

　　但是，如果我们可以毫无疑问地肯定说人天生就是可社会化的（sociable），或者至少适合变得可社会化，那么，我们就可以断定他一定是通过跟他的同类相连的固有的情感才是如此的，因为，如果单有物质上的需要，这种需要就必然使人类互相分散而不是互相聚集。良心之所以能激励人，正是因为存在着这样一种根据对自己和对同类的双重关系而形成的一系列道德。知道善，并不等于爱善；人并不是生来就知道善的，但是，一旦他的理智使他认识到了善，他的良心就会使他爱善；我们的这种感觉是得自天赋的。

施特劳斯：在这里，卢梭说，或者萨瓦本堂神父说，人具有对于别人、对于他的物种的内在情感。到目前为止，我们只知道一种这样的情感——你们记得，同情——这就成了一个非常复杂的问题。在这里，他几乎说，人自然（by nature）是社会的；但是，首先，他说的不是社会的（social），而是可社会化（sociable）：一个能够变得社会性的存在是可社会化的。第二，他甚至没有这么说：他说的是能够变得可社会化。这也是霍布斯不否认的事；因为，人显然能够变得可社会化：否则他就从不会成为社会的一员。但是，这也可以使我们更清楚地看到萨瓦本堂神父在这里与卢梭一致。可是，关键点在这里……那么，这种内在感觉是什么？它如何与卢梭此前的说法相协调？我认为，我们只有假设这种感觉是同情（compassion），它们才能相协调。但是，萨瓦本堂神父没有说，而卢梭说过：同情像所有激情一样是对一种自我保存原则的修正，甚至是对其派生物 amour-propre 的修正。所以，卢梭与萨瓦本堂神父的区别在于，卢梭说德性原则是对道德上中立之物的修正，而萨瓦本堂神父说德性原则具有一个极为不同的来源。

　　接下来，在 254 页第 2 段，这里让人想到《第一论》结尾：这里诉诸良知；但在《第一论》那里，卢梭不是诉诸良知，而是诉诸德性；我们必须也应该进行比较。根据这个学说，显然没有犯错的良知。意思就是这个;这是"信仰自白"的顶点、目的和意义:存在一种极为简单明确的自然道德(natural morality),[324]良知的道德。如果这是自然的,并且本身就在每个人身上,那么,民主制就没有困难。每一个作为人的人都有能力作出道德判断;但是,从老派的观点看,真正明智的人与并非真正明智的人是有差别的,根据……所有人在最重要的方法上都是同样智慧的。没有人自然需要权威;他只在偶然情况下或许需要它。我们看第255页第2段。

雷肯先生[读文本]:

倾向公共利益的自然感觉和倾向自我的理性的不断冲突——

施特劳斯:现在你们在这里看到了良知与理性的冲突:良知指向共同的好;理性或计算的理性指向我自己的好。所以,如果存在这里描述的这样一种良知,你们社会就不存在任何根本困难。

学生:但是,他刚刚说过良知与理性发现的观念联系在一起。

施特劳斯:但良知是主要的。它需要通过经验进行某种发展,不过,它是内在的。它的主要倾向是指向共同的好;这是要点。好的,继续读。

雷肯先生[读文本]:

我就会终生在这挥之不去的两难道路上徘徊,憎恶恶,热爱善,总是同自己发生矛盾,如果没有更多的光亮照进我心中,如果真理决定了我的意见,却不能同时决定我的行为,不能使我表里一致。理性本身不是德性的充分基础;哪里有坚实的基础呢?

施特劳斯:这里又是卢梭同意的一点,霍布斯和洛克也会同意:理性本身不是一个充分的基础;必须某种有类似于情感的东西。但问题是,什么样的情感;它的地位是什么? 继续。

雷肯先生[读文本]:

人们告诉我们,德性就是对秩序的爱。

施特劳斯:好的,这是一个观点,当然,这是旧观点,不过马勒伯朗士(Malebranche)特别重述过这个观点,马勒伯朗士是 17 世纪的法国思想家、基督徒。好的。

雷肯先生[读文本]:

但是,能不能够或者应不应该将这种爱置于我对自己的幸福的爱之上呢? 我倒是希望他们给我举出一个既明白又充分的理由,说明一个人宁愿这样做的原因。实际上,他们所谓的原则,不过是一种文字游戏罢了;因为,我也可以说,恶也是对秩序的爱,不过这种秩序的意义不同罢了。哪里有感觉和理智,哪里就有某种道德秩序。不同的是:好人着眼于所有人安排他的生活——

施特劳斯:"着眼于整体":这是更严格的翻译,这里没有限定问题涉及政治社会还是宇宙——也就是上帝。
雷肯先生[读文本]:

坏人着眼于自己来安排。坏人以自己为一切事物的圆心,而好人则要量一量他所有的半径,守着他所有的圆周。所以,他要按[325]共同的圆心(即上帝)来定他的地位,他要按所有的同心圆(即上帝创造的人)来定他的地位。如果上帝不存在的话,那就只有坏人才懂得道理了;至于好人,不过是一些傻瓜了。

施特劳斯:所以,道德只有在神学的基础上才是可能的。只有在神学的基础上,因为,只有在这个[基础]上,才有一种指向共同的好的自然倾向;而在非神学的基础上,对共同的好的关切只能出自理性,亦即出自对个人自己的好的关切;对共同的好的关切只能要么基于计算,要么基于欺骗。这当然也[……]。我们翻到第 256 页第 2 段。

雷肯先生[读文本]:

> 我的灵魂为什么会受制于我的感官,被我的身体所束缚,而受它的奴役和折磨呢? 这我不知道;我是不是听从了全能者(the Almighty)的劝告呢?

施特劳斯:"上帝"。

雷肯先生[读文本]:

> 我不敢冒失地说,我只能够小心谨慎地做一些揣测。我对自己说,如果人的精神一直是那样的自由而无罪——

施特劳斯:我不喜欢这个译法,因为它产生的一些含义更接近基督教而非这里的文本:"如果人的精神仍然是自由而纯粹的。"你们知道,当你说无罪(innocence)的时候,你马上会想到无罪状态。

雷肯先生[读文本]:

> 自由而纯粹,那么,当他发现这个秩序早已建立,而且即使加以扰乱也对他毫无关系的时候,他就对这个秩序表示喜爱和遵循,这能算什么功劳呢? 当然,他可以获得幸福,但是,他的幸福还不能达到最高的程度,德性的骄傲(pride)——

施特劳斯:"德性的荣誉(glory)"。

雷肯先生[读文本]:

> 以及对内心良知的见证;他至多不过是像天使那样,然而一个有德性的人当然比天使好得多。

施特劳斯:换句话说,他暗示天使不可能犯罪。

雷肯先生［读文本］：

　　受限于一个有死的身体，由于那些强大而奇怪的——

施特劳斯："强大而不可理解"。
雷肯先生［读文本］：

　　由于保存身体，就势必促使他的灵魂处处都想到他自己，使他的利益同他的灵魂所能认识和喜爱的一般秩序相矛盾；要是在这个时候，他能正确地运用他的自由，那才算作他的功劳和报酬，如果他的自由能抵抗尘世的激情和遵循其最初的意志，那才能替他准备无穷的幸福。

　　[326]施特劳斯：好的。所以，我们在这里看到，自我保存与对普遍秩序的爱不相容。但是，最崇高的幸福、对普遍秩序的爱基于德性的荣誉以及关于自我的正面见证——根据卢梭的心理学，这就是对amour-propre 的修正。我只能重复一下，萨瓦本堂神父的这些原则显然会带来截然不同的教育，与爱弥儿接受的教育不同，如果这一点成立……我的意思是，如果萨瓦本堂神父是对的。你们知道，如果这些自然情感存在，萨瓦本堂神父不会用卢梭的方式教育爱弥儿；而爱弥儿接受的教育，其原则是不存在这种自然情感、对秩序的自然的爱。莫里森先生。
　　莫里森先生：苏菲接受的教育很大程度上符合这个原则吗？
　　施特劳斯：无可否认；但是，我能问问你爱弥儿与苏菲最明显的区别是什么吗？
　　莫里森先生：在性别方面。
　　施特劳斯：正是，苏菲属于较弱的性别——抱歉，胡金斯小姐；这不是我说的，而是别人说的。你们知道，这个观点就是，当……色诺芬有一段很简单的话，解释得非常好：他说，苏格拉底在一次发言中说，如果有一个人要死了，必须把他的孩子们托付给一个朋友照顾，他会找什么样的朋友——这就是问题所在。苏格拉底具体说到：如果留下的是儿子，就教育他们；如果是女儿，就看护她们。色诺芬说这是苏格拉底关于这个区别的观点，我不对这个观点负责。所以，接下来有一个简短的评论，257 页第 3 段。"我与他交谈"，看到了吗？第二或者第三个句子。

雷肯先生［读文本］：

> 我同他交谈，我使我所有一切的能力都浸染了他的神圣本质；我蒙受着他的恩惠，我感谢他的赐予；可是我并不对他有所祈求——

施特劳斯：他没有向他祈祷。这是典型特点，他不祈祷。这也是 18 世纪的其他事的典型特点。比如，康德从根本上说是个宗教的哲学家，他认为祈祷是（他怎么说来着？）口是心非，他反对祈祷。口是心非，你们明白：做正确之事；完成上帝的要求。你们知道，祈祷——

学生：你说萨瓦本堂神父的这些原则会给爱弥儿带来完全不同的教育？我有点疑惑。如果事实上是根据卢梭的原则接受教育的，那么，卢梭怎么指望爱弥儿相信这个宗教呢？

施特劳斯：因为……我们解释。孩子……我的意思是，有一个正式的解释；我们已经讨论过。孩子只理解身体和感觉方面的事物。但他后来逐渐长大；比如说，他学习数学，这些不完全是感觉事物——数学对象：圆、数目等等——但他们本质上与感觉事物有关。然后，他逐渐了解某些不再具有直接感觉表象的概念，［327］再后来，他就到了那个阶段，他能理解精神（spirit）这类事物。

学生：我想说的是：爱弥儿难道不会明白，如果这个宗教是真理，他的教育就应该不一样？

施特劳斯：不；在任何情况下，他都不得明白；因为那就意味着摧毁……

学生：宗教。

施特劳斯：不是，是［摧毁］对教师的信任。不，那不可能。但他必须真的认为这是……不。有一个论述；我们没读过一个论述吗，在那里他说他在一定范围内用欺骗和强制来教育爱弥儿，从那以后他就能谈论……

学生：是后来。

施特劳斯：后来，很好。我们会处理这一点。我们先思考我们必须看的最后的论述，在第257页结尾。

雷肯先生［读文本］：

> 在对我自己的正当的怀疑中，我向他要求的唯一一件事情，说得确切一点，我等待他裁判的唯一一件事情，就是：如果我走入了歧途，犯了一个有害于我的错误，我就请求他纠正我的错误。为了诚恳地做人，我不相信我是绝对没有错误的；当我以为我的看法是最正确的时候，也许我这些看法恰恰就是很荒谬的；因为，哪个人不硬说他的看法对呢？可是有多少人样样都看得准呢？幻象虽然来自我的本身，但它也休想陷我于错误，因为，单单依靠上帝，就可以把它消除。为了达到真理，我能够做的事情我都做了；不过，它的源头太高了，如果我没有力量再向前行进，能怪我错了吗？这时候，它就应当走到我的身边了。

施特劳斯：好的。换句话说，他承认他最坚固的意见也许是谎言。所以，这只是换个说法表达卢梭的话：卢梭此前已经说过，它们面对不可解决的怀疑。

我们今天不可能处理尼科果斯基先生的作业了；我们下次再来吧，那会容易一些，因为下次的作业都比较短，到时候有哈特曼先生和博扬先生的论文，所以下次我们会有时间。

我手头没有那处很清楚地呈现这个冲突的引文（真糟糕）；我指的是卢梭与萨瓦本堂神父的冲突。我应该在那儿做个记号，我没做。

学生：你是指在《孤独漫步者的梦》还是《致博蒙书》中？

施特劳斯：不，在《孤独漫步者的梦》中。我看一下；如果你们耐心一点，也许我能找到它。无论如何，有一个论述，《政治学期刊》（*Revue de science politique*)的编者——这是个非常细心的编者,名叫雷蒙(Marcel Raymond),承认卢梭……有一个显眼的[328]矛盾,一方面是《孤独漫步者的梦》比较靠前的一章提出的天意学说,另一方面是他关于盲目必然性的说法,亦即统治人的命运的盲目必然性。可惜,我还没找到这个说法。好,它在这:"相反,在第二遐思结尾,卢梭将他的困苦和他受到的排挤看作神意的事实;在这里……"也许我能找到它在哪;它在注释67当中,可它在不在呢?抱歉;无论如何它在后面的一个……这些论述出现在第七遐思的某个地方。所以,毫无疑问……不过,请不要误解我:与我们在这里在一次讨论班中能做的相比,这些事需要细致得多的研究。如果你们每个人都认为可能卢梭的意见不同于萨瓦本堂神父的意见,我就会满意——再满意不过了。然后,你们可以在这里看到一部分,在《山中书简》对巴黎大主教(Archbishop)的回答中看到一部分,卢梭将自己等同于"萨瓦本堂神父的信仰自白",但这是在完全不同的情形中。你们知道,公众意见认为"萨瓦本堂神父的信仰自白"不可容忍;所以,他能做的至少是回到那个相对可以容忍的观点,尽管与萨瓦本堂神父的另一个可以说是——用政治术语来说——左派的观点相比,它是不可容忍的。

我说清楚了吗?没有?左派——我指的是远远不同于[……]。[施特劳斯在黑板上写字]这是萨瓦本堂神父,那是让-雅克。好的,卢梭认为这是公众可以接受的,否则他不会写。如果这会制造一个欧洲的丑闻,他能做的至少是将自己等同于那个,并且不说出来,好的,这只是在很小程度上暗示了我的真实想法。我的意思是,任何人都很难……我在前面针对18世纪做过一些研究,但我甚至也总是在理解当时存在的严格限制之时遇到困难。你们别忘了,我们今天——并非没有道理地——称赞某本书是清醒、保守、审慎的作品,比如孟德斯鸠的《论法的精神》,它在当时可能就出版不了——你们知道,孟德斯鸠是波尔多(Bordeaux)的高官,很受人尊敬。他不能把自己的名字印在封面上出版,也不能在法国出版;这本书是在日内瓦匿名出版的。

另一些人——我是指这些著名的无神论者和唯物论者——我是指霍尔巴赫(d'Holbach)和拉梅特里(La Mettrie)——当然,他们要在荷兰匿名出版作品。因为一个特殊原因,那个时候荷兰在你们国家的虔诚基督徒心中名声很坏(因为他们似乎在 1688 年接管了它,你们记得),这里的基督徒对荷兰极尽诋毁,商业精神在荷兰似乎比任何虔诚的想法都更有力——这当然对荷兰不公允,但也有一定的道理,无可否认。腓特烈大帝(Frederick the Great)是个颇为自由主义的伟大君主。他是伏尔泰的朋友,他也喜欢达朗贝和其他人,他很开明。腓特烈大帝治下各邦是卢梭唯一能够找到庇护所的地方(瑞士的纳沙泰尔[Neuchâtel],当时属于普鲁士王国),当然,还有英格兰,他也可以去。英格兰有相对——相对来说——较大的出版自由,但大陆国家则不然,除了腓特烈大帝治下的普鲁士。人们看到……我的意思是,有些人被认为是臭名昭著的人,这些人包括霍布斯和斯宾诺莎;很有意思的是,看到……我的意思是,人们不太经常提到他们,除了批评他们。霍布斯比斯宾诺莎境遇好一点,斯宾诺莎被当作……人们充其量称赞[329]他在表面上过的是清白的生活,虽然有严重的罪过。在德国,最初支持斯宾诺莎或者他的哲学的论著是在 1785 年出版的——我说的太多了,这是在[《爱弥儿》出版]23 年以后。

所以,人们必须总是考虑这个背景,因为,就具体的情况,必须进行具体的研究。就卢梭的情况来说,我们有一些几乎[非常]直接的证据,他在作品中明确讨论过诚实的问题。不仅在《孤独漫步者的梦》中;《孤独漫步者的梦》表达得最系统;但其他地方也有论述。我看不出人们应该以别的方式解释这些困难。

学生:有一件事。我发现,你的解释原则对于那些确凿无疑的辩解之作来说是非常合适的,[比如]卢梭写给博蒙的[信],以及《致达朗贝的信》;但我怀疑《孤独漫步者的梦》,因为一个事实:他在整个作品的开篇说这是他的最后一部著作,而且他并不真的关心是不是能出版;另一个是……

施特劳斯:可是你看一下;它可能出版,不可能吗?我的意思是,毕竟……

学生:但是,那个时候,他来不及……除了一个事实,他想要超越他的时代而活。

施特劳斯:是的,但这就会败坏名声……公开表达他的观点显然会败坏整个著作的名声。我的意思是,卢梭——甚至他最大胆的东西——是通过法国大革命的胜利才被大部分公众接受的,但他不可能预见到这一点。不仅如此,由于法国大革命,人们如何或者说在多大程度上正确地理解了卢梭呢? 如果你们阅读关于卢梭的文献,那这是一种……最粗略的东西——《社会契约论》的学说之类——这些当然为人们所知。但是,[关于]他对宗教的态度,我认为人们只清楚最宽泛的东西,比如他对启示宗教的批评。这些当然是英国人已经阐述过的观点——科林斯(Collins)和所谓的英国自然神论者——我从来没读过这些人,所以我不知道他们的观点达到了何种程度。但是,德国人讨论这个问题是在卢梭死后:那是在……在 1770 年代,有一个非常著名的人,一个哲学教授——名字叫雷马鲁斯(Reimarus)。他只出版过关于自然神学的著作,你们知道,这是允许的,而且[……]。但是,他也写过对启示的批判,既批判一般启示,也批判《旧约》和《新约》中的奇迹,这本书他是写完了的。但他没有出版。他甚至没有对他的枕边人——"枕边人"是个 18 世纪的说法——透露这一点。然而,他的孩子们在他死后把这本书给了一个著名的德国作家:莱辛(Lessing)。莱辛把它出版了,为了保护这些孩子的声誉,莱辛隐去了作者的身份。

[330]学生:是《拉奥孔》(*Laocoön*)吗?

施特劳斯:不,《拉奥孔》处理的是绘画和诗;不是。那本书在 1770年代制造了一个惊人的丑闻,一个惊人的丑闻。我的意思是,今天不会再有什么丑闻。如果我没搞错的话,我认为最后一个大丑闻是达尔文(Darwin)。之所以说是达尔文,因为后来的《圣经》批判也没有造成那种喧嚣。今天,任何事[都行]。我的意思是,精神分析出现的时候,有任何基于宗教理由的抗议吗? 我看没有。或许有个人批评者,但我认为没有普遍的抗议。我的结论是:我想说,这本身与哲学真理无关。这是一个历史事实,在阅读欧洲大陆 19 世纪以前的作者时,在阅读 18 世纪以前所有地方的作家时——包括英格兰,人们必须考虑故意隐藏的可能。但是,在有些情况下,人们可以观察其细节;比如,就霍布斯的情况来说,人们可以……这很容易说明。[施特劳斯在黑板上写字]霍布斯的神学观点就是现存秩序的一个结果。举个例子,直到……在 1640 年他仍然说主教制是一种神圣的正确制度。在那一年晚些时候,长期议会(Long Parliament)废除了主教制;因此,在霍布斯 1642 年出版的下一本书中,主教制就不再是神圣的正确制度。他在这方面最大胆的书是《利维坦》,出版于克伦威尔治下的 1651 年,当时所有异端法都被废除了;在《利维坦》中,他有了畅所欲言的法律权利,所以他就走得很远;后来,在复辟之后,他在 1668 年出版了拉丁文版《利维坦》,收回了其中许多观点……

　　[磁带结束]

第十三讲 《爱弥儿》卷四:伊壁鸠鲁主义

[录音中]施特劳斯:——说我从来没在课上提到梭罗,这对大家不公平,我相信提过他,还是说我完全搞错了?① 当然,我总想着他。不过,让我们别争论这个了,不过我觉得我提到过梭罗。毕竟,这非常……我是说,你思考卢梭的时候,不可能看不到,一方面是生活的极端政治化,大家都知道——对我们来说,在卢梭那里——另一方面,无政府主义,一种温和的无政府主义,这……如果我在这里没提到过梭罗,这绝对是个意外。我意识到这一点。我不该总是辩解。

对于淳朴生活——或是你②所说的乡村男孩——确实写得很多;不过我们这里必须区分两个要素。一方面,对淳朴生活的赞美当然是一种非常古老的东西,大家知道:田园牧歌时代,尤其是伊壁鸠鲁式的退隐生活;伊壁鸠鲁的园子。自然为我们真正的需要提供了充足的东西,一切都很丰足,但这是个古老的故事。关于源自伊壁鸠鲁或田园牧歌的乡村男孩,卢梭的特殊说法是什么?

学生:猪仔们?

施特劳斯:我们稍后会看到。不过更明显的是,他在什么时候谈论这个问题? 好吧,关系到民主制的时候。我是说,伊壁鸠鲁派和田园诗人不会从他们对淳朴生活的赞美推导出任何民主制结论;这里当然有

---

① 截至现在,讲稿里没提过梭罗。

② 指的是本节课作业的作者,可能是博扬,没有记录。

乡村男孩和乡村民主的关系——即便它没有出现在那里,它明显来自卢梭思想整体。我的意思是,杰弗逊的民主概念,杰弗逊对这个主题的著名评论;但是,在亚里士多德那里,他也说过,乡村民主是最佳民主。① 在这种民主制中,农民,耕作者占主导地位。

我特别喜欢你关于品味与意志类比的说法,形式上的特征也一样:意志的普遍化让意志变好;品味的普遍化让品味变好。我们不得不稍后再看这个问题。

你在一开始谈到性欲,卢梭质疑它的自然性,而在《第二论》中,卢梭似乎承认它的自然性;我们必须讨论这个问题。不过是漫谈,不详究任何细节,从卢梭看似奇怪的断言,可以发展出什么?

学生:大多数性爱……正如我们在社会中所见,它自然是一种幻想和想象的产物;欲望本身——

[332]施特劳斯:我们知道这一点。我的意思是,换句话说,他过去认为,the love ad hanc[朝向她的爱],这个特定的女人,这并不自然;但是,任何女人——就像狗对任何母狗感兴趣——这种想法是自然的。卢梭否定性欲的自然性意欲何为? 不加区分的性欲?

学生:社会,通过对性的控制,或者说,对性的强调——

施特劳斯:是的,这当然不……但是简单的欲望,没有任何……强调,没有任何控制。好吧,这并不直接来自自我保全,我的意思是,这一定是他的意图。

学生:[……]僭政[……]。

施特劳斯:是的;我们要记住这一点。谈谈博扬先生论文的根本缺点——我的意思是,我不是要挑刺,而是实话实说——你怎么看博扬论文的基本缺陷? 我指的不是外在东西,比如他没有打出来之类的,这我当然看得出来;而是某些更重要的东西。

学生:我非常想听他探讨为何爱弥儿现在处于这样的位置——要成为僭主并打击社会中的所有这些蠹虫,但他没提到;卢梭并没有让他成为大众领袖,反而……我认为它止步于此,他继续——

---

① 《政治学》,1318b7—15。

施特劳斯:好吧,他还年轻;我的意思是,他太年轻了,太不相关了。这就足以回答你的问题。不,我指的是其他东西。

学生:起初注意到我们在讨论爱弥儿出乎意料的行为(behavior)时,我震惊了,在此之前,我认为卢梭谈及爱弥儿的时候从未用过任何这种天性的术语。

施特劳斯:好吧,行为不是法语词;我不知道哪个法语词……

学生:英文译作行为。①

施特劳斯:法文是什么?

学生:Le behavior[行为]。②

施特劳斯:不,不;我的意思是,卢梭用的哪个词?

学生:不是这个词,关键是,什么是这个基础……此前用到的词是le comportement[行为]。

[333]施特劳斯:好吧,这里可能也是 comportement[行为],在博扬的论证里。

学生:我在文本中没见过这个词。

施特劳斯:好吧,这提醒我了:我知道在巴黎有个我待过的地方,他们称作 le home[家]。就是 home[家],在 o 上加一个音调符号,让它更法国化一些。这种情况很常见。

好吧,我认为是这样:我们在紧接着的一段中,一个很长的段落,处理信仰自白,处理对宗教基础上的道德的激进重新解释。现在,爱弥儿的行为突然被描述得和这件事毫无关系。你没提到这一点,你没反思这个问题。我不是说其他人完成了这件事——我不是待你不公平——但我觉得我们应该必须考虑这个问题。

那么,由于我们必须花大量时间探讨信仰自白的第一部分,我们没讨论上一次的作业,必须在这里讨论;现在,我们从第 258 页的第 2 段开始,你们的译本。这个转变紧跟着信仰自白的第一部分,处理有别于启示宗教的自然宗教的部分。你来读这个部分。

---

① 不清楚这位学生指的是博扬的用词还是福克斯雷的。福克斯雷把许多法语词都翻译成"行为"。

② 就我所知,这不是法语词。正确的应该是 comportement。

雷肯先生［读文本］：

> 善良的牧师激情澎湃地说完了；我和他被笼罩在这种情感中。在我看来，我仿佛聆听了神圣的俄尔甫斯，他吟唱着最古老的赞歌，教人们敬拜众神。

施特劳斯：你们注意，是复数。毕竟，这看起来是一神论教义；但他让自己想起了一位异教歌者。继续。

雷肯先生［读文本］：

> 我看到许多反对意见可以提出来；然而我没提出一个，因为我认识到，它们不是不够严肃，而是令人困惑，而我倾向于采用他的那部分。

施特劳斯：哦，上帝："他有说服力。"①那么，说服力当然是一种和证明完全不同的东西。继续。

雷肯先生［读文本］：

> 当他遵照自己的良知跟我说话时，我自己的良知似乎认同他的说法。

施特劳斯：是的，你们看，良知。它基于良知，区别于理性。但是他甚至没有说他的良知认同这一点，而是说它似乎认同这一点。所以，许多限定都是非常重要的。现在我们无法去读其他作品中相对应的段落，在《山中书简》和《致博蒙书》，最后并非不重要的《孤独漫步者的梦》；这些段落太长了。但是，允许我指出主旨大意：在《山中书简》的那段话里，信仰自白被称为公民宗教。②

---

① 或者像布鲁姆的翻译，更符合语言习惯，"说服力在他一边"。
② 以一种变体。参见《全集》，卷3，1953，注释 e。

[334]公民宗教是《社会契约论》倒数第二章的主题,即,一种为了某个社会之存在所需的宗教,尤其是某个自由社会。公民宗教这个词非常古老;众所周知,它出自奥古斯丁的一段文章,他在那里再造了一位西塞罗的同时代人,瓦罗(Varro),一位罗马文物研究者,他自己再造了廊下派学说,即有三种神学:诗的、公民的和哲学的。① 诗的,指的是诗人们关于众神的说法;公民的,指的是立法者教授的东西;哲学的,就是哲人们传授的东西——而这当然是唯一论证性的教义。公民神学是公民社会之存在与保全所需的那种神学。那么,卢梭的公民神学一词就是在这个意义上的;当然,在《社会契约论》里,不过我认为在《山中书简》的段落也是这样。让我们读下一段的开头。

雷肯先生[读文本]:

> "你让我获知的这些观点之新颖,"我说,"格外打动我是因为你坦承的你不知道的东西,而不是因为你说你相信的东西。"

施特劳斯:这也是阅读时非常重要的一个线索:不是本堂神父赞同普遍接受的那些观点的地方,而是他不赞同的地方;我们看到,最重要的不赞同就是从无中创生的否定论断,暗中承认神与事物的二元论。是的。

雷肯先生[读文本]:

> 他们在我看来非常像一神论——

施特劳斯:或者"几乎就像":à peu de choses près[几乎一样];它们并不等同。这是种克制的说法。

雷肯先生[读文本]:

> 一神论或自然宗教,基督徒声称——

---

① 奥古斯丁,《上帝之城》,6.5。

施特劳斯:那些基督徒,有个冠词,那些基督徒。你们知道,他把自己区别于那些基督徒。是的。

雷肯先生[读文本]:

> 声称要和它们对立面的无神论或反宗教混为一谈。但是,在我目前的信仰程度,我要接受你的观点,就应当必须提升而非降低,我发现要保持你的程度很难,除非我像你一样智慧。

施特劳斯:是的,换句话说,清楚的是:听了本堂神父故事的卢梭并不赞同本堂神父。这一点非常清楚。换句话说,他不如本堂神父虔信。这不正是这里暗示的吗?

学生:我对前文某处有个疑问,你在那里说——

施特劳斯:不,我们先来搞清楚这里,如果你不介意的话。所以换句话说,卢梭在这里清楚地区分了他的观点和本堂神父的观点。卢梭当然——后来,在他写《爱弥儿》的时候,或许上升到了本堂神父的观点;我们不清楚。不过很清楚的是,他在这里做了一个区分。我的意思是,[335]我们在解读信仰自白整体的时候,必须始终记住这个问题,从卢梭的观点看,本堂神父传授的自然神学有多大确定性,或者换句话说,卢梭在多大程度上把这等同于自己的观点? 博扬先生。

博扬先生:当你这么说的时候,本堂神父是个基督徒,那么你为何不试着把卢梭作为基督宗教的一部分?

施特劳斯:根据这个论断,我认为这个论断稍后将会得到证实,本堂神父也并不是个基督徒。尼科果斯基先生,关于本堂神父讲辞的第二部分,你是我们当中的专家。

尼科果斯基:当然,在我们后面将看到的那段话里,苏格拉底和耶稣被拿来对比,不是吗?

施特劳斯:是的,不过,你不能……我是说,如果他在某个特定方面更喜欢耶稣,而不是苏格拉底,这足以说他是基督徒吗?

学生:不,论启示宗教的那段文本非常关键。

施特劳斯:是的,很关键。所以,他不相信启示,那么,他不是基督徒。

学生:问题是,他给基督徒这个词前面加个冠词,我看不出这可以说明他做了区分。

施特劳斯:不,好吧,在英文中,这或许并不必要,但在法文中,这当然会使……如果我们说 des chrétiens,这就指一些基督徒(some Christians)。

学生:这难道更有区分性?

施特劳斯:是的,它指的是另外一些基督徒;我的意思是,更明智的基督徒不这么做。但是 les chrétiens 指的是那些基督徒(the Christians),他这么做就把自己与他们区分开了。如果如今在这个国家有人说,那些美国人持守这样或那样的观点,说这话的人难道不是在某种程度上把自己区分开了吗——尤其是当他不赞同那些观点的时候——他不就是用这种说法把自己和那些美国人区别开吗?

学生:好吧,如果我说一些(some)美国人相信这一点,我更能看到这确实区分了。

施特劳斯:是的,这就是我坚持违背英语精神翻译出冠词的原因;因为法语在这方面更清晰:正如希腊语和拉丁语之间的区别。

学生:如果你说一些,这不意味着你……

施特劳斯:但他没有说一些,他说的是 les chrétiens[全体基督徒]。

[336]学生:但如果你说一些,你指的是我是一些当中的一个,但我碰巧不赞同其他一些人。

学生:反面应该是说我们基督徒,他当然没这么说。

施特劳斯:是的,就这个程度而言;即便他碰巧是一个美国公民。

学生:看起来他不同意那些基督徒……很明显他通过那个指称整体的句子让自己区分出来。

施特劳斯:是啊,当然。

学生:换句话说,我可以说那些美国人,同时把我自己算作其中之一。

施特劳斯:你非常正确:语境很重要;也就是,就那些基督徒所持的观点与他不同这一点而言,他不是一个基督徒。那么。确实如此。但让我们看一下。这只是这个论证的开始,他在这里将详细处理启示问题,所以对某句话的疑虑稍后会打消。穆埃勒先生。

穆埃勒先生:你会把这回溯到卢梭的童年吗? 当你说卢梭或许后面会赞同本堂神父,他的见解将会提升,你是否在某种意义上把这回溯到了,字面意义上的,卢梭真实的童年?

施特劳斯:不;你必须做个好孩子,即,你必须字面理解这句话。我们在这里把这个意见归给十六七岁的卢梭,他在那个时候没有本堂神父虔信。这与这一事实完美地一致,即 30 年后,他或许会完全赞同本堂神父。

穆埃勒先生:是的,当然。在我理解你的意思是,你觉得这——信仰自白——必须与这个回忆联系起来读,即某些实际上发生过的事情。

施特劳斯:不,不。好吧,当然必须考虑这一点,但我只是……在这一点上,卢梭让自己有别于本堂神父;从中可以得出什么结论是另外的问题。你可以正确地说,没有结论,因为他随后也许会改变主意。或许意思只是强调在那时不同意,也就是说,现在当然已经同意本堂神父了;没别的了。但是,他在这里指出,那个时候他不如本堂神父虔信,这一点无法否认;因此他把我们的注意力引向这个问题。毕竟,他没有强调:如今我同意了,稍后我要去考察一下,这绝对没错。所以这是个敞开的问题,因此,必须去探讨它。

[337]学生:这不是意味深长吗? 卢梭把神父比作俄尔甫斯,他迷住——

施特劳斯:是的,当然,就修辞特征来说:在他看来,这是一种诗的、修辞的,而非一种论证式的观点。

学生:他还迷住了野兽与树木,让树木挪动位置。

施特劳斯:是的,或许;他在某种程度上把自己当作次理性的。有这种可能。

学生:他结局不好。

施特劳斯:谁?

学生:俄尔甫斯。

施特劳斯:是的。这在多大程度上必须……你用 la femme[女人]

所指。是的,这有可能。你当然必须也考虑到这一点。但是文本紧接着出现的东西很明显:它暗示神父的话带有修辞性、诗性特征。而且,他在这里谈到诸神,而不是一位神,这个事实当然极为有趣。我在这里没有别的文本。你们看,神父在这里给的论证与多神论一致,出于这个简单的理由,他所证明的就是,开初必有意志。意志,理性意志,潜在存在。不过,没有任何一处说,这种理性意志必定是某位单个的神圣存在的理性意志。它有可能是一个团体的理性意志,万神的、诸神的,他们彼此之间达成一致。这一点绝没有被排除。博蒙主教指控他多神论;①或许主教的论证并不充分,但他当然看到了问题。那么,让我们现在来看一下关于启示的论证,让我们——我们没法全部都读——第259页,第2段。

雷肯先生[读文本]:

　　在我的讲解中,你只找到自然宗教;奇怪,我们应该需要更多!

施特劳斯:"另一个"。另一个,意味着自然宗教之外的一个。

雷肯先生[读文本]:

　　我该如何意识到这需要? 只要我遵照上帝赋予我头脑的知识,和他放在我心中的情感来侍奉上帝,我会有何罪咎呢? 我能从实定学说中推导出什么纯粹道德,什么对人有用对其作者有价值的教义呢? 若没有这种通过正确使用我的能力获得的学说帮助,就推导不出这个实定学说。向我展示你能给自然法的义务增补些什么,为了上帝的荣耀,为了人类的福祉——

[338]施特劳斯:卢梭说的是"为了社会的福祉",不是"为了人类的福祉"。字面上看,"让我们看看这个秩序"——这更准确——"为了上帝的荣耀,为了社会的福祉,也为了我自己的好处"。在这三项里,

———————————

① 在《巴黎主教牧函》(卢梭,2001,9)。

社会的福祉处于中心位置,我这么说受塞尔茨启发。好的社会在多大程度上被增补在自然宗教上的实定宗教推进,这是个问题。换句话说,作为一种公民宗教,自然宗教是最佳的;任何增补都会造成多余的问题。

雷肯先生:

> "你从这种新型宗教中获得的德性,并不来自于我。"

施特劳斯:是的,就是这样。换句话说,并不存在理性的基础——至少从这个观点看是这样。好吧,他说的是从任何角度看,但是当然了……我是说,实定宗教绝不会令自然法的义务变得更强有力,更有约束力,更可信。这里的潜台词当然是,首先,启示没必要存在;第二,此外,启示,实定宗教,扰乱社会安宁;因此,它没有肯定性的理由,而且还有个极强有力的否定性的理由来对抗它。这就是这个论证的大概。第259页,第4段。

雷肯先生:

> 一种敬拜形式是必需的;是这样,但是,这事是否重要到要用上帝的全能来订立它呢?让我们勿把宗教的外在形式和宗教本身搞混了。上帝所要的敬拜是内心的敬拜;当内心至诚时,敬拜都一样。这是一种奇怪的狂想,认为上帝如此有兴致地对待——

施特劳斯:等等,"对待任何特殊的礼仪",在这段的最后,"至于外在形式,如果必须整齐的话"。

雷肯先生[读文本]:

> 至于敬拜的形式,如果秩序要求整齐一致,这只不过是规矩的问题,不需要什么启示。

施特劳斯:字面是"警察的"。Purement une affaire de police[只不

过是警察的事],指的是管理。所以,换句话说,卢梭不是要质疑外部
一致的必要性——他没有质疑它——但这只不过是政治或管理问题。
它与宗教无关。所以换句话说,如果社会需要宗教,它需要一种宗教;
但是反过来,这会分裂和危害和平。

学生:再一次,我不确定那个时代基督徒的观点,但是似乎正确的
理解是,大多数敬拜活动——如果他在特地跟天主教说话的话——是
教廷的实定法设定的。

施特劳斯:是的,是教廷的;但这预设了启示。

[339]学生:是这样。哦,但他会让社会来设立这些[敬拜形式]?

施特劳斯:只能是社会,是的。但是重申一下,主要的、政治的决定
性关键在于,实定宗教本质上是各种各样的——本质上各种各样,即便
在一个国家中只有一种——本质上各种各样,因为它不仅是理性的;因
而,单从理性的角度来看,存在多样性的可能。这一点清楚吗?我的意
思是,自然神论意图成为理性的唯一命令:人要使用自己的理性就只能
抵达自然神论。那么,存在实定宗教。实定宗教并未得到理性的重复
支持;因此,存在大量的实定宗教;因而,承认实定宗教意味着在原则上
要承认各种宗教。

那么,这就会扰乱和平,进而就会产生政治问题,我们应该怎么做?
要么,把所有实定宗教都当作扰乱和平的东西禁绝掉——这不可行;要
么,建立起唯一一种实定宗教,但是必须明白,这种建立的基础并不是
神法,而是实定法。真正的立法者选择启示宗教,只是出于权宜之计,
他认为这是最好的。这就是16世纪《政治学》(*Les Politiques*)提出的
著名解决方案,他们被称为政治家,这些人出于纯粹的政治理由,试图
把和平带给法国,基于纯粹的政治基础——这当然有别于宗教视角。
那个时代的宗教观点通常仅指唯一一种宗教是真正的宗教,建立真正
的宗教是君主的职责,天主教和新教当然都会这么说,犹太教和穆斯林
也一样。

因此,这是一种视角。政治视角,政治家的视角全都一致,绝对必
要地基于政治理由,但是决断必须只能基于政治理由;因此,实践问题
就是,如果有时大臣或君主疏忽了,出现大量的宗教,就像16世纪的法

国那样,无法再用强力压制新教派,这时该怎么办。那么,容忍它才审慎。但是,这种容忍和强力镇压异教一样,都不是基于神圣的容忍原则。清楚吗? 然后是第三种视角,这种视角起初仅限于某些极端教派:把宽容视为原则。作为一种原则的宽容;在某些英国清教那里有这个原则,尤其在克伦威尔(Cromwell)政权,但在这个国家也有,我忘记名字了,在罗德威廉姆斯(Roger Willianms);还有一些荷兰教派,门诺派——我不知道在这个国家怎么称呼他们。什么?

学生:浸礼会(Baptists)。

施特劳斯:浸礼会。是的。这就是第三个原则。

学生:有一点:伊丽莎白一世和卢梭,似乎有许多共同点。

施特劳斯:是的,当然;众所周知。或者用神学术语说,恕我唐突伊丽莎白一世,霍布斯是个更好的参照。霍布斯和卢梭完全一致,在原则上……只是卢梭比霍布斯更明确地将其限制在严格的政治意义上,而不牵涉到良知,正如他在《社会契约论》最后一章所宣称的那样。

[340]学生:这是历史性的……伊丽莎白女王的统一法令(the Act of Uniformity)通过了:你可以看到,她致力于扫除所有宗教学说问题;她感兴趣的唯一一件事实际上是——

施特劳斯:领土的和平。

学生:领土的和平,她的安全,还有秩序;所有这些都包含在统一令——

施特劳斯:是的,我的意思是,法国 Politiques[政治],其中最著名的是博丹(Bodin),他在伊丽莎白的时代之前就在理论上提出过;①他更早提出这个问题。但是卢梭认为……好吧,如果你选择洛克这样的人,洛克当然会理所当然地认为共和国是基督教国家;是基督徒的,而不是自然宗教。那么他只……他自然就会排斥无神论和所有非基督徒。但是,他在基督教立场之内,还要排斥天主教,因为天主教服从于一位异国的统治者,教皇。我认为,这就是 1688 年订立的协议:我是指,可以说,对于任何清教教派来说都无限宽容,但这就是限制。卢梭

---

① 伊丽莎白(1533—1603)和博丹(1530—1596)是同时代人。

当然超越这一点：卢梭仅仅要求承认自然宗教；但是他要求这一点。我的意思是，没有……无神论者，在卢梭的共和国里，不可能有坦白的无神论者；这一点很明确。我的意思是，我说的是一个坦白的无神论者，因为如果一个人，或许类似《茱莉》中的沃尔玛，他经常去教堂，除了他的妻子之外，无人知道他的信仰，这种情况是没法辨识的。

　　学生：我有个困惑在这里：卢梭没有完全给我展示他对这个现代共和国的理解，但是他又区分了社会与诸多社会或诸多国家或许多东西。① 当他在这里谈论社会的时候，你把它视为特指还是泛指？

　　施特劳斯：这个（the）社会，除了指个别的公民社会，卢梭还能指什么呢？

　　学生：个别的，所以这就意味着，每个单个的公民社会可以有——假如有三四个——它们可以有不同的敬拜吗？

　　施特劳斯：是的，外在的敬拜。但是，基于卢梭所理解的那种自然正当，或者说政治正当的原则，真正需要的是自然宗教。自然宗教指的仅仅是特定的信仰，就是萨瓦神父提到的那些信仰。外在的仪式必不可少；毕竟，还有某些功能。我的意思是，召开君主会议的时候，必须有一些宗教声明——这就是外在的敬拜。自然宗教无法充分规定这个东西，这完全取决于君主的决定。

　　[341]学生：但是毕竟，这种外在敬拜中无法包含不宽容，比如说，作为规则的组成部分。

　　施特劳斯：在信仰方面，不，但是在行为方面，外在行为上，是的。

　　学生：已知他自然主义的一面，或他的教区制度……或者他对同质化与唯一性的要求，一个有限的封闭社会，在我看来，这种自然宗教有点无趣。它无法满足那些要求，不就像是古典时代城邦众神一样吗。也就是，它给不了城邦所需的爱国目标。

　　施特劳斯：你的意思是，换句话说，倘若国家没有众神。是的，当然。卢梭在论公民宗教那一章很坦白地讨论了这个问题：再也无法做

----

① 这里不清楚学生纠结想说什么。施特劳斯的回答表明这个学生问的是，卢梭的学说是用于某个单另的社会还是用于全体社会，但是，正如施特劳斯指出，很难看出卢梭究竟指什么。

到这一点了。卢梭为什么会满足并且接受，原因不仅在于历史必要性，也就是说，他认为古人走得太过了；因为他们不合理地在诸多民族之间徒添敌对。

学生：我认为，或许你早先提到的对多神论敞开，或者不排斥会——

施特劳斯：是的，你可以说……仅就卢梭而言，这种东西出现了。但是我认为他绝不会把这当作一种严肃的可能性。我们必须继续往下看了。接下来，在第 259 页，最底下，卢梭谈到傲慢与偏见的关系……这是霍布斯的一个重要主题；意味着，这很关键。相信一个人自己的启示的真理，或是一个人自己的群体的选择，这是偏见的核心，它的基础是傲慢。正如我说，这个思想对霍布斯来说非常重要。

他接着进一步推进了对启示的批判，展示了启示严格意义上的含混性：所有人的永恒福报都应该依靠启示，这种观点不正义。这不正义，因为要大多数人意识到启示很困难。他在这里指出的另一点，我只能……我们没法全部都读：这不可能。卢梭主张，所有启示，对于除了最初的预言家之外的所有人而言，都依赖人的证言。依赖人的证言：个体信仰者除了依靠传统之外，无法获知启示，即，除非通过人类的证言；他无法对此做出判断，除非检查人类的权威者。这就意味着，对整个传统的历史批判，对启示本身来源的历史批判，这种批判就成为理性信仰的基础。这就意味着，绝大多数人都没有这个能力，也就绝不会有理性信仰；而对另一些人来说，这是个无止境的任务，因为一旦一个特定的问题建立起来，新的发现物设定好——想想各个时代的圣经学发生了什么：众所周知，近东的发现，沙漠中的纸卷——要解决所有难题是个无尽的工作，因此永远都不会有真正的确定性。18 世纪有一些著名的讨论过的论题，它们在这里又被重新提出。在第 262 页，第 2 段，有个论证也与之相关。

雷肯先生[读文本]：

当所有这些材料的权威性被接受时，我们现在必须去看其作者使命的证据；我们必须知道偶然性（chance）和可能性（probalitity)的法则,以[342]决定哪个预言没有奇迹就不能实现;我们必须知道原话的精神,区分预言与修辞;我们必须知道哪些事实符合自然,哪些事实不符合,这样我们才能指出一个聪明人可以在多大程度上骗过老实人的眼睛,甚至可以镇住有识之士;我们必须发现奇迹的特征是什么,它的威信是如何建立起来的,不仅是就获取信任而言,而且还因为怀疑会招致惩罚;我们必须对比真假奇迹的证据,并寻找确凿证据来辨明它们;最后,我们必须说明上帝为什么选择一个证人证实他的话,这些话本身都需要去自证真实性,仿佛他在愚弄人类的轻信,还避开真正的说服手段。

施特劳斯:他继续推进这个观点:教义需要由奇迹证明,而奇迹本身就需要证据;这是个循环,永远没法得到满意的解决。我现在不进入这个冗长的问题。这些论证当然很著名,神学家们回答了这些问题,尤其是巴黎大主教在他对这些论证的回应中。

塞尔茨先生:我只是很好奇地注意到,他在这里说,我们必须研究偶然性和可能性的法则;而之前他说,偶然性和可能性的法则无法向他证明关于创世说,关于不信创世说。

施特劳斯:我不是很清楚你指的是什么。

塞尔茨先生:在信仰自白的前半部分,无论不信创世说的人在多大程度上基于可能性法则,基于偶然性法则来论证……他们都无法说服他;现在,他又说,我们必须研究它。

施特劳斯:哦,我知道了。我想你是对的,但我不记得那个段落。如果你是对的,这就表明这个论证的第一部分的另一处困难。

学生:他现在说的不是我们应该必须研究它;如果我们要关注奇迹,我们就应该去研究偶然性和可能性?他早已指出他对可能性的科学的不情愿,这只是加强了他已经下定的决心,漫不经心地把奇迹放到一边,以及所有这些复杂的……

施特劳斯:是的,但是卢梭想到的那个问题究竟是什么,他还没有充分地提到这个问题?

学生:复活。

施特劳斯:不,任何奇迹都可以作为例证。在复活问题上,关于种种说法会有特定的问题,这是关键。但是关于整体上的奇迹,奇迹就是一桩无法被理解为自然事件的事情;现在,如何……我的意思是,这是传统上,普遍被接受的。这个困难在现代以这种形式出现:[343]如何可能确定在自然上可能或不可能的事情,已知我们对自然的知识具有不完满的特征?这就是17世纪出现的论争,过去没有。此前,这个概念已经暗含着我们在本质上知道什么可能,什么不可能。但是,随着新科学的出现,我们在某个时代既有的知识只是暂时的,随着未来自然科学的进步,我们如何知道现在宣称在自然上不可能的事情,未来也不可能呢?我认为,这是关键所在。因此,不存在绝对的确定性;于是这里就出现可能性的问题。可能性的问题在目击证人的问题上也存在。那么,这些证人有多么可信;他们算是好观察者么,类似这样的问题会出现;这样一来,你就必须衡量一下可能性,在所有历史问题上,这个东西当然很正确:我指的是,凯撒是否因为这样或那样的理由赢得战争?你会获得彼此矛盾的说法;要衡量这个问题,可能性问题就出现了。如果塞尔茨先生是对的——我们现在无法指出来——那么,这当然也就会让他早先的目的论证明成问题。因为,如果一个关于宇宙创世的机械论解释只是高度不可信的东西,它就不是不可能的,你们明白吗?这就是暗含的意思。你或许是对的;人们当然应该研究这个问题。

现在我们继续。他在这里讨论了……这里有个启示派与理性派的争论。启示派就是相信启示宗教的人,理性派就是哲人。我不知道他讨论的是什么例子,我不记得是什么。这是个简短的讨论,他在那里试图说明,试图澄清什么是基本问题。我们现在没法深入这个问题;让我们翻到第273页,第2段。这是他指出的另一点:尼科果斯基先生上次提出了这个问题。这个问题是什么呢?到这段话的最后,他讨论了残酷的不宽容教理。

雷肯先生[读文本]:

让宗教变得有吸引力是我的职责;增强他们对这些确实有用的、人们必须相信的学说的信仰是我的职责;但是,想要让上帝满意，我绝不应该教他们憎恨自己的邻居，去对他人说他们会被惩罚；去说，教堂外没有救赎。如果我处于更显赫的地位，这种保留态度会让我有麻烦；但是我籍籍无名，没什么可畏惧，我不会比我现在更低了。

施特劳斯：我们停在这里。他在这里承认他采取了一种保留态度——这是个法语词——一种明显的保留；因为他毕竟是个天主教神父，不信基督教的真理。这当然就要求他有所保留。在这里的注释中，读一下这条注释的开头。

雷肯先生[读文本]：

遵从与热爱我们国家宗教的义务并不足以让我们接受那些违背善良道德的学说，比如不宽容。

施特劳斯：是的，停在这里。这意味着，当然……对所有人来说，都有这种义务。所有人都有义务服从与热爱他们国家的宗教，无论这种宗教是什么；也就是说，当然，[344]这当然与对建立在真理基础上的任何宗教的任何偏好都不一致，自然是这样。严格的政治是视角。我的意思是，这当然是一种公民服从（civil obligation），一种政治的、文明的基础上的服从。

学生：但是很显然，在某种程度上，这自相矛盾，因为倘若你被要求去热爱你们国家的宗教，基于纯粹的信心或传统理由，你热爱的就是宣称自己是真理的东西，这就是矛盾。

施特劳斯：我明白。是的，但是，好吧：这意味着什么？很好；但你想从这一点推出什么呢？

学生：好吧，很显然这种爱要加引号。

施特劳斯：不，首先你得做出区分：这个人要么意识到这不是真理，要么意识不到。如果他没意识到这不是真理，就不会引发任何困难：他把自己国家的宗教包含在真宗教的范围内。如果他意识到了，萨瓦神父将会为你展现该怎么做。

学生:爱弥儿将会意识到。

施特劳斯:在这里,萨瓦神父——我们不需要上升到这么高的层面——萨瓦神父如何:他怎么做?

学生:表面上服从。

施特劳斯:表面服从,正是如此。或者我们也可以说,如果你愿意用一个尖刻的词,伪善(hypocrisy):那些知道这一点的人的伪善。下面翻到第274页,第2段。

雷肯先生[读文本]:

> 我年轻的朋友,我现在必须向你重复我的信条,就像上帝在我心中宣读的那样;你是我第一个告知它的人;或许你也会是最后一个。

施特劳斯:你或许是唯一一个我会这么做的人。你们看,他将这紧锁在心里。只有年轻的卢梭曾经听到过。

雷肯先生[读文本]:

> 只要在人们当中尚存任何一点真信仰,我们一定不要去打扰宁静的灵魂——

施特劳斯:"宁静的灵魂"是那些在宗教中无法区分真理与非真理的人。

雷肯先生[读文本]:

> 也不要去打扰无知者的信仰——

施特劳斯:"单纯之人的",他说。

雷肯先生[读文本]:用那些他们无法解决的问题打扰单纯之人的信仰——

施特劳斯:"用那些他们无法解决的困难"。

[345] 雷肯先生[读文本]:

> 这些难题会导致他们不安,却不能给他们任何指引。但是,一旦一切都动摇时,必须以树枝为代价保全树干。所有一切像你这样疑虑不安、快要泯灭的良知,都要加以激励,使他们焕发起来;为了在永恒真理的基础上立足,我们必须移开他们认为他们依赖的那些颤巍巍的支柱。

施特劳斯:所以,这就是此处的处境:迄今为止的那些通常的确定性不再可靠;因此,只有主干必须被保留,即,自然宗教,从萨瓦神父的角度看,这就是理性的学说。在下一段里,很长的一段话,到段尾,卢梭说,"我永远保持是我"——你们看到那段话了吗? ——"以免对沉思的爱好变成一种闲散的激情,让我在践行美德方面漠不关心,以免我再次陷入我最初的皮洛主义",也就是,怀疑主义,"没有能力解脱它"。所以,萨瓦神父当然不是个沉思者,他不是个哲人。这一点很清楚。

学生:卢梭在《孤独漫步者的梦》中也说过类似的话,他说他为什么不……①

施特劳斯:是的,但是在《孤独漫步者的梦》的那个部分——《孤独漫步者的梦》是本复杂的书——他在那里把自己等同于信仰自白。但是论证推进了;不能停止在那里。可我们现在没时间讨论那么多。接下来的这段话同样很重要。

雷肯先生[读文本]:

> 如果我的这些看法能够使你像我这样思想,如果你分享了我的感受,如果我们拥有同样的信条,我给你这个建议:不要使你的生命不断屈从从穷困和绝望的试探,也不要把它浪费在自甘堕落,靠陌生人的施舍;别再吃施舍的可怜面包。回到你自己的祖国去,回到你父辈们的宗教去——

---

① 在第三次漫步中。

施特劳斯:什么宗教?

学生:加尔文教?

施特劳斯:加尔文教,这可是位天主教神父给的建议。是的。

雷肯先生[读文本]:

> 诚心实意地遵从它——

施特劳斯:基于他刚学到的那些东西,他怎么还做得到呢? 继续。

雷肯先生[读文本]:

> 绝不要脱离它;它非常质朴和神圣;我认为,在举世所有宗教中,没有其他宗教的道德更纯粹,没有任何其他的更满足理性。

施特劳斯:再一次,一位天主教神父说这样的话。换句话说,尽管他宣讲真诚的信仰,他却没有这样做,温和一点说。是的。

[346]雷肯先生[读文本]:

> 不要烦恼旅费,我会给你提供。

施特劳斯:你们看,他没有完全丢掉实践意义。是的。

雷肯先生[读文本]:

> 你也不要害怕这样不体面地回去是可耻的,做了错事当然是可羞,然而弥补过错,那就没有可羞的了。像你这样的年龄,一切都是可以原谅的,不过以后就再也不能那样冒失地造成罪恶的行为了。只要你愿意听从你的良心,即使有千百重虚幻的障碍,也阻挡不住它的声音的。你将感觉到,在我们现在的不确定状态下,这是一种不可原谅的冒失行为,去信仰任何宗教但却——

施特劳斯:任何除了我们生来处于其中的宗教。

雷肯先生［读文本］：

> 不去诚实地践行我们的信仰是一种不忠。

施特劳斯：这难道不异乎寻常？我的意思是，他生来是天主教徒；但是他当然没有忠诚地实践他信仰的那种宗教，除非他给出这种解释：天主教和其他宗教一样，最重要的教义是做个体面的人，这就是他的全部信仰所在。好吧，他这样宣称。继续；不，这是我们所需的全部。所以我认为这把道德或人类的问题展现得非常清楚，毫无疑问。于是这里有一条极为重要的长注释，很可惜我们没时间读。它的要点是什么？卢梭在这条注释中不再处理启示宗教的问题，而是处理他那个时代的哲学。或许可以读一下开头。

雷肯先生［读文本］：

> 双方都互相攻击，再三再四地进行诡辩，所以要把他们那些诡辩全都列举出来，实在是一件艰巨又冒失的事情——

施特劳斯：哪两方？

［大部分……的交流，关于辩论双方是哲人与神学家。］

雷肯先生［读文本］：

> 在它们出现的时候注意到就足够困难了。哲学派这边最常见的谬误是——

施特劳斯：他称作 parti philosophiste［哲学党］，一个明显带有贬义的词。他并不赞同哲人们，你们会看到原因。

雷肯先生［读文本］：

> 就是对比一个好哲人的民族与一个坏基督徒的民族；仿佛制作一个好哲学家的民族比制作一个好基督徒的民族容易似的。我

不知道在个体那里,发现一个是否比发现另一个要容易;但是我非常确信,就民族问题而言,我们必须假定,会有那些没有宗教却滥用哲学的民族,正如我们的人滥用宗教而没有哲学;这样一来,似乎事情就相当不一样了。

施特劳斯:你们理解这个问题吗?卢梭与同时代哲人的区别在哪里?这些哲人们相信哲人国是可能的,一个全是理性人的国家是可能的。他在这一点上真诚地不赞同他们——这就是公民宗教的全部问题,其他人不会提出这个问题。我的意思是,其他人完美地……这个非常简单的观点:可以有开明君主,比如腓特烈大帝或俄国的凯瑟琳二世,她允许所有哲人自由信仰,可以表达他们的不信,这没问题;她用一种玩世不恭的姿态利用宗教,让人民服从。这当然被称作一种开明专制(enlightened despotism)。卢梭作为热爱政治自由的人,他反对开明专制,因此他提出这个问题,如何得到一个自由人?一个自由信仰者是不可能的。因为一定存在某种信念,这个信念,在最好的情况下,就是自然宗教。这就是大背景。

随后他谈到培尔(Bayle):

> 培尔已经清楚地证明宗教的狂热比无神论是更有害的,这一点确实是无可怀疑的,不过,他还小心翼翼地保留了一个同样真实的情况没有说出来,那就是:宗教的狂信尽管是容易导致血腥和残酷的行为,但不失为一种强烈的热情,它能鼓舞人心,使人把死亡不看在眼里,赋予人以巨大的动力,只要好好地加以引导,就能产生种种崇高的德性。

换句话说,培尔属于同一个阵营。培尔是第一个公开宣称一个无神论社会之可能性的人——这是西方思想史的一个大事件。换句话说,他首次公开提出霍布斯暗示的东西;而这是……卢梭说,不,不可能有这样的社会,你从无神论社会只能获得堕落的人。人的堕落;因此,哲人错了;启蒙人们的这次尝试会导致人的一次堕落。我认为,这当然是卢梭的观点。这里有一些困难,但我们不是必须,我们没法现在提出来。

学生:尼采在某种程度上当然也对现代哲学抱有同样的看法。卢梭后来说"攻击人类生活"。

施特劳斯:对;尼采所做的一个最大的历史不公正就是,从来没有清楚说明他在多大程度上该归功于卢梭。他们有许多共同点。他如此憎恨卢梭及卢梭代表的东西,以至于没有强调如果不把他的立场视为对卢梭的回应,就无法理解他的立场。当然。

［换磁带］

学生:——无神论,是否可以依据后来发生的结果来为这种立场辩护呢? 换句话说,从无神论的观点来看,卢梭的道德学说是否可以得到部分辩护,审视你的良知,来自自爱的良知,等等——对良知本身的政治性认识……?

［348］施特劳斯:但这是什么意思呢? 我是说,我不理解。因为首先有一种错误的良知;那么,问题就是,这种错误的良知有什么权利。益格鲁—撒克逊国家在这一点上极端自由,你们想象那些出于道德良心拒服兵役的人,但你也可以说,他们从来没有像欧陆国家身处那些险境。你不知道——如果情势危急,这些出于道德良心拒服兵役的人会怎样,这很难讲。但是,这个问题……它的确切用意何在?

学生:我认为,卢梭自己相信存在一个能够告诉人们去做什么的良知。

施特劳斯:你说你信,我说我不信。我认为卢梭用信念指的是,这是……这是萨瓦神父尤其表达的,但是这个——至于卢梭,我已经不止一次试着解释过,基于我们已经读过的那些内容,道德通过一种自我保全的变形形式出现,amour de soi［自爱］,经过 amour-propre［自恋］和怜悯,你知道:启蒙的同情(enlightened compassion)。就是这个。但是,启蒙的同情,这不简单地是……我的意思是,你在这里有个标准:真的是启蒙的同情引导你对这个行为赞成还是不赞成吗? 我的意思是,你不能仅仅说,我的良知告诉我,完了,这不可能。

学生:问题是,我问的是,启蒙的同情不是无神论的吗? 或者说,它与宗教本身没有关系,或者说,没有必然关系吗?

施特劳斯:我只能说,有两种道德:卢梭在信仰自白之前提出了一种道德,这当然是无神论的;信仰自白中暗藏了一种道德,是有神论的。我们一直在讨论这个问题:信仰自白究竟是卢梭自己的学说,还是仅仅是萨瓦神父的学说? 正如我对卢梭的理解,按照萨瓦神父提出的方式来诉诸良知,这是站不住脚的,因为解释一下,按照卢梭的理解,这个良知意味着启蒙的同情。而这是个非常复杂的东西,我们讨论过它的来源;这意味着,那么,良知就意味着启蒙的同情,纯粹同情就不行:那么你就会同情被惩罚的罪犯,这就是没被启蒙的同情,因为你没考虑过受害人。关于培尔的论断,你唯一可以说的就是,培尔承认了卢梭在这里没提到的东西,就是荣誉,当然也是一个国家的荣誉,这个东西在无神论和非无神论那里都有效;因此,也可以有个爱国主义动机。但是,卢梭的异议或许在于,这种对荣誉的渴望无法对绝大多数人行之有效;进而,对于政治或社会的好的行动来说,如果没有宗教的神圣性,这些行动就无法出现。

学生:或许,你所说的也适用于启蒙的同情,它不够强有力。

[349]施特劳斯:是的,我认为是这样;我认为这就是卢梭的意思。下面,让我们来看。我们得看很多页。翻到第278页,注释的第4段。他在这里讲了一个波斯人的故事。

雷肯先生[读文本]:

我想,既然认为这座桥能够昭雪许多人的冤屈,难道就不能拿这个观念来预防罪恶的发生吗? 如果从波斯人头脑中消除这个观念,叫他们相信根本没有报赛桥或类似的东西替受压迫的人在僭主死后报他们的仇,他们就会随心所欲——

施特劳斯:"这些人"——指的是僭主——"就会随心所欲"。

雷肯先生[读文本]:

他们就会免除照顾那些受苦难的人?

施特劳斯:如果他们相信这种死后的惩罚,他们就不会免除这件事。是的。

雷肯先生[读文本]:

但是这么说是错的——

施特劳斯:不,"那么这样说就是错的"。

雷肯先生[读文本]:

这条教理是有害的;然而,它不是真理。

施特劳斯:"不,那么这么说就是错的,这条教理并不是有破坏性的,有害的,因此它不是真理。"①这就是他说的;那么,这是什么意思?死后惩罚的教理,拒绝死后惩罚是有害的,因此这种拒绝不是真理。也就是说……前提是什么?[讨论继续进行]基于萨瓦神父接受的原则,真理对人无害。只有基于这个基础——一个相当复杂的说法。我们现在必须跳过去,如果我们想要……好吧,随后他简要地概括了这个处境:在最粗糙的个人主义与对上帝和来世的信仰之间,没有其他选择。让我们翻到第281页,第3段。

雷肯先生[读文本]:

怎么! 当我最需要权威的时候,反而要我放弃我的权威吗? 在成年人最不知道怎样做人和可能陷入最严重的错误的时候,竟要我让他自己管自己的事吗? 当我最需要对他行使我的权利的时候,难道要我放弃我的权利吗? 你的权利! 谁说要你放弃呢? 只不过在目前它们才开始为他所承认罢了。迄今为止,你的权力都是通过强力或欺骗(force or guile)得来的——

---

① 此处施特劳斯的译法和学生读的文本意思相反,中译本的意思与学生读的文本一致。

施特劳斯:我们停在这里。我认为,这是他针对他对爱弥儿的教育做出的最强烈的评论。通过强力和欺骗教育他——导师比学生更有力量;为了提出完美地摆脱偏见,这很有必要。这证实了我一开始说过的,你们好多人不同意我,即偏见是自然的。更简单的,在这种情况下——你们记得吗,我们讨论过这种情况——[350]孩子能否辨别有意志的东西与无意志的东西,辨别想要伤害他的人与无意伤害他的椅子? 我否认这一点;我说,正是由于这一点,正是由于孩子无法辨别有意志的东西与无意志的东西,他就必然会迷信,卢梭意义上的;他谈到的所有这些因素,骄傲、生气天然地就会在这个孩子身上出现。因而,有必要依靠强力和欺骗来对抗这些东西。我认为这段话对于理解整体来讲都至关重要。

学生:那么,这样的结果是不是就是,孤身一人的,而非在部落中的野蛮人,就必然不是好人?

施特劳斯:当然,不是,卢梭说——我们发现,在卢梭对野蛮人大加赞誉之后,他说它们是残忍的,完了。当然,这毫无疑问。我的意思是,人生来就好,这个论断,这个大标语,这个金字招牌,需要一段很长的解释才能得出来——因此你可以提出它的确切含义。人生来是好的,对卢梭来说其含义不会超出这一点,即人可以在一定限度内提出——建立一个良好的社会,而不需求助于神圣启示。这只是单纯的实践含义。

学生:萨瓦神父的宗教,这对爱弥儿来说并不适合吗?

施特劳斯:哦,就是这个东西;这是唯一通过……

学生:这适合爱弥儿。

施特劳斯:是的。

学生:那么,萨瓦神父的性格就和爱弥儿本人一样爱弥儿。他碰巧开始有了[……]和他的性格,没有卢梭,没有使用强力和欺骗的导师;在这里,这个人来自贫穷家庭,走上一条非常独特的道路。

施特劳斯:我确实没有看到问题所在。

学生:我的意思是,是否碰巧会有一些爱弥儿出现在社会中……

施特劳斯:不,卢梭会说,有相当多的爱弥儿;我的意思是,不是人人都是爱弥儿,但却不少。但是,并没有足够多的卢梭那些的导师,也没有足够多的父母愿意把孩子托付给如此完美的教育者,这是问题所在。

学生:但这正是哲人的角色……

施特劳斯:是的,好吧,卢梭在这个意义上是一个哲人。[……]下面是一个论断,关于作为整体的处境,第293页,第4段,在这一段的后半部分。

[351]雷肯先生[读文本]:

> 如果我只抱着教育他的目的介绍他进入社会,他就会学到的比我想要的还多。如果我让他远离社会,他又会从我这里学到什么呢? 或许一切,除了对于当一个文明人必不可少的一项技艺——

施特劳斯:哦,上帝,"当一个人与当一个公民"。你们看文学硕士的译文有多不可靠——你们当中没有文学硕士,我可以放心地这么讲。那么,这是什么呢,这个对做人和做公民都最必要的技艺是什么?

雷肯先生[读文本]:

> 生活在同伴们当中的技艺。

施特劳斯:"去了解如何与他的同类一起生活",字面翻译。这里,这是个关键段落:人,人类,必须学习的技艺等同于公民必须学习的技艺。你们还记得一开始的这个论断吗? 关于人与公民的对立特征? 他们现在又统一了。他们现在统一起来了;他们如何统一起来的? 是什么机器或工具让人与公民统一起来了?

学生:信仰自白。

施特劳斯:"信仰自白",当然。好吧,很简单[施特劳斯走向黑板],人与公民的区别是什么? 人——我指的是最完整意义上的人,最高的发展——是一种过着纯粹的理性生活的存在,不带任何偏见。公民必然有偏见;因此二者没有统一。但是,爱弥儿现在转变为了一个公民,因为他开始服从偏见,但是,服从的是最合理的偏见,服从的是最低限度的偏见,没有这种偏见,政治生活就不可能存在。这就是我们现在所处的问题。那么,接下来——我们现在只能看一下今天的作业,但是有好几件相关的事情必须指出——现在,他最终跨入社会了,这变得绝对必要,因为他很快就要结婚了。他必须要遇到女人,女孩子,为了给他找到一个最好的,她被暂时叫作苏菲:智慧。所以建立起一个观念,这个观念会让他遇到的所有女人都黯然失色,这让他对性爱的诱惑免疫。这就是卢梭关于如何面对这件事的观念。这段话相关,第294页,第1段。我们读不了全部,我们读一下这段话的后半部分。

雷肯先生[读文本]:

尽管我描述的这个人是想象的,这足以使他嫌弃那些有可能吸引他的人——

施特劳斯:也就是,我将为他描绘的这个对象会让他想起那些有可能引诱他的人。好吧,这当然有些难度,因为,无论他遇到的女人们有什么缺点(我丝毫不怀疑她们缺点相当多),她们是活生生的。我们绝不能忽视这一点。

雷肯先生[读文本]:

如果它不断地让他对比,使他比起他遇到的那些真人更爱他的想象,这就足够了;爱情本身不就是个幻想吗,一个谎言,一个虚构?我们更爱自己的想象而不是那个爱的对象。

[352]施特劳斯:我们在这里停一下。真爱是个幻想——爱弥儿不仅仅在一个方面没有偏见。我的意思是,他在某种程度上也被保护远离真爱,还是说这是被理解错了?不,很抱歉;我刚说错了。正如他先是在萨瓦神父那里经历了一种偏见,他现在要经历另一种偏见,通过屈从爱的幻想。这是并行的事件,服从宗教与服从爱的幻想。这两者

都满足同样的功能：两者都让人与公民的统一成为可能。作为公民的公民当然已婚——我的意思是，尽管如此当然也有单身汉——即正常公民当然已婚。他接着提出——好吧，我们必须无视他在这里关于性的说法：不是没有意思，而是我们没法深入下去。我们必须得进入更大的主题，第305页提出的论题，关于审美力（taste）。现在，他进入社会了，发现了社会；社会，在社会中，做个有审美能力的人非常重要。这对卢梭而言就是他发表关于审美能力的看法的契机。我们或许可以读一下——让我看一下，太长了。那么，关键问题是什么？关键问题是什么，博扬先生，你能复述一下吗？

博扬先生：关于审美力？好吧，它在形式上就像意志。当它被概括为……

施特劳斯：是的，但什么是审美力，与意志对比来看？

博扬先生：哦，是的，审美力关乎那些能取悦我们的东西，而不是我们必不可少的东西。

施特劳斯：或者说，有用的东西，是的。审美力只在那些无关紧要的事情上起作用，或者最多，关于愉悦，而不在那些关系到我们需求的事情上起作用。对于判断我们的需求而言，审美力不是必需的；仅仅是满足欲望。或许我们可以读一点；这之后的一段。

雷肯先生［读文本］：

　　审美力是人天生的；但是，不是所有人拥有相同的程度。

施特劳斯：跳到下一段。

雷肯先生［读文本］：

　　在后一种情况下，认为好的审美力是多数人的审美力就不再正确了。

施特劳斯：指的是在败坏的社会，整体来讲。

雷肯先生［读文本］：

为什么是这样？因为目的不同。那么大众就不再有任何它自己的意见，它只是追随那些被认为更懂的人的判断；它的赞赏并不基于什么好，而是基于那些人已经赞赏了。在任何时候，让每个人有自己的意见，本身就最能取悦人的东西总会获得最多的支持。

[353]施特劳斯：是的，正如博扬先生所说，这确实是个对举。如果每个人都跟随自己的判断，那么就会不存在坏的，就没有什么差品味。麻烦在于，摧毁我们判断力的那些时尚、意见、干扰，涉及到实用的事物，也涉及到审美。卢梭说，好的审美力天然地就是多数人的审美力。那么，卢梭当然必须试着处理大麻烦。让我们翻到第307页，第2段。

雷肯先生[读文本]：

当我和爱弥儿谈论在他目前所处的环境和他所从事的研究工作中他不能不注意的事情时，我就把以上这几个基本的论点作为原则。谁能说这种事情同他没有关系呢？不仅是需要别人帮助的人应当了解什么样的东西能够使人感到喜欢或不喜欢，而且那些帮助别人的人也应当在这方面有深刻的了解——

施特劳斯："那些希望对他们有用的人"。

雷肯先生[读文本]：

你首先要使他感到喜欢，然后才能够对他进行帮助；只要你著书立说是为了阐发真理，则讲求表达的方法就绝不是一件无聊的事情。

施特劳斯：那么，这句话对于理解卢梭的整个写作活动都当然非常重要。毕竟，卢梭是位写作技艺大师。那么，他是什么意思呢？需要用审美力来取悦人；而不是强迫人。这对于写作真理来说非常必要。让我们思考一下这句话。我们看看当今社会科学。好吧，不是出于恶意这么说，只是为了……尽管不可避免地看上去显得有恶意。那么，很显然，他们写得不好；他们甚至都不做尝试。这是什么原因呢？这种情况的根源何在? 这不仅是能力问题;它有个更根本的原因:因为他们不对众人说话,他们只对某个专业的成员说话,你们看。正如水管工不需要考虑如何优美地表现自己,这种社会学的水管工也不需要,如果可以这样说的话。不,说的是社会工程;工程与管道的差别是程度问题……

学生:有时候他们称之为卫生工程。

施特劳斯:是不是更接近管道问题? 是的。那么,什么是写作技艺? 卢梭想的究竟是什么? 他没有进一步说,因为他可以简单地列举一些关于法国古典文学的知识来说明什么是好的写作,最终古典文学更合适。换句话说,你必须读一下,或者说重读西塞罗的修辞学著作,从而获取什么是传统观念的好写作。你可以从中获得非常美好的体验;比如说,我的意思是,丰富性:一个传统观念是,好写作意味着丰富地表达(copiose dicere),你必须用一种合理的丰富表达,因为丰富性本身就很好。我不认为这是写作的最高标准,但是对于实践目的来说,它非常重要;你们看一下今天的时兴俚语,严重缺乏丰富性。我的意思是,甚至……你们也许有人猜到了,我从电视上观察到——而不仅从西方电影,也从政治演说——词汇贫乏到令人吃惊……我是说,比方说,所有好的东西都被每个人称作"棒极了"(tremendous)。不是这样吗? [354]我认为,这不好。我记得我在这个课堂上经常提到的一点,它让我印象深刻是因为它是一种完全不同的类型,是伯金斯(Perkins)小姐在她关于罗斯福的那本书《我所知道的罗斯福》(The Roosevelt I Knew)中讲到的;无论人们如何看待罗斯福新政,这本书当然是对他的一个赞美。她替他写了一篇声明(大家都知道代笔这回事),关于一些社会福利问题,她在这件事上比他更擅长,她的结尾句是:"我们想要一个包罗万象的社会。"罗斯福接受了整篇讲稿,只修改了最后这句话:"我们想要这样一个社会,在这个社会里,没有任何一个人会被遗忘。"这展现了他的语言感觉:这句话变得更有力量。但是,大体说来,你可以说,这意味着要吸引人,保持注意力持续关注。那么,如果你致辞的对象立下希波克拉底誓言注定要跨过你会写到的一切,那么,你就不能刺激到他们,当然是这样的。这就是卢梭的意思,我认为:读者不会多么赞同作者说了什么——因为真理并不必然让人愉快——但却会在意他怎说。这甚至是每位教师的义务。我想，这就是卢梭的理解。他现在更充分地推进了这个主题，借助谈论古典作为风格权威的优越性。我们可以读一下第 309 页，第 2 段。

雷肯先生［读文本］：

> 一般地说，爱弥儿是更喜欢读古人的著作而不喜欢读我们今人的著作，唯一的原因是：古代的人既生得早，因而更接近于自然，他们的天才更为优异。不管拉·莫特和拉松神甫怎么说，人类的理性并没有真正的进展——

施特劳斯："没有进步"，"没有真正的理性进步"。

雷肯先生［读文本］：

> 因为我们在这方面有所得，在另一方面便有所失；所有的人的心都是从同一点出发的，我们花时间去学别人的思想，就没时间锻炼自己的思想，结果，学到的知识固然是多，但培养的智力却少。同我们的胳臂一样，我们的头脑也习惯于事事都要使用工具，而不靠自己的力量去做了。封特纳耳说，所有一切关于古人和今人的争论，归纳起来不过是：从前的树木是不是比现在的树木长得高大。如果农耕有变化，我们提一提这个问题也值得。

施特劳斯：卢梭似乎暗示农业（agriculture）没有改变，即，思想的培养（culture）也没有改变。记住这一点非常重要：卢梭在决定性方面质疑进步。那个时代压倒性的观点当然是进步论，基于一个帕斯卡尔用到的比喻，但却来自一个中世纪作家，我不知道他的名字，他说亚里士多德这样的伟大作家当然比我们这些侏儒伟大，但我们侏儒坐在这些巨人的肩膀上，因此我们可以看得更远。[1] 无法否认这个著名的事实，

---

[1] 牛顿在他 1676 年 2 月 5 日致 Robert Hooke 的信中用过这个著名比喻。它可以上溯到一世纪的罗马诗人卢坎（Lucan）。

今天的高中生都可以轻易解决阿基米德无法解决的难题——这似乎……但卢梭说,高中生无法因此成为阿基米德;他已经学习了阿基米德必须去探索的东西。这当然是更重要的地方。因此,在决定性的[355]方面,人类在每个时代都从同一个起点开始。我认为在历史主义的时代,这是我们不该忘记的一点。接下来的内容尤其重要。我们或许可以读一些,请翻到第 310 页,在第 3 段。

雷肯先生[读文本]:

> 为了更好地表述我的思想,请允许我暂时不谈爱弥儿,因为他纯洁的和健康的心是不能用来作为衡量他人的尺度的;所以,让我在我的心中找一个更明显的和更符合于读者的性情的例子。有一些职业似乎可以改变人的天性,重新塑造选择这种职业的人,要么更好要么更坏。一个胆小鬼到了纳瓦尔的兵团也会变成勇士。一个人不仅是在军队中才能养成这种团体精神,而且一个人所受的团体精神的影响也不见得一定是好的。我曾怀着恐惧的心想过一百次:如果我今天真是不幸在某个国家——

施特劳斯:在某些国家(countries)。

雷肯先生[读文本]:

> 明天我就几乎不可避免地要变成僭主,变成贪官,一个残害人民的人,伤害国王的人,专门与人类为敌的人,正义和各种美德的敌人。

施特劳斯:换句话说,在一个败坏的社会里,你不这么做,就无法获得一官半职。下一段。

雷肯先生[读文本]:

> 同样,如果我是富人,我肯定为了谋取钱财无所不为;那么,我应该是上遄下骄,锱铢必较只顾及我个人的利益,对所有旁人都冷

酷无情——

施特劳斯:等等。下一段。
雷肯先生［读文本］:

　　但在一个方面,我会跟他们完全不同;我好声色而不好虚荣,我要尽情地讲求舒适的享受而不炫耀于浮华的外表。我甚至不好意思向人家显示我的富有,我好像时时刻刻都听见那些不如我阔绰的人在妒忌我,悄悄地向他们旁边的人说:"瞧那个家伙,他生怕别人看不出他很阔气。"

施特劳斯:现在,我们读一下再往后一段的开头。
雷肯先生［读文本］:

　　我时时刻刻要尽量地接近自然,以便使大自然赋予我的感官感到舒适,因为我深深相信,她的快乐和我的快乐愈相结合,我的快乐便愈真实。

施特劳斯:请读一下这段话的最后一句。
［356］雷肯先生［读文本］:

　　如果我想尝一尝远在天边的一份菜,我将像阿皮西乌斯那样自己走到天边去尝,而不叫人把那份菜拿到我这里来,因为,即使拿来的是最好吃的菜,也总是要缺少一种调料的,这种调料,我们是不能够把它同菜一起端来的,而且也是任何一个厨师都没法调配的:这种调料就是出产那种菜的地方风味。

施特劳斯:下一段的后半部分。
雷肯先生［读文本］:

我应该待在同一个地方,而且同他们的做法恰恰相反:我将尽情地享受一个季节中一切令人赏心悦目的美,享受一个地方独具一格的特殊风味。我的爱好是多种多样的,我的习惯是互不相同的,然而它们都始终是合乎自然的;我将到那不勒斯去消夏,到彼得堡去过冬;有时候我将侧着身子躺在格兰特的人迹罕至的岩窟中呼吸清风,有时候我跳舞跳疲乏了,便气喘吁吁地去看明亮的水晶宫。

施特劳斯:对,还有好多页:我们看一下还有什么说得特别好的。后面他说,我希望我知道这是哪里;可能在第318页,在那一页的最上面。你们读到了吗?

雷肯先生[读文本]:

我希望我周围的人是一群同伴而不是趋炎附势之徒,是朋友而不是食客;我希望他们把我看作一个好客的主人而不看作一个施主。

施特劳斯:不,这是……换句话说,让人不自在的奴仆或走狗;我说的不是这一页。我不知道究竟在哪里:“无论我会被变富有改变多少,我在一点上绝对不会改变:如果我既没有道德也没有德性,我至少会保留一点审美,一点品位,感性,几分精致。”

雷肯先生:这在第315页,最底下那段话。

施特劳斯:对,我们读了。翻到第319页,第2段的最后。

雷肯先生[读文本]:

不管你怎样做,你老是那样折磨别人,自己是不能不同时遭到某些麻烦的;大家常常诅咒你,早晚会使你的野味吃起来很苦的。

施特劳斯:对,换句话说,压迫较低阶层是件极不明智的事情。下一段的开头。

雷肯先生[读文本]：

又一次,独占毁掉了快乐。

施特劳斯:"排他的快乐是快乐的消逝"。对。
[357] 雷肯先生[读文本]：

真正的快乐是那些我们与大众分享的——

施特劳斯:与人们。
雷肯先生[读文本]：

要想独自一个人乐,是乐不起来的。如果我在花园周围修建的墙使它变成一块凄凉的禁地,那么我花了很多的钱反而使自己失去了散步的乐趣,使我不得不到远处去散步——

施特劳斯:好,跳过下一段。
雷肯先生[读文本]：

你们会说,毫无疑问,这样的娱乐法是谁都会的,照着这些办法去玩,就不一定非要有钱不可了。这句话,正是我想要得出的结论。只要你想得到快乐,你就可以得到快乐;这只不过是社会偏见——

施特劳斯:"只是意见",他说。可会是这样——是的。
雷肯先生[读文本]：

只是意见才使得一切都觉得很困难,把摆在我们眼前的快乐也全都赶走了;要快乐,比似乎快乐要容易百倍。

施特劳斯:"比看起来快乐。"好吧,其实我不知道他们怎么做。她是个英国女人吗? 莫里森先生,你应该给那里的当局写信。是的。

雷肯先生[读文本]:

如果他真的很想让自己快乐——

施特劳斯:不,不,"有审美力的人,真正的享乐之人,不需要用财富;他足够自由,是自己的主人。"继续。

雷肯先生[读文本]:

身体健康,不饿肚子,我们就足够富有了,如果我们还能摆脱我们的偏见的话;这就是贺拉斯所谓的"黄金中道"(Golden Means)。

施特劳斯:就停在这里。这差不多就是第四卷的结尾了。卢梭在这里描述了道德,一种特殊的道德——贺拉斯的名字并非完全是误导。我们可以把此处描述的这种道德称作——正如它在 18 世纪曾被这样称呼——修正的伊壁鸠鲁主义:享乐主义,但却是真正的快乐,而不是虚荣的快乐。卢梭在这部分勾勒了一种你可以称之为非道德的道德——我说非道德是因为它没有丝毫的任何意义上的义务基础;这里不存在义务。它强调自然,与自然一致;这件事的重要性来自于,它在信仰自白之后出现。现在可以看到第四卷的结构——不,我们必须把卷三和卷四放在一起看。[施特劳斯走向黑板]你们还记得这个含混吧:这两卷究竟谁在中心? 卷三,还有卷四——让我们称为卷四上和卷四下。这是信仰自白,这些全都属于它。这是广义的同情的道德,没有任何宗教基础;这明显优先于任何爱弥儿的宗教教育。在这里,我们[358]有了另一种道德,这并不必然与之不协调,但它本质上却与之有别:修正的伊壁鸠鲁主义。这两个东西都没有宗教基础;它们都围绕着这个核心部分。我认为,在我看来,这证明了卢梭非常关心发展出一种严格的非宗教性的道德。这是你们过去没有看到的一点,你必须经常回顾一下前面发生过什么,这种修正了的伊壁鸠鲁享乐主义与萨瓦神父的讲道之间的对比非常引人注目。什么? 这个响声是什么意思?

学生:很抱歉,它表示非常赞同。

施特劳斯:哦,明白了。好吧,让我们说得更简单一些。当然有许多东西,我们必须……在第305到306页开头的那个对审美力的整体论断非常重要。我认为这是——如果有谁对这个问题感兴趣——我认为它对理解康德美学非常有帮助,康德的审美力学说。如果谁需要研究,他应该好好查阅这两页。这样说很公允,穆埃勒先生,因为我们都是政治学的学生,我们只会在非常偶然的时候面对这种诉求。

穆埃勒先生:对,我扮鬼脸只是因为我曾经看过。

施特劳斯:看过康德。

穆埃勒先生:是的。

施特劳斯:是的,我认为关于这个问题的初步论断,在这里和在康德那里同样适用——初步论断。现在,我们还有一些时间,你们还有什么问题要提出来吗?

学生:只想重提我们上次课提到的一个问题:爱弥儿需要实定宗教吗? 你说,信仰自白扮演了某种角色,我们尚未真的明确以信仰自白为基础,实定宗教对爱弥儿来说是否迫切。现在,我想说,在紧接着信仰自白结尾的那段话里,在第278页……

施特劳斯:好,不太好找,不过,你指的是不是他提到俄耳甫斯的那里? 是那段文本吗?

学生:不是,那段话在第一部分后面,我说的这段话在第二部分后面。

施特劳斯:对了。"我抄录这篇文字",开头那段。

学生:对。在这段话里,他说:"只要我们不屈从人类权威,也不屈从我们国家的偏见,单凭理性之光,在一种自然状态(state)——"

[359]施特劳斯:"在自然的制度(institution)中",这当然……它是否意味着……? 不对,在法语中可能不是制度的意思,像在拉丁语里。对,它就是"自然状态",好。怎么了?

学生:把这里翻译成"在一种自然状态",对我来说,全部含义就是,对爱弥儿来说自然宗教不够充分,因为他并没有针对一种自然状态来教育他。我们很快就会发现。

施特劳斯:既是也不是。他用了这个表达,l'institution de la nature[自然的制度],而不是 l'état de la nature[自然状态],这使得……这就有个问题,他是否确切地指自然状态。他究竟想的是什么?我们已经看到,贯穿这种教育的始终,他都在考虑爱弥儿未来的生计,比方说,他因此教他做木匠,还记得吧,这样一来,即便家道中落,爱弥儿也可以养活自己。因此他被教得没有任何偏见,可以在任何国家生活,从北边的拉普兰到南边的赤道,都可以生活。你们还记得这些论断吧,他有能力生活在任何地方。天知道他将会生活在哪片领土和哪种宗教下;他必须有能力在任何条件下养活自己。所以,现在,由于他不信仰任何实定宗教,只相信自然宗教,自然宗教让他有义务去适应任何既有的信仰,接受各种实定信仰,他就可以生活在任何地方。所以,换句话说,自然宗教 de jure[在法律上]自足;没有额外的需要。但是,de facto[在事实上],总会存在一种既定的实定宗教,因此他被迫会有一种实定宗教——但只是 de facto;你无法知道卢梭怎么想,欧洲未来的发展是否会发生这种 de facto 的强迫——这个问题很难深究。这就是我理解这个问题的方式。

学生:但是,这……卢梭在这段话的最后说"我无权成为他的向导;他必须自己选择"。这关乎方方面面,也包括自然宗教。实际上,这是……卢梭在这里听上去有些道学气,他无法说明[爱弥儿被安排]在何种实定宗教中;可是,难道不应该不止你刚才提到的那一种吗?必要性将会告诉他是哪一个,他碰巧被发现在哪个国家……?

施特劳斯:是的,但是你看,卢梭对这件事并非百分百明确;正如我们所见,卢梭并非对这整件事情都毫不暧昧。首先,最大的含混来自这个事实,这全都不是卢梭的话,而是萨瓦神父的话。再加上,萨瓦神父在某种程度上不可信,因为他有道德污点:我的意思是,首先,他是个天主教徒,却传播新教教义,此外,他还在年轻时候犯下不堪的罪过——你们还记得这回事吧。所以整件事都有一种暧昧不明的氛围,所以任何个别的含混不应该让我们特别吃惊。你很对:读过这段话的人可以说,自然宗教并不充分;必须有一些实定宗教做补充,严格说来,这当然不是神圣的实定,而是非宗教的实定。你同样有权利把它理解为,他事实上可以在每个国家都找到某种已经确立的实定宗教,明白吗?我认为,你无法根据这段话做决定。萨瓦神父的全部论证的任务,[360]同样也是《社会契约论》最后一章或倒数第二章中卢梭的其他论证的任务,就是:正如这里描述的那样,自然宗教不可或缺,而每个附加的东西至少都是成问题的,至少,如果不简单地说是坏的。这个论证……你们还记得整个论证都在说,每种启示宗教都会造成麻烦。那么,另一方面,当然,他说过,他面对的是无神论者的观念,一个无神论的社会;接着,他说,那么,我更喜欢他所谓的狂热(fanaticism),这意味着无条件偏爱一种实定宗教——我们在那条长注释尤其可以看出这一点。我是说,你有什么困难?

学生:不,已经[……]解决了。

施特劳斯:我想除此之外谁也说不出更多的了;因为如果谁有任何……我的意思是,你不能说,他有某种观念,即或许存在一种真正的实定宗教,它……

学生:不。

施特劳斯:不,这只能是政治性的。

学生:[……]他是否觉得某些实定宗教变得必要,出于……

施特劳斯:出于实践性的目的,是的;但并非 de jure[法理、在法律上]。这并不必要。我想这就是他的意思。莫里森先生。

莫里森先生:关于修正的伊壁鸠鲁主义,在结尾:你是否暗指这与萨瓦神父说的内容不一致,或者,这有可能是另一个部分……

施特劳斯:好吧,或许不在表面上,但是,事实上……我的意思是,如果你认真对待萨瓦神父的学说,他明确说,身体与灵魂的结合是粗暴的,即,违背自然。那么,最后这部分描述的生活方式整体上都当然建立在这个原则的基础上,即身体与灵魂的结合是自然的。天主教的学说当然不认为灵魂与身体的结合是非自然的;这是萨瓦神父特有的看法。天主教绅士在这里,沃翰神父:我对吗?我认为萨瓦神父说的身体与灵魂的统一违背自然,这并非一种天主教教义?所以,这位萨瓦神父……不过,让我先来解决你的问题。如果这种与身体的结合——我的意思是,像一个人类一样生活——是非自然的,那么,怎么可能去享受粗茶淡饭的快乐,还有其他他提到的东西? 这只能是勉强的妥协,仅此而已。现在,他做了远比享用粗茶淡饭要坏得多的事情,正如我们所见,但是他把这视为绝对的罪恶,当然:那些都是过失。不,我要说——大体说来,我只能回到我的计划。[施特劳斯走向黑板]萨瓦神父的段落之后紧跟着一种明确的无神论道德学说。这确实是无神论的;不明确——事实上。它们并不一致,因为在这里是普遍同情;在那里则是修正的伊壁鸠鲁主义。它们或许没有如此……甚至它们简单地兼容,知道吗? 我的意思是,甚至这些非宗教的道德或许也不可共存,但是当然,就这个程度来讲,它们可以共存……因为它们拥有同样的否定性基础——非宗教。它们当然不同于这里提出的这种道德。我的意思是,简单读一下他……由萨瓦神父的信仰自白而来的生活方式[361]当然不是一种享乐主义的生活方式,如果适度的享乐生活作为某种完全无可质疑的生活方式,而是一种义务的生活。

学生:但是,我……这无法打动我。那几页不在手边,我找不到,但是——

施特劳斯:好吧,我们在这里不对任何问题盖棺论定;这不可能。因为我们全都需要重新阅读,以便对有些内容更有把握。

学生:我之所以没被打动是因为,这种修正的伊壁鸠鲁主义事实上,在某种意义上,与一个实践层面兼容,事实上可以与前述的两者都兼容;我想知道,事实上,它是否不存在于一个综合命题的本质中,正如你可以说:一个命题,一个反命题,还有——

施特劳斯:我怀疑这一点。我怀疑。我是指,我几乎把它当作不可能的;但我现在不能不去重新查阅萨瓦神父信仰自白的道德部分就简单地说你错了。

学生:尤其是,这会存在于这种道德……在萨瓦神父的观点里。在我看来并非如此,身体与灵魂的这种非自然的结合,这种结合在这里无疑存在,它会具有什么约束性,极端的清教徒罪疚难题会令这不容于……

施特劳斯:那么,我只能说,卢梭为何要让萨瓦神父(违背所有人,至少违背所有大公教前辈,我猜也违背天主教,但我不确定)宣称,人类生活建立在身体与灵魂的统一上,这是非自然的? 换句话说,一种诺斯替学说,它本身必然会导致极端的禁欲主义结果。他为何要偏离自己的立场呢,为何要在关键问题上脱离教会的学说呢? 现在来考虑一下这个问题。我要说(我现在很确信我是对的),他强调萨瓦神父宣称的身体与灵魂的统一是非自然的,为的是提出这组对立,即,一方面是萨瓦神父,另一方面是两种道德学说。我要说……毕竟,你必须解释……你们知道,如果他简单地再造一种传统宗教学说的必要部分,那么这里就不会有问题。但是[这是另一种事物],当他脱离这种学说(正如非神创论那里)时,事物就不是神创的了。你们还记得,在这个完全不同的语境下,我们谈到过这个问题,官方学说是从无中创世,一切都由上帝创造。萨瓦神父说,不! 我稍微有点夸大,因为他没有这么明确地说出来,他只是说,这有点疑问:上帝与事物是两种原则。摩尼教观点。这种摩尼教观点本身当然是基于一种激进的禁欲主义:你从作为邪恶原则的事物转向好的原则。我认为这会……换句话说,他的"摩尼主义"只会进一步支持我所说的。怎么? 你不同意吗?

学生:我不认为他实际上得出的是禁欲主义结论。

施特劳斯:当然并不明确。这对他来说当然非常尴尬,已知他人生当中的不端行为,对这个强调得太厉害了,知道吗?

[362]学生:但是,他强调了义务的一面,这是这件事的另一面。在这个问题上,你曾经达到过这个阶段——在第四卷下的开头——你在那里把人和公民重新结合起来。就这一点,关于这两者,实践地生活,作为人与作为公民将会……

施特劳斯:是的,但是,问题在于,这是不是有点过于公民视角? 这不是一种极端的个人主义道德吗,如果说是一种修正了的个人主义? 不要忘了,伊壁鸠鲁主义是一种反政治的学说;一种反政治学说。不过,我很高兴你提出这个问题,这样我们就可以看到还有多少零星的问题是我们尚未清理的。

学生:大公教神学认为身体与灵魂的分离是不自然的,并且把这当作规则的一个理由。所以,你是对的……

施特劳斯:非常感谢,所以我在这一点上是对的。塞尔茨先生。

塞尔茨先生:你认为把卷三和卷四要放在一起,这关系到我们讨论的中心问题。当你阅读卷一和卷二时,简单地从外部看,两卷的页数差不多和第五卷相当;所以,我们……

施特劳斯:我明白,我没有这么做:我没有第一……无论如何,基于最表面的关于《爱弥儿》的知识,你可以说,核心内容是萨瓦神父,即第四卷的一个部分。另一方面,当我们看第三卷时,我们看到这在某种意义上可以说是中心卷;我认为我们现在有了解决这个的含混办法——但是,我们还是要问莫里森先生这个专家。

学生:第四卷当然是字面上的核心——信仰自白,这是——但它象征着他对公民宗教的强调。

施特劳斯:是的,都是。但是我认为你也可以考虑一下前后内容。我会说[施特劳斯走向黑板]——我会说这是中心。

学生:我想提出一个相应的。我会赞同,这是一个[……],这里有个[……]在这里;我有些怀疑过于字面地建立中心,因为审查员没有削减过前两卷,他指责过吗? 他是否指责过信仰自白占据过大篇幅?

施特劳斯:我记不清了,你当然必须知道是哪些内容。甚至即便除此而外,你可以正确地说,审查员的观点并没有揭示出卢梭的观点。审查员只是揭示了那些被视作反对意见的东西,但是这根据的是非常不同的理由——它可能基于纯粹的政治理由。比方说,有些会被法国法庭误解的东西,这类事情。我不屈从,我认为这不相干,不重要,而且……

[363]学生:在这个特别的语境下不相干且不重要的东西是那个可以改变中心位置的东西。①

施特劳斯:什么? 不……

[录音结束]

---

① 学生的意思是,塞尔茨先生的观点依据的是前两卷大致相当于第五卷的篇幅。如果这只是审查员删减后的偶然结果,那么就不能作为理解卢梭意图的线索,即便你可以假定卢梭确实如施特劳斯和塞尔茨提出的那样设置了特殊的中心。

第十四讲 《爱弥儿》卷五:性别差异与平等

[364][录音中]施特劳斯:——穆埃勒先生,要想跟上你不总是那么容易,这不仅因为你如此渴望修改你的手稿,这当然是件合理的事情,但对我们来说也是个困难。让我们看一下,当然还有非常明显的事情尚未处理;或许我们可以现在把它提出来。你如何描述卢梭对女性的整体呈现,正如在这里出现的那样? 我们必须区分卢梭这个人与卢梭这位作家:换言之,不是他的……他在《忏悔录》描述的经历,那是另一回事。

穆埃勒先生:我不打算——

施特劳斯:是的,我明白;好吧,你认为什么是他的理论设想?

穆埃勒先生:在我看来,他崇拜她们;他热爱她们;但是,在我看来,他有着强烈的保留态度,尤其是在开头那些段落。[……]他喜欢她们;他认为她们很善良,很迷人。

施特劳斯:当然,这本身并非一个很矛盾的观点。不,但是如果你考虑一下一代人之前的埃德蒙·伯克(Edmund Burke)说过什么(我相信他一定想着卢梭),他描述了一种特殊的法国道德,而且他谈及"一种酸臭阴暗的邪恶和迁腐混杂"。① 如今当我听说精神分析的时候,我不时会想到这句话,精神分析看起来也像是邪恶与迁腐这样的混杂,从

---

① Edmund Burke, "Letter to a Member of the National Assembly," in *The Writings and Speeches of Edmund Burke*, Vol. 4 (New York: Cosimo, 2008), 31.

一种老派观点看。换句话说,你怎么看待卢梭与如今以通常的精神分析视域为基础而为人们所接受的那些东西之间的区别?

穆埃勒先生:正如我所说,我认为单凭精神分析无法驱除那些迷信,我非常字面地指这些迷信,关于贪欲,等等,在蒙田、拉伯雷,还有其他一些优秀作家那里当然可以找到这些内容……

施特劳斯:也包括那些现代作家。

穆埃勒先生:我认为好的判断……或许这个时代尤其需要精神分析来——

施特劳斯:好吧,那是另外的问题;但是如果你审视一下这一点……我的意思是,某事或许必要,但仍旧邪恶;有些堕落或许需要某些完全不受欢迎的药物。但现在,如果你对比卢梭与当今作家在这个主题上,科学或理论作家……

穆埃勒先生:只是笼统地比较现代作家与卢梭分别给女性什么角色。

[365]施特劳斯:我们很想听听你怎么描述。

穆埃勒先生:怎么描述? 好吧,在卢梭的观念中,女人在某种程度上扮演次一级的角色,不像如今这样地位平等。

施特劳斯:所以换句话说,卢梭在某种程度上接受这个传统观念,即女人次一级——在某种程度上。是的,这无疑是真的。但是如果你看一下……但这是否有点猥琐? 能不能说这种观点猥琐?

穆埃勒先生:不,我不认为,关于……不,他经常说女人可以是怪兽,但是她们的古怪在于卖弄风情,尤其是,或……

施特劳斯:是的,但这是小事儿。

穆埃勒先生:卢梭如何成为一个男人,这也是小事儿。但我认为他崇拜女人。

施特劳斯:可是,在卢梭那里不也有冷嘲热讽吗? 通常人们会称这些是嘲讽。

穆埃勒先生:我认为这伴随着崇拜她们。

施特劳斯:是的,这就是你说的。他崇拜女人,而反面也同样存在——也就是揭露和批判她们;当然,这两方面都有。但是如果有人……他应对的是什么？我认为这总是个有所帮助的问题。他在这部作品中反对什么？毕竟，每位理论作家都忍不住特地强烈地反对某件事。那么他反对的观点是什么？

学生：当你说理论的时候，你不是指他……

施特劳斯：我指的是这毕竟是一本理论性的著作。

学生：是的。好吧，他并不反对女性的习惯。

施特劳斯：不，当然不反对。

学生：我是说，他想要给她们更好的教育。

施特劳斯：这是从属性的问题；整体上反对什么？巴特沃斯先生。

巴特沃斯先生：是虚伪和奢侈吗？这些都是女人带来的错误［……］。

施特劳斯：还不够准确。这是事实情况，但是……

学生：［……］还有沙龙。

［366］施特劳斯：是的，当然，他们那个时代盛行的道德。但是这是事实，却还不够。施罗克先生。

施罗克先生：我在想启蒙，而——

施特劳斯：就是这个。反对［……］。这是你想说的吗？

施罗克先生：还有另一件事情：换句话说，从性别角度看，启蒙，平等也允许不贞洁甚至玩世不恭。

施特劳斯：是的，当然；但我必须说，他理论上要反对的是某种庸俗的启蒙哲学。他谈论这个主题时不时地涉及其他哲学家的错误观点。

学生：是的，当他谈到我们的恶行的启蒙……这种哲学或许会教女人在［……］上去平等。

施特劳斯：是的，莫里森先生。

莫里森先生：我原打算说的差不多。有一种性别同化的观念，很难说明，这与之相关。

施特劳斯：是的，因此他也攻击……他为得体、慈爱辩护，这一点很清楚。你们知道，这与这景象相符；因此回溯至罗马，罗马共和国和斯巴达，来对抗不得体，对抗这个时代优雅的不端行为。这当然是他要对抗的，这就是与德性倾向一致对抗人性中低级的东西解放出来。是的。

学生:但是早先他曾经赞扬《王制》是一部论公民的经典,那里推动了女性平等,或者说柏拉图试图把女性放在与男性一样的层次。

施特劳斯:我知道。然后呢……?

学生:如果这是一种维护的尝试——如果这样讨论女人是一种维护道德的尝试,维护不平等的尝试,女人的从属地位——我不想扯得太远,但是——

施特劳斯:别犹豫了。犯错误要好过把我们扔在半道儿上。

学生:好吧,我不知道这里提到《王制》只是反讽,还是说,但是……

施特劳斯:可是你想说明什么呢——你看到了什么别的东西?我们一直说卢梭在维护一种相当老式的性别道德,对抗他那个时代的哲学家。

学生:早先他曾经赞美《王制》是一部论公民发展的经典著作。

[367]施特劳斯:在最开始。

学生:是的。

施特劳斯:是的,当然;但他并没有说柏拉图在方方面面都是对的。

学生:没说。

学生:他说,对女性共同体的那种典型批判证明人们根本没读过柏拉图,但是在柏拉图那里[……]坏的是对家庭的攻击。

施特劳斯:我知道。好吧,我们读了这段话;这不会造成任何特殊的困难。

学生:可以提出两个非常极端的观点来解释卢梭对待女人的立场吗?朴素和纯洁的观念,他提出这是理想,几乎——我试着去看他作品中荒诞不经的方面,这两件事总是呈现出来——另一方面是不纯洁或不得体,朴素的反面。

施特劳斯:世故。

学生:世故,是的,这是种……当你看他所有论战性作品的时候,甚至在这里——主要在这里——这差不多是最大且最明显的着眼点,或者至少是他要发起攻击时的起点。

施特劳斯:是的,我认为是这样。但是我可以只谈关系到穆埃勒先生论文的一点吗？女人王国。我不知道这是否能让你满意：有一个坏的女人王国——这就是 18 世纪的法国会客厅，或者就此而论，奥古斯都之下的罗马皇帝——然后有一个自然的女人王国。这能让你满意吗？

穆埃勒先生：是的，可以。我应该——

施特劳斯：这是否可以处理你发现的那个问题，或者说你发现的那个差异，在《爱弥儿》与《第二论》之间的那个差异？

穆埃勒先生：是的。

施特劳斯：这是否可以处理那个问题？因为你说，这两部作品关于两性统治或两性角色的论述存在矛盾。

穆埃勒先生：是的。[一句涉及提比留的话，听不清。]

[368]施特劳斯：我不知道，这是个漫长的故事。但是这让我想起马基雅维利的一段话，他在那里讨论了世袭君主制或非世袭君主制的问题——他在那里说，大体说来成为皇帝的养子会比亲生子更优秀。①也许我们转回到文本时会发现这个难题再度出现。我只想提出两点。你没有充分强调爱弥儿和苏菲在宗教方面的差异。你提出了，但是你没有给予必要的强调。最后一点。我读的时候漏掉了这段话：他说，人最自由的行为就是性行为。这确实值得探讨。当我们读到那段话的时候会把它提出来讨论，因为我们现在还没读到那里。塞尔茨先生，你有话要说吗？

塞尔茨先生：大部分已经讨论过了，但是首先关于施罗克对平等的看法：在某种程度上，他讨论了平等，在某种程度上，存在不平等，但这当然是一个不同类型的……

施特劳斯：好吧，你可以说（他们怎么说它的？）平等但却有差别。所以换句话说，平等可以指平等且无差异；但平等也可以指有差异的平等。

学生：而这也确实……这是与古典的一个初步对比——也就是，亚里士多德；柏拉图，也是——因为目的论；人的差异在于他的理性能力。

---

① 马基雅维利，Discourse，1.10.4。

施特劳斯:卢梭也承认这一点。但是让我们先来很简单地说一下〔施特劳斯在黑板上写字〕:我们有一个立场认为:不平等等于优越、低劣;还有另外一个观点,现代观点:无条件平等,即男女都一样;不存在什么自然的高低之分。卢梭的立场与这两种都不一样:他们不一样,但是在某种意义上,也不存在自然的优越性。他们不平等——他们有差异是更好的提法——他们有差异但并非不平等。你可以粗略地这么说。

学生:他开始这么说,但是他没有改口吗——他花费很多时间论证……

施特劳斯:是的,确实如此。但是在某种意义上还是这个观点;不过我们必须细致地跟随这个论证。

学生:〔……〕试着辨认前几页,都是关于这个问题的,我认为我也可以论证他们不平等;女人通常有个更强的论点,她是个女人……

施特劳斯:让我们连贯地提出这个问题。这非常黑暗,我承认这一点。现在我认为我们最好从之前的一段话开始讨论,在你们的译本的第298页第3段,这段话说(这是最后一次提到)性需求并非真正的需求(你们还记得吧),并不恰当地是一种自然需求。"说这是真正的需求不是真的"——在这段话的中间。我上次课这样解释这句话:唯一的真需求是自我保全。所以换句话说,人的极度非社会性要求〔369〕卢梭去否定性需求是一种真需求;因为一旦你引入这个东西,你就引入了生育关系,进而社会关系。所以,很清楚了。于是就有了一个很大的问题:这从哪里来? 我们或许可以从第321页开始。

学生:根据你刚才引述的这句话,我能否问个问题,关于第281页的一段话,在第2段的前半部分,他在那里说,"自然的真正的时刻终究是要到来的,它是一定要到来的。既然人要死亡,他就应当进行繁育,以便使人类得以延续,使世界的秩序得以保持。"我想知道性的必要性,然而却不是真正的真需求。

施特劳斯:对,但是还是有一些……卢梭不止一次区分了个体与物种。无论如何,人类个体有能力让自己摆脱物种的束缚,这是我的答案。而且我认为,相较于另外那种论断而言,那种论断更多是一种常识观点,也就是人人都认可的观点,我提到的这个极端的论断是更为典型的卢梭式论断和他的整体立场。你们一定不要忘了,在这整个学说中——我指的是从霍布斯的时代开始——这造成一种困难:婚姻或夫妻关系的位置何在? 传统上并不存在问题:这是一种自然联系,目的是生儿育女;性欲望的满足本身只是单纯从属于这个目标功能。对霍布斯来说,这些关系只和肉欲有关(这很有意思,肉欲),即繁育只是个副产品,也就是说是随着性交而来的一种必然事件,它本身并没有内在意义。霍布斯甚至还说,至于管理孩子的权利,这天然就属于母亲,因为她才是直接对孩子没被扼杀这件事情负起责任的人。父亲所有的任何权力都是习俗性的,自然权力取决于母亲。你们知道,我认为卢梭的"个人主义"在这个论断中得到了最清晰的表述,即需要性,性的需求,并不是一种真正的需求。个体作为个体当然关心自己的自我保全,但是每件其他事情都是派生性的,因此没有那么必要。穆埃勒先生。

穆埃勒先生:我只是在思考肉欲和死亡的关系,也就是另一种威胁自我保全的东西,自我保全的终极威胁。或许你可以在这里看到,或是至少有一个关联,这个小女孩,无论她是谁,[……]她的教义问答手册是关于死亡的,而且……

施特劳斯:对,但那是后话;这不是同一个层面的讨论。此外,那些人不关心死亡问题,他们只关心可躲避的死亡,也就是你可以做些什么的死亡。你无能为力的那种死亡并不是一个实践性话题。作为自然法、自然正确的导师,他们尤其关心那种由他人的暴力导致的死亡,知道吗? 我的意思是,这是……我曾观察到的最令人震惊的一件事是,当霍布斯谈论这件事的时候(可惜我不记得具体文本出处了),他没有提到医药——医药,这通常被认为在某种程度上可以躲避死亡的东西——因为他绝对关心的是那种死亡威胁,即死在他人手里。因此,作为死亡本身并不[370]重要,重要的是可避免的死亡,死于他人之手的那种死亡威胁。我当然必须要说,我们不得不严肃对待这个问题,一个当然并非禁欲主义道学家的人说性需求不是真需求。这是一种令人吃惊的论断,但我认为,一旦你想起卢梭所说的真正需求是什么时,这个论断就不再会令你吃惊。答案无疑就是自我保全。然后你可以考虑一下,为了自我保全的目的,与物种的保全有别;那是另外的问题——但是为什么这个关心他个人自我保全的人要去关心物种的保全呢? 我认为卢梭在这里确实非常激进。博扬先生。

博扬先生:这是否在某种意义上就解释了我有一次提出的那个对比,关于《第二论》的这个主题,尽管你在那里……你那时是不是说过,在《第二论》他断言性需求是真需求,一种自然欲望,指的是物种的真需求,而非个体的?

施特劳斯:对,这在某种意义上在个体内部也找到了它的位置,但却是没那么根本性的位置。根基性的东西是自我保全,而不是物种保全。我认为这在某种程度上是对卢梭推理能力的一个赞美,你不能低估它,他把问题想透彻了。我是指,这或许可以清晰地展现整个立场的含混性,但它的价值在于一致性。莫里森先生。

莫里森先生:我想知道如何,对于这类问题,你可以在多大程度上解决它。是不是,是否存在某种对应——提到的这个东西,这种性行为是最自由的行为——是否存在——你能否把这一点和你刚才提到的问题联系起来,关于个体为何应该关心物种保全的那个问题;这里是否存在某种与公意的关联。

施特劳斯:不,但他很可能会否认和物种保全有什么关系。他会说,存在一种派生性的自然欲望要去交媾。这种交媾必然地、天然就必定在大多数情况下引发繁衍后代。于是就有了一些东西,对抗一种严格的个体感受,卢梭之前的一些作家评价说,人们可以(甚至包括父亲在内)变得对这种生生不息的景象感兴趣——你们知道,他们为此骄傲:这是我的孩子,我的作品,我的杰作。于是这就呈现出一种重要性,比起旁人,他们和自己的孩子关系更密切,诸如此类。换句话说,这会是一种严格的个体性考虑:关乎社会的考虑确实会出现,通过某些理性的行动,某种普遍化。但是我必须用到我从政治学系获得的这种特权来要求你们……我们必须跟着论证进行。让我们翻到第 321 页,第4 段。

雷肯先生[读文本]:

　　但就她自己的性方面来说,一个女人就是一个男人;她有着同样的器官,同样的需求,同样的功能。这台机器在其构造上是一样的;它的部分,它的运转,以及它的外观都相似。从哪方面考虑,区别都只在于程度。然而,涉及到男人与女人的性则不一样——

　　[371]施特劳斯:我们停在这里。这在某种程度上让人想起柏拉图《王制》中的论证,不是吗? 从性来划分——好吧,柏拉图甚至连这一点也轻视,当他[对比他们]说男人与女人仅仅在程度上有差别。他说,好吧,存在一个差别,但那无关紧要;正如谢顶男人与头发浓密的男人之间的差别一样无关紧要——这相当夸张。[①] 我们翻到第321页,最底下。

　　雷肯先生[读文本]:

　　　　这些相似与差异当然对道德自然有种影响;这种影响显而易见,而且它由经验确证;它表明了性别孰优孰劣或是平等的争论毫无意义;仿佛每个性别在追求其天性标记的道路上——

　　施特劳斯:字面是"依照自己特殊的命运,穷尽其天性"。
　　雷肯先生[读文本]:

　　　　要是同另一种性别的人再相像一点的话,那反而不能像现在这样完善了! 就他们共同的地方来说,他们是相等的;就他们相异的地方来说,是无法比较的。一个完善的男人和一个完善的女人在思想上的相似程度不会多于面貌上的,完善不允许或多或少。

　　施特劳斯:现在你们可以看到卢梭与柏拉图与亚里士多德的区别就非常清楚了(尤其是亚里士多德)。一个完善的女人必须在外貌与行为上都当然与一个完善的男人不同。但这并不意味着不可能提出这

————————

① 《王制》454a—d。

样的问题,即原则上男性是否并不比女性优越,而这确实关系到目的论问题,你们当中有人提到过。

学生:这里有两段话有这个"或多或少"。第 1 段是"苏菲"的第 2 段,卢梭在那里说男人⋯⋯在非性别的事情上或多或少有差别;这只是一件或多或少的事情。他在另一段话说完善不允许这种或多或少。简言之,在非性别的事情上,女人,如果她是那个或少,就不能说是完善的。

施特劳斯:我们重新读一下,再看一遍。每种⋯⋯[施特劳斯在黑板上写字]。那么,存在一个目的⋯⋯男性;女性。两种情况都是如此。那么卢梭对此说了什么,如果我理解了他:这个目的是一致的,但每个性别以不同方式接近这个目的。因此,从中可以得出什么结论?我的意思是,一个走在那条路上的女人出于那种理由会是不完善的,反之亦然。但是⋯⋯有区别却平等,这不是它说明的吗? 还是我误解了?

学生:我不明白他们有共同的自然目的。

施特劳斯:好吧;那么这样还是简单了。如果他们有不同的自然目的,不同的自然目的,问题就来了:哪个目的更高? 那么,卢梭会说,没有哪个更高。这就是我对此的理解。

学生:实际上你必须提出关于理性地位的问题,与古典相对比。

[372]施特劳斯:不过,让我们继续。正如艾森豪威尔曾经对巴顿将军说,有条不紊地继续吧。当然,我们必须提出这个问题。

学生:我出于自己的无知才问这样的问题:与此处的观点相比较,传统观点是什么?

施特劳斯:传统观点,说来话长。我是说,我该怎么说呢,清醒的人的主流观点当然是说,存在一种[⋯⋯的拉丁词],男性的优越性。这伴随着这种观点(我尤其要对女士们说),在很多情况下,一对夫妻,女人比男人优秀。但这是个可叹的处境,女人比那男人更理性。但是常态是男人更加理性,可以引导他的女人。亚里士多德将这比作一种类似贤良政制的东西,众所周知,在贤良政制,男人暂且是统治者,女人暂且不是统治者——也就是说,暂时是执政官和普通公民。① 就是这种

---

① 《尼各马可伦理学》,1160b33—35。

观点。

那么,柏拉图的情况就很有趣,因为柏拉图惊世骇俗。柏拉图说,假定你们都还记得,他说统治者既可以是男人也可以是女人①——而且不仅统治者,在所有其他领域也一样。我可以对此说一句吗,因为这与我们思考的问题有关,卢梭如果知道这一点我丝毫不惊讶,尽管他不这么说。当你考查柏拉图的学说时,哲人王既可以是男人也可以是女人;如果你严加审查,即用你的大脑思考,看看你的经验,你就会做出这个评论。与一种非常流行的观点对比(过去曾经非常流行的观点),毫无疑问,女人可以很好地统治社会。历史上有许许多多伟大的女性统治者。再举另一个……没有理由说女人无法像男人一样成为一流商人。或许数量不大,但原则很清楚。好吧,当然当你谈及政治史的时候,你可以提出争议人物——但是,按照通常标准,伊丽莎白被认为是伟大的统治者——伊丽莎白一世——凯瑟琳二世,还有其他我一下子想不起来的。因此有许多著名的……什么?你想起了谁?

学生:玛丽亚·特瑞萨②是唯一同时也是女人的女王。她是位非常具有女性特质的女王,很独特。

施特劳斯:很好。非常有母性,确实如此;同时……

学生:[……]预设一种传统观点……

施特劳斯:不,不。这……好吧。无论如何,没有任何理由怀疑那些非常著名、非常特别的女性商人,在某种程度上,政治也是如此。我曾经见过柏金斯小姐,她远比我迄今见过的所有男性政治家优秀,我必须这么说。不过这样尝试一下:从王国历史转向哲学历史。在这方面有个非常清晰的记录,非常清晰——我是说,尽管我 [373] 很尊重女性:在这些 30、40、50 的男人(人)当中,没有一个女性。我曾经在这个国家的一所学院这么说过,然后有位教授后来告诉我(那是在他的课堂):那么苏珊·斯蒂宾,你的女同胞?我说,抱歉,我没想过她。所以换句话说,事实上,我认为柏拉图在某种程度上是知道的。柏拉图《王

---

① 《王制》,540c。
② 1717—1780,匈牙利王国唯一的女性统治者。

制》的悖论不在于他说"女人可以当统治者";悖论在于他说"她们可以当哲人",这是悖论。卢梭后面会提到。这是我做此评论的原因。下面我们翻到……原谅我,15分钟,不讨论——否则没法完成我们的任务了。第322页,第4段。

雷肯先生[读文本]:

　　如果说女人生来是为了取悦和从属于男人的话,她就应当使自己在男人看来觉得可爱,而不能使他感到不快。他对她之所以那样凶猛,正是由于她有动人的魅力;她应该利用她的魅力迫使他发现和运用他的力量。

施特劳斯:也许要停一下。你们看,卢梭没有确定这种关系;他承认很明显女人要服从。我们很快会看到,这是有条件的。无论如何,他不是从生殖角度来看待两性关系,而是从两性结合看。但这并非实情,正如我们在下一段看到。

雷肯先生[读文本]:

　　谁敢这样说,大自然是毫无差别地要两性的色欲都是同样的亢进,而且要性欲最先冲动的一方先向对方做出要求满足色欲的表示? 这种看法真是怪糟糕的! 既然这种行为(act)的结果如此不同——

施特劳斯:他称之为"这项事业(enterprise)"。是的,确实是"事业"。

雷肯先生[读文本]:

　　对两种性别如此不同,那么,如果双方都同样大胆地去做这种行为,是不是会合乎自然的道理呢? 在共同的行为中,双方的负担既然是这样的不平等,那么,如果一方不受羞耻心的制约,另一方不受自然的克制,则不久以后双方都要同归于尽,而人类也将被本来是用于延续自己的手段毁灭。

施特劳斯:停。你们看,他在这里提到了繁育,性行为的结果——但只作为结果,而不是目的。我认为,这一点至关重要。这里是个含混的评价。你如何理解,穆埃勒先生,关于"让一方保持自然赋予另一方的那种节制",谁天生是节制的,谁需要保持节制?

穆埃勒先生:女人是生来节制……等一分钟,抱歉,男人是生来节制。

施特劳斯:当然,这一点很清楚。所以换句话说,男人生来节制,而女人因习俗而腼腆——这就是我们看到的问题。这就是他所说的,是的。区别……他随后谈到人类与非人类的女性:非人类的雌性不需要羞耻感,因为她们欲望有限,也就是,这是人类女性特有的。让我们翻到第 323 页。

[374] 学生:抱歉:这个译本删掉了整整两段话,关于——①

施特劳斯:是的,我不认为这归咎于严谨问题。我是说,关于她的粗心大意,我们有个如此清晰的例子,我不……我认为用她的一贯恶习可以完美地解释她为什么犯这些错误或遗漏。

学生:好吧,我不想强调后一点……

施特劳斯:当然,这对硕士论文来说是个好题目。

学生:无意中暴露内心想法。我不认为除了她的严谨问题外,这还能表现更多的什么。除此而外我对她毫无兴趣。不过,她在这些内容上犯的错误比她在别处还多,当她误译这段话……或是错误解释卢梭关于[……]的解释。

施特劳斯:好吧,我们来看一下。我们不可能……我们必须用这个译本上课。让我们翻到第 323 页的第 2 段的后半部分。

雷肯先生[读文本]:

---

① Foxley 漏掉了讨论中的两句话,一句是关于"女人用来引诱男人感官的安逸";不过正如施特劳斯指出,这处遗漏只不过是这个译本的多处遗漏之一而已。

最自由和最温柔的活动是绝不容许真正的暴力的,自然和理性都是反对使用暴力的。自然之反对使用暴力,表现在它使较弱的一方具有足够的力量,想抵抗就能够抵抗;理性之反对暴力,在于真正的暴力不仅是最粗野的兽行,也是违反性行为的目的的,因为一则是由于这样做,男人就等于向他的伴侣宣战,从而使她有权把侵害者置于死地,以保卫她的人身和自由,再则是由于只有妇女才能独自地判断她自己的处境,同时,如果任何一个男人都可以窃取做父亲的权利的话,则一个孩子便无法辨认哪一个人是他的父亲了。

施特劳斯:对,这就是卢梭说这是最自由的行为的背景。我的意思是,称这种行为为最自由的行为是个非常极端的提法,不是吗? 他在这段话最后说的那句神秘的话是什么意思,我们是否从这一点开始? 她可以对攻击者说,她怀孕了,他不……不能……他没办法更好地了解。但这足以阻止兽行侵犯吗? 好吧,我们读过不少关于俄国人1945年在波兰和德国的所作所为(你们知道,放荡行为),他们当然不受任何考虑阻挡。那么卢梭是什么意思? 只有她才能判断谁是她孩子的父亲。我认为卢梭在这里考虑的是,父亲身份的可疑性问题:严格来说,只有女人知道父亲是谁。我的意思是,凭借强大的相似特征当然可以间接地知道;但这不能彻底解决问题,因为也有潜在相似的父亲。这在多大程度上可以解释这段奇怪的文本的另一个困难?

学生:父亲的权利从何而来?

施特劳斯:从女人说的话,这个人是父亲。

[375]学生:然后呢? 这会赋予他什么样的权利?

施特劳斯:好吧,在文明社会中,非常清楚这些孩子被视为合法的孩子。我的意思是,这在一般用法中是个非常奇怪的事情:亲生子并非合法的孩子。不是,这与自然和习俗的古老问题有关。很明显。亲生子是那些自然血缘的孩子,这当然意味着合法的孩子也可以是自然的孩子,但并不必然如此。这是个古老的故事。比方说,色诺芬在谈到居鲁士的双亲时,他说居鲁士的母亲是曼丹(Mandane),父亲据说是——

我现在不记得他的名字了。① 你们看,这就是对这个问题的隐喻,因为关于母亲的知识更确定,本质上是确定的,而关于父亲的知识则并非如此,因为生产时有目击者。哪怕是性行为的目击者也确证不了任何事情,因为这个女人或许早就有孕在身。原谅我说得太直白,但这更清楚一点。不过,无论如何,我还是没有彻底理解这段话。塞尔茨先生。

塞尔茨先生:这段话似乎在说,为了让这种行为真正地愉悦或满足,它需要双方参与。否则它就不是一种真正的性行为。在某种程度是这种行为的堕落形式,或者……我不知道……但是与此相反,它的完成首先在于魅力,然后是欺骗。魅力是自然的,欺骗是某种类似骄傲的东西——是非自然的。

施特劳斯:我们稍后讨论这一点。他确实给了相当接近的分析。巴特沃斯先生。

巴特沃斯先生:你的问题不是有点类似这样吗:卢梭说只有女人可以判断她自己的处境。不是这样吗? 这里是否影射这个法律问题呢,在法学书通常会看到关于什么构成侵害的讨论?

施特劳斯:对,这个问题也有关系。

巴特沃斯先生:你认为这不是主要方面?

施特劳斯:好,这是极端微妙的一点。当然,他也考虑了这一点。但是考虑到父权问题,我跟你们提到第 324 页,在第 4 段的第二部分,他在那里说,"她作为,女人作为,作为孩子与父亲间的纽带;只有她……"

雷肯先生[读文本]:

　　可以使父亲爱他的孩子,并且向他确认他们确实是他的。

施特劳斯:对,就是这一点。换句话说,父亲对孩子的爱必然要通过母亲,因为只有母亲可以确定他的身份。这就是卢梭在这里想说的。下面我们翻到第 323 页,第 3 段。

_____

① 色诺芬,《居鲁士的教育》,1.2.1。父亲是冈比瑟斯(Cambyses)。

[376]雷肯先生[读文本]:

这样,我们可以根据两性体质的差异而得出第三个结论,那就是:较强的一方可以在表面上好像是居于主动,而实际上是要受较弱的支配的;其所以如此,并不是由于男子惯于向女子献小殷勤,也不是由于他以保护人自居,表现得宽宏大量不拘小节,而是由于一种不可变易的自然的法则,因为这种法则使妇女可以很轻易地刺激男人的性欲,而男人要满足这种性欲,就比较困难,从而使他要依对方的兴致为转移,并且不得不尽力地取悦对方,以便使她承认他为强者。对男人来说,在他取得胜利的时候,他感到最甜蜜的是他不知道究竟是弱者向他的强力让步,还是她心甘情愿地投降;而妇女又往往很狡猾地故意使他和她之间存在着这种疑团。这在一点上,妇女的心眼和她们的体质完全是一致的:她们不仅不以她们的柔弱为可羞,反而以之为荣;她们娇嫩的肌肉是没有抵抗力的,她们承认连最轻便的东西也负担不起;要是她们长得粗壮的话,也许反而觉得不好意思咧。为什么呢? 这不仅是为了显得窈窕,而且是为了更好地进行防卫,她们要事先给自己找个借口,以便在必要的时候取得弱者的权利。

施特劳斯:对。那么女人就有一种无限的欲望,男人没有;但她们可以刺激男人的欲望,因此她们比男人更强大。另一方面,对于女人来说,性的结合的结果要比对于男人来说更严肃,女人比男人柔弱。这是一种复杂的关系:一方面,女人更弱小,但并不仅仅由于她们的肌肉娇弱,而是因为她们承受……更加严肃的后果。但是另一方面,一种欲望的更大的力量赋予了她们优越性。在接下来的两段话中,他由此得出结论:最"性感"的女人就是统治者。这是自然地位。当然,从这里就得出两性不平等的义务。我们或许该读一下第 325 页,第 2 段。

雷肯先生[读文本]:

因此,问题不仅是做妻子的人本人应该是很忠实的,而且她在她的丈夫、她的邻人以及所有一切的人看来都是忠实的;她应当态度谦逊、举止谨慎,而且还略略含羞;她在别人的眼中看来,也要同她在她自己的良心看来一样,不愧为一个有品德的人。如果说做父亲的人应该爱他的子女,则他便应该尊敬他们的母亲。

施特劳斯:对。《傲慢与偏见》有个很好的反例:伯奈特先生瞧不上他的妻子,在某种程度上,他当然很爱他的一个孩子。① 无论如何,关键在于,通过余下的论证,这一点是决定性的:女人与男人相反,她必须考虑别人怎么看待她。一个男人,一个自由的男人则不必考虑其他人怎么看他,但是最好的女人则算不上最好的,如果她被认为是不贞洁的。下面我们翻到第 325 页,第 3 段。

雷肯先生[读文本]:

举出一些例外的情形来反驳有实实在在的依据的普遍法则,这哪里说得上是一种实事求是的推理方法呢? 你也许会说:"妇女们哪里是常常在生孩子呢?"不过,她们不是常常在生孩子,但是,她们本来的目的是要生孩子的。怎么! 仅仅因为在这个世界上的百十来个大城市中,妇女们过着[377]淫荡的生活,因而所生的子女很稀少,你便以这一点为依据说妇女们的天职是少生子女!

施特劳斯:我们停在这里。所以女人的天然职能变得重要起来,因为唯有女人可以确保孩子的合法性。这一点在文明社会当然很重要。我是说,这同样是个古老的问题:亚里士多德在《政治学》讨论过一匹马——一匹被称为"最诚实的那匹"或"正义的那匹"牝马,因为她胜出的马驹和种马一模一样,你们看,所以人们就可以确定这匹种马是父亲。② 毕竟,存在孩子生出来不像亲生父亲的可能性,而母亲

① 然而,卢梭在这里似乎在一个有限定的意义上谈论"尊重";伯奈特太太并没有不忠之恶名,像莉迪亚那样,莉迪亚有了放荡的名声,只能通过丰厚的嫁妆来避免厄运。
② 《政治学》1262a24。

则是百分百确定的。而只有完全相似的时候才会有父亲的百分百确定。

学生:[……]带来这个不太相关的问题:在各种动物当中,有许多差异。雄性狐狸会选定一个伴侣,一旦他选定就不会离她而去,无论如何;他完全忠诚。另一方面,如你所知,在其他物种身上这种忠诚度不会超过这个行为,或者说并非惯例。

施特劳斯:对,不过这对问题有多大影响呢?

学生:我的意思是,只考虑一些自然的忠诚度问题这个概念。

施特劳斯:我明白。不过我认为,传统的婚姻忠诚的例子不是鸽子吗?

学生:天鹅。

施特劳斯:天鹅,对。

学生:这对《第二论》和洛克没有影响吗?

施特劳斯:哪个东西? 你的意思是,当洛克说在人那里存在比起动物来说更稳固持久的关系吗? 你是指这个吗?

学生:洛克基于同一件事推断,那些动物不和……他说对于男人来说,有种自然倾向要和女人在一起,直到她至少产下一个孩子。卢梭推翻了这一点。

施特劳斯:我明白。换句话说,所以男人不像博扬先生说的狐狸那样有这种自然倾向……

[听不清讨论]

[378]施特劳斯:我明白。所以我们先讨论到这里。我们现在来看卢梭对柏拉图《王制》的详细批判,在第 320 页,第 3 段。

学生:我能问个小问题吗? 这是否有些象征意义(我们刚才读过),为什么他在第 323 页的最上面突然提到神性(the deity),这是否有什么特殊的象征意义?

施特劳斯:让我……我必须得确认一下。哦,他说"至高存在"(the supreme Being),对吗? 我不知道,不过我们可以说卢梭常用 règle générale[一般规则]做神学性的表达。整本书从一开始,而且……但是问题在于,必须从主题讨论来理解这些提到至高存在的地方,反之则不成立。下面翻到第 326 页,第 3 段。

雷肯先生[读文本]:

> 我很清楚,柏拉图在《王制》中主张女人也要做男子所做的那些运动。

施特劳斯:我可以说卢梭说的并不是"我很清楚"吗。只是顺便提一句。①

雷肯先生[读文本]:

> 柏拉图给女人和男人一样的训练;我也相信这一点。

施特劳斯:对了。

雷肯先生:我不得不读这个译本。

施特劳斯:是啊。

雷肯先生[读文本]:

> 他在他所主张的政治制度中取消了家庭,但又不知道怎样安置妇女,所以他只好把她们改造成男人。这个天才优秀的人把各方面都论述得很详细,对所有各种问题都阐发了他的见解,甚至任何人都没有向他提到的一些难题他都想到了,不过他对别人已经提到的一些疑难并未很好地解决。我现在不打算谈那种所谓的妇女团体,在这个问题上要是像一般人那样一再责备他的话,那恰恰证明责备他的人没有读过他的著作;我打算论述的是社会上男女混杂的情形;由于男女混杂不分,所以两种性别的人都去担当同样的职务,做同样的事情,结果必然是会产生一些不可容忍的弊端的;我要论述最温柔的自然的情感的消灭,它们被一种必须依靠它们才能存在的虚伪做作的情感所吞噬。难道说不需要自然的影响

---

① 他说的是:"Je le crois bien!"或者说:"我可以深信不疑!"

就能形成习俗的联系！难道说我们对亲人的爱不是我们对祖国的爱的本原！难道说不是因为我们有那小小的家园我们才依恋那巨大的祖国！难道说不是首先要有好儿子、好丈夫和好父亲,然后才有好公民！

[379]施特劳斯:是的,我想卢梭的话很清楚了。柏拉图当然不像那些压根儿没读过柏拉图的蠢货说的那样鼓动滥交,问题要严肃得多。卢梭在这里说,如果没有家庭,就没有城邦,没有公民社会,如果没有性爱,就没有家庭。卢梭很清楚,很不经意地看到了《王制》作为一个整体的反爱欲品质。但是,性爱当然并不仅仅是自然的,根据卢梭的说法——这就是困难所在——而城邦的自然性更少一些。第 326 页的结论在第 4 段;读下一段。

雷肯先生[读文本]:

当我们论证了男人和女人在体格和性情上不是而且也不应该完全相同之后,我们便由此可以得出结论说:他们所受的教育也必须有所不同。他们固然应当遵守自然的教训,在行动上互相配合,但他们不应当两者都做同样的事情;他们工作的目的是相同的,但是他们工作的内容却不一样,因此促使他们进行工作的情感(feelings)也有所差异。

施特劳斯:"情趣"(tastes)。继续。

雷肯先生[读文本]:

我们已经试着绘制(paint)一个自然的男子,让我们试着给他绘制一个配偶。①

施特劳斯:这就是我们要读的。"我们已经尽了一番力量把男子

————————————

① Foxley 删掉了一段话。施特劳斯在讲解的时候补充上了。

培养成一个天性自然的男子,现在,为了使我们的工作达到完善,且让我们怎样培养妇女,使她们合适(convenient to)①这种男人":卢梭没有说自然的女人;这当然是故意为之。女人不能在男人的那个意义上生来自然。这是什么意思?关于爱弥儿教育的自然特征,我们观察到什么样的纯粹结论?他的教育在何种意义上是自然的?我们已经看到,这种教育具有相当的人为性,但在某种意义上,它是自然的。

学生:在偏见方面。

施特劳斯:没有偏见。几乎不可能设想没有偏见的女人。几乎不可能。在第327页底下清楚地提出了这项原则。

学生[读文本]:

> 我无论是从女性特殊的目的方面去考虑,还是从她们的倾向或义务方面去观察,都同样地使我了解到什么样的教育才适合于她们。妇女和男子是彼此为了双方的利益而生的,但他们和她们互相依赖的程度不同(differ)——

施特劳斯:"不对等"(is not equal)。

雷肯先生[读文本]:

> 男子是由于他们的欲望而依赖女人的,而女人则不仅是由于她们的欲望,而且还由于她们的需要而依赖于男人;男人没有女人也能够生存,而女人没有男人便不能够达成她的人生目的——

施特劳斯:顺带提一句,这句话——很抱歉,你们看他在这里区分了欲望(desire)与需要(need)。性是一种欲望,而非一种需要。顺带说一下,这完美地证实了我们在前面的文本中发现的内容。我后面要对此做出评论。请继续。

---

① 或译"适合"(suitable)。

雷肯先生[读文本]:

没有他的帮助,没有他的善意,没有他的尊重,她就无法在生活中达成目的;她依靠我们的感情,依赖我们给她的德性(virtue)的估价,以及我们对她的魅力和优点(deserts)的看法。①

[换磁带]
雷肯先生[读文本]:

自然本身就命令应该由男人来评价女人,包括她和她的孩子。

施特劳斯:"男人们"。我们来读一下这段话的最后一句:"意见是葬送男人美德的坟墓,却是荣耀女人的王冠",即,一个男人如果依赖他人评价,就不再是个有美德的男人;他就完全是他人(他们怎么说这个词儿的?)、他人导向(other-oriented)的一个人。

学生:他人导向的(other-directed)。

施特劳斯:他人导向,他就不再是自我导向;他就不再有德性。但女人必须是他人导向的;因此她的教育必须是极为习俗性的。这一点很清楚。让我们翻到第 330 页,第 4 段。

雷肯先生[读文本]:

我真的不敢研究是什么理由使得妇女们硬要把自己像穿铠甲似的束缚起来;我承认:一个二十岁的女人要是乳房下垂和腰身粗大,确实是很难看的,但是,如果在三十岁的时候是这个样子的话,那就一点也不难看了;不管我们愿不愿意,我们在任何年龄都要长得合乎自然,人的眼睛在这一点上是看得清清楚楚的,所以,不管什么年龄的女人在有了这种缺陷的时候,样子固然是不好看,但总比傻头傻脑地把自己装扮成一个四十岁的大姑娘好看得多。

---

① 很奇怪,Foxley 把 vertus 翻译成了 deserts,把 mérite 翻译成 virtue(德性)。

施特劳斯:是的,因为这些数字的变化,我觉得这里有些意思。我的意思是,今天的人或许会说,一个 80 岁的老奶奶也可以穿得像 10 岁的小女孩,这是否……还是说,我完全搞错了?没有。这一点对于理解民主制来说很有趣:民主当然意味着平等,自然地。但这种平等并不伴随着特殊的不平等。存在人们更喜欢的阶段。在女人着装这个例子上,我相信尤其可以看出这一点。好吧,如果有人,尤其是女士们说我搞错了,我修正。他们基于对这些事情的非常表面化的研究,但是我有种感觉,确实存在一种人人都更喜欢的年龄段,我说也许是 22 岁。而且每个……我的意思是,大多数受这些时尚束缚的女人都希望看起来像个 22 岁的女孩子,无论她们实际上是 15 岁还是 85 岁。男人的情况要更复杂一些(这很有意思),因为有两种人们喜欢的类型:有人会称为青春型;还有成熟型,很难说哪一个类型更受欢迎。你们看,银发可以让男人显得特别,青春型的男子则不具备这种,反之亦然。所以,这就是自然在时尚中的呈现。而这是……无论如何,年龄数字的变化在这里很重要。[381]我的意思是,我并不是说今天的女性在 30 岁的时候就不再关注体型。至少,这是……不过我必须承认,我的观察仅限于我在电视上看到的——这自然不能说是最好的来源。现在我们必须来看看关键段落,所以我们……这个原则却很清楚。意见,女人的意见,必须受他人意见引导。这个大原则的重要应用是什么呢?我们现在知道一个优先次序,在了解到一些事情之后。这是什么呢?

学生:宗教。

施特劳斯:完全正确。所以女孩子应该接受宗教教育,从小女孩时开始;同时爱弥儿则不需要。下面让我们先翻到第 337 页,在第 3 段。

雷肯先生[读文本]:

　　人们使各种技艺太偏形式了,太一般化了,弄得处处都很呆板和做作,以致使年轻人十分讨厌这些在他们心中本来是认为非常生动活泼的游戏。我想,最可笑不过的,是一个年纪很大的舞蹈或唱歌教师愁眉苦脸地走到那些只知道嘻哈打闹的年轻人——

施特劳斯:我想要读的不是这段话。我想读的那段话开头是,"但是这种改变的必要性是否"。

雷肯先生[读文本]:

不过,在态度和举止上是不是非改变不可呢? 这种改变未必不是由我们的偏见造成的? 由于我们硬要诚实的妇女受到一些清规戒律的束缚,结果便使婚姻生活失去了一切可以使男人感到愉快的地方。如果他们觉得家里冷冷清清,因而不愿意待在家里,或者说,如果说他们对这样一种索然寡味的情景毫无兴趣,这有什么奇怪呢? 由于基督教的教义过分地强调了这些清规戒律的重要性,结果便使它们变成不能实践的空话;禁止妇女唱歌、跳舞和做种种有趣的事情,结果就使她们在家中变成一个忧忧郁郁、动不动就吵闹、令人难以忍受的人。任何一种宗教都没有给婚后的生活加上那些严格的戒律,也没有哪一种宗教对这样的神圣结合是如此蔑视的。大家采取了许多办法硬是不让妇女变成可爱的人,硬要使丈夫变成冷漠无情的男子。有些人说,不会有这些情形;我很明白这种说法的意思,不过我认为,既然基督徒也是人,那就一定会产生这种情形的。我个人认为,正如一个阿尔巴尼亚少女为了做伊斯帕亨的嫔妃就学会许多技艺一样,一个英国的女孩子也应当为了使她未来的丈夫感到喜悦而学会许多优良的本领。

施特劳斯:停在这里。我认为在一般道德上的这种改变也很有意思。不过,还有另一个理由令这变得有趣:这里公开批判基督教,而且不是批判基督教的堕落形式,看到了吗? 还有,他为什么要提到英国女人? 毕竟,她们是……稍等? 不,在那个时代,这不一样。他像谈论巴黎的不道德一样,强调伦敦的不道德。所以,我的意思是,莫里森先生,无论你的国家的至高道德声誉在 19 世纪是什么样子,它在其他时代并不一样,你当然知道这一点。怎么了?

学生:在任何时代声誉没什么差别。

[382]施特劳斯:好吧,在复辟时代就和在……

学生:这令卡萨诺瓦震惊。

学生:这令活着的美国人震惊。

施特劳斯:什么? 它令谁震惊?

学生:比利·格兰姆(Billy Graham)。

施特劳斯:哦,我明白了;甚至今天。但是,不……我认为在19世纪,英国最以它严苛的道德性闻名,但是这不是……但卢梭为什么要提到英国女人呢? 我认为出于很简单的理由:他希望表明这并不仅仅是冲着禁欲主义天主教去的,同样也对抗新教主义。我认为,这是个很简单的理由。

学生:[……]加尔文主义。

施特劳斯:是的,不过你看,加尔文主义只是英格兰的一部分。

学生:不,我是说在日内瓦。

施特劳斯:哦,我明白了。哦,对了;这么解释非常合理:他不是想要说……换句话说,英国女人代表了日内瓦女人。很有可能。尼科果斯基先生。

尼科果斯基先生:我想知道那个时候的天主教有多么禁欲,就一般社会而言,我的意思是,修道院之外。或许它主要指的是加尔文主义。

施特劳斯:对,但是,那么卢梭就会这样说,由于婚姻不可破坏的严肃观念,以及这个事实,独身生活本身被认为高于婚姻生活,这间接地导致非道德性。这或许就是卢梭想说的。但是我在这里只对这件事感兴趣,也就是,这里公开批判了基督教道德本身;这个批判公允与否并不关键。下面我们来读第340页,第2段。

雷肯先生[读文本]:

> 如果说男孩子们没有树立任何一个真正的宗教观念的能力的话,则女孩子们更是不能理解任何一个真正的宗教观念了,这一点,我们大家都是知道得很清楚的;正是由于这个缘故,我才主张趁早把宗教观念灌输给她们,因为,如果说要等到她们能够有条有理地谈论这些深奥问题的时候才告诉的话,则我们也许就永远也不能告诉她们了。女人的理性是一种实践的理性,这种理性虽然

可以使她们能够很巧妙地找出达到既定目的的手段,然而却不能够使她们发现那个目的。

施特劳斯:不,不够正确:"女人们的理性是一种实践性的理性,这让她们非常有能力找到达成目的的手段,但这并不能让她找到目的。"这当然是指实践理性,而不是树立目标,但找到达到目标的方法。

[383]雷肯先生[读文本]:

两性的社会关系是很美妙的,由于有了这种关系,结果就产生了一种道德行为者,女人是它的眼睛,男人是手——

施特劳斯:他在这里在法律意义上用"道德行为者"这个词:一个协作体,婚姻。

雷肯先生[读文本]:

但是,由于他们二者是那样的互相依赖,所以女人必须向男人学习她应该看的事情,而男人则必须向女人学习他应该做的事情。如果女人能够像男人那样穷究种种原理,而男人能够像女人那样具备细致的头脑,则他们彼此将互不依赖,争执不休,从而使他们的结合也不可能继续存在。但是,当他们彼此和谐的时候,他们就会一起奔向共同的目的;每一个人都受对方的驱使,两个人都互相服从。

施特劳斯:好。所以,这当然是一个更具体的表述,两个关于两性平等的表述,你们都知道的:男女有别,但是不存在优劣之分;这似乎就是卢梭的意思。但是这里的问题当然是,女孩子必须接受宗教教育,精神性的。女人的头脑更多是实践性的,而非理论性的。这并不是传统观点。这不是传统观点;我的意思是,卢梭提升了女性地位。女性有着比男性更好的实践头脑——著名的女人的直觉,正如它通常被称呼的那样——这不是传统观点;尽管我认为人们都知道这个现象。传统上如何看待两性差异呢,从知性上看?

学生:关系到审慎,审慎是君子的品质。

施特劳斯:但你应该强调是男人的品质。

学生:不,我想说的就是君子。

施特劳斯:好吧,那么女人呢? 我的意思是,在一般情况下。

学生:女人打理家务。

施特劳斯:对,当然。

学生:但是仅在一种附属地位——

施特劳斯:家庭上——奉献而非获取。是的。但是根本在于这一点:女人与小孩有什么区别——相对更稚拙? (我在重复亚里士多德的说法,不是表达我自己的观点。)那么女性与不成熟的稚拙有什么区别呢,根据传统看法? 很简单:孩子是确实没能力做到审慎,缺乏经验。没有人会在麻烦事上征询一个孩子的建议,但人们可以请教一个天才儿童如何解决数学问题,但不能在任何实践问题上请教他。所以,孩子只是缺乏审慎。女人,成熟的女人,并不缺乏审慎本身,但是激情的力量过于强大,以至于她们没法总是按照审慎来行事。我的意思是,换句话说:程度有别。男人,男人的激情被认为——男人被认为更善于控制[384]激情。这里的激情并不特指性激情。有一些很简单的事例:我想你们很少看到哪个男人爱上某条领带,认为非买不可。但你会经常看到女人爱上某顶帽子——不是所有人,但却经常能看到,我认为——所以这顶帽子代表着一种极度的重要意义,这……当然,她会用自己的审慎自然地看到这顶帽子并不重要,但是这种吸引力,这种帽子带来的激情的吸引力压倒了审慎,就这种行为而言。这大体上就是传统观点。

学生:那么是否可以说,女人们总是容易脸红,而男人成年以后就不会这样?

施特劳斯:对,就是这样,如人们所说,一个经验问题。

学生:我的意思是,从亚里士多德的角度来看。

施特劳斯:她们容易……对,当然。我知道:她应该如此。是的,因为她肯定犯了错误;确实如此。所以,一个完美的女人,一个完美的女君子,会脸红;而完美的君子则不会。你说得不错。这正是那个假定的结果。

学生:先前卢梭曾经评论过成年女人与小孩子之间表面上的相似性,而且还说,在特定意义上,女人似乎一生都是孩子。

施特劳斯:是的,过去人们常常这样说。这是一种提法。我的意思是,这就像是玩偶,像是被一顶帽子吸引。让我们来看一下;我们现在必须进行得快一些。我们来看第343页的注释,穆埃勒先生提到过这条注释,它的背景是女孩子的宗教教育。读这条注释,你看到了吗?

[该译本漏译这条注释,朗读者自己翻译。]

雷肯先生[读文本]:

永恒的观念是不能同思想的应许一起用来解释人类繁衍的。每一种化约为一个行为的数字更迭都与这种观念不相容。

施特劳斯:换句话说,与仅仅是潜在的有别。那么,这是什么意思呢? 这个难句子? 我不是很确定自己是否理解了它。

学生:我也不确定。但是,数字更迭,人的繁衍显然是数字更迭。

施特劳斯:他并没有说永恒观念本身不可能。

[385]学生:没有。

施特劳斯:而是把它用在人类代际更迭上。

学生:你不能简单地认为人……你不能设想人可以在时间中无尽返回。

施特劳斯:是的,两个方向都不可能。不,我认为最终结果很显然是,人类向前发展和往后回溯都是有限定的。我相信,这就是最终结果。但是,卢梭为什么会以这种复杂的方式提出来,我不清楚。

学生:他曾经以更简单的方式说过:小女孩可以被教给这些内容,即不是由父母生养的父母和不再生孩子的孩子。

施特劳斯:是的,但是你看,首先没父母的人类这个概念本身就不可能。

学生:我这样认为,而且[……]。

施特劳斯:是的,这当然是亚里士多德著名的强调,他说不存在一个第一人。① 而《圣经》教诲和启蒙主义则说存在——当然也包括伊壁鸠鲁主义——也就是存在一个第一人或初民。卢梭同样反对,这个理由没在此处表达,他说,"不可能没有一个第一人;必定存在一个第一人。"

学生:好吧,我的感觉是——我的感觉,而不是我的结论——这对我来说很不清晰;他所说的话很不清晰。很显然人类的繁衍是一种现实。我不知道你怎么能对此做出任何结论(我觉得卢梭肯定意识到这么简单的道理),但我发现一种永恒观念,即便是基督教……

施特劳斯:好吧,他没有论证。卢梭并没有说一种现实层面的无限是不可能的;他没有这么说。他说关于人类繁衍不可能有一种实际上的无限性。

学生:而永恒观念确证了这一点,但我认为——与之矛盾;很抱歉——但我没有看到矛盾。

施特劳斯:是的,但是他……很显然并没有给出论证。他有某些理由,在这里没有展开,他没有说他为什么认为人类不可能无尽地向前发展和向后回溯。

学生:但是这个理由必须得是个非常强有力的理由或观念。

施特劳斯:不,它本身并不必须如此。

[386]学生:必须要有一个强有力的论证,如果这个纯粹的永恒观念会违背……

施特劳斯:是的,但是他并没有说出来。

学生:事实是,繁衍的实际性。

施特劳斯:是的,但这是个不恰当的表述。但是重复一下,最终结果是:卢梭并不否认可以存在一种实际上的无限性。他只是否认人类可以有一种实际上的无限性;就是如此,这一点才切题,而且很清楚。其他都不清楚。

学生:我发现……我的意思是,人类作为父母子女代代相传是既定

---

① 亚里士多德在《物理学》206a25—27 提到人类代际的无限性,并且断言每种族类,包括人类在内都是永恒的(参见,例如,《动物的生殖》731b24—732a1)。

事实,而且……

施特劳斯:但不是作为一种无穷尽的。

学生:不,不是无穷尽。不,我不是那个意思,当然不是。这只是既定事实;我不知道任何观念如何能够——

施特劳斯:是的,但他并没有发展这个观念。你在这里看到了无限这个观念。然后你就推出某个观念,可卢梭并没说过你提出的这个观念。他说的无限观念并不符合你说的观念。但他并没有说过你说的那个观念是什么,他没说。

学生:你的解读有一点我不明白,在注释中有两种不同观念;你把两者相提并论,但我却看不到这两者如何产生联系的那个步骤。第一个句子是一种永恒观念,第二个句子是一种无限观念。我不明白你如何可以把这两个观念放在一起谈。

施特劳斯:那是同时发生的,因为如果代际更迭的两个方向都不是无限的,人类就不能是永恒的;我认为,这是个很简单的关联。不过,我们必须往下进行了。在第343页最底下,还有下一页,这段话读起来太长了,但它在整本书中极为重要。卢梭在这里呈现了他本人的信仰自白;它实质上与萨瓦神父的信仰自白一致。所以我认为,这是对我反对的那个观点的强有力的支持,至少乍看上去如此。但我们必须还要说,他在女孩子宗教教育的语境下呈现了他本人的信仰自白。我认为这是一种有限定的因素。

学生:可是有这样一句话,卢梭说:"应当拿这些教义和类似的教义来教育年轻人和劝导公民。"

施特劳斯:对,很好。非常好。换句话说,从这个背景可以清楚地看到(尽管没有明确说是公民宗教)"人类社会"、"公民"、"物种"、"人类",还有其他表述需要这些教条。

[387]学生:看起来似乎是,与第四卷一致,在教育女孩子的事情上有两种其他道德——

施特劳斯:我没看到。

学生:与义务相关的[道德]并不以宗教为基础,而是以愉悦为基础。

施特劳斯:对,这个问题出现了;这要更复杂一些。我们稍后处理。现在我们来看第 345 页,在第 1 段的最后和第 2 段的开头:"最终这个时刻到来。"

雷肯先生[读文本]:

　　她们开始自己判断事物的时刻终于要到来的,因此,现在是改变她们的教育计划的时候了。到现在为止,也许我在这方面所说的话是太多了。如果我们不拿习俗偏见(conventional prejudice)作为妇女们应该遵守的法律,我们怎么会降低她们的地位呢?

施特劳斯:"大众偏见"(public prejudice),大众偏见;因为这些……现在继续。

雷肯先生[读文本]:

　　女性是管理我们的人,如果我们不败坏她们,她们会增加我们的荣光的,因此我们不应当把她们贬低到这种地步。就全人类来说,在还没有产生大众意见(public opinion)以前就是存在着一条法则(a law)的。

施特劳斯:一条规则(a rule)。让我们从字面上翻译:"一条先于意见的规则。"

雷肯先生[读文本]:

　　所有一切其他的法则都应当以这条法则一定不移的方向为依归;因为它对大众意见要进行裁判——

施特劳斯:不,"它甚至裁判偏见"。

雷肯先生[读文本]:

　　甚至裁判偏见,而人类的看法只有在同它相吻合的时候才能得到我们的尊重。这条法则就是我们的个体良知(individual conscience)。

施特劳斯:"这条规则就是内在情感(inner sentiment)。"他在这里还说,他在这里不会重复过去曾经说过的话。那么,这就是问题所在。大众偏见需要一套规则来判断它。我们可以说,正如塞尔茨先生暗示的那样,这条规则就是道德。卢梭在这里说,这条规则是内在情感。这是什么意思? 他指的是萨瓦神父信仰自白吗? 他提到"过去说过的话",而不是"过去我说过的话",在同一页的第3段。他是不是指爱上帝和爱邻居的命令,还是说他用着两条规则指其他什么东西? 我们来读下一段。

雷肯先生[读文本]:

　　因此,她们应当培养一种能够平衡这两个指导的才能作为仲裁者——

[388]施特劳斯:对,你看"在两种指导之间",无论这指导指什么,我们都需要仲裁者,这个仲裁者不是两种指导中的任何一个。

雷肯先生[读文本]:

　　这种才能既可以不让她们的良知走入歧途,又可以纠正偏见的谬误。

施特劳斯:所以这两种都是不充分的指导,偏见与良知。

雷肯先生[读文本]:

　　这种才能就是理性。

施特劳斯:对,现在困难在于——你如何能让女人变得理性,这是卢梭在这里提出的问题。所以他想到的两个规则被清楚地提出来了:

良知和偏见。在第346页,第2段,他说这两个规则是良知和他人的意见。我们现在读到的这个说法则非常不同。他的意思是,我们有时肯定会在偏见的指引下偏离良知吗？而这种偏离得由理性来归导？考虑一下萨瓦神父在宗教上的做法:一个天主教的神父,相信清教的优越性。他如何……这种判断由理性引导,似乎是这样。我们翻到第346页的第3段,问题会变得更清晰一些。

雷肯先生[读文本]:

> 我经常想到我的第一个原理,它可以帮我解决一切困难。我对目前的情况进行研究,我要寻求它们的原因,我最后发现目前的情况是挺好的。

施特劳斯:停。这是个非常强的论断。这不是随意说说。我的意思是,一切存在的东西——他在这里没说一切,但他就是这个意思——一切存在的东西,都好。在那个时代,通过蒲柏的随笔,这个观点变得大众化,我想是在《论人》(*Essay on Man*, 1734):任何存在的东西都是好的。当然在莱布尼茨那里乐观主义很重要。与此相关……卢梭在某种意义上也这么说,但在这个语境下,他的意思显然是指,在社会中好的东西,也就是好的。这当然与一切相反,除非你会……那么,如果你读过他接下来的论证,一个男人和一个女人和社会,他们如何款待客人,一切都——换句话说,社会中的人是完美的好。一切都有秩序,就是好的。

学生:这让我想起他的说法。在他们的小聚会结束时——好吧,在结束前——他们结束了聚会并就聚会发生的事情交换意见;他观察到,我看不到任何理由,除了为了取笑这个女人,他观察到她吃得比谁都多。

施特劳斯:但这展现了她完美的指挥能力,也就是她可以掌控一切。不,我想这里只是想说明她能够多么完美自如地掌控局面,因为她还可以比任何人吃得都多,尽管她要不断关注其他人的需求。

[389]学生:这样也很圆滑啊,因为没人注意到这一点。每个人都

认为她很忙,所以一定没能……

施特劳斯:是啊,当然;这只展现了她完美掌控局面。

学生:她的贪吃是一种……

施特劳斯:我不这么认为。我认为我们一定不能忘记这里的大背景。我们一开始看到了人与公民的冲突,我们在爱弥儿的例子已经看到,这个冲突的某种和解已经达成。那么,如果女人也能够达成这个和解,她-公民和她-女人的和解,那么当然一切都很完美,一切都是好的。论证自然地继续进行。我们不能全部都读;很可惜我们不能全都读。读一点儿吧,在引用塔索的那段意大利引文后面——你看到两段后的意大利引文了吗? 那之后的第2段。

雷肯先生[读文本]:

事情就是这样的,而我们也阐述过它为什么是这样的道理。

施特劳斯:"它为什么一定是这样",cela doit être[为什么应该如此]。存在的东西,是好的;你们看,卢梭从来没有放弃过这个论题。我们回来读这段话,第3行以后:"这张嘴从来没说。"

雷肯先生[读文本]:

口头上总是说"不",而且只能说"不",但她们说"不"字的时候,其语气并不是始终不变的——

施特劳斯:她说出它的。对。

雷肯先生[读文本]:

这种语气是没有半点虚假的。女人的需要和男人的需要是一样的,然而她们哪里具备表明她们有同样的需要的权利呢? 即使她们的愿望是合情合理的,然而要是她们没有其他的方法表达她们不敢说出的话,她们的命运就会落得十分的悲惨。难道说行为端正就非做出一副可怜的样子不可吗? 难道说她们不应该用一个巧妙的办法,在不公开吐露的情况下表达她们的心愿吗? 她们需要经过多么艰苦的学习,才能一方面既可以打动男人的心,另一方面又要在表面上显得对他们满不在乎! 加拉达的苹果和她那样笨头笨脑地逃跑的样子,替她说了一番多么动人的话啊! 她还有什么要补充的呢? 那个牧羊人在林中追逐她,她要不要告诉他她是故意逃跑,以便勾引他去追她呢? 我们可以说她是表里不一的,因为她并没告诉他说她是在勾引他。一个女人的做法愈是含蓄,她的手段就愈是高明,即使对她的丈夫也是这样。是的,我认为卖弄风情如果卖弄得不超过限度,就是一种淑静和真实的表现,就合乎正当的行为规律。

施特劳斯:"得体的",你们看,这件事相当微妙,他怎么表述的:羞耻感,否认实际所是,假想的把存在的东西等同于好的东西,以某种方式提出真正的把存在等同于好。这就是这段讨论女性行为的意义。

学生:弥尔顿是不是也说过类似的话?

[390]施特劳斯:我不清楚。我们在这里必须遵循要点。他在下一段里说,在这段中部:"道德的真理并不是什么是,而是什么是好。坏的东西不应存在,也必须不被承认。"所以,换句话说,不被承认的东西——不被承认的东西被等同于不存在的东西,这正是要点所在。我认为,这就是……我们读接下来的句子,在同一段,最后。

雷肯先生[读文本]:

　　难道说丧失了羞耻心的女人反而比其余的更真诚吗?

施特劳斯:不,"相反,那些还知道羞耻的女人,不以自己的缺点为骄傲的女人……"

雷肯先生[读文本]:

　　甚至向爱她的人也隐藏其欲望的女人,男人要经过一番很大的困难才能得到她的垂青的女人,才是最真诚和忠实于自己的信约的人，才是我们一般最信赖的人。

施特劳斯：你们看到了吗？最真实或最真诚的是那些在特殊意义上最不坦诚的，这才是关键——不，让我先结束这个问题，因为我认为这与他关于萨瓦神父的说法有种严格的对举关系。你们还记得，我们对萨瓦神父有个类似的评价：真诚地坚持你生长其中的那种宗教（这当然在某种意义上非常不真诚）还要真诚地坚持你诞生在其中的那种宗教，你知道这些都不是真实的。在性别行为和在宗教行为上，有着一种严格的对应关系。顺便提一句，这个句子"存在的，是好的"，是由萨瓦神父提出的，正如你们在译本的第245页可以看到。博扬先生。

博扬先生：[大部分……，他没有跟上前几页论证的转折]

施特劳斯：卢梭说得非常矛盾：每个存在的事物都是好的。这是句谜语。他如何说的？他现在在这个特殊的语境下说，他指的是每个在社会中的事物，在成年人当中，都是它应该是的样子。在社会中。但是我们一直都知道，社会有着根本性的诸多缺陷。如何实现"是"与"应当"的一致性？我们来看女人这个例子：由她的羞怯实现，由她的羞耻感实现，由她不承认实际所是——自己的欲望实现。因此，"是"与"应当"的和解由隐藏来实现，有一种高贵的隐藏，毫无疑问，但是要通过隐藏。因此，在单纯的真理中，没有"是"与"应当"的一致。类似的考虑同样适用于宗教。雷肯先生。

雷肯先生：很快，在这段之后，他会谈到女人的德性在于她隐藏真相，他说"我的一个对手非常真实地[391]断言德性是单一的"。这意味着，对德性的这种描述可以——希望你去把对女性德性的描述延伸至其他德性。

施特劳斯：对，但是这种统一如何达成？他的对手是否像卢梭那样去理解德性的统一？这是关键。换句话说，你可以说，正如他的对手所说，德性是单一的。但问题在于，这是什么意思？我们在这里看到，道德真理并不是"什么是"（what is），而是"什么是好"（what is good）。坏不存在，也不能被承认，尤其是这种承认会对它产生一种效应，如果没有这个承认，就不会有这种效应。我的意思是，如果用严厉的攻击性的措辞来讲,我指的是一种伪善的劝告,因为,通过否认欲望的存在,你确实促进了你对自己和他人的欲望的控制,但是,理论上讲,如果说女人没有欲望就说错了。理论上讲这是错的,因为她有这些欲望。但是通过否定这些欲望,她就会比承认这些欲望更得体行事。我的意思是,用实践术语来看这个问题:如果一个女人被迫要在这个意义上绝对诚实,如果有人向她提出一种不恰当的建议,她可以说,我必须说,我有种欲望想要接受你的邀请,但我控制了欲望。如果她被邀请对这个事情做出声明,她只要说我没有任何欲望,对于双方来说,这样当然更简单也更好。这还不清楚吗?无论如何这不……我该怎么说呢?这是个几乎有点荒诞的例子。但是卢梭要说的是,这个荒诞的例子在某种程度上涉及到女性的全部行为;一个女人必须在任何情况下都不公开承认自己的欲望,这就实现了——"是"与"应当"的一致性就被实现了,通过——一种关于真实(the true)与好(the good)的虚构的一致性,或是坚称不被承认的东西不存在。我认为人人都知道,不被承认的东西其实并不是不存在。

下面我们来看一下,在第349页的最后一段,这段话很长——我们没法儿读;它太长了。不过,卢梭的主要观点可以总结如下:如果没有女人的贡献,真理无法被认识;女人看到了男人无法看到的某些非常重要的东西。这个观点当然也不是传统观点,如果允许我用毕竟无礼的表述的话,这是卢梭对女性吹捧的一部分,对应他对小孩子的吹捧。这是同一个原则。我指的是,没有目的,没有自然目的——也就是说,没有什么完美类型的人的类型。由此得出的结论就是,年龄的平等,以及性别的平等;这种与一般民主原则的关系很明显关系到最低劣的能力,正如洛克表述的那样。

学生:这是这段话的开头,"抽象地和纯理论地探求真理。"

施特劳斯:对。

学生:"探求原理和科学的定理?"

施特劳斯:是的。他在这里赞同传统观点:女人无法成为哲人,严格来讲。我指的就是这段话。

[392]学生:好吧,我必须说,除了她们激发男人在这样那样的事

情,在行动上,因为她们更好地观察,因为她们的……

施特劳斯:让我看一下:你认为我夸大其词?那么让我看一下。是的,我认为是这样:他说,"男人比女人对人心更善于哲思;但女人比男人更会读男人的心。"

学生:我认为这指的是[……],部分只是因为……好吧,从更会读这一点看,她们会用行动激发男人。她们可以比男人解读得更好,因为她们拥有敏锐的观察力[……],正如他在这里提出的那样。

施特劳斯:是的,不过我只关心这里的要点;请读第 353 页,第 2 段。

雷肯先生[读文本]:

> 所有这些,虽说是一个女孩子形之于外的表现,但我们绝不能把它们看作是无关紧要的表现;她们之所以有魅力,不仅要以感官的美做她们的基础,而且还要我们从心眼里认为妇女是我们男子的良好行为的天然评判者。

施特劳斯:好的。普鲁塔克会这么说吗?我是说,窃窃私语的雅典人也说过某种复杂关系,关于阿斯帕西娅对伯里克利演讲的贡献,就我所知。但这仍然……你们看,这和我前面说过的女统治者和女商人的情况类似,而不是在说全体女人。但我要说,这段话清楚地表明,在卢梭这里,比起在亚里士多德那里,比起传统观点而言,女性能实现更好的价值。

学生:怎么看待这个事实?小女孩开始牙牙学语要比小男孩更可爱。小男孩还很笨拙,小女孩却早慧。

施特劳斯:哦,这一点无可否认。她们更早熟,没有任何……

学生:她们尤其擅长讲话的才能。

施特劳斯:是的,通常——我只了解文学中的——会用一种曲意逢迎的说话方式是女性的特征。人们经常说,她们比男人更有说服力,经常。但是,我认为这个问题在这段话稍后会得到非常简单的解决……不,在我们看的这段话之后的一段,差不多在开头,他说到斯巴达和德国和罗马女人。他说:"所有一切风俗敦厚的民族对妇女都是很尊重的。"换句话说,这个背景与政治或社会有关,有别于理论背景。从这个观点来看,当然,这是非常自然的。我可以重申我的论证——我的意思是,基于我所理解的柏拉图和亚里士多德的方式来看,人人当然都有权利质疑。[施特劳斯在黑板上写字。]那么,我们就有了理论的,还有[393]实践的或政治的。那么,如果这里是最高点,纯粹的男性性别优越性——当然不是说男人个个都比女人强,而是说这个顶点。但是,如果这被否定掉,如果最高生活是实践性的或政治生活,就不存在足够的理由强调男性的优越性。卢梭,在这个政治的背景下,利用了这种可能性。清楚了吗? 我的意思是,采用这个简单的结构:不存在一个女亚里士多德,但可以有一个女亚历山大大帝(我是说,尽管没有,但在理论上是可能的),那么,如果你只就政治来谈,女人的地位要高于它过去所是,就理所当然地相信男性的优越性而言。更不必说,还有许多其他考虑,因为即便从政治上看,仍旧有许多反对两性平等的意见。比方说,我提醒你们斯宾诺莎反对女性参与政府的论辩:简单地说,当议会中有了一个女性的时候,一种"主观性"要素就进来了——你们看,这是一种非常常见的男性偏见,你们肯定从老派人那里听说过。比起没有女人出现,当女人出现的时候,男人不能再客观地辩论,类似这种情况。换句话说,这全都与一件事有关,激情:比起男人来说,女人更是一种激情的存在者。

学生:难道卢梭不是甚至没有超出你在黑板上画的这个图示的最高点吗? 在那段你没有读的长段里,他说,就男性是理论化的而言,他的完善归因于女性。

施特劳斯:我认为,这是对这个问题的表达,是的。

学生:这完全和……我的意思是,他甚至会简单地抛出这个理论,并且说即便——由于在实践方面女人可以等量齐观,但是当你回到理论方面的时候,女人可以把这种额外的能力补充给男人的——

施特劳斯:是的,但这是一个小注脚,它有必要,但却不影响主旨大意。下面我们来看第 354 页,第 2 段。我们先来读一下开头,那里谈到著名的罗马女人。

雷肯先生[读文本]:

我还要补充一下,我认为美德之能够巩固爱情,犹如它之能够巩固其他自然的权利(other rights of nature)。

施特劳斯:这不是很有趣吗？这里把爱情称为一种自然的权利。好吧,这个观点已经在几代人中间传颂了,直到今天。爱的权利去对抗那些棒打鸳鸯的家长。继续。

雷肯先生[读文本]:

如果一个情人具有美好的道德,她就可以像做妻子和做母亲的人那样行使同样的权能。凡是真实的爱,都是充满着热情的,其所以那样充满热情,是因为在想象中始终存在着一个真正的或虚幻的完美的对象。如果在情人的眼中看来,那个完美的对象是没有什么价值的,是一个只能供官能享乐的工具,在他的心目中哪里还能燃起一股激烈的热情呢？如果是抱有这种看法的话,他的心是热不起来的,是不会去追求那使情人心醉神迷、情意缠绵的高尚的乐趣的。[394]我承认爱情是空幻的,只有情感才是真实的,是情感在促使我们去追求使我们产生爱情的真正的美。有人说,这种美在我们所爱的对象的身上是不存在的,它是因我们的幻觉(illusions)而产生的。

施特劳斯:"错觉"(errors)。

雷肯先生[读文本]:

啊！这有什么关系呢？我们是不是因此就可以不那么热烈地把我们所有的世俗的情感奉献给这个想象的模特儿呢？是不是因此就可以不拿淳厚的心对待我们所钟爱的人呢？是不是因此就可以不抛弃我们卑劣的欲念呢？一个男人不愿意为他的情人牺牲生命,这哪里是一个真心的情郎？而一个愿意为爱情而死的人,他心里还有什么粗俗的肉欲？我们嘲笑旧时的骑士,其实只有他们才是真正懂得爱情的人咧,至于我们,我们只知道贪图色情罢了。传奇式的爱情观之所以在我们看来觉得可笑,并不是因为我们有了理性,而是因为我们有了不良风俗。

施特劳斯:是的,这让幻想的品质变得高贵,这些幻想来自于想象。因此它们不是自然情感,根据这本书开头做出的区分。这最终必须借这个事实来理解,即,公民社会不是自然的。但是,这种严格意义上的自然情感与他提到的那种,它们如何精确地关联? 下一段指出了这一点。

雷肯先生[读文本]:

不论在哪一个时代,自然的关系都未曾改变过,由自然的关系中产生的或好或坏的影响也始终是一样的,尽管人们用"理性"这个词来掩饰他们的偏见,那也只是在表面上改了个名称罢了。自控,始终是一种很高尚的行为,即使是因为听从了荒唐的说法而克制自己,那也是伟大善良的。

施特劳斯:美好的。

雷肯先生[读文本]:

只要有真正的爱好荣誉的心,有见识的妇女就会按她的地位去寻求她一生的幸福。对一个心灵高尚的女人来说,保持贞操是一个极为可贵的道德。

施特劳斯:"对于一个美丽的女人",他说的是,pour une belle femme,"在灵魂上有某种高度"。

雷肯先生[读文本]:

她看见整个的世界都在她的脚下,她战胜了一切,也战胜了她自己。她自己的心就是一个宝座,所有的人都来向它表示敬拜;为两性所尊重的温柔和专一的情感,以及世人的敬重和她的自尊心,不断地使她感到她在某些时候进行的斗争是光荣的。她所遭受的艰苦是转瞬即逝的,然而她在艰难困苦中获得的荣誉是永不磨灭的。一个高尚的妇女,当她以自己优良的品德和俊秀的容貌而引以为傲的时候,她心里是多么愉快啊! 一个钟情的女人是比莱斯和克利奥帕特拉更能领略肉体快乐的美的;即使将来她的容颜消失了,她的光荣和快乐的心情仍然是存在的;只有她才能够在回忆往事的时候感到快乐。

[395] 施特劳斯:自然情感,也就是感官感受与德性之间的关联是什么? 我想卢梭说得很清楚了。

学生:时间?

施特劳斯:Gloire,荣誉,骄傲,orgueil。换句话说,是这个东西,比他人优越的感受建立在她比自己的欲望优越的感受的基础上:amour-propre。你们现在可以看到它有多么重要了。卢梭在《第二论》说过的那个东西,amour-propre 是我们一切恶行与德性的来源,必然会进入。所以换句话说,这些高贵的妄想的自然基础,也就是它们所具有的自然的东西,就是骄傲感、优越感。我们一定不要忘记这一点。塞尔茨先生早先强调的这一点——我当时没让他说完——我想这一点在第 353 页第 1 段呈现得最清楚。这段话很长,我们没法读。我是说,这就是道德教育的问题:如何避免在传授道德的时候总是喊着义务、义务、义务。但是,你必须让……义务成为来源——他如何提出的?“义务是来源。”

学生:“义务是他们的快乐和他们的权利的基础的来源。”

施特劳斯:“权利的基础”。是的,换句话说——也可以从另一个角度来说,但也是卢梭的意思,我认为这意味着为了快乐的义务,为了权利的义务。这样一来义务就立刻变得有吸引力了,如果只是宣传义务,它就毫无吸引力。我认为这就是塞尔茨先生所想的。所以,换句话说,尽管这看起来在恢复古老的道德,让人想起廊下派和其他一些,它其实是一种全然不同的精神[……]。你不可能在塞涅卡的作品中看到对女人的这种讨论。这不可能。

现在,时间已晚……

[本节结束]

第十五讲 《爱弥儿》卷五：爱情婚姻

[录音进行中][396]施特劳斯：——你可以稍作解释吗？

学生：好的，他们双方都想要一种生活，获得这种生活的方式显然是通过学习如何掌控激情的生活[……]。

施特劳斯：可还是——我是说，我只是不能很好地理解这个意思。或许有人——对我来说跟上克里索斯托修士（Brother Chrysostom）的论文比较容易，它就在我面前，你们看，理解你所说的有些特定的困难，或许你们当中有人理解了克里索斯托修士，可以更好地帮帮我们。结论并不是很清晰。还有另外一些要点，某些非常好的表述是我想要去考虑的。我还给你这两篇论文。

我认为这是一个非常好的表述："爱弥儿比苏菲在社会中待得时间更久。他通过启蒙了的同情获得正义的德性，通过审美的哲学获得节制的德性。"我认为这很好地表达了这两翼，我这样称呼它们。你们看：中间是信仰自白，前面是一个宗教道德教诲，后面是一个非宗教的道德教诲。你可以这么说，前者是一种通过启蒙化或普遍化的同情的正义学说，后者是通过审美的节制。我认为，这是一种很好的表述。

当你说"青春期的结束尤其是一个享受生命的时期，亚里士多德和卢梭都有过感人的描述"，你想到的是亚里士多德的什么说法？一种令人感动的描述，关于这种……？

克里索斯托修士：我所说的感人指的是一种令人印象深刻的方式。

施特劳斯：对，但是在亚里士多德的什么地方——你想到的是什么?

　　克里索斯托修士:他的《伦理学》,他在那里的教导。

　　施特劳斯:哦,对,我明白了:论友谊的那一章;是的,可以这么说;当然是与旧时代对比,他在那里说。确实如此,我没想到那里。

　　还有一个地方:"简言之,这本书的重任就是如何把一个自然人合法地束缚起来,如果不是自然地,因为即便是一种真挚的爱情也没有人们认为的那么自然。"这不是在提醒人们,超越婚姻这个主题吗?

　　克里索斯托修士:《社会契约论》第一句。

　　[397]施特劳斯:你可以说出来吗? 我是说,什么是婚姻的对应者?

　　克里索斯托修士:公民社会。

　　施特劳斯:是的,因为还是有自由人在枷锁中,正如爱弥儿在枷锁中;这里还有一个问题,关于这个枷锁的自然性。是的,我认为我们必须始终记住这一点,当卢梭讨论婚姻以及与之相关的一切时,这一方面也暗指公民社会——顺便说一句,另一方面涉及宗教。雷肯先生,这正是你上次提出的:你上次见面的最后提出了一些东西,我认为其他人也会感兴趣;我记不清是什么了。

　　雷肯先生:关于第346页第3段,第348页第2、3段;要点是,在第346页的第3段,他确切地说明了这个原则,存在的东西是好的:ce qui est,est bien。在第5段,他——

　　施特劳斯:你能再说一下在哪一页吗? 我很难……

　　雷肯先生:第346页的第3段,在第2句话里,他宣称,"我最终发现,存在的东西是好的。"很长的一段话;有些讨论……他处理了女性卖弄风情这个主题,他在第348页的第2段开始说"看呀! 就是这样",或者"这就是存在的",——ce que est[存在的]是个暗示——"我们已经明白它为何应该是"——佛科斯雷的翻译。卢梭在一段话中赞扬卖弄风情,用一种……尤其是说道:"难道她不是获得了一种手段来暗示她的意向而无需公开表达吗?"他还说:"我支持这种卖弄风情,保持在界限内,就成为一种谦逊和真实,就合乎得体的行为规律。"

　　施特劳斯:是的。

雷肯先生:第3段话的开头是"德性是一"。这对我来说意味着,一个卖弄风情的女人的德性等同于一个作者的德性,进一步说,第3段的真正主题重申了这个表述"存在的东西",他在这里才做出了区分:道德真理并不是关于存在的东西的真理,而是关于好的东西的真理。

施特劳斯:是的。

雷肯先生:这是一个要点。"坏的东西"——也就是,存在的东西是不坏的,"不应该存在,不应该被承认。"所以他现在告诉我们,为什么对于一个写作的人来说,卖弄风情是必要的。

[398]施特劳斯:是的,你可以现在讲一下吗?

雷肯先生:概述一下?

施特劳斯:是的,连贯地总结一下,不用引述文本。

雷肯先生:他清楚地暗示,说出事情是它本不应是的样子,这一危险真理具有毁灭性,不应该这么做,不该告诉人们;他进一步告诉你,有些事情被告知了,但却不是公开说的。

施特劳斯:对,你所说的,不就是我上次说的吗? 通过不承认存在的东西实现"是和应当的一致"。简单的例子是,女孩子不能谈论自己的欲望;在某种程度上,由于没被说出来,她的欲望就不存在;然而,这当然是一种虚构的"是与应当的一致"。但是,在上次课的最后,你说了一些我没说过的东西,我想是关于这几行:女孩,羞涩的女孩,是不是与作为作家的卢梭有种对应关系? 我认为,这是你当时想说的。你刚才没有说这一点,你可以重新说一下吗?

雷肯先生:我想我已经说过了。

施特劳斯:好吧,我有点儿愚钝,我没听出来。

雷肯先生:我认为,令卢梭怯步的是这个论断,并非一切都是好的。

施特劳斯:哦,我明白了;你是在一个更一般意义上讲的:卢梭不承认某些存在的东西;就这一点而论……换言之,他以他的方式害羞,以一种和女孩子不同的方式。在这两种情况下,羞涩都实现了是与应当的一种一致。这是不是你要说的……?

雷肯先生:如果他直接说出来并且讨论它们,这会毁掉讲述这些东西的价值。这就是他关于女孩所说的。我没有谈论这件事,通过说来认定一件事好;但是承认不好,但是交流好。

施特劳斯:我明白了。换句话说,尽管苏菲没有妥当地承认,但她让爱弥儿觉得她爱他。你是这个意思吗?

雷肯先生:是的。

施特劳斯:是的,这样也就找到了卢梭本人作为一个作家的行为的类比。

雷肯先生:是的。

施特劳斯:好。很好,这一点非常值得考虑,非常值得。

克里索斯托修士,我喜欢你的论文。它非常好,只是出于一些原因在课堂上不太容易跟得上。那么,我们现在来看文本,翻到[399]译本的第 356 页。我是说,这样我们就可以对照文本了。哦,关于这处文本,有一个问题:你很清楚地指出了这个事实,卢梭的论断,两个年轻人的爱先出现。关于是否门当户对的审慎考虑后出现。那么在这部看似是小说的书中,发生了什么? 或者说,你们注意到了吗? 他们相遇时发生了什么?

克里索斯托修士:一个捏造的工作。

施特劳斯:当然。一个完全是安排出来的事情;他们与之无关。这只是这整个教育的人为设计因素的一个重现,甚至一直延伸至爱弥儿所谓的成熟且自由的阶段。

学生:[……]他在某种程度上似乎显露出来,直到后面才会说到它。

施特劳斯:是的,他相当巧妙地提到这个问题,不过我认为这很清楚。他没有强调这一点——我是说,当你浏览数行,你可以很容易获得这种印象,他们的相遇只是个偶然:坏天气,他们去了那所房子。但是,卢梭与那对父母通信过,这全都是安排好的,他没有强调这一点。但是他很清楚地暗示了,至少……你也注意到了吗?

学生:是的,我注意到了。我注意到一件很有趣的事情,对于这种把戏,爱弥儿不够聪明:过去这么做过。

施特劳斯:是的,但他就是个常人(un homme vulgaire),你们都知道;他并不是多么聪明。下面我们来读一下第 356 页,第 2 段。

雷肯先生[读文本]:

　　我们便是按照这种精神培养苏菲的,我们培养她的时候,做法是十分的仔细,但又没有花太多的力气,我们是顺着而不是逆着她的爱好去做的。现在,让我们按照我向爱弥儿所讲述的形象,按照爱弥儿自己所想象的能够给他带来幸福的妻子的形象,简单地描述一下苏菲的人品。

施特劳斯:这种纯粹是完美妻子想象的形象是对现实的一种复制,明白吗? 继续。

雷肯先生[读文本]:

　　我将不厌其烦地一再说明,我不是在培养什么奇才。爱弥儿不是奇才——

施特劳斯:看到了吗?

雷肯先生[读文本]:

　　苏菲也不是。他是个男人,她是个女人;他们可以骄傲的,就是这一点。在我们目前这种男性和女性混杂不清的情况下,能够像样地做一个男子或一个妇女,那差不多就是一个奇才了。

施特劳斯:这在法国变得越来越明显,因为他说(他没说吗?),"爱弥儿不是一个奇才,苏菲也不是。因为他是个男人,她是个女人;这就是目前混乱情况中的奇才了。"[400]这关系到这个背景。下面翻到第363页,第2段。我们当然没法全部都读。

雷肯先生[读文本]:

　　丈夫和妻子应当互相选择。

施特劳斯：这里是父亲说的话。父亲对女儿说了很长一段话。

雷肯先生[读文本]：

他们必须以共同的爱好作为第一个联系。他们应当首先听从他们的眼睛和心的指导，因为结婚之后，他们的第一个义务就是彼此相爱，而彼此相爱或不相爱，并不是取决于我们的——

施特劳斯：顺便说一句，"相爱或不相爱"，他没有用类似憎恨这样尖刻的词，这种词非常不得体。

雷肯先生[读文本]：

所以要履行这个义务，就必须具备另外一个条件，那就是在结婚以前双方就是彼此相爱的。这是自然的法则（the law of nature）——

施特劳斯："自然的权利"（the right of nature）。权利在这里显然是个主题：这不是一项义务，而是一种权利。

雷肯先生[读文本]：

这个法则是任何力量都不能够废除的；有些人之所以想用许多法律限制去束缚它——

施特劳斯："许多民法"（civil laws）。你们看，卢梭在这里确实更清楚了，意思是，民法阻止某些婚姻类型。

雷肯先生[读文本]：

是因为他们只考虑社会的秩序而未考虑到婚姻的幸福和公民的道德。亲爱的苏菲，我们向你所讲的这些话并不是什么难以实践的德行。它只是要你自己能做自己的主人，要求我们把选择丈夫的权利交还给你。

施特劳斯:我们在这里停一下。你们看,他在这里似乎清楚地宣告了自然权利的优先性,彼此相爱的人应该结婚,因为爱不能靠命令。那么,问题当然就是:这种爱,这种婚姻之爱要求丈夫珍爱妻子,这种爱并不……这种爱,这种具有自然权利的爱并非理所当然就能持续一生;而婚姻是得持续终身的。那么必须有另一个理由来支持这种自然权利。我的意思是,两个愿意结婚的年轻人的爱并不足以让婚姻可能。它或许是结婚的一个理由;但它对于婚姻本身还不够充分。下面我们翻到第362页,倒数第2段。

雷肯先生[读文本]:

在有些方面是就自然的情况来说是相配的,而在另外一些方面是就既定习俗(usage)来说是相配的——

施特劳斯:他说的是"就制度"(institution)。

[401] 雷肯先生[读文本]:

在还有一些方面则完全是按照习俗(conventional)合适。做父母的人可以判断男女双方是不是符合后面这两种相配的情形,至于第一种相配的情形,只能由孩子们自己去判断。

施特劳斯:你们看,唯一自然的东西,唯一可以存在一种自然权利的东西:他们是否彼此相爱,这种彼此相爱基于自然的相配。是的。

雷肯先生[读文本]:

由父母做主的婚姻,纯粹是就风俗习惯来考虑双方是不是相配的;他们所取的不是人,而是社会地位和财产;然而社会地位和财产是可以改变的,只有人才是始终如一,没有什么改变,他在任何情况下都是那个样子;尽管一方很有财产,然而婚姻是否幸福,完全取决于两个人的关系。

施特劳斯:我们在这里有了某些不同的东西:不仅仅是爱情,还有自然的相配。这些显然是非常不同的考虑:人们或许可以彼此相爱,同时或许完全不适合共同生活,你们知道吧? 自然的相配比起家资门第相配要更牢靠,这么说或许正确,但是这种自然的相配当然并不是那种爱的感觉。我认为这一点非常清楚,一个男人和一个女人可以是天造地设的一对,但是双方并不必然存在激情的爱,反之亦然。不过,无论麻烦会是什么,我们一定不能忘记,这并不是卢梭的话,而是苏菲的父亲在这种情形下的讲话。因此它还要满足其修辞功能,让苏菲得到恰当的塑造;这些是合理的考虑。下面来看一个小问题,在第364页的第4段末尾。

雷肯先生[读文本]:

> 尽管她像一个意大利女人那样热情,像一个英国女人那样敏感,但她在控制她的心情和感官方面却像一个西班牙女人那样自尊,在寻找情人的时候很不容易找到一个她认为是配得上她的人。

施特劳斯:换句话说,她是许多欧洲国家的组合。卢梭提到这么多不同国家,但是有个国家没有提,这一点很有趣:他为什么要这么挑选。你们注意到了吗? 有个国家他压根儿不提。

学生:德国。

施特劳斯:确实,不过,提不提德国对于卢梭而言并没有什么要紧。当然应该是法国了。苏菲完全是个法国女子。这里就暗藏一种批评。

学生:他总是说冷血的法国女人。

施特劳斯:对。他彻底批判法国,我们已经看到了,所以这里只是印证这一点。我认为卢梭压根儿就不了解德国人。你们看,他当然了解意大利人,因为他在意大利住过一段时间;至于西班牙人,我不知道为什么会提到,[402]也许他了解,也许从西班牙文学了解到。但是,我想他一点儿都不了解德国。

学生:卢梭有时非常狭隘,有时却很世界主义,有他自己的原因吗? 在他的《第一论》[……]是个更爱弥儿式的人,而不是世界性的。另一方面……

施特劳斯:不,他的所有作品全都在批判世界主义。不过,有区别。毕竟,作为一个理论家,他不属于任何一个国家。我的意思是,数学不能……

学生:这多多少少是一种描写。

施特劳斯:描写一个女孩子,一个女人,是的。

学生:他的爱弥儿也是。

施特劳斯:不,我认为这是卢梭自己的判断。唯一合理的答案是,对待这些事情上,法国方式是最糟糕的,因此不提它。这当然不是很重要的问题。我们跳过几页,来看第 367 页,最底下。大概在这段话中间的位置,这段话的开头是……

雷肯先生[读文本]:

苏菲爱上了忒勒马科斯①。

施特劳斯:是的,忒勒马科斯,费纳龙的教育[……]的主人公。在这段话的中间:"心依赖意志吗?"

雷肯先生[读文本]:

人的心不是以意志为转移的吗? 这不是爸爸亲口说过的吗? 如果没有我所爱的这样一个人,那能怪我吗? 我不是一个好空想的人,我并不是想嫁给一个王子,我不是在寻找忒勒马科斯,我知道忒勒马科斯是一个虚构的人物,我所寻找的是一个同他相像的人。为什么不会有这样的人呢,既然有一个我这样的人存在——

施特劳斯:不,这个地方我们得多加留意:"他为何不能,既然我存在,像这样的一个人不能存在。"类似笛卡尔的:j'existe[我在];puisque

---

① [译注]译名有改动,旧译"太累马库斯"、"费讷龙",译者分别改为"忒勒马科斯"、"费纳龙"。

j'existe,moi［因为我在,我］。但她做出了转换。我认为这里比起看起来的含义更广……笛卡尔式的转向,但是……

学生:这是上帝存在的证明,不是吗?

[403]施特劳斯:在某种意义上,是的,在某种意义上。这是某种理念。好吧,我们再完整读一下这句话:"为什么这样一个人不存在,既然我存在,一个能感受到自己有颗心与他的心如此接近的我。"继续。

雷肯先生[读文本]:

不,不要这样看不起人类,不要以为一个可爱的和有道德的人完全是幻想出来的。他是生存在这个世界上的,也许他也在寻找我,他要寻找一颗爱他的心。不过,他是谁呢? 他在什么地方呢?这些我都不知道,在我所遇到的那些人当中,是没有这样一个人的;毫无疑问,在我将来遇到的人当中,也是见不到他的。啊,我的母亲! 你为什么要使我这样地爱美德? 如果说我只爱美德而不爱其他东西的话,那不能怪我,而应当怪你。

施特劳斯:好。下面我们再来读下一段结尾的几句。

雷肯先生[读文本]:

我用不着那样去描写,我无须用我认为是如此动人的一个例子来说明。尽管由于我们这个时代的风俗使人们产生了许多偏见,但在爱善和爱美方面女子并不比男人差,在大自然的培育之下,她们也能够像我们一样做种种的事情。

施特劳斯:这里就是卢梭自己的评论了。我们必须看一下:女人天生也和男人一样,有能力具有最高的对德性的热情。那么,让我们读接下来的两段,这两段话很难。

雷肯先生[读文本]:

说到这里,也许有人会打断我的话头问我:是不是大自然硬要我们花那么多气力去克服我们放纵无度的欲望。我的回答是:不,而且我们之所以要有这样多放纵无度的欲望,也不是大自然赐予我们的。只要不是它赐予我们的东西,都是同它相违背的,这一点,我已经证明过一次又一次了。

施特劳斯:"千百次",继续。
雷肯先生[读文本]:

现在,让我们把苏菲还给爱弥儿,让我们使这个可爱的女孩子复活起来,使她的想象力不再是那样的奔放,然而要使她的命运更加幸福。我要描写一个普通的女人,由于我要培养她的灵魂,所以我扰乱了她的理智,连我自己也走入了歧途。现在我要回到我们原来的道路。苏菲在普通的心灵里也只有一种良好的天性——

施特劳斯:普通的灵魂。
雷肯先生[读文本]:

她胜过其他女人的地方是受过良好的教育。

施特劳斯:这段话很难懂。他最初说,女人可以像男人一样,有着最高的追求德性的热情。这种最高的热情让她变得悲惨,[404]正如他在随后这段所说。她不能有这种最高的热情,这似乎是思考过的结论,因为她有着普通的灵魂。我是说,他曾经给了苏菲一种热情,这种热情是一个罕见的女性才应该具有的,所以他现在收回了。只有崇高的灵魂才应该有这种热情。她不应该有这种热情,因为她并没有生动的想象力。灵魂的崇高和非常生动的想象力似乎互相依存。这里的全部论断似乎都按时,追求德性的热情并不是自然的。这是我的印象,不过我不确定我的理解是否正确。你们有谁有建议吗?你们看这里的说法躲躲闪闪的。

学生：当你解释生动的想象力与灵魂的崇高时，包含了一种［……］，因为似乎卢梭就在这之前的一段描述了苏菲有非常生动的想象力。我说的对吗？

施特劳斯：是的，但是苏菲在某种意义上变得不可救药。她在寻找一个她根本不可能找到的人。

学生：但卢梭在那里并没有说苏菲有什么样的灵魂，不是吗？

施特劳斯：不，但是他在这里说了，他说 je me suis égaré moi-même［我迷途了］，他选择了错误的方向（你们怎么翻译这句？）。所以，他必须，他这么做了，赋予苏菲这种程度的对德性的追求，然而她因此变得悲惨，不可救药。现在，他让自己想起真正的苏菲，她不能拥有这样的热情，因此应该被救治，然后成为爱弥儿的妻子。

学生：我想知道，为什么必须说对德性的热情是不自然的；尽管当然第一个苏菲死于她找不到在德性上与忒勒马科斯相似的人。这看上去并非极为罕见，但是……

施特劳斯：这是个好问题，但我认为我可以回答，尽管我眼下没法确切引用具体的章句。我们早先曾读过一个论断，自然欲望是那些不依赖想象的东西（我想有人应该还记得），因此，如果灵魂的崇高与一种活跃的想象力相关，这就意味着崇高灵魂的目标是一些不自然的目标。很抱歉我记不清具体的段落了，但应该是在第一卷。①

学生：在某种意义上，想象在某种程度上对于高贵生活来说始终存在，我猜想——不自然，但却非常可欲求？

施特劳斯：是的，不过，已知卢梭的原则（他在这里再次提到）是，只有自然的才是好的，那么这里仍旧有个疑问。我们在他对爱情的赞颂中看到这一点贯穿始终；总是允许某些人为的东西存在，因而，这里意味着某些不自然的东西。

学生：但是否存在某些更高的……？

［405］施特劳斯：是的，有些更高的东西。

学生：你可以就费纳龙的《忒勒马科斯历险记》说几句吗？我只有

_____

① 我认为施特劳斯想的应该是《爱弥儿》304；211，在第二卷。

个模糊的印象,它好像是颠覆性的。

施特劳斯:不,我认为费纳龙对绝对君主制非常不满,对恐怖的事情很不满,我认为他所做的事情并不能说是颠覆性的。我的意思是,他不是宫廷宠儿,他遇到了一些麻烦,我似乎记得是这样。

学生:我对此唯一所知就是路易十四的一个趣事,当他是个孩子的时候,有个印刷所,他第一次印刷的是一些小册子,《忒勒马科斯历险记》,他把这本书带给他的祖父看——因为他们是共和派,他打开了这本共和派的书,然后说,太子,这是你印的最后一册,把刻版毁了吧。

施特劳斯:明白了。我认为《忒勒马科斯历险记》是一本以鼓舞基督教仁爱的书著称,而不是镇压狂热观点。我猜想,这是卢梭喜欢它的原因。这是最著名的法国作家的教育小说之一,主题是教育王子,忒勒马科斯是奥德修斯的儿子。他被呈现为一个受到良好教育的年轻人。你们还记得,他在《奥德修斯》中出现,有些现代英国人说他迂阔,但这些现代英国人显然和17、18世纪的法国人品位不同。

学生:我试图把你对这段的解读和卢梭的其他论断调和起来。你不能说……或者说,你是不是说,一个女人爱德性是自然的,但她对德性的狂热是不自然的?

施特劳斯:不,恰恰相反。我的意思是,问题在于:卢梭多次谈到这个问题——爱有一个基底层;这一层很纯粹,就是性欲而已,拘守礼仪的那些人也有。卢梭并不质疑这一层的自然性。他只是质疑人们在不用到这种欲望的时候,是不是就不能活得满足。你们还记得,他曾在某处说过,这不是一种自然需求,一种生理需求,这么说的意思是,相对于自我保全。人不考虑自己的自我保全就没法儿活,但是没有性生活,他一样可以活。我认为,这就是卢梭的意思。不过让我们无视这个微妙差异吧。人是一种性的存在,他与其他动物一样都有性需要。但是只有人才会钟情于某一个人,我们所谓的爱情,这就已经是不自然的了,因为它的基础是比较。我们见过这个论证。不过,德性问题当然不一样。我认为,我想说的是,这段话的含义是,对德性的狂热是不自然的,即,不是无条件的自然的,如果你往下看,后面会讲到。

学生:我不知道这句话的背景,淳朴灵魂的崇高知识,这是指德性吗?

[406]施特劳斯:崇高知识? 当然指良知了。这出现在《第一论》的最后;我认为这里指的是良知。① 不过,这是个很长的[论证];我们已经看到了这个问题。

学生:我想做一个辨析,自然的东西是好的:这不就是这个论断的另一面吗? 在许多页以前,他曾做此论断,这也是他的根本原则——存在的,是好的。他那时在这个背景下说的,和我们在我们的社会发现的处境一样。但是他在实践上甚至更常用这个,存在的东西,也就是自然的东西,是好的;我们看到……

施特劳斯:不。让我们来做个区分。卢梭当然不能不加限定地说,一切存在的东西都是好的。否则最恶劣的僭政也成好的了,更不必说其他一些事情——卢梭不是这个意思。如果你说,一切自然的东西就是好的,只有一切自然的东西是好的——他似乎是说——那么你就遇到特定的困难,因为如果你很字面地来理解这一点,你就会退回到次人类的人,就是我们在《第二论》看到的那种人。你们看,那种愚蠢的动物,在那里没有任何人为的东西进来,一切属人的东西都是坏的。这当然不是他严肃的观点。因此我们必须去看……我认为我们随后会看到关于这一点的解释。

巴特沃斯先生:就一个小问题。我在你所说的内容里发现一些困难,出于两个理由。第一个是,似乎是这样,这种说法②必定是这一背景的直接结果,即这里的话仅限于对女子说,卢梭其实没打算谈论人的最高德性热情。他没有再造一个新爱弥儿,或是任何类似的;他确实没有说任何关于……

施特劳斯:好吧,我承认这一点。我承认这一点,这个论证的有效性仅限于女性问题,可以这么说。但是,它是否充分则是另外的问题。我怀疑这一点,不过基于这段文本,你是对的。

---

① 卢梭在这段话同时提到德性和良知,但是学生的说法更接近真相,因为,正如一个学生会提到,这段话的开头是"哦,德性! 淳朴灵魂的崇高知识"。

② 对德性的热情是非自然的这个说法。

巴特沃斯先生:我想知道的另一个问题是关于施罗克先生说的,在《第一论》的最后那段话,我刚注意到——我手头刚好有——卢梭说:"德性! 淳朴灵魂的崇高知识!"

施特劳斯:哦,德性。对。

学生:那么,这意味着,我们必须在双重层面上讨论德性。

施特劳斯:以哪种方式?

[407]学生:到目前为止,我们遇到的德性都来自 amour-propre[自爱]。

施特劳斯:当然。换句话说,《第一论》最后出现的这个论断是一个在理论诡辩上不能和我们在《爱弥儿》所见的相提并论的论断。这一点很清楚。

学生:不,但是即便在《爱弥儿》,我到目前为止看到的德性都是来自怜悯的,我们把怜悯往回追溯,就看到骄傲和 amour-propre。

施特劳斯:是的。

学生:但是,我们现在遇到另一种德性,这种德性可以拖垮人,尤其是让女人垮掉。

施特劳斯:不,我认为这只意味着男人的德性与女人的德性的差异:我怀疑这个问题是不是这么重要。不过……莫里森先生。

莫里森先生:[……]我想知道,关于这种差异的这件事,区别对待两个性别是否其实相当残忍。随后这段话似乎与之相关,他在那里说,他起初也打算从基本层面开始构建苏菲,但是随后他决定不能这么做,因为……在我看来似乎是,不能做的原因在某种程度上是,如果再考虑一下你在黑板上写的那几行,他们在某种程度上会遭遇,这在某种程度上是一个困难,自然的男人与自然的女人,正如你或许会说,以这种方式培养,就不能……

施特劳斯:让我看一下。如果我理解得没错,你在继续巴特沃斯先生的论证。

莫里森先生:在某种程度上,是的。

施特劳斯:对,所以,你把这个论断限定于女性德性问题。根据卢梭的描述,正如我们所见,确实女性的教育从一开始就是不自然的,完全凭借意见要素;而爱弥儿的教育则取决于一个关键点,即不考虑任何意见。

莫里森先生:我特别想知道的是,在他早先用过的前提下,他要让女人与男人相反,又在根本上是非社会性的,是否没有遇到困难。因为她,在某种意义上,她有所依赖,而男人则不是。

施特劳斯:不,他强调过,女人——任何女人——都必须被教育,从她的生命之初就开始,要依靠意见或偏见来教育。女人有这样一种天性,如果不变得习俗化,她就会不幸福;因为否则,非常简单,如果她还保持自然,她就会得到坏名声,无论……即便她举止得体,因为她必须避免抛头露面,任何抛头露面。所以,我的意思是,女人是一种无望的习俗性的性别,如果女人要好的话。[408]在男人这里,情况则完全不同:大多数男人也是无望的习俗性的;卢梭在这里用一个普通男人做了个实验,教育他,尽可能保持他的自然,直到他18或20岁。但是,在这个过程中,当他20岁的时候,公民与人的这种统一,一种特殊的统一就借由萨瓦神父的信仰自白发生了,如果我理解得对的话。

学生:还要借由苏菲。

施特劳斯:什么?对,以另一种方式。但是,所以卢梭,换句话说[施特劳斯在黑板上写字]……不,爱弥儿现在在这里,苏菲……女人与女公民之间从未有过这种分歧。也就是说,女人从一开始就是公民;与此同时,这里则存在一个断裂。我认为就是这个情况。

莫里森先生:可是,这不就是这个问题的关键吗?

施特劳斯:是的。但是,现在最引人注目的事情是:这也是我反对你和巴特沃斯先生的地方,尽管他在这里只强调了女人,他也非常强调自然;因此他在提醒我们注意这个问题整体。不过我认为,我们随后会看到解决方案。

学生:关于你说的女人等于公民这一点:在我看来,女人也会毁掉社会,只需要通过她们的性激情。

施特劳斯:是的,但这样一来,她们就非常不完美了。这在她们自己的生活中就呈现为悲惨。我是说,这并不是有趣的事情。但是,最好的女人,好女人,必然是由意见指引的,在这个意义上是公民。最好的男人则不是……是的,我们有另一种可能性——我们永远不会……我得重申一遍:爱弥儿是个常人;在我们的戏剧里,还有第三个人,他是谁?

学　生:卢梭。

施特劳斯:让-雅克。那么,根据这个声明,让-雅克是自然人。换句话说,他作为日内瓦公民的身份是某个把他从内在上与让-雅克中最佳且最高部分分开的东西。这是如何发生的? 顺便说一句,这是我对这个问题的回答:卢梭用来评价爱情和对德性的爱的标准是什么? 这就是生存感觉;对于卢梭来说,生存感觉(雷肯先生的美好愿景)是更高的东西。我是说,卢梭对应理论生活——爱弥儿和苏菲都没有能力过理论生活,但卢梭有能力过。约翰逊先生先来。

约翰逊先生:我从最后两卷获得这样一种感觉,在一开始,当爱弥儿被卢梭[……]人为的东西抚养;但在完成他的作品之后,他突然发现,不仅是现代社会意义上的女人,而是女人最基本的自然倾向几乎完全与自然人相反,当他完成自然人之后。在同一卷中,爱弥儿在很大程度上是为了苏菲完成的。他必须甚至要进一步违背人们可以称为苏菲天性的东西:[409]为了让爱弥儿可能实现,苏菲的有些倾向必须被塑造出来,因为不这样做,他的全部工作都会失败。

施特劳斯:是的,但是这如何与之相悖?

约翰逊先生:好吧,在某种意义上,她是非自然的。

施特劳斯:非自然的,当然了。但这样可以让她成为爱弥儿称职的妻子。

约翰逊先生:不,我的意思是,在某种意义上,他必须如此。我几乎有种感觉,他必须最大强度地扭转习俗来弥补苏菲那部分的缺陷,比如受大众意见指导的倾向。因此必须以这种方式对她回炉再造……她无法不以这种方式被指导,但是或许可以在某种(某种好的)大众意见的范围内构造她。

施特劳斯:是的,这一点很清楚;这就是培养一个得体的女孩的意义。就是这样。这样一来,她就成了一个很好、很合适的女孩,与此同时,这些对爱弥儿来说则没有必要也不可欲求。他应该在一种摆脱一切偏见的完美自由中长大;而女孩子却完全不同。莫里森先生。

莫里森先生:对同一行文本,我有一个问题。有一种——到目前为止,《爱弥儿》的全部讨论有一项基本原则,这就是,人是极度非社会性的。这么说是否正确——从卢梭的角度来讲,女人不是这样?

施特劳斯:不,女人当然和男人一样,天生都是非社会性的。只有人类的女性——这是人们可以讨论这个问题的唯一方式——不同于其他雌性动物,因为她们没有固定的发情期;因此,她就比其他动物的雌性更有性吸引力。那么,这就需要对人类的女性更加严厉地管教,一种非常严格的培养,这样一来,她就可以过颇为幸福的生活。更不用说,在卢梭看来,这并不是一种完美的幸福,因为她的欲望与习俗之间有着持续冲突。因此,他写下了他的小说《茱莉,或新爱洛漪丝》,他在那本书里呈现了一个淑女的这种冲突(好吧,她年轻时并没有这么有德性,但从她结婚起,她就极度有德性),她表现得像是一个你所能想象的最幸福的妻子和母亲;而在她内心最深处,她并不幸福,因为她没能嫁给自己爱的那个男人。顺便说一句,这是对于他现在讨论的内容的一个绝佳阐释。下面是最后一个问题。巴特沃斯先生。

巴特沃斯先生:只有一件事让我困扰:在这一卷里有一个要点,卢梭非常明确地反对了前面建立起来的东西,即女人被意见降伏。这不完全是他的说法,不过基本上是他的说法:这是苏菲的父亲的话,卢梭是这样开始讲的,苏菲的父亲几乎一定会说。这段话的差不多最后一句是:"在一个女人一生中最重要的事情是,你可以嫁给任何你想嫁的人。"接着他说,"如果[410]全世界都为这桩婚事责备我们,又怎么样呢? 我们不考虑大众赞同与否,只考虑你的幸福。"

施特劳斯:对,这可以有许多层面。我的意思是,父亲是真诚地这么说,但他并没有充分意识到这意味着什么。

巴特沃斯先生:我好奇的是这一点,这里当真是父亲在说话吗? 因为卢梭用了"几乎"这个字眼,他说这个父亲几乎会说……

施特劳斯:对,确实。这里在暗示,这段讲话里存在某些没有哪个父亲确实会说的内容,我们必须看看这是什么。

学生:toioutos[这样一种]。

施特劳斯:toioutos,对:"这样的东西",正如希腊文里,色诺芬和柏拉图的说法。是的,完全一样。所以他是知道的,他要么读过,要么重新发明。我们继续。翻到第368页,最后一段,第二部分:"你不能搞混。"看到了吗?

雷肯先生[读文本]:

我们不能把在野蛮的状态下是合适的(suitable)事情——

施特劳斯:不,"在野蛮的状态下是自然的(natural)事情"。

雷肯先生[读文本]:

和在文明状态下是合适的事情混为一谈。

施特劳斯:还是"自然的"。现在你们看,卢梭在这里做出这个必不可少的纠正,因为否则他所说的就完全没有意义了,如果他仅仅谈论自然状态下自然的事情。因此有些东西——尽管在公民状态下有一些本质上习俗性的特征,其中还是包含某些自然的东西。我们继续。

雷肯先生[读文本]:

在前一种情况下,任何一个妇女对任何一个男人都是适合的,因为两者都只是具有原始的和共同的个性——

施特劳斯:换句话说,他们都像野兽。

雷肯先生[读文本]:

在后一种情况下,由于他们的品质(character)得到发展——

施特劳斯:更贴近一些,"每一个人的品质受各种社会制度影响得到发展"。

雷肯先生［读文本］：

　　　　阶层就被消灭了——①

[411] 施特劳斯："阶层"在哪里？"每种精神，或思想，要获得其恰当而确定的形式，不仅通过教育，还要通过天性与教育之间或好或坏的配合"，即自然与习俗的配合，"一个人不再能够……"接下来是什么？

雷肯先生［读文本］：

　　　　男女双方要进行选择的话，便只有让他们互相介绍，让他们自己看一看在各方面是不是彼此相宜，或者，至少让他们作出对彼此都最为合适的选择。

施特劳斯：现在，他在这里做出的品质与精神或思想的这个关键的区分，与之关系密切，因为德性很显然属于品质。所以，社会制度推进了品质的发展。另一方面，思想并不是仅仅从社会制度，仅仅从教育获得其恰当而确定的形式，还要从自然天性获得。思想的区分，思想的差异，这是种自然差异。而品质的区分则较少地属于自然差异——谨慎一些，严格说来，这里并没有提到任何品质的自然差异。因此，思想与思想的差异是自然的。下面，我们翻到第 369 页，第 2 段。

雷肯先生［读文本］：

　　　　困难在于：社会生活一方面发展了人的品质，另一方面也使人分成了等级；由于品质的发展和等级的划分是不一致的，所以等级的划分愈细，不同等级的人便愈容易混淆。正是由于这个原因，才产生了许多不相配的婚姻或败坏秩序的事情；很显然，人们愈不平等，自然的情感就愈容易败坏；等级的差距愈大，婚姻的联系就愈

---

① 我查找后在 Foxley 的译本中未见到这句话。这句话很可能是下一段中的："社会状态一方面发展了人的性格，另一方面也区分了阶层。"

松弛;贫富愈悬殊,父亲和丈夫便愈是没有恩情。

施特劳斯:就到这里。这段话也是主要文本:如何觅求合适的佳偶。但是为了理解合适是什么意思,卢梭必须考虑到所有因素;我们首先看到两种因素:精神与品质。现在他放弃了精神,只讨论品质。接着他讨论了或好或坏的品质与社会阶层的不协调——换句话说,一个贫穷的好女孩,一个富有的坏人。但借助女孩父母的干预,这个富有的坏人会很容易得到这个穷女孩,父母为了她的幸福着想,会想把她嫁出去。你可以很容易列举出所有其他的结合;因为,不仅存在贫富差距,还有贵族与平民,等等。但是,根据我们前面读过的内容,或好或坏的品质与社会阶层的这种不协调是两个东西之间的不协调,这两个东西都不是单纯自然的。为什么? 我的意思是,阶层不是自然的,这一点很清楚,因为贫穷与富贵,高贵与低贱都要依靠法律。很显然,这要依靠法律,因为如果没有财产法,就没有财产,没有贫富。贵族与平民之分也是一种法律的区分。好的品质与坏的品质则决定性地取决于教育,取决于教养,而不是自然。

下面翻到第 370 页,在第 2 段。我们只读这一段的中间部分。他现在要讨论婚姻之辩:谁该和谁结婚;[412]最简单的结果是,如果一个男人比女人更高贵或更富有,这样是可以的,如果反过来就不行。因为,如果反过来,就会发生丈夫依靠妻子的情况,这完全不自然:如果她拥有所有钱财,或者她来自高贵的家族,他就是个被接纳进来的闯入者,就没法儿在婚姻中行使丈夫的权威。这是个简单的常识。但我们现在必须考虑更基本的问题。"当他娶了较低的阶层。"你们看到这句话了吗? "当他娶了较低阶层的女人,他不会降低身份,还抬高了他的配偶。"

雷肯先生[读文本]:

　　当他同一个等级比他低的女人结婚的时候,一方面他既没有降低自己的身份,另一方面又抬高了妻子的身份;反之,如果同等级比他高的女人结婚,他既降低了他的妻子的身份,而自己的身份也一点都没有得到提高。于是,在第一种情况下——

施特劳斯:这当然就是基本常识。你们只需要自己想一想:一个贵族家庭的女孩嫁给一个较低的家庭;她的阶层的其他女孩会怎么说她的下嫁? 她嫁去低阶层;她不再是她们中的一员,她们或许不会再邀请她;这自然是一桩不幸。不过我们现在得去看下一个问题了。从你停止的地方继续读。

雷肯先生[读文本]:

> 同等级比自己低的女人结婚有好处无坏处,同等级比自己高的女人结婚有坏处而无好处。再说,按照自然的秩序来看,妇女也是应当服从男子的。因此,如果他娶一个等级比他低的女人的话,自然的秩序和社会的秩序彼此吻合,万事都很顺利。但是,如果他娶了一个等级比他还高的女人,情况就恰恰相反了;他就必须在后面这两种情况之间选择其一:不损害他的权利就损害他的恩情,不做负义的人就做受轻贱的人。

施特劳斯:我们停在这里。换句话说,关键句是:当他从较低阶层娶妻时,自然秩序与公民秩序一致的,一切都很顺利。在这里,自然秩序当然……自然秩序不再指它先前的意思。自然秩序指的是由这个事实而来的秩序,即这个男子——在婚姻中有一种比女人更高的地位。如果这就是所谓自然的……这里就没有更多的意思。所以,这里只是卢梭用词灵活的一处例证而已。我们翻到第 371 页,第 3 段。我们必须读全段。

雷肯先生[读文本]:

> 人生来极少思考。

[换磁带]

施特劳斯:——"根本不思考"(ne pense guère)。

雷肯先生[读文本]:

几乎不思考。他学着思考,思考是一项他习得的技艺,正如其他所有技艺一样。

施特劳斯:巴特沃斯先生,你看起来……你不确定我是否正确。

巴特沃斯先生:我不明白你说的。

[413]施特劳斯:我知道。不过……"根本不思考。"

巴特沃斯先生:"几乎。"

施特劳斯:"几乎?""根本不"太强烈了?

巴特沃斯先生:卢梭说的是 ne pense guère[根本不思考],不是 ne pense pas[不思考]。

施特劳斯:谢谢。我道歉。但是"极少"并不是恰当的译法。

雷肯先生[读文本]:

正如其他所有的一样,但是是经过了一番困难才学会的。无论就男性或女性来说,我认为实际上只能划分为两类人:思考的和不思考的,这种区别几乎完全归因于一种教育。

施特劳斯:几乎完全。这种区别还有自然根源。是的。

雷肯先生[读文本]:

思考的男人是不应当同不思考的女人结婚的,因为,如果他娶了这样一个女人的话,他就只好一个人单独去用他的思想,从而便缺少那种共同生活中的最大的乐趣。成天为生活劳碌的人,他们心中所想的完全是他们的工作和利益,他们的精神似乎全都贯注在他们的两只胳臂上了。这种无知的状态是无碍于他们的诚实和道德的,反而常常还有助于他们的诚实和道德;我们对于我们的天职往往是想得多,但结果只是说了一番空话而不实行。良知是哲学家中最明智的哲学家,为了要做一个忠厚的人,倒不一定先要把西塞罗的《论责任》这本书研究一番;世界上最有德性的妇女也许是最不明白德性的。

施特劳斯:"最不知道什么是诚实","最少知道"。换句话说,她是最不苏格拉底式的人,她绝不会提出"什么是得体"这种问题;因为,你这么说是正确的,如果她提出这种问题,这就是非常批判性的。是的。

雷肯先生[读文本]:

> 千真万确的是:只有同有教养的人交往才有乐趣;一个做父亲的人即使是很喜欢他的家,但如果在家里的时候只有他自己才了解他自己,如果他心里的事情谁也不明白的话,这确实是大煞风景的。

施特劳斯:我们又看到这个问题了,我们又回来了:思考当然关系到思想或精神,而这取决于……人类的这一最根本的区分——这几乎是柏拉图或亚里士多德式的——就是思考之人与不思考之人的区分。这种区分首先基于自然区分。人类内在的这一区分关乎思考;而从随后的内容看,这一点与道德无关,因为——我们从这个论断的最后一部分看到——道德并不依赖于此。比起西塞罗的《论责任》或任何其他理论书籍,良知是个更好的向导。你们看到这一点了吗? 我是说,我认为我几乎证明了我的解释,[414]除了这一点:良知的地位是什么? 什么是良知的地位。你们跟上这个论证了吗? 没有,你们必须得等一会儿。

学生:不,我没跟上。

施特劳斯:你没跟上? 所以我说我得重复一下。

学生:不过只是在这里,在你说的这个区分很大程度上是自然的,而卢梭说,它很大程度上基于教育。

施特劳斯:可是卢梭这么说意味着什么? 他说——他走得很远,他说这种差异几乎单凭教育——即,它并不是仅仅来自教育,它当然有自然根源。

学生:对,可是这并不等于说这个区分很大程度上是自然的啊。

施特劳斯:可是,不,你必须结合这个论证的背景来看:有这样一段话,我们是从这里开始的,这段话似乎在说,对德性的热情是不自然的。这是我们的起点。然后我们在第236页的最后一段读到了一个区分,即精神与品质的区分,在那里清楚地提到(或者说几乎清楚地提到),精神是自然的,品质则归因于教育或习俗。我们必须记住这一点。现在,他又说,道德与思考无关,因为最简单的人也可以是非常道德的人,而思考的人也可以非常不道德;道德所需的并不是思考,恰当地说来,而是良知。这样一来,问题就成了良知的地位问题:良知是不是自然的? 如果良知是自然的,会得出一种推论;如果良知不是自然的,那么对德性的热情就其实并不是自然的。下面我们来看看我们会找到什么……我想是在下一段里,第371页,第4段。

雷肯先生[读文本]:

> 此外,如果一个女人不习惯思考,她又怎能培养她的孩子呢? 她怎能判断什么事情是适合于她的孩子去做呢? 连她自己都不懂得什么是美德,她又怎能教她的孩子去爱美德呢? 她只会宠爱或吓唬孩子,不把孩子们养成专横的人便会把孩子们养成胆怯的人,不把孩子们养成模仿大人的猴子便会把他们养成鲁莽的顽皮儿童,在她手里是不可能养出聪明可爱的儿童的。

施特劳斯:字面译,"不可能养出好思想或让人喜欢的儿童"。好思想:bons esprits。这里就提供了良知问题的线索。你在这里看到一个有良知的母亲,正如前面定义的。通过有良知的母亲,只有良知的母亲,她只能培养出猴子似的或是其他什么愚蠢的 étourdis poliçons[糊涂警察]。

学生:顽劣儿童。

施特劳斯:对,就是这个。换句话说,单凭良知的教育是非常不充分的。这个论证随后没有超出这一点,不过我认为我们应该考虑一下。下面我们来看看他如何继续进行。[415]在第372页第2段的随后几行,这里有个引人注目的卢梭式夸饰,卢梭以此著称:"如果说极其丑陋的相貌不是那么令人厌恶的话,我倒是宁愿选极其丑陋的女人而不选极其美丽的女人的。"他给出的理由是,因为在短期内,对丈夫来说,这两者会看起来一样,而美丽会变成麻烦事,因为她令这个女人对其他男人也有吸引力,而丑陋就成了优势,因为她不会勾起欲求。所以,这只是由于吸引力问题,克里索斯托修士在他的论文中引述了这点。下面,我们翻到第 373 页,在第 4 段。这段话很长,我看看我们能不能读完。好,我认为我们应该读一下。

雷肯先生[读文本]:

> 人们说生命是很短促的,我认为是他们自己使生命那样短促的,由于他们不善于利用生命,所以他们反过来抱怨说时间过得太快;可是我认为,就他们那种生活来说,时间倒是过得太慢了。由于他们时时刻刻都在想望一个目标,所以他们常常是那样伤心地看到他们和目标之间隔着一段距离,这个人希望明天怎样生活,那个人希望下个月怎样生活,另一个人希望十年后怎样生活,其中就没有哪一个人在那里考虑今天怎样生活,没有哪一个人满足于当前这一小时的情景,所以大家都觉得这一小时实在过得太慢了。

施特劳斯:我想我们可以停在这里。他以一种非常感性的方式展开这个问题。不过,这本身并不是这个普遍智慧,这是卢梭给这个非常重要的普遍智慧的特殊表述。"无人希望生活在今日。"生活在今日意味着充分地服从于当下,忘记未来,忘记过去。这是卢梭在这里提到的生存感觉。这是他的最终标准:完满时刻。我们稍后会看到他对这种效应的其他说法。我们来看第 374 页,最底下,这段话的开头。

雷肯先生[读文本]:

> 要徒步旅行,就必须仿照泰勒斯、柏拉图和毕达哥拉斯那样去旅行。我很难想象一个哲学家会采取另外一种旅行的方式,不去研究摆在他脚下和眼前的琳琅满目的东西。

施特劳斯:我们停在这里。唯一的旅行方式就是像哲人一样去旅行。这在这本书里有什么暗示意味? 我是说,爱弥儿也会那样旅行,但这并不是最重要的意味。卢梭在这里不带贬义地提到哲人们,他通常提到哲人会带贬义。我认为这意味着卢梭本人把自己当作一个哲人,而这就是——我认为,他的暗示与刚才提到的生存感觉具有某种联系。

学生:不通俗易懂的东西,无法读懂。

施特劳斯:是的,这确实有关。

学生:不是应该通过爱弥儿来提出吗?

[416]施特劳斯:不,不;爱弥儿是非哲人所能达到的最接近哲人的程度,我们知道这一点。我认为这绝非偶然——尽管我还没有重读……在原始版本中,卷五有两个次级部分:"苏菲,或女人"和"旅行"。因此,这有联系。

学生:不好意思,这个次级部分在哪里?

施特劳斯:哪个?

学生:在这卷书,原始版本。

施特劳斯:好吧,我现在拿的是一个普通的版本。我们还没触及到这一点。在这个译本中标识出来了吗?

学生:是的。

施特劳斯:非常好。

学生:[……]

施特劳斯:好的,我们确实到了……是的,这里有个清楚的标题:Les Voyages[旅行]。所以现在……

学生:很抱歉,我能再最后[……],我对一些问题很感兴趣;我想了好一会儿了。在第374页,卢梭说,"我们在路上不是像驿夫那样追赶路程,而是像探索者似的沿途观赏。我们心中不只想到一个起点和终点,而且还想到起点和终点之间相隔的距离。"这让我强烈地想起第二卷开头那段话,他在那里讨论靠触觉前进,感觉你的前路,而不要……

施特劳斯:是的,经验科学的精神。这贯穿始终。你们看,当爱弥儿学物理学基本原理的时候,没有任何东西是和他相关的,没有任何东西是他可以清楚直接地理解的。这是贯穿始终的同一种精神。

学生：是的，这与哲学有更紧的联系，哲学人。

施特劳斯：哦，是的。尼科果斯基先生。

尼科果斯基：小问题：不能去期待旅行的哲人们抬头看天空吗？而是要他们去看脚下。

[417]施特劳斯：对，当然。不过，我相信在某种程度上，暗示着这一点。你们还记得吗，爱弥儿很早就学会通过天体辨认方位。下面来看第378页，最后一段。

雷肯先生[读文本]：

> 我在这里所描写的他们天真无邪的爱情产生的经过，当然是太简单和太朴素了，但如果因此就把我所描写的这些情节看作是茶余酒后说来开心的笑话，那就完全错误了。大家对一个男人和一个女人初次见面时候的情形给予他们两个人一生的影响，是认识不足的。大家不知道，双方初次见面的印象，同爱情的印象以及一种替代爱情的喜爱，是同样深刻的。

施特劳斯：这是个非常重要的界定。"情窦初开"，我想人们是这样称呼它的——人们是不是用"情窦初开"来形容很青涩的年纪的初恋，这种并不算真正的爱情？因此，他说"一种替代爱情的好感"。不过，无论如何，这是一种强烈的印象。

雷肯先生[读文本]：

> 它将产生深远的影响，而且这种影响将随着年龄的增长而一直持续到人死了以后，它的作用才能停止。有些人在论述教育的著作中，板着一副学究面孔啰啰嗦嗦、空话连篇地大谈那些莫名其妙的所谓孩子们的本分，可是对教育工作中最重要和最困难的那一部分——从童年到成年这一阶段中的紧要关头却只字不提。我之所以能够使我的这一部教育论文有几分用处，其原因特别是在于我决心对其他著述家所略而未提的这一重要的部分作很详细的

阐述——

施特劳斯:"其他所有著述家"。这里是一处作者本人论述本书含义的地方,在完整的阅读中,这应该在开头,对吗? 作者宣称在这本书中完成了什么? 他到现在还没完成什么? 你们在每篇博士论文都可以看到这种谦逊的说法,你们看——当博士候选人打算说自己在论文中完成了什么时,他完成的是前人未做到的——所以你们全都知道这是什么,只是一个……不过原则上是同一个问题。

雷肯先生[读文本]:

> 我在这部著作中不害怕人家的挑剔和文字表达上的困难。

施特劳斯:这是我们需要的全部内容。我想我应该介绍一下。这当然表明卷四和卷五的重要性,因为他并没有宣称他是第一个写幼儿期的人。第381页的倒数第2段。

雷肯先生[读文本]:

> 我的事业即将完成,我早就看出完成的时间即将到来了。所有一切巨大的困难都克服了,所有一切巨大的障碍都越过了,现在要注意的是不要因急于求成而前功尽弃。在变化无常的人生中,我们要特别避免那种为了将来要牺牲现在的过于谨慎的畏首畏尾的做法;这种做法往往是为了将来根本就得不到的东西而牺牲现在能够得到的东西。

施特劳斯:你们记得吧,这就是这本书最开始说的,他现在又回到这里了。下一页,第3段。

[418] 雷肯先生[读文本]:

> 爱弥儿没有忘记我们要去送还主人的东西。当我们把这些东西准备好了以后,我们就骑着马赶快跑,因为这一次他巴不得一出

发就立刻到达那里。当一个人的心有了激情的时候,就开始觉得时间过得缓慢。

施特劳斯:不,实际上是"觉得无聊"——好吧,"觉得生活乏味",可以译成这样。

雷肯先生[读文本]:

　　不过,只要我的时间没有白白地浪费,他就不会在百般无聊的状态中度过。

施特劳斯:这是卢梭分析的一个非常重要的部分。在这个意义上,激情与无聊共存;我们有能力拥有激情的时候,我们无聊;当我们激情不再时,我们无聊。如果我们能够到达一个超越激情的阶段,我们就不会再觉得无聊。这再次是个生存感觉问题,这就是关联。在第386页的第2段。

雷肯先生[读文本]:

　　"嗯,什么!"我一边制止他,一边笑他这样性急,我说道:"你这个幼稚的头脑还没有长大成熟吗?毕生涉猎哲学——

施特劳斯:这样译不好,"在把你的人生哲学化之后",诸如此类。爱弥儿以他的方式,把他整个人生哲学化;这是爱弥儿教育的表达式。对。好吧,我们不需要读余下的内容,我们必须有选择地读。第389页的第2段。

雷肯先生[读文本]:

　　妇女们并不是一点儿思想技艺都不懂,但是她们应该只能对逻辑学和形而上学浮光掠影地了解。

施特劳斯:不。卢梭怎么表达的?"女人只能 éffleurer"——英文是什么? 好吧,"略微接触推理知识",除非不同版本有区别。没有吗?

学生:我没发现。

施特劳斯:好的,继续。

雷肯先生[读文本]:

> 苏菲理解力强,但她很快就忘记。她在道德科学和美学上进步最快。

施特劳斯:"在道德和在审美的东西上",如果我没记错,那个时候"美学"这个词还不存在。

雷肯先生[读文本]:

> 至于物理科学,她只有关于一般规律和世界秩序的模糊观念。

施特劳斯:"世界体系"。好吧,她几乎改动了一切。

学生:卢梭所谓的"物理科学"(physic science)指什么?

[419]施特劳斯:物理学。他说的是物理学。不,我是说她是从芝加哥大学的公告上学的词汇,我相信是这样。是的。

雷肯先生[读文本]:

> 有几次,当他们在散步中看到了大自然的奇景,他们也敢于运用他们白璧无瑕的心去思考自然的神——

施特劳斯:字面地译是"自然的作者",不过,这当然不影响理解……

雷肯先生[读文本]:

> 他们在造物主面前一点也不害怕,他们要共同向他倾吐他们的心。

施特劳斯:是的。[我们研究这一点]只是因为这里是另一处提到两性知性差异的地方。你们看,这里礼貌地承认了女人优秀的地方。我们翻到第392页,第4段。

雷肯先生[读文本]:

> 我在前面已经论证过,在一切以个人的偏见为转移的事物中,人们的心是怎样产生妒嫉情绪的。但在爱情上,那又是另外一回事情了;表面上看来,妒忌是如此的近似天性,所以大家都很难相信它不是从天性中产生的;有几种动物的妒忌心之大,简直可以使它们发疯,然而,以它们为例,也可以无可争辩地证明我所持的相反看法。公鸡打得头破血流,雄牛斗得你死我活,是人教它们的吗?

施特劳斯:这又是个大问题,我们在《第二论》中已经遇到过这个问题,正如他紧接着就会表明:妒忌是自然的吗?当然,妒忌是人类激情的一个例子,激情在多大程度上是自然的?下一段。

雷肯先生[读文本]:

> 我们对所有一切扰乱和妨碍我们的快乐的事物,都是怀有反感的,这种反感是一种自然的冲动,这一点是无可争辩的。要独一无二地占有我们喜欢的东西,这种愿望在一定程度上也是属于这种类型。但是,当这种欲望成为一种激情,当它转变为疯狂,或是变成了痛苦和忧郁的梦想,即所谓的妒忌,那又是另外一回事情了;这种妒忌的心理,也可能是自然的,也可能是不自然的,所以我们应当把它们加以区分。

施特劳斯:我们先来看一下。所以,比方说,如果一个人的食物被拿走了,他就应当生气,这是自然的;即便他在那一刻并不饥饿——他只是为第二天准备的——这也同样自然。我们可以扩展一下。所以,当人受挫的时候,他们自然会生气;但是,这种生气是一回事,而妒

忌——尤其它的最极端形式——是另一回事。现在,卢梭觉得自己无
法回答这个问题,如果不去回答这个相关的问题:被某一个女人吸引是
自然的吗? 更确切地说:一夫一妻制是自然的吗? 让我们来读一下第
393 页,第 3 段。

雷肯先生[读文本]:

> 如果我们按照原始的朴实情况来看一看人类,我们就很容易
> 看出,由于男性的性能力有限,由于他的欲望适度,所以他是自然
> 而然地[420]只要有一个女人就会感到满足的;这一点,至少在我
> 们这个国家里可以用男女两性人数相等这个事实来证明——

施特劳斯:是的。我认为这并不难理解。

雷肯先生[读文本]:

> 在有些人种中,男子的性能力特别大,一个男子拥有几个女
> 人,所以,在这种人种中男女两性的人数是大不相等的。尽管男人
> 不会像鸽子那样去哺育小孩子,他们也没有乳汁去喂他们,但他在
> 这方面是可以归入四足动物这个范畴的;由于小孩子在很长一个
> 时期都是那样柔弱,所以他们和他们的母亲没有父亲的疼爱就不
> 行,他们是不能不需要他的关心的。

施特劳斯:那么,这等于在说什么? 一夫一妻制是否自然? 大体来
说,他在这里说,是的。他做了个很重要的限定:"至少在我们的环境
下。"如果男女数量差别太大,情况就会不一样;他指明了这一点。下
面我们来看第 394 页,第 2 段。

雷肯先生[读文本]:

> 至于真正的爱情,那又是另外一回事情了。我在前面提到的
> 那本书中已经指出过——

施特劳斯:哪本书?

学生:《论人类不平等的起源和基础》。

施特劳斯:我们读过这本书了。是的。

雷肯先生[读文本]:

> 这种感情并不是像人们所想象的那样自然的,温柔的情意和火热的情欲是大有区别的:前者使一个男人钟爱他的伴侣,而后者则使一个男人被一个女人的虚假的姿色所迷惑,从而把她看得比她本来的样子还美。爱情是排他的,是希图对方偏爱自己的。它同虚荣的区别在于:虚荣是只向对方提出种种要求,而自己却什么也不给予对方,是极不公平的;反之,爱情是向对方提出了多少要求,而自己也给予对方多少东西,它本身是一种充满了公平之心的情感。

施特劳斯:等等。然后他进一步表明,幻想的因素进来了。所以,这么说来,爱情是自然的吗? 我的意思是,一夫一妻制在某种意义上看似自然,在特定条件下。爱是自然的吗? 我们通常所理解的爱,激情之爱,并不自然。在这一节里,卢梭提到《第二论》,问题的提出部分是因为他已经在《爱弥儿》中讨论过的东西。这非常奇怪:他并不是很喜欢经常提到自己早先作品的人。不,我认为对《爱弥儿》的阅读会揭示出一种对爱情和一夫一妻制的更激进的批评。卢梭在《第二论》的一条长注释中,尤其批评了洛克的《政府论下篇》,批评了洛克关于婚姻社会的讨论,他在那里走得很远。洛克当然教导一种人类的自然的一夫一妻制,但他没有超出这个说法:由于人类的幼儿期长,父母亲的关系就比其他动物更稳固持久。他当然没有说,[421]这是绝对稳固、绝对持久的,但却要更加稳固。卢梭专门批判这一点,而且否认了婚姻的自然性。我相信这就是此处暗指的原因。

学生:现在这个说法,你是否把这个最近的说法视为最确定的说法?

施特劳斯:还不算。因为重新提到前面的说法,似乎是要说,在这一点上,他仍然赞同。他仍然赞同,否则他就不会引述。我认为没人……我是说,有些人会认为很有必要在每一个点上指出来,如果他们改变想法的话:在我之前的作品中,我这么说,而这是错的,你可以把这当成是一种自我表露,卢梭明显就有这种感觉。所以,卢梭在很多地方改变了早先的观点,我单纯认为以读者的才智,他们会不相信早先的论证,比起后来的论证,越是基本论证越有权威性。但是,恰恰出于这个理由,当卢梭在这里重提《第二论》,这意味着,在这一点上,我还是赞同它。换句话说,他不再赞同《第二论》中关于同情的简单论证,但是他在根本上仍然赞同《第二论》关于妒忌、爱、一夫一妻制的说法。我要……这是我对此的解释。

学生:但是,我提出这个问题的原因在于,我有这样的印象,在《第二论》中,关于一夫一妻制的问题上,卢梭与他在这里给出的立场不一样。

施特劳斯:是的,但是,如果他在这里引用了它,如果他在这个文本中引述了《第二论》,我会说,他仍旧把《第二论》中那个更为详尽的证明视为基本上正确的看法——尤其是那条注释中对洛克的批评。下面翻到许多页之后,第 395 页,最底下。

雷肯先生[读文本]:

你认为你已经使儿童和青年养成了许多习惯,然而其中有一大部分都不是真正的习惯,因为他们是你强迫着那样做的。一个人不论在监狱里住了多么久,他都不会养成爱坐监狱的兴趣;在监狱里住久了,不仅不能减少他对监狱的憎恨,而且会使他更加厌恶监狱的。爱弥儿绝不会抛弃他童年时期养成的习惯,因为,他在童年时期是只做他愿意而且喜欢做的事情的,等到长大成人的时候,他也是这个样子,所以,习惯的势力是必然会使他更加领略到自由的乐趣的。活跃的生活、体力劳动和体育运动,对他来说是这样不可缺少的东西,以至于如果不许可他做这些活动的话,他是一定会感到很难过的。如果一下子就要他去过那种安安闲闲、坐着不动的生活,那等于是把他投入了监狱,把他用链子束缚起来,使他处在一种拘束不安的境地。我毫不怀疑,他的精神和身体都将因此而受到损害。在一间关得严严实实的屋子里,他觉得呼吸都很困难,他需要大量的空气,需要运动和使身体感到疲劳。甚至当他坐在苏菲的身边的时候,他也禁不住时而斜着眼睛去瞧瞧田间的景色,并且希望同她一起到田间去跑一跑。然而,在他必须好好地待在家里的时候,他也能够待下去,但使他心里感到激动不安的,他好像在同他自己斗争;他之所以待在家里,是因为他受到了束缚。

施特劳斯:"他在枷锁中",字面意思是"在镣铐中"。
[422] 雷肯先生[读文本]:

你也许会说,这是我使他感到有这种需要的,是我把他置于这种枷锁的。你说得不错,我使他受到了成人时期的枷锁。

施特劳斯:这是个很有意思的论断,自由的复杂本质。所以,他……不用说,爱弥儿想要,想和苏菲待在一起,尽管作者在这里并没有明说,因为……你们所有人都很懂这种心情,至少从文学作品可以看到,可以理解这种心情。所以,换句话说,自愿在枷锁中与不自愿地在枷锁中有个区别。下面我们把这用在……换句话说,即便比起自然状态,人们的确更喜欢公民社会,这与这个事实并不矛盾,即公民社会是一种枷锁状态。但是,关于爱弥儿的幼年期他说了什么? 爱弥儿在幼年期做一切事情都是自愿而又愉悦的。确实如此,不过,在我们过去听说的爱弥儿的教育中,难道没有其他一些东西吗? 最一般性的提法……
学生:强迫与欺骗。
施特劳斯:对。爱弥儿被这样抚养,由强迫与欺骗指引,他在某种程度上没有意识到这一点——他完全没有意识到欺骗,没有完全意识到强迫。所以这是伴随在一起的。自由是个复杂的东西。我认为这一点非常重要。

学生:卢梭说过,他让爱弥儿适应人们当中的每种处境,但是,有一个东西是爱弥儿无法成为的,他的枷锁让他不可能成为一个……好吧,一个知识分子,更不必说成为一个哲人。

施特劳斯:不,知识分子,从卢梭的角度看,知识分子可不是他想要的,我得这么说。但是,哲人……对,对他来说不可能,这是——但是我认为你可以说,卢梭在这里想暗示的是,人总是在枷锁中。总是。我是指,只有……要么是乐于承受的,要么是不乐于承受的枷锁,但它们始终是枷锁。唯一的自由是这里这个[施特劳斯在黑板上写字],生存的感觉,在这里未来或过去都不能作为一种设计,人充分地满足于当下。

学生:这不是很有趣吗? 尽管第五次遐思中生存感觉的最终发展同样包括这种想法,他在那里说,哪怕在塔楼,哪怕在巴士底狱,我也是幸福的。

施特劳斯:对,因为这种是真正的自由。

学生:[……]那么,是这种观念吗? 奴役就是欠缺,因为我愿意接受身处这里。

施特劳斯:因为在……我是说,在这里,卢梭以某种方式回到了廊下派在这一点上的教诲,即,如果你是个贤人,那么你身为奴隶还是自由人,是没有差别的。只是,卢梭的智慧更多地借助了生存感觉而不是洞见。此外,[423]也有这个洞见。我们得多读两页,我认为。在第399页的第2段。

雷肯先生[读文本]:

> 他有时候走到那个幸福的人家的近旁,希望在一个隐蔽的地方看见苏菲,看见她散步而自己又不被她看出来。不过,爱弥儿的一举一动始终是很坦然的,他不会也不愿意有越轨的行为。他的天性是那种令人愉快的类型,骄傲的基础是一种好的良知。

施特劳斯:好吧,这不是……我们一定不能说太多:"他这种可爱的天性能够激励他的amour-propre,对他自己做公正的见证。"你们看,我们在这里看到amour-propre明确地再次被当作一种德性,或是被当作德性的根源。我还想提醒你们注意一段话,在第 404 页,第 4 段。

雷肯先生:那是下节课的。

施特劳斯:什么? 好吧,我们别这么严格。我是指,让我们别理会习俗的锁链。或许……因为下次课我们还有很多其他内容要讨论。你愿意读一下属于下次课内容的东西吗?

雷肯先生:哦,当然了。

施特劳斯:我以为你恐怕把习俗当作一种自然角色接受了呢。

雷肯先生[读文本]:

> 我说到这里就停止了,就不再多说了。这时候,谁都没有说话;爱弥儿走到他的情人的身边,提高嗓门,以我料想不到的一种坚定的语气说道:"苏菲,你是我命运的主宰,这一点你是很清楚的。你可以使我伤心而死,但是你不可能使我忘掉人道的权利(the rights of humanity);我认为,这种权利比你的权利是更加神圣的;我绝不能够因为你就把这种权利完全抛弃了。

施特劳斯:而这当然就完全解决了这个问题。我是指,在他的帮助下,这完全确定了他的命运,有一些事情是他无论如何也不会对苏菲让步的。现在,我们仅讨论一下这个词,"人道的权利",这就是人的权利,但是,它在这里有种稍微不同的含义:那些权利,在这个意义——即也是他人的权利——的人道的权利,即主张他人同样基于人性也有这个权利。但是,我认为,这个表述仍然非比寻常。我要说(这个说法未经核实),这个术语出现在 18 世纪,正如人权这个词也出现在那时。换句话说,借助权利(他人也有自己的权利)来理解义务的这个趋势:一切义务都是社会义务。否则,这就说不通了。当人们后来说,存在……一切义务都是相互的——只要有权利就有义务,反之亦然——当然只有当一切义务都是社会义务的时候,这种说法才是真实的。比方说,如果某个人有感谢的义务,并不必然得出被[424]亏欠感激的那个人有权利去从别人那里要求。但是,在狭义的正义义务上,这当然是真实的。塞尔茨先生?

塞尔茨先生：这很有意思，爱弥儿……苏菲最初被爱弥儿吸引是在爱弥儿因为苏菲的家庭困境而流泪的时候，换句话说，是表现出同情的时候。在这里，他再次对那些人表达同情……摔断腿的人……

施特劳斯：可怜人，对。

塞尔茨先生：——他在田野里遇见……又是同情。正是这个东西决定了她，她最终想要他……

施特劳斯：哦，不，毫无疑问，同情是贯穿卢梭始终的东西。

塞尔茨先生：正是这个东西让苏菲说，拉着我的手吧，它是你的了。

施特劳斯：是的。不，同情被当作一种几乎毫无瑕疵的善良的标志，善良在这里被理解为一颗多愁善感的心。你这么说不会出错，这是典型的18世纪的东西，尤其是18世纪下半叶。好人就是一个有同情心的人，反之亦然。这是那个时代非常强劲的趋势，好吧，伯克曾经在《法国大革命反思》中恰切地表达了这一点，如果我记得没错，或者是后来关于法国大革命的一本书——他在那里区分了两种德性：较温和的情感与德性，以及较严苛的德性。较严苛的德性被较温和的德性冲击。人道这个名称，在托马斯的《神学大全》中（我不知道这个问题能否上溯至更古老的源头），人道被定义为一种德性，这种德性处于人与不如他的人之间的关系中。我是说，比方说，人道不用来规定人与比他优越或和他平等的人之间的关系。好吧，不是在每个方面的强弱。比方说，有个故事……不，这个故事不太一样。不过，人道……我的意思是，比如说，一个人远比你强，但是他也许生病了，在这方面比不上你。那么，在最极端的情形下，对落败者的情感——这种德性，这种德性规定的是人和落败者的关系，这成了一种压倒性的情感。因此所有这种改造，监狱改造，还有那个时代他们发起的各种事情，所有这些都是从那个时代开始的。但是，这一点也是真的，西方思想中的同一派保留了这种衰退的较严苛德性。在孟德斯鸠的《论法的精神》中，有一段话在论商业文明的其中一卷书里，我记不清是哪一卷，他在那里这样说商业：柏拉图和亚里士多德的古老主题，即商业败坏风俗，与风俗不同的外族交流，还有其他所有类似主题。孟德斯鸠接受这一点，接受商业有损于纯朴风俗的说法，他坚持这一点；但是，他另一方面又说商业——

这个造成风俗不纯洁的东西［425］——造就好风俗。我认为，这非常完美地表达了发生的变化，与伯克对于发生的变化的诊断一致。卢梭在这里扮演了某种程度上……他当然预言了同情与人道，与此同时，他不断提到普鲁塔克笔下的英雄形象，斯巴达—罗马等要素。很难……这是卢梭思想中最令人困惑的东西之一：他到底站在哪一边？因为，我们在罗马和斯巴达那里当然看不到这种东西，可是他却……这两种东西都出现在他这里。维斯。

维斯拉比：我想知道这与良知的关系，人的权利是否，或者说，义务概念是否来自于人的权利，它是否并不需要修正，并不需要引入良知的优先性中。我思考过作为最先产生自良知中的义务，我认为它关系到他人，但是，在某种程度上，换句话说，来自于内在，而不是……首先来自内在，不是首先来自他人的权利。

施特劳斯：我认为这两个问题并没有直接关系。我认为……没有，就是这样。我是说，存在一种从义务到权利的转变——我认为这一点很容易讲清楚。这是一回事，另一回事当然就是……良知被频繁地提及，也就是说，卢梭比过去的时代更多地谈到良知。为什么？并不是说，良知过去不为人所知或不被提到，而是说，如果你看一下托马斯主义的学说：在托马斯主义学说里，托马斯区分了道德原则的初步意识（他称之为 synderesis，这个词不再使用）与良知。我们可以大体上说，不过，维斯，你可以纠正我，我们可以说良知是 synderesis［意识］在特定情况下会怎么说的实际应用：我现在做对了吗？支持或反对，无论何种情况。现在，有意思的是，synderesis［意识］与良知的整体结构被打破了。明白吗？我是指，良知还在，但没有 synderesis［意识］了，你可以说，因此这就需要一种新良知论。实践意义是，正如卢梭在此处的用法，良知意味着所有人，只要努力了，就不会屈服激情，人人都可以成为是非判断的好仲裁者。我相信，这是重要的事情，按照古老的观点看，孩子与成年人、上智与下愚之间肯定有重大区分。当 18 世纪的人们讨论良知时，这个区分被排除了。我认为，这一点非常重要。

所以，我确信，这两个东西之间有个关联，但它们并不一致。我记得的最特别的例子是这个事例。康德在《道德的形而上学基础》中讨论的一个例子:一位父亲替一个远游者保管一笔存款,这个人可能去了其他大洲,待他远行归来,这笔存款要归还给他。与此同时,这个家庭陷入巨大的不幸(好,这位母亲生病了,我认为这是关键),有医生可以救治她。但是,他们没有钱,这位父亲试着挪用这笔存款。康德就说了(我凭记忆来讲,不是很准确,但大体可以说明此处的问题),康德说,即便 10 岁的稚子也非常懂得在任何情况下都不能做这种事。换句话说,这个情况下——即,我是指,[426]即便对成年人来说都很艰难的情况,随便一个 10 岁的小女孩都可以决断。好吧,康德在后来更成熟的作品中再没有提到过这个例子,但是它很典型:良知无需诉诸经验。如果你看一下卢梭式的论断,在每种……好吧,当然除了摇篮里的婴儿,不过也快了;良知是绝对可靠的向导,与理性有别。你们已经看到,卢梭通常把良知当成与理性相对的东西使用,这意味着在这个过程中不需要推理过程和审时度势。我认为这是关键。请允许我提醒你们回忆我上次课画的示意图,我认为,这与良知的几何化有关……自然正当的几何化。首先,几何化意味着从原则得出的结论与原则本身一样是普适的。因此你可以更加几何地看待自然法。这是第一步。第二步则是,以某种方式对第一步的背叛:你并不是必须成为一种伦理几何学家。你不是必须成为自然法的研习者,正如洛克给它的称呼。人人都知道,由于我们内在地拥有某种可以给我们正确指引的东西,困难仅仅在于我们是否听从它。我们追随自己的激情,对它们一刻都不加反思。瞬间想起自己的义务也足够给我们一种完美的清晰——不是在类似这种简单的情况,我是否该偷钱买药以及其他相对简单的情况,而是在一种更加复杂的情况下,即或许真的可以辩解,这个父亲做了朋友如果在场也会做的事情,为了救这位妻子拿出一些钱来。10 岁的稚子当然完全没能力判断这种事情,因为她自然会说,她妈妈的生命对于全家来说胜过一切。只需要想想一个妈妈去世意味着什么。稍作思考就能展现康德在这里的观点有多么不可能。

学生:在卢梭的观点看来,良知是否并不仅仅判断,同时还迫使人去做某个特定的行动?

施特劳斯:对,当然。

学生:好吧,那么义务——

施特劳斯:不,有两种不同的考虑。这个考虑大致是这样的,尤其要考虑卢梭理解的义务与同情(简单自然的同情感)之间的关系。如果你记着,并不必然得出你的贪婪,所以你从他人那里拿走了一件你拥有一种法律权利的东西,对于你导致的痛苦不会有感觉——纯粹的同情会起作用,与这种自我主张冲突。更不必说……但是我并不相信,从卢梭自己的角度看,他在全书中使用的关于良知的学说属于他的学说的中心,良知还不够好,它必须被普遍化,正如他提出的那样。记得吗?这当然不再是……即,你看到一些穷人被戴上脚镣送进监狱,你同情他,如果你可以,你会除去他的脚镣释放他,而不去考虑他是个谋杀犯,或者也许还将犯下更多的谋杀;[427]这就是……普遍化的同情当然会说你有同情心——我是说,观察到同情更会冲着无辜者去,而非罪犯之流。但是仅仅有同情是不够的。

学生:这么说是否正确? 同情被普遍化是由于你考虑他人的权利,在那种意义上,它是……

施特劳斯:对,但这是个过程。我是说,这与作为单纯灵魂的高尚知识的良知并不一致,即,这种知识认为人人都可以做好的裁判官。这种普遍化并不是一种让人人都可以做到的事情。

学生:你是否从普遍化同情得出你的人之权利观念?

施特劳斯:不,不。不是这样。人之权利来自于这个根本权利,经过一种普遍化过程的自我保全的权利。换句话说,根本上是霍布斯的推论。那么,我们周三见不到了……

[本节结束]

第十六讲 《爱弥儿》卷五:政治社会

[428]施特劳斯:好吧,博扬先生希望下次再宣读论文。但是有个问题:我怎么能确定你没有受今天讨论的影响呢? 所以,你可以下次再宣读,不过得由我保存你的论文。你提醒我下次轮到你读。

那么,首先,巴特沃斯先生,你当然提出了一个非常有意思的问题,这个问题现在拿来讨论并不可行,不过或许随着我们的展开,可以拿出来讨论它们,你看,这样的话我们就不必大费周章去翻找相关的段落。所以,我会延后讨论德性与善的问题,以及《社会契约论》概要与《社会契约论》本身的关系问题,这两个都是非常重要的问题。

现在,我只想就后一个问题谈一点:在一篇概要中,当然人人都会省略许多在完整的论证中出现的那些内容;所以,它只是……它会给人一个容易导致误解的第一印象。换句话说,如果我们任何人想给《社会契约论》拟写概要,也就是,用 10 页纸说清楚 100 页的内容,我们的考虑会与卢梭不同;就会出现问题。第二点:在这些被省略掉的问题当中,有一些问题是非常重要的,但是你还是可以[……]提出这个问题,《爱弥儿》没有处理这些主题吗?

巴特沃斯先生:只提一点。我看到这里存在一个不相容,首先,给出一篇梗概与忠于文本之间有个差异;即便你无法在原始文本中提出所有要点,你无法提出任何原始文本中未曾出现的东西,我相信我无法找到——

施特劳斯:对,但是问题就是:是否有必要在一篇概要中提出这些问题。因为,在一个完整的论述中,在某种意义上,要基于更早的推进来理解它们。我们稍后处理这个问题,抽象地讨论没有用。我很感激你强调了这个问题。

关于德性的一个非常小的要点是:我认为拉丁语词 virture[德性]来自于 vir[人]。

巴特沃斯先生:我说了的。

施特劳斯:对,但是你说的是某个 vis 的东西,是否有关联……

巴特沃斯先生:我想我没被理解,我想说的是 vir。

施特劳斯:很好。那么,我不是很能理解你对比爱弥儿与卢梭之后得出的结论。我是说,你始于一个明显的事实,二人非常不同;[429]接下来你就开始了关于德性与善的整体讨论,还有《社会契约论》与概述之间的关系问题,那么……它们是一致的,还是说不一致?

巴特沃斯先生:在最后,我提到,由于最后一次对话的偏离,爱弥儿被降低到一个不同的地位……

施特劳斯:对,他总是这样。

巴特沃斯先生:除了给他的那些德性,在第一次讨论中给他的那些幸福,与卢梭的……

施特劳斯:我明白。换句话说,结局是爱弥儿最大可能地接近卢梭;比过去达到的程度都更接近。

巴特沃斯先生:不,这不是我想说的。关于德性与幸福的第一次讨论或许是爱弥儿与卢梭几乎达成一致的一次,有一些点[……];但是,最终,在他们[……]政府之后,卢梭现在把它降低到一种完全不同的幸福形式与位置形式。

施特劳斯:我知道。我没法跟得上这一大堆论证。还有一点:你说,就卢梭提出在怀疑问题上不积极这一点而言,他与笛卡尔不同。在笛卡尔那里为什么有这个区别?

巴特沃斯先生:笛卡尔特地在《方法谈》说过,我认为在《沉思录》也有,为了不滞留在一种犹疑状态,我要给自己一些行动规则,当我在怀疑的时候。

施特劳斯:对,但他给出这条规则的最特殊之处在于,当你身处丛林深处。他说,你当然不可能一直是待在那里等,唯一安全的办法是不到处乱闯,任选一个方向一直走,因为你迟早可以确定你能走出森林——这是个极为常识性的建议,卢梭当然也会接受。我认为关键是一样的,因为在第四次遐思中论谬误的段落里,这才是规则:当我们不知道的时候,当我们没有清晰判断的时候,悬搁判断。如果你在没有清晰判断的时候上升,那么你就跟随了意志的危险倾向,这是无穷尽的,上升至超出清晰直接的知识的范围外。我看不出这里的区别。

[430]最后一点,你开始时说的内容非常有帮助:你强调了我们今天的作业的叙述性特征。但是,唯一需要纠正的是,这完全适用于第五卷。我认为,第五卷是最具叙述性的一卷,而且非常自然,因为它是一件情事,可以称得上情事。因此,它是一种小说,小说自然是叙述体的。我还认为,前四卷有着叙述性的外表,但是严格说来并不是叙述性的。更不用说,卢梭写过一本小说处理爱情主题:《茱莉,或新爱洛漪丝》。我认为,为了充分理解第五卷,你应该阅读这本小说,这本小说讨论了公民社会的爱情问题,而且与《爱弥儿》的还有些不同。我是说,那桩情事没有发生在如此绝佳的条件下——卢梭这位绝佳的导师和非凡的父母筹谋出这桩情事。

巴特沃斯先生:我能就关于作为卢梭对立面的笛卡尔的那个错误观念说几句吗? 我并不认为,只是在我看来,卢梭在《爱弥儿》中说到的这个观念本身,就完全不同于、几乎相悖于他在《孤独漫步者的梦》中的说法,即,让我们静静地站在那里,直到获得该往哪里走的意向。因为自然会把我们放在正确的道路上。

施特劳斯:是的,但我不认为如此,比方说,如果房子着火了,他们身处房子中央,卢梭会说,如果我们不知道哪扇窗户最适合逃生,让我们先来检查一下所有窗户。

巴特沃斯先生:不,但是这其实不是公平的——

施特劳斯:这是公平的对比,因为笛卡尔考虑的是情势紧迫必须下决断时的决断。这是《谈谈方法》的问题:他什么都不知道,一无所知;普遍怀疑。他唯一知道的就是,他必须到达确定性。他知道这一点。但是,与此同时,他必须活着,他不知道诸如怎么才能正义或不正义这类事情。不知道。但是,他知道,他为了寻找确定性就必须活着,于是,出于这个目的,他就发展出一种暂时的道德,其前提是他的无知;在这种关系中,他给出了这个原则。他还给出了关于国家习俗的一个规则,这是它的一个部分。我真的认为你在提出了此处《爱弥儿》的这个说法的重要性。下面让我们开始今天的阅读,如果可以的话。首先,翻到第406页,第2段。

雷肯先生[读文本]:

我们应当生活得很幸福,亲爱的爱弥儿,这是一切有感觉的人的最终目的,这是大自然使我们怀抱的第一个欲望,而且也是我们永远也不会放弃的唯一的愿望。但是,幸福在什么地方? 谁知道?

施特劳斯:"谁知道它?"即,幸福。

[431]雷肯先生[读文本]:

每一个人都在寻找它,可是没有一个人找得到它。我们用一生的时间去追求它,一直到死的时候也得不到它。我的年轻的朋友,当你出生的时候,我把你抱在手里,凭上帝(God himself)为证——

施特劳斯:"至高存在"(the highest being),être suprême;法国大革命。不,这很有意思;我们还没有仔细考虑这个用法,不过我认为,这不是不值得考虑的事情:谁,什么时候说上帝,什么时候说 être suprême[至高存在]?

雷肯先生[读文本]:

我大胆地许下诺言:我要以我毕生的精力为你谋求幸福。我对我自己承担的工作是不是充分了解呢? 不了解,我只知道我使你幸福了,我自己也就得到了幸福。在为你追求幸福的同时,我要使我们两个人都共同来承担这个工作。当我们不知道我们应当做什么事情的时候,最聪明的办法就是什么事情也不做。

施特劳斯:这就是你说的那段话。对,我现在承认,它确实很重要——我现在想起来了——不过稍有差异。好了。

雷肯先生[读文本]:

在一切规则中,这是对人最有用的规则,同时也是人们最最难于奉行的规则。如果你还不知道幸福在什么地方就去追求幸福,那就会愈追愈远,就会走多少道路便遇到多少危险的。但是,并不是所有的人都知道这种无所为然后才有所为的办法的。当一个人怀着满腔热情,急于得到幸福的时候,他是宁可在寻求的过程中走错道路,也不愿意为了寻求幸福而待在那里一点事情也不做;然而,只要我们一离开我们有可能发现它的地方,我们就再也不能够回到那个地方去了。

施特劳斯:对,这就是我的意思。他在这里提到了什么现象? 我是说,这是个明显不同于着火的房子的处境;在那个处境下,你本能地知道最好离开房子。但是,如果你不知道什么是最高的善,只是为行动而行动,可能会让你离幸福更远。只有停下来。但是,卢梭对这个问题的最终回答是什么,关于幸福问题? 我是说,这个问题如此重要,他没有在这里对他讲。这揭示了他与爱弥儿的关系。根据卢梭的看法,什么是最高的福分?

学生:伫立在湖畔。

施特劳斯:对,这是……我想你可以这样表达,不过,他有个所谓的术语来指称它。

学生:好吧,甜蜜的生存感觉。

施特劳斯:正是这个。它与活动并不协调一致,他没有揭示出来。换句话说,卢梭知道什么是幸福,而爱弥儿当然不知道什么是最高意义的幸福。他没有向爱弥儿揭示这一点,这当然具有典型意义,这个领域不是爱弥儿可以企及的。穆埃勒先生。

[432]穆埃勒先生:我不想显得那么傻,不过这和卢克莱修说的坐在河边眼睁睁看着船沉没一样吗?

施特劳斯:不,不。没错,它们确实有某种关系,但是总体上是:理论生活与实践生活,只是在卢梭那里,理论生活被生存感觉取代了。

学生:卢梭在那种情绪中的时候不会泪流满面吗?

施特劳斯:是的,当然。我是说,这是一点。但是,他不……这是某种生存感觉。它有无尽的后果,即(只需要提传统沉思观念与卢梭所谓的沉思之间的区别):对古典观点来说,在某种程度上,伊壁鸠鲁派也持此观点,沉思的对象是真理,真理是最普遍的善。它是最普遍的善(the most common good),这并不意味着它为所有人普遍拥有,而是说,它自身是最普遍的善。它是某种极不个人性的东西,它不可能属于任何个人,不属于任何国家,等等。它是唯一的普遍的善。它实际上并不是普遍的,不是为所有人普遍拥有,这一点无疑是真的,不过这是另一个问题。因此,我认为卢克莱修与卢梭的差别在根本上是一回事——根本上,我指的是,不仅仅局限于这段文本。

学生:[……]但这让人思考,让我思考,卢克莱修论维纳斯的恐怖。我想你前面提过这个问题,谈到悲剧本质……

施特劳斯:是的,那是另一个问题。并没有直接的关联。

学生:一个关于普遍的善的问题。卢梭反对旧观点,传统观点:沉思与思考相关,这一点是否也很重要?

施特劳斯:是啊,当然。

学生:这就是我为什么不认为……

施特劳斯:不,但是卢梭并不完全排斥思考。你们看,正如如果你字面地理解古典观点,有一种推理意义上的思考:ratio ratiocinans[推理走向洞见],走向与 rationis[理性]相对的 intellectus[理智、智能]。从这个意义而言,卢梭也承认推理的必要性,但是顶点是纯粹的洞见——但是,按照卢梭的纯粹洞见,这种洞见的品质更注重生存感觉,而非洞见本身。所以事情还是一样的。

[听不清讨论]

[433]施特劳斯:哦,是的,这一点毫无疑问。不过问题仍然是,卢

梭的……之间的亲缘关系,卢梭需要一个沉思的替代者,他的前辈霍布斯和洛克则认为不需要这个东西,这一事实是最为重要的。我是说,它表明,卢梭确实在这方面要更深远,他对康德和歌德这类人的巨大影响只能从这个广度上来理解,这是他在 18 世纪作家中的独特之处。我是说,卢梭并不是个很讨人喜欢的人,这是另一回事,但他当然是个一流天才;我们否认不了这一点。我们来读下一段:"同样无知……"

雷肯先生[读文本]:

> 正因为我对我承担的工作很无知,所以我要尽量避免在这方面发生错误。在教育你的过程中,我下决心不走一步弯路,同时也防止你去走弯路。我按照自然的道路前进,以便它给我指出通往幸福的道路。我最后发现,自然的道路就是幸福的道路,我们已经在不知不觉中按照这条道路前进了。

施特劳斯:换句话说,卢梭在这里说,在这里呈现,他不知道什么是幸福;事实上,他知道。但是有一件事情变得清楚了:自然与幸福之间存在联系,这等于……在最激进的意义上被生存感觉调和。我们继续。第 407 页的第 3 段。

学生:打扰一下,我可以针对第 406 页的一个地方提问吗? 在我看来,并不是《爱弥儿》提到两种观点,而是一种最激进的反政治观点……

施特劳斯:哪一个? 我们读的哪个? 在哪里?

学生:这段话:"只要我们不知道该做什么,最聪明的办法就是什么也不做。"

施特劳斯:哦,是的,很好,确实是关键。我应该在课上讨论的,不过我已经不止一次说过了。你们看:生存感觉——不,让我们从头开始[施特劳斯在黑板上写字]。自我保全。自我保全导致城邦的出现,我们现在都知道这一点——警察的强力。但是,卢梭做出了一个反思,并且说,自我保全不能作为起点,因为它已经预设了生命是好的;只有生命是好的,自我保全才是好的。我们怎么才能知道生命是好的呢? 卢梭说,我们从经验中得知,而且不是从鸡尾酒会之类的暧昧经验中得知,而是从我们直面的生活本身得知;这就是生存感觉。因此,最高的原则就是生存感觉,出于特别的理由,我把它写在这里。现在,我们看到这个东西:这种生存感觉与行动不一致,但它必会引发行动,因为,当我们离开这种状态,它的影响,爱生命,就会引发以保全生命为目的的行动,这种行动在政治生活中达到顶峰。但是,由于这个东西本身与行动不一致,这就是卢梭对整个道德/政治领域持保留态度的根由。清楚吗? 我是说,关于这一点毫无疑问;这就是我们分析卢梭思想时到达的最高原则。

[434]雷肯先生:我想用一种特殊的方式来谈谈我的看法。坐着不动,不要离开那个地方,幸福就会到来,卢梭的这个格言看起来像是一条著名的《圣经》律令删去了最后一个词。

施特劳斯:即?

雷肯先生:"静止不动,知道我是上帝。"①卢梭没有走得那么远。但是道德律令与他的享受生存感觉之间有某种相似性,正如我们过去曾经说过的那样,像是某种神秘主义神学。

施特劳斯:对,你过去这么说过,你还记得,在课程的最开始。这么说没问题。但它当然只是相似。

雷肯先生:删去了一个词。

施特劳斯:对,当然了;或者,你可以说,如果他用这种关联来讨论上帝,这是一种严格的、纯粹的泛神论含义,而不是任何的有神论含义。这很清楚。下面我们继续。所以,我们搞清楚了这个问题,在这个语境下提出这个问题非常恰当,但是我相信这不是第一次出现的语境。不过你被这个问题深深地吸引了。下面,我们翻到第407页,第3段。

雷肯先生[读文本]:

> 你不害怕痛苦和死亡。当你肉体上遭遇痛苦的时候,你能够忍耐需要的法则的制约,但是你还没有做到用法则去约束你心中

---

① 《诗篇》46:10。

的贪欲;我们一生中之所以有许多烦恼,正是由于我们有所爱好而不是由于我们有所需要。我们的欲望愈增加,我们的力量就几乎要等于零了。一个人按他的欲望来说,他必须要依赖于千百种事物,而按他本身来说,他对任何事物都是不需要依靠的,甚至可以不依靠他自己的生命;可是,如果他喜爱的东西愈多,他的痛苦就必然会愈增加的。世界上的一切都有一个完结的时候,我们所喜爱的东西早晚是会失去的,然而我们却紧紧地依恋着它们,好像它们要永远存在似的。一想到苏菲死了,你为什么就那样害怕?

施特劳斯:这是卢梭的冷酷行为,你们当然感觉得到,他突然板起面孔对他说:你听说苏菲死了,现在想说点什么? 你们看,卢梭非常不温柔。好吧,你们已经读过,我们并非必须……我们先放在这儿。我是说,你爱的人越多,越容易受伤害。想想死亡的可能性,最清晰直接的情况。因此,孤独沉思者超越一切依恋;因此,相反的情况,不依恋,是满足的。我们来读下一段;好吧,我们读不完所有内容。

学生:这是一种绝佳的东方哲学观点。

施特劳斯:对,不过也是西方的:廊下派、伊壁鸠鲁当然也是这样。依恋——好吧,我们不是非读那段话不可——依恋危及幸福。在下一段中,他表明,[435]依恋危及义务。好吧,我们已经看到如何……你们看,他因为苏菲之故差点忘掉自己的义务。下面我们翻到第408页,第2段。

雷肯先生[读文本]:

我的孩子,没有勇气就得不到幸福,不经过斗争就不能完成德性。德性这个词就是从力量这个词产生出来的,力量是一切德性的基础。一个力量微弱的人之所以能够实践德性,固然是由于他的天性,但必须凭借他的意志,他才能坚决果断地去完成;正直的人们之所以能够赢得我们的称誉,其原因就在于此;尽管我们说上帝是善的,但我们不说他是有德性的,因为他做善的行为是不需要经过一番努力的。这样一句如此亵渎上帝的话,我一直等到你具有理解的能力时才告诉你。当我们不花什么代价就能够完成德性的时候,我们是不需要对它作一番认识的。只有在我们的激情已经开始产生,我们才感觉到有认识德性的必要。对你来说,这种时刻已经到来。

施特劳斯:这里暗含着德性(virtue)与善(goodness)的区分,这个区分对卢梭来说至关重要。善是自然的。人生来是善的。德性是不自然的,它起源于意志,而非自然。德性与善的关系在卢梭这里非常复杂。上帝是善的,但不是有德性的。在后来的[……]当然经常谈到这一点,但是,无论如何,卢梭用德性所指的东西相当不同,后面会看到这一点。卢梭声称自己只是善的,不是有德性的。理解这个问题并不是只能读《孤独漫步者的梦》,还可以读《忏悔录》,看看这并不是一个具有卓越德性的人——不是卡图。下面,我们来读下一段话。

雷肯先生[读文本]:

> 我在朴实的大自然中把你抚养起来,在这段期间,我一方面没有向你讲述那些难以履行的天职,另一方面我还保护着你不受恶习的浸染,以免使你感觉到履行天职是一件很困难的事情;我使你认为种种谎言是无益的,但不是可恨的;我很少教导你像重视你自己的权利那样重视他人的权利;我已经使你成为一个善良(kind)的人,但尚未使你成为有德性的人。但是,一个善良的人是只有在他愿意做善良的人的时候,他才能保持他的善良。

施特劳斯:在法语中当然都是"善"(bon),同一个词:"只有在他乐意这么做的时候,好人才能保持这样。"

雷肯先生[读文本]:

> 因为在人类的激情的冲击之下,善才会被破坏殆尽;好人只是对(to)自己来说好——

施特劳斯:"为(for)他自己"。是的,这一点很清楚:善是一种严格的个人事务,在某种意义上,怜悯正由此产生,它完全不会丧失自己根本上的自我性。

学生:这是否意味着上帝的善是自私的,或者说,这个说法不合法?

施特劳斯:我们已经研究过这段话。如果你读过——我不知道(这儿没有人有我的 Garnier 版,你们用的是另一版,我知道它在哪儿,可惜我手头没带第一卷)。在第一卷的第 286 页,以下,有一处暗指了这个问题。我在这里没办法[436]现在重构,但是我记得,这是个巨大的问题……这当然是个困难,关于……对,自足的存在。这正是同一个问题。

前面有段话,第 382 页的第 3 段,我们现在没时间读,我们在那里看到了激情与无聊如影随形。二者都被德性打败。这个说法或许在这个背景中比较重要。下面我们翻到——尽管这个问题很重要,我们不可能都读——我们读第 409 页的第 2 段。不,很抱歉,我们必须先读接下来这段话:"那么,什么是有德性的人?"

雷肯先生[读文本]:

要怎样才算是一个有德性的人呢?

施特劳斯:与好人相对。

雷肯先生[读文本]:

一个有德性的人是能够克制他的感情的,因为,要这样,他才能服从他的理智和他的良心,并且能履行他的天职,他是他自己的主人,不因任何缘故而背离他的本分。

施特劳斯:字面译,"他控制自己,或者他说,在这个命令之下,没有任何东西可以让他脱离它。"

雷肯先生[读文本]:

到现在为止,你只不过在表面上是自由的,正如一个奴隶一样,只不过因为主人没有使唤而享受暂时的自由罢了。现在,你应当取得实际的自由,你要学会怎样做自己的主人,指挥你自己的心,啊,爱弥儿,要这样你才能成为一个有德性的人。

施特劳斯:换句话说,如果没有德性,人要么充满激情,是激情的奴隶,要么了无生趣。只有德性可以让人摆脱这两者,摆脱假装满足激情和无聊空虚。但是,我们必须记住,按照卢梭的理解,善也超越激情和无聊(我们一定不能忘记这一点),善是最高意义上的。下面,让我们通过阅读第 409 页的第 2 段来继续看这个问题。

雷肯先生[读文本]:

把激情分成合法与不合法的,以便服从这个拒绝那个,这是个错误。任何激情只要你能控制它,它就好,如果你让它使役你,它就会成为坏的激情。大自然禁止我们——

施特劳斯:"自然禁止我们的是。"这里有个强调。即,区分其他类型的,比如通过法律之类的东西。

雷肯先生[读文本]:

我们的关系——

施特劳斯:我们的依恋。

[437] 雷肯先生[读文本]:

我们使我们的依恋超过我们的力量可能达到的范围,理性不许可我们希望得到我们不可能得到的东西,良心并不是不许可我们受到引诱,而是不许可我们屈服于引诱。产生或不产生激情,这不取决于我们,但是,能不能够控制激情,那就要由我们自己来决定了。

施特劳斯:"但是它依赖于我们"——古老的廊下派表述——"去统治它们"。

雷肯先生[读文本]:

> 所有一切我们能够加以控制的感情都是合法的;那些控制我们的都是犯罪的。一个人去爱他人的妻子这不是犯罪,如果他能够使他这个不好的激情受控于义务的话;如果他爱自己的妻子爱到不惜牺牲一切去取悦她的话,那就是犯罪的了。

施特劳斯:我认为,这是非常重要的一段话。我们在这里看到三种禁止与命令的来源:自然、理性和良知。那么,它们说了什么? 自然禁止什么? 简单归结一下:把一个凡人当作神一样爱,这意味着把我们的依恋提升到超出我们能力的范围,那么,我们必然会不幸福。理性禁止什么? 意欲不可能的东西——意欲;在自然的情况下,提到的不是意志,而是爱。良知禁止服从诱惑。我认为,这是一种自然的理解方式。由此,我可以总结说,自然和理性本身并不禁止服从诱惑——即,唯有良知,而没有自然和理性,是严格意义上的道德性的。严格意义上的。那么,为了理解这个含义,你必须去思考卢梭思想中良知与德性的明显关联。比较,这现在是我们理解善与德性问题的关键。[施特劳斯在黑板上写字。]让我们来看这些东西,每个人都可以时刻记住我们所想的这个东西:善、德性。这是我们的问题:确切的区分是什么? 接着我们——我试着提议我们把德性和良知关联起来,再把善和自然、理性关联起来。让我们看看这样是否有帮助。你们一定注意到十诫的一个含蓄的批评,对吗? 汝不得觊觎。

学生:或者,"带着邪念看女人的人……"(《马太福音》5:28)。

施特劳斯:对,他在这里甚至谈到……如果一个人爱上别人的妻子——这不仅是觊觎她看着她。所以,换句话说,良知无疑……比起哲学道德来说,和《圣经》道德关系更大。那么,断言所有激情本身是好的,这就是个奇怪的论断,不是吗? 我是说,有些激情你可以说它是中性的:它们可以是好的,也可以是坏的——即荣誉、竞争之类的。但是妒忌这样等而下之的事情呢？你怎么可以说妒忌本身是好的？很难。

学生：好吧，如果控制得当也许可以。

施特劳斯：但是，即便控制得当，妒忌怎么可能是好的？

学生：你不能妒忌某人的德性吗？

[438]施特劳斯：即便这种情况。我是指，竞争，这是另一回事。但是妒忌仅仅是"我希望他没有德性"，不去努力让你自己有德性。

学生：难道就不能仅仅希望我和他一样有德性吗？

施特劳斯：这样的话，本身就不能算是妒忌了。妒忌仅仅意味着你希望他不要有德性。

学生：法语是 j'ai envie de［我羡慕］。

施特劳斯：但那并不是指妒忌。它的意思是我没有，我缺乏……好吧，当然，卢梭很有可能说：我们不要被语言误导，必须分析现象。然后你就会看到类似于共同根由这样的东西：由他人的优秀引发耿耿于怀。那么，这种不悦会引发竞争，这是好的，也可以走向毫无益处的东西，妒忌，这是坏的。这或许是他做的方式。这个论断本身——只要人可以控制激情，所有的激情就都是好的——就其本身而言，是非常奇怪的。

学生：当我遇到这个观点时，我思考它的方式是这样的：由于所有激情就其能被控制而言是好的，你必须去考察那些无法被控制的激情，也就是坏的激情。换句话说，伴随着竞争的妒忌是坏的……而与某人的德性竞争则是好的，但是，当你走到这个观点时，就走远了，即你甚至不去急切地自己努力，为之奋斗，那么它就会转换成妒忌，这是一种……

施特劳斯：卢梭会打破通常所谓的激情定义，会说正如我过去试图提出的那样；或许这些是他想的激情。下面，我们来读下一段。

雷肯先生［读文本］：

你不要以为我会向你讲许多啰嗦的道德的格言，我只向你讲一个格言，而这个格言实际上也就包括了所有其他的一切格言了。你要做一个人，把你的心约束在你的条件所能许可的范围。你要研究和了解这个范围，不管这个范围多么窄，只要你不超过它，你就不会遇到痛苦;如果你想超过的话,你就必然会遭遇许多不愉快的事情的;我们之所以有许多痛苦,正是由于我们在疯狂的激情下,试图得到不可能的——

施特劳斯:字面上是"一个人投身于不存在那个可能的等级",即,可能。好,我们先放到这里。关于前面提到的……不了,我们还是读完这段话。

雷肯先生[读文本]:

> 当我们忘记了我们做人的环境,而臆造种种想象的环境,从想象的环境回到现实的环境的时候,我们就会觉得我们的生活是不幸福的。只有在我们缺少我们有权利占有的东西的时候,我们才值得花力气去获取那些东西。如果事情已经很明显地表明我们不可能得到我们所想望的东西时,我们就应该转移我们的念头;当我们的愿望没有实现的希望时,我们就不能因之而感到苦恼。一个乞丐尽管有当国王的愿望,但他绝不会因为这个愿望而感到苦恼;一个国王正因为他认为自己不仅仅是一个人,所以他才想成为神。

[439]施特劳斯:好了。那么,他在这里看到什么? 我要说,他在这里描述的东西对应着他前面说成是理性的东西。理性禁止我们去意欲我们无法得到的东西。这似乎是这里的主题。但是出于一个我现在不记得的理由,我觉得在这里,他宣告了理性与良知之间的部分一致,正如过去区分了这两者。我必须坦白我现在不太清楚。

学生:这两者都以某种方式与意志相关。

施特劳斯:是的,但只说这些还远远不够。他在这里没有提到诱惑,对吗?

学生:désirs insensés[荒诞的欲望]大概在第5行。

施特劳斯:对,也许。我不知道,很抱歉。

学生:除非是这个说法,把你的心收回来,这个说法有点像情绪。

施特劳斯:什么?

学生:他在那里说,你要做一个人,把你的心约束在你的条件所能许可的范围。这不是一种故意行为……一种理性行为,同时也是一种情绪行为。

施特劳斯:不,我恐怕是指这个事实,即作为欲望的欲望的直接意思,而不仅是意志。下面,我们来读第410页的第1段。

雷肯先生[读文本]:

如果你想生活得智慧又幸福,你的心就只能去爱那永恒的美,你应当按你的条件去限制你的欲望,应当先履行你的天职然后才去满足你的欲望,你应当把需要的法则也用到道德的宗教,你应当学会在你失去了你可能失去的东西时怎样应付,你应当学会在实践美德的时候,如果必要的话,怎样抛弃一切的东西,怎样应付各种事变,怎样转移你的心,使它不受事变的摧残,怎样鼓起勇气应付逆境,以便使你永远不会落到悲惨的境地,怎样坚定地履行你的天职,从而使你永远也不会做犯罪的行为。

施特劳斯:在这里停一下。他似乎在这里宣告良知与理性的一种彻底一致。如果我们至少把义务与良知放在一起,幸福与理性放在一起。我们来读这一段的结尾。

雷肯先生[读文本]:

你可以毫无忧虑地享受你的生命,你可以毫无恐惧地结束你的生命,你可以像舍弃一切东西一样舍弃它。其他人因为害怕得不得了,所以认为一没有生命就停止存在了;可是你,由于你深知生命是可有可无的东西,所以你将认为在离开生命的时候才真正地开始生活哩。死亡对恶人来说是生命的结束,然而对正直的人来说却是生命的开始。

施特劳斯:对。那么,如果我们可以使用良知与理性的这个区分,我会说,在这里被当作标准的灵魂之不朽当然与良知有关,正如我们从

《信仰自白》所见。与之相应的基于[440]理性和自然的东西就是生存感觉。但是这都需要好好考虑一下此前的论证。

学生：在你继续之前，我有个问题，当时你提到激情与无聊如影随形，这里并没有在文本上提到无聊，这里，在这段话里提到了吗？

施特劳斯：不是在这里，是在第382页，他提到这个事实，激情与无聊如影随形，二者都被德性打败。但是很明显，二者也都被善打败，或者说排除掉。

学生：这是很显然的一点，但是部分关于理性是某个提到[……]，我把这看得很复杂，当你看《茱莉》的时候，关于这位茱莉女士的一个事情是宗教，这或许对她来说是德性的[……]，没有让她远离无聊。她不断地为她的无聊哭泣。

施特劳斯：对，但是德性是……我是说，就一个人是有德性的而言，他就超越了无聊，这与卢梭所说的充分一致。这意味着茱莉的德性不完善。

学生：或者，更进一步说，宗教不是德性。

施特劳斯：在茱莉的情况下，你可以区分这一点，因为她的全部德性都有个宗教基础；你在这里则不可以做出这个区分。在第411页有一些东西，在第3段。或许我们应该读一下。

雷肯先生[读文本]：

你想和苏菲结婚，可是你认识她还不到五个月！你之所以想娶她，不是由于她同你相配，而是由于她使你感到喜欢；难道说你爱她就保证她同你是相配的，难道说最初是彼此相爱的人以后就不会变得彼此相恨！她是一个很有品德的人，这一点我是知道的，一个人光是有品德就行了吗？相配仅仅是一件名誉上的事儿吗？

施特劳斯：两个人都为人诚实就算是两个人相配了吗？

雷肯先生[读文本]：

我担心的不是她的品德而是她的性情。一个女人的性情哪里是一天就可以看出来的？你知不知道要在多少种情况下观察才能把她的脾气观察得透彻？四个月的爱情就能保证你会爱她一辈子吗？也许离开两个月你就会把她忘得一干二净的，也许你一离开，马上就会遇到一个人把她从你的心中完全排除的。

施特劳斯：对，诸如此类的事情。非常合情理的论述，尤其适合年轻人去深思。但是我在这里只关注这一点，即……你们还记得苏菲的父亲就同一个问题的说法吧，出现得更早一些。在那里，这个问题表述得相当不同，在那里，年轻人的倾心相爱被认为是唯一要考虑的事情。

[441]你们还记得在哪里吗？好吧，你们不知道在你们版本的位置，我也很不好找，这段话，这段对应的话，父亲对苏菲讲的话。

学生：大概在 30 页之前。

施特劳斯：这两处的差别很有意思。我是说，你应该对比着看。情况当然不一样，因为这位父亲已经确定过这两个人的背景相当，因此他的全部强调都在他们是否彼此相爱。所以，这个困难很容易解决。下面，我们翻到第 414 页，这里有个标题：论远游。这是第五卷的最后一个，也是第二个标题。《爱弥儿》很少用小标题，小标题只出现在第五卷。① 第一个小标题是"苏菲，或女人"，第二个是"远游"。第一个已经得到很好的展现，因为婚姻就是这个主题。但是这里，这个远游部分的真正主题是什么呢？

学生：统治(government)。

施特劳斯：统治，对，政治。所以，换句话说，这是……卢梭不想强调这一节的政治性，因此他选择了更宽泛的题目，在某种意义上更宽泛：远游。但是，他并没有强调远游的主要功能是学习，关于各种统治的比较学习。从我们院系可以拿到一个非常恰当的题目。更不必说，政治社会当然是婚姻社会的对应物，这并不[……]。所以在这一点上，这个次序很合逻辑。但是论证毋宁说是这样：政治社会，各种类型的政治社会，除了周游列国外，你如何能了解它们，如果你不想仅仅依

---

① 施特劳斯忘记了第四卷的"信仰自白"。

赖旅行者们的讲述的话——关于这个主题,卢梭有很多话要说。有人举手,我刚才没让他说。

学生:我只是不认为关于这本书被分为两部分的理由,这是个充分的答案。我试着思考一下,因为你上次课提到过,但是,如果我对这本书做任何划分,我会从信仰自白开始,而卢梭不是这样。

学生:在这个版本上,它确实有个标题。

施特劳斯:对,我相信是这样,不过我现在没有第一卷。不过我相信还记得这个……对,当然,《萨瓦本堂神父的信仰自白》,在我这个版本的第3页。

巴特沃斯先生:我这个版本没有标题。但这是个关于版本[……]的问题。

施特劳斯:对,确实,一定是。但是我几乎可以肯定在我的版本有一个……就在这里:Profession de Foi du Vicaire Savoyard[萨瓦神父的信仰自由]。我的版本有。不过你很正确,我用的并不是个权威版本。

巴特沃斯先生:这只是假设。至少它有很多脚注。

[442]施特劳斯:它有……?

巴特沃斯先生:什么也没有。

施特劳斯:你确定吗?

巴特沃斯先生:很肯定。

学生:我有。

施特劳斯:你的版本和巴特沃斯先生一样?

学生:我的上面有插图。你的有插图吗?

巴特沃斯先生:没有。

施特劳斯:好吧,这证明它是个插图本,而不是个研究版。不过,无论如何……里面有吗?

学生:有。

学生:我们继续进行之前,我能否问个问题,关于接下来这一节?

施特劳斯:当然可以。

学生:在第410页,我们看到卢梭在担心一个人太过关注生活,生活本身。所以,你可以说,尽管生存感觉引发自我保全,它同样增加了一些特定的限制。

施特劳斯:噢,是的。

学生:那么,这么说是否可能? 用一种非常一般性的表述,后续的浪漫主义传统会在卢梭那里看到这种诗的观念,关于短暂荣耀的人生——荣耀的意思是甜蜜。

施特劳斯:不,这是一个更古老的观念;我是说,在古老的时代就已经存在。有一个法国贵族家族的[……]:courte et bonne[短暂而又美好]。不,但我相信一件事:我想到的是斯宾诺莎。斯宾诺莎始于自我保全,与其他思想家一样,接着他用一个很复杂的论证解释了它,我还没搞定这个论证,[443]即恰当地理解的自我保全与生命的持续时间无关,即与生命的长度无关,于是,你就摆脱了对生命的执著,这一点非常重要,尤其对老霍布斯而言。

学生:但是,这会有一种特定的差异。我是说,霍布斯不是会被描述为一个简单的计算者……?

施特劳斯:哦,绝对地,他甚至对此很骄傲。

学生:与此同时,在卢梭那里也会有这些限定。

施特劳斯:是的。换句话说,在霍布斯那里没有任何英雄式的东西;而在卢梭那里……写过一篇文章,巴特沃斯先生引用过,论英雄。

学生:De la vertu propre à l'héros[《论英雄》]。

学生:施特劳斯先生,关于第411页最后一段,我有一个问题:他打算建议爱弥儿离开苏菲,这很奇怪。他说,你无法得知她的性情;你认识她才四个月,她未来会是什么样。这是否在构成一个对比来谈论,有必要了解各国家和政府,但是女人仍旧是个幻象,尽管她要成为你的妻子……

施特劳斯:我不明白。我是说,这一点对初次爱上一个女人的人来说不是特别重要吗? 让他能够分辨爱与迷恋。辨明这一点的最好的方式就是分离。分离,两个人都认识新的异性,或许就可以证实这只不过是迷恋,这样他们及时发现这一点当然更好。我不知道有什么理由超出这一点。你是说,正如一个人应该通过旅行来审视自己的国家,他也应当……但是,她还不是她的妻子。

学生:当然,他确实说,由于苏菲,这次旅行将会是更加有目的性的……他将会把注意力放在旅行的目标上,而不是选择那些轻松乐事。

施特劳斯:是的,当然。换句话说,他有个目标,因为他心系寻找最可欲求的国家,和苏菲定居在那里。

[444]学生:我只是想知道,是否在某种意义上,苏菲与旅行在某种意义上都是关于政治的。我是说,第五卷的两个部分。

施特劳斯:在何种意义上?

学生:我是在这个意义上来想的,苏菲的整个教育只不过是作为一个必要的伴侣[……],有些东西必须加进来,这并不是本身值得欲求的东西。

施特劳斯:哦,不,你不能这样说。正相反,我试着表明卢梭在抬高女人的地位,而且不仅……好吧,当然高过亚里士多德,我认为还高过柏拉图的严肃意思。你不能这么说。唯一一件确凿无疑的事情是,每个政治哲人当然都必须不仅要思考政治组织,还要思考婚姻组织。这是主题问题,并不能表明任何影响或依赖。

学生:我是说,借助他的自由,他的[……],等等。换句话说,选择伴侣将会允许……

施特劳斯:哦,我明白了。自由选择的问题不仅适用于选妻子,也适用于选城邦。你是这个意思吗?好吧,存在一些相关性,确实如此。正是这样。我是说,在这个备受眷顾的爱弥儿的个例中,他可以选择他的国家,就像每个人都可以选择自己的妻子(好吧,相对而言)。

学生:关于最后一项有一点:我想知道,如果卢梭写了一本关于苏菲的书,快结束时出现了一个我们不熟悉的爱弥儿,那么这个爱弥儿是否会是我们在这本书开头看到的这个爱弥儿?

施特劳斯:不,他是未完成的。如果没有苏菲,他就未完成——更不用说这个事实,比如说,两者的教育差别,苏菲与爱弥儿,会回溯到爱弥儿的教育,尤其是宗教教育问题。哦,不,这并不是一种适合想起的东西;我认为这对论证来说是本质性的东西。

学生:[……]她必须在那里;因为他到达了人生中的另一个阶段,这在同一个程度上是必须的。

施特劳斯:哦,我相信你的意思是,我们读的这个评论,整件事都基于性欲,而它并不像食欲那么必须。很好,这意味着与爱弥儿不同的一类人也许不需要结婚。你是这个意思吗? 这也对。换句话说,这是否也是卢梭与他的差别呢,卢梭在严格意义上没有结婚。他结婚了吗?

学生:他最终结婚了。

[445]施特劳斯:我知道。但是,我认为这是 purement administratif[纯属行政上的]。好吧,他以某种方式喜爱她,但是她当然并不是卢梭真正意义上的伴侣。

学生:卢梭说了 ma compagnon[我的伴侣]。

施特劳斯:对,我知道,但是以某种非常有限的方式。

学生:一个问题:我们今天很可能做不到,但我想问爱弥儿最终能否自由选择国家。在我看来,如果他真的——

[换磁带]

学生:——我认为他们从没去过波斯;但是设想一下,他说他想生活在波斯。

施特劳斯:对,这当然会被排除,因为那是个暴虐的统治。让-雅克教育出来的人怎么会想当暴君的臣民呢? 我是说,问题只限于瑞士,好吧,或许法国。

学生:还有英格兰。

施特劳斯:对,英格兰;你说得很对,很对。我忘掉了英格兰。但是当然我们完全忽略了这个问题,他们是否会接受他做公民或臣民。

学生:我明白我让自己钻牛角尖了,但是——

施特劳斯:我把你拖出来了,多好。

学生:你如何解决自由选择这个问题,我把它解释为一种可能性,但是还是存在这个义务,要爱你的同胞,他们在你小时候保护了你,而且……

施特劳斯:没这么简单。根据卢梭在《社会契约论》中的正式说法,为了充分理解《爱弥儿》,最好应该也读一下[446]《社会契约论》。我是说,这不算是个过高的要求,想要理解《爱弥儿》就要读《社会契约论》,反之亦然。下面,我们来看远游的部分,这里有许多问题。我们翻到第 415 页,第 4 段。

雷肯先生[读文本]:

　　不过,为了研究人类,是不是需要跑遍整个的地球呢? 是不是要跑到日本去观察欧洲人呢? 为了了解一个民族,是不是要把那个民族中的每一个人都一一加以研究呢? 不,一个民族中的人是极其相似的,所以用不着分别地去研究他们。你观察过十个法国人,就等于观察了所有的法国人。至于英国人和其他民族的人,我们虽不能说看见过是个英国人或其他民族的人就等于看见了所有英国人或其他民族的人,但有一点是肯定的,那就是每一个民族都有它自己的独有的特征,这种特征虽不能单单从一个人的身上归纳出来,然而是可以从许多的人身上归纳出来的。

施特劳斯:plusieur[一些]在法语中甚至还有这个意思:"某些"。

雷肯先生[读文本]:

　　正如你见到过十个法国人就等于见到了所有的法国人一样,你只要对十个民族的人做一番比较的研究,你就可以了解这些民族的人了。

施特劳斯:是的。所以关键在于,存在(我是说,这对于卢梭各处的论证整体都至关重要)民族性格。基础仅仅是他在许多国家生活过:在瑞士、法国、英格兰。于是他看到存在……法国人与英国人不同,尽管[……],基础是归纳法。这里的归纳法指的是亚里士多德意义上的,而不是现今社会学意义上的。你们在许多例子中都看到了这种方法:无竞争的经验;你们对反面一无所知,可以把这个问题先放下。这是第一个总体观点。下面我们来读这一页的最后。

雷肯先生[读文本]:

　　这个世界的每一个角落都有法国人。任何一个国家都不像法国这样有那样多的人出去游历。但尽管这样,在欧洲所有的民族中,法国人虽然比谁都看到过更多的其他民族的人,但也只有法国人对其他民族的人了解得最少。英国人也是最爱游历的,但他们游历的方式是不同的;这两个民族在各方面都是相反的。英国的贵族爱游历,而法国的贵族则从来不到国外去游历;法国的人民爱游历,而英国的人民从来不到外国去游历。我认为,这个差别正好表明英国人是值得称赞的。法国人到外国差不多都是为了去发点小财,而英国人不到外国去发财则已,如果要去发财,就要带着充足的金钱去经商;他们到外国去游历,那是为了到别个国家去花掉他们的金钱,而不是为了去营谋生活的;他们为人极其骄傲,绝不愿意到国外去做低贱的事的。这就可以使他们比抱着另外一个目的到外国去游历的法国人在国外更能增长许多知识。然而,英国人也有他们的民族偏见,而且他们的民族偏见比任何人都多;但是,他们之所以有这种偏见,其根源在于他们内心的感情而不是由于他们的无知。英国人的偏见产生于骄傲,法国人的骄傲产生于虚荣。

施特劳斯:是的,对英国人的极大赞誉。这当然是 18 世纪的民族比较的最重要主题——法国人与英国人——几乎在每部欧陆小说中都会出现"英国绅士",正如法国人所说,英国绅士展现出了作为一种……的臣民的奇特品质,好吧,在某种程度上,他们可以选举政府,你们看,这与法国的臣民很不一样。尽管他也有法语中称为 le spleen[忧郁]的东西——一种欧洲其他人身上都找不到的怪诞东西。[447]我认为这非常有趣。不过随后,在第 416 页的第 4 段——读起来可能太长了。不,我们读一下这一段前面几句,在第 416 页第 4 段。

雷肯先生[读文本]:

还必须承认的是,各个民族原来的特征是一天天地在改变——

施特劳斯:不,s'effacer[忘却自己],不仅仅是改变。好吧,有个更平实的英文单词我一下子想不起来。

学生:消失?

施特劳斯:对。

雷肯先生[读文本]:

> 因此要认识它们就比较困难。随着各种族的人的互相混合,民族之间的区别已经逐渐地不存在了,而在以往,这个民族和那个民族的区别是很显著的,是一眼就可以看出来的。从前,每一个民族都是比较闭关自守的,它们之间的交通来往没有现在这样频繁,它们共同的或互相矛盾的利益也没有现在这样多,民族和民族之间的政治的和群众的联系也比现在少,各个国王之间也没有像现在这样吵吵闹闹地进行所谓的谈判,他们互相间也很少派遣使臣或常年驻扎的使节,远洋航行也是很少的,他们也不到远地去通商做生意,他们之间仅有的那一点点贸易,不是由国王自己雇外国人去做,便是由那些受大家轻贱的人去做,这些人既不能对任何民族产生影响,也不可能促使民族和民族互相接近。现在,欧亚两洲之间的联系远比当初高卢和西班牙之间的联系还密切一百倍;单拿欧洲来说,它比今天整个世界还不容易接触得多。

施特劳斯:éparse 并不是"可接近":"人口比今天整个世界的人口还稀疏得多"。所以,换句话说,民族性正要消逝,至少在欧洲。那么,卢梭对此怎么想? 我们跳过下一段,然后继续。

雷肯先生[读文本]:

> 这就是为什么由风土的影响而产生的古代的民族特征比之今天更能显示民族和民族之间在气质、面貌、风俗和性格上的差异的原因;今天的欧洲是很不稳定的,所以没有足够的世界让自然的原因打上它们的烙印,同时,欧洲的森林已经砍伐,池沼已经干涸,土地的耕作情形虽然比古代坏,但耕作的方法比从前更一致了,所

以,由于这种种原因,连这个地方和那个地方,这个国家和那个国家之间在外形上的差别也看不出来了。

施特劳斯:换句话说,自然的原因——这就是卢梭考虑的关键——之所以有这些自然差异的根本的原因是自然原因、气候和其他东西,正如他在我们略去的这段话所说。但是卢梭在这里没有谈到[448]为什么是这样,为什么这是一种让人不想要的发展;他在各处都这样强调。这当然就是后来 19 世纪民族主义理论的基础。但是基于卢梭,这些民族差异……人类种族被自然地分成了许多人种,这很好,这与自然的善有关。这不是人为的,而是自然的。从这里到自然边界是好边界只有一步之遥:河流与高山,无论哪种自然边界。在从这里往后数两段的最后,他说,"商业和手工技术固然是能够使各国人民互相交往"。

雷肯先生[读文本]:

　　然而也妨碍他们互相了解——

施特劳斯:对,我们在《第一论》已经看到卢梭如何思考商业与技艺。这种现代发展如今当然已经变成世界范围的,不再限于欧洲,这种拉平的发展不是卢梭的品位,如你们所知。然而,这里的目的并不是要讨论这种发展是否必要,而是意在学习外国。这些国家变得越是相似,就越是难以学习外国。我是说,那时候还可以通过饮食、睡眠方式来识别一个民族——当然还有更高的东西[民族性格更容易研究]——如今在各地饮食都一样,这个方法就行不通了。这在我们的时代传播得尤其快。

学生:[……]直接的常识问题,当一个人旅行时会问到的那些,或是旅行者在其他国家问的那些。

施特劳斯:你是说,这些有什么区别吗? 人们会被冲击,很难把他们确定下来?

学生:一个身处欧洲国家的美国人几乎总会……遇到这个问题:你们真的喝牛奶吗? 你们那里的人吃什么? 快说说你们早餐吃什么,类似的东西。这表明在某种程度上意见仍旧保持着。

施特劳斯:是的,好吧,我认为通过饮食习惯,英国人还是很好辨识的。我是说,英式早餐和下午茶在世界上无可替代。我认为当人们考虑自然性格的时候,如果不看这一点,就会被骗过去。偶尔有些东西会引起你的注意,你第一次想到它,你可以合理地确定触及到了某个基础。那么,我认为语言非常重要——我指的不是语言学家做的事情,比如,语法与句法结构,但是在某种语言中有一些词的意思在另一种语言中没有词语可以表达。我总是发现……我是说,很一般性的东西。比如说,德语词 Gemütlich[舒适]就不可转译为英文,英文词 generosity[慷慨]就不能转译为德文,这些对我说明问题很有帮助。怎么了?

[449]学生:法语的形容词 Sympathique[引人同情的]在某种程度上就不可转译成英语 sympathetic[同情、怜悯]。

施特劳斯:是的,但在德语里是一个意思。

学生:那么,同样地,继续考察这一点,卢梭说你在城邦外会发现更多这种差异,他这么说是对的。

施特劳斯:是的,当然;但是这在 1762 年前后只是刚开始萌芽,如今成为了一股洪流[……];我是说,这很清楚。这个情况仍然存在;只是要讨论民族差异的话,这本身更麻烦,更技术化了——民族内部同样发生了剧烈变化。当然,如果有人要说,存在不变的民族性,那么他很难证明这一点。但是,你们看,当你读 16 世纪对这些不同民族的描述的时候,并且对比……好吧,费尔姆①有这样一个清单,我现在还记得;我记不清楚了:法国人、德国人、英国人和西班牙人。英国人在那里被描述为恶魔,因为他们如此不服从他们的国王,换句话说,是个非常叛逆的民族。我想现在没人会这样说后来的英国人。所以,这些事确实在变化。

学生:这种发展似乎对尼采来说也非常重要,欧洲民族性格和边界的渐融与崩溃。然后,我不太确信尼采会支持还是反对它。我是说,尼

---

① 费尔姆(Robert Filmer,1588—1653),*Patriarcha, or The Natural Power of Kings* 的作者。拥护国王神圣权利,反对洛克在《政府论上篇》的批评。在这本书的第二章第 19 节对比了英、法、西。

采似乎反对这些小事情,这种狭隘的民族主义,期待一种新欧洲人,然而在某种程度上,他并没有真的——他并没有真的很好地接受这一点;他在某种程度上产生了与卢梭一样的影响。

施特劳斯:对,但是另一方面……很难说尼采是不是勉强接受这个情况。很难说这一点,因为毕竟,从一种观点来看,尼采欢迎朝向某种更高的人类可能性的这种发展,他这样看待这种发展,你们看,比起任何之前的观点来说(毕竟你们读过《善恶的彼岸》),他认为,一种人类的发展如今有可能超越既往的所有发展。你们,这种新发展从政治上来说,必然与欧洲统一结合起来,就这一点来说,他当然欢迎这种情况。我是说,他不会欢迎一种基于最低的共同基础的统一,即仅仅基于一种实用目的的统一。我认为,这不是一种可辩护的立场。我的意思是,毕竟,如果人只能就一种生活达成一致,而且把生活建立在最低的基础上,这没什么好的。我是说,换句话说,如果每个民族为了那个共同的分母而遗忘自己最优秀的遗产,在最低的层面达成一致,我认为尼采不会认为这是个好办法。这当然在今日的东西方问题上仍然如此。这种融合是应该发生在最低级的层面,逻辑实证主义及其伴生者——你们知道,任何人在任何地方都可以短时间速成,于是一种一致性就可能了——还是应该发生在最高层面,发生在一种对于双方的最深刻思想的思考,对于双方的一种理解,以及一种双方的互相理解上。这两者很明显存在重大差异。前者,我们任何时候都可以轻易获得,[450]正如每种社会科学传统展现出的那样;正如你们当中所有参与过这个传统的人——我没参与过——都比我更了解。好了,卢梭在接下来继续游历这个问题,在第418页;他描述了哲人游历的方式,在这里谈到了泰勒斯、柏拉图和普罗塔戈拉。或许我们可以读一下第418页的第4段。

雷肯先生[读文本]:

> 　　为了观赏一个国家的山川而去游历,和为了研究一个国家的人民而去游历,其间是大有分别的。好奇的人总是抱着前一个目的去游历的,他们在游历中只是附带着看一下一个国家的人民。对研究哲理的人来说,则应该同他们相反,主要是研究人民,而附

带着看山川。小孩子是先看东西,等他长得够大了,他才研究人。大人则应该先研究人,然后才看东西,如果他有看东西的时间的话。

因此,我们不能够因为游历得不好就得出结论说游历没有用处。不过,即使承认游历有用处,但我们能不能够因此就说什么人都可以去游历呢?不,恰恰相反,只有很少的人才适于去游历,只有那些相当强大的人,能够从他人的错误中接受教训而不受引诱的人,能够借鉴别人的恶事而自己不去做恶事的人,才可以去游历。

施特劳斯:好吧,我们继续。卢梭较为详尽地描述了(无论如何都值得读一下)什么情况下会是无效的游历。我不知道是否现在这些组织也会负担游历,尤其是社会科学家的游历,这些事情是必要的。这么做或许不错:如果洛克菲勒基金可以出一本小册子,并且浓缩一下这里最可靠的东西,或是从卢梭之外的其他作者那里。在第 419 页的第 3 段会发生向政治对象的转变,也就是婚姻的对应物。对,这似乎相当……我在这里看到一条注释,这里有个与婚姻的对应:在两件事上,这都是个契约。婚姻契约,社会契约,那么这两者很好地契合。下面我们来读政治讨论,它始于第 421 页的第 4 段。

雷肯先生[读文本]:

政治科学——

施特劳斯:打扰一下,这段话的第一个词是什么? 正确的翻译当然是"政治权利"。她怎么说?

雷肯先生:他说"政治科学"。

施特劳斯:不,不,卢梭没有提到科学。他说的是政治权利(droit politique)。政治权利,你也可以说公共法(public law)。

雷肯先生[读文本]:

政治权利还有待于发展,据估计,它也许永远不会发展起来
了。在这方面居于一切学者之首的是格劳修斯,只不过是一个小
孩子,而且最糟糕的是,他还是一个不说实话的小孩子。

施特劳斯:他甚至说"有着坏信念的小孩子"。
［451］雷肯先生[读文本]:

我认为,根据大家一方面把格劳修斯捧上了天,另一方面把霍
布斯骂得狗血喷头的情况来看,正好证明根本就没有几个明理的
人读过了或理解了这两个人的著作。事实是,他们两个人的理论
完全是一模一样的,只不过各人使用的词句不同罢了。他们论述
的方法也是有所不同的。霍布斯是采取诡辩的方法,而格劳修斯
则采取诗人的方法,其他的一切,就完全是一样的了。

施特劳斯:这是个典型的卢梭式论断。那么,我们该如何理解它?
我们在《第二论》的开头已经看到一些关于卢梭与霍布斯关系的说法。
他在这里只谈到是什么让他与霍布斯区分开,因此他是非常否定的。
但是,霍布斯还是获得了相对的好印象:他不比格劳修斯差。如今格劳
修斯被吹上天了,卢梭对霍布斯赞誉有加,以说明格劳修斯并没有比这
个被咒骂的霍布斯好。所以开头是这样的:二人都是……他指的当然
是格劳修斯一直在引用诗句来展现那个时代众所周知的权利观——而
霍布斯当然不去引述诗人,他只用三段论。但是卢梭说霍布斯的这些
三段论是诡辩,意思是……他指的究竟是什么? 并非是说前提是错的,
而是我猜是说霍布斯的论证很糟糕。这一点稍后会以某种方式澄清。
下面,继续。下一段他像是一门科学的改革者一样说话:这门科学不复
存在——正如霍布斯所说,霍布斯现在又让它退回去了:霍布斯对这个
情况一点都没有改变。请读吧。

雷肯先生[读文本]:

在近代的人当中,只有一个人说得上是有能力创立这样一门

既庞杂又没有用处的学问的,此人就是著名的孟德斯鸠。不过,他避而不谈政治学的原理,而只满足于论述各国政府的成文法;在这个世界上,再没有什么东西比这两门学问的内容不同的了。

施特劳斯:你怎么看这一点? 我是说,这算是对孟德斯鸠的好评价吗?

学生:这个说法非常地模棱两可,因为这当然是对孟德斯鸠的申斥,但是有个形容词修饰这门科学:这是门伟大而无用的科学。

施特劳斯:是的,但是无用是因为人的愚蠢,换句话说,实际上无用,原则上则是所有科学中最有用的,这才是卢梭的意思。而且我认为,在某种意义上,卢梭当然是对的。因为孟德斯鸠描述了实践层面的所有国家的实定法,当然。但是,在另一个方面,这个说法不属实,因为这意味着一种公共法,孟德斯鸠发展了这个东西。比方说,分权学说当然不仅是个关于不列颠或罗马政制的历史性论述,而是意在——无论你在哪里使用,这都是一种行得通的秩序。但是在一种原始意义上来说,这当然正确。他接下来说得更清楚了。

雷肯先生[读文本]:

> 然而,任何一个人,只要他想按照各个政府实际的情况认真地研究它们,就不能不把这两门学问结合起来。为了要判断它们现在是什么样子,就必须知道它们应当是什么样子。要想阐明这些重大的问题,最困难的地方在于我们能不能够使一个人有兴趣去讨论和[452]回答这两个问题:"它们和我有什么关系?"以及"我怎样对待它们?"我们已经使我们的爱弥儿能够自己解答这两个问题了。

施特劳斯:那么,在这里,来说……这很明显是对的,不是吗,如果你不知道什么是应当,你就无法判断,我认为这是最基本的;因此,我们的社会科学的智慧否认关于应当的知识,也就是说,无论如何不做价值判断;不下判断。很对。下一段。

雷肯先生［读文本］：

　　第二个困难之点在于我们每一个人都有儿童时期养成的偏见，在于我们都受过种种教条的熏染，尤其是在于著述家们个个都有偏心；他们时刻都在说他们阐述真理，其实他们哪里管真理不真理，他们心中所考虑的是他们的利益，只不过他们在口头上不讲就是了。民族——

施特劳斯："人民"，我们在这里必须用"人民"。

雷肯先生［读文本］：

　　人民既没有委任著述家们去做教授，也没有给他们年金或法兰西学院院士的席位，所以，请你想一想，老百姓的地位怎么能够由他们决定！

施特劳斯：你们看，这里出现一个更明确的攻击。早先的政治哲人们不仅是不称职；他们还被败坏了，因为他们是——无论他们承认与否，无论他们知道与否——他们依赖现存政权。第一个不受权力束缚而代表人民发声的政治哲人是卢梭，他没有在大学之类的地方获得任何席位。

学生：听起来像是马克思。

施特劳斯：当然，但卢梭在马克思之前。不，卢梭在某种意义上——我认为确实如此——是第一个……

学生：霍布斯呢？

施特劳斯：不是，霍布斯其实……霍布斯写作……我是说，这是确凿的，我不想玷污霍布斯的名声，但是，他最初是个严格意义上的斯图加特派，用政治术语说，接着他是个严格意义上的克伦威尔派，最后他又是个严格意义上的斯图尔加派。他从来没有站在过人民党派一边，清教党派，这一点很清楚。而且……不，卢梭作为人民的一员发声。我认为他是第一个明确作为人民的一员发言的哲人。我不知道还有谁更早。也许我遗忘了谁。我是说,我们有……确实有运用哲学学说的大众运动,但这是另一回事;但是,一位哲人……我认为他是第一个。他当然是唯一的民主哲人,对抗那些与他相反的主张。只有一个人还可以说成是第一位哲人,自由民主制的哲人,那就是斯宾诺莎。斯宾诺莎当然不是人民中的一员,但他已经很接近了。他写了他的口袋书,他画了一幅身穿马萨尼罗服装的自画像,一位 17 世纪的那不勒斯革命者。这更是——他近似于一个哲人革命者,但它严格来说是[453]模仿艺术,而不是……卢梭更接近于民主哲人。我认为这对于整个现代发展来说并非不重要,哲学、政治哲学逐渐变得要求行动——观念论,正如其现在的称谓。你想说些什么吗?

学生:你讲清楚这件事的方式非常重要,我想知道的事情是,有鉴于《社会契约论》中后来出现的那个特殊的句子,或者"人民未曾赋予过教职、年金,或学院席位":这或许也适用于——格劳修斯当然是这种,霍布斯或许也是,但是这么说对孟德斯鸠公平吗?

施特劳斯:是的,但是在某种意义上,这里不包括孟德斯鸠,因为他让自己严格限制在实定法范围内。

学生:所以,孟德斯鸠不再是个哲人。

施特劳斯:是的,当然。那么,他关于爱弥儿怎么说?"我要尽量使这个困难之点在爱弥儿眼中看来算不了一回事。"你看到了吗?

雷肯先生[读文本]:

> 当他刚刚知道什么叫政府的时候,他唯一要做的事情是去寻找最好的政府,他的目的不是著书立说。

施特劳斯:诸如此类,我们知道。但是他几乎不知道什么是政府,他应该知道的唯一一个东西是最佳政府。这当然是一种极端论断;这似乎意味着,你可以不用知道什么是政府,就知道什么是最佳政府。卢梭不太可能是这个意思。但是,这里暗示要区分政府应该是什么与实际是什么,"应该是什么"的这个问题可以独立于"是什么"这个问题。我是指,如果你从字面来看,你会在卢梭经常引用的著名论断中发现一个与他相悖的证据:Écartons les faits[抛开事实],我们不要考虑事实;这在《第二论》中有个更为有限的含义。但是,你当然不能通过研究现实中的政府来发现什么是最佳政府,因为你已经拥有,你拥有一个标准来在它们当中区分好坏;因为你不能——你不可能仅仅通过考察这些政府获得这个标准;这很清楚。那么,在下一段中,卢梭得出结论:"我们从事这种新科学的时候,所需要的不是巨大的才能,而是对正义的真诚的爱和对真理的尊重",因为诱惑如此巨大,你有可能被当权者收买。这多少毁掉了所有先前的政治哲人,正如卢梭所见。

学生:这也涉及到了爱弥儿,即爱弥儿没有才能,但他有一种——

施特劳斯:是的,他可以理解这一点。顺便说一句,这是对比《社会契约论》概略和《社会契约论》的关键所在。这是爱弥儿能够也必须学习的东西;如果其中包含别的东西——我是说,别的重要,而不是[454]细部东西——在《社会契约论》里,这些别的东西对爱弥儿来说并不是必须的。爱弥儿尤其,拿最重要的事情来说——爱弥儿不是必须懂得立法者的事情;这一点当然很重要。

学生:但是,这一段话的有个东西让我很困扰。似乎这个似是而非的困难是,我是否可以这样做? 他说,"还有第三个困难,更加似是而非,我不想解决也不想提出来。"但是,他从来没说这个困难是什么。那么,只要读一下那段话,似乎问题是,我,卢梭是否有……

施特劳斯:那就让我们读一下,这一段。

雷肯先生[读文本]:

还有第三个困难之点,这一点只是个别的人才会遇到,而且是易于解决的,所以我现在既不把它提出来,也不着手解决它,因为,只要我不怕它就行了。我认为,当我们去从事这样一种研究的时候,我们所需要的,并不是巨大的才能,而是对正义的真诚的爱和对真理的尊重。如果说我们可以找到一个适当的时机对政治制度作公正不偏的研究的话,我认为,现在就是这样的时机了,否则,以后就再也找不到这样的机会了。

施特劳斯:我看到两种可能性……我还没有充分地考虑它。第一个是,你,让-雅克,认为可以在其他伟大人物都失败的地方获得成功?那么就会有一种答案:这不是卓越才智的问题,而是对人民大众的忠诚感问题。这是第一点,但是,当然明显还有其他东西,他在这里还是,要么现在,要么永不。现在或永不;那么就不是卢梭的问题,而是时机问题。这个时刻对于发现唯一的政治真理(the political truth)来说是最好的时刻,在我看来,这只能是指大革命即将来临,要么阻止它,要么给它一个好的方向。

学生:这不能指爱弥儿发展的这个时刻吗? 这种正义与敬畏真理的感觉……?

施特劳斯:也有可能。

学生:他一直在讨论自己。译者忍住了一两处,但是卢梭说 selon moi[照我看]。

施特劳斯:是的,这可能……我是说,我不会在没有进一步思考之前排除这一点。我不相信这一点的原因在于,他本该毫不迟疑地提出来,他并不想提出来。

学生:吸引我注意的东西在于《社会契约论》前的那个章节——它没有任何标题——在他提出这个问题之后,他说,如果我是一个君主或立法者,我不会讨论这些东西,我会去践行它们。接着他继续说他是一个国家,一个共和国的公民,等等,好像他在那里说到自己的情况时是鼓励去处理这些东西的。

[455]施特劳斯:有这种可能。有一段话,我找不着了——我的引述肯定有误:"在观察前"——下一段怎么说? ——"我们必须给自己规则。"

雷肯先生[读文本]:

在进行研究以前,我们必须先定出一些研究的规则,我们需要有一个标准来衡量我们所研究的东西。政治学的原理就是我们的标准。每一个国家的民法(civil law)就是我们衡量的尺度。

施特劳斯:"每个国家的政治性的法律(the political laws)",指的是实定的公共法(the positive public law)。所以,换句话说,在爱弥儿周游列国之前,他会有一个判断标准。那么,这个标准当然不是建立在对各国观察的基础上,这不意味着这是所谓的先天科学(a priori science)。它并不是。它的基础是事物的自然:在事物的自然的基础上;在人的自然的基础上,根本地。公共法成为先天科学是在卢梭之后的康德那里。在卢梭本人那里,它仍有一个经验基础,自我保全的经验基础。

时代以一种惊人的方式发展。我们只能再多读一个问题,在第423页的第2段。他这样开始了论证……顺便说一句,我指的是下一段,"我们的基本概念清晰,简单,直接来自于事物的自然。问题将会形成"等等。接着他非常不正式地开始;换句话说,这并不是正式地列举所有他们讨论的项目。自然地,这并不是偶然提出的,这一点很清楚。关于这个第1段,你观察到什么了,巴特沃斯先生?

巴特沃斯先生:是的。第一件事,这在某种程度上包含了第一章——《社会契约论》卷一,第一章和第二章,但是在《社会契约论》中并没有提出这些。

施特劳斯:是的,当然。但是我要是,这全部取决于这一点,他到达了社会契约本身的问题,他简单地总结了《社会契约论》的前五或前六章。我没有发现任何实质上的区别。

巴特沃斯先生:实质上没有;但是当然略去了一些……比如,有一处省略我认为很重要,就是他没有强调是自我保全把我们推向社会。

施特劳斯:对,但是这一点,如果有人这么讲也对:我们在这本书已经听过太多次自我保全了,在这个地方没有必要强调。

巴特沃斯先生:我认为,也许是因为爱弥儿并不关心它,因为他受到的是德性教育。

[456]施特劳斯:是的,因为他也接受了萨瓦神父的训练。

巴特沃斯先生:对,再加上卢梭的整个训练。

施特劳斯:对,但是,我认为尤其是萨瓦神父的。下面只能再谈一点了,然后我们就得停止了。在第423页的第2段,这段很短。

雷肯先生［读文本］:

我们要研究:我们是不是能说一切疾病都是上帝赐予的,因此,请医生治病是犯罪的。

施特劳斯:这个思想在《社会契约论》的第一章中没有提出吗? 我太久没读这本书了。

学生:没有,这出现在第一卷的第三章。

施特劳斯:但是是在那个背景中?

学生:是的。

施特劳斯:那么,他的这个说法的意图何在?

学生:这在某种程度上关系到如果上帝给我们一个暴虐的统治者,这是一种疾病,我们可以……

施特劳斯:担任。不,我认为他想起了《新约》的某一段话:《罗马书》13:1:"在上有权柄的,人人当顺服他,因为没有权柄不是出于神的。"他说,确实如此,但是每种疾病也是出自神的,而疾病与医药可以共处。因此,我们也可以对来自上帝的权柄做些什么。

学生:那么,这必然直接重新提到整本书的格言:自然给我们救治——

施特劳斯:《爱弥儿》的,你指的是;对,当然。这是他清楚地想到的。那么,我们或许可以再多读一段。在同一页的第5段。

雷肯先生［读文本］:

如果我们不承认暴力的法律,而拿自然的法律即父权作为人类社会的原理,我们便要研究这个权力有多大,它的自然的根据是什么;除了孩子的利益和身体柔弱,以及父亲对孩子的天性的爱以外,它还有没有其他的存在的理由;如果孩子的身体不弱了,而且他的智力又发育成熟了,他能不能在保持其自身的生命方面变成唯一的自然的判断人,并从而变成他自己的主人,［457］不受其他人的约束,甚至不受他的父亲的约束,因为,千真万确的是:孩子之爱他本人，是远远胜过其父亲对他的爱的。

施特劳斯：这当然是一种经典的霍布斯式论证：这正是他用来处理第二个推论的方法，在开始……首先，来自强权的统治是不可能的。然后，政治统治可以来自于父权权力——第二种可能性，也同样被拒绝了。于是，结果就是，统治只能来自契约；这就是整个论证。在这段话中，我认为这一点很重要，因为这里很清楚地提到了自我保全；每个人（当然他不再是个孩子）都是评判者。理由是：由于每个人都最接近自身——这个著名的说法，愚者比起智者来说在愚者的自我保全上更上心。愚者自己做评判者要好过他去问智者要指引。这里很明显暗射霍布斯这个平淡无奇的论证。

巴特沃斯先生：我试图指出的事情仅仅是数量上的差异；他过于迅速地考察完这个东西，而在《社会契约论》中，这个东西是被反复提出的，自我保全的观念。

施特劳斯：自然而然地，但是我会说，这很好理解，因为我们已经非常熟悉自我保全和 amour de soi［自爱］的学说，如果我们现在还不了解它，就永远理解不了它了。我认为，这并不是一个差异。我承认并且强调，彻底对比卢梭的这两个论述并且看看其中的差异会非常有意思。至于考察后的结果是否足以支撑一篇硕士论文，比方说——用实用性的话来说——我没做过不好说。我的大体印象是，主要区别在于，第一，对立法者的沉默；第二，详尽阐述关于国际法和国际关系的论证，这些内容在《爱弥儿》中没有。

学生：我认为很重要的另一个问题是，爱弥儿并没有被教授他能够——如果他觉得自己受伤害了，如果他和他的伙伴们觉得他们自己［……］——他们能够求助政府。恰恰相反。这一点我……

施特劳斯：你下次课提醒我们，当我们读到这段话的时候。再多谈一点，我们下次课可以继续讨论，在第 423 页的倒数第 2 段，"再到奴隶的权利"。

雷肯先生［读文本］：

其次，谈到奴隶法，我们要问：一个人是不是可以按照法律把他的权利毫无条件、毫无保留和限制地通通让给别人，也就是说，他可不可以放弃他的人格，放弃他的生命和理智，放弃他的人身——

施特劳斯："他的我"，"他的自我"（son moi）。
雷肯先生［读文本］：

是不是可以做事不问是非，一句话，是不是可以在未死以前就停止生存，尽管自然明明是他自己保持他自身的生命，尽管他的良知和理性已经告诉他应该做什么和不应该做什么。

［458］施特劳斯：是的，这一段极有意思，因为它再次回到这一点，只有限制，这条线索才变得不同了［施特劳斯在黑板上写字］：自然、理性和良知密切相关。你们会看到，自然只与人自己的自我保全有关。订立一个奴隶之约绝对是个愚蠢的行为，在这种情况下，你放弃一切权力以求自保，把权力交给你的主人。这很简单清楚。另一点：良知和理性——顺便说一句，这里第一次提到良知——良知和理性从人应该获得什么规定了人应该做什么。这与他的理性有关——我们可以说和人的尊严有关，让我们这样提出。这里，这里不包括人的尊严。如果野兽会思考，每个野兽都会这么做——我是说，野兽都不会让自己被奴役，很显然，因为如果某个人掌握了你的自我保全的一切手段，这不能导向自我保全。这是一种疯狂的行为，从最低也最牢固的观点看。这里，这些是人的道德和人的尊严的考虑，我们可以这么说。做奴隶和人的尊严不相容。很明显存在两种非常不同的理性，然而，幸亏自然之善，两者汇于一点；两者都与任何奴隶制的正当（right of slavery）不相容。

我认为，这具有总体性的重要意义。卢梭做出这一区分，一方是自然（它只和自我保全有关）和理性，另一方是良知，它很难界定，但它在某种意义上潜在于卢梭的整体学说之中。然而，从自然得出的结果与从理性和良知得出的结果之间存在一种相当大的一致性。因此，卢梭就完美地获得模糊这个区分的资格,出于最为实践性的目的。但是,一旦涉及原则问题,理论上的理解,那么就有必要做出这个区分。这一点清楚了吗?我是说,我们在这里又看到这三个东西,我们讨论的时候曾经看到过它们;这当然需要一个非常详细的研究。我认为这个更早的说法更清晰一些,因为某些东西……在某种程度上它得到了解释,你们看,不服从诱惑是良知的典型例证,而理性告诉我们不应该意欲不可能的东西。顺便说一句,我忘记指出这个差异很明显:如果有人顺从诱惑,他就不会去尝试不可能的东西,因为顺从很明显是可能的东西;否则这个整体区分就说不通了。换句话说,这里理解的理性实际上与自然不同,但是它当然也与道德本身不同。我认为这一点你可以……道德本身与德性更多地属于良知而不是理性,我会这么说。但是,我们还有很多东西要讨论,下次课我们还要请博扬先生读论文,我希望我们还有时间对整部《爱弥儿》做一个整体性的讨论。

　　[本节结束]

第十七讲　总　　结

[460][进行中]施特劳斯：——善是某种不可被德性取代的东西。自由，原初自由不等同于公民自由。[……]这伴随着生存感觉；它与之相关。不过，我们等会儿再讨论这个。

我这节课准备了一个长篇论述，一种总结，我们要讨论一下。不过，首先，我们必须先完成上次课的作业讨论，我们现在就来讨论它。我们大概进行到了第423页，我们已经读过了那段话，我们应该再读一下，在第423页：倒数第2段，我们上次课读过这段话，不过我们要接着这个问题谈。

雷肯先生[读文本]：

> 其次，谈到奴隶法，我们要问：一个人是不是可以按照法律把他的权利毫无条件、毫无保留和限制地通通让给别人，也就是说，他可不可以放弃他的人格，放弃他的生命和理智，放弃他的人身……尽管他的理性和良知——

施特劳斯：顺序不一样，"良知和理性"。所以，良知位于三个东西的中央。

雷肯先生[读文本]：

> 告诉他应该做什么和不应该做什么。

施特劳斯:对,我们已经看到了自然、良知与理性之间的这个区分;在这里,这个区分在某种程度上被详细说明,这……关注自我保全属于自然;良知和理性有另外的……[自我保全]是我们天生就倾向要做的事情,我们不需要理性命令我们做这件事。其他的事情是——这些领域未被区分,但是良知和理性都在发挥规定、命令和禁止的作用。自然并不命令和禁止。这一点很清楚。那么,我们必须记住的只是,自然、理性和良知之间的这个区分,我们后面会继续讨论它。我们没时间都读,我们翻到第42页,第3和第4段。

雷肯先生[读文本]:

> 由于我们不能不这样重新探讨,研究这个集合的民族的含义——

施特劳斯:不,不:"'民族'这个集合词",ce mot collectif[这个集合词]。集合词,指的是一个指称某个群体的词。

雷肯先生[读文本]:

> 因此,我们要问:为了要集合成一个民族,在未出现我们所说的那种契约以前,是不是还需要订立一个契约,或者,至低限度要有那么一个默契。

施特劳斯:换句话说,一个先于任何可能与政府缔结的契约的契约;通过这样一个社会契约,一个民族才产生了。

[461]雷肯先生[读文本]:

> 既然一个民族在尚未选择它的国王以前就已经是一个民族了,则它不是根据社会契约而构成一个民族,又是根据什么呢?可见,社会契约是一切文明社会的基础,我们只有根据这种契约的性质,才能阐明按照这种契约而构成的社会的性质。

施特劳斯:对,这很清楚,这与《社会契约论》里的学说完全一致。我们来读下一段,请吧。

雷肯先生[读文本]:

> 我们要研究这种契约的主要内容是什么,我们是不是大体上可以把它概括成这样一段话:"我们每一个人都同样把自己的财产、人格(person)、生命以及自己的一切能力交给公意(the general will)去支配,听从它的最高的领导,而我们作为一个集体,将把每一个成员看作是全体的不可分割的一部分。

施特劳斯:我认为,这字面上与《社会契约论》的第一卷第六章一致,还是说存在什么细微差别?

学生:有两个重要差别。

施特劳斯:差别是什么?

学生:这个东西,他说"他的财产"。

施特劳斯:对,里面没有财产,也没有生命。但是你当然也可以说,这暗含在里面。《社会契约论》说,"我们中的每一个人将把自己的全部人身(whole person)和所有力量奉为公有,遵循公意的最高领导;我们将每一位成员都视为整体不可分割的一部分。"那么,你们看,差别在于:他在《社会契约论》里说的是他的全部人身也包含在内。而在《爱弥儿》这里,他说的是他的财产、他的人身、他的生命。那么可以说他的全部人身包含了这些。

学生:我的问题是,社会形成之前你能否拥有财产?

施特劳斯:能,不过是以一种不稳靠的形式,正如他阐明的那样。

学生:卢梭在《爱弥儿》中继续这一点,他在《社会契约论》谈到支配权问题的时候也提到了财产,而在《爱弥儿》中他没谈到支配权问题。这有可能是个次要问题,但是他至少在《爱弥儿》中继续谈财产,但没有引入它。

施特劳斯:他没有引入什么? 自然状态下的财产性质与公民状态下的财产性质的区分吗?

[462]学生:在《爱弥儿》中谈论它的方式和《社会契约论》中不一样。

施特劳斯:对,但是他不得不概述;他不得不删减。问题仅仅在于,他是否删去了某些绝对核心的特征。这并不是……你可以正确地说,这并不是核心,尽管它当然非常重要。让我们翻到,在同一页,倒数第2段。

雷肯先生[读文本]:

> 我们认为,这种联合的契约包含一个全体和个人之间的相互的约定,每一个人可以说是同他自己订立契约,因此他具有双重的关系,即:对别人来说,他是行使主权的一分子——

施特劳斯:"对于个体来说,"对于个人。

雷肯先生[读文本]:

> 对于主权者来说,他是国家的一个成员。

施特劳斯:对。这个说法很像《社会契约论》的第一部分的第七章的第1段。第425页,第5段。

雷肯先生[读文本]:

> 我们从个人方面把自然的自由和公民的自由加以比较以后,我们还要从财产方面把产权和主权,把私人土地权(the private domain)和公共土地权(the common domain)加以比较。

施特劳斯:他说的是"个人土地权(the particular domain)和国家征用权(the eminent domain)"。

雷肯先生[读文本]:

> 如果说主权是以财产权为基础的话,则财产权就是最应当受

到主权者尊重的权利。

施特劳斯：这个说法当然是纯正的洛克式观点。

雷肯先生［读文本］：

　　只要把它看作是个人特有的一种权利，它对主权来说就是神圣不可侵犯的；然而，要是把它看作是所有的公民共有的权利的话，那它就要服从公意的支配了，这个意志就可以废除它了。所以说主权者是没有任何侵犯一个人或几个人的财产的权利的；但是，它可以制定法律去夺取所有人的财产，例如在吕库古斯时代的斯巴达就是这样做的；反之，梭伦废除债务的做法就是不合法的。

施特劳斯：对，"一种不合法的法令"。那么，这似乎要比《社会契约论》中相应的提法更清楚，但是没有区别；只是更清晰一些。尤其对比《社会契约论》的第二部分的第四章，在第 3 段中，他在那里说，"应当予以承认，［463］对于每个人通过社会契约从个体权力、私有财产、个人自由中所出让的，仅仅是全部之中其用途对共同体有重要意义的那部分。"换句话说，严格说来，你不是要出让一切（everything），而只需出让对于共同体有用的东西。"但是，你也必须同意，只有主权者才可以对这一重要性加以评判。"所以，如果你说，你不需要这个国家这个东西，你并没有这个权利……你可以对穿过你土地的公路发声，但是羊群和你没关系；你没资格说什么。主权者用他的智慧可以觉得羊群太重要了，好吧，我也不知道为什么重要：或许主权者必须雇佣印度军队，要拿羊肉给他们吃——你们看，这在第一次世界大战可是个大问题。所以，只有主权者可以评判这个事。

　　这种原则上与《社会契约论》一致：吕库古斯与梭伦的区分在这里意味着什么？这在当今事务上是个特别重要的事情。废除债务：这仅仅意味着一部分城邦民、债权人被剥夺了他们的财产来让债务人获益。这是个不合法的法令，因为法律在这里没有替全体城邦民说话，而是对债权人和债务人做了个会招致不满的区别对待。但是，如果主权者说每个人都必须把他的所有财产出让给社会,这并不是不合法的,你们明白吗? 这一点很重要。

学生:这是《联邦党人文集》的大论题。

施特劳斯:在什么意义上? 我不记得了,你能说一下吗?

学生:债务问题,或者债权人—债务人关系问题是……

施特劳斯:哦,对;我想起来了。所以换句话说,共产主义本身是合法的,但是这种剥夺……

学生:福利国家是不合法的。

施特劳斯:对。这有时很难说得清楚,因为不用债权人和债务人这个字眼就可以很轻易地打破法律。我猜一个律师就可以轻易做到这一点。比方说,累进所得税,就没提到这些名称,如你们所知。

巴特沃斯先生:你是否打算回到再往前一点的那段?

施特劳斯:不,我没打算,不过什么是……?

巴特沃斯先生[读文本]:

> 订约的双方,即每一个个人和全体,既然没有一个可以裁决他们之间分歧的共同的上级,那我们就要研究,是不是每一方都可以在他高兴的时候破坏契约,也就是说,只要他一旦认为契约对他有害,他就可以不遵守。

[464]就在你刚才讨论的那段话往前数五段。我有这样一个印象,这里提出了一个《契约论》里提到的问题,并且给出了与《契约论》相反的解决办法。

施特劳斯:他在这里怎么解决的? 在《社会契约论》里又是怎么解决的?

巴特沃斯先生:在《爱弥儿》这里,当你达成契约后,似乎你不可以退出契约,即便你认为自己受到了伤害。

施特劳斯:对,但这并没有不同……

巴特沃斯先生:在《契约论》里,在第三卷的第十八章,有两段话说人民可以聚在一起决定是否要保留政府……

施特劳斯:人民,而不是个人。换句话说,主权者集合可以解散公民社会,一个个人不可以。

巴特沃斯先生:好吧,他说如果一个个体可以离开,为什么整体不可以……?

施特劳斯:对,但是,情况不一样;当他履行了自己对于公民社会的责任之后,才有一种移民的权利。

巴特沃斯先生:但是不是这里。

施特劳斯:是的,但是有人会说,这是个不特别重要的细节,他可以……我是说,换句话说,仅仅通过《爱弥儿》这里的概述中对某些问题保持沉默,你不能推断出卢梭放弃了《社会契约论》中的相应的学说。

巴特沃斯先生:我的想法是,这种沉默是有目的的,其中包含的意味是——你看,表明了即便你觉得自己被伤害也绝不可能退出——有目的的,因为卢梭不希望爱弥儿有这个念头……

施特劳斯:很有可能;在这个特定的例证中有可能。必须看到这一点。但是……这需要更多的论证,因为卢梭必须省略掉《社会契约论》的九成,总体原因可以很好地解释大部分省略,这或许足以解释所有情况。因为,比方说,我们后面会讨论这个问题,你可以正确地说,《爱弥儿》这里没有提到立法者——《社会契约论》的第二部分的第七章的主题——也可以得到很好的辩护,因为这是个不具有实践上的重要意义的学说——尽管它具有最重要的理论意义——因而在这个概述中可以正当地删去。

巴特沃斯先生:这是否依这个事实而定,即你的看法建立在这个事实的基础上——这是一篇概述,而我要说的是,同样有理由去问,这是否是一篇概述,[465]因为卢梭最初说,这些论述大部分摘录自这本书,这并不意味着它仅仅是个概述,接着他又补充了根本不包含在《契约论》里的一些东西,这会让人想知道这个补充进一些东西之后的概述是个什么类型的……

施特劳斯:对,但是,我没有——如果你写一个研究,一个详细的比较,我会非常高兴;或许我们会从中学到很多。我眼下只能说,我不认为这是非常值得做的事情。但是这仅仅是我的意见而已。但是你所说的——你怎么表述出来的,看起来像是卢梭自己提出的一样;你似乎是在引用卢梭——他对于这篇概述的性质的说法。

巴特沃斯先生:他说:"摘自《社会契约论》,它本身是一个被放弃的大部头作品的提纲,因为它如此宏大,超出我的能力。"

施特劳斯:对,"摘自"。一篇概述当然就类似一个提纲,不是吗?我是说,当你说概述的时候,你暗示你删掉了很多,那么别人就可以假设一篇合理的概述摘出了最重要的东西——或者,你需要更确切的说法,对爱弥儿来说最重要的东西,这样你就有了摘录的标准。

巴特沃斯先生:[……]仅仅关于"概述"的限定词:"最",或者说 la plupart extraites[大部分是摘录]。

施特劳斯:哦,他说了,很抱歉。那么你就有了更强有力的证据。在哪里?

学生:这是下一页最底下的一条注释。

巴特沃斯先生:Ces questions et propositions sont la plupart extradites[这些问题和命题大部分是摘录]。

施特劳斯:对,哦,那么你是……对,非常好。

学生:这是否指"主要地"(mostly),或者"在极大程度上"(for the most part)?

施特劳斯:在极大程度上。非常好。我是说,我让步了。所以,来深究一下这个问题。

巴特沃斯先生:那么,接下来的说法似乎又与这矛盾,因为这里又说:et don't c'est ici le sommaire[这是它的一个提纲]。

施特劳斯:让我先来读一下。对,不过还是,因为"提纲"是……我是说,我必须说你提醒我注意的第一个说法比第二个更特殊,所以我会把它视为关键性的——不,决定性的。但是我们必须还要考虑这个大问题,时间,现在。

学生:我能来支持一下巴特沃斯先生吗?在第438页,他提到爱弥儿的义务,他继续关于热爱祖国土地的这一点,他说:

也有这样一种情况,即一个人生活在国外也许比在国内对他的同胞更有用处。在这种情况下,他便应当唯一无二地听从他的热情的驱使,[466]毫无怨言地忍受亡命国外的痛苦;亡命国外这种做法本身就是他的义务之一。

那么,这并不意味着他绝不能离开,但是这……

施特劳斯:对,但是卢梭承认移民的权利,移民的自然正当,我们这里的人都需要这个权利;他在《社会契约论》也承认。换句话说,如果你试图在宣战的那一天移民,你就不能自由地这么做;或者,如果你没有缴纳你的税款;但在正常情况下,你有权移民,这当然意味着你到了其他国家仍然要承担同样的重担。

学生:对,我并不否认他承认这一点,但是可以说,至少在这本书里,通过暗示而非……

施特劳斯:好吧,我还是要说,直到我们看到巴特沃斯先生的研究之前,我还是要说,我们不要钻牛角尖,让我们假定,这确实是个摘要。

学生:在这段话中,一个美丽的句子清晰地解释了流亡的含义,他说,"但是你,亲爱的爱弥儿,还没有什么原因一定要你作出这样重大的牺牲,你还没有担负向人类阐述真理的艰巨使命,你应当到他们中间去同他们一起生活。"

施特劳斯:啊,你们看:所以,这是卢梭的特权,而不是爱弥儿的。不过,现在我们必须得更有序地进行。第426页的第4、5段,他在这里简短地解释了什么是法。"反之,当全体人民为全体人民制定法律的时候。"

雷肯先生[读文本]:

那就是考虑到人民自己的情况了;如果说产生了一种关系的话,那就是从一个观点来看的整体对另一个观点来看的整体,而整体是没有分裂的。法律的对象是全体,而制定法律的意志也是全体。我们在这里需要研究的是,其他的法令是不是可以冠上"法律"这个名称。

施特劳斯:是的,而这……答案是没有其他法令;当全体人民为全体人民建立起某些东西时——比方说,禁止谋杀,诸如此类的处罚——当然对所有人平等。如果它说,如果贵族犯了谋杀罪,他受这种惩罚,而平民受另一种惩罚——这就不成其为一项法律。唯一的困难在于,有时候会有一种具有完美普遍性特征的法律,但是它对一部分人的伤害要比另一部分人大。著名的例子是人人都知道的阿纳托里·法郎士:"法律同等严令禁止富人与穷人沿街乞讨与栖身桥下。"这在卢梭的意义上是完美的法律,但是,你可以说,这项法律对一部分人的损害要大过另一部分人。如果仔细思考一下,这当然就导致了重启卢梭的法律定义的整个问题,他试图通过把他的学说限定在同质性的社会来回避这一点;换句话说,在一个没有乞丐,居者有其屋的社会里,这整个问题就不会出现了。困难仅仅在于,在每一个这样或那样的社会中,都存在异质性的因素,除非[467]最原始的部族社会。好吧,我们没法儿全都读。我们翻到第 428 页,第 4 段。

雷肯先生[读文本]:

为了阐明这一点,我们就需要指出每一个行政官的身上是具有三种本质上不同的意志的:第一个是倾向他自己的利益的个别意志;第二个是专门以维护执政者的利益为目的的行政官的共同意志,这种意志可以称为集团的意志,对政府来说是普遍的,对国家(政府是国家的一个组成部分)来说是特殊的;第三个是人民的意志,即主权者的意志,这种意志无论对作为总体的国家或者对作为总体的一个组成部分的政府来说,都同样是普遍的。在一个十全十美的立法机构中,个别的特殊的意志几乎是没有的,政府固有的集团的意志也是十分次要的,因此,作为主权者的全体的意志是衡量一切其他意志的标准。反之,按照自然的秩序来说,这几种不同的意志愈聚集——

施特劳斯:集中。

雷肯先生[读文本]:

> 它们便愈趋活跃;公意始终是最弱的,集团的意志是居于第二位的,个别的意志是胜过一切的;所以,每一个人首先是他自己,其次是行政官,然后才是公民。这个次序的先后和社会秩序的先后是恰恰相反的。

施特劳斯:你们在这里看到,自然的秩序,社会的秩序,是相反的。这展示了公民社会的极端人为性,以及这个问题是如何产生的。背景是这样的:他在这里同时区分了主权者、公民全体的立法机构、政府。那么,更为具体的政治问题关系到主权者与政府的关系,因为政府会基于它自身的利益来运作。好吧,这一点在君主制的情况下很明显:君主不是人民。但是,即便你有一个共和形式的政府,不用考虑这是世袭的还是选举的,他们同样是谋求自己的利益。政治家们有一种共同利益,这个利益与大多数公民的利益并不一致。当然,你可以在政府谋求一个短期职务,但是问题仍然在。那么,问题就在于:政府无可避免地要比乌合之众更强大——即便人民一年集会几次,这与政府的集中的权力不可同日而语——在政府内部,每个成员的私心又要比团体意志更强大。这就是这个大体框架。由此可以得出什么? 他于是给出一个非常普遍的规律。你们记得吗,这个规律是什么,他建立起一个什么样的比例? [施特劳斯在黑板上写字。][……]这个是人民,这个是政府。

学生:人民是一群,而政府是……

施特劳斯:我是说,人民作为大多数,而不是作为一个国家主权的单位。这个则总是一,主权者;而政府,我们称之为 x,因为我们不知道。那么,如果你在这里写个一百,比起你在这里写个一百万,政府就必定会更弱。你可以吗? 你是我们的数学家。

[468]学生:由于一个团体的力量——无论它是人民还是政府还是主权者——是与他们的成员数目成反比的,他总结到,为了获得匹配的力量,人民越大,统治者就越小。

施特劳斯:或者政府就越弱,让我们这样说。或者这样表述……换句话说,为了统治,如果主权者由一百个公民组成,相较于一千万人数的主权者的情况,你就需要一个更弱的政府。那么,严格意义上的民主制只有在小型社会才可能实现;当你超过一个程度的时候,就只有君主制可行。你们看,《联邦党人文集》必须要反驳这种论调,才能表明一个大型的共和国是可行的。我是说,这个论题本身当然是孟德斯鸠的,甚至更古老,但是这种特定的形式是卢梭自己的,就我所知。

学生:我能在这里只提一个问题吗?对于数目庞大的人民来说需要君主制或数量较小的统治者:统治者人数较少是否意味着他们权力更弱?

施特劳斯:权力更强。

学生:但是,你刚才说……

施特劳斯:那我肯定是口误。不,恰恰相反,当你有一个大国的时候,政府人员必须由很多人构成,这并不稀奇;但是,所有这些人,这些官员都从同一支笔,即君主之笔获得他们的权威。因此,这个权力绝对集中在一手。但是,如果你有个更小的国家,那么共和形式的政府或许行得通;如果是个非常小的国家——换句话说,一种小城市——民主制就行得通。

学生:不是这样吗?他的数学比例在数学上失败了,这不重要吗?

施特劳斯:是的,这应该会很重要,不过需要说明一下。

学生:好吧,如果他说,政府与被当作群众的人民成反比,政府与被当作一体的主权者成反比;如果你有一百个人民,那么政府就是十,作为主权者的人民就是一:一百比十比一。

施特劳斯:那么我们可以轻易地算清楚了。

学生:我仔细地通读了一遍,但是我不记得……我对这个数学与他推论的一致性印象深刻,我没想到会看到这个一致。

施特劳斯:不,不,卢梭的数学知识很丰富。所以,让我们看一个小国家,一百个公民。[施特劳斯在黑板上写字]那么,x 的值是多少?

学生:十。

[469]施特劳斯:是的,一百的根。那么,一百万呢?

学生:这就必须是一了。

施特劳斯:现在,有趣的比例是什么?

学生:不是必须如此吗? 如果这里是一千万,那么根据卢梭的前提,这里必须是一。这不得不是一个君主。

施特劳斯:不,两个例子就足够了。这里,最重要的是什么? 比起一千作为一百万的一个部分,十作为一百的部分,比例更大,关键在这里;其他都是由此得出。你可以在一个小国家里有一个庞大的统治集团。国家越大,权力就越得集中。好吧,这当然不能完全用数学表达,但是你绝不会真的有个一,或者至少仅仅在一个极其……

学生:是的,他首先讨论了权力的比率。但是,对于任何对象来说,权力与数量都成反比,比如政府。在一个已知的社会中,政府越大,在绝对项上就越弱。

施特劳斯:在一个更大的社会……?

学生:在一个已知的社会,如果你扩大政府的数量,如果你让议会变庞大,议会就会更没有效力。

施特劳斯:所以,换句话说,可行而明智的事情是,社会越大,政府就要越强大。政府越大……是的,当然。

学生:完美的数目是否是——我花了很多时间在数字上兜圈子——只有一,一,一?

施特劳斯:这是一种绝佳的数字上的可能性,但是对于政治学来说不再有吸引力,因为这就是由一个人组成的一个社会。这对于星期五到来前的鲁滨逊很有效。

学生:但是,我想知道……我的意思是,在权力和自由的意义上,如何更好……在某种意义上,我是说,卢梭没有意图把这当作未来统治的严肃建议。

施特劳斯:不,他严肃地对待这个原则;这个原则就是,国家越大,政府就必须越有力。

学生:政府就必须;这并不意味着公民会因此更幸福。

另一个学生:是的,我知道……

[470]施特劳斯:恰恰相反,在他看来,公民会更不幸福,但是……

学生:不过,这就是我要引出的问题,幸福问题。因为,这样一来,你就得需要一个小一些的国家;在某种意义上,它仅仅从数学上看,我是说,没有任何要把这当作给政府的实践指南的意图,但是,真正的幸福是,只有一,一,和一。

施特劳斯:在某种意义上,他这么说。我是说,就这一点而言……我明白你的意图:完美的解决方案是绝对的孤独者。好吧,我们不止一次听说这个观点了,的确如此。但是,我认为你必须在严格的政治语境讨论这个问题;这不可行,我相信你也知道这一点。那么,存在——好吧,我们不可能全都读——接下来是关于好政府的标志的讨论;在第432页。有许多有意思的内容。怎么了?

学生:我注意到,对于这个规律来说,中国是个例外,人口越多越好。

施特劳斯:对,但它当然是个致命的例外。不,我是指,因为这些情况,他怎么……他必须要解释它,而他并没有这么做。让我们翻到第432页,第3段。

雷肯先生[读文本]:

> 关于风俗和政府的必要的关系,在《论法的精神》一书中有极其详细的阐述——

施特劳斯:他在这里没有引用这位作者,这很有意思。当他提到孟德斯鸠的时候,他却又不提《论法的精神》。或许,这是由于这本书匿名出版:它在1748年出版的时候作者不详。

学生:但是,他当然把这位作者等同于这本书的一般倾向,当他首次[……]。

施特劳斯:他确实这么做了。但是,另一方面,并非字面上的相同;继续深入,从刑法的角度去思考它,你会看到区别。那么,继续。

雷肯先生[读文本]:

> 所以,要研究这种关系的话,最好是阅读这本著作。但是一般

地说,我们可以用两个明显的标准来判断政府的相对的好。一个标准是人口。凡是人口日渐减少的国家,它就是在趋向于灭亡的;而人口日渐兴旺的国家,即使是很贫穷,它也是治理得很好的。

中国是个例外。

施特劳斯:我们必须读一下下一段。

[471]雷肯先生[读文本]:

不过,这里所说的人口,必须是由于政府和风俗而自然达到的结果;因为,如果人口的数字是由于殖民地的人民凑起来的,或者,是由于偶然的或暂时的原因而达到的,则殖民地和这些偶然的和暂时的原因正好表明那个国家是治理得不善的。当奥古斯都颁布种种取缔单身汉的法律的时候,这些条例的本身就表明罗马帝国在衰亡了。

施特劳斯:因为公民自己并没有动力。是的。

雷肯先生[读文本]:

正当的做法是,应当用政府的善政去促使人民结婚,而不能用法律去强迫他们结婚;用暴力的办法而达到人口的增长,我们是用不着去研究的,因为人们对违反天性的法律会想办法逃避,使它变成一纸空文的。我们要研究的是因风俗的影响和政府的自然的倾向而达到的人口增长,因为只有风俗和政府才能产生永恒的效果。好心的圣皮埃尔神甫主张对每一个个别的弊病采取小小的补救的办法,他不追究它们共同的根源,看是不是能够把它们一下子同时加以纠正。对于一个病人身上的烂疮,我们不能采取一个一个地分别去治疗的办法,而应当使他生长的那些烂疮的血液通通变得很干净。据说,英国用奖励的办法去发展农业,我看不出这个办法有什么好处,这恰恰证明那个国家的农业是不能长久发达的。

施特劳斯：他是对的，出于很多不同理由。我认为，这是卢梭的传奇；你们看，正如卢梭……一个彻底的观点——好政府有一个标准，人人都可以看到：人口是否增长。然后，没有小修小补，只有扫荡一切的东西：引用斯大林的话说，这当然意味着彻底革命。但是，这当然只是卢梭的全部学说的一个因素，而不是卢梭的全部，但是，你可以基于这种论调来理解它。它被以通常被理解的那种方式理解。那么，接下来出现某些我们应该稍作讨论的有趣观点。在第432页的最后。

雷肯先生[读文本]：

> 第二个表明政府和法律的相对的好的标准也是体现在人口上的，不过体现的方式有所不同，也就是说，它不体现在人口的数量上而体现在人口的分布上。两个面积和人口都完全相等的国家，很可能在力量上是极其悬殊的；其中比较强盛的那个国家，其人口是很均匀地分布在它的领土上的；没有大城市，因此也没有那种表面的繁华的国家，终究是能够打败它的对手的。一个国家之所以弄得很贫穷，正是由于它有大城市的缘故，因为大城市所生产的财富是一种表面的和虚假的财富，也就是说，金钱虽多，而实际的益处却很少。有些人说巴黎这个城市抵得上法兰西国王的一个省，而我却认为它反而是花掉了他几个省的收入；巴黎在各个方面都是由外省供给的，外省的收入大部分都流入了这个城市，而且一流入之后，就再也不能到达老百姓和国王的手中了。

施特劳斯：下面我们来读下一段的开头和结尾。

[472]雷肯先生[读文本]：

> 你走出城市去研究一个国家的人民，才能对他们有所了解。

施特劳斯：还有这段的结尾。

雷肯先生[读文本]：

那么,正是农业构成——

施特劳斯:"土地,农村。"

雷肯先生[读文本]:

构成了国家,农村的人口构成了人民。

施特劳斯:好了,你们在这里可以看到与杰弗逊的关系:农业民主;这很显然就是这个意思。博扬先生。

博扬先生:我只是想要解释一下中国这个例外。在我们刚才读到的那段话里,在他讨论大城市和民众的语境下,他提到,"人口分布不均匀则将产生副作用",这或许是对于那个例外的可能解释。

施特劳斯:或许也有可能是因为人口增长是中国政府的政策;很有可能是这样。那么,现在来读下一段;他提到农业民主的潜在原则。

雷肯先生[读文本]:

在边远的省份按照各个民族原始的天才的质朴状态进行研究,就会得出一个总的看法,充分证明我在本书内封页上引录的那一句话是很对的,可以使人类的心灵感到极大的安慰;这个总的看法就是用这样的方法去研究,结果发现所有一切的民族都是很好的;它们愈接近自然,它们的性情便愈是善良;只有在它们聚居城市、受到文化的熏染而败坏的时候,它们才趋于堕落,才把某些尽管是很粗俗然而是没有害处的缺点变成看起来很文雅而实际上是非常有害的恶习。

施特劳斯:是的;换句话说,农业民主制更自然——最自然——因而也是最健康的,最好的。在我们总结之前,再读几段。在第435页的第4段。

雷肯先生[读文本]:

现在是应该结束我们的游历的时候了。让我们把约翰先生——

施特劳斯:"约翰爵士。"好吧,这不是很重要。
[473] 雷肯先生[读文本]:

带回给露西小姐,或者说把爱弥儿带回给苏菲。

施特劳斯:这只是翻译得有点奇怪,因为法文版里是爵士,并不难翻译成英文。
雷肯先生[读文本]:

他将给她带回去一颗跟从前同样温柔的心,而且还会给她带回去一个比从前更加聪慧的头脑;由于他研究了各种政府的弊害,研究了各民族的美好的德行,因此他回国的时候,还将给他的祖国带回他从这些研究中所取得的教益。

施特劳斯:"人民","人民"的内涵与"民族"不尽相同。"人民",你首先想到的是普通人,而谈到民族的时候不一定。继续。
雷肯先生[读文本]:

我还做了特别的安排,使他在每一个国家中受到一些有才德的人以古人殷勤好客的方式款待他;将来,我也不反对他同那些人书信来往,增进交情。再说,同遥远的国家的人士通信,也是一件很有意义和非常有趣的事情,是防止产生爱国主义偏见的一个好办法——

施特劳斯:他说的是"民族偏见"。换句话说,卢梭喜欢民族风俗,但不喜欢民族偏见,这是一个不同的东西。是的,继续。
雷肯先生[读文本]:

因为在我们的生活中时时刻刻都将遇到民族偏见的袭击,所以迟早会使我们受到它们不良的影响。要消除这种影响,最好的办法莫过于同我们所尊敬的人进行诚恳的交往,因为他们既没有我们的民族偏见,而且还反对他们的民族偏见,所以能够使我们获得以一种偏见去抵制另一种偏见的方法,从而使我们不受两种偏见的影响。这跟住在我们国家的外国人或者跟住在他们国家的外国人交往是完全不同的。首先,一个外国人对他侨居的国家总是有顾虑的,他不敢真实地表达他对那个国家的想法,或者,当他还住在那个国家的时候,他对那个国家是不能不只说好话的。要等到他已经回到了他自己的国家,他才能打消顾虑,对那个国家作出公正的评价。我倒是喜欢同那些曾经到过我们国家的外国人谈一谈他们对我们的看法,不过,我要等到他们已经回到了他们自己的国家,我才去问他们。

施特劳斯:这是否让你们想起些什么,对你们所有人,除了那些并非生长在这个国家的大多数人之外,都非常著名的东西? 好吧,美式习惯要问来访者,外国人,你喜欢这个国家吗? 我认为其他国家没有这个习惯。至少我没遇到过。

学生:日本人。

施特劳斯:他们也这么做? 我以前不知道。

学生:法国人。

[474]施特劳斯:法国人也这样? 或许是二战后;在我那个时代在法国没遇到过。那么,爱弥儿从他的游历中得出了什么结论? 第436页,拉丁引文后的那段话,贺拉斯的那句话。

雷肯先生[读文本]:

我知道我们是为了怎样处理我的财产而进行这一番研究的。你已经确有依据地论述了我为什么不能够同时保持我的财富和我的自由;不过,当你希望我既要有自由而又不要有需求的时候,你岂不是在希望我取得两种互相矛盾的东西吗? 因为,我只有回头去依赖自然,否则我就不能够摆脱一切使我同财产发生关系的因素;如果他们把财产遗留给我,我就让它保持它原来那个样子;如果他们不给我,我反而能不受财产的牵制。我绝不会为了保存我的财产而操心,我要坚定地按我的本分行事。不论我是穷是富,我都要保持我的自由。我不只是在这样的国家和这样的地方才过自由的生活,我在世界上的任何一个地方都要这样。就我来说,我是把一切偏见的束缚都打破了的,我只知道服从需要的法则。我从出生的时候起就开始学习怎样忍受这个法则的束缚,我将继续受它的束缚直到死亡。因为我已经是成年的人了,在做奴隶的时候,除了奴隶的枷锁以外,我尚且能忍受这个法则的束缚,在自由的时候我哪里会反而不能忍受呢?

施特劳斯:所以换句话说,这是极端的廊下派风格,不是吗……政治安排对于人的真正自由来说,根本不重要。人在依靠人和依靠自然之间只能选择其一,在意见的枷锁和必然性的枷锁之间只能选择其一。在一切情况下,我们都必须带着必然性的枷锁:我们注定会死。但是我们在任何地方都可以摆脱意见的枷锁。因此,它会显得没有差异。我们来读一下再下来一段。

雷肯先生[读文本]:

　　我的父亲,这是我的决定。

施特劳斯:他讲话的这个父亲指谁?
学生:卢梭。
施特劳斯:是的。
雷肯先生[读文本]:

　　如果我不产生激情的话,在成人以后,我就能够像上帝那样独立地生活,因为,我既然是满足于我现在的地位,我便用不着同命运作斗争。充其量我只有一条锁链,而且也只有这一条锁链我才

永远要受它的束缚,并且以受到它的束缚而感到光荣。现在,你把
苏菲给我,我就可以自由了。

施特劳斯:好。这当然就是结婚,因为……在这里,束缚无论如何
都会进入,这就是卢梭与爱弥儿的区别,我们注意到这里。你们看,只
想要存在的——我们前面读到过这个论断,一切存在的都是好的;在某
种意义上,这是一回事。我的意思是,想要存在的东西就意味着,至少
在某种程度上,一切存在的就是好的。那么,这是[475]爱弥儿的讲
话,卢梭回应他,你必须成为丈夫和父亲。这意味着什么? 在第437页
的第2段。

学生:施特劳斯先生,从你提醒我们注意的这段开头的这个称谓
"我的父亲",你可以得出什么结论吗?

施特劳斯:不,我认为……他之前曾经这么说过吗?

学生:在这一段中是唯一一次,在我们之前读过的文本中,只有一
处卢梭对爱弥儿说,mon enfant[我的孩子],但这和"我的儿子"差别很
大。到目前为止,这是我看到的唯一一处可以与此处这个称呼相提并
论的,我想知道这是否——

施特劳斯:不,他毕竟不再是,肯定不再是一个未成年人或小孩子:
他要结婚了。但是,他现在称卢梭为他的父亲,我认为这表明发生了剧
烈的变化。我们来读下一段的第二部分。

雷肯先生[读文本]:

　　哪里有法律? 哪里的法律是受到尊重的? 你到处都看到,大
家正是借法律的名义追逐个人的利益和欲念。然而,自然的和秩
序的永恒法则是存在着的。对于睿智的人来说,它们取代了实
定法——

施特劳斯:这里的文本是怎样的? 因为我手头的文本可能有印刷
错误。Elles tiennent lieu de loi positive[它们替代了实定法],—pour le
sage[对于智者来说]?

学生：au sage[以智者来说]。

施特劳斯：au sage。谢谢你。我这里是 et[和]，这就说不通了。

学生：有没有这种可能——爱弥儿说"我的父亲"是在暗指他现在失去了自然视域[……]？

施特劳斯：自然的……

学生：一种自然的，甚至是自然关系。

施特劳斯：这是个不错的点。换句话说，他毕竟不是爱弥儿的自然血亲，而且……这一点很好。但是，这当然需要一个长篇解释，因为这也有可能意味着他把自己与卢梭之间存在的这种关系视为比起自然血亲更配得起父子之名的关系。也有可能是这个意思。是的，继续读。

雷肯先生[读文本]：

对于智者来说，它们就是实定法；它们通过良心和理智而深深地刻画在人们的心里；要想自由，就必须服从这些法则；只有做坏事的人才会变成奴隶，因为他在做坏事的时候，总是违背了他自己的心的。不管在什么形式的政府之下，都是没有自由的，自由是存在于自由的人的心里的，他走到哪里就把自由带到哪里。[496]一个坏人不管走到哪里都是受到束缚的。即使在日内瓦，坏人也是奴隶；而自由的人，即使在巴黎也能享受他的自由。

施特劳斯：这只强调了政治有多么无关紧要。对于一位写下了《社会契约论》的作者而言，这个说法非常奇怪，但是，当你读了《社会契约论》的第 1 段之后——人无往不在枷锁中，区别仅仅在于合法的枷锁与非法的枷锁——这个说法就合理了。在《爱弥儿》的背景下，更加重要的是，卢梭现在绝对地接受了这个萨瓦神父的学说——这个道德学说，无论如何，正如你在这里所见；其中没有任何差别。卢梭使爱弥儿确信这一原则，自由不在任何形式的政府下，他提醒爱弥儿记住自然与秩序的永恒法，即良知与理性的永恒法，一个人通过服从这个法，可以变得真正自由。所以，存在……在这部作品的最后，一种完美的和谐建立起来了。我们必须现在先完成这个，如果你们不介意的话。在第 437 页的第 3 段。

雷肯先生［读文本］：

> 如果我向你谈到公民的义务的话，你也许会问我哪里有祖国，也许会认为这个问题将把我难倒。你的想法错了，亲爱的爱弥儿，因为，一个人即使没有祖国，至少也有一个居住的地方。

施特劳斯：这里很清楚没有一个祖国，至少也会有一个土地。

雷肯先生［读文本］：

> 一个人总是要在一个政府和某种所谓的法律下才能安宁地生活。只要个人的利益也像公意那样保护了他，只要社会的暴力保障了他不受个人的暴力的侵犯，只要他所目睹的恶事教育了他要爱善，只要我们社会制度的本身使他看到和憎恨其中不公平的事情，那么，即使社会契约没有受到人们的尊重，那又有什么关系呢？啊，爱弥儿！哪一个人没有受过他居住的地方的一点恩惠呢？不管他所居住的是怎样一个地方，他都是因为有了它才能获得人类最珍贵的东西；行为中的美德和对美德的爱。如果是生长在森林里，他当然可以生活得更快乐和更自由，但是，由于他在听任他的天性的发展过程中，他没有什么事情需要他去进行斗争，因此，他虽然可以成为一个好人，但不能成为一个有德性的人，他绝不可能像他现在这样克服他的激情而成为有德性的人。单单是秩序的景象——

施特劳斯："单单是秩序的表象"，换句话说，甚至是一种虚假的秩序。

雷肯先生［读文本］：

> 单单是秩序的表象就已经使他能够对秩序有所认识，对它表示喜爱了。公众的福利尽管被他人用来作为行为的借口，但对于

他却是真正的行为的动机。他已经学会了怎样同自己进行斗争，怎样战胜自己，怎样为公众的利益牺牲个人的利益。所以，不能说他从法律中一点好处都没有得到，因为法律使他即使同坏人在一起也有为人正直的勇气。不能说法律没有使他能够自由，因为法律教育了他如何统治自己。

施特劳斯：所以，换句话说。卢梭现在完全回到了一般性的道德。服从政府，无论如何坏。人应当向自己的国家偿付他的行为的道德性和对德性的热爱，而不是向自然；在自然状态下，不存在这个东西。所以，[477]博扬先生为我们描绘的这个和谐现在在这里达成了，没有任何疑问。然而，我们现在要考虑下一段中爱弥儿与卢梭之间的区别。

雷肯先生[读文本]：

　　　　所以，不能说"我在什么地方住跟我有什么关系呢？"这关系到你是不是能够尽你所有的义务，其中之一就是热爱你的出生地的义务。当你是一个孩子的时候，你的同胞保护过你，而你长大成人以后，你也应当热爱他们。应该生活在他们当中，或者，你至少也应该生活在尽可能对他们有帮助的地方，以便在他们需要你的时候可以找到你。也有这一种情况，即一个人生活在国外也许比在国内对他的同胞更有用处。在这种情况下，他便应当唯一无二地听从他的热情的驱使，毫无怨言地忍受亡命国外的痛苦；亡命国外这种做法的本身就是他的义务之一。不过你，可爱的爱弥儿，还没有什么原因一定要你作出这样重大的牺牲，你还没有担负向人类阐述真理的艰巨使命，你应当到他们中间去同他们一起生活，在同他们的亲密的交往中培养友情，为他们行好事，做他们的模范；对他们来说，你的榜样比我们所有一切的书籍都更有用处，他们亲眼看到你所做的好行为，将比我们所说的一切空话更能感动他们的心。

施特劳斯：对，"空洞的言论"。所以，在这里，这一点就清楚了：这种和谐的涵义就在于卢梭的生活方式彻底地、无条件地次于爱弥儿的生活方式。倘若这就是卢梭关于这个问题的最终结论，就不会有更多问题产生了，但是，由于存在诸多理由去质疑这是否是卢梭的最终结论，也就有理由去质疑在《爱弥儿》的结尾达成的这种和谐是否这么简单。

学生：[……]仅仅在于如果没有一个卢梭让爱弥儿成为这样，就不存在一个爱弥儿了？

施特劳斯：等一下。让我们继续……没有让-雅克就没有爱弥儿，这一事实在多大程度上可以证明爱弥儿的生活方式次于卢梭的生活方式？

学生：好吧，这取决于它，一个东西。

施特劳斯：对，但是一个条件也许会低于需要凭借这个条件的东西，使另一个东西成为可能的那个东西，很有可能低于那另一个东西。举个简单的例子：制作马勒的人。没有骑马者就没有马勒，因此骑术就以制作马勒的技艺为基础；然而，制作马勒臣属于骑术。所以，换句话说，这项技艺——如果我们称卢梭所做的事情为哲学——哲学或许仅仅是引出那种有德性的公民生活的方式而已，过这种生活的不是卢梭，而是爱弥儿。那本身并不是决定性的。

学生：当他说，这些论著的写作——

施特劳斯：即便那样……

学生：他展现出，写作这些论著还不如做爱弥儿。

施特劳斯：不如做爱弥儿，尽管如果没有某些论著，就不会有一个爱弥儿。

学生：但是，他并没有说，爱弥儿比让-雅克卓越。

[478]施特劳斯：他在这里说："我们的书里的我们的空话。"

雷肯先生：但他的话并不是空洞的。他并不是在写一本书。在这个故事中，他没有在写一本书，而是在教育一个人。

施特劳斯：但仍然是，卢梭在最后讲给爱弥儿的一席话中提出，他首先是个作者。即便是他做爱弥儿的导师这件事，如果我们用一点常识来看，这完全是一件书本中的事。我是说，这可以说是一本小说，这不是一篇报道文学。

雷肯先生：我试着辩称，这像是对话。一本并不完全是书的书，或者没有写作之罪的写作。

施特劳斯：是的，雷肯先生；敏锐一些是非常好的，但是你必须也要把这种敏锐融入到清晰直接的论述里，如果你懂我的意思的话。一切都各按其时。不，这很清楚。换句话说，如果你愿意，如果你的敏锐的说明可以达到这个效果，即说明这并不是卢梭对于这个处境的最终定论的话，我完全同意你。但是，我们必须首先按照它的说法来理解它。现在，关于《爱弥儿》的结局再多说几句，因为我们接下来要做一番简短的讨论，然后我要给出我的概括。

结尾处理这个问题，现代文学大量呈现的问题，已婚的人们如何生活在一起，从性舒适的角度看；可以称之为已婚人士的 ars amandi——他给了一些更容易说服苏菲的建议，比起说服爱弥儿而言。不过，我们不是必须讨论这些。

学生：我认为，这是最重要的政治事务之一：苏菲很明显相当于政府；卢梭在给政府传授管理公民的技艺。

施特劳斯：在某种意义上，确实如此。我是说，你可以不断地思考婚姻与公民社会之间的对应关系。是的，确实如此。但是，你同意必须严肃对待那些说得更明显的东西。博扬先生。

［换磁带］

学生：——这个图表的基础是最后的这个阶段，也就是我们在最后数页读到的内容。那么，在《爱弥儿》的最后是否有某些东西……？

施特劳斯：他们百分之百支持你。

学生：哦，他们支持吗？

施特劳斯：百分之百。但是，我必须告诉你一些事，现在我本人要犯下雷肯先生指责过的那个罪了。在有着这样本质的数卷书中，有个非常一般性的步骤，你可以这样来描述它［施特劳斯在黑板上写字］，用一种简单的数学图表：这里，从公认的观点开始，远离它们，再从公认的观点结束。所以，换句话说，顶点并不是目的，就那方面而言，模仿活生生的存在者；即，一只正在垂死的 20 岁的狗就不在它生命的顶峰。

死并不是目的；目的是那个顶点。这几卷书也是如此。所以，那么，这
就是我们为什么讨论了不少［479］关于什么是《爱弥儿》的核心的原
因。即便在一种最表面的意义上，核心并不是……核心位于中央。我
过去曾说过这一点，这是一个纯粹的、很笨的、经验性的观察：我不记得
有任何作家明确表达过类似的观点。我是说，有一个众所周知的事实，
但也只是个事实而已，即《王制》中的"如果哲人不成为王者"这句话出
现在《王制》字面上的中心位置，我曾听说过。我从没有检验过。当
然，它大致在中间。

　　现在，我多次观察这个问题，我读了一些东西，我也没找到方向，我
只是单纯去审视这个中心，然后思考它，然后获得一些启发。这种方法
并不能证明什么，只是，你用这种方法也许可以获得的那些想法或许会
显得是最合理的想法，仅此而已。不，你可以完全靠自己的力量。但是，
我知道一件事情，一个明确的说法。是关于写书的，如何写一本书——
这在传统是属于广义上的修辞学，因为写一本书意味着向人类说话。修
辞学。那么，在一种修辞学中，也就是论辩修辞，有一个原则被传承下
来，比如说，通过西塞罗，或是其他修辞作家，即，如果你为一个客户辩
护，你要强势地在开头说最强的部分——我的意思是，在前20分钟和后
20分钟。如果你把最复杂的东西放在中间，因为——有个大家都知道
的体验——听众的注意力在前后三分之一的时段最集中，因为你只
是……在中间的时候是涣散的。你们看，你怎么吸引他们的注意力呢，
恰恰和你想的相反，他们在十点前（或者不管什么时候）的五分钟最疲
惫。这或许是种自然趋势，但是这种情况很好避免，因为当他们开始涣
散的时候，也就是说，在九点四十的时候，你说我现在来给出我的结论；
你不会想到这么说对任何听众来讲都是一针绝佳的兴奋剂。还有一些
细微的［……］关于这一点。所以，你们在这里看到了最具破坏性的东
西，律师至少可以给出一个好案例，他放在中间。这就是论辩修辞的一
项原则。这是关于我遇到的论题的理论上的、大体的陈述。

　　学生：这是否意味着卢梭并不是真的希望爱弥儿，或者说，他的教
育成果，成为这种家伙，基本上讲……？

　　施特劳斯：他无疑想要这样。但是他不希望爱弥儿像卢梭，即——

好吧,这是什么意思?不是说,不要像卢梭一样不幸福,这不是关键。而是说,他不希望爱弥儿完全像卢梭一样看待事物。我将在我的总结中讨论这个问题。但是,还有其他一些……约翰逊先生和巴特沃斯先生。

约翰逊先生:我只是想要说,在最后,你提到了卢梭或许在某种意义上给了爱弥儿生命,我是说,在这[……]之后,一旦他让这成为可能之后,他就不再是必要的。但是,爱弥儿最后告诉卢梭,只要自己活着,就需要卢梭。这表明,超出给他原初冲动的范围之外,在某种意义上,爱弥儿如果不去不断地求助于卢梭,就是不完善的。

施特劳斯:是的。这与我们说的有什么矛盾吗?

[480]学生:我认为,你的意思或许是,一旦爱弥儿存在了,卢梭就完全不再是必须的了。

施特劳斯:让我们假定(卢梭当然会这样假定),卢梭比爱弥儿更智慧,爱弥儿的智性也足以理解到这一点;当他遇到自己解决不了的问题时,他自然而然地会求助于卢梭。

学生:你是否可以说,未来的爱弥儿需要未来的卢梭?

施特劳斯:是的,好;这是个很好的例子,能够说明为了理解卢梭,多少了解一点柏拉图是多么重要,因为这个问题本身——本身——恰恰和柏拉图那里一样。最佳——我是指,如果你非常字面地理解《王制》——如果哲人不再掌控,最佳政制就无法维持,这当然就意味着不论何时都是这样。即便在《法义》中,这似乎改变很大,它最终得出结论,即如果没有一些哲人在那儿,整件事都没有稳定性。我刚读了一篇公共法领域的博士论文,论弗兰克福特大法官,在这篇论文中,这位学生非常强有力地展示了弗兰克福特大法官的法律推理能力的缺陷,因为他没有谈到一种法哲学。这正是当今的一个例证,关于这些人的意图的例证,如果你不……你无法成为一个完美的高院大法官(至少无法成为美国高院的大法官),如果你没有一种关于什么是法的哲学理解。这位青年学子所说的仅仅是他们所说的问题在当今问题中的一个再现。似乎从常识的角度来看不可思议,但我认为这仍旧是真的。我是指,这在某种意义上是个荒谬的建议,从常识的角度来看,但是,如果你稍作思考,它确实开始有意义,你们看。

学生:我起初认为,你的意思是说,柏拉图的观点与……之间有区别。

施特劳斯:有着巨大的差异,但是,让我这样说吧:卢梭提出了某种东西[施特劳斯在黑板上写字]……如果这个在这个等级关系中位于最顶端,卢梭对这个 x 的解释不同于柏拉图;但是,它确实与公民社会有着同样的关系,就像在柏拉图那里。胡金斯小姐。

胡金斯小姐:我在思考开头,卢梭在那里说了类似的话:与爱弥儿将会告诉我的相反,当我完成了之后,他不再需要我。我认为我记得他在开头说过类似的话。

施特劳斯:我不记得了。但是,即便那里有这个说法,这也并不与之矛盾:他不再在一般意义上需要我,但是仍然……是的。

学生:我没理解你的论证,关于我们一起读的最后一句话的论证,卢梭在那里区分了他和爱弥儿。按照我自己的理解,他当然把自己与爱弥儿区分开,但是,卢梭的生活方式几乎带有一种荣誉色彩,即便这是一种痛苦的、自我放逐的生活,这种生活仍然包含了一个至关重要的词:真理。

[481]施特劳斯:哦,当然。我毫不怀疑卢梭认为他的生活——我是指,他投身其中的这种生活——当然。但是,从外部看来,它被抑制了:与此同时,他提到“我们的空谈”,这意味着,即便这些空谈致力于真理……换句话说,他在这里大加吹捧的这种简单地让实践生活从属于理论生活的做法并不是卢梭认真的信念。我很高兴你提醒我注意到这个特殊的地方,他在这里明确地提到了真理。

学生:我想知道,卢梭是否在这里不[……]柏拉图,同样地,即这样,[……]让他说爱弥儿通过他的行为将会更有说服力——他怎么会这样说?——比起卢梭在这些著作中言及的真理。换句话说,爱弥儿本人,作为一个好人,将会是卢梭给众人的更好的榜样,比起卢梭本人写下的全部著作。我这样说对吗?

施特劳斯:不,在这个意义上,我认为还不够好,但是如果你这样说,再次和柏拉图比较,爱弥儿之于卢梭的关系堪比完美的君子之于柏

拉图和亚里士多德的关系,按照柏拉图和亚里士多德理解的那种完美
君子,这么说是对的。那么,我们就有一个很好的问题,我们在某种意
义上可以提出:卢梭的沉思者概念与柏拉图—亚里士多德的沉思者概
念之间是什么关系,以及,爱弥儿与柏拉图意义上的完美君子之间又是
什么关系? 这是《爱弥儿》的问题的一个简单的陈述。

　　学生:我可以提个小问题吗? 忒拉绪马霍斯不是最好的[……],
这不假,但是由于格劳孔和其他优秀的青年——他们被影响,或者至少
从属苏格拉底,忒拉绪马霍斯愿意合作。

　　施特劳斯:对,但是忒拉绪马霍斯可以意味着很多东西:他当然不
是个完美的君子。

　　学生:在这个例子里,谁是君子?

　　施特劳斯:格劳孔和阿德曼托斯。

　　学生:[……]当然反讽在赞美爱弥儿……

　　施特劳斯:既是又不是。爱弥儿——这是卢梭的严肃意图——受
过教育的爱弥儿将会远比没受教育的爱弥儿优秀。当然作此主张。爱
弥儿达到了一个普通人能企及的顶峰。这当然是这个主张,也许对也
许不对,但是就是这个主张。雷肯先生。

　　雷肯先生:我要翻到《爱弥儿》结尾靠后的那几页:卢梭写了一个
续篇,名叫《爱弥儿和苏菲,孤独的人》,爱弥儿给卢梭写信,告诉卢梭
在他走后事情变得多么糟糕:"很快上天不再护佑这座你不再居住其
中的屋子[……]。"

　　[482]施特劳斯:对,但是,他当然已经为此做好准备,因为卢梭一
直在告诫他。告诉我,这个是卢梭本人出版的,还是身后出版的?

　　学生:这是后来有人找到的,卢梭其实并不打算把它公开。他把它
保留在他的一些手稿中,但是……

　　施特劳斯:但这当然是真作?

　　学生:[……]至少似乎不需要怀疑。①

　　学生:我曾经见过现在正在为 Pléiade[七星社]编辑《爱弥儿》的

---

① 《爱弥儿和苏菲》初版于 1780 年,其真实性无可怀疑。

人。这个人曾经研究过这个问题,有理由去研究……

施特劳斯:他的结论是什么?

学生:我只是听说确实有这么一个问题。

施特劳斯:我明白了。那么我对此不能说什么,我甚至都没意识到这个问题。维斯拉比。

维斯拉比:看上去似乎可以说人生来就需要导师。这是否反驳了卢梭的论点,人生来就是非社会性的?他在这里在最后一页暗示,亲爱的爱弥儿,终其一生,人都需要一个向导或引导。我已经尽我可能完成了这项义务,等等。

施特劳斯:是的,我本人倾向于得出这个结论,但是卢梭很可能会说不是的,因为小孩子各方面都很弱小,需要他人的帮助和引导,这个事实与另一个事实并不相干,即他们长大成人后,可以过着独居生活,这种生活在某种意义上甚至更好。但是让我们忽略这个。所有人都需要导师,这是个经验事实,通常这项任务由父母完成。那么,所有的区别就是或好或坏的导师,卢梭宣称他是人们能找到的最好的导师,他的断言基于这个事实,即卢梭的知识、他对人类天性的理解要好过任何其他人的理解——古典的、洛克和霍布斯的,等等。

如果这个答案能令你满意,我们现在就开始做总结,因为我们必须得考虑到时间正在过去。那么,正如我们不止一次地听到,全书都致力于自然教育。好的教育是自然教育。这意味着,首先:不要干扰这个自然过程,一种放任的教育,或者,按照卢梭的说法,只是消极的教育——即防止干扰自然(类似经济的放任主义)。但是,这个主张与我们全程都看到了的爱弥儿的教育的人为性特征完全相悖,一个试管状态,街头巷尾生长的任何孩子[483]似乎都拥有比爱弥儿更自然的教育:没有这些自然过程的干扰。导师从始至终明确地在使用强迫和欺骗。所以,问题在于:这种教育在什么意义上是自然的?我们从这则格言中获得了线索。这则格言来自塞涅卡(顺带说一句,后来康德也把它当作格言来用,这表明了他们的关系):

我们身患一种可以治好的病;我们生来是向善,如果我们愿意改正，我们就得到自然的帮助。

我们身患可治好的疾病，我们的天性被败坏。换句话说，自然教育首先必须被理解为：没有任何超自然的东西。我们已经看到，这种倾向贯穿于整部作品，因此——这开启了萨瓦神父对启示的批判，但这当然是整本书的特征。但是，这当然还不够，因为塞涅卡——更不必说柏拉图和亚里士多德，甚至还有霍布斯——同样支持这个意义上的自然教育。

现在，让我们来思考一下卢梭著名的表达式：自然是好的。自然是好的，但是正如我们发现的那样，人通常是坏的。因此，为了证明这一点，同时也为了获得一个关于自然善的更细致的概念，我们必须寻找自然人，这是一种我们在社会中无法找到的人；《第二论》尤其致力于这个探寻。这也导致了一个奇特的结果：自然人是愚蠢的动物，是大猩猩，正如我们几乎可以说——当然是一种前理性，而不仅仅是前社会的存在者。野蛮人比这种自然人更卓越，野蛮人不如自然人那么自然。野蛮人是较高级的；这并不意味着人出自造物主之手，像卢梭经常描述的那样，而是意味着人已经被特定的偶然事件塑造过——被特定的偶然事件，即不是被神意。然而，卢梭并未止步于此。从长远来看，他并不满意野蛮人；甚至在《第二论》中，这也只是个非常暂时的说法。现在，如果关于这个状况有任何疑惑，《爱弥儿》将消除它。我们读到一段普鲁塔克的引文，在你们的译本的第 119 页，我们在这里看到卢梭和霍布斯关于自然状态或野蛮状态达成了彻底的一致：这是一种相当残忍的状态，我们应当非常乐意摆脱这种状态。文明化是必要的，文明化等同于一种真正的进步。我们接着在第 216 页也看到，比如说：自然人（l'homme de la nature）是有教养的自然人（l'homme de la nature cultivée）。因此，并不存在返回野蛮状态的问题。在同一个语境下，在你们的译本的第 217 页，自然的被描述为普遍的；非自然的是特殊的，即，以偏见为基础的东西。由此，我们立刻看到自然教育的含义。自然教育是一种朝着无偏见之人去的教育。没有偏见。作为教育，它当然作为技艺的教育——这个人是一种技艺的作品。自然就在于这个事实,即他是一个没有偏见的人。他只有清晰直接的知识,再加上对他尚未获得清晰直接知识的事情悬搁判断。进而,也就没有宗教教育,如我们所知。

那么,关于自然人,什么是自然的? 自然人是一个完全生活在自然世界的人,在一个如其真实所是的世界中。在这个意义上,也只有在这个意义上,可以说这是一种[484]自然教育。我认为这是有可能的,卢梭对自然之人与人为之人的区分最终意味着这一点:人为之人,也就是我们这些人,我们是由人制作成我们这个样子的;原因在于这个事实,根据已经表明的整个宗教问题,人为之人是通过宗教借助对一个神人同形的上帝或诸神的信仰培育起来的人。然后,存在自然之人,他不是在这种信仰中培育起来的。

关于自然教育的一般含义就说这么多。我接下来要讨论同一个主题,只是在形式上略有差异,用人与公民的区分取代人为之人与自然之人的区分,前者在《爱弥儿》中得到了详细的发展。那么,人与公民的区别何在? 你们记得开头的那个论断,即人之教育与公民教育是两种完全不同且不相容的东西。人是一种没有偏见的存在者,而公民必然带有偏见。人是自然的,公民是失去自然的。人是自足的或完整的,而公民是一种分数的存在者:他只是政治体(the body politic)的一个部分。这在某种程度上关系到这个事实,即人是非专业化的:没有劳动分工;而公民总是专业化的——由此开始,通往马克思的道路就相当清楚了。最终状态是这样的(如果我们可以称之为最终状态的话):一切人发展了他们的一切能力,是 uomini universali[通才],正如文艺复兴时期会这样称呼他们——全才,而不是专业人士。更进一步说,与公民相对,人是以善(goodness)为特征的,而公民是以德性(virtue)为特征的。人在其最高层面是以理性的完善为特征的,而对于公民来说,物种的最高完善,或人类(people)的最高完善是首要的。

那么,我们必须来看一下爱弥儿,这个个体,参照人与公民这个基本区分。爱弥儿是作为一个人来教育的,尤其强调了不是作为一个公民来教育,直到一个特定的节点。但是,从这个特定的节点起,他成为一个公民。爱弥儿具有了卢梭所谓的 un homme vulgaire[普通人]的理性在最大程度上可能的完善。那么,在爱弥儿教育的后一部分,人与公民在爱弥儿身上达到和解;这一和解通过"萨瓦神父的信仰自白"达成。"萨瓦神父的信仰自白"的严格对应者是《社会契约论》的论立法者一章,我认为阅读的时候必须互相参照这两个文本。换句话说,"信仰自白"是一个真正的公民宗教。我们已经看到,"信仰自白"被两种非宗教道德的分支围绕,前后都是这个分支。首先,怜悯或 amour-pro-pre[自爱、自恋]的普遍化就是道德;接着是"信仰自白",我称之为修正了的伊壁鸠鲁主义,即,审美。那么,为了理解人与公民的区分,你就必须求助于卢梭的最高原则,这就是生存感觉,我上次课以及之前都讲过这个东西:生存感觉,必须不仅把它放在与沉思本身,也就是柏拉图—亚里士多德意义上的沉思的区别中,还要放在与作为最高公共精神的激情——荣誉的区别中去理解它。这种最高的激情会激发立法者、政治家和将军,或是其他类似的人,它就是荣誉;而生存感觉则绝对超越实践性的政治生活。

那么,如果我们现在来看卢梭的沉思与卢梭对自然的理解的内容,我认为这贯穿于全书始终,并且不止出现一次,但仍然每次都值得注意:不存在一个目的本身,telos[目的]。就这一点而言,卢梭赞同现代思想的大趋势,反目的论,我们在年龄平等和性别平等之类的事情上看到的东西确证了这一点,尽管总是有一些重要的限定[485]必须要记住。那么,卢梭完成的这些改变在这里[施特劳斯在黑板上写字]:生存感觉对应柏拉图那里的善之理念的这个视野,或者是亚里士多德那里相应的东西,一种改变发生在——让我们说在思想中。还有第二个层面的改变:完美的君子,以及这里的爱弥儿。爱弥儿当然不单纯是个农夫,这显而易见——也不单纯是个木匠,尽管如果有需要的话,他可以靠木匠手艺谋生。爱弥儿将会是——我是指按照事情的正常发展,爱弥儿当然会像《茱莉》中的沃尔玛一样成为一个土地拥有者,以一种开明的方式照管村民,自然而然地成为这个郡的行政官员,参与到他生活的那个管理圈子。因此,这里有一些与柏拉图—亚里士多德在这方面的观念相同的地方;但是,也存在着彻底的差异,大体说来,这些变化在民主制方向。柏拉图和亚里士多德的完美君子不是一个自由民主制的公民;如果他住在雅典,他也许碰巧会是,但是他的全部理解并非一种自由民主式理解。

我在这里只提几点:在第 148 页,你会发现在这个层面上没有劳动分工,而劳动分工对于柏拉图和亚里士多德而言绝对是本质性的。换句话说,非手工劳动与手工劳动的这一区分,你可以说,这在柏拉图和亚里士多德那里是神圣的,在这里则被放弃了——再一次,这是另一个通往马克思的关节点。马克思视之为既往一切历史的主要不幸,即把人类分成手工劳动者与非手工劳动者。第二个要点在这个方面,在第151 页,他在那里实际上说,最低的技艺,即农业等,是最高级的。关于同情与怜悯的全部学说都在这里;我只提一个关键暗示,在第 186 页:哲学可以照料富人的不幸,因为这种不幸归咎于自我放纵,归咎于缺乏对激情的控制;于是,你告诉他们塞涅卡和其他人的话,这就是富人们所需的。但是,哲学不能照料穷人的不幸。你们再次看到这如何超出哲学可控的范围,只有社会立法可以提供帮助;这些东西的作用——不仅在马克思那里——当然是极其重要的。

那么,这就是一个非常概括的总结,不过我希望是对《爱弥儿》的全部内容的足够全面的总结——不是把《爱弥儿》当作一部详细论教育的论文,而是当作对于人与人类生活的整体看法,在这方面它比卢梭的其他作品都更加清晰细致。下面我要提出两个与我刚才说的内容关系紧密的特殊概念,即,卢梭关于爱和良知的学说。不过,我要在一分钟或五分钟后说,首先我想看看我自己是否理解了,我呈现的这个图示是否足够清楚。或者,你们是否认为我省略掉了某些本该出现在任何图示中的重要的东西,然而很明显? 塞尔茨先生。

塞尔茨先生:生存感觉与人类理性完善之间是什么关系?

施特劳斯:卢梭并没有展开这个问题。但是,我认为基于他在《孤独漫步者的梦》中的说法,我会说生存感觉可以被充分地理解和重视,就它想传达的意思而言。[486]你们看,如果有人在美好的初夏躺在草地上也会有这种生存感觉,实实在在地有这种感觉;但这是一种转瞬即逝的体验,就像其他这类体验一样。因此对生存感觉的鉴赏不同于对生存感觉的体验。这种鉴赏需要哲学,预设哲学。我是说,这种体验的全部启示只能在哲学的基础上得到把握。我认为,在这个程度上,生存感觉就以理性的完善为先决条件。超越这个,正如在柏拉图—亚里士多德的学说中,最高的体验超越推理——ratio;dianoia;在希腊那里有一个 nous[努斯]:对理智事物的认识。这种生存感觉超越纯推理,ratio ratiocinan[推理走向洞见]。维斯拉比。

维斯拉比:我认为,通过孤独漫步者,想象有时候也可以被给予自由统治。

施特劳斯:是的,想象,这会是……在一方面,它是好的,在另一些方面,它是坏的。我是说,这只能简单地运用,因为想象也可以奴役人,正如卢梭经常说的那样。

学生:这正是我想知道的:孤独漫步者的想象与带有偏见的想象之间的区别。

施特劳斯:简单地说……这在很大程度上依赖于他是自己想象的主人还是奴隶;我认为这是个大致的回答。我们必须得仔细看他谈到想象的地方让它变得足够详细。但是,我认为这个原则是清楚的。

学生:对于结尾,你说哲学可以照料富人的痛苦,但是到了穷人的情况下,哲学就没用了。什么是替代者? 你说社会[……]取而代之?

施特劳斯:是的,社会立法。

学生:那么,这就与我们在第 425 页看到的观点并不矛盾,即不能普遍适用的法就不好?

> 所以说主权者是没有任何侵犯一个人或几个人的财产的权利的;但是,它可以制定法律去夺取所有人的财产,例如在吕库古斯时代的斯巴达就是这样做的;反之,梭伦废除债务的做法就是不合法的。

因此,根据卢梭的看法,只影响少数人的一项立法就是不合法的。

施特劳斯:哦,我懂了。或许它并不是通过社会立法完成的——我必须得仔细考虑一下;我不知道。不过,那么,当然,即便你有……好吧,或许只有私人的财富救济。但是,仍然不是哲学,不是吗? 确实如此,但我认为这是个非常困难的问题,因为你们知道,在法国大革命中,从卢梭思想诞生了巴贝夫(Babeuf),在某种意义上还有第一共产国际(the first Communist);他当然被罗伯斯庇尔处决了。[①] 罗伯斯庇尔初看时似乎非常接近卢梭,但在卢梭那里,这个主题——[487]财产是赃物——已经有了。而这……我是说,比如说,你对这里关于梭伦和吕库古斯的说法可以做下述理解:梭伦不应该废除私人的债务,但是,他大可以没收全部财产并且进行激进的再分配。这样它就会符合法的普遍性或一般性。

学生:我是这样看这个说法的,一项真正好的法必须是普遍适用的。这不是卢梭的意思吗? 他是否指的是,一项法律如果要是真的好,就必须具有普遍可行性。

施特劳斯:这完全要看情况。在有些情况是,有些情况不是。但是,首先不是。比方说,很少有东西可以对儿童和成人同等适用;很少有东西可以对男人和女人同等适用,诸如此类。我是说,普遍适用的确切意思是什么呢? 如果你把它限定在成年人中,为简单起见,那么实际上,在这个意义上,他很可能……是的,他会说——但是,我们必须区分。比方说,才智卓越且富有公心的人与他的对立面,愚蠢且极度自私的人之间有个明显的差异。那么,那么,你们当然应该更喜欢前者而不是后者来做官员,这自不必说。但是,问题在于,法律如何设计这一点? 正是在这个问题上,普遍适用性出现了。法律不可能说,只有极其有才智且富于公共精神的人才可以被选举:这不是合法的设计,你们知道。我是说,你没法在什么地方当庭自我辩护说你是那个才智卓越且富有公心的人——尽管我们如今的社会科学具有的那种测试体系进一步发展了,无疑将来有一天会让你证明你就是那个才智卓越且富于公心的人,就像你现在可以证明自己没肺结核一样容易,你们看,那一天会来的。但是,这不是一个法律构想;因此,法律只能是这样的东西:每个没有犯罪记录的公民,或者没有破产的公民,30 岁以上,就有资格当选。这就要取决于公民体的智慧和稳妥是否会选他们中最愚蠢的人坐最高

_____

① 施特劳斯搞错了巴贝夫被处决的事情,巴贝夫被捕的时候罗伯斯庇尔已经去世两年了。

位置,或是他们是否会选择其他人。换句话说,法律措辞必须用普遍性的术语,如果运用这个法的人们——在某种意义上,这当然指整个公民体——格外地愚蠢堕落,那么最好的法律和最合法的法律也无济于事。这自不必说。我是说,这很明显;这不能——这就是法的绝对限度。但是,卢梭却认为,拥有合法的法律——即由全体公民全体通过,且这些法律不提到任何名字——这是你有可能拥有的最佳方案,如果偏离了这个,就当然是坏的。换句话说,这是一种必要非充分条件。尽管他开始说公意是不会出错的——这意味着,说得直白一些,所有正确地通过的法都是智慧的——他当然知道,这并不是一个能够被保持的东西;因此,必须做出各种其他限定条件。不存在什么确保智慧的法的暗中机巧。卢梭似乎要寻找一个能确保智慧的法的暗中机巧,如果存在这样一个东西,他当然乐于找到它;但他不认为他找到它了,他也不认为能找到它,你们看:这只是个必要非充分条件。巴特沃斯先生。

巴特沃斯先生:一个关于你的图示的问题:这个人……你提到人为之人(man of man)与自然之人(man of nature)。那么自然人(natural man)呢:你把他放在自然之人的分类下吗,还是说,你认为它应该被当作另一种……

[488]施特劳斯:什么东西?我是说,你说的是哪两个东西一致还是不一致?自然人和自然之人?

巴特沃斯先生:我想知道是否自然人与自然之人没有区分;换句话说,是三类还是按你说的两类?

施特劳斯:是的,不过问题在于,在最高层面的思考上,这一点是否有启发,换句话说,卢梭是否思考或考察野蛮人与大猩猩的差异非常重要;人与公民的区别当然最为重要。我的意思是,当我们证明野蛮人并不是卢梭的理想后,我们在某种意义上应该不去管它了;我的意思是,只有当存在合理的怀疑,怀疑卢梭或许更喜欢野蛮人而不是文明人的时候,你才应该关注这个问题。我不知道,如果你现在写一篇论卢梭的博士论文,你可以不用管野蛮人;请不要误解我。我的意思是,如果你写一篇博士论文论卢梭,你就必须要写到野蛮人问题,就必须仔细讨论它。但是,一旦你通过论证推理表明这个野蛮人并非卢梭的理想智慧,你就可以不用再管这个野蛮人了。但是,你还是必须要澄清为什么卢梭要暂时用到他的野蛮人来提出某些东西,这是你能做到,也必须做的工作。但它不再是一个严肃的问题。

巴特沃斯先生:我的问题是,我并不确定自然人,l'homme naturel[自然人],与野蛮人是一个东西,这是我的问题,我想知道这个问题是否值得思考,还是说,仅有细微差异? 这三个词是 l'homme de l'homme[人之为人],l'homme de nature[自然之人],l'homme naturel[自然人]。

施特劳斯:我明白。我不能回答这个问题——卢梭是否曾经称爱弥儿以及教育爱弥儿的目标为 l'homme naturel[自然人]。在我记得印象最深刻的几页里,他说的是 l'homme de nature[自然之人];很有可能,这仅仅是任意的区分,我是说借助语言,他坚持这样做出自然之人与自然人的区分或许目的是提醒我们注意这个问题。这是统计学的事情,枯燥乏味但绝对有必要,必须用百分之百的细心来做,很明显。这一点很值得思考。莫里森先生。

莫里森先生:你在最后看到卢梭与爱弥儿之间的位置有种不确定性——在这本书的最后,关于谁的地位更高,更好——这与这种次序的颠倒,这种最低的存在者最高,在技艺中,是否有关系?[1]

施特劳斯:好吧,不太一样,因为我认为这个问题,它出现在结尾却可以追溯到最开端。我是说,首先,这个问题出现在苏格拉底那里,当然也出现在柏拉图和亚里士多德那里,这个问题是,哪一个……只有两种生活方式;他们假定……基于他们的偏见。只有两种生活方式可以为夺取最高位置而竞争,这就是理论生活与政治生活。我是说,没有人[489]会说你还可以选择艺术家的生活,人们今天可以这样说,还可以选择商人的生活,无论什么,因为商业是政治生活的一个分支——正如我们从近来的政府历史可以看到,也就是说,关系非常非常紧密。而艺术家,或许也属于理论生活的一个分支,我猜想——至少猜想,我还没有思考过这个问题。这就是理论的与实践的生活。那么,这两个东西

---

[1]　换句话说,简单的爱弥儿如何与复杂的卢梭相比,简单的农业如何与更复杂的技艺相比,这两者之间是否存在某种关系?

始终在斗争。哲人本身总是宣称理论生活的优先性。你可以说,好吧,这是一种通常意义上的职业偏见——就像制革工人会认为鞣制皮革是比木工手艺更高明的东西,哲人的说法和这个差不多;你可以很容易这么说,而且其中也有几分真理,因为哲人这么说。但是,读一下西塞罗的《论共和国》:沉思生活与实践生活自始至终都在激烈竞争。这个问题始终存在。还有一些关于它的神话象征:泽托斯(Zethus)和安菲翁(Amphion),你们知道,欧里庇德斯的一出散佚的悲剧中的人物,就代表了这个问题,柏拉图的《高尔吉亚》中提到了这个故事。① 在这方面,卢梭只是不时表示实践生活高于理论生活来重申整个问题,在《爱弥儿》的结尾和尤其是《第一论》中。我认为没有什么区别。换句话说,把他与柏拉图和亚里士多德区分开的卢梭的特色在这个问题上还没有起作用。

莫里森先生:我想到的唯一的问题是,在我看来似乎他——如同哲人一样写作,或者说如同潜在地并非一个实践性的人一样写作——比起其他人,他对他所持的论点不那么有信心,我想知道这是否……这只是我的一个印象,但我认为这是一个相当合理的……这是否与他对劳动的尊严的感觉无关,以及所有……?

施特劳斯:很有可能是这样,因为如果你看一下培根和霍布斯这类人,甚至在某种程度上还有笛卡尔,当然 scientia propter potentiam[为了力量的知识]——这当然更接近实践生活,比起理论生活的优先性,更是实践生活的优先性。这在达朗贝尔和其他类似的人那里很重要——你们知道,18 世纪的法国 philosophes[哲人]。因此,如果卢梭持同样的观点,不应该感到奇怪,但是我认为,基于我对卢梭作品的了解,以及我对最著名的那些人物的了解,这也是卢梭的观点——换句话说,这里没有什么差异;差异在于理论生活的本质是什么,或者说,理论生活的顶点是什么。这里,在这里才出现了一个重大差异。

学生:循着这个问题继续,修正的伊壁鸠鲁式生活对应这个图表的哪里?

---

① 这部散佚的悲剧是《安提俄帕》(Antiope)。《高尔吉亚》在 485e4—486a3 引用过。

施特劳斯:这是……哦,不,理论生活本身,智性活动,当然不充分;从柏拉图和亚里士多德的观点来看,它们也不够充分。整个次理论的灵魂,如果我可以这样称呼的话,必须得到恰当的培育——这就是道德德性的位置。如果我正确地理解了卢梭,他在第四卷的最后提出两个或许不是选项的选项,但是可以作为补充:复杂的同情(the sophisticated compassion),即普遍化的同情,再加上审美。由于同情更加适合于这个关系……它在人类关系中尤其更加适当,而审美也涉及到其他东西——比方说,家具——这两个东西不一样,[490]不可能覆盖到同一个领域。但是,它们可以相容;它们可以相容。但是或许这也需要研究一下,它们是否真的不互斥,都可以作为理论生活的子结构。不,雷肯先生先来,我刚才不公正地忽略了他。

雷肯先生:我想知道:在这5分钟之后,你是否计划有另一部分的讲解?

施特劳斯:我计划了,是的。

雷肯先生:我非常急切地想听。

学生:在卢梭这里,生存感觉:它是可传达的吗?你可以传达它吗?

施特劳斯:你只可以……在某种意义上,可以。我是说,卢梭关于它确实说了一些,尽管不是很多。我们数一下他关于这个问题讨论了几页,3页吗?所以,在某种意义上,它可传达,在某种程度上,不可。我的意思是,这……如何……

学生:我只是想借助更古老意义上的沉思来思考,是否存在任何对比……

施特劳斯:好吧,我认为区别……我不能说出比上次更多的了:他称之为一种感觉,而当柏拉图和亚里士多德谈到沉思的时候,没有提到一种感觉,这个似乎是卢梭特有的。或许这与之相关,这种体验在卢梭那里不能充分被传达,而在柏拉图和亚里士多德那里根本上是可传达的。或许是这一点,我没考虑过这个问题。

现在,让我就爱情来谈一下,因为爱情问题,这个主题非常重要,因为爱很明显凝聚了人类:你不可能做一个孤独的爱人,除非以一种有缺陷的形式。一个人爱着某个人,他又被那个人爱。我们现在已经看到卢梭对性与爱的区分,性是所有动物都有的东西,而爱已经由 amour-propre[自恋]、骄傲构成,因为它建立在偏好、比较、区别的基础上。因为卢梭……因此,爱不像性那么自然,但是即便性欲也并不是严格意义上必须的,正如我们所见:只有自我保全。你不可以更进一步地断言人的极端孤独性和非社会性。有一些非常重要的段落。我认为在《孤独漫步者的梦》中有一段话特别清楚;我希望可以找到它。是的,他在第十次漫步中说过;这是最后一次漫步,这次漫步没有写完,当他提到他与瓦伦夫人在一起的时光时(那是他的初恋,她 28 岁,他 16、17 岁;而这也是卢梭爱情生活的顶点),他说,"我的灵魂,它的官能还没有发展出最精确的能力",即,他的爱情生活的顶点处于他的不成熟期。我认为这有些意思。还有一些其他说法……我现在找不到那些[491]段落。有一处在《爱弥儿》,我上次提到过它,但是我现在没带我那本。我知道它在哪里:翻到第 182 页,它就是第 2 段。

雷肯先生[读文本]:

> 人之弱点令他合群(sociable)。我们之所以心爱人类,是由于我们有共同的苦难;如果我们不是人,我们对人类就没有任何责任了。所以每种情感,就是力量不足的表征——

施特劳斯:你们看,这里说,当然……每种依恋,也就是说,情爱的依恋,自然地。是的。

雷肯先生[读文本]:

> 如果每一个人都不需要别人的帮助,我们就根本不想同别人联合了。所以,从我们的弱点的本身中反而产生了我们微小的幸福。一个隐士(hermit)才是真正的幸福的人——

施特劳斯:"是一个孤独的存在者(a solitary being)"。

雷肯先生[读文本]:

唯有上帝才享受了绝对的幸福；不过，我们当中谁知道这种幸福是什么样的呢？一个力量不足的人即使自己能够满足自己的需要，照我们想来，有什么乐趣可说呢？也许他将成为一个孤孤单单、忧忧郁郁的人。我不理解，没有任何需要的人怎么可能对什么东西表示爱：我想象不出对什么都不爱的人怎么能过幸福愉快的生活。

施特劳斯：是的。因此，你必须考虑其他段落，比如说在《爱弥儿》译本的第45页，卢梭在那里说，人的天性让自足有可能，进而是幸福的；在另一段。我们这里这段话，你们看：只有上帝是纯然自足的——纯然自足——但是由此可以得出什么呢？他不会爱任何东西；因为对于卢梭来说，爱是——按照学术上的区分，amor indigentiae［匮乏之爱］——一种源自需求的爱，而不是充盈之爱，如其所是——我现在忘记了学术性的表述是什么：superabundantia［充盈］，类似这种东西？你们知道，存在一种充盈之爱，而不是来自需求的爱。但是卢梭在这里只提到贫乏之爱，那么，这就当然得出结论说上帝不爱，尽管并没有明确这样说；只是这样表述，"我不理解，没有任何需要的人怎么可能对什么东西表示爱：我想象不出对什么都不爱的人怎么能过幸福愉快的生活。"在这里，爱似乎是病弱。爱—幸福互相归属，这是这里的主题。但是，在别的段落中，他又说了相反的话；让我们看一下我能否找到这段话。在第294页，在第1段中，是的。好吧，我们不能都读；我为你们翻译一下关键句："什么是真正的爱［，如果没有妄想、谎言、幻象］？"

［换磁带。第二卷磁带从这里开始；然而录音却损毁了，接下来的讨论无法完全复原。］

施特劳斯：——好吧，我们现在没法儿读。是的，当他在这段中间说："他们的欲望并不是一种身体需求；性欲望并不是一种真正的需求。"在这一段的结尾："我越是反思这个重要的决定性时刻，"青春期，"以及它的近因，我越是说服自己一个在沙漠中抚养长大的孤独者，没有［492］书籍，没有教导，没有女人，他会至死都是一个贞洁的人，无论他变得多老。"换句话说，正如我之前所说，性欲望严格说来并不是必须的;人天生是一种孤独的存在者,一个孤独的存在者只是在作为孩子的时候偶然有所依靠,即便这种依赖性带来了文明社会,但它仍然不属于人的本质。所以——好吧,我们无法穷尽这个主题,这自不必说。我只是想说,这是个非常重要的主题,为了理解《爱弥儿》,你必须详尽地研究这个主题。

另一个我想简单讨论一下的主题是良知。我们先翻到第69页,这里有个说法,或许你可以读一下那里的注释。

雷肯先生[读文本]:

> "绝不损害别人"这条训诫,和"尽可能不依附于人类社会"这条训诫是相抵触的,因为在社会条件下,一个人的善是另一个人的恶。

施特劳斯:你们看,就这一点而论,这条准则只是人的根本性的孤独的必然结果,自然的孤独。因为,他不需要他人,因此,他没有动机去伤害他们。是的。

雷肯先生[读文本]:

> 这个关系存在于事物的本质,是没有任何办法可以改变的。我们可以按这个原则来判断社会中的人和孤独隐居的人这两者哪一个好。有一个著名的作家说只有孤独的人才是坏人;而我则认为只有孤独的人才是好人。这个说法虽不很精辟,但比前面那个说法更真实和更合情理。如果坏人是孤独的,他有什么坏事可干呢? 只有在社会里他才能设下机关陷害别人。如果谁想把这个论据倒过来责难好人,我就用这个脚注所注释的这一段文字来回答他。

施特劳斯:好吧,你们看,我只能说,几页之前有一条注释,那条注释太长了,现在没时间读。这和良知的地位问题关系很大,良知的含义远比不要伤害他人更多——这是它的一个部分。我们翻到另一段,在你们的译本的第 250 页,第 3 段。

雷肯先生[读文本]:

我年轻的朋友,让我们回到——

施特劳斯:萨瓦神父在讲话。

雷肯先生[读文本]:

年轻的朋友啊!现在再回头来谈一谈我们自己,让我们放弃个人的利害,看一看我们的倾向将把我们带到什么地方。是他人的痛苦还是他人的快乐最能打动我们的心弦?对人行善还是对人行恶最能使我们感到快乐,而且在事后给我们留下最美好的印象?你看戏的时候,最关心的是戏中的哪一种人?你喜不喜欢看作奸犯科的事?当你看到犯罪的人受到惩罚,你流不流眼泪?人们说:"除了我们的利益以外,其他一切对我们都没有什么关系。"然而,恰恰相反,正是温存的友情和仁慈的心在我们遭受痛苦的时候能安慰我们。

[493]施特劳斯:让我们翻到 252 页的第 2 段。

雷肯先生[读文本]:

因此,在我们的灵魂深处生来就有一种正义和道德的原则;尽管我们有自己的准则,但我们在判断我们和他人的行为是好或是坏的时候,都要以这个原则为依据,所以我把这个原则称为良知。

施特劳斯:是的,这是萨瓦神父说的,说得非常清楚。第 371 页的第 4 段。

雷肯先生[读文本]:

此外,如果一个女人不习惯思考,她又怎能培养她的孩子呢?

她怎能判断什么事情是适合于她的孩子去做呢？连她自己都不懂得什么是美德，她又怎能教她的孩子去爱美德呢？她只会宠爱或吓唬孩子，不把孩子们养成专横的人便会把孩子们养成胆怯的人，不把孩子们养成模仿大人的猴子便会把他们养成鲁莽的顽皮儿童，在她手里是不可能养出聪明可爱的儿童的。

施特劳斯：是的。这里紧接着（看前面的这段话）就是赞美良知，即，良知是哲人们的最开明的，也是最重要的东西。这段话又表明，良知有多么不充分，因为，如果没有这种思考，这种思考并不属于良知本身，就不可能在任何重要的层面上做任何好事。我提醒你们注意的最后一段话——当然还有许多个段落都值得重视——是我们之前刚讨论过的那段，在第409页，那里区分了自然、理性和良知；这段话当然需要一个很长的解释，一个很长的研究。我想我就点到为止，因为我所说的，或者是我建议的那种解释，建立在爱的前提之下，即人们彼此之间的爱，这并不属于最高层面的东西。孤独漫步者并非一个有情人，作为一个孤独的沉思者。另一点是，良知属于——当你用人与公民这个二分的时候——良知属于公民，与萨瓦神父所说的相反。但是，这又将回到整个大问题去，萨瓦神父是不是卢梭，他表达的是不是卢梭的思想。我们已经对这个大问题讨论了不止一次。只有一些问题我们确实还没有解决——逐一解决当然全无可能，我是指按照我们进行的速度。或许在讨论课上只能读完100页以下的书，而不能讨论600页的书。如果我们有完美的自由，这或许是正当的事情；但是，在这个不完美的世界里，我们只能尽量做好。相当粗略地读书不时地也有收获，因为有太多重要的内容；认识到各种各样的问题，而非仅仅深入钻研特定问题，也是非常重要的事情，这么说也许是辩解，不过……我必须说，我认为我比过去更好地理解了卢梭。但这当然绝不［……］，因为还有许多必须要完成的事情是我们尚未完成的——比方说，那些统计工作还没做完。为了解决良知问题，你应该，应该有人去完整地统计《爱弥儿》每次提到良知的地方；巴特沃斯先生提到的那点也是如此，［494］与自然人相反的自然之人；还有许多其他东西是我们尚未完成的。或许我们应该每次读 10 页,也许就可以完成了,但是那样的话,我们永远读不完这本书,那么我们也就会难以确定[……]。对于这个问题,没有实践可行的解决办法。我之前开设过《论法的精神》课程,那也是两卷本的著作,当然也进行得很匆忙。我想,从院系的角度看,这并非不能容忍——我不是说系里会惩罚我,不过我认为,如果系里让我们开设三学期,一整年的课程来讨论一个单个的文本,这样又不太公平,因为那些第二、第三学期开始上课的人会获得很糟的[……]。那么,你们当中还有谁想提更一般性的问题? 迈克阿提先生。

迈克阿提先生:我有许多问题是卢梭那里的爱的问题引发出来的,但是你把它们置于同一个标题下。你愿意对比一下卢梭呈现的爱与《会饮》中呈现的爱吗?

施特劳斯:好吧,对柏拉图来说,有一个……人是爱欲的存在,你可以说,在所有层面。但是柏拉图式……我是指,你可以说,存在一种爱欲学说。柏拉图的爱欲学说与托马斯关于自然倾向的学说并不是非常不同;换句话说,它与一种目的论的人的观念密切相关,你们看。我的意思是,当你考察[……]的爱欲代表什么的时候:物种之不朽,[……]生殖;荣誉,这与城邦有关;最后是哲学,或者最高的东西。不过,这与托马斯关于自然倾向的学说非常近似:但并不是在每一点都一致。在卢梭那里[……]因为不存在自然倾向本身。这是我没有详细阐述的一点——尽管这是一个从属性的要点,但却是一个非常重要的从属性要点——这就是卢梭关于才能的教诲。

[剩余的讨论……了。其他的讨论……,除了一小段关于中国问题的,以及卢梭对它的评价:]

施特劳斯:中国是那些开明专制支持者所喜爱的。[皇帝是一个父权君主。]换句话说,开明专制的支持者们普遍支持中国。有大量关于这个的文献资料,但是洛克先生[……]。卢梭当然是反中国的,因为中国不是一个共和国,而且,随着卢梭和其他人的自由主义的发展,中国的声誉又下降了。中国的故事非常复杂,因为耶稣会的问题[……]:耶稣会士是最早报导中国的一批人,如果我记得的话,卢梭当然依赖这些报导。卢梭是反中国的,如果我记得不错,伏尔泰则大体上是中国的支持者,这大体符合伏尔泰支持开明专制的这个事实[;卢梭反对它]。

[磁带结束]

图书在版编目（CIP）数据

卢梭导读/（美）施特劳斯讲疏；（美）马克斯编订；
曹聪译. --上海：华东师范大学出版社,2022

ISBN 978-7-5760-3009-9

Ⅰ.①卢… Ⅱ.①施… ②马… ③曹… Ⅲ.①卢梭
（Rousseau, Jean Jacpues 1712—1778）—哲学思想–研究
Ⅳ.①B565.26

中国版本图书馆 CIP 数据核字（2022）第 164048 号

华东师范大学出版社六点分社

企划人　倪为国

施特劳斯讲学录

卢梭导读

讲 疏 者　（美）施特劳斯
编 订 者　（美）马克斯
译　　者　曹　聪
责任编辑　彭文曼
责任校对　王寅军
封面设计　吴元瑛

出版发行　华东师范大学出版社
社　　址　上海市中山北路 3663 号　邮编　200062
网　　址　www.ecnupress.com.cn
电　　话　021－60821666　行政传真　021－62572105
客服电话　021－62865537　门市（邮购）电话　021－62869887
地　　址　上海市中山北路 3663 号华东师范大学校内先锋路口
网　　店　http://hdsdcbs.tmall.com

印 刷 者　上海盛隆印务有限公司
开　　本　700×960　1/16
插　　页　6
印　　张　43.25
字　　数　472 千字
版　　次　2022 年 11 月第 1 版
印　　次　2022 年 11 月第 1 次
书　　号　ISBN 978-7-5760-3009-9
定　　价　148.00 元

出 版 人　王　焰

Rousseau(1962)

by Leo Strauss

Copyright © Jenny Strauss Clay

Published by arrangement with Jenny Strauss Clay

Simplified Chinese translation Copyright © 2020 by East China Normal University Press Ltd.

All rights reserved.

上海市版权局著作权合同登记 图字:09-2021-0214 号

施特劳斯讲学录

已出书目

论柏拉图的《会饮》(1959 年)

修辞、政治与哲学：柏拉图《高尔吉亚》讲疏(1963 年)

修辞术与城邦：亚里士多德《修辞术》讲疏(1964 年)

古典政治哲学引论：亚里士多德《政治学》讲疏(1965 年)

西塞罗的政治哲学(1959 年)

斯宾诺莎的政治哲学：《神学——政治论》与《政治论》讲疏(1959 年)

从德性到自由：孟德斯鸠《论法的精神》讲疏(1965/1966 年)

女人、阉奴与政制：孟德斯鸠《波斯人信札》讲疏(1966 年)

尼采如何克服历史主义：尼采《扎拉图斯特拉如是说》讲疏(1959 年)

尼采的沉重之思(1967 年)

哲人的自然与道德：尼采《善恶的彼岸》讲疏(1971/1972 年)

从古典到现代的过渡——格劳秀斯《战争与和平法》讲疏(1964 年)

卢梭导读(1962 年)

即将出版

追求高贵的修辞术：柏拉图《高尔吉亚》讲疏(1957 年)

平实的高贵：色诺芬讲疏(1963 年)

维柯讲疏(1963 年)

从形而上学到历史哲学：康德讲疏(1958 年)

马克思的政治哲学(1960 年)

政治哲学：回应实证主义和历史主义的挑战(1965 年)

自然正当与历史(1962 年)